高等教育
计算机类课程规划教材

Neusoft/SAP Business One
敏捷商务解决方案

主编 温 涛 孙福权
副主编 曲云龙

配有
“十一五”国家
重点电子出版物
出版规划
项目光盘

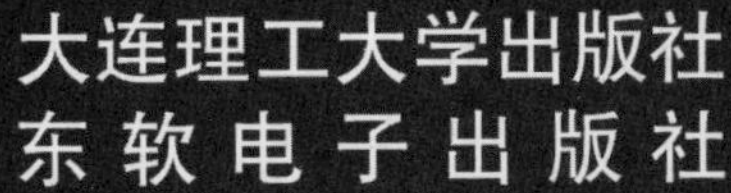

大连理工大学出版社
东软电子出版社

图书在版编目(CIP)数据

Neusoft/SAP Business One 敏捷商务解决方案 / 温涛，孙福权主编. — 大连 ：大连理工大学出版社，2011.5

新世纪高等教育计算机类课程规划教材

ISBN 978-7-5611-6107-4

Ⅰ. ①N… Ⅱ. ①温… ②孙… Ⅲ. ①企业管理—应用软件，SAP—高等职业教育—教材 Ⅳ. ①F270.7

中国版本图书馆 CIP 数据核字(2011)第 044919 号

大连理工大学出版社出版

东软电子出版社出版

地址：大连市软件园路 80 号　邮政编码：116023

发行：0411-84708842　邮购：0411-84703636　传真：0411-84701466

E-mail：dutp@dutp.cn　URL：http://www.dutp.cn

大连金华光彩色印刷有限公司印刷　　大连理工大学出版社发行

幅面尺寸：210mm×285mm　　印张：25.25　　字数：646 千字

附件：光盘一张　　印数：1～2000

2011 年 5 月第 1 版　　2011 年 5 月第 1 次印刷

责任编辑：潘弘喆　武映峰　　责任校对：薛伟华

封面设计：张　莹

ISBN 978-7-5611-6107-4　　定　价：60.00 元

题词

这是一套来自实践者的作品。对中国IT教育和软件产业实践应用更紧密结合愿景的期待,驱动了东软的员工组织起来完成了这套作品。他们力图将自己在教育和研发中的收获传播给自己的同事、IT教育和软件产业的同行,并与在蓬勃发展中的中国软件产业分享;他们企盼着中国未来的软件工程师们在一个更贴近实用化的环境中学习和掌握技术的价值。东软为他们的行动而感动和自豪。

东软集团有限公司董事长,总裁

刘积仁

前言

众多的中小型企业都在寻求适合本企业的ERP系统，希望能藉此提高效率、降低成本，但中小型企业往往由于资源有限而直接采购通用型、非针对本行业所设计的商用软件，以致无法真正享受新信息科技所带来的竞争优势。

SAP系列产品是专门针对成长型企业(SMB)、中小型企业以及大型企业分支机构而设计的ERP产品，它提供了直观并能快速实施的解决方案，满足企业标准的业务需求及持续发展的需求，帮助此类企业解决管理问题。企业能够透过单一的系统实现业务流程自动化，并将CRM、生产和财务系统的关键业务讯息整合起来。

SAP系列产品符合国际开发标准、易于实施并有良好的拓展性，它的快捷通畅的业务处理过程及灵活有效的应变能力，可以满足企业业务及管理持续发展的要求，并有效保护企业的投资。

东软基于SAP国际化的方案标准和世界一流的电子商务应用平台，融合了东软最佳行业业务实践，通过严格认证的开发，综合东软实施方法论和服务能力，推出了面向中国成长型企业的ERP解决方案。

方案打破了原SAP各产品相互之间的界限，集中应用和吸收了SAP公司跨行业各类产品的精髓，融合了东软在各行业多年的信息化实施过程中针对一些行业的特性需求进行的二次开发程序，预配置了一些行业通用功能，从而能更专业地满足不同行业的特性和综合需求，加快项目的实施周期，降低企业的项目实施成本。

SAP与东软集团建立了战略合作关系，SAP投资东软股份，成为东软集团的股东。双方将建立更加广泛而深入的战略合作伙伴关系，通过优势互补的强强联合，大力拓展面向中国企业的管理软件市场，为中国企业客户提供更加优化的管理软件解决方案。双方还将充分整合各自的优势与竞争力，就中国企业管理软件的研发与市场开拓以及人力资源培训方面展开全方位的合作。

在今后两年里，东软将把专职从事SAP业务的人员扩大到目前数量的三倍，充分利用东软与大学之间的产、学、研互动，建立多个专业培训中心，面向日益增多的SAP客户、合作伙伴和独立咨询师提供培训和认证服务。

为满足对SAP实施人才的旺盛需求，我们编写了这本集实用性和综合性为一体的《Neusoft/SAP Business One 敏捷商务解决方案》教材。

本书由大连东软信息学院院长温涛博士和大连东软信息学院信息技术与商务管理系主任孙福权博士任主编，由大连东软信息学院信息技术与商务管理系讲师曲云龙任副主编。其中第

1篇、第5篇、第6篇由东软股份ERP事业部培训中心经理许先明编写，第2篇由大连东软信息学院信息技术与商务管理系王莉娜编写，第7篇由大连东软信息学院信息技术与商务管理系副主任陈廷斌博士编写，第3篇、第8篇和第4篇的第9章由大连东软信息学院信息技术与商务管理系曲云龙编写，第4篇的第8章由大连东软信息学院信息技术与商务管理系孙福权编写。全书由曲云龙统稿。东软企业解决方案事业部顾问曹伟斌、ERP事业部顾问魏少军、陈慧、李瑞祥、谢家富、郭国胜、刘国景分别参加各篇的校审，提出了修改意见。

本书适应新形势下培养ERP适用人才的需求，可用作高等学校信息管理与信息系统专业、电子商务专业及其他相关IT专业的教材或教学参考书，也可以作为企业管理人员和企业信息化技术人员的培训教材。

感谢东软股份高级副总裁，ERP事业部总经理荣新节给予本书的指导和宝贵的建议。还要特别感谢东软集团公司总裁刘积仁，在百忙之中为本书做序。

为方便教师教学及学生学习，本教材配套光盘中提供了电子课件、程序代码等教学资源，光盘由东软电子出版社组织内容、完成制作。教学资源可到东软电子出版社网站上下载，网址是http://press.neusoft.edu.cn，联系电话0411-84835089。

本教材在策划和组稿过程中，得到了大连东软信息学院董本清、乔婧老师的大力支持和帮助，在此向他们表示衷心的感谢。本书在编写过程中参考和引用了许多专家、学者的相关研究和项目实施成果，在此表示衷心的感谢。在参考文献部分尽量将所引用的文献来源逐一列明，如有疏漏，敬请谅解。

本书窗口图中所使用的"帐"字在正文中统一使用"账"。由于编者水平有限，时间仓促，难免有疏漏和不足之处，恳请有关专家和读者不吝赐教，以便有机会修改，使本书臻于完善。

所有意见和建议请发往：dutpbk@163.com
欢迎访问我们的网站：http://www.dutpgz.cn
联系电话：0411-84707492　84706104

编　者

2011年5月

目 录

第一篇 基础篇

第二篇 销售管理

第三篇 采购管理

第四篇 库存管理

第五篇 财务篇

第六篇 生产篇

第七篇 CRM 篇

第八篇　系统管理

第一篇

基础篇

Neusoft/SAP Business One 敏捷商务解决方案是建立在信息技术基础上，以系统化的管理思想为企业决策层及员工提供决策运行手段管理平台的 ERP 应用解决方案。方案基于 SBO 产品架构，融合了东软最佳行业业务实践，为中小企业开展业务提供了所有必需的功能，并提供了扩展机制，以满足企业的独特需求。应用 Neusoft/SAP Business One 敏捷商务解决方案，将为中小企业带来最佳效益。

掌握和应用 Neusoft/SAP Business One 敏捷商务解决方案，也将为广大读者在中小企业信息化工作上奠定一定的应用基础。

第1章

绪 论

1.1 ERP 系统概论

1.1.1 ERP 概念

ERP(Enterprise Resource Planning,企业资源计划系统),是指建立在信息技术基础上,以系统化的管理思想,为企业决策层及员工提供决策运行手段的管理平台。ERP 系统集信息技术与先进的管理思想于一身,成为现代企业的运行模式,反映时代对企业合理调配资源,最大化地创造社会财富的要求,成为企业在信息时代生存、发展的基石。

进一步,我们可以从管理思想、软件产品、管理系统三个层次给出它的定义:

1. 是由美国著名的计算机技术咨询和评估集团 Garter Group Inc 提出的一整套企业管理系统体系标准,其实质是在 MRP-Ⅱ(Manufacturing Resource Planning,制造资源计划)基础上进一步发展而成的面向供应链(Supply Chain)的管理思想;

2. 是综合应用了客户机/服务器体系、关系数据库结构、面向对象技术、图形用户界面、第四代语言(4GL)、网络通讯等信息产业成果,以 ERP 管理思想为灵魂的软件产品;

3. 是整合了企业管理理念、业务流程、基础数据、人力物力、计算机硬件和软件于一体的企业资源管理系统。

1.1.2 ERP 系统发展

ERP 系统发展可粗略分为如下阶段:

1. MIS 系统阶段(Management Information System)

企业的信息管理系统主要完成记录大量原始数据、支持查询、汇总等方面的工作。

2. MRP 阶段(Material Requirement Planning)

企业的信息管理系统对产品构成进行管理,借助计算机的运算能力及系统对客户订单、在库物料、产品构成的管理能力,实现依据客户订单,按照产品结构清单展开并计算物料需求计划,以实现减少库存、优化库存的管理目标。

3. MRP-Ⅱ阶段(Manufacturing Resource Planning)

在 MRP 管理系统的基础上,系统增加了对企业生产中心、加工工时、生产能力等方面的管理,以实现计算机进行生产排程的功能,同时也将财务的功能囊括进来,在企业中形成以计算机为核心的闭环管理系统，这种管理系统已能动态监察到产、供、销的全部生产过程。

4. ERP 阶段(Enterprise Resource Planning)

进入 ERP 阶段后，以计算机为核心的企业级管理系统更为成熟，系统增加了包括财务预测、生产能力、调整资源调度等方面的功能，配合企业实现 JIT 管理、全面质量管理和生产资源调度管理及辅助决策的功能，成为企业进行生产管理及决策的平台工具。

5. 电子商务时代的 MRP-Ⅱ和 ERP

Internet 技术的成熟提高了企业信息管理系统与客户或供应商实现信息共享和直接数据交换的能力，从而强化了企业间的联系，形成了共同发展的生存链，体现了企业为达到生存竞争目标的供应链管理思想。ERP 系统与这种情况相适应，相应实现了这方面的功能，使决策者及业务部门实现跨企业的联合作战。

从 20 世纪 60 年代开始的信息技术最初在管理上的运用，也是十分简单的，主要是记录一些数据，方便查询和汇总。大约在 1969 年，计算机首次在库存管理中得到应用，在美国出现了一种新的库存与计划控制方法——计算机辅助编制的物料需求计划(Material Requirement Planning，简记为 MRP)。MRP 的基本原理和方法与传统的库存理论与方法有着显著的区别。可以说，它开辟了制造业生产管理的新途径。

MRP-Ⅱ是在 20 世纪 60 年代的时段式(Time Phased)MRP 基础上发展起来的，20 世纪 70 年代发展为闭环 MRP(Closed Loop MRP)，20 世纪 80 年代发展为制造资源计划(Manufacturing Resource Planning)。它进一步从市场预测、生产计划、物料需求、库存控制、车间控制延伸到产品销售的整个生产经营过程以及与之有关的所有财经活动中，从而为制造业提供了科学的管理思想和处理逻辑以及有效的信息处理手段。

进入 20 世纪 90 年代，随着市场竞争的进一步加剧和企业竞争空间与范围的进一步扩大，ERP 应运而生。ERP 是在 MRP-Ⅱ的基础上生成的，它扩展了管理范围，给出了新的结构。

ERP 现在已发展成建立在全球 Internet 基础上的跨国家、跨企业的运行体系。ERP 出现后不久，计算机技术就遇到了 Internet/Intranet 和网络计算的热潮、制造业的国际化倾向以及制造信息技术的深化。这些因素又将制造业管理信息系统的发展推到了一个新阶段，其中最引人注目的有以下几个方面的发展。

1. 管理思想现代化

社会和科学技术总是在不断发展的，适应知识经济的新的管理模式和管理方法不断涌现：敏捷制造、虚拟制造、精益生产、客户关系管理、供应商关系管理、大规模定制、基于约束理论的先进计划和排产 APS、电子商务、商业智能、基于平衡记分卡的企业绩效管理……。管理信息系统必须不断汲取这些新思想、新方法，以适应企业的管理变革和发展要求。

2. 系统应用网络化

我们现在处在全球经济一体化、网络经济的时代，互联网络和通信技术的高速发展彻底改变了我们的经营管理模式、生活方式和做事的方法。企业对互联网络的依赖将像今天企业对电力和电话的依赖一样重要，离开互联网络的应用就谈不上敏捷制造、虚拟制造、精益生产、客户关系管理、供应商关系管理、电子商务。只有采用基于互联网络的系统才能方便地实现集团管理、异地管理、移动办公，实现环球供应链管理。

3. 开发平台标准化

计算机技术发展到今天，那种封闭的专有系统已经走向消亡。基于浏览器/服务器的体系结构，支持标准网络通信协议，支持标准的数据库访问，支持 XML 的异构系统互联，实现应用系统独立于硬件平台、操作系统和数据库，实现系统的开放性、集成性、可扩展性、互操作性，这些已成为应用系统必须遵守的标准，不符合上述标准的系统是没有前途的系统。

4. 业务流程自动化

传统ERP是一个面向功能的事务处理系统，它为业务人员提供了丰富的业务处理功能，但是每个业务处理都不是孤立的，它一定与其他部门、其他人、其他事务有关，这就构成了一个业务流程。传统ERP对这个业务流程缺乏有效的控制和管理。一些业务流程被写死在程序里，非此即彼，必须按其执行，否则就要修改程序。此外，许多流程是由人工离线完成的。工作流管理技术是解决业务过程集成的重要手段，它与ERP或其他管理信息系统的集成，将实现业务流程的管理、控制和过程的自动化，使企业领导与业务系统真正集成，实现企业业务流程的重构。所以，工作流管理技术受到了人们的高度重视并得到了快速的发展。

5. 应用系统集成化

企业信息化包括了很多内容：技术系统信息化包括CAD、CAM、CAPP、PDM、PLM；管理信息化包括ERP、CRM、SRM、BI、EC；生产制造过程自动化包括NC、FMS、自动化立体仓库AS/RS、制造执行系统MES。所有这些系统都是为企业经营战略服务的，它们之间存在着大量的信息共享和信息交换，在单元技术成功运行的基础上，它们之间要实现系统集成，使其应用效果最大化。

1.1.3 SAP的ERP系统

SAP公司成立于1972年，总部位于德国沃尔多夫市，是全球最大的企业管理和协同化商务解决方案供应商、全球第三大独立软件供应商。SAP公司在50多个国家和地区设有分支机构，在多家证券交易所上市，财富500强80%以上的企业都正在从SAP的管理方案中获益。

SAP公司的解决方案可以满足各种规模的公司——从小型到中型及跨国企业的需要。针对大型跨国企业或集团企业，SAP可以提供mySAP Business套件，针对中型企业，SAP公司可以提供SAP All-in-One(SAO)解决方案，针对中小型企业或集团公司中的分支机构，SAP公司推出了SAP Business One (SBO)的解决方案。

SAP超过25款的行业解决方案为各种不同行业的核心运营提供着强有力的支持。目前，全球有120多个国家的超过26150个用户运行着887000多套SAP软件，SAP产品的适用范围如图1-1所示。

SAP公司的ERP产品系列包括：

1. mySAP Business 套件

是指SAP的核心产品R/3(分布式客户机/服务器环境的标准ERP软件)以及网络化的mySAP. com协同商务系统。SAP推出的mySAP. com协同商务就是在R/3系统之上增加了CRM(客户关系管理)、SCM(供应链管理)和PLM(产品生命周期管理)三个应用系统，将企业的内部管理与外部商务统一集成。

mySAP Business套件包含了SAP NetWeaver开放集成与应用平台产品，可以用来降低企业应用复杂性和总体拥有成本，并鼓励企业变革创新，mySAP商务套装软件正帮助全球的企业改善客户关系、增强合作伙伴协作，并提高供应链与业务运行效率。

2. SAP All-in-One

又称SAO，是基于上世纪末的R/3(分布式客户机/服务器环境的标准ERP软件)的精简版，考虑到80%的中国中小企业只能用到R/3的20%的功能，SAP把R/3经过预配置后推出了“中国新干线”系统。虽然只配置了R/3的20%的功能，但这套系统的功能依然强大，几百个预定义的参数足以满足各个行业的用户，可以为中小规模的企业(典型的在10到50个用户)实施一个基于分布式客户机/服务器环境业务平台的信息系统。

3. SAP Business One

又称 SBO，是 SAP 专为成长型企业(SMBs)设计的可承受的集成化企业管理解决方案，于 2003 年推广到中国市场。SBO 可以通过综合的系统运作，实现企业所有关键业务流程的自动化和流畅性——包括财务管理、销售管理、采购、库存管理、生产、收付款业务和客户关系管理以及实现生产管理中物料计划和物料清单的管理。其中内置的客户关系管理功能将销售、支持和售后服务流程等和客户相关的业务充分集成。

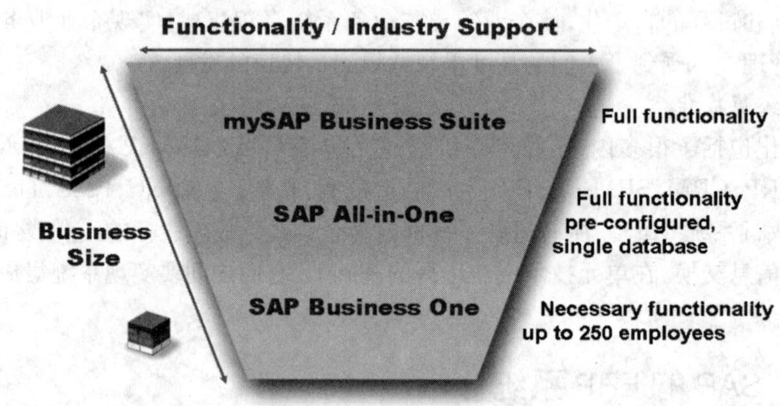

图 1-1　SAP 产品的适用范围

1.2　企业信息化应用

1.2.1　信息化应用发展

自从 1981 年沈阳第一机床厂从德国工程师协会引进了第一套 MRP-Ⅱ 软件以来，MRP-Ⅱ/ERP在中国的应用与推广经历了 20 多年从起步、探索到成熟的风雨历程。中国企业信息化应用大致可划分为三个阶段：

1. 第一阶段——启动期

这一阶段几乎贯穿了整个 20 世纪 80 年代，其主要特点是立足于 MRP-Ⅱ 的引进、实施以及部分应用阶段，其应用的效果有限。

在 20 世纪 80 年代，中国刚进入市场经济的转型阶段，企业参与市场竞争的意识尚不具备或不强烈。企业的生产管理问题重重：机械制造工业人均劳动生产率大约仅为先进工业国家的几十分之一、产品交货周期长、库存储备资金占用大、设备利用率低等等。为了改善这种落后的状况，我国机械工业系统的一些企业先后从国外引进了 MRP-Ⅱ 软件。作为 MRP-Ⅱ 在中国应用的先驱者，它们曾经走过了一段坎坷而曲折的道路。例如广州标致汽车公司在 20 世纪 80 年代后期共斥资 2000 余万法郎从法国引进了 MRP-Ⅱ 系统，并安装在两台 BULL 公司的 DPS7000 主机上，目标是实现对全公司的订单、库存、生产、销售、人事、财务等进行统一管理，以提高公司的运营效益，但结果其应用的部分尚达不到软件系统的十分之一功能。故从整体来看，这一阶段企业所得到的效益与巨大的投资及当初的宏图大略相去甚远。

2. 第二阶段——成长期

这一阶段大约是从 1990 年至 1996 年，其主要特征是 MRP-Ⅱ/ERP 在中国的应用与推广取得了较好的成绩，从实践上否定了以往的观念。

随着改革开放的不断深入，我国的经济体制已从计划经济向市场经济转变，产品市场形势发生了显著的变化，这对传统的管理方式提出了严峻的挑战。该阶段的管理软件虽仍是主要定位在MRP-Ⅱ软件的推广与应用上，然而涉及的领域已从机械行业扩展到航天航空、电子与家电、制药、化工等行业。一些早期的MRP-Ⅱ用户在启动了国家“863计划”的CIMS(Computer Integrated Manufacturing System，计算机集成制造系统)重点工程后，都先后获得了可喜的收益。如北京第一机床厂的管理信息系统实现了以生产管理为核心，连接了物资供应、生产、计划、财务等各个职能部门，可以根据市场变化，迅速调整计划、平衡能力，效率提高了30多倍，因此于1995年11月获得了美国制造工程师学会(SME)授予的“工业领先奖”；广东科龙容声冰箱厂的MRP-Ⅱ项目，经美国APICS(美国生产与库存管理协会)的专家认定达到了A级应用水平。大多数的MRP-Ⅱ用户在应用系统之后，都获得了较好的收益。

不容忽视的是，企业应用也存在着诸多不足之处，主要有：其一，企业在选择和应用MRP-Ⅱ时缺少整体的规划；其二，应用范围的广度不够，基本上是局限在制造业中；其三，管理的范围和功能只限于企业的内部，尚未将供应链上的所有环节都纳入到企业的管理范围之内；其四，部分企业在上马项目时未对软件的功能和供应商的售后技术支持作详细和全面的考察，最终导致失败。

3. 第三阶段——成熟期

该阶段从1997年开始到本世纪初，其主要特点是ERP被引入并成为主角，其应用范围也从制造业扩展到整个第二、第三产业，并且由于不断地实践探索，应用效果也得到了显著提高，因而进入了ERP应用的“成熟阶段”。

第三产业的充分发展正是现代经济发展的显著标志。金融业早已成为现代经济的核心，信息产业日益成为现代经济的主导，这些都在客观上要求有一个具有多种解决方案的新型管理软件来与之相适应。因此ERP就成为了该阶段的主角，应用范围得到了极大的扩展。SAP公司推出了多种行业的解决方案，其中除了传统的制造业外，还有金融业、高科技产业、邮电与通信业、能源(电力、石油与天然气、煤炭业等)、公共事业、商业与零售业、外贸行业、新闻出版业、咨询服务业甚至于医疗保健业和宾馆酒店等行业的解决方案。

中国企业面临的是一个越来越激烈的竞争环境，ERP更加为企业所青睐。在提供企业投资管理、风险分析、跨国家跨地区的集团型企业信息集成、获利分析、销售分析、市场预测、决策信息分析、促销与分销、售后服务与维护、全面质量管理、运输管理、人力资源管理、项目管理以及利用Internet实现电子商务等方面，企业希望利用ERP扩大经营管理范围，紧跟瞬息万变的市场动态，参与国际大市场的竞争，获得丰厚的回报。

这一阶段面临的问题主要表现在：第一，企业在实施ERP项目时存在着“穿新鞋走老路”的现象。多数企业仍然存在只是用计算机代替了原有的手工操作的现象，并未能把业务流程的优化与实施ERP有效地结合起来；第二，国内ERP市场不规范。个别公司为了达到自己的销售目的，不管其产品是否适合买方的实情，便不负责任地达成合同，导致了实施工作无法进行、应用效果不佳的结局。

在ERP系统的应用中，实施是极其关键的环节。企业的ERP项目只有在一定的科学方法的指导下，才能够成功实现企业的应用目标。

近年来，ERP市场的发展趋势是：ERP市场进一步细分；厂商和用户更加理性化；低端ERP市场的竞争加剧；ERP的普及继续加深。

1.2.2 企业信息化应用需求

企业在实施信息化的过程中会遇到各种各样的困难和矛盾，归纳起来，企业信息化过程中具有共性的问题和困难可以分为管理、技术和操作三个层面的问题。

1. 管理层面

管理层面，这里主要指企业最高领导决策层，他们在企业信息化过程中起着至关重要的作用，他们的决策对企业的信息化建设有决定性的影响。企业领导主要关心以下一些问题：

(1)企业战略目标如何实现的问题；

(2)信息技术的投资效益评估和风险的问题；

(3)信息化对企业现行管理模式和方法的冲击的问题；

(4)企业集团信息化集成应用需求。

2. 技术层面

技术层面，这里主要指企业信息化相关部门和人员，他们完成企业信息系统的设计和实施工作。他们在企业决策者、企业生产经营部门、信息化实施技术队伍、软硬件供应厂商之间起着枢纽的作用。他们的工作业绩对企业信息化实施进程和实施效果有重要影响。在企业信息化过程中，他们遇到的问题最多、问题的技术性最强。他们主要关心的信息化问题有：

(1)信息系统设计实施方法的问题；

(2)企业需求与开发实施脱节，需求与商用软件功能不一致的问题；

(3)信息系统集成的问题；

(4)信息系统安全性的问题；

(5)系统的先进性、实用性和可扩展性的问题。

3. 操作层面

操作层面这里主要指企业业务部门、业务人员和信息系统管理人员，他们在信息系统的支持下完成企业的业务运作。他们是企业信息系统的直接使用者，对信息系统在使用上是否方便有最直接的感受，同样他们的配合也是信息系统能够长期稳定运行的重要因素。在操作层面经常遇到的问题有：

(1)信息系统建设与系统运行的关系；

(2)管理运行制度的问题；

(3)信息化人才缺乏，如何提高企业业务操作人员的信息化水平的问题。

1.2.3 中小企业信息化应用需求

中小企业由于在发展壮大之中，管理未定型，人才问题特别是复合型人才缺乏以及资金不足等，始终影响信息化的应用工作。如何充分吸收国内外成功的经验，减少风险，正确估计信息化的投资风险和效益，以实事求是的态度，抓好企业信息系统的总体规划，制定和实施企业信息化整体解决方案，就显得尤为重要。

制定一个良好的企业信息化整体解决方案，是解决长期和短期效果之间脱节，逐步缩小长远目标和现实之间差距的有效途径。

整体解决方案可以解决企业长远目标和当前急需解决的问题的矛盾、企业需求与开发实施脱节的问题、信息孤岛与系统集成的问题，协调好信息系统建设与系统运行的关系的问题、信息系统升级与已有资源利用的问题、信息技术的投资效益评估和风险的问题、打基础与提升水平的关系的问题、信息化对企业现行管理模式和方法的冲击以及相应的管理制度的问题等。

企业信息化整体解决方案是规划、组织、控制和管理企业信息化实施工作的系统化方法，它通过综合考虑信息系统规划实施中需要考虑的各种因素，制订一个全面的企业信息化工作规划，建立一个可逐步发展和进化的信息系统框架，并给出正确的实施途径，从而保证企业信息化工作顺利、高效、低成本地进行，保证所建立的信息技术体系能够正确调整和连接到业务结构和经营战略上，为企业的生产经营提供有效的支持。

企业信息化整体解决方案具有通用性、特殊性、前瞻性、时效性、动态性、互补性、层次性、继承性、多样性、理论与实践相结合等特性。

企业信息化的复杂性,需要考虑企业经营业务的多个层次,以及纵向和横向两方面的管理要求。从纵向上来看,企业为了满足从管理、设计到制造业务得以顺利衔接,需要实现制造领域、设计领域和管理领域的应用集成;从横向上来看,企业为了获得竞争优势,需要实现基于供应链/价值链的应用集成,如多组织应用集成、供应链应用集成。

因此,集成系统整体解决方案,需要从企业业务场景、应用解决方案和平台功能结构三个维度出发来进行分析,并建立相应的集成技术标准,才能真正满足企业信息化集成应用的需求,集成系统整体解决方案如图1-2所示。

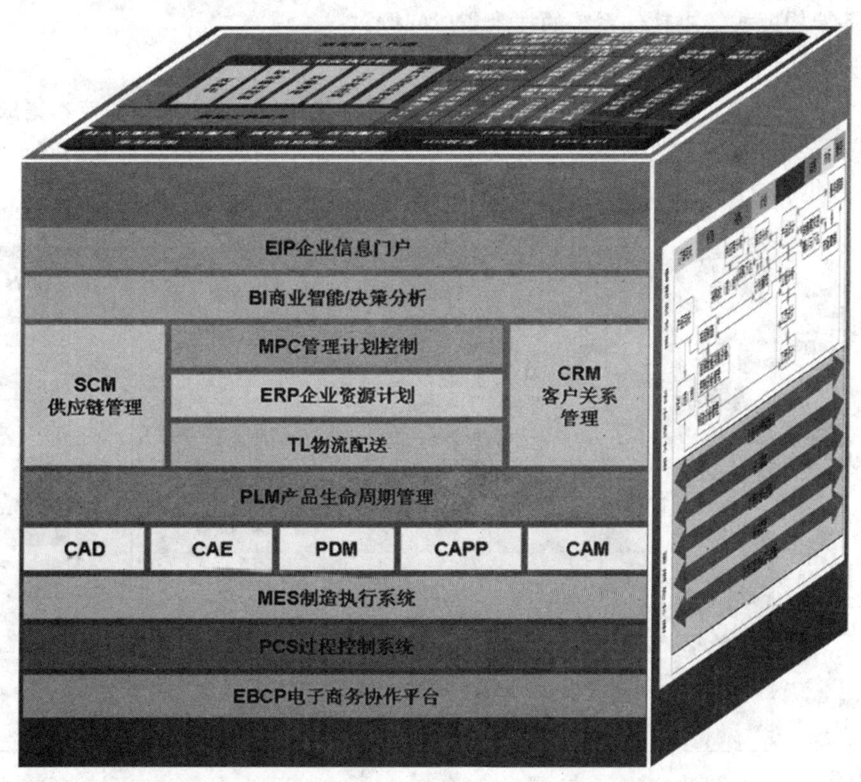

图1-2　集成系统整体解决方案

一般来说,企业应用集成系统在整体上是在集成系统基础平台和业务应用构件平台上的对企业/行业解决方案的全面支持的应用集成系统。

集成系统基础平台包括开发配置工具、管理控制台、平台服务构件,提供代理服务、工作流引擎、业务对象管理服务、界面服务、消息服务、适配服务、日志服务、数据交换服务、目录服务、权限服务等等,实现数据载体构件,功能型构件,文本、图形载体构件的无缝集成。

在应用集成平台之上形成业务应用构件,企业把各种应用无缝地集成起来,包括供应链管理(SCM)、企业资源计划系统(ERP)、客户关系管理(CRM)、物流配送管理(LES)、人力资源管理(HR)以及商业智能/决策分析系统等等,这可以对各种业务流程实现管理并实时监控与分析,在不同的企业业务系统间以及跨越企业边界的合作伙伴之间形成商业网络,及时、可靠、安全地对信息流实现智能管理,把相关的外部信息与内部信息有机地联系起来,全方位地满足企业各种业务功能的要求。

1.2.4 信息系统集成模型

信息系统集成模型需要考虑三个层面的集成：

1. 概念集成

包括企业业务在各层次概念模型中的表达以及不同层次之间的概念模型集成。包括流程、角色、服务和数据方面的概念集成。

2. 技术集成

解决基于 SAO 的功能实现和集成。系统通过提供一组企业集成所需的服务来实现支持业务交易、业务协同、业务流程和业务活动的执行。需要研究构建服务组件库的技术、服务管理技术，基于服务架构模式解决软件系统的技术集成问题。

3. 应用集成

基于企业应用框架和模型驱动体系架构的方法，把(模型的)概念集成和技术集成映射到企业应用集成框架中，实现企业模型与其有机集成，构建企业不同应用系统集成的实现方案。

图 1-3 是集成应用架构举例。

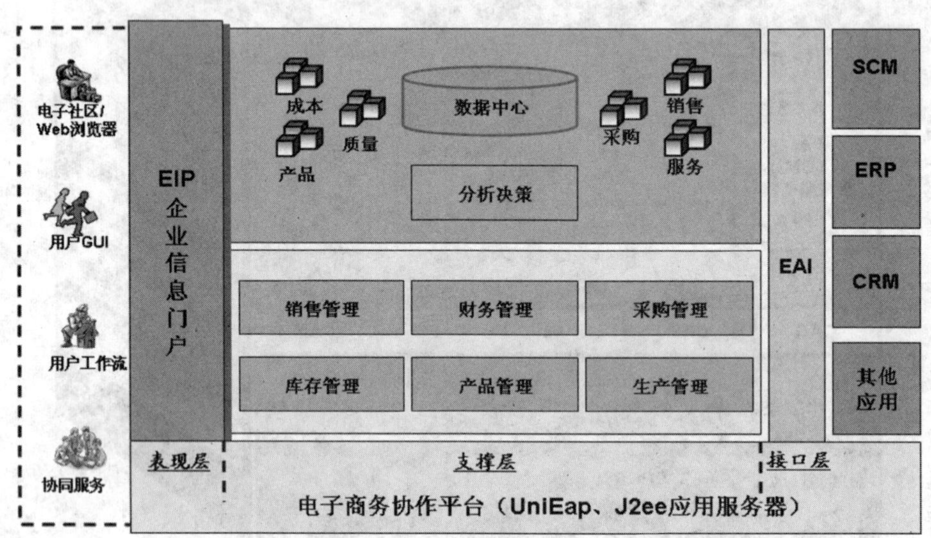

图 1-3 集成应用架构举例

第2章

SBO 产品综述

2.1 SAP Business One(SBO)综述

2.1.1 SBO 产品架构

SBO 产品架构灵活、可扩展并且功能强大。对于中小企业而言,SBO 是一个全面集成的解决方案,系统遵循直观、易用的思路设计。

在系统应用部署上,方案采用 SBO 应用部署。在与 Windows 网络无缝集成的单个服务器中,该解决方案采用基于 Win 32 的两层客户机/ 服务器,以最高的效率保证最佳的性能,并保护现有的网络投资。该解决方案包含安全、备份和网络接入协议。系统的接入通过广域网(WAN)终端服务或拨号连接实现。

SBO 应用程序安装在单服务器上,使用一个基于 Win 32 操作系统的两层客户端/服务器架构。SBO 确保了最高的性能,并充分利用了现有的网络基础结构。在 C/S 模式下,完整的应用程序被分布到客户机(Client)和服务器(Server)上。其中表示层与应用逻辑层分布到客户机,数据资源层分布到服务器。客户机完成一定的计算任务并通过一定的协议和接口与服务器通信,请求完成一定的服务(Service)或要求得到数据。

服务器架构包括安全、备份和网络访问协议。通过广域网 (WAN) 终端服务或拨号网络连接实现访问。

SBO 环境利用标准数据库备份步骤,无需将数据库保存并转移到其他机器上,同时还能立即访问重要业务信息。简化的 SBO 架构支持以下数据库:

- Microsoft SQL Server
- Sybase Adaptive Server Enterprise 小企业版
- IBM DB2 Express 版

2.1.2 SBO 产品集成性

SBO 是跨国企业在单个分支机构或子公司使用的理想解决方案。SBO 的开放式架构支持该方案与 mySAP Business Suite 以及其他独立软件供应商提供的软件的集成,使企业规模较小的分部或分公司也能够全面感受到 SAP 解决方案的优势。

SBO 应用集成基于 SBO 服务器架构和 SBO-API 的应用集成系统，包括：

- 扁平文件
- XML (HTTP/SOAP)
- API(COM、.NET 和 Java)
- ODBC

SBO 的 API 层系统配有一个基于 COM 技术的编程接口。用户可以使用此 API 来增强解决方案的功能范围或对它进行调整以适应特定需求。使用 Visual Basic、C/C++和 Java 这样的编程语言可以访问现有的 COM 对象。

系统提供的 SBO-SDK 应用编程接口(API)是一种简单实用但功能强大的开发工具包，是既可以用来增强和扩展 SBO 的功能，又可以与外部的行业解决方案集成的开发工具包。系统支持两种不同的 API：

1. DI-API

DI-API 使客户能够修改并扩展 SBO 客户端应用程序，方法是添加窗口、改变现有窗口以及修改业务逻辑，使之符合客户的独特需求。

2. UI-API

UI-API 提供的对象和步骤可用于访问输入字段/复选框、内部系统事件等等。

UI-API 提供的对象和程序有：

- 应用程序：建立与 SAP Business One 应用程序之间的连接；
- 表格：代表 SAP Business One 中的一个窗口；
- 项目：能够处理对话框，改变对话框的内容及其位置、大小或可见度；
- 复选框：处理复选框；
- 矩阵：代表窗口中的表；
- 项目事件：用于处理事件；
- 菜单项目：激活单个菜单项目；
- 菜单事件：用于影响一个事件流程。

2.1.3 SBO 应用集成模型

SAP Business One 应用集成模型示意图如图 2-1 所示。

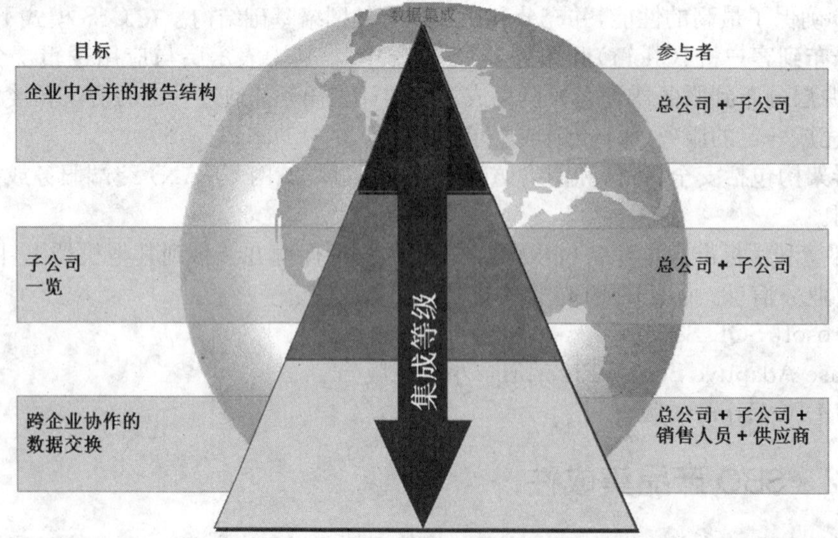

图 2-1 SAP Business One 应用集成模型

2.2 系统运行平台

2.2.1 操作系统平台

方案操作系统平台选择了 Microsoft Windows 32。Win 32 操作系统系列包括 Windows NT 3.1、NT 3.5、NT 3.51、NT 4.0，Windows 2000 和 Windows XP 等。最新的 Windows 版本开始采用 64 位操作系统环境，但是不管是 Intel 的 EM64T 还是 AMD 的 x86-64，在本质上都是一种 32 位扩展指令集，并且兼容 Intel 的 EM64T 扩展指令集和 AMD 的 x86-64 指令集(Intel 的 EM64T 其实是其兼容指令集)，因此系统平台支持的系列产品包括 Windows XP 64 位版和 Windows Server 2003 64 位版。

图 2-2 是 SBO 的技术架构。

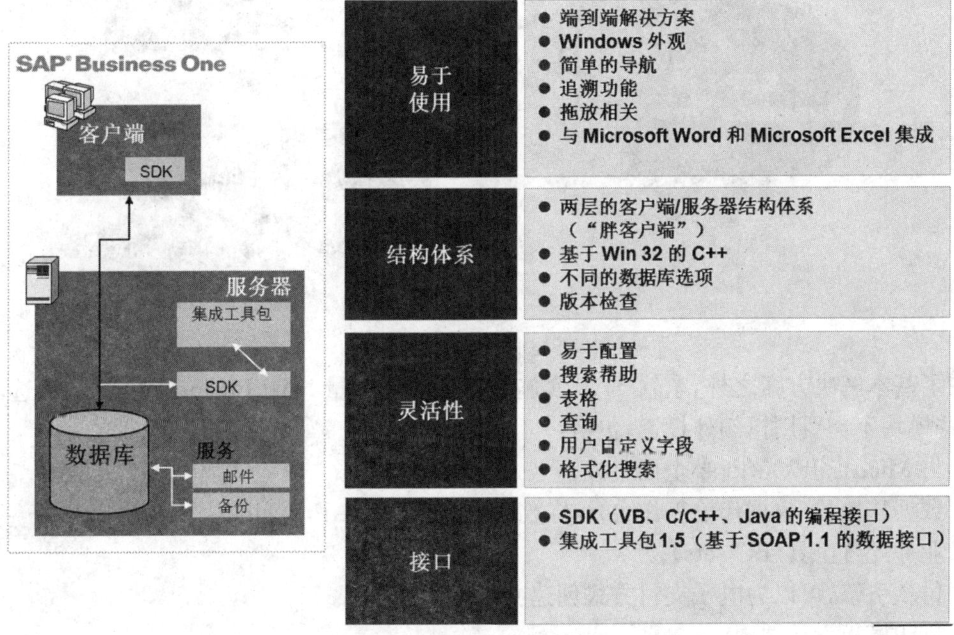

图 2-2 SBO 技术架构

服务器架构包括安全、备份和网络访问协议。通过广域网 (WAN) 终端服务或拨号网络连接实现访问。

在采用 Internet/Intranet 技术时，基于三层 B/S 结构的技术(主要是应用服务器技术)，适用于局域网和广域网环境下的微软推出的.NET 的平台及框架，这是基于微软软件工业基础的又一次升级和演化。

2.2.2 数据库系统

数据库服务器端大多采用大型 ORDBMS。目前的市场主流产品有 Oracle、IBM DB2、Sybase、Informix、MS SQL Server。这些产品都具备标准 SQL 的处理能力，具有较高灵活性、较好的通用性和兼容性；方便灵活而且功能强大的用户界面，从高端到低端的产品结构，丰富易用的辅助开发工具；完善的索引技术；支持多媒体数据库；支持 Internet/Intranet；具有网络互联及分布式处理功能；系统的完整性控制和安全性控制；具有良好的开放性；有跨平台的开发接口软件及开发软件的支持。

SBO 系统支持使用 SQL Server、IBM DB2、Sybase 等主流数据库系统。

2.3 SDK 应用程序开发接口

SDK 应用程序开发接口(API)采用了基于 COM 技术的 API。企业可以采用此 API 来扩展解决方案,或者对其进行调整,以满足特定的要求。可用的 COM 对象可以采用编程语言进行编辑,例如 Visual Basic、C/C++和 Java。

可用的 API 有两种不同类型:一种用于数据接口(DI),另一种用于编辑用户界面(UI)。

SDK 应用程序开发接口如图 2-3 所示。

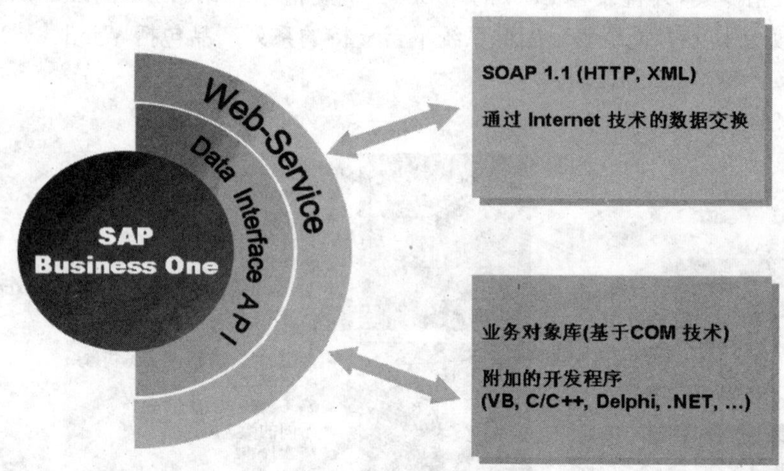

图 2-3 SDK 应用程序开发接口

除了基本解决方案之外,东软-SAP 实施方案还提供大量 SAP Business One 的可选增强模块,这些模块不需要用户额外投资,包括:

- 与 Microsoft Outlook 全面集成;
- 数据移植包(数据传输工作台),将数据移植到 mySAP Business Suite;
- 业务配置工具(BC sets);
- 付款引擎,可以为电子支付方式创建文件格式;
- 打印模板设计器;
- 技术支持桌面;
- SAP Early Watch Alert(SAP 预警提示);
- 与 mySAP Business Suite 集成。

2.3.1 DI-API

DI-API 开放了 SBO 的数据对象,可被单独用来访问 SBO 的公司数据库。

DI-API 采用对象和程序读取和处理 SBO 中最重要的数据对象。此 API 允许用户访问主数据和交易数据以及大量的通用对象。数据 API 提供的对象和程序包括:

- DBConnection:建立与 SQL 服务器的连接;
- 公司:显示企业数据库;
- RecordSet:包含 SQL 数据,其 DoQuery 功能可用于启动 SQL 查询和预先保存的流程;
- SBObob:帮助迅速而轻松地寻找有价值的信息;
- 消息:向另一个 SBO 用户发送消息以及文件附件和链接;
- UserFields:包含一组用户自定义的字段;

- 字段:处理字段数据;
- 商品:显示一种产品的主数据记录;
- BusinessPartner:包含客户或供应商的主数据记录;
- ProductTrees:显示 BOM 的标题;
- ProductTreesLines:显示分配给 BOM 的每种物料;
- Documents:显示销售或采购单据的标题行;
- DocumentsLines:包含分配给销售或采购单据的每个项目;
- JournalEntries:显示日记账分录。

图 2-4 是第三方开发的 Add-On。

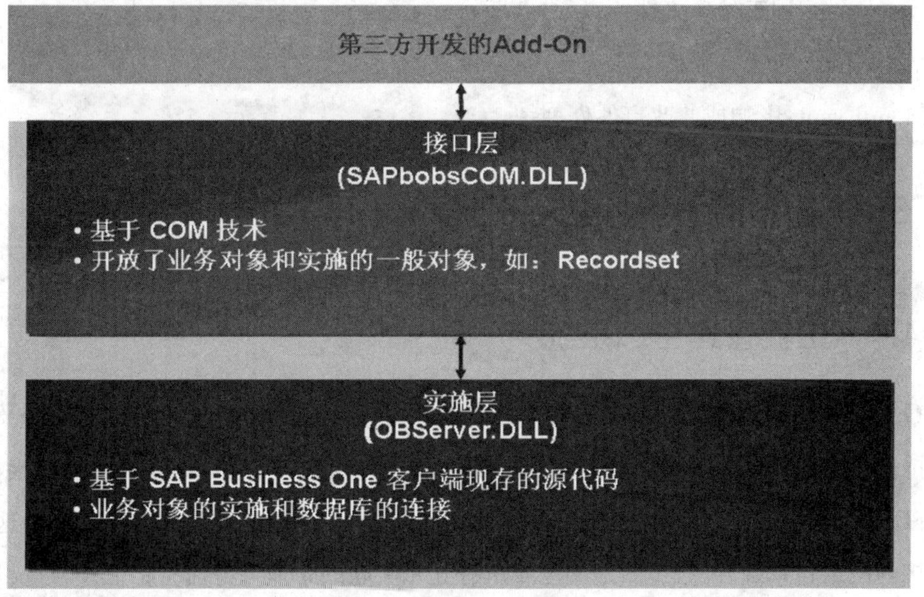

图 2-4 第三方开发的 Add-On

2.3.2 UI-API

UI-API 开放了 SBO 的用户界面元素 front-end。图 2-5 是 UI-API 界面。

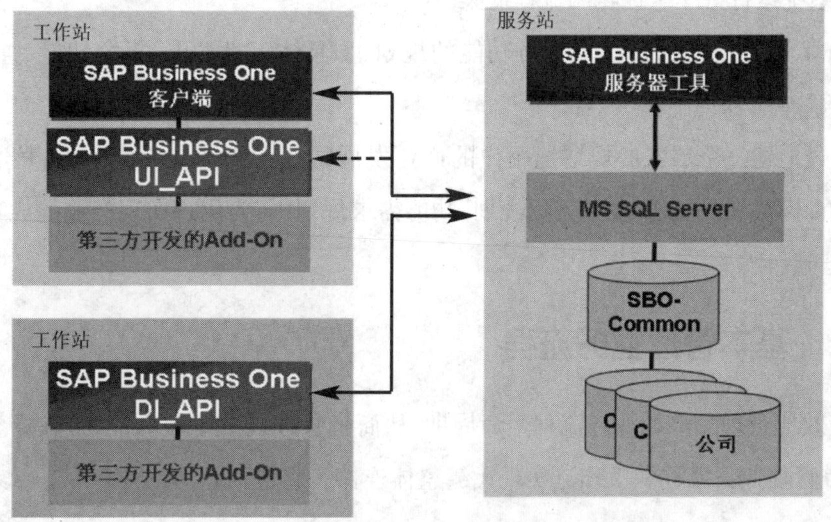

图 2-5 UI-API 界面

UI-API 提供的对象和过程可用于输入字段/复选框、内部系统事件等。用户界面提供的对象和过程包括：

- Application：建立与 SBO 应用程序的连接；
- Form：表示 SBO 中的一个窗口；
- Item ：用于对对话框的处理（如变更其内容和位置、大小或可见性）；
- Check box：处理复选框；
- Matrix：表示窗口中的一个表格；
- ItemEvent：用于处理事件；
- MenuItem：激活一个菜单项；
- MenuEvent：影响或修改事件处理。

2.4 SBO 基本流程

2.4.1 企业管理生态系统

SBO 的架构可以看作是一系列同心环形工作流，包括了获取客户、生产、交货以及售后服务和支持。其中的每一个工作流都是充分集成的，支持企业内"下游"环节的控制衔接、活动和交易。SBO 不是传统意义上孤立分散的部门级应用，它是一个跨部门职能的系统。这是一种实时连接的网络化系统，并且不断地关注着所有互相关联的企业业务流程。

SBO 系统基本结构分为紧密相关的三层（如图 2-6 所示）：

(1)基础数据层：进行企业基础数据的规划，为业务流程规划和整个信息化规划奠定基础。

(2)业务流程层：进行企业的各种流程的规划，如物流、资金流、工作流，通过流程规划为整个企业信息系统运行搭建个性化的流程框架。

(3)系统工具层：进行企业各种业务功能的规划，如具体审批功能、报警功能、查询功能、数据管理功能等。

SBO 通过上述三个层次的规划把用户的产业发展特征和产业核心竞争力、核心竞争内容融入到具体的基础数据规划、业务流程规划、功能需求规划中，为用户实现产业的成功奠定坚实的 IT 管理基础。

2.4.2 基本管理业务流程

SBO 有效地管理完整的业务流程生命周期，从商机管理到成本获利能力，贯穿整个企业生态系统，使得管理业务流程和工作流实现无缝整体连接。它包括：

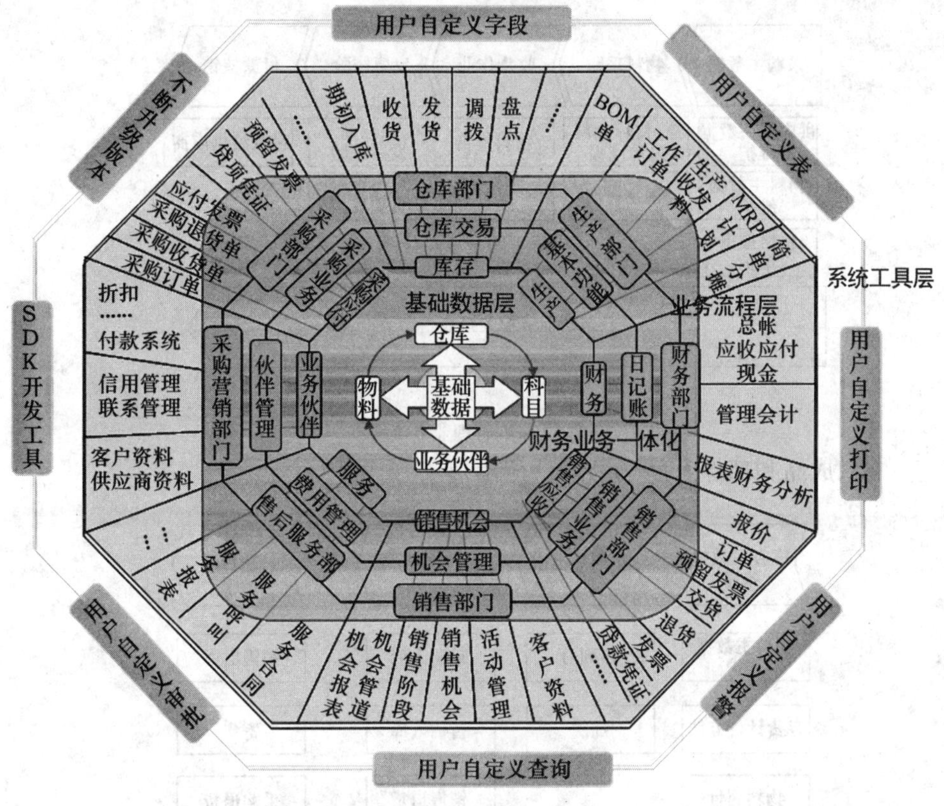

图 2-6　SBO 系统基本结构

• 销售机会和销售管理(如图 2-7 所示);

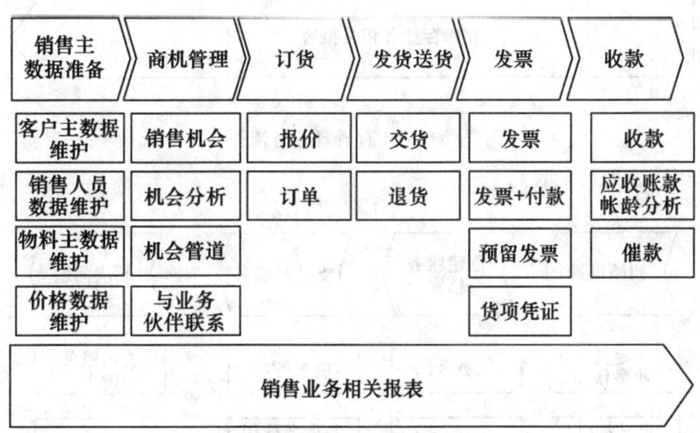

图 2-7　销售机会和销售管理业务流程

• 活动管理和机会获得;

• 订单处理、装运和交货;

• 生产计划、采购和收货(如图 2-8 所示);

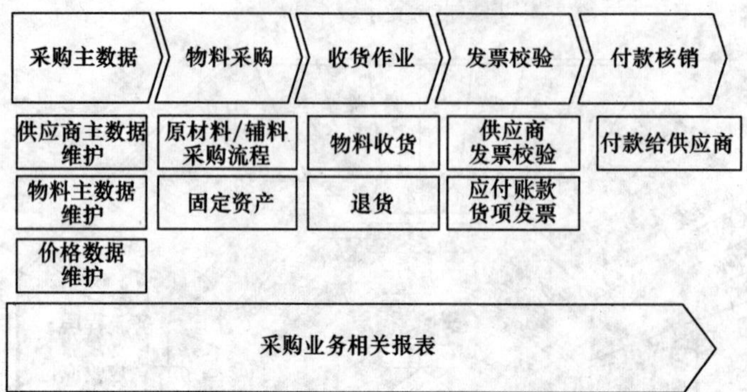

图 2-8 采购管理业务流程

• 在造产品、成品和部件库存(如图 2-9 所示)；

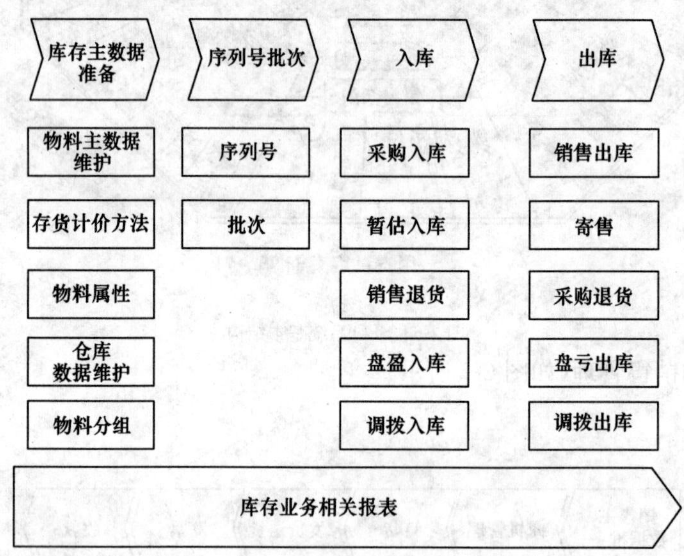

图 2-9 库存管理业务流程

• 服务管理(如图 2-10 所示)；

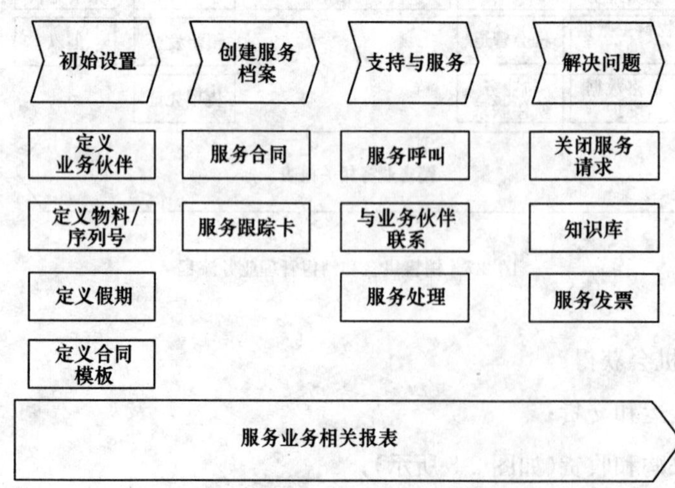

图 2-10 服务管理业务流程

• 财务管理(如图 2-11 所示);

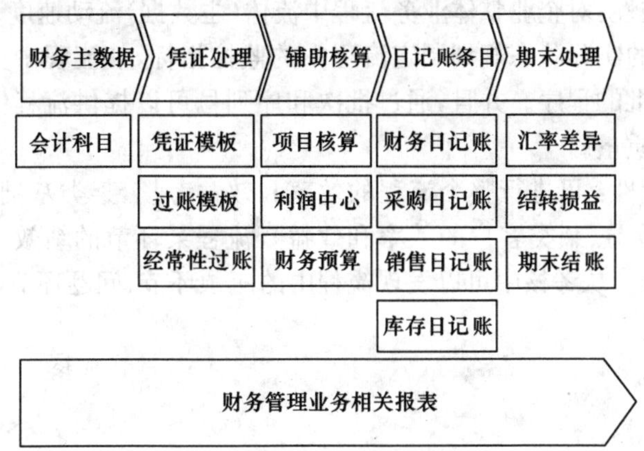

图 2-11 财务管理业务流程

• 跨企业分析和报告。

2.4.3 SBO 系统流程特点

SBO 系统流程规划就是架构企业业务流程框架，SBO 在流程规划中牢牢地把握着企业流程天然的集成性特征、流程成长性特征、流程灵活多变的特征,并且能够按照各个行业的需求配置行业化和个性化流程。

1. 流程集成性

流程集成性依赖于主数据的系统性和系统强大工具的支持,通过主数据的系统性来完成,包括:财务流程与业务流程的集成,财务业务流与工作流的集成,从采购到销售整个流程过程的集成。

流程集成性覆盖了企业业务流程的整体过程。

2. 流程成长性

流程成长性依赖于主数据的成长、系统架构的良好和系统工具的强大,通过这些能够做到:

(1)增加的新的流程,把 SBO 的现有流程和数据作为基础,把企业的业务流程与企业的经营计划流程、企业的管理决策流程结合起来。把 SBO 应用与企业的生产管理软件、SCM、办公等系统集成应用,为企业提供全面信息化解决方案。

(2)增加新的流程环节。

(3)增加新的流程细节:通过 SDK,能够集成新的流程细节,来增强和完善流程环节的功能。

(4)流程细节的成长。流程最关键的细节是单据,通过强大的系统工具来增加、调整单据管理信息的内容和范围,完成最关键细节功能需求的增长。

通过从整体流程到流程中最关键细节的每一个环节不断增长的功能和开放架构,保障了用户流程规划的不断满足和不断实现的能力。

3. 流程可管理性

流程的可管理性又称为流程的灵活性,也就是 SBO 系统在流程规划中具有的重要特征:

(1)流程的可配置性:流程环节、流程细节、流程细节之间的关系和衔接可以按照用户流程特征进行配置、优化、调整。这充分体现了 SBO 系统流程的灵活性。

(2)流程的可计划性:可以对整个流程中流体速度(如物流速度、资金流速度、工作流速度等)进行计划,可以监督企业的采购计划、销售计划、生产计划、财务计划的制定和执行状态实时反馈，从而提高整个企业运作的计划性、计划的准确度、计划的完成度。

(3)流程的可监控性：对企业整体业务流程中流体（主数据）流动速度、频率、数量进行监控，企业管理者根据企业的实际状态规划制定流程中的监控指标，使流程中异常数据自动报警、自动进入高级管理者审批的程序。并且，通过批次和序列号可以提供流程中物流的可追溯性，来保证整个经营流程的质量。

(4)流程的可衡量性：可进行整个流程的效率和效益考核、某类基础数据的效率和效益考核（某产品的效率和效益、某类客户的效率和效益），流程某环节的绩效考核、某部门的绩效考核、某岗位的绩效考核。从考核中可以发现流程中的瓶颈环节、问题环节，从而进行资源配置的优化。

第3章

东软基于SAP的敏捷商务解决方案

东软软件股份有限公司(Neusoft Software Co.,Ltd.)创建于1991年,总部设在沈阳,是中国软件行业第一家股票上市公司,也是中国首家通过CMM(Capability Maturity Model,软件能力成熟度模型)5级评估和唯一通过CMMI(集成的能力成熟度模型)认证5级评估的软件企业,拥有国内软件行业最大的营销网络和研发及技术支持体系。东软软件股份有限公司是中国规模领先的软件和解决方案供应商。

东软以"Beyond Technology"为理念,以中国第一个计算机软件国家工程研究中心——东北大学软件中心为技术后盾,拥有多媒体、数据库、网络、嵌入式软件、组件、图像处理等专项技术,主要软件开发方向是大中型信息系统的平台、中间件、信息安全产品、开发工具和行业应用开发,有着上百家大中型企事业单位信息系统的开发和实施经验,面向中国政府和企业信息化建设提供全面解决方案。

东软与SAP公司在2006年签署了有关SAP投资东软的协议,建立了更加广泛而深入的战略合作伙伴关系。

东软针对ERP市场,启动了"珠穆朗玛计划(Everest Plan)",这是东软进军企业管理解决方案领域的一个战略性计划。珠穆朗玛计划的核心是东软将基于全球领先的管理软件平台——SAP系统,构建与东软的行业实施经验相融合的企业管理解决方案;珠穆朗玛计划的模式是以培养ERP顾问咨询和实施人才为战略出发点,以东软-SAP研发与技术中心为支撑,构建与渠道合作伙伴及用户共创管理信息化新价值的产业联盟,推进东软以培养ERP人才为起点进军企业管理软件市场的战略布局,加速东软企业管理解决方案在ERP市场上的推进。

3.1 东软敏捷商务Power A解决方案

东软敏捷商务Power A解决方案是东软公司基于mySAP All-in-One解决方案研发的,面向中国成长型企业的ERP行业解决方案。方案打破了原SAP各产品相互的界限,集中应用和吸收了SAP公司跨行业的各类产品的精髓,同时融合了东软在各行业多年的信息化实施过程中针对一些行业特性需求进行的二次开发程序,预配置了一些行业通用功能,从而能够更专业地满足不同行业的特性和综合需求,加快项目的实施周期,降低企业的项目实施成本。

3.1.1 核心系统及平台

图3-1是东软敏捷商务Power A解决方案核心系统及平台。

图 3-1 东软敏捷商务 Power A 解决方案核心系统及平台

3.1.2 主要优势与特点

Power A 系统的优势与特点可归纳为以下六点：

1. 全面性

首先体现在它的全球适用性。系统提供多语言、多币种和多税制处理，可以很好地满足跨国和有国际业务的企业的基本需求。其次，东软敏捷商务解决方案适合于不同类型的企业或者是多元经营的企业。

2. 集成性

(1)系统内部各模块之间的集成：Power A 应用 mySAP 系统的各模块，相互之间在业务和信息上紧密集成，可以数据共享及互动。

(2)系统与其他系统之间的集成：Power A 以 my SAP 系统为核心，同时吸收和融合了东软在各行业开发及应用、满足行业特性需求的一些系统和程序，二者之间充分集成，共享界面。

3. 先进性

(1)支持企业重组。

(2)支持实时决策。

(3)高度的信息集成。

(4)强调业务处理的同步和简易化以及企业流程的不断改进。

(5)支持按客户订单配置产品的生产/销售。

(6)系统可为集中式，也能够分布管理。

(7)同时支持 B/S 及 C/S 结构。

(8)开放式系统，能通过先进的 NetWeaver 平台与其他更多系统连接。

(9)加快实施过程和降低成本。

(10)方便使用。

4.开放性

(1)能够安装在多种硬件平台上。

(2)能够运行在几种主流数据库环境中。

(3)具有开放式的信息仓库。

5.灵活性

(1)允许用户灵活设置组织机构。

(2)允许用户定义和修改业务流程。

(3)允许用户采用多种处理方式。

(4)允许用户选择获取信息的手段。

6.可靠性

系统的设计开发集中了大批各门类的专家和学者,在软件的研制和开发方面投入了大量的资金和人力,确保了软件的质量和可靠性。另一方面,系统拥有广泛的用户群,与世界一流的计算机公司和管理咨询公司的合作伙伴关系,也保证了实施和服务的质量和水平。

3.1.3 主要行业应用

东软已经形成了一些行业应用方案,包括:

1.东软 Power A@Fabricated Metals 钢铁行业解决方案

东软 Power A@Fabricated Metals 钢铁行业解决方案主要面向钢铁和冶金企业,通过与三级 MES 系统紧密集合,提供适合于流程制造行业应用的系统和实施服务。

通过对东软 Power A@Fabricated Metals 钢铁行业解决方案的应用,钢铁企业可以实现并优化生产计划、库存管理、销售管理、质量管理、成本管理等业务流程。可以有效管理钢铁企业业务流程和整合供应链,从而使企业达到制造高质量产品、准时交货、保持最低成本等方面的要求,最终实现企业效益的最大化。

2.东软 Power A@CPG 消费品行业解决方案

在食品加工行业中,较低的成本、准时的供货对企业的竞争至关重要。在原材料采购过程中,需要根据产地和质量对同一种原料划分不同的等级。在生产过程中,可能会有原料或水分等损耗,还会有大量的副产品出现。在配送时,则要注重交货时间和周期,同时要对产品可能出现的退货进行报废处理。这些都给产品的成本的精确核算带来一定的难度。同时,食品加工行业与消费者密切相关,对产成品、原材料的卫生、质量、生产周期、生产过程和供货期等都有严格的要求。

东软 Power A@CPG 食品加工行业解决方案面向国内众多的食品加工企业,通过对 mySAP ERP 系统的物料管理、销售管理、生产管理、财务管理、成本控制等模块和功能的灵活实施与应用,可以使企业的产、供、销与人、财、物能够有机地整合起来,动态反映企业实际经营状况,监控企业的运营成本,有效地进行库存管理,快速、准时地向客户供货,从而使企业在同行业的竞争中占有更大的优势。

3.东软 Power A@Mechanical 机械行业解决方案

东软 Power A@Mechanical 机械与零部件加工行业解决方案可以面向不同生产模式的机械与零部件加工与制造企业提供服务。

该方案在系统中预配置了面向订单设计与安装、面向订单制造、面向预测制造等多种生产计划模式的业务功能，设定了单件小批量、大批生产与重复制造等多种生产组织模式的业务流程。无论是哪种类型的机械加工企业，都可以根据自己企业的生产特点，在东软 Power A@Mechanical 机械与零部件加工行业解决方案中找到适合自己的方案。

通过对东软 Power A@Mechanical 机械与零部件加工行业解决方案的应用，企业可以提供一个全面的集成的信息系统以支持生产计划、采购计划的制定及执行，帮助企业建立能实现编制、控制、统计的闭环生产计划管理系统，系统还专门提供了预测及 SOP（销售与运作计划）功能，支持年、季、月经营计划的制定，可以将 SOP 的结果用于管理报告及执行层控制；提供全面的主生产计划（MPS）、物料需求计划（MRP）功能，能够详细安排可以细化到天的生产计划，并协助进行详细能力平衡，安排出合理的详细作业计划；可以对生产作业情况，如材料消耗情况、工时情况、废品情况等进行统计输入；同时，生产执行过程中的情况，如质量事故、设备情况、完工情况等信息又可以反馈到计划部分，帮助进行计划调整，形成闭环的生产计划和作业系统，帮助企业实时掌握生产动态，保证生产调度的及时性和快速反应能力；可以帮助企业严格控制成本，将成本控制贯穿到各项业务活动中。

4. 东软 Power A@Electronics 电子行业解决方案

东软 Power A@Electronics 电子行业解决方案主要根据电子行业产品批量大、种类多、生产周期短、产品升级快、供应商客户复杂、退换货频繁、销售方式灵活等行业特点专门配置开发，以满足电子企业运作的实际需要。方案中重点强调了对采购订单、库存及成本的管理，通过与生产、销售与财务的紧密集成，使产品从市场销售预测到原材料的采购、半成品及成品的生产与加工、产成品的交货与配送等一整套业务流程中的商流、物流、资金流、信息流实现了一体化，使数据更加及时和透明。

3.2 东软 SMPC 集团财务敏捷商务解决方案

SMPC 是东软 MPC 和 SAP 面向集团企业联合推出的集团财务解决方案的简称。SMPC 是一套完整完善的集团财务管理集成套件，包括全面预算管理、资金运作、结算中心、财务核算、成本管理以及报表合并和财务分析。SMPC 尤其适用于交通行业（如高速公路集团）、高等教育科研机构（如高校）、公共事业部门（如医院集团）和地产建筑行业（如房地产集团）等，以及具有复杂投资控股关系的 SOE（State-Owned Enterprise）国有大中型企业集团等。

3.2.1 解决方案应用模型

SMPC 解决方案应用模型可以参考图 3-2。

SMPC 重点解决了以下问题：

- 有效规范监控集团内部成员企业的经营活动和资金运作。
- 有效配置资源，实现资金的良性、安全、高效运作，合理安排投融资。
- 有效计划、管理、控制集团内不同产业和相关产业单元。
- 满足金融、证券、税务等监管机构的监管要求，如 SOX、防范风险。
- 保证会计政策财务制度的贯彻执行。
- 战略落地，预算执行，经营分析。
- 全球财务合并、内部审计。

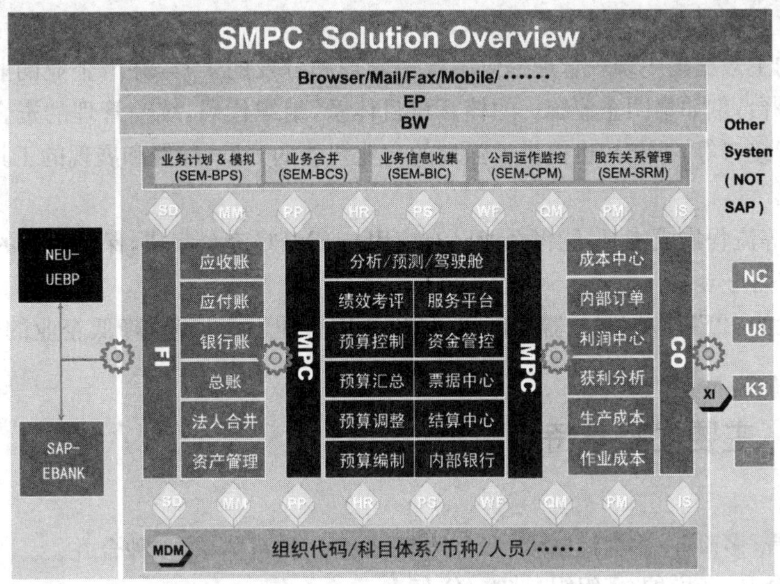

图 3-2 SMPC 解决方案应用模型

3.2.2 SMPC 技术架构

SAP NetWeaver 是可以随时用于业务运作、面向服务的平台，包含了 SAP 在 R/3 架构基础上持续创新的精华，是 SAP 基于最新企业服务架构(EAS)的战略平台。我们在 SMPC 解决方案的技术实现上充分融合了 NetWeaver 平台，如图 3-3 所示。

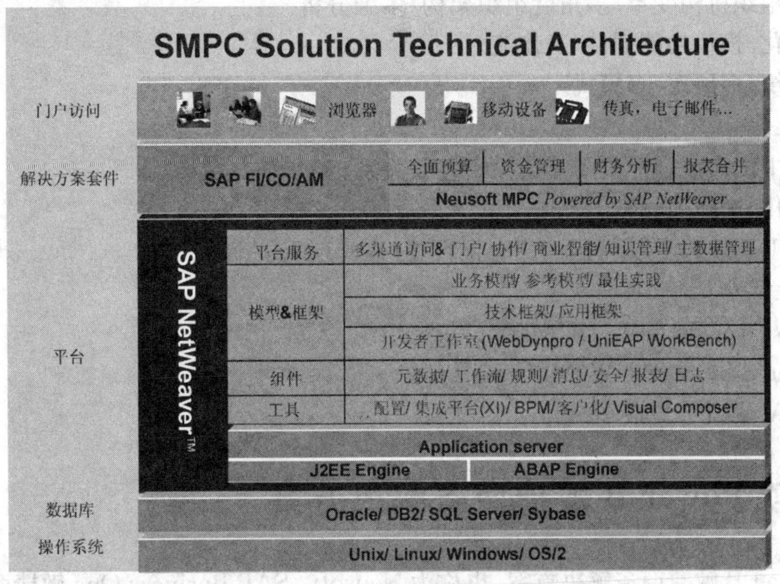

图 3-3 SMPC 解决方案技术架构

SMPC 基于 NetWeaver 充分复用企业的已有资源，并通过 NetWeaver 平台将 SAP-FI/CO/AM与 NEU-MPC 产品(全面预算/资金管理/财务分析/报表合并)等在界面、主数据以及信息交互上实现了完美的集成。SMPC 这样的技术架构体现了:

门户和访问集成

提供浏览器、移动设备、电子邮件等多种访问方式，并通过统一的门户界面将各部分系统集成在一起，实现单点登录。同时为各种会议、沟通协作等提供协作平台。

信息和数据集成

为企业的主数据集中统一管理提供了统一管理和分发的工具，并为企业的业务数据、知识共享提供了平台，例如集团企业统一的核算科目体系，组织代码，统一管理的资金管理账户，集中监管的银行接口等。同时，也提供了强大的商业智能的开发、部署和展现的工具。

流程集成

提供 XI 等流程集成工具，能将企业已有应用与 SMPC 充分集成，保护用户的已有投资。

统一的应用平台

基于强大的 J2EE 应用服务器平台和引擎，复用企业已有资源，降低企业的软件总体拥有成本(TCO)。

3.2.3 主要优势与特点

1. 国际化

(1)多语言/多币种/多会计制度/多会计期间/多套科目体系/多种合并。

(2)跨国合并/多税种/多组织/披露/公布。

(3)多种报告以及多报告主体(董事会/股东/政府部门)。

2. 先进性

(1)SOX/ERM/new accounting stds。

(2)架构先进/功能完整完善。

(3)控制集成/内部审计/审计追踪。

3. 灵活性

(1)支持组织机构变革/多角度组织架构/多维分析。

(2)组件化/模块功能插件/工作流。

(3)多组织/多层次/多模式。

4. 适应性

(1)适合中国大型企业集团复杂投资控股关系。

(2)客户化/实施/服务。

(3)标准 UEBP 产品支持国内所有银行接口，实现 EBANK。

5. 集成性

(1)NetWeaver/XI/BW/UI/MDM(科目、组织、人员、币种)。

(2)Powered by SAP NW(MPC/SMPC)。

(3)JAVA/第三方集成/安全。

3.3 东软 Power B 敏捷商务解决方案

东软 Power B 敏捷商务解决方案，也称为 Neusoft /SAP Business One 敏捷商务解决方案。

相对于东软公司的 Power A 产品系列，Power B 是专为成长型企业(SMBs)设计的可承受的集成化企业管理解决方案。Power B 操作简单但功能强大，核心的 SBO 解决方案为企业开展业务提供了所有必需的功能，并提供了扩展机制，以满足企业的独特需求。东软 Power B 解决方案已经成为成长型企业 ERP 应用的优秀产品系列。

3.3.1 基本功能模块

图 3-4 是东软 Power B 的业务功能视图。

行业扩展	外贸行业	电子行业	家电行业	建材行业	供应链	零售分销	
扩展功能	固定资产	工资	金税接口	电子报关	条码接口		
生产制造	物料清单	物料需求计划	生产管理				
财务管理	预算	总账/日记账	收付款	应收账款	应付账款	成本会计	报表
物流	销售	采购	库存管理	主数据	项目管理		
客户关系管理(CRM)	联系管理	销售机会管理	机会管道	服务管理			
人力资源	员工主数据	人力资源报表					
商业智能	预设报表	分析工具	Drag&Relate(拖放相关)				
应用技术	集成应用	预警和工作流管理	拓展和客户化	数据迁移	格式化搜索	移动技术	支持工具

图 3-4 东软 Power B 的业务功能视图

3.3.2 主要优势与特点

1. 集成的业务功能

Power B 流程简约清晰，覆盖了账务、销售、采购、库存、收付款管理、客户关系管理、生产和物料需求计划、成本管理、服务和人力资源管理等企业管理方方面面的内容。企业的各种业务数据高度集成共享，避免重复投资信息化建设。

2. 增强开发的模块功能

Power B 增强开发的模块包括金税接口、条码接口、电子报关、固定资产、工资模块以及其他不断开发的增强模块功能，弥补了 SBO 原装产品功能的不足，可以有效地解决中国用户各种客户化需求。

3. 行业化应用版本

Power B 不断推出的行业化应用版本基于最新的 SBO 产品平台，吸收了东软对于中小企业信息化的专注与经验，形成了适用于中国中小企业的实际业务需求的行业化应用版本。

4. 开放的接口

提供了强大的二次开发工具 SDK，提供了从界面编辑工具(UI)到复杂的数据库接口工具(DI)等，可以方便地进行功能的添加、修改与扩展，并与 mySAP 商务套件解决方案或用户已经使用的其他 IT 系统集成。

5. 友好的用户界面

采用用户熟悉的 Windows 风格，清晰易懂、设计布局合理，使用非常方便，降低了软件的培训成本。

可在系统中灵活配置工作流程，审核工作流程能与消息机制、邮件和短信完全集成在一起，当发生超出权限范围的业务时，系统将自动发 E-mail 或 SMS 信息到相应的管理者。

6. 丰富的工具和灵活的集成

应用 SAP 独创的具有专利权的“拖放相关”技术，使用户能在桌面上拖动所需信息，通过鼠标就能完成大量复杂的业务分析活动。

所有的商业文件或交易记录都可以方便地转换为电子文件或 Excel 表格，通过点击鼠标就能轻松将这些文件发出。此外，还可在系统中为某类文件、某个用户建立固定的文档模板。

7. 国际化应用

Neusoft /SAP Business One 敏捷商务解决方案已经逐步应用于国际外包业务。

3.3.3 针对 SBO 的应用增强和应用集成

Neusoft/SAP Business One 敏捷商务解决方案即 Power B 产品针对 SBO 的应用有较多的应用增强和应用集成。应用增强和应用集成主要应用在功能扩展和行业扩展等方面。

3.3.3.1 标准功能增强模块

1. 固定资产管理

包含固定资产从登记到处置的全生命周期管理，覆盖企业固定资产分类、资产卡片登记、资产增加、资产处置、资产变更、资产折旧、减值准备、报表业务处理，同时能够完成固定资产的账务凭证处理工作。

2. 工资管理

工资管理系统是为了对本企业的员工工资进行管理，其中包括工资数据录入、计算和查询，并且提供相应的工资信息报表。支持工资项目的动态定义，支持人员的不同类别、不同部门的管理，与财务系统无缝集成，并可按指定的格式导出为银行接口。

3. 金税接口

金税接口主要处理从金税系统中导入增值税发票，并在接口表中形成发票数据。通过设置过账功能，对接口表中导入的增值税发票进行检查，并过账到应收系统中去。

4. 条形码接口

条形码系统接口针对仓库管理系统，通过采集器采集入库、出库、库存盘点物料的条码信息(包含物料属性、供应商信息、仓库库位信息、其他信息)，通过接入平台将数据导入 SBO 系统中，关联源单据，生成相应的单据；再进行 SBO 系统后续管理。

同时，在业务应用系统中，用户在录入单据时，选中"条形码解析"，可以将光标所在核算项目中对应的条码直接携带到单据中；也可以按照模板上已经制订的解析规则，对条码进行解析。

3.3.3.2 行业应用

1. Power B@Trading 外贸行业解决方案

(1)支持贸易业务全过程。从海外客户传递意向开始，到业务员向客户报价，形成正式销售合同，与国内工厂签订正式采购合同，安排合同产品交付走货，财务押汇，支付国内工厂货款和其他费用，海外客户回款，财务还押汇。

(2)单证管理。

(3)费用管理。记录货物进出口过程中发生的各种费用，包括正常外销出口费用、EADI 费用、进口清关费用等。提供查询各货运公司发往各港口的费用明细及汇总。

(4)配船管理。进行出口产品的备货，确定出口产品的包装、唛头，指定货代和船代公司，提供相关的产品信息和运输物流业务信息。

(5)财务管理、收付款。

(6)评审和样品管理。

2. Power B@Electronic 电子制造解决方案

(1)根据销售订单或预测生成原材料的采购计划、零件的生产计划等。

(2)实现销售报价、订单管理、发货管理、发票、客户管理、销售收款、销售退货、进出仓管理、业务查找。

(3)提供采购订单、收货管理、发票、供应商管理、采购付款、采购退货、进出仓管理、业务查找等采购业务流程，帮助企业实现设置仓储限量，供应商及应付款动态控制，从而可以实现降低采购成本，合理安排付款等功能。

(4)提供相关业务接口。

(5)应用系统具有整体设计、集成运行、充分考虑行业管理的特点。

(6)核心业务系统包括销售、采购、物料需求计划、生产管理、仓库管理等(部分业务是 OEM、RMA 跟踪等)、采购订单及交货与供应链企业相关接口管理,如订单接口。业务功能及流程简约而且清晰。

3. Power B@SCM 解决方案

(1)方案采用的 SBO 架构是一个涉及数据、过程、活动、合作伙伴的流程集成。

(2)它在众多企业应用软件中,以协同概念深入到制造与销售的系统、销售与采购的协同、甚至渠道与分销商间的协同,包括了获取客户、生产、交货以及售后服务和支持。

(3)SBO 已经超越了传统意义上孤立分散的部门级应用,推出了真正的跨部门职能的系统。

(4)这是一种实时连接的网络化系统,并且不断地关注着所有互相关联的企业业务流程。

第二篇

销售管理

销售是企业的主要经营业务之一，更是盈利的重要环节。Neusoft/SAP Business One 敏捷商务解决方案为中小企业提供了管理销售业务的全部功能，以帮助企业更好地满足客户需要。

第4章

销售系统综述及设置

4.1 销售系统综述

4.1.1 概　述

总体来说，企业的销售过程包括确定客户信息、与客户的联系、产品展示、客户询价单处理、报价、报价跟踪、订单输入、价格方案确定、信用额度和物料可用性检查、发货、库存过账、应收款管理和销售成本管理等许多内容。而传统企业在销售业务流程的科学设置、组织结构的合理搭建和技术工具的成功应用等方面的欠缺，极大地影响了企业高效组织销售活动。

Neusoft/SAP Business One 敏捷商务解决方案包括前文所述销售过程的全部内容。系统包括创建报价、输入客户订单、设置交付日期、发货出库、更新库存余额等功能，并管理所有发票和应收账款，包括销售相关主数据管理、销售机会管理、销售业务流程、报表与查询、系统实施等内容。系统涉及管理、业务伙伴、库存、销售机会、销售-应收账款和报表等主要功能模块。

Neusoft/SAP Business One 敏捷商务解决方案的特点包括：

(1)实现清晰的销售业务流程。

(2)能够在线快速存取完整的客户详细资料。

(3)能够及时反映物流的财务信息。

(4)可实现销售订单直接生成对应采购订单。

(5)可有效对客户信用额实施控制管理。

(6)生成的各种业务单据可随时保存为草稿，以便随时调用及查看。

(7)与 Microsoft 工具充分集成。

(8)定义层次化审批流程。

4.1.2 业务流程

销售业务流程分为报价、订货、发货、销售发票、收款以及退货等子流程。销售机会是客户关系管理的重要内容，将帮助销售人员使用销售漏斗的理论对销售尤其是售前过程进行管理。本章以销售业务流程为主线，从定义销售相关主数据开始，介绍在 SBO 中如何实现订货、发货、发票、收款等功能。销售业务管理的流程如图 4-1 所示。

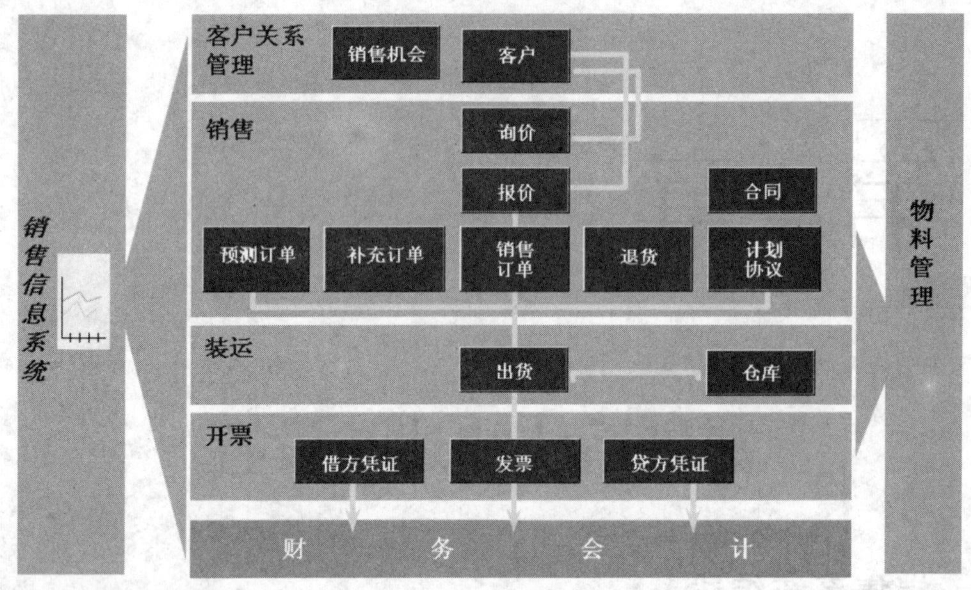

图 4-1 销售业务管理流程

销售机会管理将在本书第七篇中详细介绍。在整个销售过程结束后，用户还可以对一些售后服务进行管理，如服务合同、服务呼叫以及客户服务跟踪等，具体内容也请参考本书 CRM 篇。

从报价→订单→交货→发票的整个过程，Neusoft/SAP Business One 提供非常清晰的业务管理流程，满足企业销售业务的需求。

图 4-2 所示为系统中的标准销售业务功能流程，其中商机管理也将在本书第七篇中详细介绍。

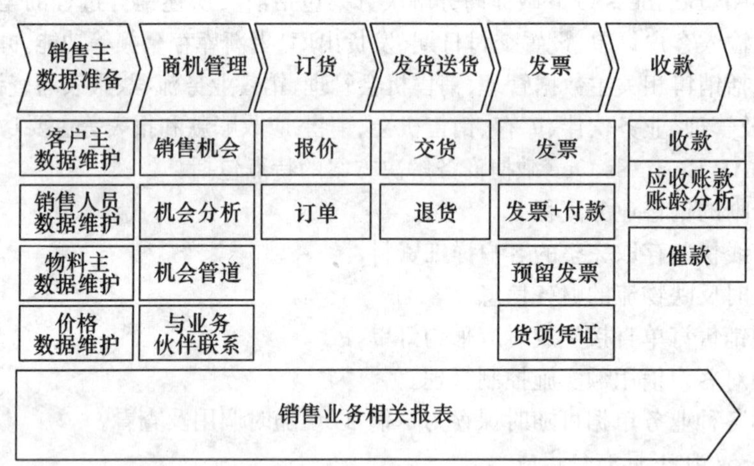

图 4-2 标准销售业务功能流程

4.2 销售相关主数据

4.2.1 综 述

销售相关主数据主要包括销售人员主数据、客户主数据、物料主数据和价格主数据，并且还需要定义其他相关数据，如佣金组、销售阶段、付款方式、仓库、国家、地址格式等，以完成主数据的管理。表 4-1 列出了销售相关主数据以及通常需要定义的其他相关数据。

表 4-1 销售相关主数据

类别	所属模块	数　据	访问路径
主数据	业务伙伴	业务伙伴主数据	业务伙伴→业务伙伴主数据
	库存	物料主数据	库存→物料主数据
	库存	价格清单	库存→价格清单
相关数据	库存	特殊价格	库存→价格清单→特殊价格
	管理	销售人员	管理→定义→概览→定义销售人员
	管理	佣金组	管理→定义→概览→定义佣金组
	销售机会	销售阶段	管理→定义→销售机会→定义销售阶段
	销售机会	合作伙伴	管理→定义→销售机会→定义合作伙伴
	销售机会	竞争者	管理→定义→销售机会→定义竞争者
	业务伙伴	国家	管理→定义→业务伙伴→定义国家
	业务伙伴	地址格式	管理→定义→业务伙伴→定义地址格式
	业务伙伴	客户组	管理→定义→业务伙伴→定义客户组
	业务伙伴	供应商组	管理→定义→业务伙伴→定义供应商组
	业务伙伴	业务伙伴属性	管理→定义→业务伙伴→定义业务伙伴属性
	业务伙伴	业务伙伴优先级	管理→定义→业务伙伴→定义业务伙伴优先级
	业务伙伴	催款等级	管理→定义→业务伙伴→定义催款等级
	业务伙伴	付款方式(付款条款)	管理→定义→业务伙伴→定义付款方式
	业务伙伴	付款冻结	管理→定义→业务伙伴→定义付款冻结
	业务伙伴	代理	管理→定义→业务伙伴→定义代理
	收付款	银行	管理→定义→收付款→定义银行
	收付款	信用卡	管理→定义→收付款→定义信用卡
	收付款	信用卡付款	管理→定义→收付款→定义信用卡付款
	收付款	信用卡付款方式	管理→定义→收付款→定义信用卡付款方式
	收付款	信用凭证	管理→定义→收付款→定义信用凭证
	收付款	付款方式	管理→定义→收付款→定义付款方式
	库存	物料组	管理→定义→库存→定义物料组
	库存	物料属性	管理→定义→库存→定义物料属性
	库存	仓库	管理→定义→库存→定义仓库
	库存	长度计量单位	管理→定义→库存→定义长度和宽度的计量单位
	库存	重量计量单位	管理→定义→库存→定义重量计量单位
	库存	关税组	管理→定义→库存→定义关税组
	库存	制造商	管理→定义→库存→定义制造商
	库存	发运类型	管理→定义→库存→定义发运类型
	库存	位置	管理→定义→库存→定义位置

4.2.2 业务伙伴主数据

业务伙伴定义是销售主数据的重要部分，主要是对客户信息的定义，包括地址、联系人、客户组、属性、付款条件等。业务伙伴定义流程如图 4-3 所示。

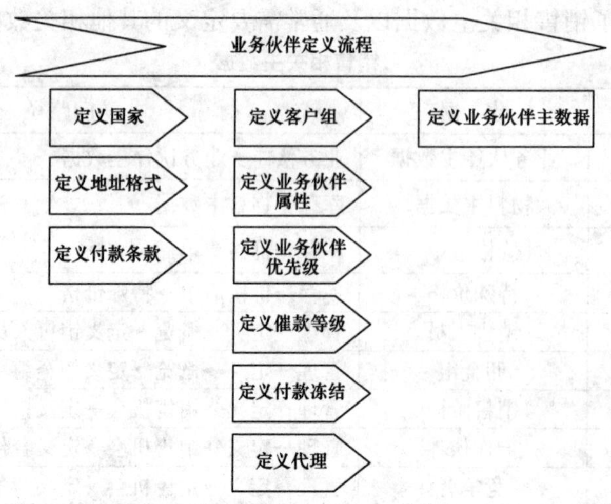

图 4-3 业务伙伴定义流程

SBO 中有三类业务伙伴：客户、供应商和潜在客户，在处理不同的业务流程时，系统自动区分这三种类型的业务伙伴。例如，用户可以为客户和潜在客户创建报价单，但只能为客户创建发货单。

不同类型的业务伙伴有不同的主要业务，参见表 4-2。

表 4-2　　业务伙伴的主要业务

业务伙伴	主要业务	财务科目
客户	销售相关业务、业务联系、销售机会	应收账款科目
供应商	采购相关业务、业务联系	应付账款科目
潜在客户	报价、订单、销售机会	不影响财务核算

客户与会计科目之间的连接是根据“控制科目”进行关联的：

- 客户的控制科目：在“资产”中定义为控制科目的会计科目，一般为“应收账款”。
- 供应商的控制科目：在“负债”中定义为控制科目的会计科目，一般为“应付账款”。

系统会将所有业务交易（即与客户发生的销售业务和与供应商发生的采购业务）都自动生成财务凭证，并过账到相应的控制科目，这样就可以随时查询到客户或供应商的余额。

一、维护业务伙伴主数据

路径：

菜 单	SBO→业务伙伴→业务伙伴主数据

界面：如图 4-4 所示。

1. 业务伙伴主数据——表头

- 代码：为用户所定义的业务伙伴指定代码。

注意

(1)建议首先定义业务伙伴代码的编码规则。

(2)业务伙伴的代码不能与会计科目代码相同。

(3)如某一业务伙伴既是客户，也是供应商，则需要为其分别定义两条业务伙伴主数据。

- 组：该业务伙伴所属的组，组的定义参见本文定义其他相关数据的内容。
- 货币：选择此业务伙伴的货币，此货币会自动用于此业务伙伴的业务单据中。

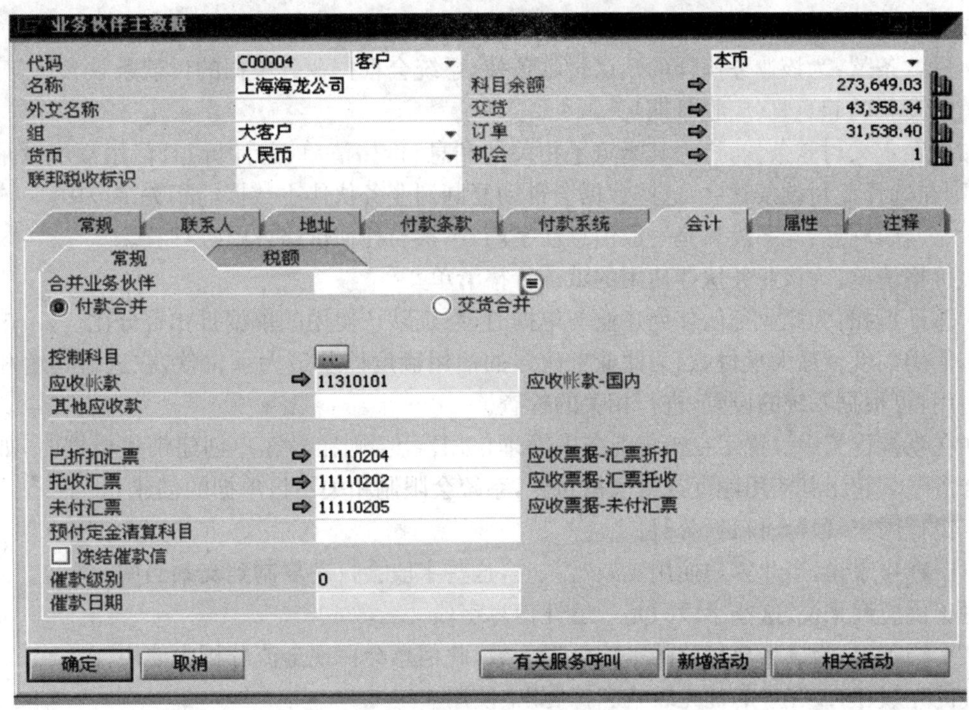

图 4-4　业务伙伴主数据

如果会与此业务伙伴之间使用多种货币进行交易，则需在此选择“多货币”。这样在创建业务单据时就可选择单据所用的货币了，单据总额会按照所选择的货币以及系统货币进行储存。

• 科目余额/交货/订单：根据选择，以国家货币或系统货币显示此业务伙伴的未完成发票(账户)/交货单/订单的数额。点击，可以查看余额的详细数据，点击 可对数据进行图形分析。

• 机会：与此业务伙伴发生的销售机会的总数。

2.“常规”选项卡

• 发运方式：此业务伙伴的默认发运方式，发运方式的定义参见本章 4.3 的内容。

• 口令：用于与其他电子商务应用软件集成。

• 系数标识：用于其他国家，在中文版中不要使用此字段。

• 项目代码：此业务伙伴所关联的项目。

• 别名：主要用于日本，中文版中可用此字段储存其他信息。

• 销售人员、佣金组及佣金百分比：此业务伙伴的默认销售人员、佣金组及佣金百分比，销售人员、佣金组及佣金百分比的定义参见本章 4.3.1 和 4.3.2 的内容。

• 激活或暂停使用此业务伙伴：

选择“激活”后，会出现激活期间及描述字段以供输入；

选择“暂停”后，会出现暂停期间及描述字段以供输入。

如该业务伙伴不在激活期间或处于暂停期间内，则不能为其创建采购或销售单据。

3.“联系人”选项卡

在此选项卡中输入联系人相关信息，也可以定义新的联系人。默认的联系人会用粗体显示。

4.“地址”选项卡

可为业务伙伴定义多个地址，例如“开票到”或“发运到”，用于此业务伙伴有多个不同地址的情况。默认的地址会用粗体显示。

5."付款条款"选项卡

•付款条款:为该业务伙伴的默认付款条款,系统会根据业务单据的付款条款、过账日期来计算销售发票的起息日(应收日期)。

如果在定义付款条款时,为其指定了相关的利息、价格清单、总计折扣、信用额度及最大承付款,则在选择此付款条款后,这些数据会自动复制到业务伙伴主数据的相关字段中。

•(欠款)利息:此字段只是一般信息性字段,不参与任何价格或财务计算。

•价格清单:为该业务伙伴使用的默认价格清单。

•总计折扣:为此业务伙伴创建业务单据时,系统默认使用的单据折扣百分比。

•信用额度及最大承付款:为此业务伙伴的信用额度以及最大承付款,在进行销售相关业务时使用,可根据系统的设置,进行相关的检查。

如在系统设置中设置了在销售业务中管理信用额度,则在为客户创建销售单据时,如果客户的未清账款超出其信用额度或最大承付款,系统会限制相关销售单据的创建。

•银行国家、银行、科目、分行:

对于客户来说,当此客户使用支票付款时,这些字段会自动复制到支票当中;

对于供应商来说,这些字段只是一般性信息字段。

•平均延迟:为该客户付款的平均延迟天数,此信息会在现金流分析中使用。

•优先级:为该客户的优先级,在"拣配"中使用。

•IBAN:在外币付款中使用的 IBAN 编号。

•假期:为该客户不进行付款的假期。

•容差天数:允许的早于或迟于发票到期日的天数。

•付款日期:客户固定的付款日期或供应商固定的收款日期。

6."付款系统"选项卡

包括开户行、参考明细和付款方式三类内容。

7."会计"选项卡——常规

•合并业务伙伴:如果将一个业务伙伴的多个分支机构分别定义成不同业务伙伴主数据,但希望将其所有的交易合并到同一总公司,需要在"合并业务伙伴"字段中为每一分支机构选择相同的总公司。

•付款合并:合并各个分支机构的发票,并将发票开给总公司,由总公司承担所有应付账款。

•交货合并:合并交货单到一张付款发票,并发货给总公司。

•控制科目:指定此业务伙伴的其他控制科目,包括定义汇票应收账款、托收汇票、折扣汇票、未付汇票以及坏账所对应的会计科目。

•应收账款:定义此业务伙伴应收的控制科目。

•冻结催款信、催款级别、催款日期:当该业务伙伴类型为客户时出现这些选项,表示是否停止向此客户发送催款信,客户当前的催款等级以及上一次催款日期。

8."会计"选项卡——税额

设置该业务伙伴的默认税收相关信息,在为该业务伙伴创建业务单据时,系统会优先使用在业务伙伴中为其设定的默认信息。

9."属性"选项卡

为此业务伙伴选择一个或多个属性。

10."注释"选项卡

为此业务伙伴输入详细的介绍信息,并且可以为其选择图片。

二、业务伙伴相关单据概览

用户可以在维护业务伙伴主数据时，查看业务伙伴的相关业务单据，包括销售订单、发货单、应收/应付发票以及收付款单据。如图 4-5 所示。

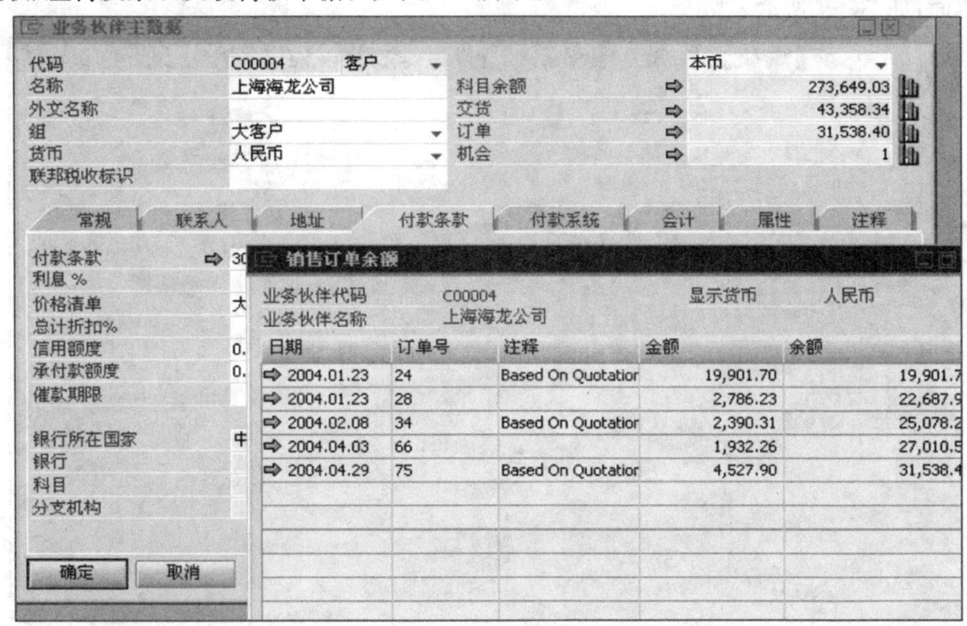

图 4-5　查看业务伙伴的相关业务单据

点击▥进入相应的图形分析界面，如图 4-6 所示。

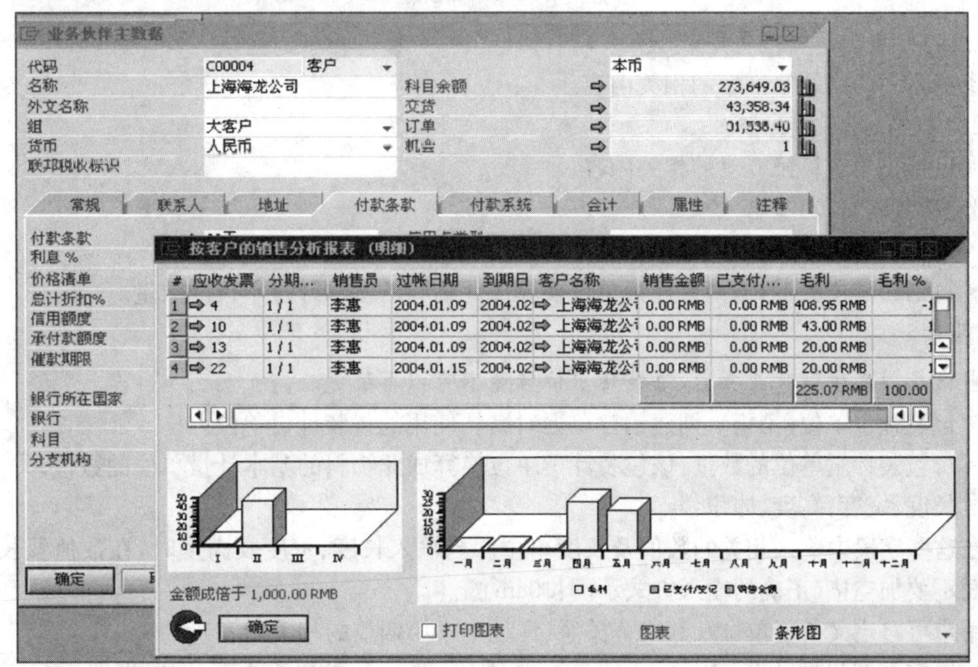

图 4-6　图形分析

4.2.3　物料主数据

根据不同企业的情况和习惯，物料也可称为商品或产品，是进行业务操作时的基本元素。它可以是实际物品，也可以是服务。

一、创建物料主数据

路径：

菜 单	SBO→库存→物料主数据

界面：如图 4-7 所示。

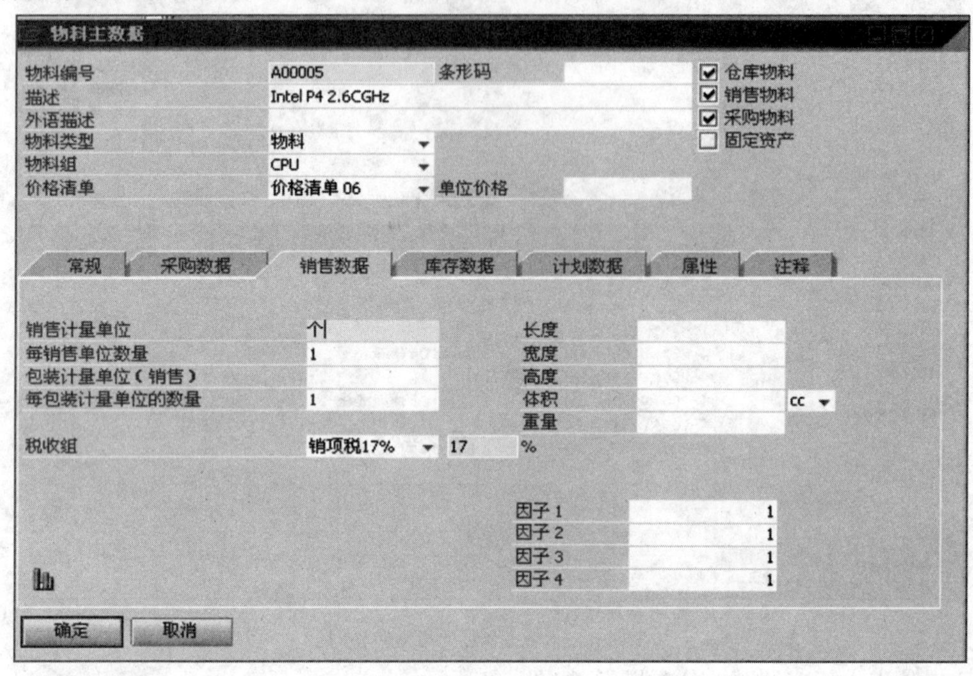

图 4-7 物料主数据

1. 物料主数据——表头

参见本书第三篇第 6 章的相关内容。

2.“采购数据”选项卡

参见本书第三篇第 6 章的相关内容。

3.“销售数据”选项卡

- 销售计量单位：创建销售单据时默认使用的销售计量单位。
- 每销售单位数量：该销售计量单位换算成此物料的基本计量单位的数量。

注意

当该物料发生销售业务后，每销售单位数量不可以再被更改。

- 包装计量单位(销售)：创建销售单据时默认使用的包装计量单位。
- 每包装计量单位的数量：该包装计量单位换算成此物料的基本计量单位的数量。
- 长度、宽度、高度、体积：

在这些字段中输入相关的数值及长度单位。当输入长度、宽度及高度时，在数值及长度单位之间不要加空格(正确的输入方式示例：10cm)。

用户可自定义长度单位及其换算关系(详见本书第四篇的相关内容)。

如果在系统设置中指定了默认的长度单位(管理→系统初始化→ 一般设置→显示选项卡)，那么，在输入长度、宽度、高度的数值后按 Tab 键，系统就会在数值后自动添加默认的长度单位。

系统会按照所输入的长度、宽度和高度自动计算体积，用户可选择不同的体积单位。

用户也可以不输入长度、宽度和高度，而直接输入体积及选择体积单位：

- 重量：在此字段中输入重量数值及重量单位，在数值及单位之间不要加空格。

如果在系统设置中指定了默认的重量单位(管理→系统初始化→一般设置→显示选项卡),那么,在输入重量的数值后按 Tab 键,系统就会在数值后自动添加默认的重量单位。

• 税收组:在该字段中指定物料销售时是否应收增值税,以及税率是多少。如果物料已指定了增值税,那么,当创建销售单据时,此增值税会自动添入到表体行数据的增值税中。如果在客户和物料主数据中都指定了增值税,那么,当创建销售单据时,系统会优先使用客户主数据中的增值税。如果物料已指定了增值税,那么,当创建销售单据后,该增值税会过账到相应财务科目中。增值税对应财务科目的定义参见"管理→定义→定义税收组"。

【提示】

(1)如果该物料已被使用于销售单据中,则它的每销售单位数量不能再被更改。

(2)销售数据中的计量单位和包装计量单位可与采购数据中的不同。

(3)在系统中不能指定物料的基本量度单位名称。

(4)创建销售单据时,所销售物料的包装数量会根据销售数量、是否使用基本计量单位(默认为否)进行销售,以及该物料主数据设置中的销售计量单位、每销售单位数量、包装计量单位、每包装计量单位的数量计算出来。

(5)销售数据中的长度、宽度、高度、体积及重量可以从采购数据中复制过来(在采购数据中点击 >> 按钮)。

4."常规"选项卡

参见本书第三篇第 6 章的相关内容。

5."库存数据"选项卡

参见本书第四篇的相关内容。

6."属性"选项卡与"注释"选项卡

与业务伙伴主数据中的"属性"和"明细"选项卡类似,可为该物料选择一个或多个属性,并为其输入详细的介绍信息,并且可以选择图片。但一个物料最多只能选择 64 个属性,这是由物料属性定义所限制的。

二、物料业务单据一览

用户可以在维护物料主数据时,查看该物料的相关应收发票和应付发票。点击图标可进入相应的图形分析界面。

4.2.4 价格维护

在 SBO 系统中,物料的价格是指以基本量度单位为数量的物料的价格。物料价格可在价格清单中定义,也可在物料主数据中直接修改。价格清单也可用于客户主数据中。当创建销售/采购单据时,单据中物料的价格会根据客户或物料主数据的价格清单自动添入(当然也可以手工更改价格)。如果客户和物料都指定了价格清单,则在创建销售/采购单据时,客户的价格清单具有较高的优先级。

如果想为经常采购的客户,或者采购大量物料的客户提供比偶尔采购或采购少量物料客户更低的价格,则需要定义不同的价格清单,也可以根据客户的规模定义价格清单。

此外,还可以定义特殊价格。特殊价格可以针对特定时期有效,例如促销时期。特殊价格还可以基于数量的多少进行定义。

一、定义价格清单

可以在系统中输入不同的价格清单,以便于系统可以针对相关的交易建议使用不同的物料价格。

路径：

菜单	SBO→库存→价格清单

界面：如图 4-8 所示。

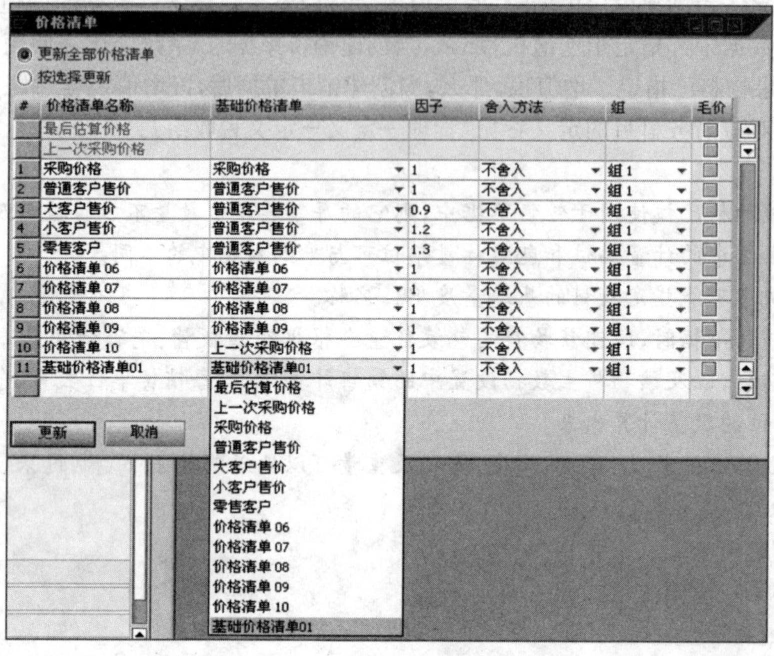

图 4-8 价格清单

1. 定义基础价格清单

可以定义一或多个基础价格清单，也可以更改系统中已有的价格清单。

如下例所示，创建一个名为“基础价格清单 01”的基础价格清单。

步骤 1：进入“价格清单”界面后，使用“主菜单→数据→添加行”来创建新的价格清单（也可使用快捷键 Ctrl+I）。

步骤 2：在新增行中输入价格清单名称，之后此价格清单名称会自动在基础价格清单下拉列表中显示出来。由于要增加一个基础价格清单，所以选用此价格清单为基础价格清单。

步骤 3：输入价格清单的其他数据项。

• 因子：基础价格清单要乘以的因子，由于要增加一个基础价格清单，所以因子设为 1。

• 舍入方法：选择不舍入、舍入到整小数位金额、舍入到整金额或舍入到整十位金额。

• 组：价格清单所属的（权限）组。使用（权限）组可以控制用户对价格清单的访问权限（全部、只读或没有权限，详见“管理→权限”）。

步骤 4：点击“更新”按钮，保存创建的价格清单。

步骤 5：在价格清单中定义物料的价格。用鼠标双击价格清单的行号，可进入价格清单的显示界面。

• 价格清单的更新/显示方式：更新/显示全部或符合选择条件的价格。

• 价格清单显示界面：见图 4-9。

由于“基础价格清单 01”是新建的基础价格清单，所以当前的所有价格全部为空。

为物料输入价格后，点击“更新”。

步骤 6：保存已输入的价格，完成一个价格清单的定义过程。在价格清单显示界面中，点击“更新”。

基础价格清单01

查找　　□ 毛价

#	物料号	物料描述	基础价格	单位价格
1	A00001	Intel 赛扬 2.4GHz		
2	A00002	Intel P4 XEON 1.8GHz		
3	A00003	Intel P4 XEON 2.4GHz		
4	A00004	Intel P4 2.8GHz		
5	A00005	Intel P4 2.6CGHz		
6	A00006	AMD Athlon XP 2000+		
7	A00007	AMD Athlon XP 1800+		
8	A00008	AMD Athlon XP 2700+		
9	A00009	AMD Athlon XP 2200+		
10	B00001	Kingmax 512MB DDR 333		
11	B00002	Kingmax 256MB DDR 266		
12	B00003	512MB DDR 266		
13	B00004	256MB DDR 400		
14	B00005	256MB RAMBUS PC800		

确定　取消　清除　选择标准

图 4-9　基础价格清单

2. 定义关联价格清单

如图 4-8 所示，“大客户售价”即为基于“普通客户售价”的关联价格清单，即物料在“大客户售价”中的价格，等于“普通客户售价”的价格乘以 0.9。

关联价格清单中的价格是系统根据其基础价格清单及因子自动计算出来的，也可以手工更改价格。手工更改关联价格清单中的价格后，“手动”选择框会自动被选中。

注意

当某一价格的“手动”选择框自动被选中后：

(1)即使基础价格清单的价格或此关联价格清单的因子变化，该价格也不会变化。

(2)如果希望这一价格根据基础价格清单的价格或此关联价格清单的因子发生变化，则必须清除其“手动”选择框。

【提示】

(1)可以让所有价格清单参考基础价格清单，或以其他价格清单作为参考的“基础价格清单”。

例如：可以指定价格清单 1 乘以因子 1.5 来计算价格清单 2，价格清单 1 乘以因子 1.65 计算价格清单 3，也可以指定价格清单 2 乘以因子 1.1 计算价格清单 3(因子 1.5 乘以因子 1.1 等于 1.65)。价格清单 3 的价格是相同的。

(2)系统预定义了一些价格清单，可以使用或修改这些价格清单，也可创建新的价格清单。

3. 删除价格清单

选中要删除的价格清单，然后选择“主菜单→ 数据→ 删除行”，或使用快捷键 Ctrl+K。

注意

(1)如果基础价格清单被关联价格清单所使用，则在删除所有关联关系之前(删除关联价格清单或更改关联价格清单所关联的基础价格清单)，此基础价格清单不可被删除。

(2)如果价格清单被业务伙伴主数据所使用，则此价格清单不可被删除。

4. 上一次采购价格

此价格清单为系统预置的价格清单，不可以对其作修改或删除。具体介绍参见第三篇第 6

章的相关内容。

二、定义特殊价格

物料价格通常在多个价格清单中被定义。如果要对不同的业务伙伴使用不同的物料价格，必须在业务伙伴主数据中指定价格清单，同样也可为业务伙伴主数据指定一般折扣。此折扣将对此业务伙伴的交易单据中所有物料的价格产生效用。

用户可能会经常根据特殊事件定义特殊价格。例如为某一特殊物料或某业务伙伴的属于特定物料组的特定物料定义特殊价格，还可能想要为特定客户使用进一步折扣，或基于已订购数量定义特殊价格。

创建业务交易时，例如付款发票或采购订单，系统将自动计算物料的价格。系统处理的步骤如下：

• 系统首先使用为业务伙伴定义的特殊价格。该特殊价格可基于特定日期或数量定义。

• 如果尚未定义特殊价格，系统将使用业务伙伴中定义的折扣组。

• 如上述条件不成立，系统将使用物料中定义的特殊价格，同样，该特殊价格可基于特定日期或数量定义。

• 如上述条件均不成立，系统将会使用价格清单的计算规则来计算价格。

如果折扣是根据特殊价格计算出来的，则可在交易单据的表体行数据的详细信息界面看到此折扣。

路径：

菜 单	SBO→库存→价格清单→特殊价格→业务伙伴的特殊价格

1. 业务伙伴的特殊价格

如图 4-10 所示。

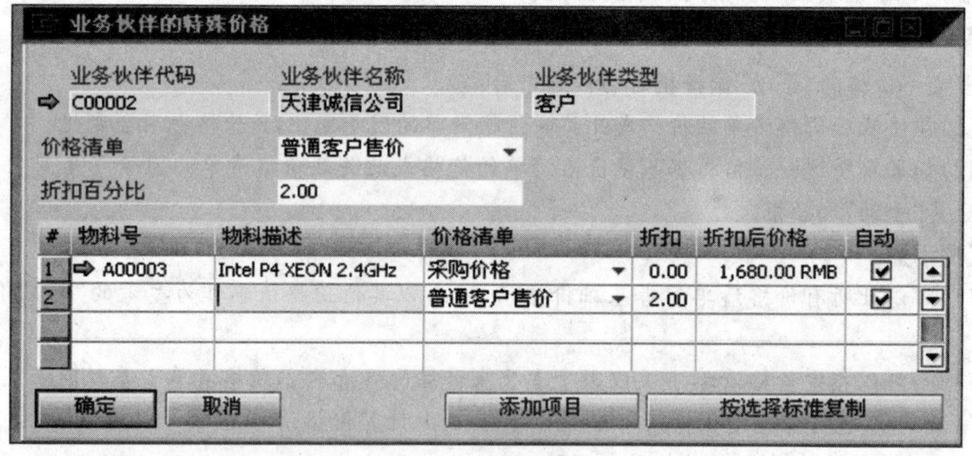

图 4-10 业务伙伴的特殊价格

(1)为业务伙伴定义特殊价格。

步骤 1：选择业务伙伴。

步骤 2：选择价格清单。

选择一个价格清单，也可以选择“没有价格清单”。若选择“没有价格清单”，则此特殊价格不会根据价格清单计算，而是需要手工输入。

步骤 3：输入折扣百分比。

系统会默认将此折扣百分比用于此特殊价格表体中所有的物料，用户也可以为物料自行输入折扣百分比。

步骤 4：将物料加入到此特殊价格清单。

在表体中输入物料编号或选择物料，物料描述会自动显示出来。然后为此物料选择价格清单，也可以选择“没有价格清单”。系统会自动使用表头中输入的折扣百分比，用户也可以自行输入。价格会根据所选的价格清单及折扣百分比自动进行计算，也可以手工输入。

选择“自动”选项框后，其价格会根据价格清单中价格的变化而变化。系统会默认自动选择此选项框，也可以将它清除。

步骤 5：重复步骤 4，输入其他物料，完成后，点击“确定”。

【提示】

可以将特殊价格复制给其他业务伙伴。

(2)定义与日期相关的特殊价格。

在特殊价格清单的物料中，定义与日期相关的特殊价格。

步骤 1：选择特殊价格清单中的物料，双击物料的行号，进入“特殊价格-物料明细”界面，也可以通过“主菜单 → 定义特殊价格→ 行明细”进入界面。

步骤 2：输入有效期，价格清单，折扣，价格及自动选项框，类似于“将物料加入到此特殊价格清单”中所述。系统会自动使用创建特殊价格的日期作为起始有效期。可以为一个物料按不同期间定义多个特殊价格。

步骤 3：完成后，点击“更新”。

【提示】

为物料定义数量相关的特殊价格后，在“定义特殊价格”界面中，该物料会用蓝色显示。

(3)定义与数量相关的特殊价格。

如果要定义与数量相关的特殊价格，请按如下方式操作：

步骤 1：选择特殊价格清单中的物料，双击物料的行号，进入“期间的价格清单项目明细”界面，然后再在“期间的价格清单项目明细”界面中双击价格期间的行号，进入“特殊价格-层次结构”界面，如图 4-11 所示。

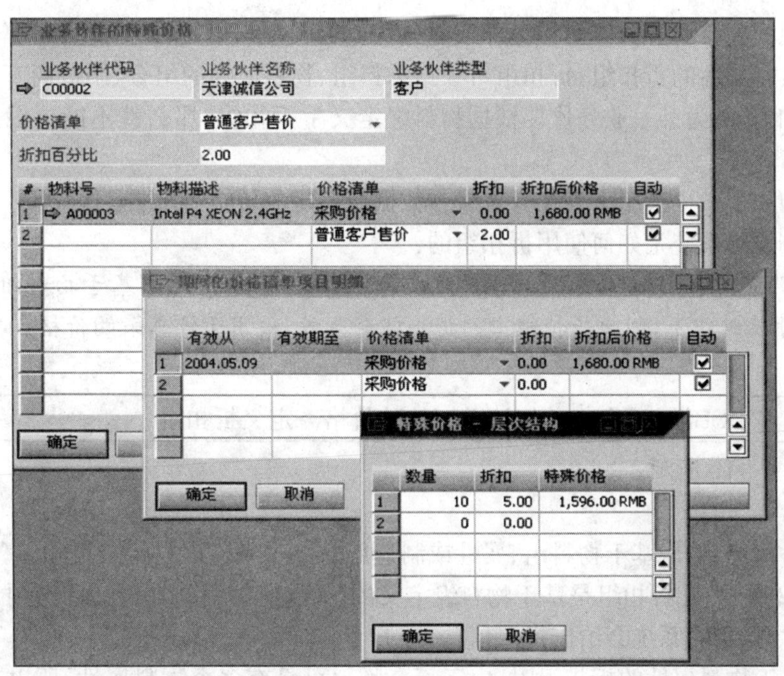

图 4-11　定义与数量相关的特殊价格

步骤 2:输入数量、折扣,系统会自动计算出价格。

步骤 3:完成后,点击“确定”。

注意

• 用户不一定要先定义与日期相关的特殊价格,然后再为其定义与数量相关的特殊价格。如图 4-11 所示,即为直接定义的与数量相关的特殊价格(“有效期至”为空)。

• 在定义与数量相关的特殊价格时,不可以像定义与日期相关的特殊价格那样手工输入价格。与数量相关的特殊价格是系统自动计算出来的,并会在相应价格发生变化时自动重新计算。

(4)复制特殊价格到选择标准。

使用此功能,可以将为某一业务伙伴定义的特殊价格复制到符合条件的其他业务伙伴。

路径:

菜 单	SBO→库存→特殊价格 →复制特殊价格到选择标准

• 替换所有物料:系统将为选定的业务伙伴复制物料的所有特殊价格,不管特殊价格是否已经为其他业务伙伴定义。因此,将添加特殊价格,并且如果有必要,还将覆盖特殊价格。

• 仅替换现有物料:系统将更改该复制过程的源业务伙伴和目标业务伙伴存在的所有物料的特殊价格。

• 不替换物料:系统将添加该复制过程的目标业务伙伴不存在的物料的所有特殊价格。源业务伙伴和目标业务伙伴存在的物料的特殊价格不会发生任何更改。

(5)全面更新特殊价格。

使用该功能,用户可以根据定义的规则更新系统中所有特殊价格。

路径:

菜 单	SBO→库存→价格清单→特殊价格→全面更新特殊价格

2. 定义折扣组

如果不想为一个业务伙伴而将全部或部分物料定义与其相关的特殊价格,那么也可以选用为其定义更具一般性的折扣组,折扣组可根据物料组、物料属性的组合、制造商三个条件之一进行定义。例如,若已为某一业务伙伴根据物料组定义了折扣组,那么就不能再根据制造商为其定义折扣组了。

折扣组中的折扣也会用于为业务伙伴主数据所指定的价格清单中。

下面举例说明系统是如何使用折扣组的:

客户 A 购买物料 B,如尚未为此客户定义特殊价格,而是定义了基于物料组 C 的折扣组,且物料 B 属于物料组 C,则此折扣组中的折扣就会生效,被用于计算采购价格。

路径:

菜 单	SBO→库存→价格清单→特殊价格→定义折扣组

界面:如图 4-12 所示。

操作:

选择业务伙伴,然后基于物料组、属性或制造厂商 3 个条件之一定义折扣组。

如图 4-12 所示,此折扣组是基于物料组定义的,如果此时用户在“属性”选项卡中也更改了折扣,当点击“更新”时系统会给出提示信息。

当定义基于物料属性的折扣组时,由于一个物料可具有多个物料属性,所以在定义时需要选用折扣关系,如图 4-13 所示。

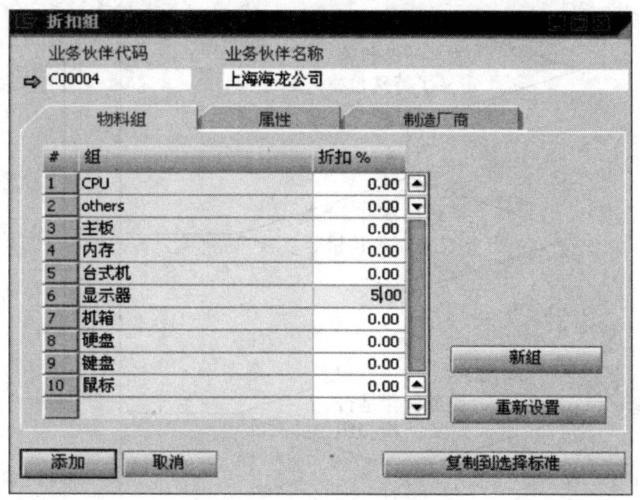

图 4-12　定义折扣组——物料组

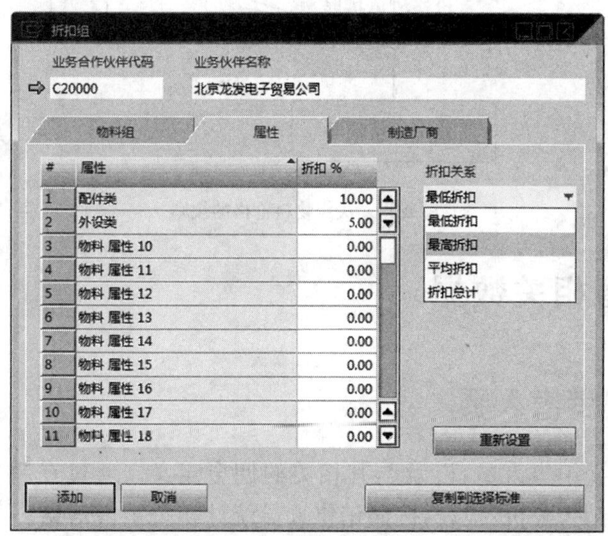

图 4-13　定义折扣组——属性

此折扣组为基于物料属性的折扣组，其中配件类的折扣为 10%，外设类的折扣为 5%，如有一物料 A 既具有外设类的属性，也具有整机类的属性，则它的折扣会根据所选的折扣关系按表 4-3 计算：

表 4-3　　折扣关系举例

折扣关系	折扣
最低折扣	5%
最高折扣	10%
平均折扣	7.5%
折扣总计	15%

三、总　结

由于在 SBO 中可以为同一物料定义多种形式的价格，这时系统会按照图 4-14 中的规则在业务单据中决定物料的价格。

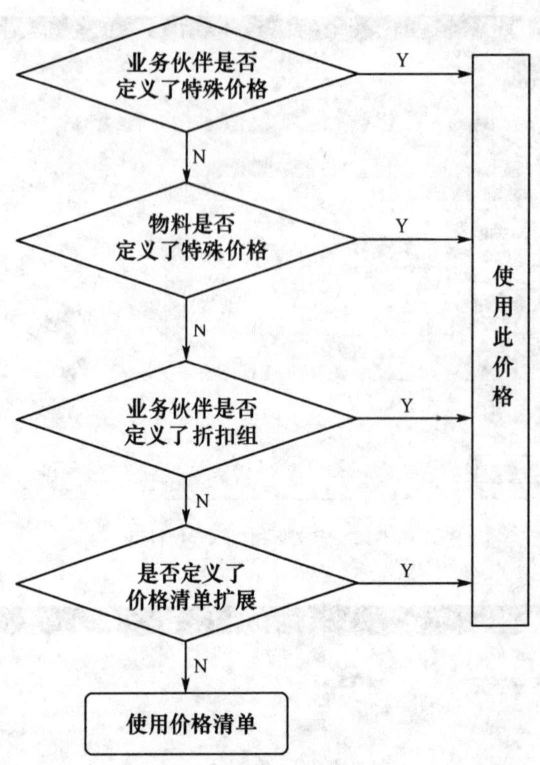

图 4-14 决定物料价格的规则

4.3 其他销售相关数据

4.3.1 定义销售人员

在系统中可以定义销售人员，以及与其相关的佣金定义。通过在销售单据中指定销售人员，管理者可以通过"销售分析"报表，按照销售人员统计相关销售信息。

路径：

菜 单	SBO→管理→设置→常规→销售员

界面：如图 4-15 所示。

#	销售代表姓名	佣金组	佣金 %
1	-无 SE-	用户定义佣金	
2	张涛	经理	10
3	李惠	职员	6
4	阳杨	职员	6
5	王励勤	职员	6
6	陈丽	经理	10
7	李丽红	职员	6
8		用户定义佣金	

图 4-15 定义销售员

操作:

• 创建:将光标移动到新的一行,输入销售代表姓名、佣金组、佣金百分比及备注,然后点击“确定”。

• 修改:将光标移动到需要修改的销售代表,修改所需项后,点击“确定”。

• 删除:无法删除已添加的销售人员。

• 缺省值:将选定的销售代表设置为系统缺省的销售代表。选择一个销售代表,点击“缺省值”。当相关主数据或交易单据未指定销售代表时,系统自动使用默认的销售代表。默认的销售代表会用粗体显示,可以随时改变系统默认的销售代表。

4.3.2 定义佣金组

一、使用佣金计算

• 如果需要系统自动计算佣金,则需要在系统初始化过程中选中“一般设置”,按“设置佣金”下的相关选项。只有在此选项被选中后,佣金组相关信息才会在销售代表、客户及物料中显示。

路径:

菜 单	SBO→管理→系统初始化→一般设置→设置佣金

• 如需要为销售代表计算佣金,需要为销售代表指定相应的佣金组。

• 如需要为客户或物料计算佣金,需要在客户或物料主数据中指定相应的佣金组。

• 当创建销售单据时,系统会自动使用在客户主数据中指定的销售代表作为此单据的销售代表。如果已为此销售代表指定了佣金组,则此佣金组及其佣金百分比也会自动使用到此单据表体的行数据中。

如果在客户主数据中指定了佣金组,则在创建销售单据时,系统会自动使用此佣金组。如果在销售代表和客户主数据中都指定了佣金组,销售单据将会使用为销售代表定义的佣金组。

二、定义佣金组

可以为销售代表、物料或客户定义佣金。在输入销售单据时,可以在单据级别或在单据行项目级别指定佣金。在单据级别指定的佣金会自动复制到单据的行项目。

路径:

菜 单	SBO→管理→设置→常规→佣金组

界面:如图 4-16 所示。

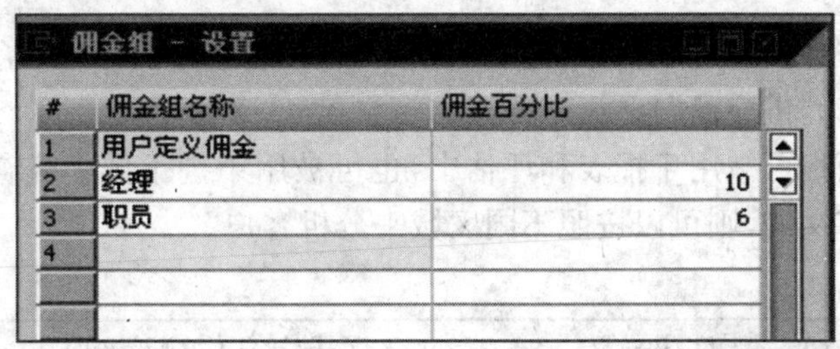

图 4-16 定义佣金组

操作:

• 创建:将光标移动到新的一行,输入佣金组名称及佣金百分比,然后点击“更新”。

• 修改:将光标移动到需要修改的佣金组,修改其名称或百分比后,点击“更新”。

• 删除:无法删除已添加的佣金组。

结构：

• 佣金组名称/佣金百分比：要计算每个销售员工的佣金，定义佣金组并将它们分配给销售员工，佣金百分比显示在销售单据的行中。要计算某物料或客户的佣金，必须在主记录中为该物料或客户指定定义的佣金组。

若已在主记录中为客户定义了佣金，则在销售单据中应用该佣金。若已在主记录中为销售员工和客户定义了佣金，则在销售单据中使用客户佣金。

【提示】

(1)当数据发生改变后，按钮“确定”会变为“更新”。

(2)“用户定义佣金”为系统内置的佣金组，它是不可以修改的。注意此佣金组的佣金百分比为空，当使用到此佣金组时，用户需要手工输入佣金百分比。

4.3.3 定义销售阶段

使用此功能在系统中定义销售阶段。销售阶段在销售机会管理中用来记录和标识销售机会所经过的以及目前所处的阶段。

路径：

菜 单	SBO→管理→设置→销售机会→销售阶段

界面：如图 4-17 所示。

销售阶段 - 设置

#	名称	阶段编号	结算百分比	已取消
1	初次联系	1	6	☐
2	会议1	2	20	☐
3	会议2	3	50	☐
4	报价	4	60	☐
5	议价	5	80	☐
6				☐

图 4-17　定义销售阶段

结算百分比即当前销售阶段在整个销售进度中的百分比。此百分比也会用来计算此销售机会的加权金额(总预计金额×结算百分比)。通过选择“已取消”，可以取消激活销售阶段。在处理销售机会时，此销售阶段不可用。

4.3.4 定义客户组

创建业务伙伴主数据时，需要为其选择相应的客户组(业务伙伴为“客户”或“潜在客户”)或供应商组(业务伙伴为“供应商”)。

客户组或供应商组可被用于报表和评估中，也可被用于进行排序或查询。例如，如果客户组是按照区域进行定义的，则可以按照不同区域来分析客户。

路径：

菜 单	SBO→管理→定义→定义客户组(或定义供应商组)

4.3.5 定义业务伙伴属性

系统提供了 64 个可用于自定义的属性，可以利用这些属性记录业务伙伴的其他一些相关信息。

业务伙伴可以有一个或多个属性，同客户组(供应商组)类似，属性可被用在报表或评估中，也可被用于进行排序或查询。

路径：

菜单	SBO→管理→定义→业务伙伴→定义业务伙伴属性

【提示】

定义业务伙伴属性名称时建议连续定义属于同类的属性。

4.3.6 定义付款条款

用途：

该功能定义交易时客户或供应商的付款条款。

在业务伙伴的主数据中可以选择已定义的付款条款，也可以为系统设置默认的付款条款（管理→系统初始化→一般设置→销售选项卡）。

当在业务伙伴主数据中为其指定默认的付款条款后，则在为此业务伙伴创建业务单据时，系统会自动复制此付款条款，以及在付款条款中定义的付款日期、价格清单及总折扣。

路径：

菜单	SBO→管理→设置→业务伙伴→付款条款

界面：如图 4-18 所示。

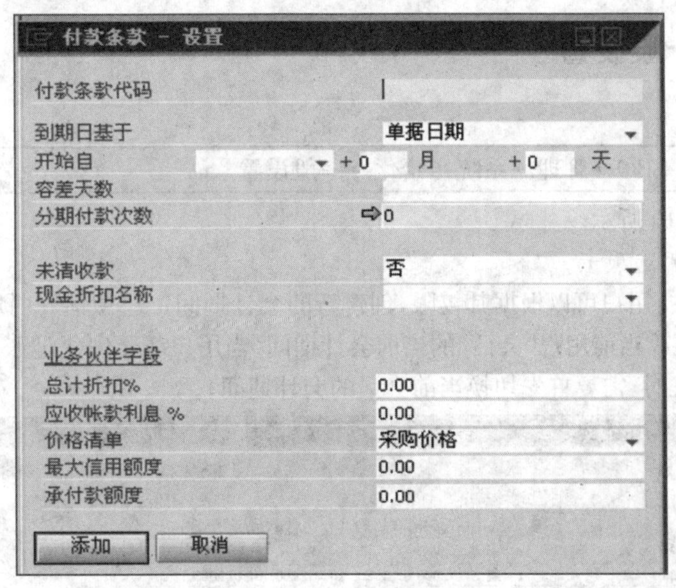

图 4-18　定义付款条款

• 到期日基于：选择基于销售发票中的"过账日期"、"计税日期"还是"系统日期"来计算"起息日"（销售发票的应付日期）。

• 开始自：选择是由"月初"、"月中"还是"月末"开始，再加上所输入月份数及天数来计算"起息日"。如果基本日期在 15 日之前，"月中"就为当月 15 日，否则，月中就是这个月的最后一天。如 2003 年 10 月 13 日的"月中"为 2003 年 10 月 15 日，而 2003 年 10 月 23 日的"月中"为 2003 年 10 月 31 日。例如，发票的过账日期为 2003-10-10：

如付款条款为"当前月末＋1 月份＋6 天数"，则到账日期为 2003-12-07。

如付款条款为"当前月初＋1 月份＋6 天数"，则到账日期为 2003-11-16。

• 分期付款次数：如果需要分期付款，则可以在这里定义每次分期付款的日期以及比例。

• 容差天数：输入允许的早于或迟于发票到期日的天数。

• 未清收款：在系统中创建发票后，可以立即指定付款数据。在这种情况下，收据必须与发票一起创建，否则无法添加发票。若想要创建发票后系统就自动显示用于输入付款方式的界面，则需设置此字段。若用于输入付款方式的界面根据此字段自动打开，则客户必须支付发票上的全部金额。若选择“否”，则界面将只在调用带收据的发票功能时才自动打开。在这种情况下，可调用用于手工输入常规发票付款方式的界面。

• 现金折扣名称：设置相应的现金折扣比例，并在系统管理中设定现金折扣科目。系统将在客户提前付款时，按照设置的比例计算现金折扣。

• 最大信用额度：用于对客户的未清销售订单、发货以及应收账款的检查。

• 总计折扣%：当在业务伙伴主数据中选择付款条款后，付款条款中的总计折扣会自动复制到主数据中，但创建交易单据时，此总计折扣也会被自动复制到交易单据中去。

• 应收账款利息%：利用此字段输入对于客户的年度未清余额所要收取的利息。此字段只是一般信息性字段，不参与任何财务运算。

• 价格清单：类似总计折扣，会自动复制到客户或供应商主数据中，并会被复制到此客户或供应商的交易单据中。

4.4 销售管理系统设置

4.4.1 一般设置

路径：

菜 单	SBO→管理→系统初始化→一般设置

界面：如图 4-19 所示。

1. “过账期间”选项卡

在此选项卡中，用户可以根据其权限，创建新的会计期间，或“激活”/“锁定”现有会计期间以进行结账，或更改当前用户“会话”的当前会计期间（当用户需要创建过账日期在以前会计期间中的单据或凭证时，需要首先切换当前会话的会计期间）。

图 4-19 销售管理的一般设置

2. “销售”选项卡进行与销售相关的系统设置

设置在创建销售业务单据时，是否进行承付额度和信用额度的检查。若同时选择了这两个选择框，则在创建销售业务单据时同时检查这两项限额。信用额度表示尚未付款的应收发票中所允许的总金额，再加上未完成的交货单余额（如果选择了“考虑交货余额”）；承付额度还包括了客户科目的未清余额。

4.4.2 凭证编号设置

在 SBO 中，用户可以为以下业务单据设置其单据的编号规则：报价、销售订单、交货、销售退货、应收发票、应收贷项凭证、收款、付款、采购订单、采购收货、采购退货、应付发票、应付贷项凭证、到岸成本、非经营性收货、非经营性发货、库存转储和生产指令。

路径：

菜 单	SBO→管理→系统初始化→凭证编号

4.4.3 凭证设置

路径：

菜 单	SBO→管理→系统初始化→凭证设置

凭证设置界面如图 4-20 所示。

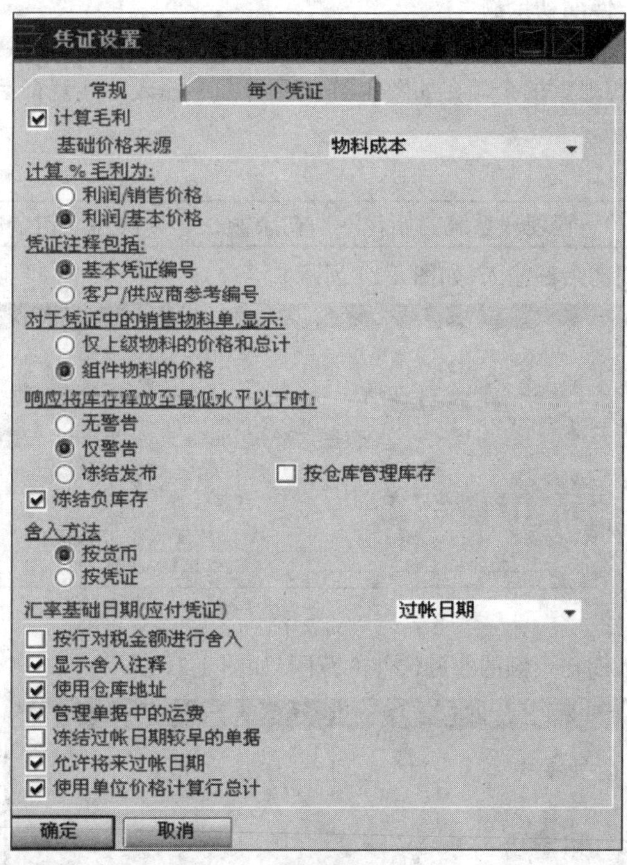

图 4-20 销售管理凭证设置

• 计算毛利：设置在创建销售单据时，是否计算毛利。

• 基础价格来源：选择计算毛利时默认使用的成本价格。建议使用某一“采购价格清单”或“上一次采购价格”，不建议使用“最后计算成本”。

• 计算%毛利为：选择毛利率的计算公式。

• 凭证注释包括：设置当由基础凭证生成目标凭证时，目标凭证中的备注字段包括的信息。

• 对于凭证中的销售物料单，显示：选择业务单据中销售树的显示方式。

• 响应将库存释放至最低水平以下时：设置发生此种情况的处理方法。

• 按仓库管理库存：按仓库分别检查物料的最小库存，还是全部仓库一起检查。

• 舍入方法：设置差异的舍入，一般均设为不舍入。

• 汇率基础日期（应付凭证）：当发生外币业务时，选择使用哪一日期的汇率。

• 按行对税金额进行舍入：设置是否在业务单据的行项目上即按照系统中“金额”的小数点位数进行舍入。如设成“否”，则在单据总计时再进行舍入。需谨慎使用此设置。

• 显示舍入注释：当发生舍入差异时，自动添加注释。

• 使用仓库地址：当进行收货时，默认使用收货到仓库的地址。

• 冻结过账日期较早的单据：设置在创建会自动生成财务凭证的业务单据时（如收/发货单，应收/应付发票），是否允许过账日期早于已创建的单据的过账日期。

4.4.4 期初余额

4.4.4.1 业务伙伴期初余额

在正式使用系统之前，需要录入业务伙伴的期初余额（应收、应付账款），根据整理的期初业务伙伴的应收或应付账款的余额在如图 4-21 所示界面中输入。注意最后应与总账科目期初科目余额达到试算平衡。

路径：

菜 单	SBO→管理→系统初始化→期初余额→业务伙伴期初余额

（1）业务伙伴的期初余额输入（如图 4-21 所示）。

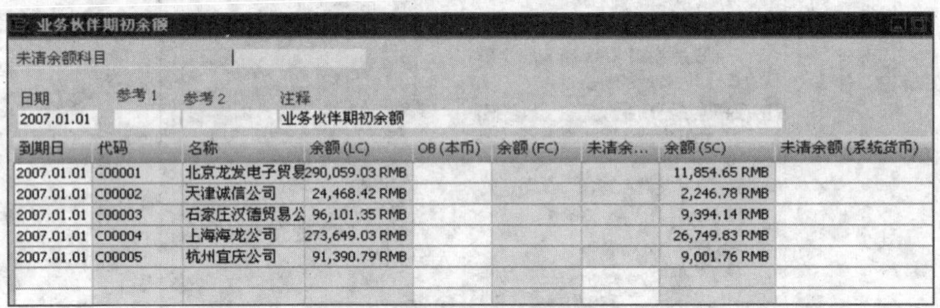

图 4-21 业务伙伴期初余额

（2）选择所要输入期初余额的业务伙伴的范围（如图 4-22 所示）。

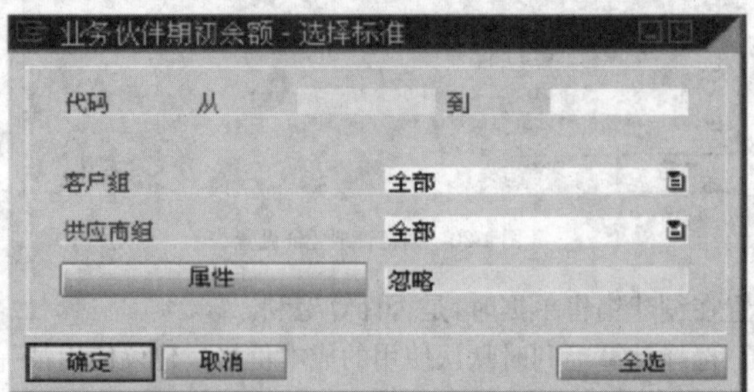

图 4-22 业务伙伴期初余额-选择标准

注意

(1)期初余额科目:为业务伙伴期初余额时所使用的对应科目。

(2)日期:期初余额过账日期,一般设为月初或月末。

(3)OB(本币)/未清余额(外币):业务伙伴的本币或外币余额。

(4)输入期初余额时,借方余额输入为正数,贷方余额输入为负数。

4.4.4.2 物料期初余额

在正式使用系统之前,用户还需要输入物料的期初库存数量和成本。

路径:

菜单	SBO→库存→库存交易→初始数量,库存跟踪和库存过账

界面:如图 4-23 所示。

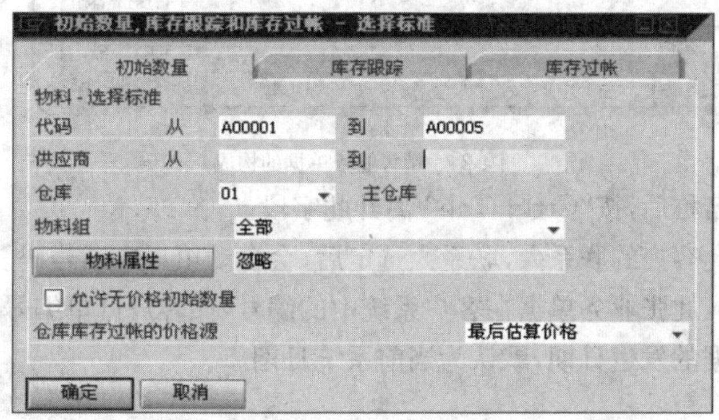

图 4-23 物料期初余额选择标准

要点:选择所要输入期初余额的物料范围。允许只输入物料的初始数量,而成本价格为零。

注意

(1)期初余额科目:为物料期初余额时所使用的对应科目。

(2)日期:期初余额过账日期,一般设为月初或月末。

(3)开始数量:输入物料的期初数量。

(4)价格:输入物料的期初成本价格(本位币)。

4.5 业务单据

4.5.1 业务单据数据项

在 SBO 中,销售和采购部分的业务单据的基本操作方法和页面的数据项基本相同,所以在这一节进行统一介绍。每个业务单据的不同之处,将在各个部分分别介绍。

业务单据的窗体可分为如图 4-24 所示的三个部分:

1."表头"中的数据项

• 客户:选择或输入客户代码。

• 名称:客户代码输入后,客户名称会自动显示出来。如果要使用与业务伙伴主数据中不

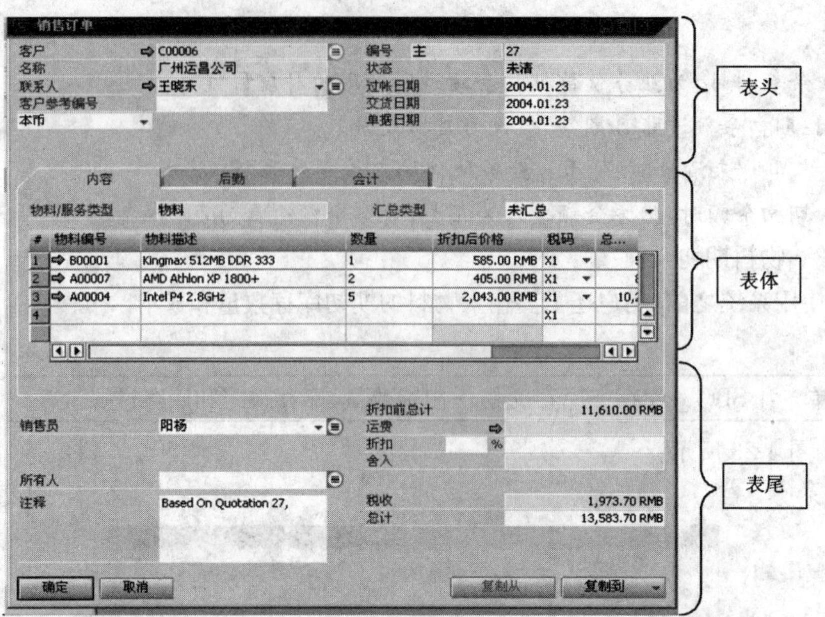

图 4-24 销售业务单据的构成

同的名称，则在修改名称后，按“Ctrl＋Tab”离开此字段。

• 联系人：选择此客户的联系人，联系人选定后，会自动填入电话号码。

• 客户参考编号：此张业务单据在客户系统中的编号，如客户订单编号。

• 过账日期：单据的发生日期，默认为当前系统日期。

注意

(1)过账日期只能小于等于当前的系统日期。

(2)如果过账日期不在当前的会计期间内，则需要先更换当前的会计期间，才能创建这样的业务单据。建议在实施顾问的指导下进行此项操作。

2. “表体”中的数据项

(1)“内容”选项卡。

• 物料/服务类型：选择单据类型为“物料”还是“服务”，参见 4.5.3.2。

• 汇总类型：选择表体中行项目的显示方式，是“未汇总”、“按照物料”还是“按照凭证”进行汇总。

• 物料编号：选择或输入物料代码。

• 物料描述：输入物料代码后，物料描述会自动显示出来。如果要使用与物料主数据中不同的描述，则在修改后，按“Ctrl＋Tab”离开此字段。

• 数量：如果为物料定义了“销售计量单位”和“每计量单位数量”，则将在此处输入的数量默认为以销售计量单位计算的数量。如需要输入的数量是基于物料的基本计量单位，则需要在“行明细”中或通过“设置”显示“基本单位”来进行修改。

• 折扣后价格：不含税价格。在此字段中按“Ctrl＋Tab”可进入“上次价格报表”界面，显示此物料在之前的销售单据中的价格历史。

• 仓库：此行项目所对应的发货或收货的仓库。建议通过“设置”将此列显示在表体中。

• 总计：行项目的不含税总计。

(2)“后勤”选项卡。

• 发运至/收票方：此单据的发货、开票地址。

• 拣配/采购订单/已批准/部分交货：这些数据项只在“销售订单”中出现，详细介绍参见第5章5.1.3节的内容。

• 提货备注：只在销售订单和交货单中出现，用于填写提货时的备注信息。

• 发运方式：此单据所采用的发运方式。

(3)“会计”选项卡(如图4-25所示)。

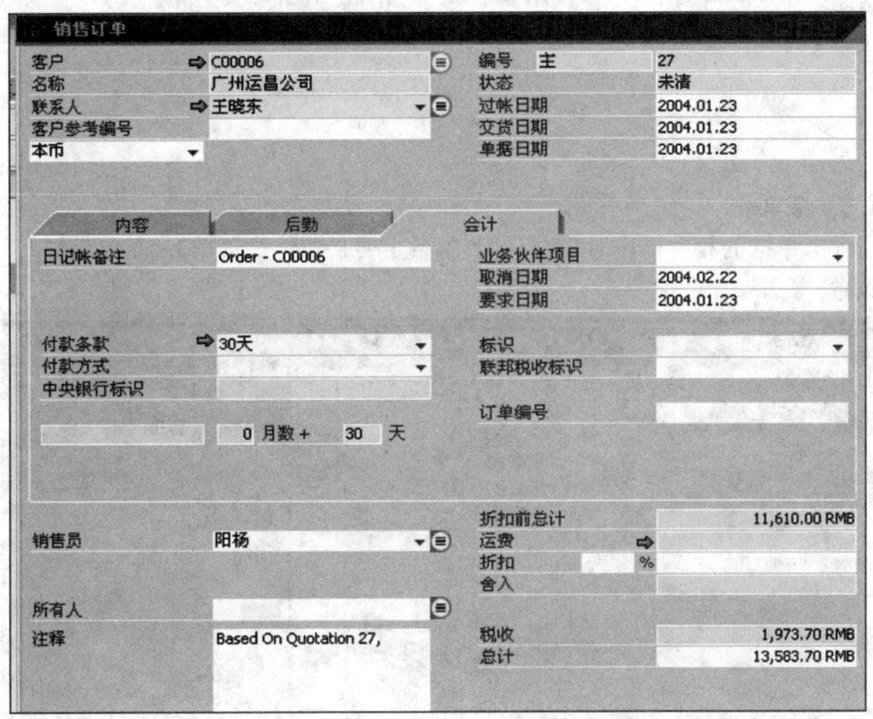

图4-25 销售订单——“会计”选项卡

• 日记账备注：系统自动生成的备注信息，如此业务单据会生成财务凭证，则可以从这里直接连接到财务凭证。

• 业务伙伴项目：为此业务单据指定所属的项目，以便用于项目核算。

• 取消日期/要求日期：只在“销售订单”中显示，用于“拣配”功能，指定要求拣配的日期和取消拣配请求的日期。

3.“表尾”中的数据项

• 销售员：负责执行此销售单据的销售负责人，可用于以后按销售员进行销售分析。更改销售员后，系统会提示“是否(使用销售代表的佣金)更新到行项目”。

• 运费：可点击添加运费信息。

• 折扣：在此可以按百分比或实际折扣数额输入为此单据打的折扣。

• 折扣前总计：用户也可以自行更改单据的总计，增加或减少的金额将计入到折扣当中，并且会重新计算税额。

4.5.2 业务单据基本操作

4.5.2.1 工具条

在进行业务单据的相关操作时，常用的工具条按钮如图4-26所示。

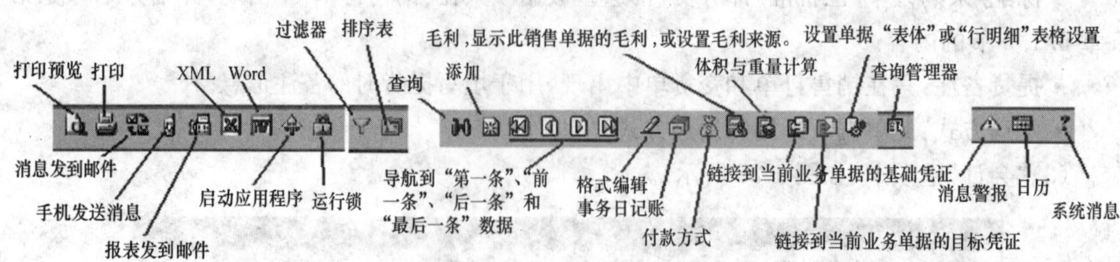

图 4-26 工具条说明

4.5.2.2 菜单条

在进行业务单据的相关操作时，常用的菜单条主要是“数据”菜单和“工具”菜单。如图 4-27 所示数据菜单。

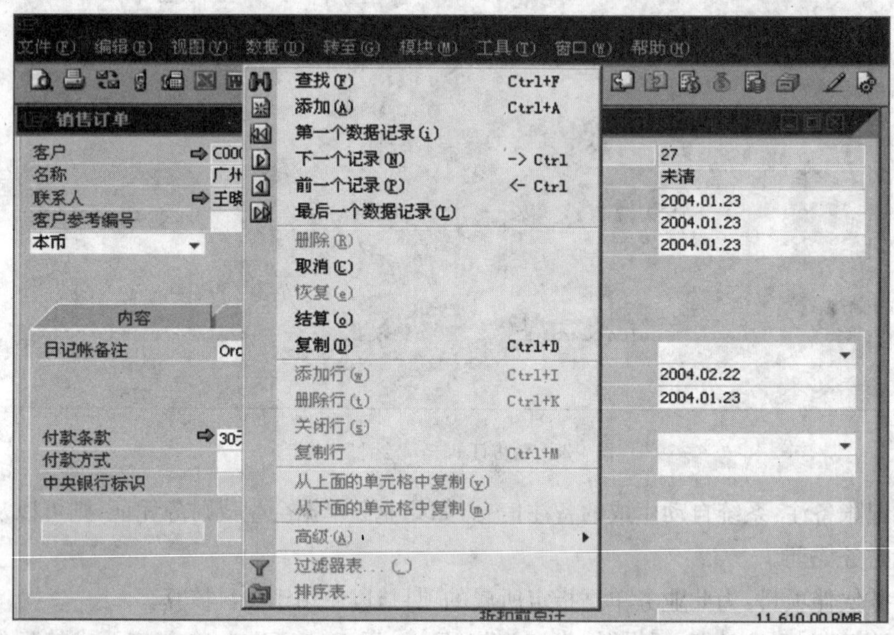

图 4-27 数据菜单

1. “数据”菜单

- 复制：复制当前单据中表体的内容到新的单据中。
- 添加行：在表体中添加新行。
- 删除行：删除表体中所选定的行。
- 复制行：复制选定的行到新行。

2. “工具”菜单

显示历史记录：显示当前单据的历史修改记录，并且可以通过点击“显示差额”按钮，比较其间的差异。

3. 打开业务单据表体中的行明细

在创建/修改业务单据时，可以打开表体中行项目的明细信息界面，以查看/输入更多的数据。业务单据行明细如图 4-28 所示。

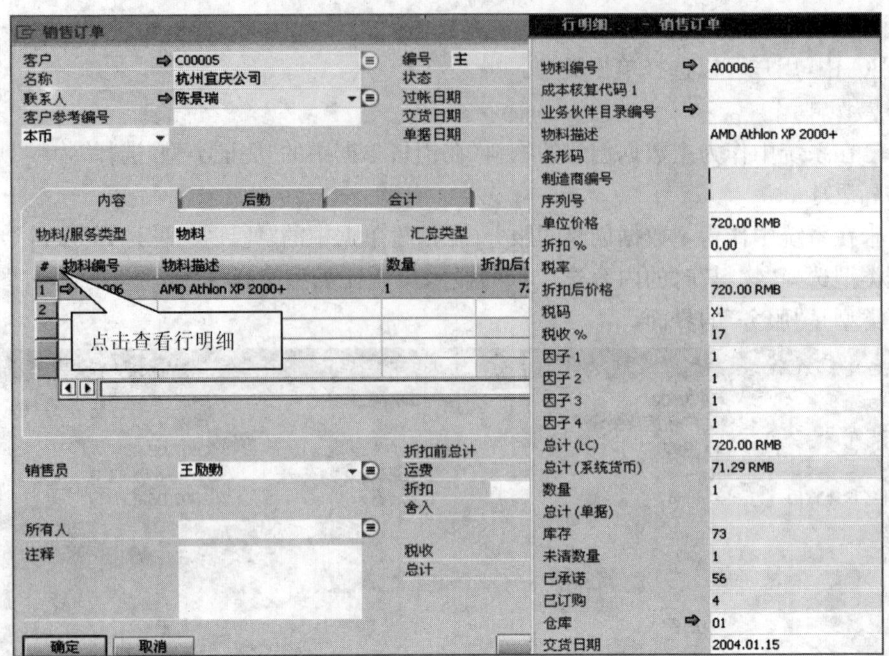

图 4-28 业务单据行明细

4.5.3 业务单据处理特点

一、业务单据的关联关系

在 SBO 中,业务单据是可以互相关联的。如发货单是基于销售订单创建的,则此发货单与销售订单之间就有了关联关系。这种情况下,发货单称为销售订单的“目标凭证”,而销售订单成为发货单的“基础凭证”。

强烈建议用户在创建业务单据时建立这种关联关系,因为:

• 当基于“基础凭证”创建“目标凭证”时,用户可以将“基础凭证”中行项目复制到“目标凭证”中,从而减轻工作量、减少人工输入错误。

• 当“基础凭证”中的全部行项目均已关联复制到“目标凭证”中时,则此“基础凭证”会自动关闭。已关闭的“基础凭证”不能再被关联复制到其他“目标凭证”中。

• 销售发票应该总是基于发货单而创建的,这样可以保证销售发票创建后不会发生库存被重复减少的情况。

例如:用户已经创建一发货单(系统会自动减少库存),但创建销售发票时没有基于此发货单而关联创建(实际上此发票确实是根据此发货单创建的),则系统在发票创建后也会自动减少库存,这样就会造成库存数据错误。

注意

(1)如果用户的业务流程需要同时创建发货单和发票,应该先创建发货单,再基于此发货单创建发票。

(2)用户可以使用“工具条”中的“基础凭证”和“目标凭证”,来快速查询当前单据的来龙去脉。基础凭证: 目标凭证:

(3)在今后的报表中,也可以利用这种关联关系,例如查看每个销售订单的发货单是什么,和它相关的销售发票的情况等等。

二、销售物料或服务

在 SBO 中,用户可以选择单据类型。

1. 销售物料

销售已在系统中作为主数据创建的物料(在销售单据中的“凭证类型”选择“物料”)。

2. 销售服务

销售未在系统中作为主数据创建的服务(在销售单据中的“凭证类型”选择“服务”)。

凭证类型选择“物料”时的内容选项卡的显示与凭证类型选择为“服务”时不同,图 4-29 所示为凭证类型是“服务”的界面。

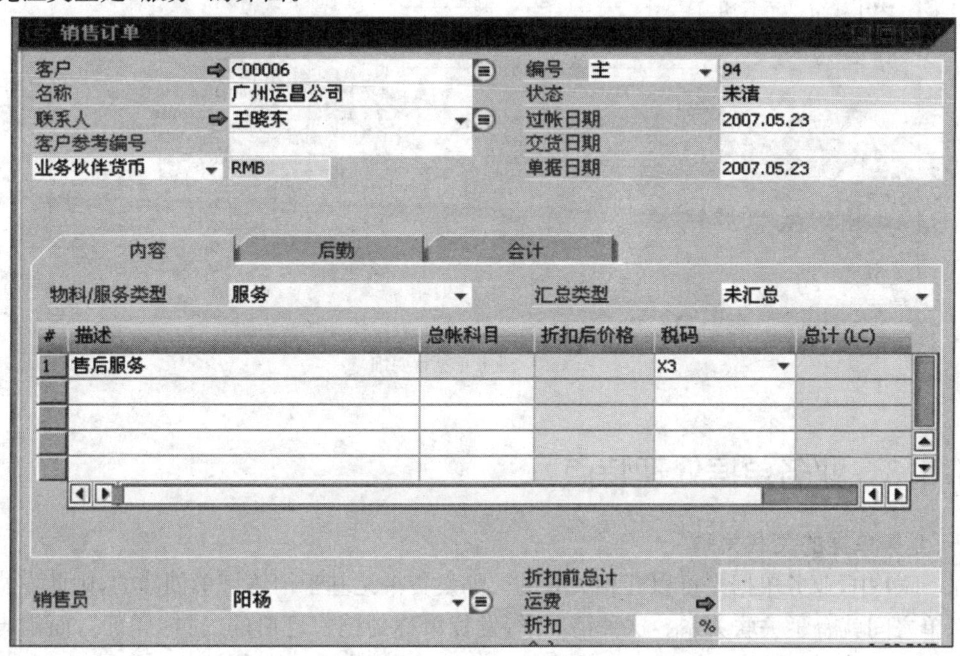

图 4-29 凭证类型——服务

三、一次性客户的销售

如果是销售给一次性客户(例如零售客户),可用以下选项:

(1)可以使用预定义的通用客户主记录创建销售单据,这个主记录是用来为一次性客户创建单据时使用的。

(2)如果一次性客户已直接支付全部发票金额并且不需要订单或交货单,则可以直接创建付款发票。

如果该一次性客户没有立即支付全部金额,而只支付了一部分,则应为该客户创建单独的客户主记录从而可以跟踪应收账款。

四、未清单据

在 SBO 中,将所有未关闭或未取消的业务单据,称为“未清单据”。例如,可根据下述条件判断业务单据是否属于未清单据:

(1)业务单据中的行项目尚未被完全复制到“目标凭证”,或只有部分数量被复制到“目标凭证”,该行项目为“未清”。

(2)只要业务单据的某一行项目还处于“未清”状态,则此业务单据就是未清单据。

(3)业务单据被手工“关闭”或“取消”,则此业务单据为“已清”。

(4)显示业务单据时,已部分交付/完全交付的行项目会以灰色突出显示。

系统中所有未清业务单据可以通过“报表→销售与采购未清单据”列出,以便于相关人员了解当前有哪些业务单据没有完成。

4.6 审批流程

SBO 定义审批流程是一个标准的流程，以控制销售/采购单据的创建过程。定义审批流程后，只有被批准的业务单据才能生成正式的单据，进而引起相应的库存变化及日记账条目。

4.6.1 定义审批流程的一般步骤

(1)确定公司的交易相关的审批流程；

(2)定义审批阶段；

(3)定义批准模板。

审批流程如下：创建凭证后，如需审批，则生成凭证草稿，草稿经批准后，转换为正式凭证；如未经批准，而是推迟审批或拒绝，则凭证草稿相应进入等待批准状态或被删除取消。

4.6.2 定义审批阶段

定义审批阶段是定义审批流程需要经过的批准阶段，如销售部门审批、财务经理审批或总经理审批。定义之后，当有审批凭证提交时，在审批人的客户端会弹出报警信息，由批准人进行审批，审批结果触发消息，发送消息给提请人。

路径：

菜 单	SBO→管理→审批流程→确认级别

界面：如图 4-30 所示。

此审批阶段需要“销售经理张涛”或“物流经理陈丽”二者之一批准才能通过。也可以设定二人同时批准，如图 4-31 所示。

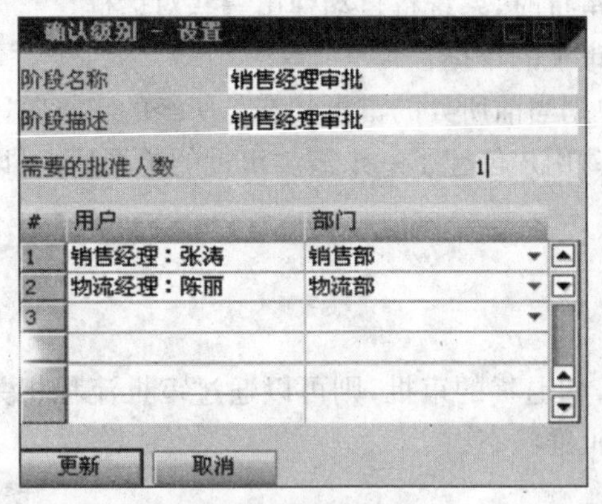

图 4-30 定义审批阶段(1)

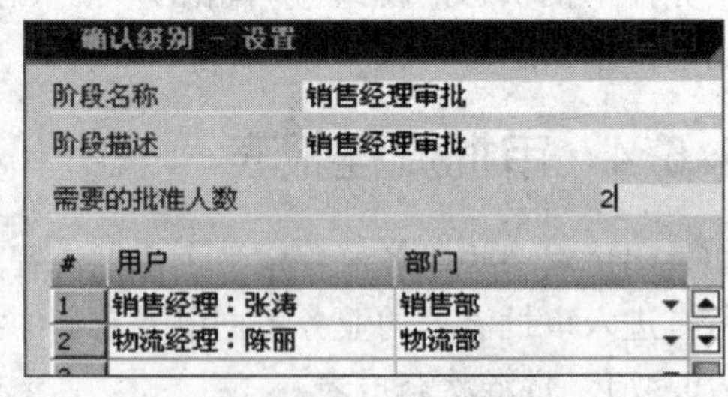

图 4-31 定义审批阶段(2)

4.6.3 定义批准模板

为需要的审批流程定义所使用的批准模板。这一步是为提请人作定义，确定什么凭证要提交审批，以及它的触发条件。

路径：

菜 单	SBO→管理→审批流程→批准模板

界面：如图 4-32 所示。

当列出的用户“李慧”为业务单据的创建者时，激活此审批流程模板。

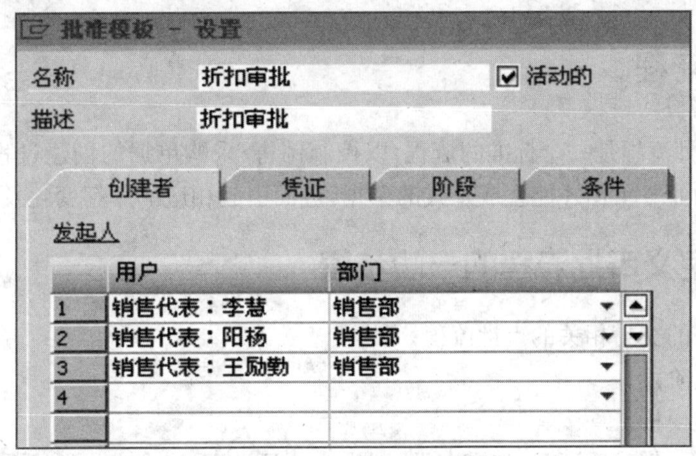

图 4-32 定义批准模板

要点：

(1)选择所需审批的业务单据，如销售订单、退货单。

(2)选择此审批流程需要经过的批准阶段。用户可以选择一个或多个批准阶段，当选择了多个阶段时，审批的顺序是按照阶段的先后顺序进行的，即排在前面的阶段会先被执行。

(3)同样也可以选择一个或多个审批被触发的条件，当选择了多个条件后，当所有条件均被满足时，审批流程才会被触发。

(4)使用审批流程的前提：

系统需要设置为使用审批流程的管理(一般设置→销售选项卡→凭证生成权限管理)，被定义为审批流程中的创建者的用户不能更改此设置。可以将用户指定一个部门，这样会对定义审批阶段非常有用。

审批流程是与消息报警紧密集成在一起的，审批流程基于系统在特定事件发送的消息来实现参与审批人员之间的通讯。当业务单据需要审批时，系统将自动弹出一些对话框。

经授权的用户可以通过两个报表来查询需审批的单据：

• 凭证审批阶段与状态报表：可显示业务单据当前所处的审批状态与所经的审批阶段。

• 凭证审批状态报表：业务单据的审批状态，用户创建了一个需要审批的单据后，可以查看此单据的审批状态。

4.6.4 审批流程报表

如果用户对一些业务流程定义了审批流程，如退货的审批，则可以通过审批流程相关报表查询所有进入审批流程的业务单据以及它们的批准状态。

4.6.4.1 批准状态报表

1. 条件选择

路径：

菜 单	SBO→管理→审批流程→批准状态报表

界面：如图 4-33 所示。

• 凭证状态：选择所要查询的业务单据的审批状态。

• 发起人：业务单据的创建人。

• 授权人：需要进行审批的用户。

• 模板：选择审批模板。

• 请求日期：业务单据进入审批流程的日期。

批准状态报表 - 选择标准

凭证状态

☑ 未决的 ☑ 已批准 ☑ 已拒绝
☑ 已生成 ☐ 由授权人生成 ☑ 已取消

发起人 从 到
授权人 从 到
模板 从 到
请求日期 从 到
业务伙伴 从 到
总计(本币)从 到

销售 - 应收帐款：销售报价单、销售订单、交货、退货、应收预付款、应收发票、应收贷项凭证

采购 - 应付帐款：采购订单、收货采购订单、退货、应付预付款、应付发票、应付贷项凭证

库存：收货、发货、库存转储

付款：付款

确定 取消

图 4-33 批准状态报表-选择标准

• 业务伙伴:选择业务伙伴的代码范围。
• 总计(本币):选择业务单据的总计范围。

2. 批准状态报表结果

点击▷或▽ 以展开或折叠审批详细。如图 4-34 所示。

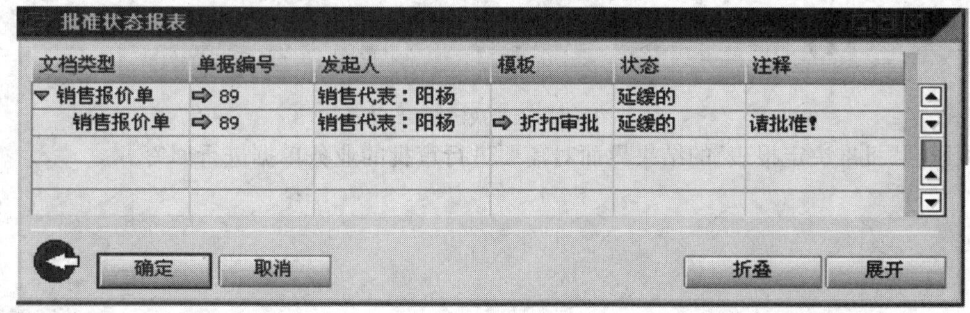

图 4-34 批准状态报表结果

4.6.4.2 批准决定报表

路径:

菜 单	SBO→管理→审批流程→批准决定报表

1. 条件选择

界面:如图 4-35 所示。

• 发起人:业务单据的创建人。
• 授权人:需要进行审批的用户。
• 模板:选择审批模板。

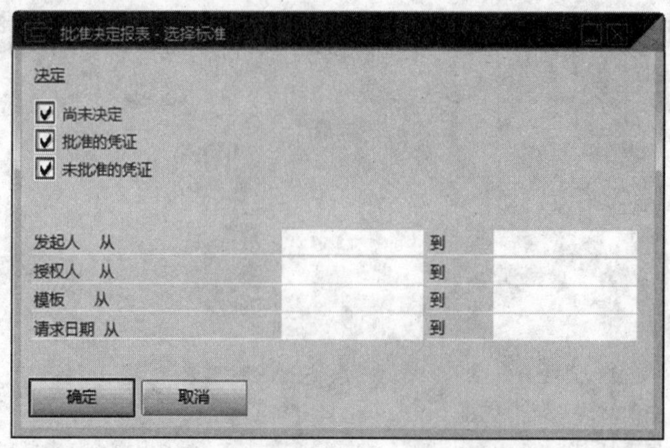

图 4-35　批准决定报表-选择标准

• 请求日期：业务单据进入审批流程的日期。

2. 批准决定报表结果

界面：如图 4-36 所示。

批准决定报表

文档类型	单据编号	发起人	阶段	回答	注释
销售订单	90	销售代表：李慧	销售经理审批	已批准	
销售订单	90	销售代表：李慧	销售经理审批	未决的	
销售订单	90	销售代表：李慧	总经理审批	已批准	
销售订单	94	销售代表：李慧	销售经理审批	未决的	
销售订单	94	销售代表：李慧	销售经理审批	未决的 / 已批准 / 不批准	

确定　取消　全局更新

图 4-36　批准决定报表结果

可以在“批准决定报表”的结果界面对需要进行审批的业务单据进行回答。

第5章

销售系统业务流程处理

5.1 订　货

5.1.1 报价单

1. 基本操作

SBO 中的报价单并非具有法律意义的单据，通常仅作参考。报价单不会导致物料库存的变化，也不会影响财务数据。

路径：

菜 单	SBO→销售-应收账款→销售报价单

界面：如图 5-1 所示。

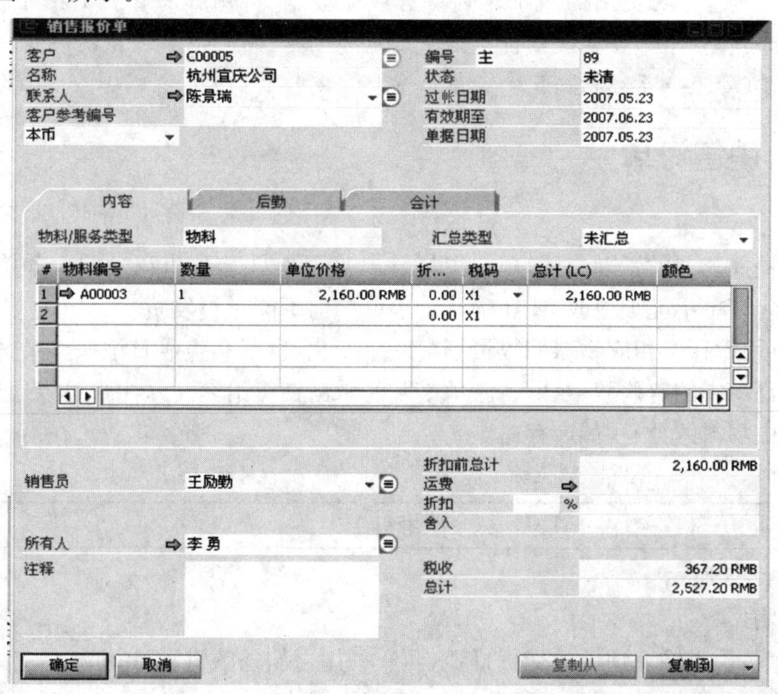

图 5-1　销售报价单

数据项说明：

• 有效期至：默认为过账日期+1月，而非利用付款条款进行计算。

2. 报价单的更改、取消和关闭

• 更改：当报价单未被关联到其他后继单据前，它的全部信息均可被修改。

• 取消：当报价单未被关联到其他后继单据前，可以取消它。取消后的报价单会显示出来，但不能被修改，也不能被后继单据所关联引用。

• 关闭：无论报价单是否已被关联到其他后继单据，都可以关闭它，但无法基于已关闭的报价创建任何后继单据。

• 报价单的取消或关闭可通过“数据”菜单条中的相关功能实现，如图5-2所示。

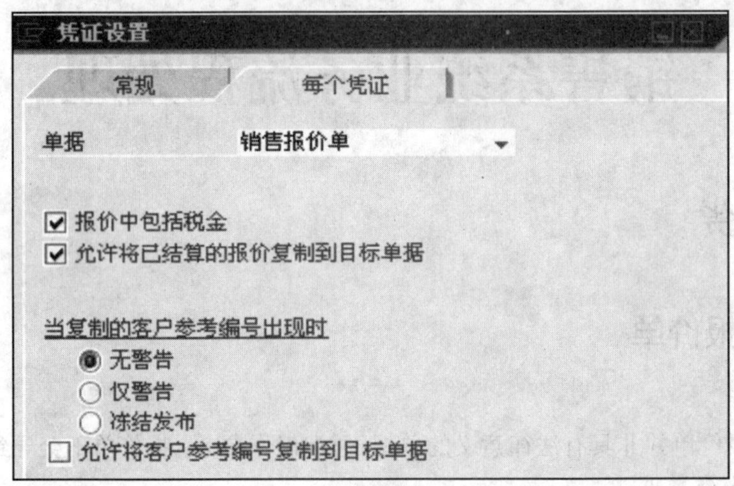

图5-2 凭证设置

• 单据在取消或关闭后不能再恢复回原来状态。

【提示】

如果需要继续基于已关闭的报价单创建后继业务单据，例如与客户对一个报价单达成共识，以后每一张销售订单都会以此报价单为基础重复创建，则可以通过系统设置，允许重复引用已关闭的报价单(管理→系统初始化→凭证设置)。

5.1.2 销售订单

1. 基本操作

用户可以根据公司的管理制度，规定销售订单是否为具有法律意义的业务单据。例如，公司可能规定销售订单不能被更改，或在确认销售订单前不能进行发货。

订单创建后，库存中相应物料的数量不会发生变化，也不会生成日记账分录，但该物料的库存信息会根据订单中的定购数量计入“已承诺”(已承诺销售给客户)，用户可以通过查看多种报表来了解订单中物料的数量(如库存概览)。

路径：

菜 单	SBO→销售-应收账款→销售订单

界面：如图5-3所示。

数据项说明：

• 交货日期：手工输入预计的交货日期，而非利用付款条款进行计算。

• 拣配：选中此选项后，则在打印此销售订单时，会使用在“订单(拣配)”中设置的默认打印模板。

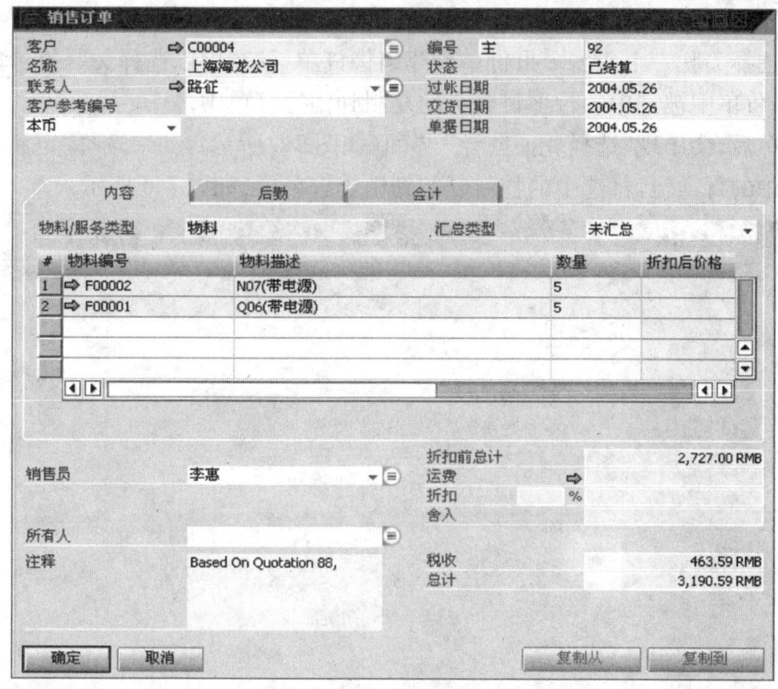

图 5-3 销售订单

• 采购订单：根据此销售订单创建采购订单，具体使用方法请参见本小节后面的“4. 根据销售订单创建采购订单”的内容。

• 已批准：是否批准此销售订单，如此销售订单未被批准，则它就不能被后继单据(如发货单)所调用。

• 部分交货：是否允许此销售订单进行部分交货。

2. 根据报价单关联创建销售订单

创建订单时，建议基于报价单关联创建订单(如图 5-4 所示)。这样系统就会将订单与报价单相关联，从而使销售流程更为完整，也便于日后的参考。

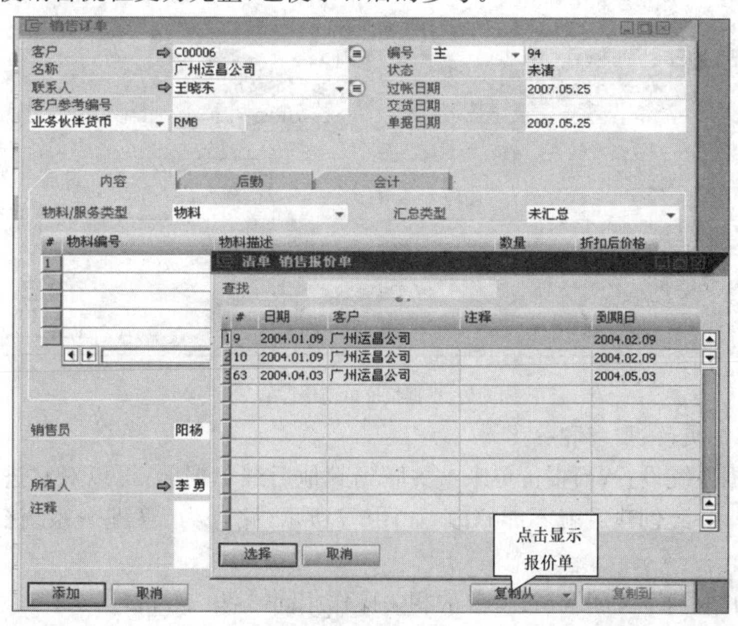

图 5-4 根据报价单创建订单(1)

点击订单中的“复制从”按钮，再选择报价单，与该客户相关的所有未清报价单会显示出来，如果在系统设置中设置了“允许复制已关闭的报价到目标凭证”，则该客户的已清报价单也会显示出来。可以选择关联一个或多个报价单创建销售订单，甚至可以选择关联报价单中的全部或部分行项目，报价单中被选中的行项目会自动复制到销售订单中。

选择报价单后，会出现“选择凭证向导”界面(如图5-5所示)，如果选择“定制”，就可以选择选中的报价单中的行项目，将选中的物料复制到销售订单中(如图5-6所示)。

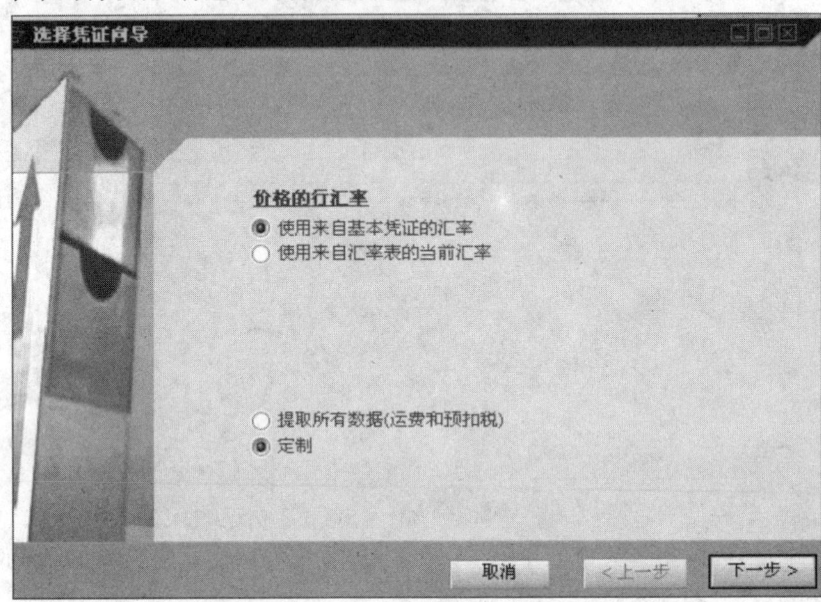

图5-5 根据报价单创建订单(2)

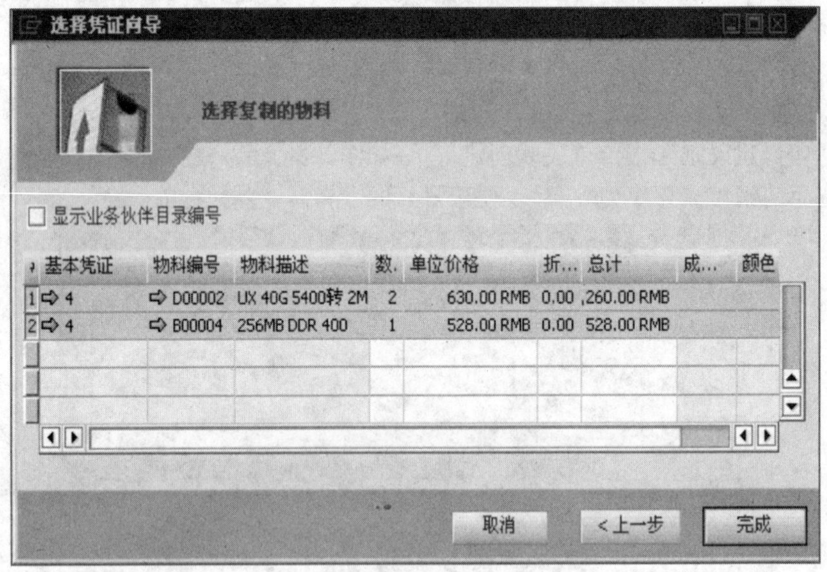

图5-6 根据报价单创建订单(3)

3. 销售订单的更改、取消和关闭

• 更改：根据系统设置，当报价单未被关联到其他后继单据前，可以对它进行修改，也可以设置为销售订单，一经创建后就不能修改，如图5-7所示(路径为“管理→系统初始化→凭证设置”)。

销售订单的“取消”“关闭”与报价单的相关操作相同，这里不再赘述。

注意

如果销售订单未被客户接受，可以取消该订单。销售订单取消后库存中相关物料的“已承

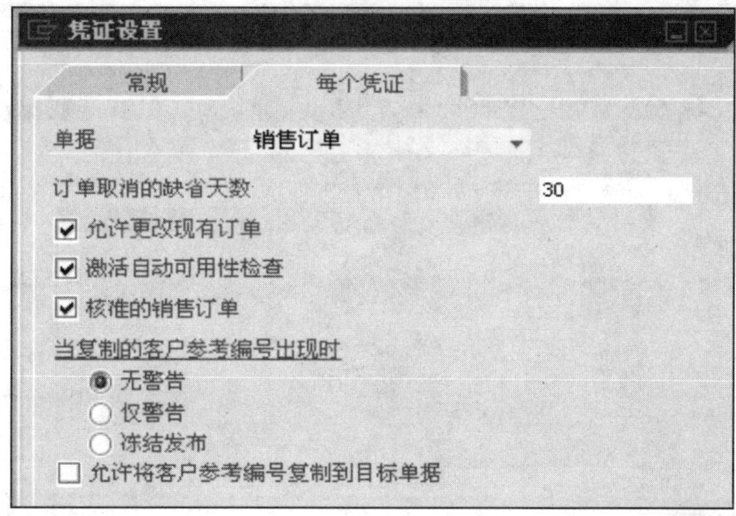

图 5-7 销售订单的设置

诺”数量也将会被取消。

4. 根据销售订单创建采购订单

在 SBO 中,用户可以根据指定的销售订单创建采购订单,如图 5-8 所示。

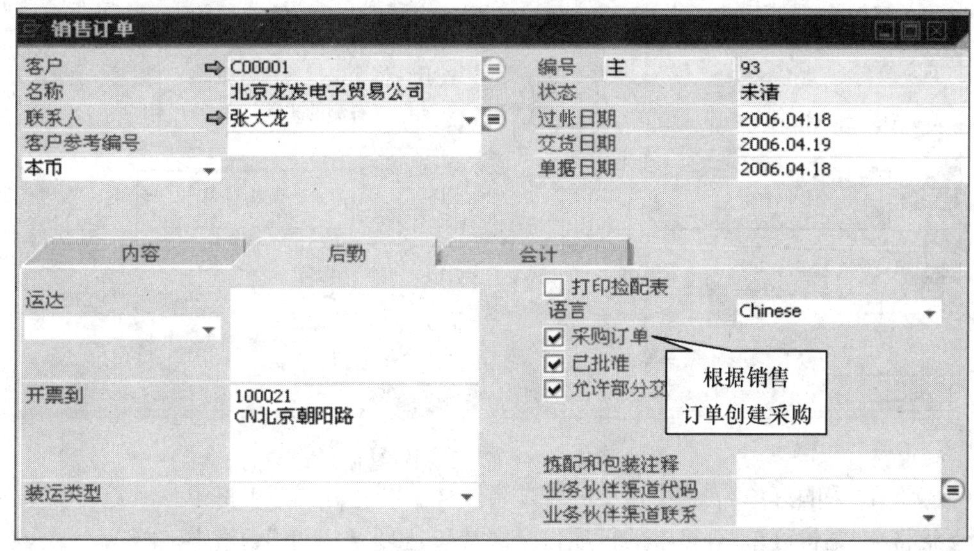

图 5-8 根据销售订单创建采购订单

在销售订单的“后勤”选项卡中,选中“采购订单”选择框。更新后,如果还没有根据此销售订单创建过采购订单,系统就会自动弹出“采购订单确认”界面,以供用户根据此销售订单创建采购订单。

在“采购订单确认”界面中,左边表格列出的是销售订单中的行项目,以供选择将哪些行项目创建到采购订单中。

在此界面中,还需要选择需要创建的采购订单是从哪家供应商进行采购的。可通过在“业务伙伴”处按 Tab 键,弹出供应商清单来进行选择,如图 5-9 所示。

供应商选择完毕后,还需要选择将销售订单中的哪些行项目创建到采购订单中,选择完毕后按 << 按钮将其添加到界面右侧的采购订单表格中,如图 5-10 所示。

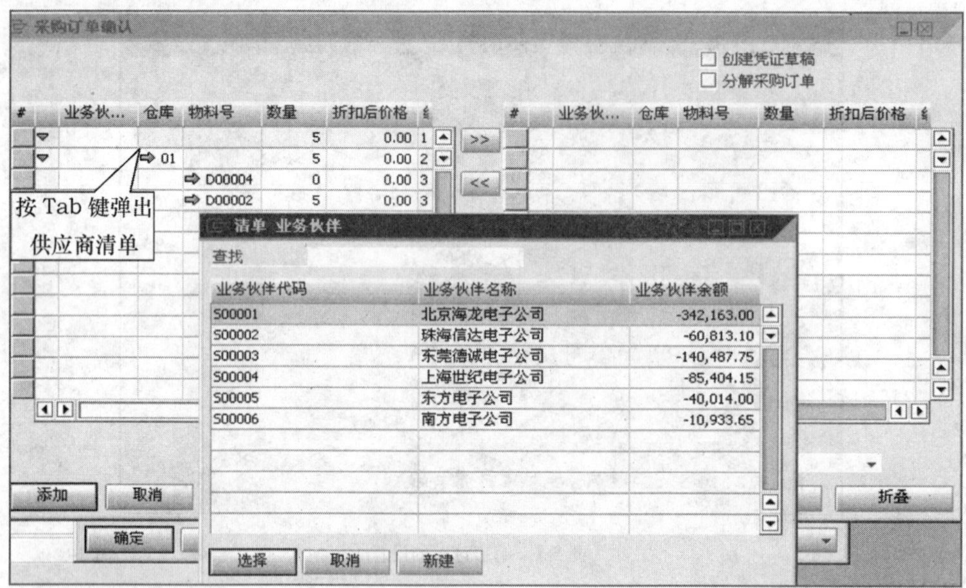

图 5-9 采购订单确认(1)

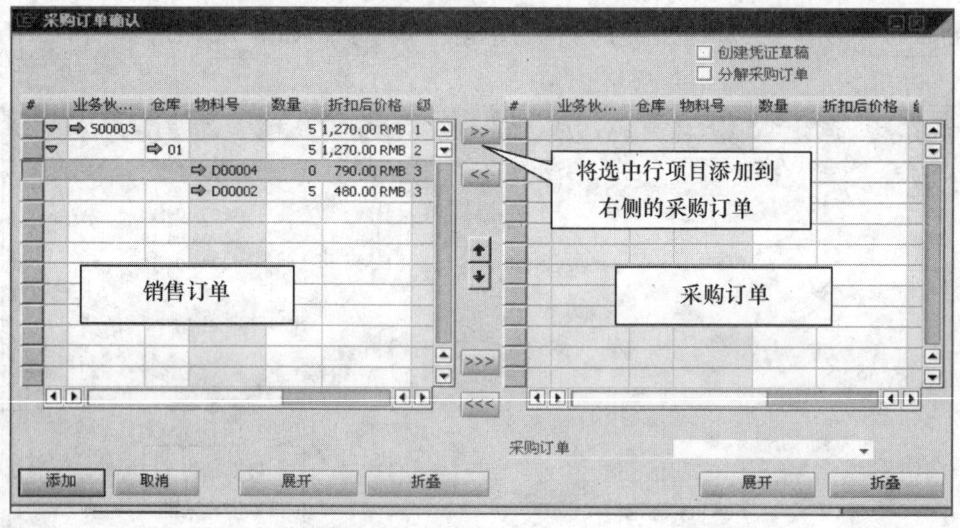

图 5-10 采购订单确认(2)

- <<将在“采购订单”表格中选中的行项目转移到“销售订单”表格中。
- >>>将在“销售订单”表格中的行项目全部转移到“采购订单”表格中。
- <<<将在“采购订单”表格中的行项目全部转移到“销售订单”表格中。
- ↑、↓上下调整采购订单中行项目的位置。

确认后，点击“添加”，系统就会根据用户的选择创建采购订单或采购订单草稿。

注意

(1)只能基于一张销售订单创建一张或多张采购订单，但不能基于多张销售订单创建一张采购订单。

(2)如果已经基于销售订单的某一行项目创建采购订单，就不能再次为这一行项目创建采购订单。

(3)建议使用“采购订单确认”界面中的“创建凭证草稿”选项，创建采购订单草稿，而不直接创建采购订单。在草稿上进行所需的修改后，再将其正式添加为“采购订单”。

5.2 发运货

5.2.1 概　述

当订货过程完成后，就可以进入发运货流程。发运货时需要填写相关单据并经过审批等流程。首先判断客户是否接受订单，如不接受，关闭或取消之前凭证；如接受，则要创建发货单。创建发货单后，判断是否有退货，如果有，则创建退货单；如果没有退货，则继续进入发送货流程。

5.2.2 交货单

在通常情况下，交货是销售流程中必需的一步，所以需要在 SBO 中创建交货单，来记录交货的情况，同时生成财务凭证。

路径：

菜 单	SBO→销售-应收账款→交货

界面：如图 5-11 所示。

交货单创建后，库存中相应物料的数量会发生变化，同时也会自动生成日记账分录（借方和贷方的财务科目分别对应于系统中"COGM(Cost of Goods Manufactured)"和"库存科目"设置的财务科目，详见本书第五篇财务的相关解释，借方和贷方的金额是根据交货单中物料的成本价格计算出来的），可以通过查看多种报表来了解订单数量（如库存概览），此信息对优化交易流程和库存有很重要的意义。

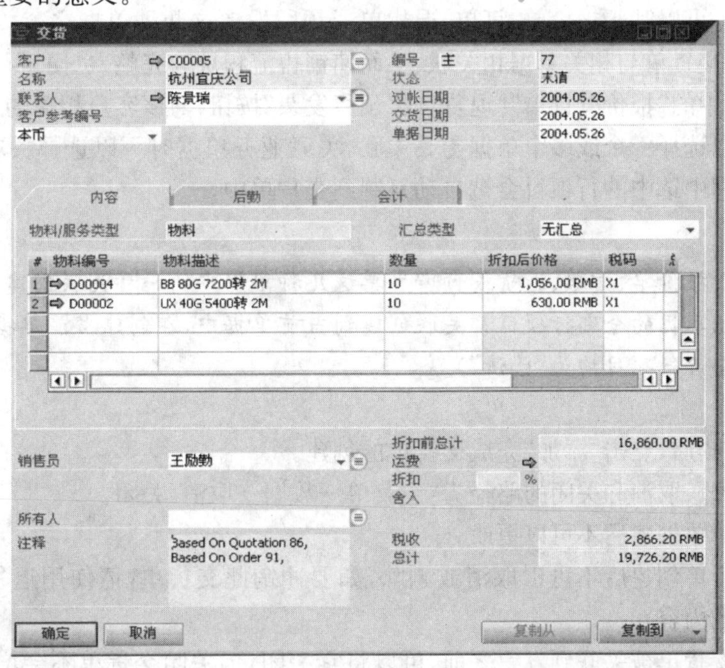

图 5-11　交货

查看创建交货单后系统自动创建的日记账分录：

创建交货单后系统自动生成日记账分录，可以通过交货单的会计选项卡查看，如图 5-12，点击"日记账备注"右侧的橘黄色箭头。

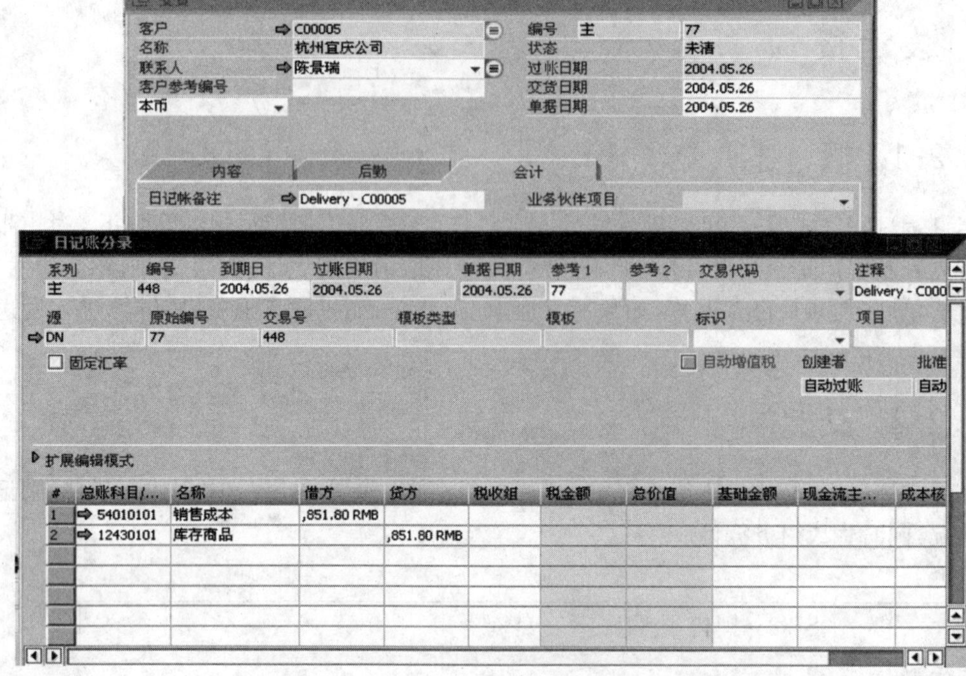

图 5-12　系统自动创建的日记账分录

字段说明：

交货单的绝大部分字段与其他业务单据相同。自动生成的日记账分录中借方和贷方的金额是根据交货单中物料的成本价格计算出来的。

基于关联创建交货单：

创建订单时，可以基于报价单、订单、退货单或预留发票这几种单据之一关联创建交货单。这样系统就会将交货单与相关单据相关联，从而使销售流程更为完整，也便于日后的参考。

点击交货单中的"报价""订单""退货"或"预留发票"按钮，与该客户相关的所有未清单据都会显示出来，可以选择一个或多个单据与其关联，关联业务单据时可以选择关联全部或部分行项目，此业务单据中选中的行项目会被自动复制到交货单中。

注意

(1)只能基于报价单、订单、退货或预留发票这几种单据中的一种关联创建交货单。

(2)当将原始单据的全部行项目都关联创建到当前单据中，在创建当前单据后，原始单据就会自动关闭(其全部行项目均为"已清")。

操作：

数据输入完毕后，点击"添加"完成交货单的创建。

交货单的更改、取消和关闭的路径为：主菜单→数据→取消/关闭。

- 更改：交货单创建后不可以更改。
- 取消：交货单创建后不可以取消或删除，如要冲销此交货单，请使用退货单或货项凭证(参考 5.2.3 节的内容)。
- 关闭：在交货单被关联到发票之前，可以将它关闭，但关闭交货单不会增加库存的数量，如要增加库存数量，必须要基于此交货单创建退货单。关闭后的交货单不能被用于关联创建其他销售单据。

注意

关闭交货单不会改变库存的数量。

5.2.3 退　货

由于法律原因，所创建的交货单或发票不允许被更改或删除。不过，客户可能由于各种原因将货退回。

如果业务单据(交货和发票)将要完全或部分冲销，则必须输入相应的冲销单据(退货和贷项凭证)将其冲销。该冲销单据将根据数量和金额，完全或部分地冲销这些有问题的业务。

退货单是用来冲销发货单的，创建退货单后，相关物料的库存数量会被改变，从而达到更正库存的目的，同时也会生成一张单据的日记账分录，用以冲销创建交货单时生成的日记账分录，从而达到更正财务数据的目的。如图 5-13 所示。

路径：

菜 单	SBO→销售-应收账款→退货

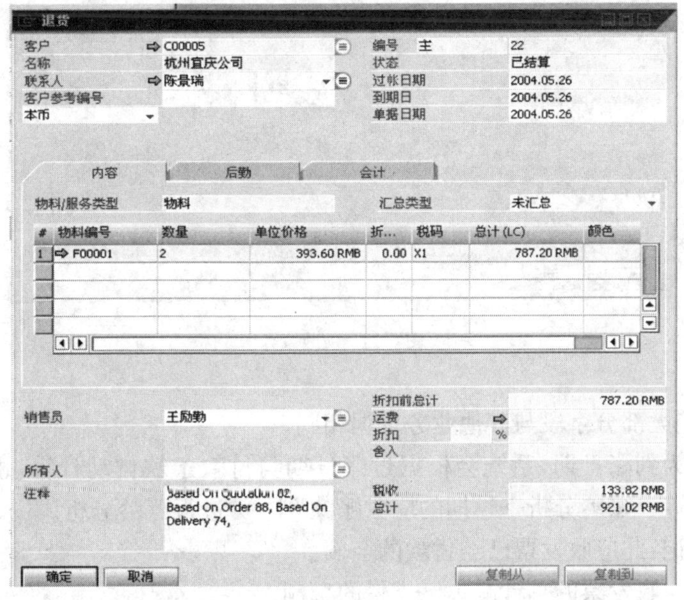

图 5-13　退货

基于交货单创建退货单：

点击退货单中的"复制从"按钮，选择退货单，与该客户相关的所有未清交货单会显示出来，可以选择其中一个或多个创建退货单。

5.3 发票及付款

当发运货流程完成后，就可以创建销售发票。

5.3.1 应收发票

应收发票是具有法律意义的单据。创建应收发票后，会自动生成日记账凭证(借方为该客户，贷方参见第五篇财务中相关的系统设置，金额与发票相同)。如果应收发票不是基于发货单创建的，并且所销售的是库存物料，则创建应收发票后库存也会相应减少。

建议总是基于交货单创建应收发票，从而确保应收发票的创建不会更改库存，以避免库存被重复减少。

如果业务流程需要用户同时创建发货单和应收发票，则应该先创建发货单，再基于此发货单创建应收发票。

应收发票是由付款关闭的(创建付款后,应收发票被关闭)。图 5-14 是应收发票界面。

路径:

菜 单	SBO→销售-应收账款→应收发票

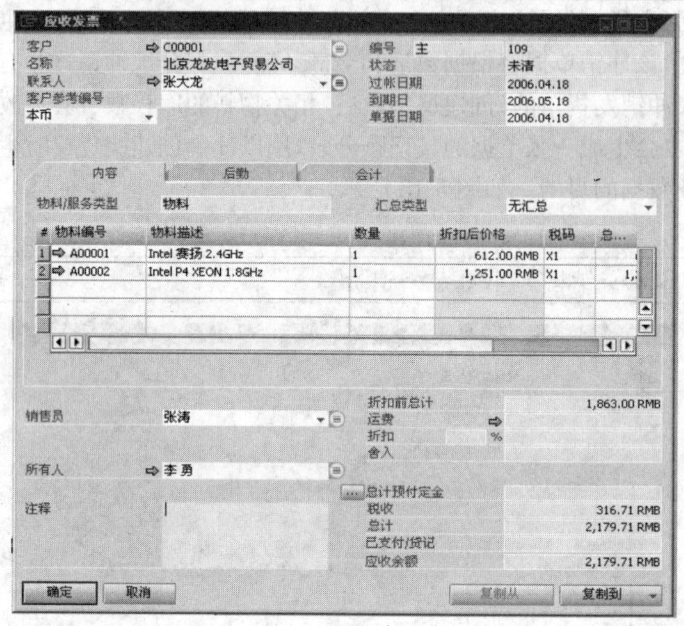

图 5-14 应收发票

字段说明:

应收发票的绝大部分字段与其他业务单据相同。

• 到期日:即为到账日期,系统会根据过账日期与付款条款自动计算,也可手工输入。在"报表→财务→会计→账龄分析→过期的应收账款"中,可进行账龄分析。

• 已支付/贷记:此应收发票已经付款的金额。

• 应收余额:应收发票的总计减去已支付的金额。

基于关联创建发票:

用户可以基于报价单、订单和交货单这几种单据之一关联创建应收发票,但建议用户关联交货单来创建发票。

5.3.2 应收发票+付款

"应收发票+付款"用于对一次性客户的现金销售。在这种情况下,客户必须立即支付全部发票金额。

在进行"应收发票+付款"操作时,首先创建应收发票。在点击"添加"后,付款界面会自动弹出,让用户继续进行付款的操作。

路径:

菜 单	SBO→销售-应收账款→应收发票+付款

界面:如图 5-15 所示。

创建"应收发票+付款"单据的流程,及其相关功能与应收发票相同,可参考应收发票的相关说明(参见 5.3.1)。

点击"添加"或工具条中"付款方式"( ),来为此一次性销售选择付款方式和进行付款。

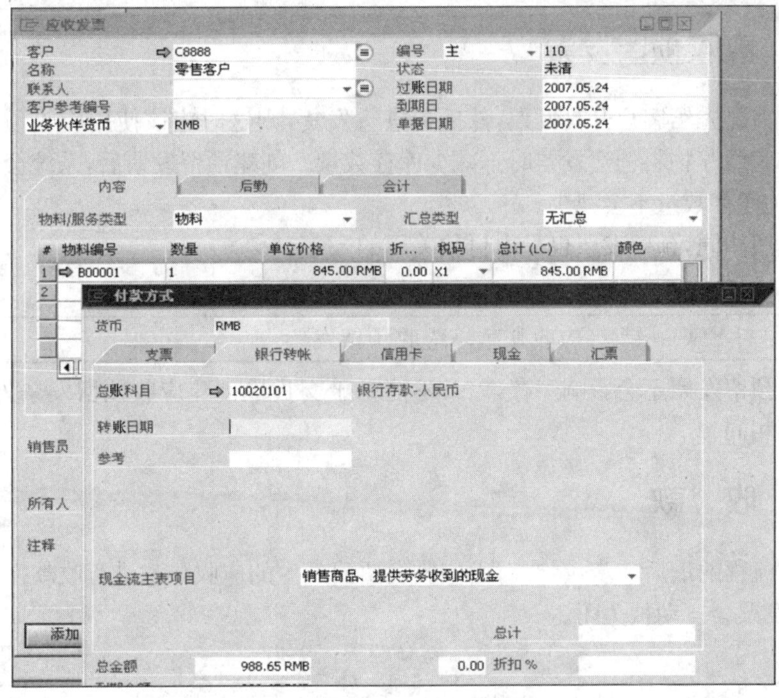

图 5-15　付款方式

注意

付款金额必须与应收发票的金额完全相等，否则系统会发出错误消息，不允许添加此单据。

5.3.3　应收贷项凭证

应收贷项凭证是用来冲销应收发票的，如果被冲销的应收发票是基于发货单创建的，那么贷项凭证会同时冲销此应收发票和此应收发票所关联的发货单。

路径：

菜 单	SBO→销售-应收账款→应收贷项凭证

界面：如图 5-16 所示。

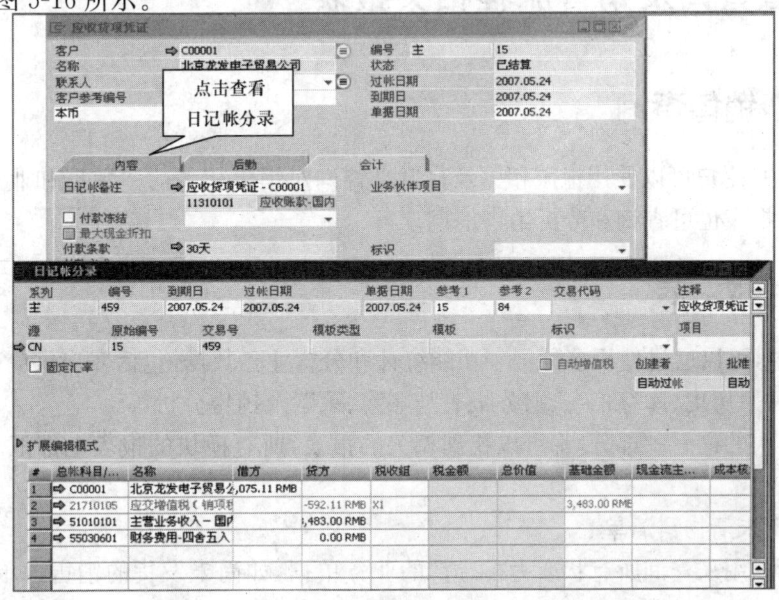

图 5-16　应收贷项凭证及系统自动生成的日记账分录

5.3.4 应收预留发票

如有业务需要先给客户开具发票，然后再进行发货，则这时应该使用应收预留发票。应收预留发票允许为库存物料创建发票时不减少库存数量。创建预留发票后，系统会自动生成日记账分录，但相关库存数量不会减少。

与普通发票相同，预留发票也是由付款关闭的。

路径：

菜 单	SBO→销售-应收账款→应收预留发票

除了应收预留发票不会影响库存，以及不能基于交货单创建应收预留发票外，其他操作与普通应收发票相同。

5.3.5 收 款

作为销售流程的最后一步，需要对由应收发票而产生的应收账款进行收款操作。创建收款后，相关应收发票会自动被关闭。

路径：

菜 单	SBO→收付款→收款

当在收款单据中选择客户后，会列出此客户的所有未清应收发票，可以选择根据已有发票进行全部或部分收款操作，或本次收款是与发票无关的付款，如预付款。

在 SBO 中，可以使用以下几种付款方式进行收、付款：

- 支票
- 银行转账
- 信用卡
- 现金
- 汇票

5.4 销售查询及销售流程相关报表

5.4.1 销售查询

在 SBO 中，用户可以使用拖放相关及自定义查询对销售相关的主数据和业务单据进行查询。使用销售报表也可查询和分析销售信息。

5.4.2 报 表

在 SBO 中，可以通过使用多种报表功能统计和分析业务数据，包括客户供应商余额、销售、现金流、客户联系历史、库存信息、财务报表与账簿、采购及销售分析等。

在每个模块的最后一部分，都可以找到相关的报表，所有模块的报表也都汇总到“报表”模块中。

5.4.2.1 未清物料清单

此报表可以用来查询所有状态为“未清”的业务单据，如尚未发货的销售订单，或尚未付款的应收发票。

路径：

菜 单	SBO→报表→销售与采购→未清单据

界面：如图 5-17 所示。

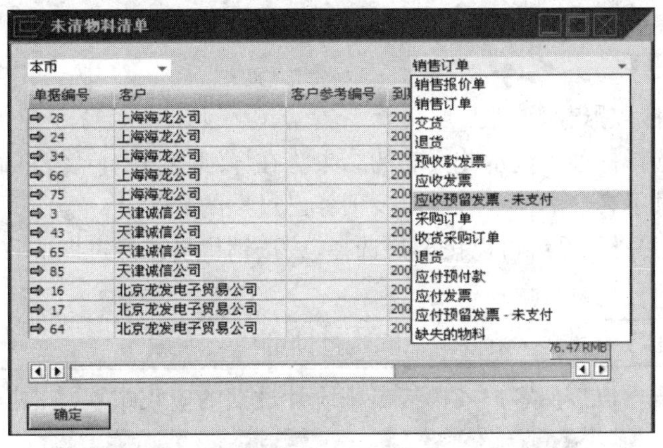

图 5-17　未清物料清单

• 货币选择：可选择本币、系统货币或业务伙伴货币，金额会按照所选择的货币计算并显示出来。

• 单据类型选择：选择可查看的未清单据类型，包括销售报价单、销售订单、交货、退货、应收发票、采购订单、收货采购单以及应付发票。

• 如果用户没有查看相关类型单据的权限，则该单据类型不会出现在“单据类型选择”中。

• 点击“凭证编号”前的橘黄色箭头，可以链接到相应业务单据的详细显示界面。

• 通过工具条上的“设置”按钮，可以设置表格中所需显示/隐藏的列。

5.4.2.2　拖欠订单报表

使用“拖欠订单”报表可显示由于库存短缺而未发运的过期销售订单或应收预留发票的清单。使用此报表，可以定义优先级并加快采购订单或生产订单的处理。

路径：

菜 单	SBO→销售-应收账款→财务销售报表→拖欠订单

界面：如图 5-18、图 5-19 所示。

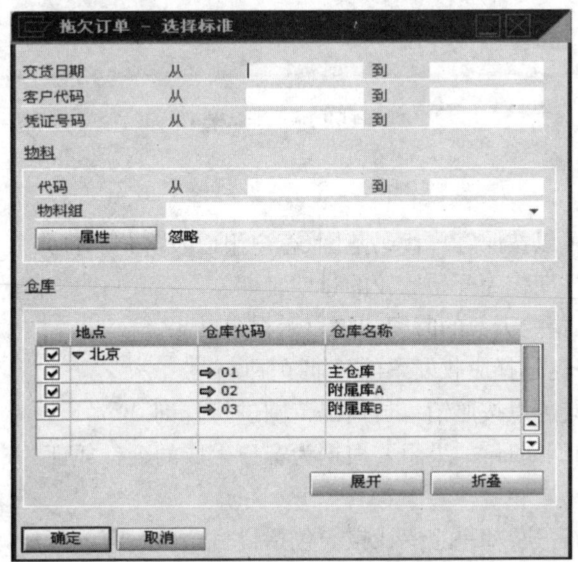

图 5-18　拖欠清单-选择标准

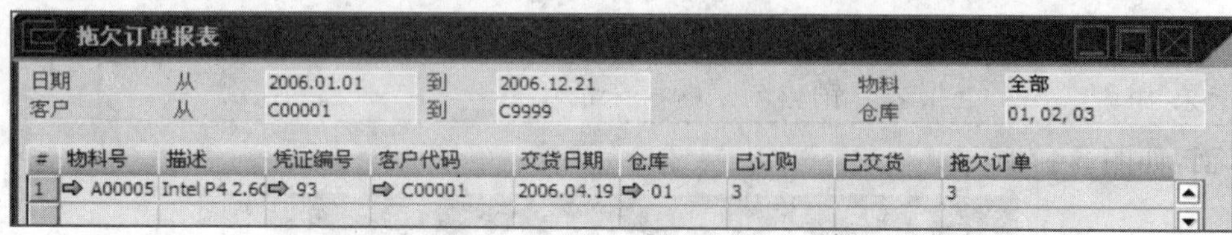

图 5-19 拖欠清单报表

5.4.2.3 过期应收账款

将根据用户的选择标准来显示此报表的结果。在详细视图中，系统将显示单据及相应的应收账款。该报表提供了客户的债务数额以及债务已过期的账龄。

如拖欠订单报表一样，系统可以按客户选择，或按销售员选择过期应收账款报表。

路径：

菜 单	SBO→报表→销售与采购→过期的应收账款

在 SBO 中，用户可以按照客户或销售员来统计过期的应收账款，如图 5-20 所示。

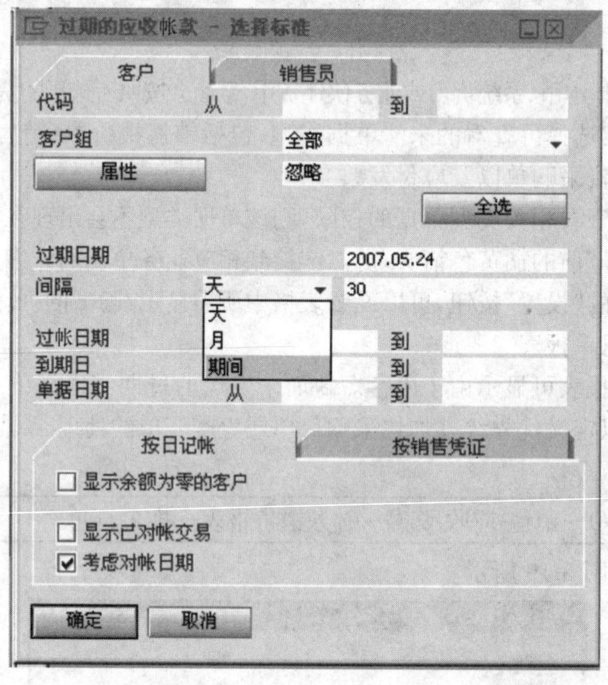

图 5-20 过期的应收账款-选择标准

1. 条件选择

(1)“客户”选项卡。

• 客户范围选择：可以按照客户代码范围、客户组以及客户属性来规定查询的客户范围。

• 过期日期：以此日期作为开始比较的过期日期。

• 间隔/天数：按照指定天数的时间间隔显示报表结果。

• 过账日期/到期日：选择应收发票的日期范围。

• 销售员范围选择：可以按照销售员代码范围进行查询。

• 按日记账过账的到期日：如果想要根据为客户生成的会计凭证的未对账日记账分录创建报表，选择此项。

• 显示余额为零的客户：如果想要让报表包括科目余额是零的客户，选择此项。

• 显示已对账交易：选择此选项以显示已对账的应收发票。

• 按销售凭证的到期日：如果想要根据为客户生成的未清会计凭证创建报表，选择此项。

(2)“销售员”选项卡。

此选项卡中的选项与“客户”选项卡基本相同。

2. 按客户的应收账款

如图 5-21 所示。

- 按过账日期的账龄/按到期日期(起息日)的账龄:以过账日期或起息日为准计算账龄。
- 未来汇款:显示还没有到比较日期的所有客户应收账款。
- 0 - 30,31 - 60,……:到比较日期为止,××天至××天之前的到账款项。

在此账龄分析表中,双击行号可进入“应收账款-明细”界面(如图 5-22 所示)。

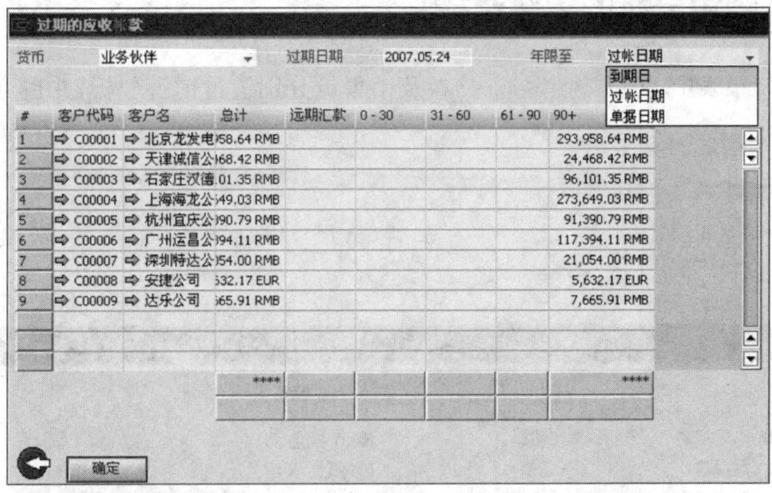

过期的应收账款

货币 业务伙伴 过期日期 2007.05.24 年限至 过帐日期

到期日 / 过帐日期 / 单据日期

#	客户代码	客户名	总计	远期汇款	0 - 30	31 - 60	61 - 90	90+
1	C00001	北京龙发电	58.64 RMB					293,958.64 RMB
2	C00002	天津诚信公	68.42 RMB					24,468.42 RMB
3	C00003	石家庄汉德	.01.35 RMB					96,101.35 RMB
4	C00004	上海海龙公	49.03 RMB					273,649.03 RMB
5	C00005	杭州宜庆公	90.79 RMB					91,390.79 RMB
6	C00006	广州运昌公	94.11 RMB					117,394.11 RMB
7	C00007	深圳特达公	54.00 RMB					21,054.00 RMB
8	C00008	安捷公司	532.17 EUR					5,632.17 EUR
9	C00009	达乐公司	565.91 RMB					7,665.91 RMB
			****					****

确定

图 5-21 过期的应收账款-按客户

过期的应收账款 - 明细

货币 业务伙伴 过期日期 2007.05.24 年限至 过帐日期

石家庄汉德贸易公司

类型	单据编号	分期付款...	总计	远期汇款	0 - 30	31 - 60	61 ...	90+
OB		0	10,000.00 RMB					10,000.00 RMB
IN	2	1	9,570.60 RMB					9,570.60 RMB
IN	36	1	1,626.30 RMB					1,626.30 RMB
IN	57	1	1,579.50 RMB					1,579.50 RMB
RC	52	0	(3,000.00 RMB)					(3,000.00 RMB)
IN	85	1	74,178.00 RMB					74,178.00 RMB
IN	99	1	2,146.95 RMB					2,146.95 RMB
			96,101.35 RMB					96,101.35 RMB

图 5-22 过期的应收账款-明细

3. 按销售员的应收账款

如图 5-23 所示。

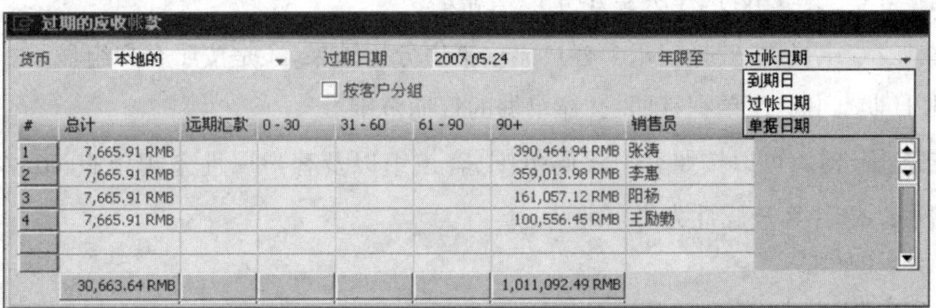

过期的应收账款

货币 本地的 过期日期 2007.05.24 年限至 过帐日期

按客户分组

到期日 / 过帐日期 / 单据日期

#	总计	远期汇款	0 - 30	31 - 60	61 - 90	90+	销售员
1	7,665.91 RMB					390,464.94 RMB	张涛
2	7,665.91 RMB					359,013.98 RMB	李惠
3	7,665.91 RMB					161,057.12 RMB	阳杨
4	7,665.91 RMB					100,556.45 RMB	王励勤
	30,663.64 RMB					1,011,092.49 RMB	

图 5-23 过期的应收账款-按销售员

5.5 销售分析

在 SBO 中,可以通过使用多种报表功能,统计和分析销售业务数据。

路径:

菜 单	SBO→报表→销售与采购→销售分析

5.5.1 销售分析的条件选择

在销售分析报表中,可以按照客户、物料及销售员分别进行销售分析,并也可以进行年度、季度或月度分析。

1."客户"选项卡

如图 5-24 所示。

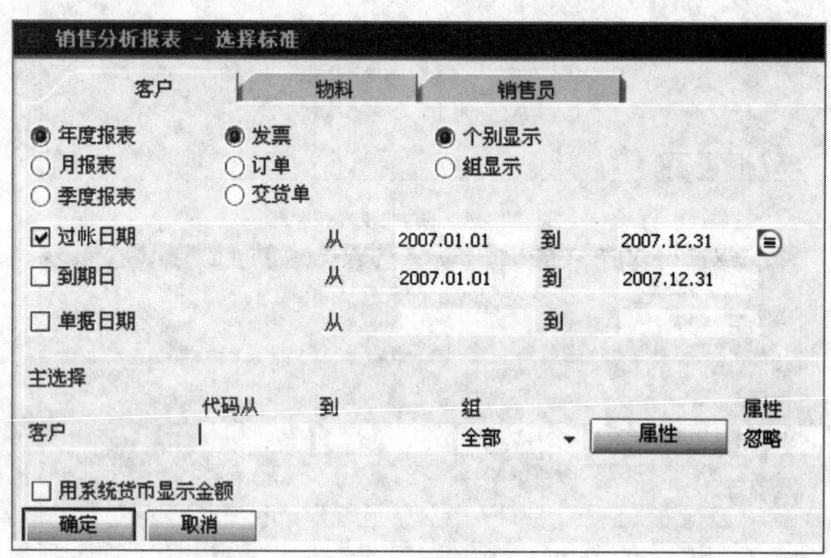

图 5-24 销售分析的条件选择——"客户"选项卡

- 年度/季度/月报表:选择按年度、季度或月进行分析。
- 发票/订单/交货单:选择所要分析的单据类型。
- 个别显示/组显示:选择按每个客户显示销售分析结果,还是按照客户组显示。
- 过账日期/到期日/单据日期:选择单据的日期范围。
- 客户范围选择:可以按照客户代码范围、客户组以及客户属性来规定查询的客户范围。如图 5-25 所示,选择客户属性为华东地区。

2."物料"选项卡

如图 5-26 所示。

图 5-25 业务伙伴属性

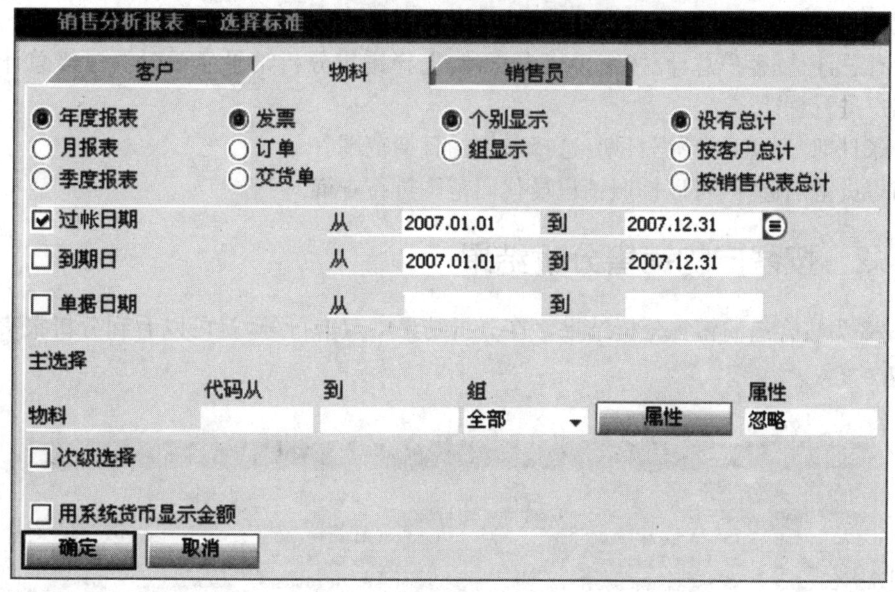

图 5-26 销售分析的条件选择——“物料”选项卡

• 年度/季报表/月报表:选择按年度、季度或月进行分析。

• 发票/订单/交货单:选择所要分析的单据类型。

• 个别显示/组显示:选择按物料显示销售分析结果,还是按照物料组显示。

• 没有总计/按客户总计/按销售代表总计:选择销售分析结果显示时的二级总计组,如按物料→客户进行总计。

• 过账日期/到期日/单据日期:选择单据的日期范围。

• 物料范围选择:可以按照物料代码范围、物料组以及物料属性来规定查询的物料范围。使用方法与选择客户范围相同。

• 次级选择:在按物料进行销售分析时,还可以进一步选择客户及销售员的范围。

3.“销售员”选项卡

画图如图 5-27 所示。

• 年度/季度/月报表:选择按年度、季度或月进行分析。

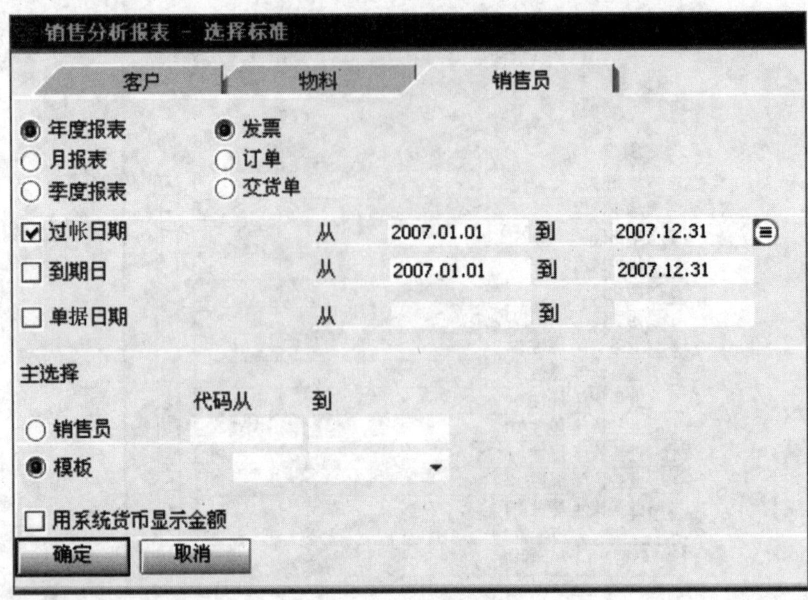

图 5-27 销售分析的条件选择——“销售员”选项卡

• 发票/订单/交货单：选择所要分析的单据类型。

• 没有总计/按客户总计/按销售代表总计：选择销售分析结果显示时的二级总计组，如按物料→客户进行总计。

• 过账日期/到期日/单据日期：选择单据的日期范围。

• 销售员范围选择：可以按照销售员代码范围进行查询。

5.5.2 按客户的销售分析结果

图 5-28 为按客户的销售分析结果。在分析结果中双击行号，就可以看到分析报表明细，如图 5-29 所示。

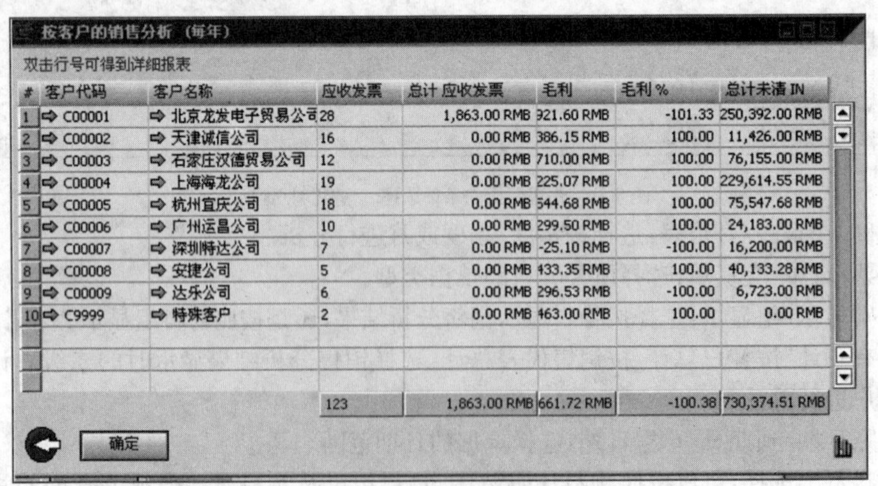

按客户的销售分析 (每年)

双击行号可得到详细报表

#	客户代码	客户名称	应收发票	总计 应收发票	毛利	毛利 %	总计未清 IN
1	C00001	北京龙发电子贸易公司	28	1,863.00 RMB	921.60 RMB	-101.33	250,392.00 RMB
2	C00002	天津诚信公司	16	0.00 RMB	386.15 RMB	100.00	11,426.00 RMB
3	C00003	石家庄汉德贸易公司	12	0.00 RMB	710.00 RMB	100.00	76,155.00 RMB
4	C00004	上海海龙公司	19	0.00 RMB	225.07 RMB	100.00	229,614.55 RMB
5	C00005	杭州宜庆公司	18	0.00 RMB	544.68 RMB	100.00	75,547.68 RMB
6	C00006	广州运昌公司	10	0.00 RMB	299.50 RMB	100.00	24,183.00 RMB
7	C00007	深圳特达公司	7	0.00 RMB	-25.10 RMB	-100.00	16,200.00 RMB
8	C00008	安捷公司	5	0.00 RMB	433.35 RMB	100.00	40,133.28 RMB
9	C00009	达乐公司	6	0.00 RMB	296.53 RMB	-100.00	6,723.00 RMB
10	C9999	特殊客户	2	0.00 RMB	463.00 RMB	100.00	0.00 RMB
			123	1,863.00 RMB	661.72 RMB	-100.38	730,374.51 RMB

确定

图 5-28 按客户的销售分析

在此图中，图表还可以按“划线图”(如图 5-30)显示。

点击“销售分析结果”中的按钮，可以以图表的形式看到分析结果，还可以点击图形报表中的“设置”按钮设置显示内容与方式。

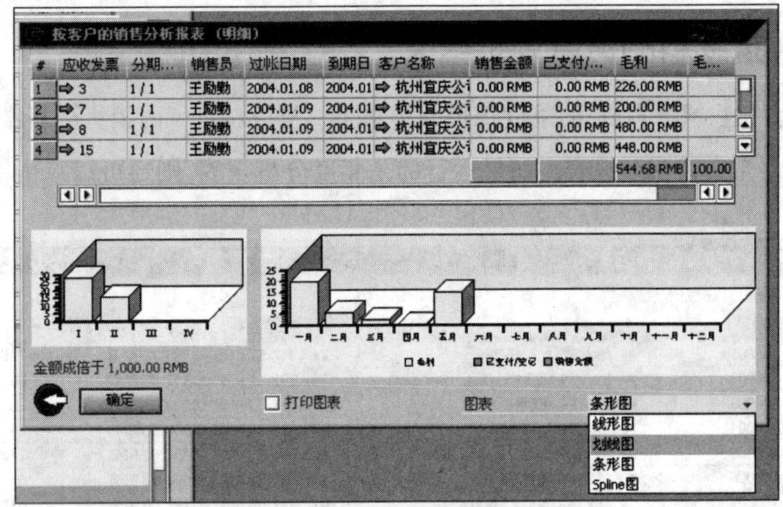

图 5-29 按客户的销售分析报表(明细)

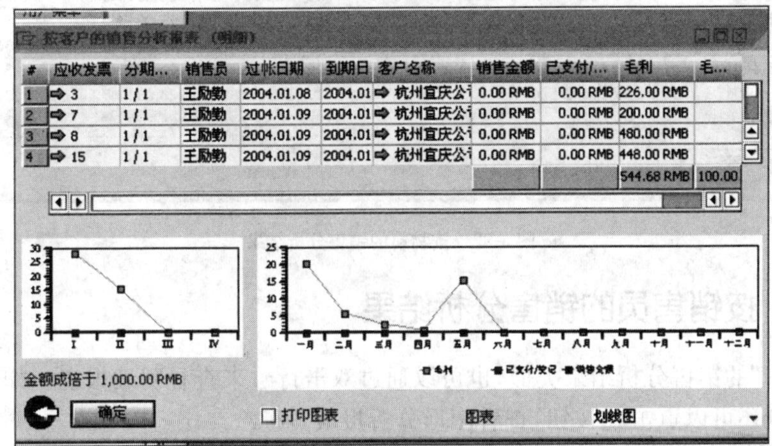

图 5-30 按客户的销售分析报表(明细)——划线图

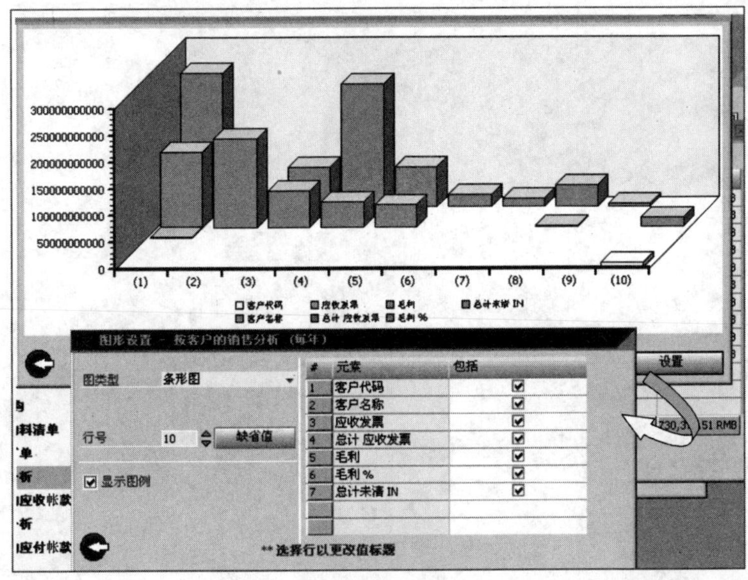

图 5-31 销售分析图形设置

5.5.3 按物料的销售分析结果

图 5-32 为“按物料→客户”的季度销售分析结果。与“按客户”的销售分析结果类似，也可以通过双击行号来查看明细报表。如果运行的是年度分析报表，则还可以点击按钮，查看图形分析报表。

按物料的销售分析 (每年)

双击行编号可详细显示全部销售

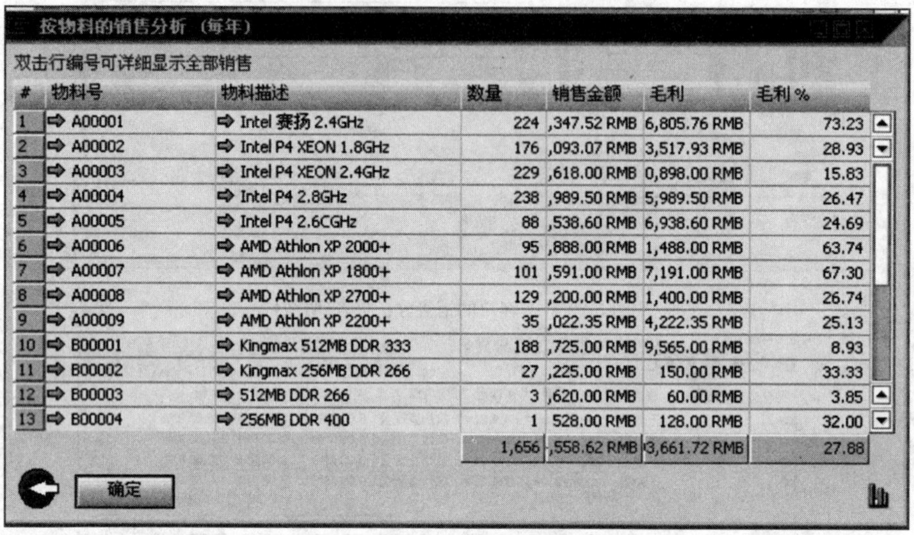

#	物料号	物料描述	数量	销售金额	毛利	毛利 %
1	⇨ A00001	⇨ Intel 赛扬 2.4GHz	224	,347.52 RMB	6,805.76 RMB	73.23
2	⇨ A00002	⇨ Intel P4 XEON 1.8GHz	176	,093.07 RMB	3,517.93 RMB	28.93
3	⇨ A00003	⇨ Intel P4 XEON 2.4GHz	229	,618.00 RMB	0,898.00 RMB	15.83
4	⇨ A00004	⇨ Intel P4 2.8GHz	238	,989.50 RMB	5,989.50 RMB	26.47
5	⇨ A00005	⇨ Intel P4 2.6CGHz	88	,538.60 RMB	6,938.60 RMB	24.69
6	⇨ A00006	⇨ AMD Athlon XP 2000+	95	,888.00 RMB	1,488.00 RMB	63.74
7	⇨ A00007	⇨ AMD Athlon XP 1800+	101	,591.00 RMB	7,191.00 RMB	67.30
8	⇨ A00008	⇨ AMD Athlon XP 2700+	129	,200.00 RMB	1,400.00 RMB	26.74
9	⇨ A00009	⇨ AMD Athlon XP 2200+	35	,022.35 RMB	4,222.35 RMB	25.13
10	⇨ B00001	⇨ Kingmax 512MB DDR 333	188	,725.00 RMB	9,565.00 RMB	8.93
11	⇨ B00002	⇨ Kingmax 256MB DDR 266	27	,225.00 RMB	150.00 RMB	33.33
12	⇨ B00003	⇨ 512MB DDR 266	3	,620.00 RMB	60.00 RMB	3.85
13	⇨ B00004	⇨ 256MB DDR 400	1	528.00 RMB	128.00 RMB	32.00
			1,656	,558.62 RMB	3,661.72 RMB	27.88

确定

图 5-32 按物料的销售分析结果

5.5.4 按销售员的销售分析结果

与“按客户”的销售分析结果类似，也可以通过双击行号来查看明细报表。如果运行的是年度分析报表，则还可以点击按钮，查看图形分析报表。

第三篇

采购管理

在企业日常运营中，采购这一环节非常重要。采购为计划提供重要的交货情况和市场供应情况，并且控制采购物料从请购到收货、检验、入库的详细流程。当货物接收时，相关的采购单进行自动检查；通过对供应商的谈判和报价的管理和比较，可以对进货价格实行控制，以取得最佳的效益；对供应商和采购部门的绩效评估可以协助采购部门确定采购环节中尚待完善的地方，同时采购和应付账款、收货和成本核算部门之间建立有意义的信息联络，以保证企业的某一环节所提供的信息能在其他所有有关的环节中反映出来。通过建立和维护采购订单，实现采购合同跟踪，安排供应商交货进度和评价采购活动绩效等需求目标，从而提高企业采购活动的效率，降低采购成本。

第6章

采购系统综述及初始化

6.1 采购系统综述

6.1.1 概　述

Neusoft/SAP Business One 敏捷商务解决方案采购系统用于管理向供应商的采购活动，包括合同、采购订单、收货、库存的补充、进口货物和退货处理等。使用采购订单，系统会及时更新所采购物料的可用数量，同时会把送货日期通知给库存管理员。通过收货、发票等环节，用户可以更新库存数量和库存金额信息，并自动生成采购业务有关会计分录，还可以归集采购中不同类型的成本与费用（船运、保险、关税等），将这些费用与产品的采购价格一并更新到库存实际价值中。常用的采购业务单据包括采购订单、收货采购订单、应付账发票以及退货单和贷项凭证。

Neusoft/SAP Business One 采购系统的特点是：

(1)实现了清晰的采购业务流程。

(2)可在线快速存取完整的业务伙伴详细资料。

(3)可支持多种收付款业务的处理。

(4)可实现付款业务的合并处理。

(5)支持灵活的价格政策：用户可自定义价格政策，包括基于产品、客户、产品组、客户组或这些类型的合并的价格折扣。

(6)强大、灵活的拖放相关功能（可应用于系统中所有业务模块）。

(7)可定义层次化审批流程。

6.1.2 业务流程

Neusoft/SAP Business One 系统基本流程以订单驱动。采购订单创建之初只是建立一个单据的“草稿”，定义审批后，被批准的订单草稿正式生效。Neusoft/SAP Business One 在系统中增加了请购单管理，包括维护请购单、审批请购单、查询请购单的执行状态等功能。基本采购业务流程如图 6-1 所示。采购系统的总体业务流程如图 6-2 所示。

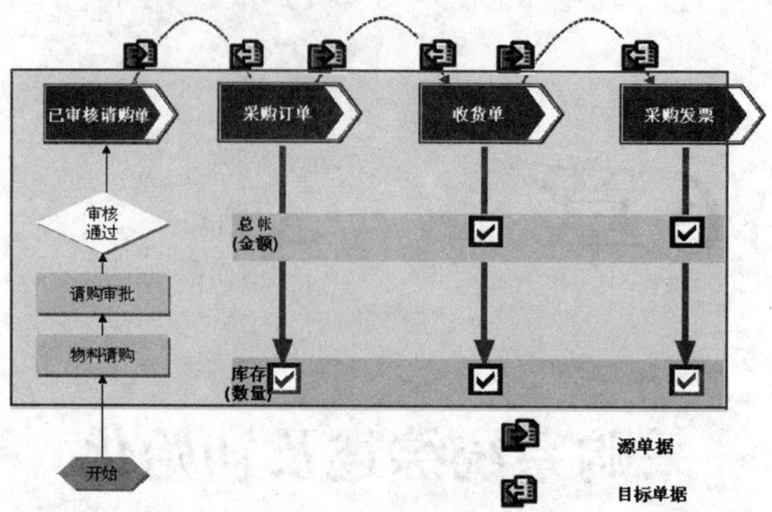

图 6-1 采购业务流程

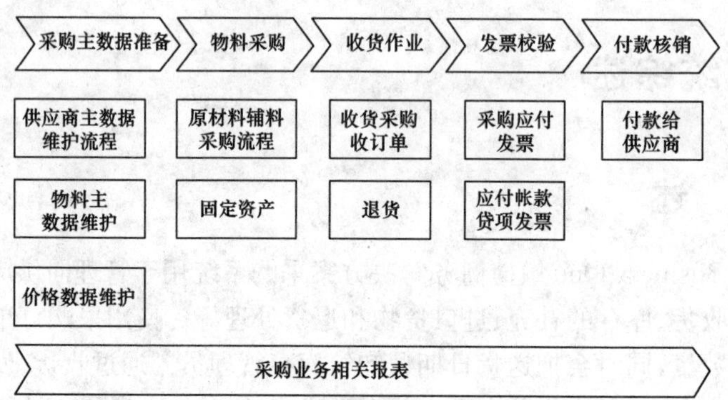

图 6-2 SBO 采购管理

采购业务流程分为采购订单、订货、收货、发票和付款等子流程。本章将以主要业务流程为主线，介绍 SBO 中有关采购的内容。针对 SBO 的标准业务流程，对所涉及的采购单据汇总如表 6-1 所示。

表 6-1 采购单据汇总

	采购订单	收货采购订单	应付发票
正式凭证/内部特征	内部（取决于用户的业务范围）	正式	正式
是否必须在 SBO 中创建采购单据?	取决于用户的业务范围	取决于用户的业务范围	是
采购单据输入后是否可以进行修正?	是	否	否
更正采购单据	不必要	退货	应付贷项凭证
采购单据是否导致在库存管理中数量的过账?	否	是	视情况而定 (1)
采购单据是否导致在会计中产生过账值?	否	是 (2)	是
输入时参考	无	采购订单	收货采购订单、采购订单

注意

(1)输入参考收货采购订单的应付发票时,SBO 不过账任何对库存的更改。如果不参考收货采购订单而创建应付发票,SBO 用收款发票过账库存更改。

(2)输入采购订单交货时会导致会计系统发生过账,这是因为采购订单的交货导致库存数量发生了变化。若永续盘存系统中无过账,库存便无法更改。

实施 SBO 采购系统时,需要进行基础数据准备和系统设置工作。数据准备包括静态数据(业务伙伴、物料等)以及动态数据(期初业务伙伴余额数据)。

6.2 采购主数据

6.2.1 业务伙伴主数据

6.2.1.1 概 述

业务伙伴定义是采购主数据的重要部分,主要是对供应商信息的定义,包括地址、联系人、供应商组、属性和付款条款等,如图 6-3 所示。

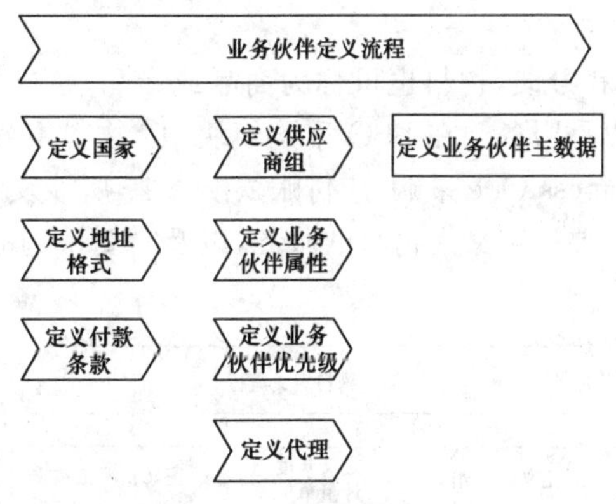

图 6-3 业务伙伴定义流程

6.2.1.2 维护业务伙伴主数据

路径:

菜 单	SBO→业务合作伙伴→业务伙伴主数据

界面:如图 6-4 所示。

在业务伙伴主数据中,管理内容和方法与销售管理中的客户主数据管理基本相同,在此,提出几点需要注意的事项:

(1)业务伙伴主数据在添加成功后,若想删除,必须保证该业务伙伴没有发生任何相关业务,否则系统将不允许删除该记录。

(2)并不是业务伙伴主数据管理窗口中的所有字段都是用户必须维护的字段,有些不常用,有些甚至根本不是为中国用户所设计的,这与 SBO 的版本使用范围有关。

(3)对于基本不用的某些字段,经过用户改造后可变成对自己有用的字段,如可以将"联邦税收标识"更改成类型与其一致的其他字段,以便为供应商添加更详实的信息。

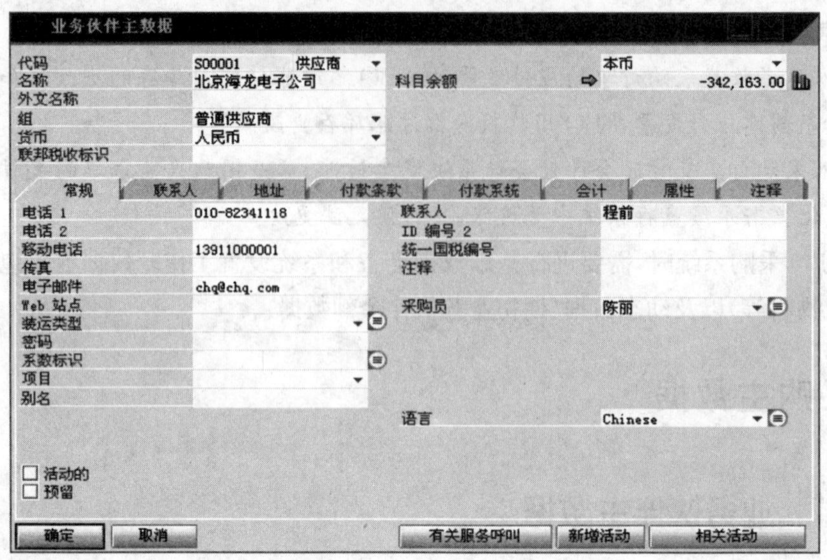

图 6-4 业务伙伴主数据

6.2.2 物料主数据

6.2.2.1 概 述

根据不同企业的情况和习惯，物料也可称为商品或产品，是进行业务操作时的基本元素。它可以是实际物品，也可以是服务。在 SBO 采购模块中，物料主数据主要包含了企业所采购的物料信息。在 SAP Business One 采购/应付账款模块中，所涉及到的物料包括需要采购的物料，还可能有因流程设计需要被定义为物料的服务，以及需要采购的固定资产。物料的标准定义流程如图 6-5 所示。

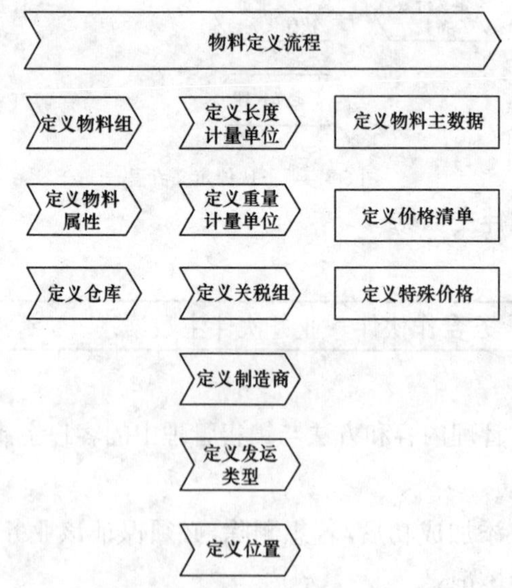

图 6-5 物料主数据定义流程

6.2.2.2 维护物料主数据

路径：

菜 单	SBO→库存→物料主数据

界面:如图 6-6 所示。

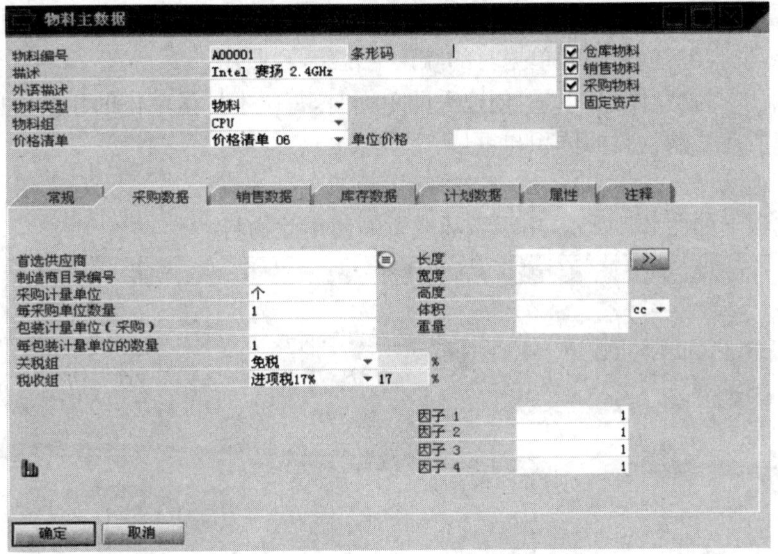

图 6-6 物料主数据——"采购数据"选项卡

1. 物料主数据——表头

• 条形码:一般为该物料的 13 位条码。

• 物料类型:包括物料、人力和差旅三种类型,当物料的类型为人力或差旅时,则此物料只能为销售物料。

• 物料组:该物料的物料组及默认供应商。

• 描述:在中文版本中,可以利用此字段储存附加信息。

• 价格清单:该物料的默认价格清单,以及在此价格清单中此物料的价格。在这里可以修改价格。

• 采购物料/销售物料/仓库物料/固定资产:一般情况下,请参照表 6-2 进行选择。

表 6-2 物料类型

物料类型	使用设置
一般商品或产品	采购物料+销售物料+仓库物料
人力(服务)或差旅	销售物料
固定资产	采购物料+固定资产

固定资产物料必须连接到财务中资产的相应费用科目。这里的固定资产是一种广义的说法,不完全是会计制度规定的固定资产,可以是固定资产、办公用品或者消耗品等。

输入固定资产的应付发票或收货采购订单时,该单据总额将过账到相应固定资产科目,而不是采购科目。

2. "采购数据"选项卡

如图 6-6 所示。

• 首选供应商:该物料的首选供应商。

• 采购计量单位:创建采购单据时默认使用的采购计量单位。

• 每采购单位数量:该采购计量单位换算成此物料的基本计量单位的数量。

注意

当该物料发生采购业务后,每采购单位数量不可以再被更改。

• 包装计量单位(采购):创建采购单据时默认使用的包装单位。

• 每包装计量单位的数量:该包装单位换算成此物料的基本计量单位的数量。

• 关税组/税收组:创建采购单据时的默认关税组/税收组。

• 长度/宽度/高度/体积/重量:创建采购单据时,每基本计量单位的相关信息,可用于在采购单据中计算所有采购物料的体积与重量。

3."常规"选项卡

"常规"选项卡如图 6-7 所示,用于激活或暂停使用此物料。

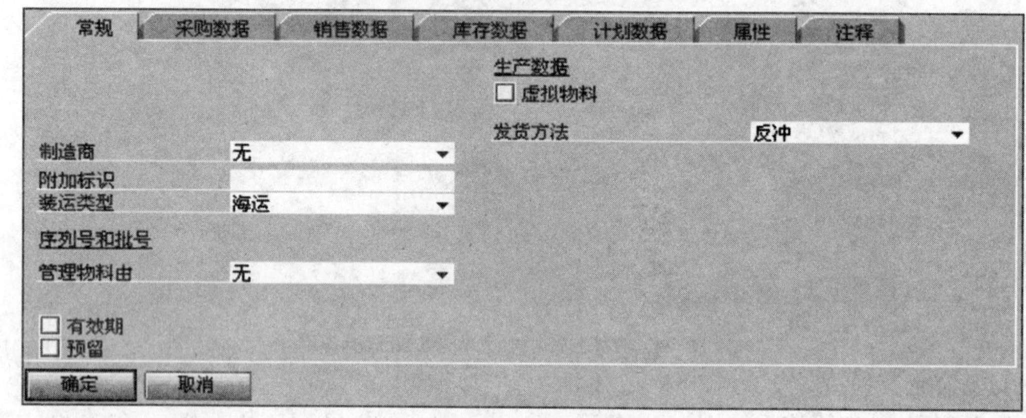

图 6-7 物料主数据——"常规"选项卡

选择"有效期"后,会出现激活期间及描述字段以供输入。选择"预留"后,会出现暂停期间及描述字段以供输入。

如该物料不在有效期或处于冻结期间内,则不可以在采购或销售单据使用此物料。

• 装运类型:该物料默认的装运方式。

• 序列号和批号:设置该物料是否需要管理序列号(如笔记本电脑的序列号)或批次(如一批内存条的批次号)信息。

物料主数据的其他选项卡内容设置与销售管理中介绍的内容基本一致,在此不作赘述。

6.2.3 价格主数据

6.2.3.1 概 述

在 SBO 系统中,物料的价格是指其基本度量单位的价格。物料价格可在价格清单中定义,也可以在物料主数据中直接修改。价格清单也可以用于客户主数据中。当创建销售/采购单据时,单据中物料的价格会根据客户或物料主数据的价格清单自动添入(当然也可以手工更改价格)。如果客户和物料都指定了价格清单,则在创建销售/采购单据时,客户的价格清单具有较高的优先级。

如果要为经常采购的客户,或者采购大量物料的客户提供比偶尔采购或采购少量物料客户更低的价格,则需要定义不同的价格清单,也可以根据客户的规模定义价格清单。

用户也可以定义特殊价格。特殊价格可以针对特定时期有效,例如促销时期。特殊价格还可以基于数量的多少进行定义。

6.2.3.2 维护价格主数据

路径:

菜 单	SBO→库存→价格清单

界面:如图 6-8 所示。

价格清单

◉ 更新全部价格清单
○ 按选择更新

#	价格清单名称	基础价格清单	因子	舍入方法	组	毛价
	最后估算价格					
	上一次采购价格					
1	采购价格	采购价格	1	不舍入	组 1	
2	普通客户售价	普通客户售价	1	不舍入	组 1	
3	大客户售价	普通客户售价	0.9	不舍入	组 1	
4	小客户售价	普通客户售价	1.2	不舍入	组 1	
5	零售客户	普通客户售价	1.3	不舍入	组 1	
6	价格清单 06	价格清单 06	1	不舍入	组 1	
7	价格清单 07	价格清单 07	1	不舍入	组 1	
8	价格清单 08	价格清单 08	1	不舍入	组 1	
9	价格清单 09	价格清单 09	1	不舍入	组 1	
10	价格清单 10	价格清单 10	1	不舍入	组 1	

确定 取消

图 6-8 价格清单

众多的价格清单,其基本的定义顺序是定义基础价格清单→定义关联价格清单→定义特殊价格,这些内容在第二篇销售管理中都已经详细介绍过了,在此不再赘述,只是强调一下"上一次采购价格"清单,此价格清单为系统预置的价格清单,不可以对其作修改或删除。

当执行以下交易后,系统会自动更新该价格清单中的相应物料价格。

- 创建"收款发票",请参阅第三篇第 7 章采购业务处理。
- 创建"发货单据",请参阅第二篇第 5 章销售系统业务流程处理。
- 输入物料的正未清余额,请参阅第四篇第 9 章库存业务处理。
- 输入触发收货的正库存结果,请参阅第四篇第 9 章库存业务处理。
- 如果生产有物料单(BOM)的产品,其中产品的价格通过各组件的最近采购价格计算,请参阅第六篇第 14 章基本生产业务处理。

执行数据导入时应注意:

(1)如果某物料尚未发生上述交易,则此物料不会出现在"上一次采购价格"清单中。

(2)只有上述交易中最后一次执行的交易中的物料价格会自动更新到此价格清单中。

(3)如果执行上述交易时所输入的物料价格为 0,则此价格不会被更新到此价格清单中。

(4)可以用"上一次采购价格"作为基础价格清单而关联到其他价格清单,但不可以手工修改"上一次采购价格"清单中的价格。

6.3 采购业务处理初始化

采购/应付账款模块实施/初始化工作表如表 6-3 所示。

表 6-3 采购/应付账款模块实施/初始化工作表

模 块	数 据	负责部门	是否必须	是否预置
系统设置	一般设置	采购、财务	否	是
	总账科目确认	财务	是	是
	付款条款	采购、财务	是	是
	到岸成本	采购、财务	否	否
主数据	业务伙伴	采购	是	否
	物料	采购、库存	是	否
	价格	采购、库存、财务	否	否
期初余额数据	业务伙伴期初余额	财务	是	否

6.3.1 一般设置

1.“过账期间”选项卡

在此选项卡中,用户可以根据其权限,创建新的会计期间,或“激活”/“锁定”现有会计期间以进行结账或更改当前用户“会话”的当前会计期间(当用户需要创建过账日期在以前会计期间中的单据或凭证时,需要首先切换当前的会计期间)。

路径:

菜 单	SBO→管理→系统初始化→一般设置→过账期间

操作:双击期间条,设置当前过账期间。

界面:如图 6-9 所示。

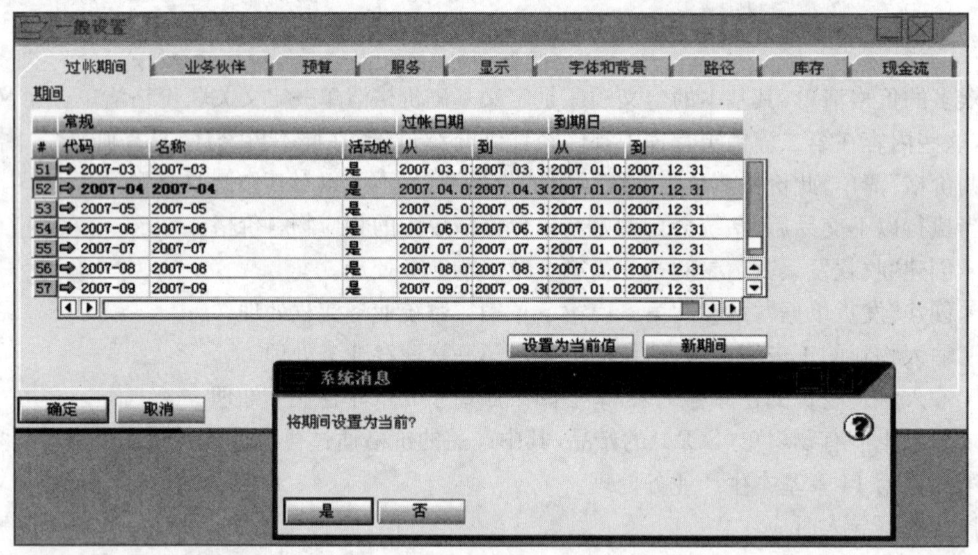

图 6-9 设置会计期间

2.“业务伙伴”选项卡

设置采购相关的一般设置。

路径:

菜 单	SBO→管理→系统初始化→一般设置→业务伙伴

界面:如图 6-10 所示。

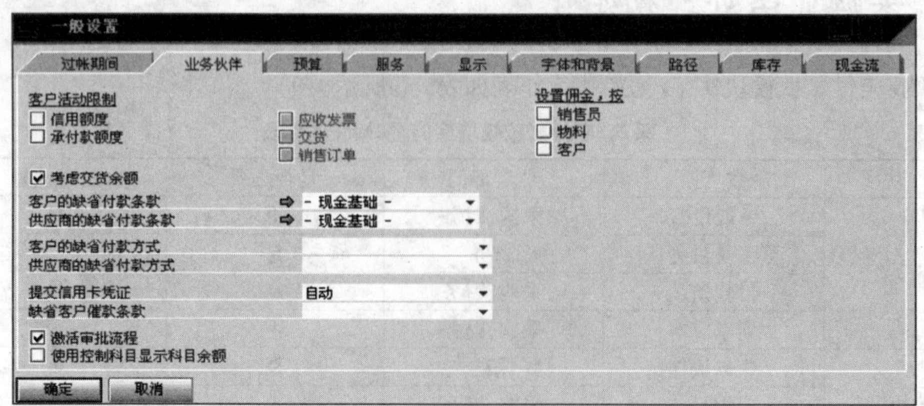

图 6-10 “业务伙伴”选项卡设置

在一般设置中,有部分选项是有关采购有关的内容,字段意义参考如下:

• 激活审批流程：为采购和销售凭证定义审批流程时，必须选择此复选框才可以对销售采购中的单据进行流程控制。

• 供应商的缺省付款条款：在默认情况下输入新供应商主记录时系统将显示的付款条款。

6.3.2 凭证编号

在 SBO 中，用户可以为以下业务单据设置其单据的编号规则：报价、销售订单、交货、销售退货、应收发票、应收贷项凭证、收款、付款、采购订单、采购收货、采购退货、应付发票、应付贷项凭证、到岸成本、非经营性收货、非经营性发货、库存转储和生产指令。

注意

请在有系统管理人员参与或实施顾问指导的情况下，修改系统的凭证编号设置。

路径：

菜 单	SBO→管理→系统初始化→单据编号方式

1. 凭证编号主界面

界面：如图 6-11 所示。

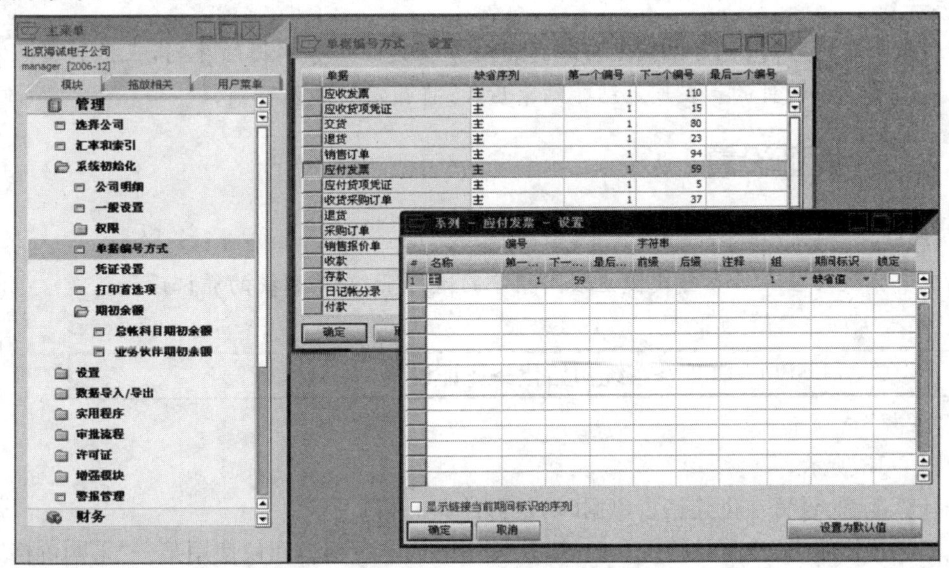

图 6-11 凭证编号设置

• 缺省序列：该业务单据的默认序列名称。

• 第一个编号：该序列中第一张业务单据所使用的单据编号。如果此序列尚未被使用，则可以修改这个编号。

• 下一个编号：下一次使用此序列创建业务单据时，系统将会给其分配的单据编号。

• 最后一个编号：该序列所允许的最大单据编号。

• 名称修改：可以更改部分业务单据的显示名称。

• 原始名称：恢复业务单据的显示名称到原始名称。

2. 序列详细界面

如图 6-12 所示。在此修改序列的设置，或添加新的序列。

添加新的序列请使用系统菜单条中的“数据添加行”。

• 前缀/后缀：为序列编号设置字符串的前缀/后缀。

• 组：设置此序列所属的访问组，可通过在权限中为用户设置不同的序列组的访问条件，来控制用户的序列的使用权限。

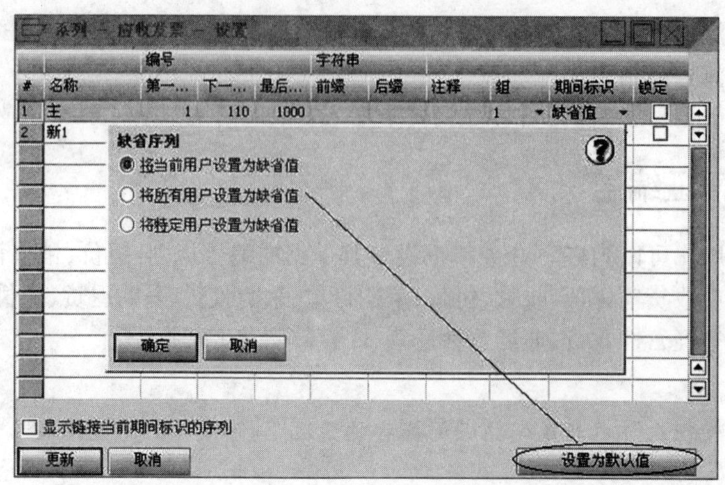

图 6-12 编号适用范围设置

• 锁定：设置此序列是否被锁定。如果序列被锁定，则不能再使用此序列组生成新的单据编号。

【提示】

在进行期末结账时，也可以锁定与库存和财务相关的业务单据的序列，来达到禁止在结账期内生成此类单据的目的。在期末结账结束后，再将锁定的序列解锁。

6.3.3 凭证设置

注意

请在有系统管理人员参与或实施顾问指导的情况下，修改系统的凭证设置。

路径：

菜 单	SBO→管理→系统初始化→凭证设置

1. "常规"选项卡

如图 6-13 所示。

• 计算毛利：设置在创建销售单据时，是否计算毛利。

• 基础价格来源：选择计算毛利时，默认使用的成本价格。建议使用某一"采购价格"或"上一次采购价格"，不建议使用"最后计算成本"。

• 计算%毛利为：选择毛利率的计算公式。

• 凭证注释包括：设置当由基础凭证生成目标凭证时，目标凭证中的注释字段包括的信息。

• 对于凭证中的销售物料单，显示：选择业务单据中销售树的显示方式。

• 响应将库存释放至最低水平以下时：设置发生此种情况的处理方法。

• 按仓库管理库存：按仓库分别检查物料的最小库存，还是全部仓库一起检查。

• 舍入方法：设置差异的舍入，一般均设为不舍入。

• 汇率基础日期(应付凭证)：当发生外币业务时，选择使用哪一日期的汇率。

• 按行对税金额进行舍入：设置是否在业务单据的行项目上，即按照系统中"金额"的小数点位数进行舍入。如设成"否"，则在单据总计时再进行舍入(注意：请谨慎使用此设置!)。

• 显示舍入注释：当发生舍入差异时，自动添加注释。

• 使用仓库地址：当进行收货时，默认使用收货到仓库的地址。

• 冻结过账日期较早的单据：设置在创建会自动生成财务凭证的业务单据时(如收/发货单，应收/应付发票)，是否允许过账日期早于已创建的单据的过账日期。

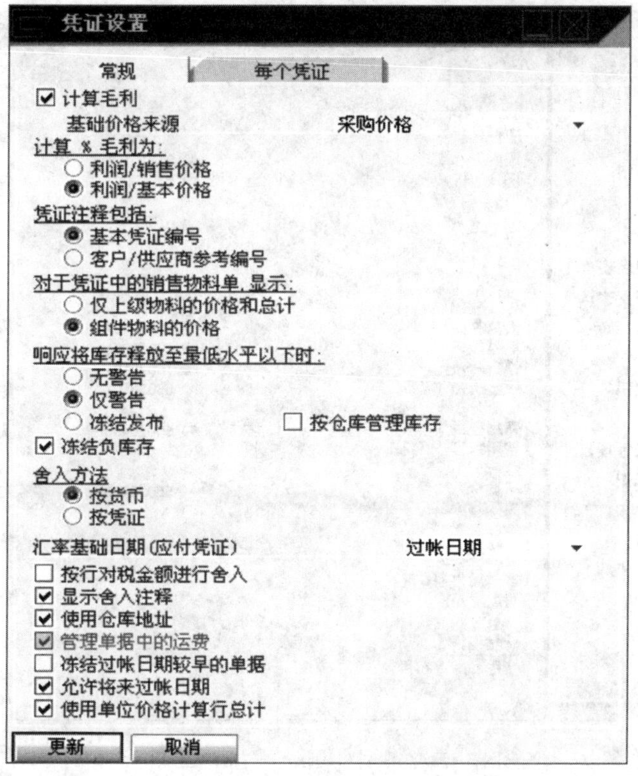

图 6-13 凭证设置——“常规”选项卡

2.“每个凭证”选项卡

在此,可以对每种业务单据进行单独设置,比较常用的有“设置是否可以使用已关闭的报价单”和“设置销售订单是否可以被修改”,对于采购单据的设置界面如图6-14所示。

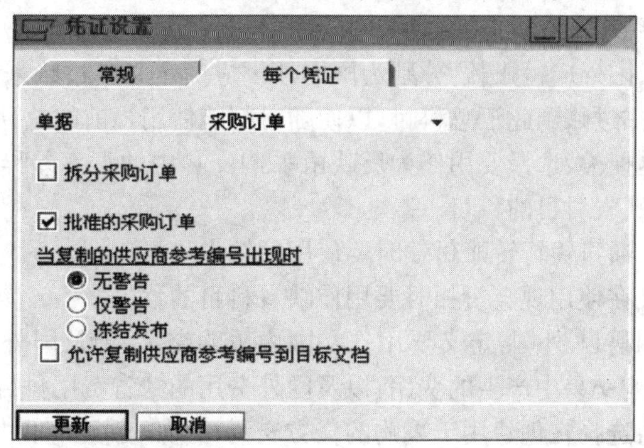

图 6-14 凭证设置——“每个凭证”选项卡

6.3.4 总账科目确认

当进行业务交易时,系统将交易自动过账到相应的财务科目中。要启用此自动数据处理,必须在总账科目确认中作相关定义。

路径:

菜 单	SBO→管理 → 设置 → 财务 → 总账科目确认 → 采购

界面:如图 6-15 所示。

主要字段意义描述如下。

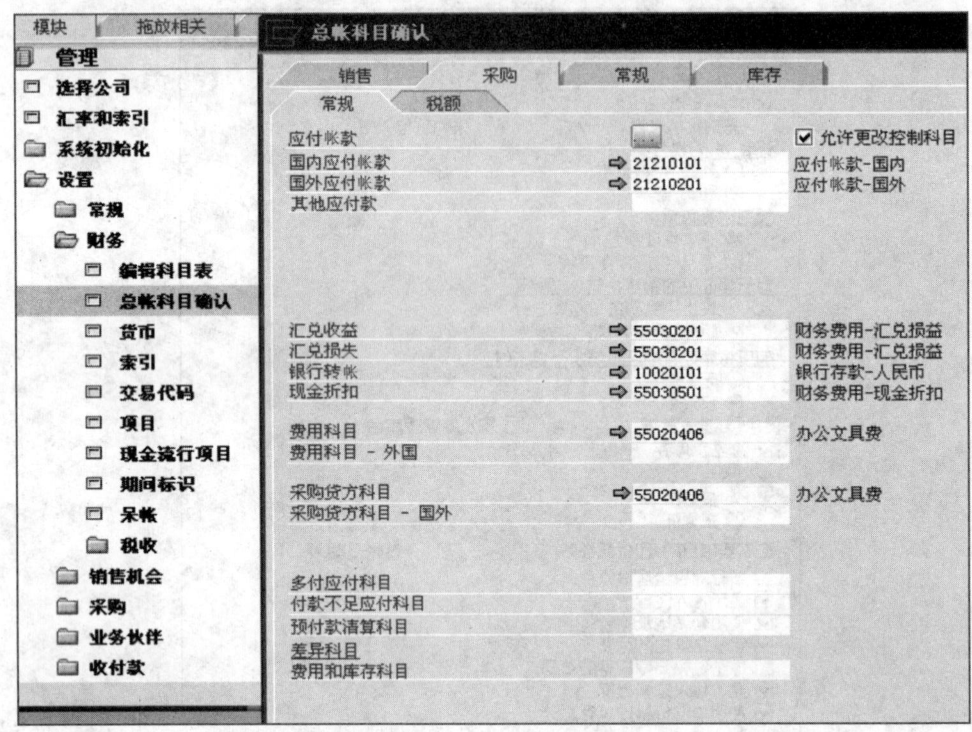

图 6-15　总账科目确认——“常规”选项卡

• 应付账款：打开“控制科目-应付账款”窗口，可以在其中设置付款的控制科目。

• 允许更改控制科目：选择是否要为不同的供应商分配不同的控制科目。在“业务伙伴主数据”窗口中为每个供应商分配控制科目。如果未选择此选项，则在“控制科目-应付账款”窗口中定义的控制科目将用于所有供应商。

• 国内应付账款、国外应付账款：分别为国内外供应商定义其过账采购科目。SBO 会将来自供应商的所有采购都过账到此汇总科目，以便随时都能使用当前的总计采购。

• 汇兑收益、汇兑损失：选择要用作为反映由采购交易中的汇率差异导致的收益和损失而创建的日记账分录的缺省科目的科目。

• 银行转账：定义通过银行转账付款时要使用的缺省科目。

• 现金折扣：定义在使用现金折扣时要用作缺省科目的科目。

• 费用科目、费用科目-外国：定义要用作在国内采购交易、涉及国外供应商的采购交易和涉及欧盟供应商的采购交易中产生的费用，以及国外费用的缺省费用科目的科目。

• 采购贷方科目：选择在创建用于采购的贷方交易（例如，创建应付贷项凭证）时要用作缺省控制科目的科目。

• 采购贷方科目-国外：选择在为国外供应商创建用于采购的贷方交易时要用作缺省控制科目的科目。

• 多付应付科目、付款不足应付科目：如果要 SBO 处理付款金额与支付的应付发票金额略有不同的情况，请定义这些科目。SBO 会将支付的金额与应付金额进行比较，以确定差异是否小于在管理 → 系统初始化 → 凭证设置 →“每个凭证”选项卡 → 付款 → 允许的付款不足/多付金额字段中定义的金额。SBO 将自动创建相应的交易。

• 预付款清算科目：选择在添加应付预付款发票时要用作缺省清算科目的总账科目不能选择定义为控制科目的总账科目。

• 差异科目——费用和库存科目：定义用于清算由某些应付贷项凭证创建的日记账分录的

差异总账科目，这些应付贷项凭证以应付发票为基础，或由基于运费或价格已更改的收货采购订单的退货创建。

6.3.5 付款条款

用途：

定义交易时供应商的付款条款。

在业务伙伴的主数据中可以选择已定义的付款条款，也可以为系统设置一个默认的付款条款(管理→系统初始化→一般设置→业务伙伴选项卡)。

当为一制定付款条款的业务伙伴创建交易凭证时，系统会自动复制在付款条款中定义的付款期间、价格清单及总折扣。

付款条款会用于计算物料价格，发票的到期时间或允许的总折扣。

路径：

菜 单	SBO→管理 → 设置 → 业务伙伴 → 付款条款

界面：如图 6-16 所示。

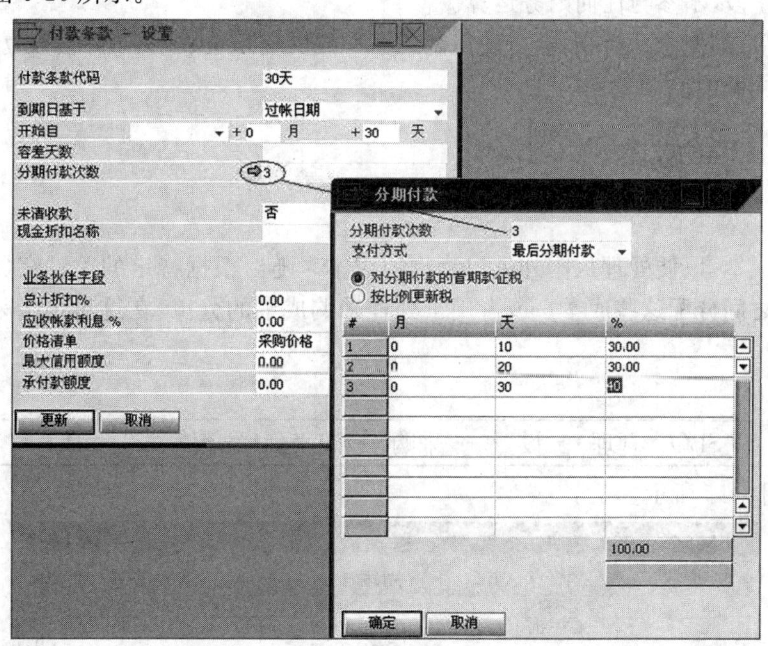

图 6-16 付款条款定义窗口

• 到期日基于：选择基于发票中的“过账日期”、“计税日期”还是“系统日期”来计算“起息日”(发票的应付日期)。

• 开始自：选择是由“月初”“月中”还是“月末”开始，再加上所输入月份数及天数来计算“起息日”。如果基本日期在 15 日之前，“月中”就为当月 15 日，否则，月中就是这个月的最后一天。如 2003 年 10 月 13 日的“月中”为 2003 年 10 月 15 日，而 2003 年 10 月 23 日的“月中”为 2003 年 10 月 31 日。

例如，发票的过账日期为 2003-10-10：

如付款条款为“当前月末＋1 月份＋6 天数”，则到账日期为 2003-12-07。

如付款条款为“当前月初＋1 月份＋6 天数”，则到账日期为 2003-11-16。

• 分期付款次数：如果需要分期付款，则可以在这里定义每次分期付款的日期以及比例。

• 容差天数：输入允许的早于或迟于发票到期日的天数。

• 未清收款：在系统中创建发票后，可以立即指定付款数据。在这种情况下，收据必须与发票一起创建，否则无法添加发票。若想要创建发票后，系统就自动显示用于输入付款方式的窗口，则需设置此字段。

若用于输入付款方式的窗口根据此字段自动打开，则客户必须支付发票上的全部金额。若选择"否"，则窗口将只在调用带收据的发票功能时才自动打开。在这种情况下，可调用用于手工输入常规发票付款方式的窗口。

• 现金折扣名称：设置相应的现金折扣比例，并在系统管理中设定现金折扣科目。系统将在客户提前付款时，按照设置的比例计算现金折扣。

• 最大信用额度：用于对客户的未清销售订单、发货以及应收账款的检查。

• 总计折扣%：当在业务伙伴主数据中选择付款条款后，付款条款中的总计折扣会自动复制到主数据中，但创建交易凭证时，此总计折扣也会被自动复制到交易凭证中去。

• 应收账款利息%：利用此字段输入对于客户的年度未清余额所要收取的利息，此字段只是一般信息性字段，不参与任何财务运算。

• 价格清单：类似总计折扣，会自动复制到客户或供应商主数据中，并会被复制到此客户或供应商的交易凭证中。

6.3.6 到岸成本

用途：

定义到岸成本，以便处理从国外进口货物的成本。随后根据特定的关键字（如重量），在货物中的各物料之间分配这些成本。或者用于处理采购成本的分摊，在这里定义采购成本费用，比如运输费。

路径：

菜 单	SBO→管理 → 设置 → 采购 → 定义到岸成本

界面：如图 6-17 所示。

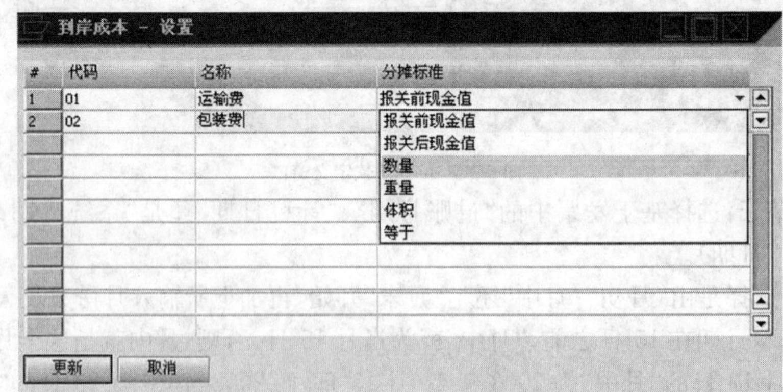

图 6-17 定义到岸成本

6.3.7 供应商期初余额

在系统正确运行前，需要输入供应商期初余额。

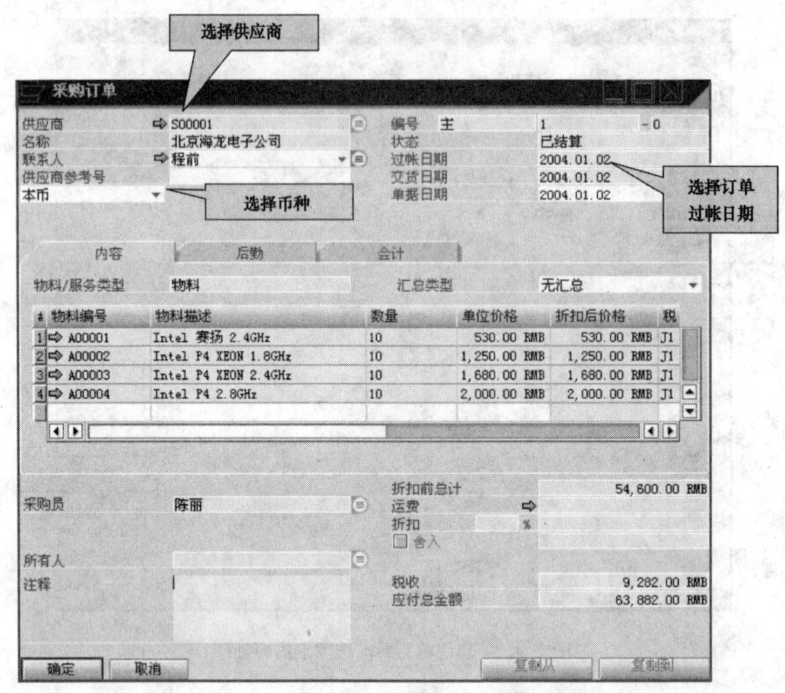

图 7-1　采购订单"表头"处理

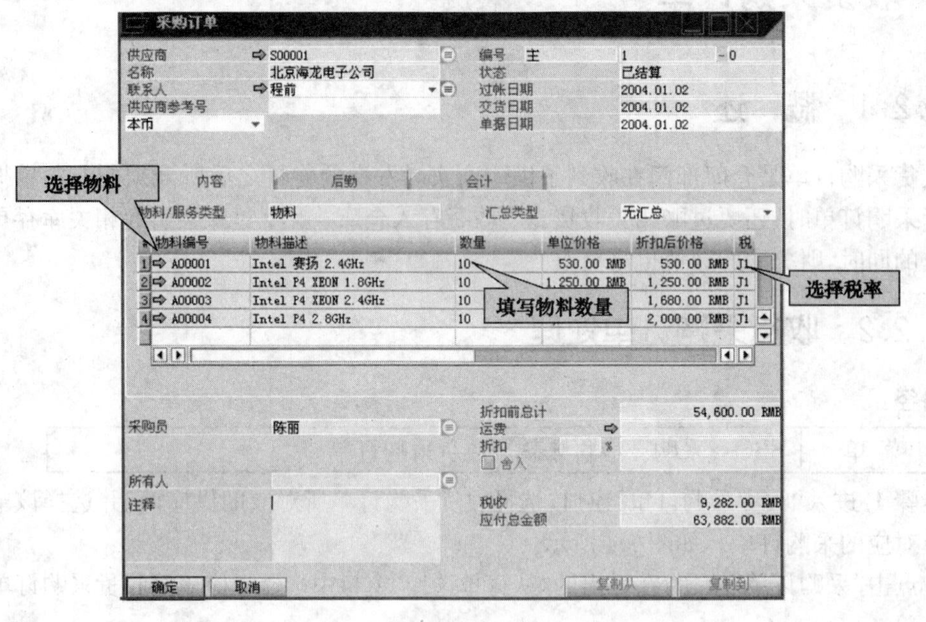

图 7-2　采购订单"行条目"处理

• 用户还可以在"注释"中添加该笔订单的明细信息。如图 7-3 所示。

步骤 4:点击"添加"按钮保存采购订单。

• 更改"采购订单"。只要尚未产生基于采购订单的后续凭证,就可更改凭证中的所有数据。用户可插入或删除行,并更改数量和价格。

• 拒绝"采购订单"。如果不想订购某物料或决定反对使用某个特定供应商的供货,可以在系统中取消采购订单。但是,必须确保还未复制此采购订单去产生后续凭证,诸如收货采购订单或进账发票。当然,这并没有删除采购凭证,仍可继续显示它,但不能对其进行任何更改,或参考这个已取消采购凭证区输入另一凭证。已取消采购订单不会显示在仍打开的采购订单清单中。

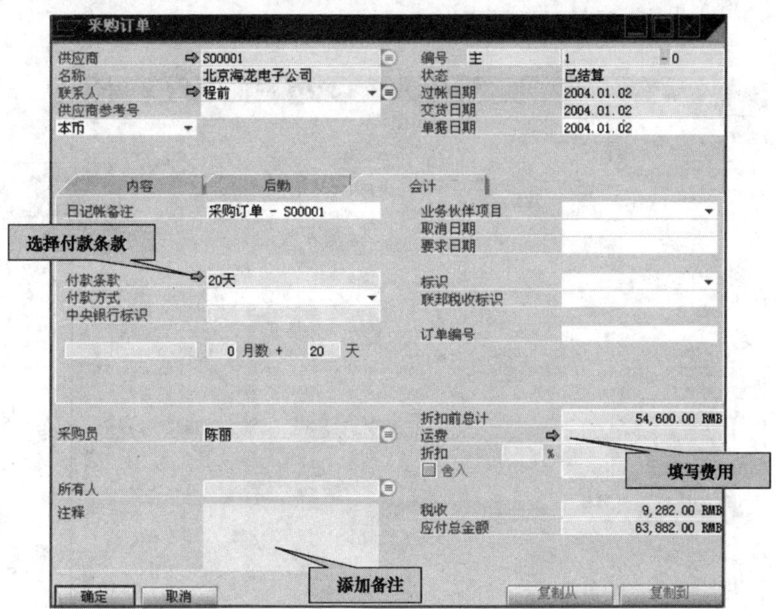

图 7-3 采购订单“会计”选项卡内容处理

7.2 收货采购订单

7.2.1 概 述

收货采购订单是仓库部门在收到了供应商实际发送的物料之后所开据的业务单据。当输入收货采购订单时，还要过账相关收货。将收货存入仓库并产生过账会引起相关库存更改。库存更改的同时，财务中的数值也将更改。

7.2.2 收货采购订单处理

路径：

菜 单	SBO→采购－应付账款→收货采购订单

步骤 1：进入“收货采购订单”窗口，选择收货采购订单所对应的供应商，并选择该笔收货采购订单对应的采购订单。如图 7-4 所示。

• 点击“采购订单”按钮，在弹出的“从订单选择”窗口中选择对应该笔收货采购订单的原始采购订单。

• 可以在收货采购订单中修改物料的信息，即使这些物料并不包含在关联的采购订单之中。

步骤 2：点击添加按钮，保存该张收货采购订单。

• 保存了收货采购订单之后，“注释”会增加“基于采购订单××”的字段说明。也可以从“菜单栏”→“收货采购订单”→“基础凭证”中查看到相关的“采购订单”数据。

• 也可点击 “财务”窗口的“日记账分录”，查看到系统自动过账的财务日记账凭证。

• 只要收货采购订单还未转账至进账发票或退货，就可通过选择“数据” 和“关闭”来结算收货采购订单。

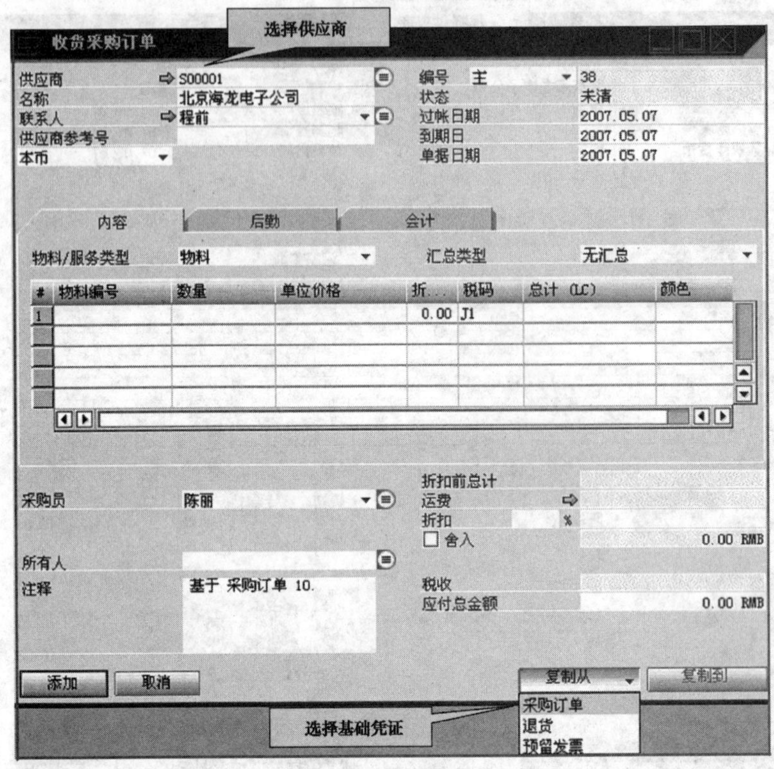

图 7-4 收货采购订单处理

7.3 应付发票

7.3.1 概 述

应付账发票是采购业务流程中重要的环节，应付账发票的生成将直接影响企业的供应商债务。当收到进账发票时，供应商的相关科目会在财务中过账。

如果在系统中没有收货采购订单而直接创建应付账发票，并且用户采购的是在仓库中管理的物料，则当该发票过账时库存也增加。

如果在没有先收货的情况下激活库存且更新应付账发票，则在进行过账时将产生一条表明未收到货物的消息表明未收到货物。

7.3.2 应付发票业务处理

路径：

菜 单	SBO→采购－应付账款→应付发票

界面：如图 7-5 所示。

步骤 1：进入“应付发票”窗口，选择应付发票所对应的供应商，并选择该笔应付发票对应的收货采购订单。

• 点击“收货采购订单”按钮，在弹出的“从清单选择”窗口中选择对应该笔应付账发票的原始收货采购订单。

步骤 2：点击“添加”按钮保存该张应付账发票。

• 保存了应付账发票之后，“注释”会增加“基于采购订单××，基于收货采购订单××”的

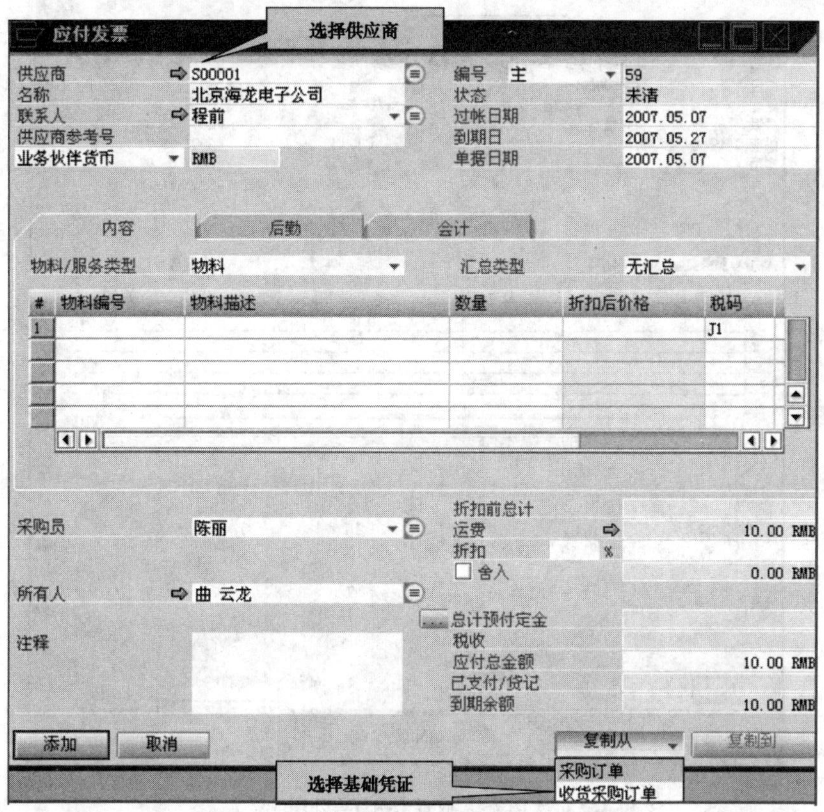

图 7-5 应付发票处理

字段说明。也可以从"菜单栏"→"收货采购订单"→"显示有关联系"中查看到相关的"收货采购订单"数据。

• 也可以点击"财务"窗口中的"日记账条目",查看相关的财务日记账凭证。

7.4 应付发票的付款核销

7.4.1 概 述

应付账发票的付款日期到达之后,用户必须选择某一种付款方式支付供应商的货款,可以选择以支票支付或者银行转账支付,还可以选择以信用卡或者现金支付该笔款项。有关收付款的内容,可参考第五篇第 11 章财务会计处理。

7.4.2 付款业务处理

路径:

菜 单	SBO→收付款→付款

7.5 退 货

7.5.1 概 述

如果在系统中输入收货采购订单,法律将约束对凭证作任何更改或者删除这些凭证。但

是，用户可能由于某种原因要将货物退还给供应商，此时可以选择采购退货从而全部或者部分退回已经入库的采购物料。如图 7-6 所示。

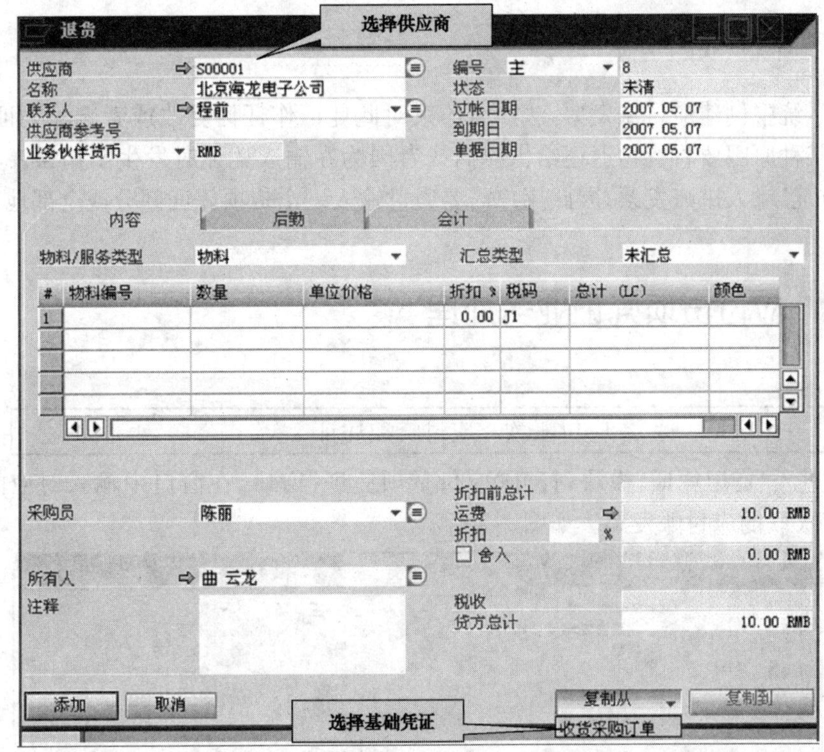

图 7-6　退货处理

7.5.2　退货业务处理

路径：

菜 单	SBO→采购-应付账款→退货

步骤 1：进入退货模块，打开“退货”窗口，在窗口中输入对应的采购退货供应商信息，并选择相关联的收货采购订单。

• 点击“收货采购订单”按钮，在弹出的“从清单选择”窗口中选择对应该笔退货单的原始“收货采购订单”。

• 就像“收货采购订单”一样，用户可以修改“退货单”中的物料数量，因为有可能发生的退货业务只是部分退货。

步骤 2：单击“添加”按钮保存该张退货单。

• 退货单保存以后，会在总账管理模块自动过账。

• 使用菜单“数据”→“关闭”功能也会在总账管理中过账，系统业务处理方式的区别如下：

使用菜单“数据”→“关闭”功能是在货物清账科目上实行自动过账，而“退货单”是在退货科目 上自动过账。退货单会更改物料的库存数量，而使用“数据”→“关闭”功能清算收货采购订单时则不会更改物料的库存数量。

7.6 应付贷项凭证

7.6.1 概　述

如果在系统中创建应付账发票，法律将约束对此凭证作任何更改或者删除凭证。但是，用户可能由于某种原因要将货物退还给供应商或者因为在输入凭证时发生了错误。因为供应商已交货且用户已输入进账发票，因此用户需要通过输入一个贷项凭证部分或全部地冲销此项交易。

7.6.2 应付贷项凭证业务处理

路径：

菜 单	SBO→采购-应付账款→应付贷项凭证

步骤 1：进入"贷记凭证"模块，打开"应付贷项凭证"窗口，在窗口中输入对应的退货供应商，并选择相关联的应付账发票。如图 7-7 所示。

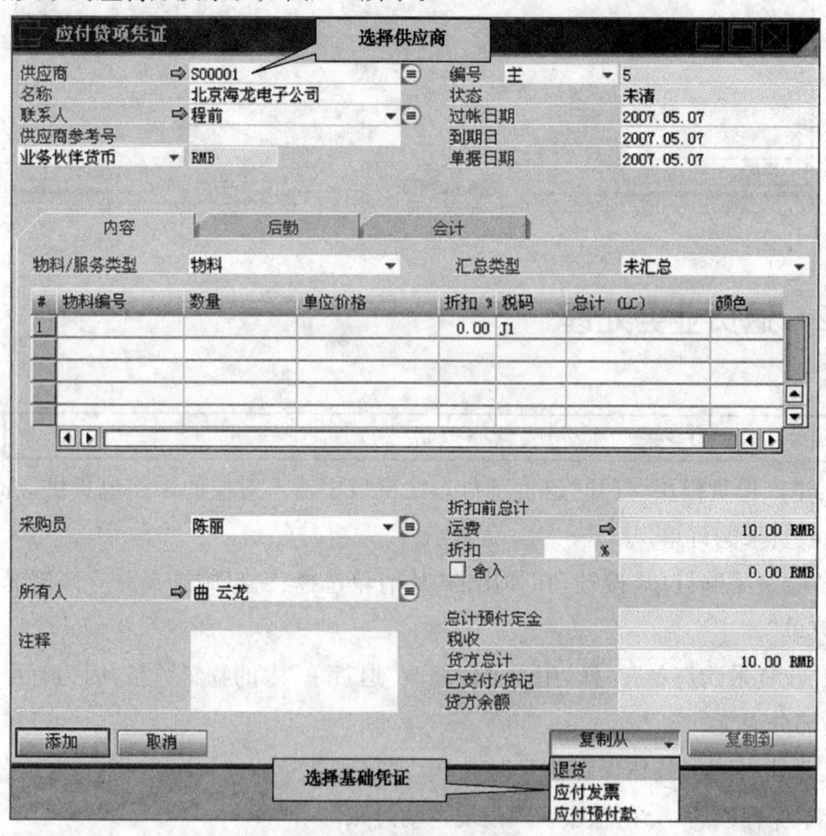

图 7-7　应付贷项凭证处理

• 点击"应付发票"按钮，在弹出的"从清单选择"窗口中选择对应该笔贷记凭证的原始"应付发票"。

• 也可以根据业务需要选择部分冲销进账发票，并不一定需要完全冲销。

步骤 2：点击添加按钮保存该张"应付贷项凭证"。

采购业务系统会自动产生清算应付发票的财务日记账分录。

7.7 审批流程

7.7.1 概 述

在 SBO 中,用户可以定义审批流程,以控制销售/采购单据的创建过程。定义审批流程后,只有被批准的业务单据才能生成正式的单据,进而引起相应的库存变化及日记账条目。

审批流程与消息报警紧密集成在一起,审批流程基于系统在特定事件发送的消息来实现参与审批人员之间的通讯。

经授权的用户可以通过以下两个报表来查询需审批的单据:

- 凭证审批阶段与状态报表:可显示业务单据当前所处的审批状态与所经过的审批阶段。
- 凭证审批状态报表:业务单据的审批状态。

用户创建了一个需要审批的单据后,可以查看此单据的审批状态。

使用审批流程的前提是:

系统需要设置为使用审批流程的管理(一般设置→业务伙伴选项卡→凭证生成权限管理),被定义为审批流程中的创建者的用户不能更改此设置。

【提示】

将用户指定一个部门会对定义审批阶段非常有用。

注意

只能改变待审批单据的表头及一般性字段,而不能更改表体的行数据。如需更改,则需要首先取消此单据。

采购审批流程图如图 7-8 所示。

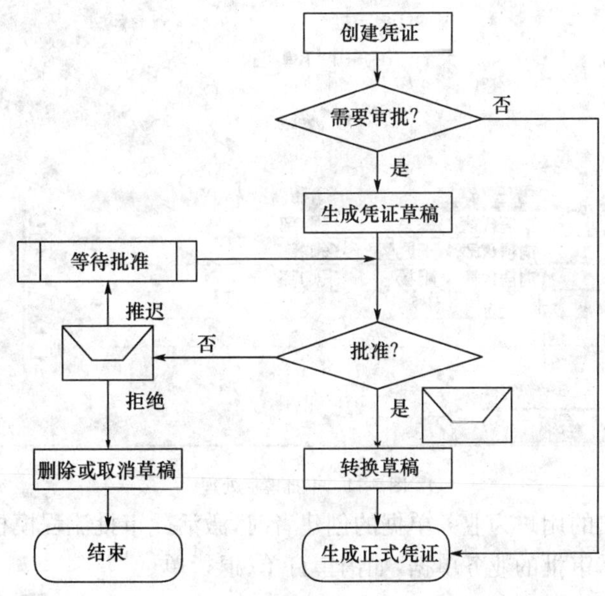

图 7-8 采购审批流程

7.7.2 定义批准阶段

定义审批流程需要经过批准阶段,如采购部门审批、财务经理审批或总经理审批。

路径：

菜 单	SBO→管理→审批流程→确认级别

如图 7-9 所示，此批准阶段需要“曲云龙”或“刘洋”二者之一批准才能通过。

如果要改为需要“曲云龙”或“刘洋”二者全都批准才能通过，则需将“需要的批准人数”改为“2”，如图 7-10 所示。

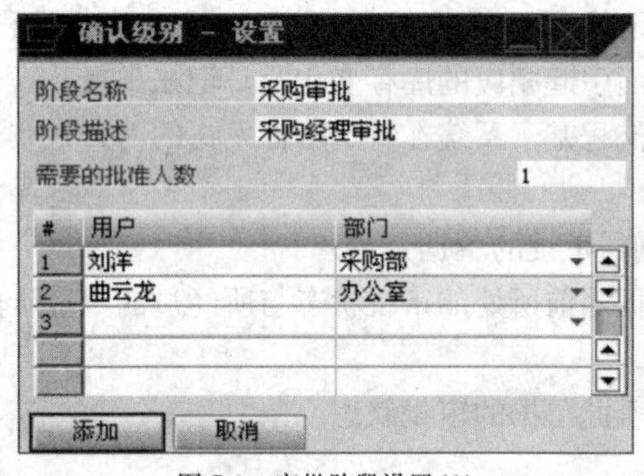

图 7-9 审批阶段设置(1)

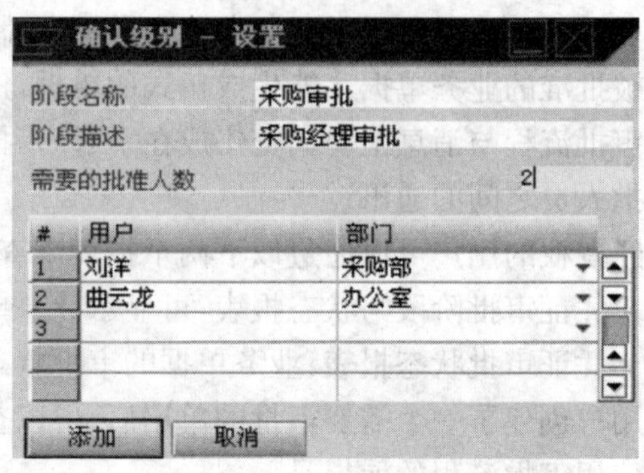

图 7-10 审批阶段设置(2)

7.7.3 定义批准模板

为需要的审批流程定义所使用的批准模板。

路径：

菜 单	SBO→管理→审批流程→批准模板

界面：如图 7-11 所示。

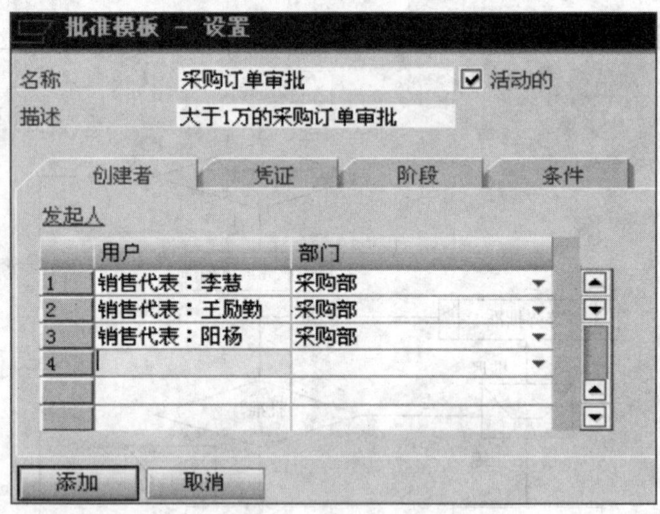

图 7-11 审批模板处理

• 创建者：当列出的用户为业务单据的创建者时，激活此审批流程模板。

• 凭证：选择所需审批的业务单据，如销售订单、退货单。

• 阶段：选择此审批流程需要经过的批准阶段。用户可以选择一个或多个批准阶段，当选择了多个阶段时，审批的顺序是按照阶段的先后顺序进行的，即排在前面的阶段会先被执行。

• 条件：同样也可以选择一个或多个审批被触发的条件，当选择了多个条件后，这些条件之间的关系是“与”，即所有条件均满足时，审批流程才会被触发。

关于批准模板的详细说明，请参见本书第八篇系统管理部分的内容。

7.8 采购主数据相关报表查询

采购业务流程中所涉及到的主数据可以分为业务伙伴、物料和价格三类。下面按照三部分分别介绍有关这些主数据的查询。

7.8.1 业务伙伴主数据查询

1. 查询业务伙伴期初余额

业务伙伴期初余额提供了关于业务伙伴期初余额的查询。

路径：

菜 单	SBO→管理→系统初始化→期初余额→业务伙伴期初余额

步骤 1：打开“业务伙伴期初余额-选择标准”对话框，选择需要查询期初余额的业务伙伴，点击“确定”按钮显示查询结果。如图 7-12 所示。

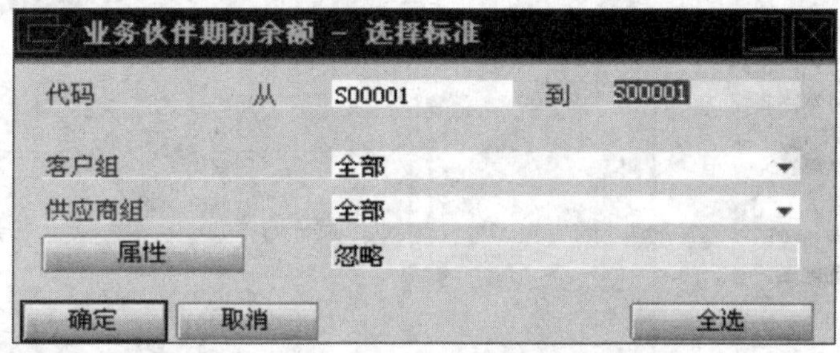

图 7-12　业务伙伴期初余额－选择标准

- 可以选择供应商组的信息以缩小或者区分查询范围。
- 也可以按照“属性”来选择查询，系统默认属性为“忽略”。
- 同样可以选择“全选”按钮，选择所有的业务伙伴。

步骤 2：在打开的数据查询窗口查看相关报表。如图 7-13 所示。

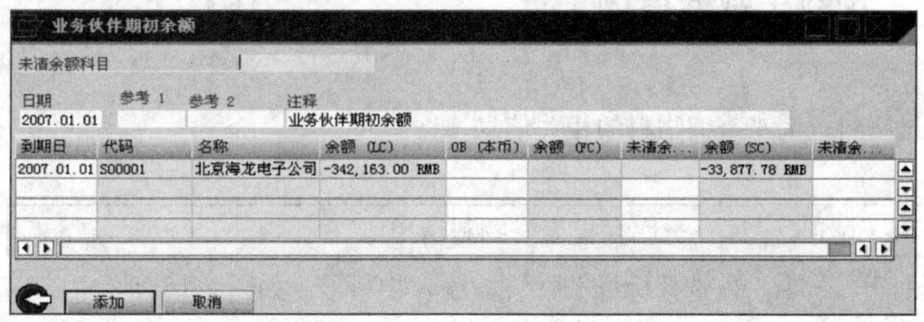

图 7-13　业务伙伴期初余额

2. 查询业务伙伴主数据信息

路径：

菜 单	SBO 拖放相关→业务伙伴

步骤：按照路径菜单双击打开拖放相关窗口。如图 7-14 所示。

- 也可以点击工具栏中的过滤按钮，选择符合查询需要的业务伙伴。过滤窗口如图7-15 所示。

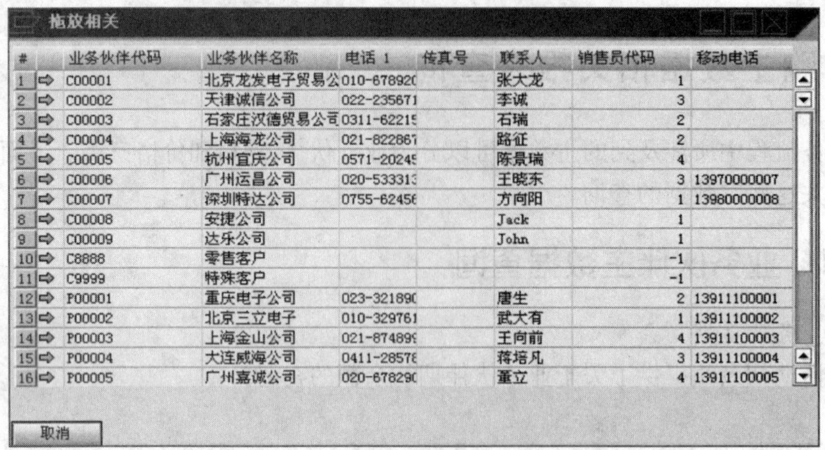

图 7-14 拖放相关——业务伙伴

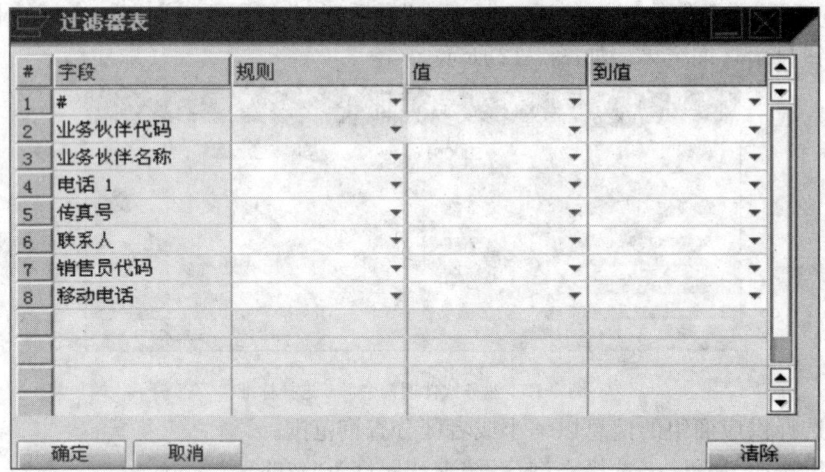

图 7-15 过滤器表

7.8.2 物料主数据查询

1. 物料查询

可以通过物料查询来查询物料的相关信息。

路径：

菜 单	SBO→库存→库存报表→物料清单

步骤 1：打开“物料清单-选择标准”对话框，输入物料号。如图 7-16 所示。

步骤 2：点击“确定”按钮，显示物料信息。如图 7-17 所示。

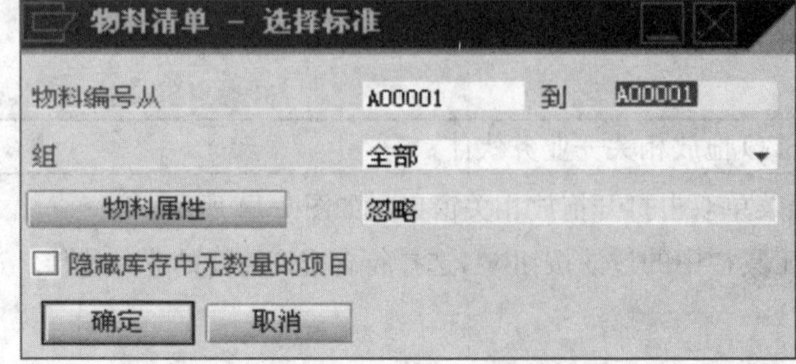

图 7-16 物料清单-选择标准

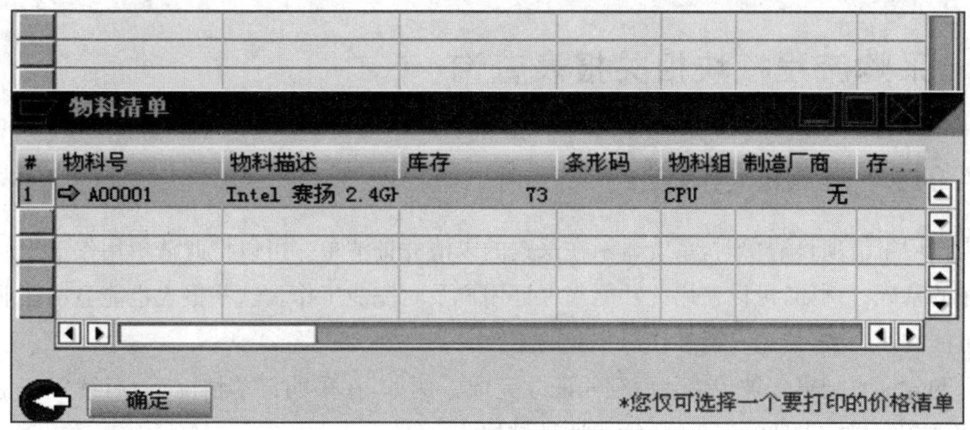

图 7-17 物料清单

2. 查询物料存货清单信息

路径：

菜 单	SBO→库存→库存报表→库存状态

步骤 1：按照路径菜单双击打开拖放相关窗口。如图 7-18 所示。

步骤 2：填写物料代码等信息，然后单击“确定”，以显示目标物料的库存状态。如图 7-19 所示。

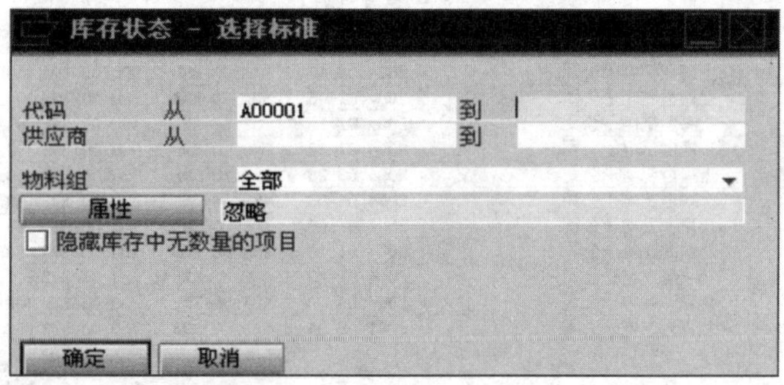

图 7-18 库存状态-选择标准

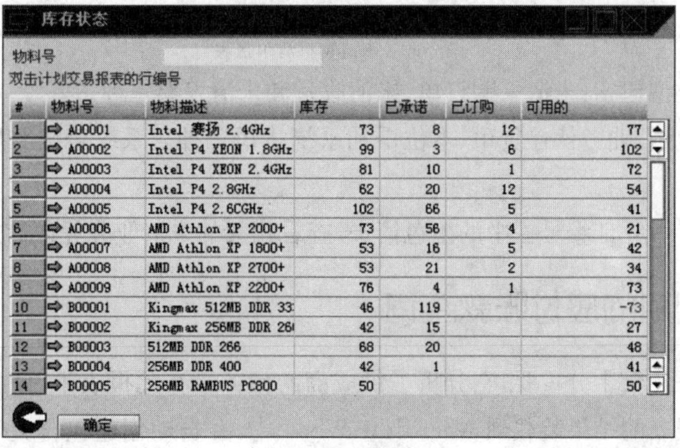

#	物料号	物料描述	库存	已承诺	已订购	可用的
1	A00001	Intel 赛扬 2.4GHz	73	8	12	77
2	A00002	Intel P4 XEON 1.8GHz	99	3	6	102
3	A00003	Intel P4 XEON 2.4GHz	81	10	1	72
4	A00004	Intel P4 2.8GHz	62	20	12	54
5	A00005	Intel P4 2.6CGHz	102	66	5	41
6	A00006	AMD Athlon XP 2000+	73	56	4	21
7	A00007	AMD Athlon XP 1800+	53	16	5	42
8	A00008	AMD Athlon XP 2700+	53	21	2	34
9	A00009	AMD Athlon XP 2200+	76	4	1	73
10	B00001	Kingmax 512MB DDR 33	46	119		-73
11	B00002	Kingmax 256MB DDR 26	42	15		27
12	B00003	512MB DDR 266	68	20		48
13	B00004	256MB DDR 400	42	1		41
14	B00005	256MB RAMBUS PC800	50			50

图 7-19 库存状态报表

3. 价格主数据查询

价格主数据的查询参照价格主数据的创建流程，系统没有特别提供单独查询的模块。

7.9 采购流程模块相关报表查询

7.9.1 未清项目清单

当调用未清项目清单时，系统显示在采购的未清凭证清单。可以把此清单用作组织用户每天工作的基础。例如，可以使用此功能来保证用户及时完成工作。这些报表也能显示在业务中任何可能的不一致，使用户能够作出相应的更改。

采购凭证直到事务被传输到后续凭证才完成。例如，在采购订单情况下，后续凭证是订单的收货。在应付账发票情况下，后续凭证是付款。

路径：

菜 单	SBO→采购-应付账款→采购报表→未清物料清单

步骤如下：打开"未清物料清单"窗口（如图 7-20 所示），选择未清项目类型（采购订单或应付账发票等）以及货币类型。

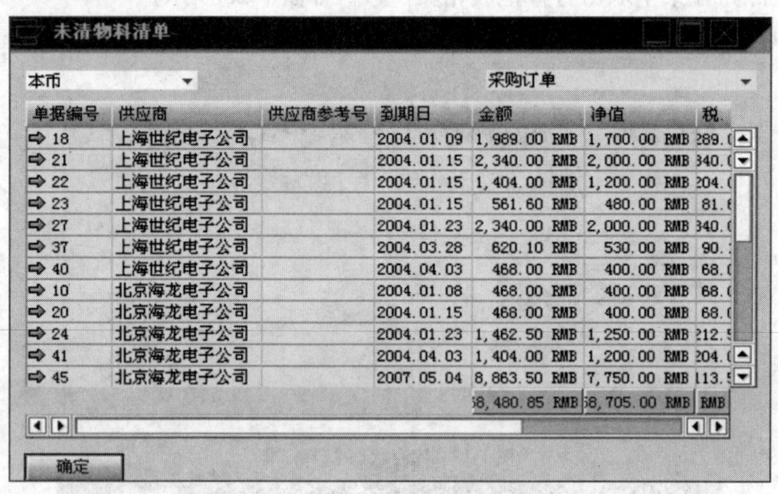

图 7-20 未清物料清单报表

- 未清项目类型包括：未清采购订单、未清收货和未清发票三种。
- 货币类型包括：业务伙伴货币、本位币和系统货币三种。系统会按照用户所选择的币种显示未清余额。
- 可以点击参考凭证编号栏中的橙色箭头，查看相关的未清业务凭证信息。

7.9.2 到期的应付账款查询

此报表对业务经营十分重要，它分析了供应商的债务。在此报表中，债务根据它们的账龄被分类。可以把报表的结果装载到 Microsoft Word 中，并自动创建包含关于客户科目状态信息的标准信函。

路径：

菜 单	SBO→采购-应付账款→采购报表→到期的应付账款

步骤 1：选择需要分析的供应商代码，输入需要分析的比较日期和分析的间隔天数。

• 过期日期:应收账款的时间通过使用此日期确定。通常是当前日期,因此被设置成默认。例如,如果想要显示在接下来的一周内付款到期的所有应收账款,可以更改此默认。

• 间隔:指定系统根据账龄对应付账款进行分组时所采用的分组区间的大小,以天为单位。例如,指定 30 天作为时间间隔,应付账款被分为以下几组:应付账款拖欠小于等于 30 天,应付账款拖欠 31 天到 60 天,应付账款拖欠 61 天到 90 天,应付账款拖欠大于等于 91 天。

• 也可以按"全选"按钮选择全部的供应商。如图 7-21 所示。

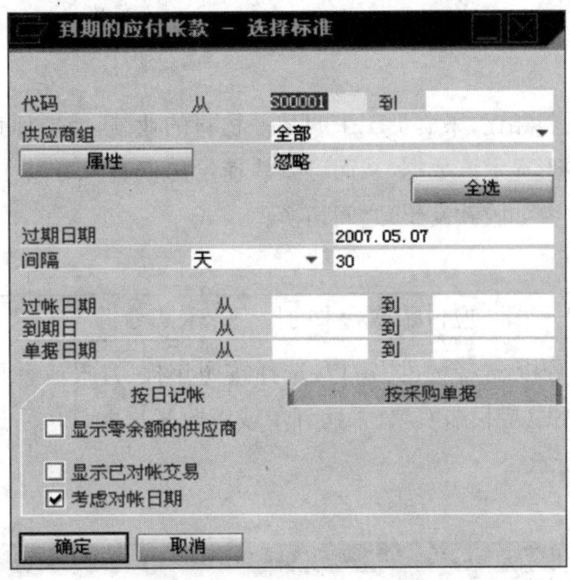

图 7-21 到期应付账款-选择标准

步骤 2:点击"确定"按钮,显示查询结果。如图 7-22 所示。

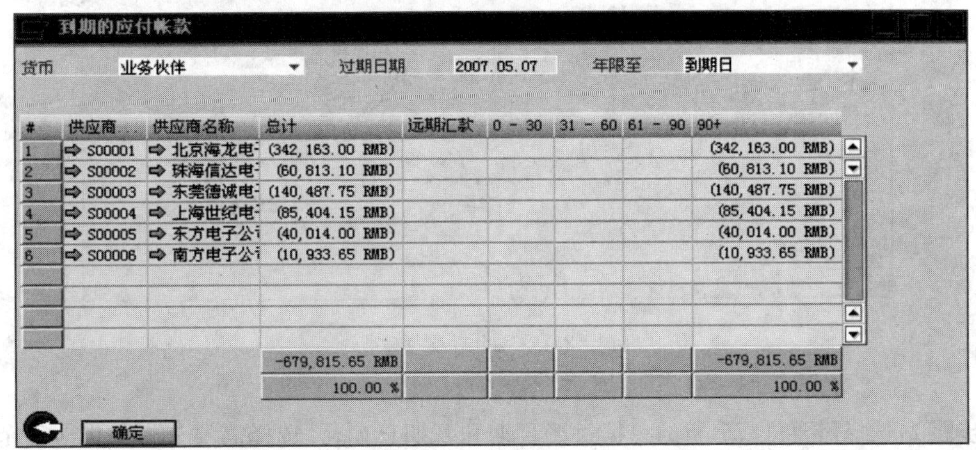

图 7-22 到期应付账款报表

• 总计:显示未清应付账款的总金额。

• 远期汇款:只有在设置了按起息日的到期日标记时才会显示。此栏只显示还没有到期的供应商的应收账款。

• 0—30, 31—60, 61—90, 90+:接下来的四列根据在选择窗口中的日字段间隔的说明构建。系统显示时间间隔的相关未清应收账款。未来付款的金额首先从总的应收账款中减去。

7.9.3 采购分析报表查询

在报表应用程序的分析报表菜单选项中，提供了分析客户和供应商销售量的选项。这两套报表互为镜像。一方面分析了客户方的销售，另一方面也分析了供应商的采购，在此主要对供应商的分析报表进行说明。这些报表能够从三方面分析采购量：对于每个供应商的采购量，每个物料的采购量，每个采购员工的采购量。可以汇总这三项，获得对采购的更清晰的总览。下面以供应商的采购月度分析报表为例加以说明，其余以物料或者以采购人员进行的分析报表查询可以参照本例：

可以评估与其他物料相比，采购员工采购某一物料的业绩，或者评估某一个供应商经常提供哪种物料。系统以图形显示该数据，从而可以快速给出概览。可以在总览(例如一个供应商组的销售)和详细视图(例如收款发票)之间切换。

路径：

菜 单	SBO→采购-应付账款→采购报表→采购分析

步骤 1：打开“采购分析-选择标准”窗口，选择按照年报、月报或者是季报方式查询分析报表；同时，选择分析的单据(应付账发票、采购订单或者收货采购订单)；选择是个别显示还是组显示方式。如图 7-23 所示。

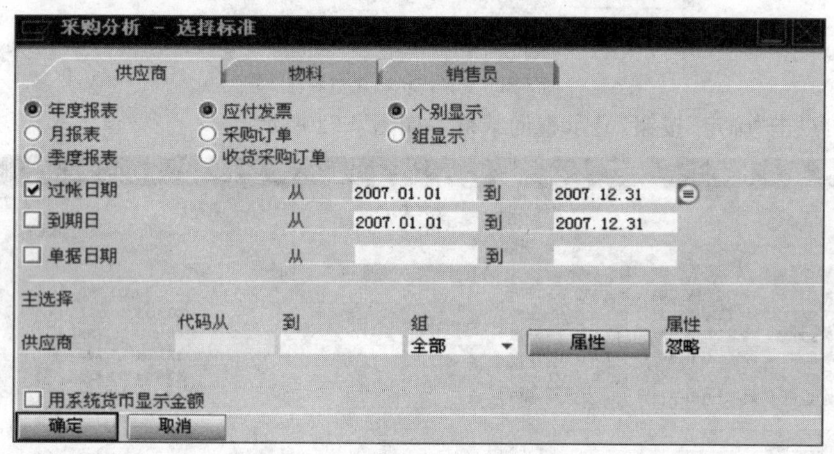

图 7-23 采购分析-选择标准

步骤 2：选择需要进行分析的单据过账日期和到期日期，并选择需要分析的供应商范围和供应商的属性，系统默认是全部的供应商。

• 确定将要包含在报表中的销售凭证的时间周期。定义过账日期、到期日和单据日期的范围。也可以指定多重日期的范围。如果进行此操作，系统则只包含在指定的时间周期内的凭证。例如，如果用户决定过账日期和到期日应该在四月份，那么所有在四月份输入的到五月份到期的付款发票将不包含在系统中。

• 可以仅仅选择过账日期进行分析，也可以同时选择过账日期、到期日还有单据日期进行分析。

步骤 3：点击“确定”按钮，打开“按照供应商的采购分析报表(每月)”窗口(如图 7-24 所示)。

根据分析要求的不同，系统会显示每年、每月或每季的分析报表。图 7-24 以每月的报表为例显示不同月份公司向每个供应商所采购的金额。

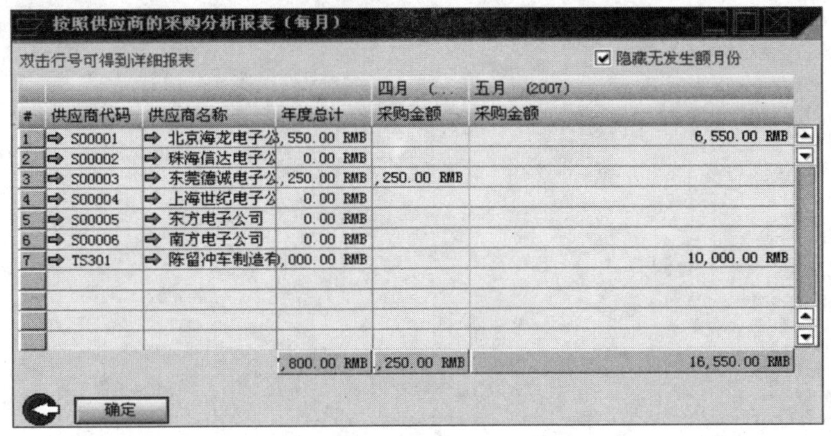

图 7-24　按供应商采购分析报表

• 选择隐藏无发生额月份：如果某月份公司没有同任何供应商发生过采购业务，那么该月份将不会显示在分析报表中。

• 采购分析详细报表：双击行号可得到详细报表。如图 7-25 所示。

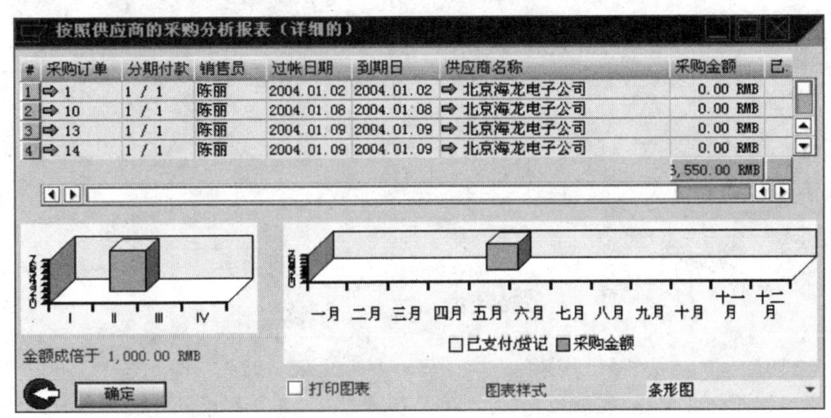

图 7-25　按供应商采购分析报表

• 可以选择不同的图表样式，如线形图、划线图、条形图和 Spline 图四种方式。

第四篇

库存管理

库存管理系统是企业管理信息系统后勤模块中非常重要的一部分内容，它能保证生产经营活动的正常进行，也可以使本企业的资金得到最高效的利用。Neusoft/SAP Business One 库存管理系统是一种相关的、动态的、真实的库存控制系统，能够实时、准确地反映企业的库存状况，为管理者的经营决策提供可靠的依据和保障。

第8章

库存系统综述及初始化

8.1 库存系统综述

8.1.1 概　述

Neusoft/SAP Business One 敏捷商务解决方案库存管理用来管理和控制存储物料的数量，以保证稳定的物流支持正常的生产，但又最小限度地占用资金。SBO 库存管理系统是一种相关的、动态的、真实的库存控制系统。它能够结合、满足相关部门的需求，随时间变化动态地调整库存，精确地反映库存现状。这一系统的功能涉及：

(1)为所有的物料建立库存，决定何时订货采购，同时作为交予采购部门作采购计划、生产部门作生产计划的依据。

(2)收发料的日常业务处理工作。

(3)物料的批次和序列号管理。

8.1.2 业务流程

Neusoft/SAP Business One 系统提供用户在系统中建立不同的物料及仓库，并对物料进行管理，定义物料特性及价格清单。使用该模块可以处理库存盘点、仓库间调拨、寄售等特殊业务。核心的问题是“物料管理”，任何一种物料都由于某种需求而存在，因此必然处于经常流动的状态。一个制造企业的生产过程实质上是一个物流过程。通常人们谈到的生产计划，实际上是一个物料流动的计划，计划的对象是物料，计划执行的结果要通过对物料的监控来考核。

库存是对生产的支持，又是生产的结果。仓库管理是物料管理的一项重要内容。仓库管理中的物流流程如图 8-1 所示。库存系统主要用于管理物料的收发存等业务，主要包括采购入库、销售出库、日常出库、仓库间调拨、盘点等业务。对于需要追踪的物料，系统提供了序列号管理和批次管理。仓库管理主要针对于物料的数量管理，但系统同时也会自动生成相应的财务凭证。图 8-2 为库存系统的整体业务流程。

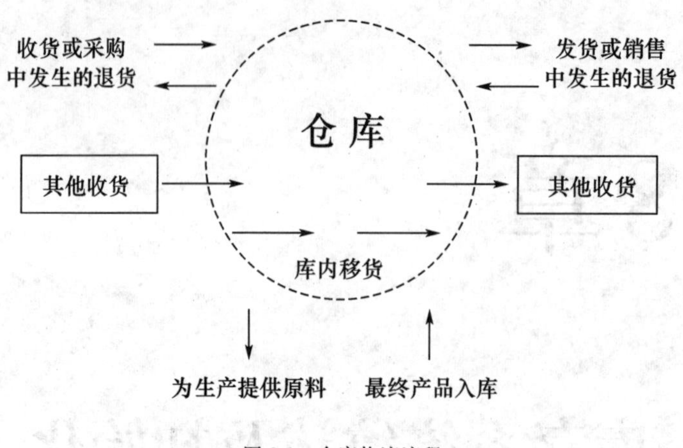

图 8-1　仓库物流流程

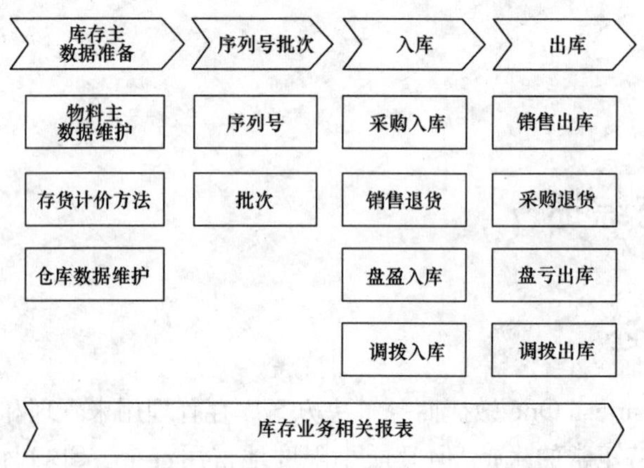

图 8-2　SBO 库存系统业务流程

8.2　库存主数据准备

8.2.1　物料主数据

物料主数据是进行业务操作时的基本元素，物料是在系统中手工输入或导入而建立起来的，SBO 把这些数据用于采购、销售、生产、仓库管理、会计核算和服务。通过物料主数据管理模块可以管理采购、制造、销售或存放在库存中的所有物料，也可以把服务定义成物料。

SBO 还可以把物料定义为固定资产，处理物料采购过账到固定资产科目。SBO 增值开发了固定资产管理模块，可以管理全部固定资产。

一、物料主数据设置

路径：

菜 单	SBO→库存→物料主数据

可以使用"物料主数据"窗口（如图 8-3 所示）来添加、更新、搜索和维护物料主数据。该窗口由一般区域（表头）和 7 个选项卡组成，可以使用各选项卡管理与物料相关的不同信息。

1."物料主数据"——表头

当需要建立物料主数据时，首先在一般区域（表头）输入该物料及其相关的一般信息。在系

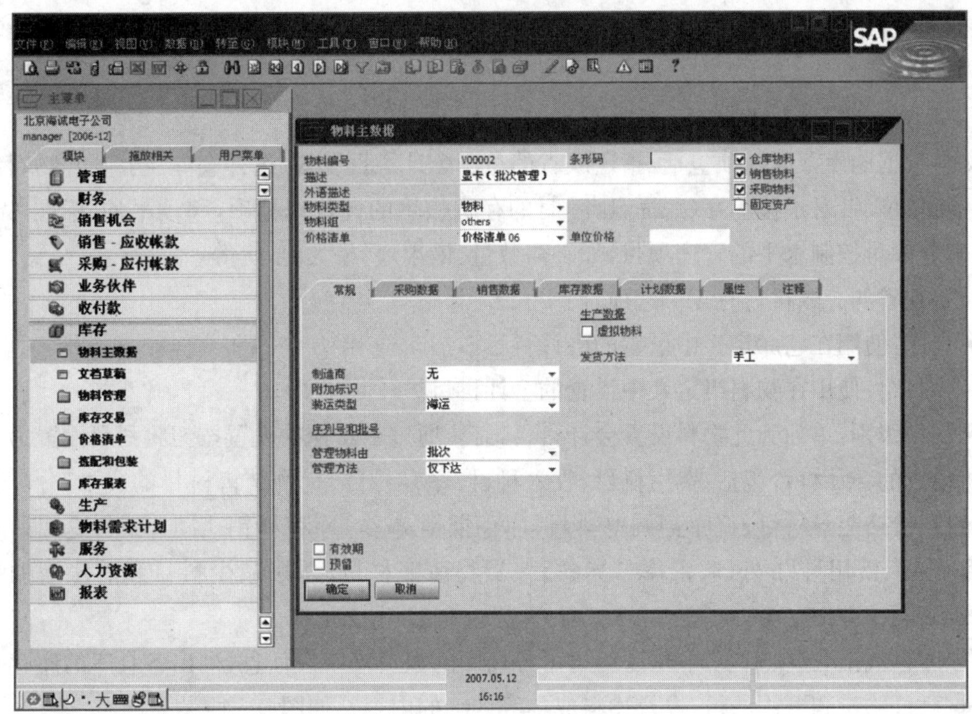

图 8-3　物料主数据

统中搜索和维护物料时，也需要先选择物料编号字段。物料主数据的表头需要填入的字段包括：物料编号（要求必须唯一）、条形码、描述、物料类型（分为物料、劳务和差旅三种类型）、物料组、价格清单等。表头还有采购物料/销售物料/仓库物料/固定资产四个选项需要指定。一般情况下，请参照表 8-1 进行选择。

表 8-1　　物料类型

物料类型	使用设置
一般商品或产品	采购物料＋销售物料＋仓库物料
人力(服务)或差旅	销售物料
固定资产	采购物料＋固定资产

2. “常规”选项卡

物料数据的一些与采购、销售、库存、计划属性无关的常规属性定义。包括：物料的制造商；附加标识；装运类型；选择接收和发出物料时是否按照序列号/批号/无（缺省）。当选择了序列号和批号时，还要确定它是在每个事务中/仅出货时进行指定；发货方法的选择（反冲/手工发货）。

此外还有一些，如：把物料定义为虚拟物料、与合同有关的保修模板选项、有效期、预留等项目。

3. “采购数据”选项卡

物料数据的采购属性项包括：首选供应商、首选供应商的类别编号、采购计量单位及每采购单位数量、包装单位及每包装单位数量、关税组、指定关税税率、税收组、指定进项税率、长度/宽度/高度/体积/重量四个系数，用于双计量单位的换算，等等。

4. “销售数据”选项卡

物料数据的销售属性项包括：销售计量单位及每销售单位数量、包装单位及每包装单位数量、税收组、指定销项税率、长度/宽度/高度/体积/重量四个系数，用于双计量单位的换算，等等。

5.“库存数据”选项卡

物料数据的库存属性项包括：指定缺省的总账会计科目设置、选择仓库/物料组/物料级别、库存计量单位、针对永续盘存（账面盘存）时的存货核算的计价选择项，移动平均/标准/先进先出、反映仓库量控制水平的管理项目，如必需数量、最小值、最大值，等等。

设置缺省的总账科目有三个选项：

• 仓库：使用在仓库定义中设置的会计科目。

• 物料组：使用在物料组定义中设置的会计科目。

• 物料级别：单独为此物料设置会计科目，需要通过工具栏的设置按钮将科目设置为激活。

所设置的会计科目包括：费用科目、收入科目、库存科目、货物销售科目的成本、分配科目、差异科目、价格差异科目、负库存调整科目、库存抵销-减少、库存抵销-增加、销售返回科目、收入科目-外国、费用科目-外国、汇率差异科目、货物清账科目、总账减少科目和总账增加科目。如图 8-4 所示。

在“库存数据”选项卡中，下部还给出了各仓库的数量等字段信息，列出各仓库的库存量、已承诺量、已订购量和可用的量，以及物料成本等详细的内容。如图 8-5 所示。

6.“计划数据”选项卡

物料数据的计划属性项。包括：是否使用 MRP、选择 MRP 是否生成采购订单、订单周期、定义订单时间间隔、定义采购批次大小、经济批量，等等。

7. 其他选项卡

包括“属性”和“注释”两个页面，存放一些附属相关信息。

#	科目代码	科目名称
费用科目	55020406	办公文具费
收入科目	51010101	主营业务收入－国内
库存科目	12430101	库存商品
货物销售科目的成本	54010101	销售成本
分配科目	12010101	物资采购
差异科目	54010201	价格差异-收益
价格差异科目	54010201	价格差异-收益
负库存调整科目		
库存抵销－减少	54010501	库存差异-损失
库存抵销－增加	54010401	库存差异-收益
销售返回科目	12430101	库存商品
收入科目－外国		
费用科目－外国		
汇率差异科目		
货物清帐科目	54010401	库存差异-收益
总帐减少科目		
总帐增加科目		

图 8-4 物料组管理

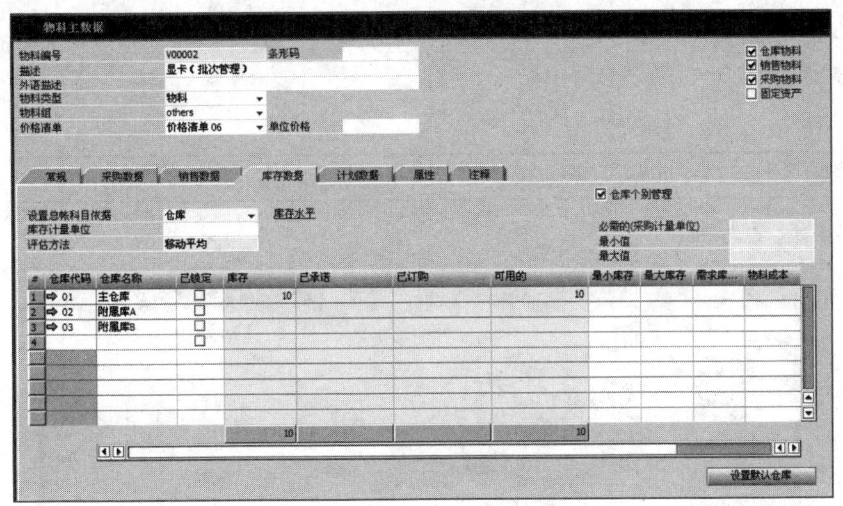

图 8-5　物料主数据——“库存数据”选项卡

二、库存属性设置

1. 物料主数据库存属性页

参考上节内容。

2. 仓库数据“常规”选项卡设置

在此窗口中，定义所有关于公司使用的仓库的常规信息。如图 8-6 所示。

路径：

菜 单	SBO→管理→设置→ 库存→ 仓库

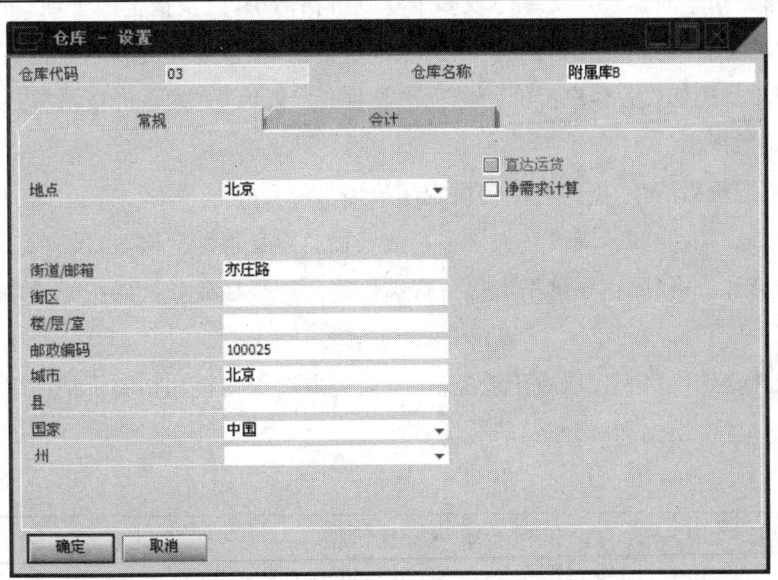

图 8-6　仓库管理

8.2.2　价格清单

在 SBO 系统中，物料的价格是指其基本度量单位的价格。物料价格可在价格清单中定义，也可以在物料主数据中直接修改。价格清单也可以用于客户主数据中。当创建“销售/采购”单据时，单据中物料的价格会根据客户或物料主数据的价格清单自动添入（当然也可以手工更改价格）。如果客户和物料都指定了价格清单，则在创建“销售/采购”单据时，客户的价格清单具有较高的优先级。

一、价格清单建立

路径：

菜 单	SBO→库存→价格清单

界面：如图 8-7 所示。

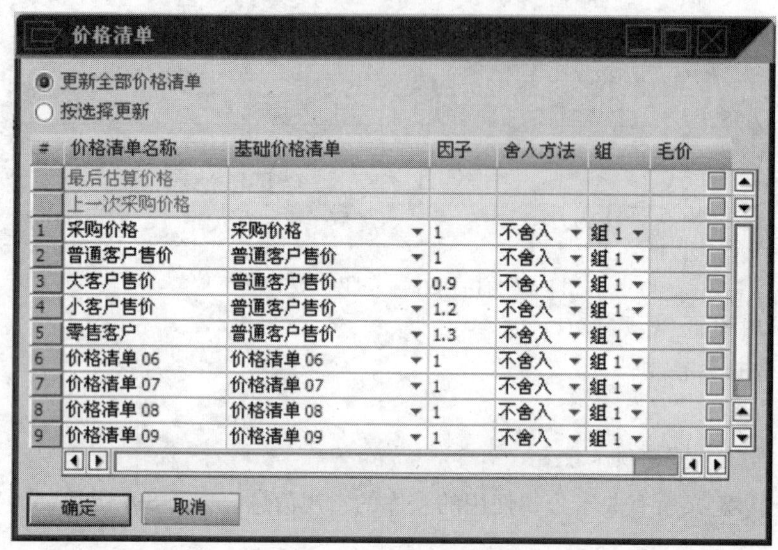

图 8-7 价格清单管理

(1)建立价格清单时需要定义一个或多个基础价格清单，以及指定因子项、舍入方法等等。

价格清单的更新/显示方式有两种：更新全部价格清单/按选择更新。价格清单可以定义为关联的价格清单。例如“大客户售价”为基于“普通客户售价”的关联价格清单，由“普通客户售价”乘以一个系数得出。

(2)使用不同价格清单，可向客户提供定制价格。

如果客户采购某种物料，既没有为该客户或该物料定义特殊价格，也没有定义折扣组，则使用价格清单的特殊价格(库存→价格清单→特殊价格)，这是在业务伙伴主记录中指定的价格清单。

如果不想让特殊价格直接取决于业务伙伴，而是取决于物料和相关价格清单，那么使用“库存→价格清单→层次结构和展开”。

路径：

菜 单	SBO→库存→价格清单→特殊价格
菜 单	SBO→库存→价格清单→层次结构和展开

二、特殊价格

特殊价格可以用于以下情况：

• 客户采购某特定物料或某特定物料组的某件物料时，要为该客户指定一个特殊价格。

• 要为物料定义将适用于特定时间期间的特殊价格。指定与日期相关的价格。

• 要根据订购的数量分配特殊价格。如果订购的数量很大，那么要以比小数量订购低的价格销售或采购物料。在这种情况下，指定基于数量的价格。

• 有时还要更新所有或特定的特殊价格。例如，可以通过更改所选特殊价格的折扣来达到此目的。还可以选择特定的特殊价格，然后仅更改这些价格。可以将价格清单更新作为派生特殊价格的参考。还可能要在定义的时间期间后删除特定的特殊价格。

• 如果想把折扣作为特定物料组、具有特定属性的物料或制造商的参考，而不考虑业务伙伴，那么可以定义折扣组。

• 如果不想根据业务伙伴制定特殊价格，那么也可以为价格清单定义特殊价格。如果还没有为业务伙伴定义特殊价格，则这些特殊价格始终适用。还可以根据特定日期或数量定义这些特殊价格。

1. 定义特殊价格

路径：

菜 单	SBO→库存→价格清单→特殊价格

可以为业务伙伴定义与日期相关的特殊价格，也可以为业务伙伴定义基于数量的特殊价格。为特定业务伙伴定义的这些特殊价格是在该业务伙伴的主记录中指定的，还可以在主记录中为该业务伙伴指定一般折扣。如图 8-8 所示。

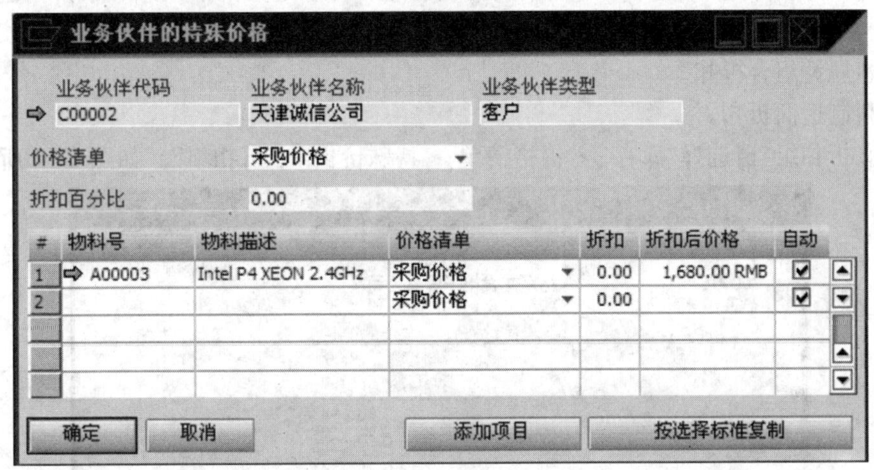

图 8-8 业务伙伴的特殊价格

可以定义基于价格清单的特殊价格，并可定义基于特殊价格的层次结构和展开。如图 8-9 所示。

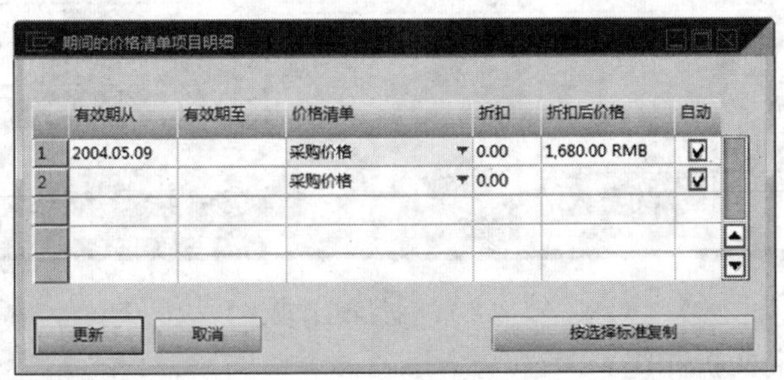

图 8-9 特殊价格

2. 定义层次结构和展开

如图 8-10 所示。

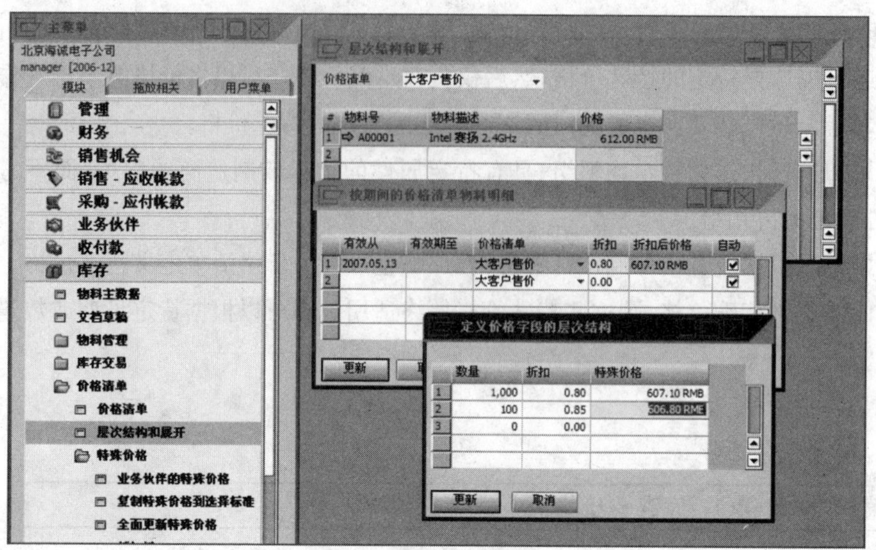

图 8-10　价格清单的层次结构

3. 定义折扣组

可以为业务伙伴定义更多的一般折扣，即折扣组。可以定义以下任意一个折扣组：

- 物料组折扣。
- 物料属性组合折扣。
- 物料制造商折扣。

要定义折扣组，请选择“库存 → 价格清单→ 特殊价格 → 折扣组”。如图 8-11 所示。

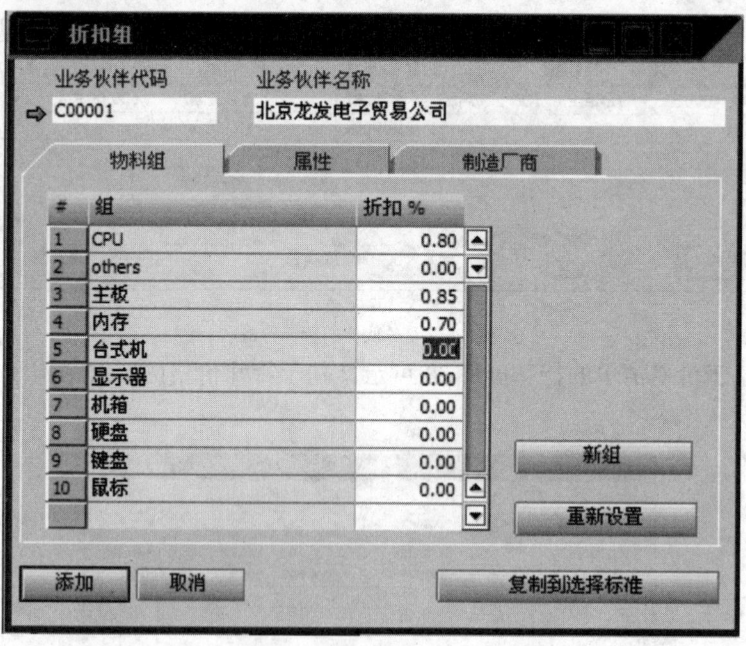

图 8-11　折扣组管理

在下列选项卡中定义折扣组：

- 物料组。
- 属性。
- 制造厂商。

8.2.3 库存相关数据定义

路径：

菜 单	SBO→管理→设置→库存→仓库
菜 单	SBO→管理→设置→库存→物料组
菜 单	SBO→管理→设置→库存→……

• 定义物料组：可以在系统内定义物料组，以达到管理物料的目的。例如可以划分为原材料、半成品、产成品等。

• 定义物料属性：物料定义多达 64 个属性。

• 定义仓库：所使用的仓库的常规信息。有两个属性页：常规/会计。

• 长度和宽度的计量单位：定义所使用的长度计量单位作为物料主计量单位。

• 重量计量单位：输入重量计量单位。

• 关税组：定义关税组，以确定从国外采购的物料应付的关税。

• 制造商：定义物料的制造商。在价格清单中，可以根据制造商来设置价格折扣；在物料定义时，可以在物料主记录中输入其制造商。

• 发运类型：定义装运类型名，以及输入装运公司的 Web 地址。

• 位置：定义仓库的地理位置。这样，用户可以根据仓库的实际位置在系统中将仓库分组。

• 库存周期：定义库存盘点周期。这样，在每次盘点到期时发出警报，帮助用户注意库存盘点。

8.3 库存初始化设置

8.3.1 存货计价方式

系统提供三种存货计价方法：移动平价法、标准成本法和先进先出法。用户需要在实施 SBO 项目的初始化阶段根据本企业实际业务需求确定存货计价方法。一旦确定某种方法，并在系统中录入了业务单据，则该方法将不能更改。

路径：

菜 单	SBO→管理→系统初始化→公司明细

界面：如图 8-12 所示。

有几个选项需要说明一下。

(1)缺省评估方法：

从下面选择一个选项。

• 移动平均：选择此选项可根据物料成本价来计算库存价值。每次出入库时，系统自动更新库存成本。

• 物料成本价字段：可在"库存 → 物料主数据 → 库存数据"选项卡中找到。此字段会在每次库存收货过账时动态更新。

• 标准：即计划价法，选择此选项可按固定价格计算库存价值。出入库的差异计入到调整科目，月底的时候进行调整。

• 成本价格字段：可在"库存 → 物料主数据 → 库存数据"选项卡中找到。物料的标准价格应该在用户开始在公司中工作之前设置。

图 8-12　公司明细"初始化"选项卡中的库存设置

• 先进先出：选择此选项可按 FIFO(先进先出)方法来计算库存价值。先入库的物料，最先出库。每个库存收货交易都会创建链接到成本的数量层；每个库存发货交易都会使用第一个打开的层中的数量及其对应成本。

(2)按仓库管理物料成本：确定为每个仓库计算库存定价。

在中文版本中，请选择此字段，以便自动按照库存审计报表中的仓库对数据进行分组。

(3)使用采购科目过账系统：在使用采购会计的版本中，选择此选项可启用采购会计。一旦生成了日记账分录，便无法再修改此设置。

(4)允许不带有物料成本的库存释放：即使尚未确定的成本价格，也允许将物料包含在如交货单或应收发票等单据中。当根据移动平均或先进先出执行库存评估时，选择该字段。如果已选择标准价格，则价格已定义。

8.3.2　库存的一般设置

在系统初始化的一般设置中，有库存选项卡需要进行基础设置。

路径：

菜单	SBO→管理→系统初始化→一般设置→库存

库存选项包含两个附加选项：物料和计划，如图 8-13 和图 8-14 所示。

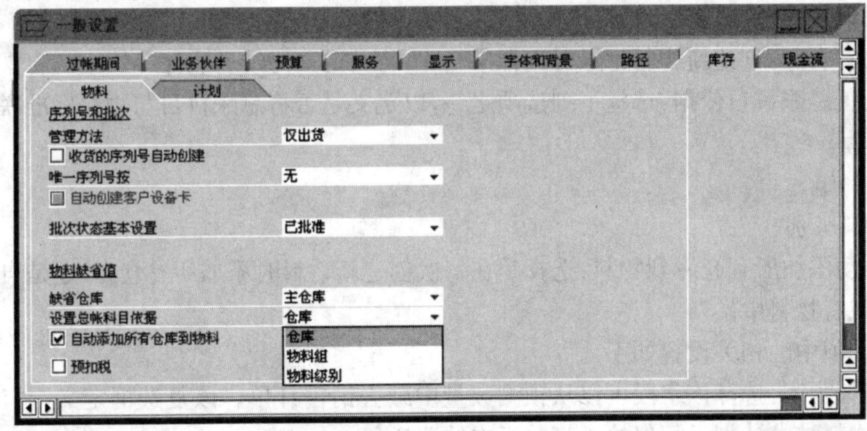

图 8-13　库存选项卡设置——物料

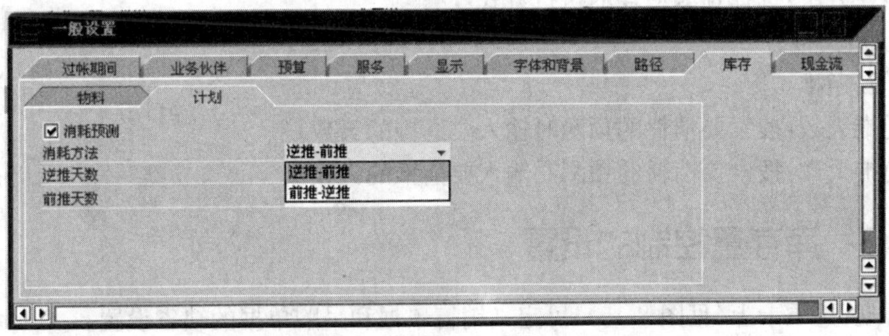

图 8-14　库存选项卡设置——计划

在物料选项中，有以下相关设置：

(1)管理方法：选择为物料指定序列号和批次管理编号所需的方法。

• 在每个事务中：需要在每个库存事务中指定序列号或批次编号。

• 仅出货：仅需要在出货中指定序列号或批次编号。对于其他事务而言，这是可选项。

(2)收货的序列号自动创建：设置在对收货物料分配序列号的时候，是否允许自动地创建序列号。

(3)唯一序列号按：设置在对物料分配序列号的时候，不允许选择的序列号编号重复。有四个选项。

• 无：不设序列号，不设置物料序列号。

要设置物料序列号时，系统实际提供了三个序列号标准，用户可以根据企业的实际需求选择其一作为企业唯一的标准。

• 制造商序列号：即维护序列号。

• 系列号：即内部序列号。

• 批号、批次。

(4)自动创建客户设备卡：选择该字段可以在指定系列号时自动创建客户设备卡。

(5)批次状态基本设置：选择下列选项之一来定义物料批次的缺省状态。

• 已批准：选择该选项可以执行同一批次上的事务。

• 不可存取的：不可以对销售单据或应付贷项凭证中的批次进行批准，因为根据状态定义，这些批次正在生产或质量检查中。但是，可以对库存转储单中的批次进行批准。使用此状态主要是为了区分报表中已锁定的批次和不可存取的批次。

• 已锁定：只能对库存单据中的批次进行批准。例如，库存转储或发货。如果该批次状态为不可存取的或已锁定，则 SBO 既不会阻止用户对该批次进行操作，也不会显示任何警告。因此，该状态仅供参考。

(6)缺省仓库：创建新物料记录时选择某仓库，将其定义为缺省仓库。

(7)设置总账科目依据：选择下列选项之一，以定义是否将总账科目与物料标准联系起来：

- 仓库。
- 物料组。
- 物料级别。

(8)自动添加所有仓库到物料：选择是在每次创建新物料时添加所有仓库，还是自动将新仓库添加到现有物料中。

计划选项中的相关设置如下：

(1)消耗预测：选择该字段可以从预测数量中减去销售订单。该复选框定义销售订单行的缺省值。物料需求计划运行仅检查订单行中的消耗。

(2)消耗方法：选择预测消耗的执行方式：

- 逆推：前推。
- 前推：逆推。

(3)逆推天数：搜索要消耗的预测时输入要逆推的天数。

(4)前推天数：搜索要消耗的预测时输入要前推的天数。

8.3.3 库存量控制的设置

在"常规"选项卡上（见图 8-15），可定义销售单据和采购单据的缺省设置。

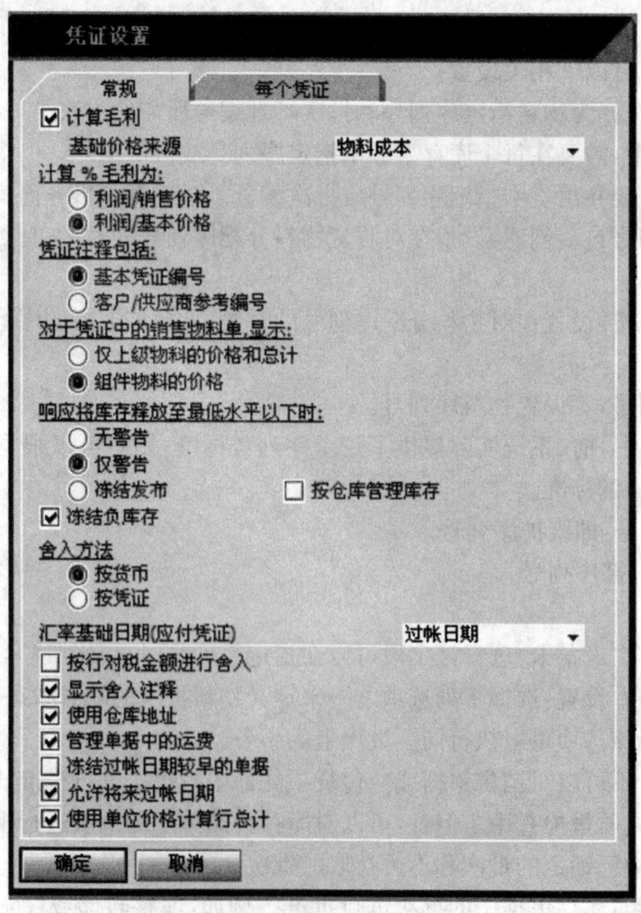

图 8-15 凭证设置——"常规"选项卡

路径：

菜 单	SBO→管理 → 系统初始化 → 凭证设置 → 常规

涉及库存量控制的选项如下。

(1)响应将库存释放至最低水平以下时:在用户的仓库中所管理物料的主记录中定义一个最低库存水平。使用这些选项可以将库存水平低于此最低数量时的系统响应定义为销售单据的结果。为包含发货的销售单据(例如交货或发票)执行此检查。定义在输入销售单据时是否显示警告消息。如果销售单据中出现警告,可以将其忽略。也可以通过选择“冻结发布”复选框来指定不能输入销售单据。

(2)按仓库管理库存:定义是否为单据行中所选的仓库执行检查。如果选择此复选框,则在输入销售单据时,系统将检查为物料所选仓库中的最低库存水平。如果交易会导致该仓库中的库存水平低于最低库存水平,则即使物料的总计可用库存大于最低库存数量,也会出现一条警告消息。如果未选择此复选框,则系统会检查存储此物料的所有仓库中的总计可用库存。还可以定义在库存水平低于最低水平时向特定用户发出的自动通知。随后可以启动采购交易。

(3)冻结负库存:选择该字段可以冻结会导致库存水平低于零的单据。如果取消选择此复选框,则会出现一条消息:“负库存用途不符合会计规则,是否确定启用负库存用途?”。如果选择了按仓库管理库存和冻结负库存,则 SBO 会按仓库计算冻结。但是,如果物料不由仓库进行处理,并且未选择按仓库管理库存,则会为所有仓库计算冻结。

8.3.4 库存期初余额

在系统正确运行前,需要实地盘点仓库的物料,并按企业的制度要求对差异进行相应处理,当确保物料的成本和数量均无误后,将库存数据录入系统中。

初始化余额录入内容还可参考本书第五篇财务管理。

第9章

库存业务处理

库存业务主要包括与采购和销售相关的业务性出入库和与采购销售无关的非交易性出入库。每一项出入库业务都会引起仓库数量和财务核算的变化。本章将对各种业务进行详细介绍,并分析物流和资金流两方面的变化。

在物料主数据的定义过程中,介绍了库存量中、已承诺、已订购、可用的等四个关于物料的数量概念,本章将围绕这四个量来查看仓库物料数量的变化。这四个量中,只有库存中变化会生成财务凭证,其他三个数量变化不会引起财务数据变动。

- 库存中:指仓库中实际物料数量。
- 已承诺:包括销售订单中物料的销售数量和生产订单中子件的消耗数量。
- 已订购:包括采购订单中物料的采购数量和生产订单中母件的生产数量。
- 可用的:库存中－已承诺＋已订购＝可用的。

9.1 库存采购

9.1.1 概 述

在SBO的库存模块中,根据业务情况的不同,相同的单据可能会在业务模式不同时产生不同的结果,采购业务系统主要支持以下两种库存采购业务模式。

- 暂估入库:先收到物料,后收到发票。
- 票货同到:在收到物料的同时,收到发票。

而在这两种业务模式下,都包括是否使用采购订单的情况,采购订单的使用与否会影响库存数量的变化。

另外,在采购业务中还有一种模式,即在途物资(先收到发票,后收到物料),可以通过虚拟库的方式处理或实务中采取的压票的做法,达到核算的目的。其处理方式相当于票货同到业务和库存转储同时使用,本章不作介绍。

9.1.2 采购入库

由于已承诺量是销售订单和生产订单使用,所以在采购业务中,其数量始终不变。

9.1.2.1　暂估入库

使用采购订单的标准采购流程：业务单据流路径为“采购订单→收货采购订单→应付发票”，如图 9-1 至图 9-6。

(1)录入采购订单前数量。假设此例采购物料数量为 10 个。

#	仓库代码	仓库名称	已锁定	库存中	已承诺	已订购	可用的	平均/标准
1	⇨01	主仓库	☐	73	7	2	68	351.76
2	⇨02	附属库A	☐	1			1	363.9
3	⇨03	附属库B	☐					
				74	7	2	69	

图 9-1　暂估入库(1)

(2)录入采购订单后，已订购与可用的同时增加，此业务不生成财务凭证。

#	仓库代码	仓库名称	已锁定	库存中	已承诺	已订购	可用的	平均/标准
1	⇨01	主仓库	☐	73	7	12	78	351.76
2	⇨02	附属库A	☐	1			1	363.9
3	⇨03	附属库B	☐					
				74	7	12	79	

图 9-2　暂估入库(2)

(3)参照采购订单生成收货采购订单，库存中增加，已订购减少，可用的不变，生成财务凭证。

#	仓库代码	仓库名称	已锁定	库存中	已承诺	已订购	可用的	平均/标准
1	⇨01	主仓库	☐	83	7	2	78	373.23
2	⇨02	附属库A	☐	1			1	363.9
3	⇨03	附属库B	☐					
				84	7	2	79	

图 9-3　暂估入库(3)

#	总帐科目/业务伙伴代码	名称	借方	贷方
1	⇨2129	暂估应付款		5,300.00 RMB
2	⇨12430101	库存商品	5,300.00 RMB	
			5,300.00 RMB	5,300.00 RMB

图 9-4　暂估入库(4)

(4)参照收货采购订单生成应付账发票，所有数量均不变化，生成财务凭证。

#	仓库代码	仓库名称	已锁定	库存中	已承诺	已订购	可用的	平均/标准
1	⇨01	主仓库	☐	83	7	2	78	373.23
2	⇨02	附属库A	☐	1			1	363.9
3	⇨03	附属库B	☐					
				84	7	2	79	

图 9-5　暂估入库(5)

使用采购订单的暂估入库业务导致的数量变化，如表 9-1 所示。

#	总帐科目/业务伙伴代码	名称	借方	贷方
1	⇨ S00001	北京海龙电子公司		6,201.00 RMB
2	⇨ 21710101	应交增值税（进项税额）	901.00 RMB	
3	⇨ 2129	暂估应付款	5,300.00 RMB	
			6,201.00 RMB	6,201.00 RMB

图 9-6 暂估入库(6)

表 9-1　　采购订单的暂估入库业务导致的数量变化

	库存量	承诺量	订购量	可用量
采购订单	=	=	↑	↑
收货采购订单	↑	=	↓	=
应付发票	=	=	=	=
符号说明：↑数量增加，↓数量减少，=数量不变				

9.1.2.2 票货同到

使用采购订单的标准流程：业务单据流(路径为“采购订单→应付发票”)，如图 9-7 至图 9-9。

(1)录入采购订单前数量。假设此例采购物料数量为 10 个。

#	仓库代码	仓库名称	已锁定	库存中	已承诺	已订购	可用的	平均/标准
1	⇨ 01	主仓库	☐	42	18		24	167.74
2	⇨ 02	附属库A	☐					
3	⇨ 03	附属库B	☐					
				42	18		24	

图 9-7 票货同到(1)

(2)录入采购订单后，已订购量与可用的同时增加，不生成财务凭证。

#	仓库代码	仓库名称	已锁定	库存中	已承诺	已订购	可用的	平均/标准
1	⇨ 01	主仓库	☐	42	18	10	34	167.74
2	⇨ 02	附属库A	☐					
3	⇨ 03	附属库B	☐					
				42	18	10	34	

图 9-8 票货同到(2)

(3)参照采购订单生成应付账发票，库存量增加，订购量减少，其他数量不变，生成财务凭证，形成应付款。

#	仓库代码	仓库名称	已锁定	库存中	已承诺	已订购	可用的	平均/标准
1	⇨ 01	主仓库	☐	52	18		34	212.41
2	⇨ 02	附属库A	☐					
3	⇨ 03	附属库B	☐					
				52	18		34	

#	总帐科目/业务伙伴代码	名称	借方	贷方
1	⇨ S00006	南方电子公司		4,680.00 RMB
2	⇨ 21710101	应交增值税（进项税额）	680.00 RMB	
3	⇨ 12430101	库存商品	4,000.00 RMB	
			4,680.00 RMB	4,680.00 RMB

图 9-9 票货同到(3)

使用采购订单的票货同到业务导致的数量变化，如表 9-2 所示。

表 9-2　　采购订单的票货同到业务导致的数量变化

	库存量	承诺量	订购量	可用量
采购订单	=	=	↑	↑
应付发票	↑	=	↓	
符号说明：↑数量增加，↓数量减少，=数量不变				

【说明】

(1)参照收货采购订单生成的应付发票，不更新实际库存量。

(2)不参照收货采购订单生成(或手工输入)的应付发票，保存的同时更新实际库存量。

9.1.3　采购退货

9.1.3.1　收票前退货

业务单据流(退货)，如图 9-10 至 9-12。

(1)录入退货单前数量。假设此例采购退货物料数量为 2 个。

#	仓库代码	仓库名称	已锁定	库存中	已承诺	已订购	可用的	平均/标准
1	⇨01	主仓库	☐	50			50	500
2	⇨02	附属库A	☐					
3	⇨03	附属库B	☐					
				50			50	

图 9-10　收票前退货(1)

(2)录入退货单后，库存量与可用量同时减少，生成财务凭证，冲减暂估应付款。

#	仓库代码	仓库名称	已锁定	库存中	已承诺	已订购	可用的	平均/标准
1	⇨01	主仓库	☐	48			48	495.83
2	⇨02	附属库A	☐					
3	⇨03	附属库B	☐					
				48			48	

图 9-11　收票前退货(2)

#	总帐科目/业务伙伴代码	名称	借方	贷方
1	⇨2129	暂估应付款		-1,200.00 RMB
2	⇨12430101	库存商品	-1,200.00 RMB	
			-1,200.00 RMB	-1,200.00 RMB

图 9-12　收票前退货(3)

不使用采购订单的票货同到业务导致的数量变化，如表 9-3 所示。

表 9-3　　不使用采购订单的票货同到业务导致的数量变化

	库存量	承诺量	订购量	可用量
退货	↓	=	=	↓
符号说明：↑数量增加，↓数量减少，=数量不变				

9.1.3.2　收票后退货

业务单据流(应付账款贷项凭证)，如图 9-13、图 9-14。

(1)录入贷项凭证前数量。假设此例采购退货物料数量为 2 个。

#	仓库代码	仓库名称	已锁定	库存中	已承诺	已订购	可用的	平均/标准
1	⇨ 01	主仓库	☐	101	7	2	96	401.17
2	⇨ 02	附属库A	☐	1			1	363.9
3	⇨ 03	附属库B	☐					
				102	7	2	97	

图 9-13　收票后退货(1)

(2)录入贷项凭证后,库存量与可用量同时减少,生成财务凭证,冲减应收账款。

#	仓库代码	仓库名称	已锁定	库存中	已承诺	已订购	可用的	平均/标准
1	⇨ 01	主仓库	☐	99	7	2	94	398.57
2	⇨ 02	附属库A	☐	1			1	363.9
3	⇨ 03	附属库B	☐					
				100	7	2	95	

#	总帐科目/业务伙伴代码	名称	借方	贷方
1	⇨ S00001	北京海龙电子公司		-1,240.20 RMB
2	⇨ 21710101	应交增值税(进项税额)	-180.20 RMB	
3	⇨ 12430101	库存商品	-1,060.00 RMB	
			-1,240.20 RMB	-1,240.20 RMB

图 9-14　收票后退货(2)

票货同退业务导致的数量变化,如表 9-4 所示。

表 9-4　　票货同退业务导致的数量变化

	库存量	承诺中	已订购	可用的
应付账款贷款凭证	↓	=	=	↓
符号说明:↑数量增加,↓数量减少,=数量不变				

9.2 库存销售

9.2.1 概　述

在 SBO 的库存模块中,根据业务情况的不同,相同的单据可能会在业务模式不同时产生不同的结果,销售业务系统主要支持以下四种业务模式:

(1)先发货后开票:先为客户发出物料,在一段时间后再开出发票。

(2)货票同发:在发出物料的同时,开出发票。

(3)先开票后发货:先为客户开具发票,在一段时间后再发出物料。

(4)开票发货同时收款:与货票同发业务类似,不过多了一步收款步骤。

而在这四种业务模式下,都包括是否使用销售订单的情况,销售订单的使用与否,会影响库存数量的变化。

而对于销售报价单,既不会影响库存数量,也不会形成财务数据,在本节不作讨论。有关相关库存销售的操作以及处理,请参考本书第 5 章销售系统业务流程处理。

9.2.2 销售出库

已订购量是在采购订单和生产订单中使用，所以在销售业务中已订购量不会产生任何变化。

9.2.2.1 先发货后开票

使用销售订单的标准销售流程：业务单据流（路径为“销售订单→交货→应收发票”），如图9-15至图9-17。

(1)录入销售订单前物料库存数量。假设此例销售物料 10 个。

#	仓库代码	仓库名称	已锁定	库存中	已承诺	已订购	可用的	平均/标准
1	⇨ 01	主仓库	☐	99	7	2	94	398.57
2	⇨ 02	附属库A	☐	1			1	363.9
3	⇨ 03	附属库B	☐					
				100	7	2	95	

图 9-15 先发货后开票(1)

(2)录入销售订单后，已承诺量增加，可用的减少，不生成财务凭证。

(3)参照销售订单生成交货单，库存中和已承诺量减少，生成财务凭证，结转销售成本。

注意

先发货后开票时产生的财务凭证不能结转销售成本，只有发票到后才能结转销售成本，产生的凭证应当是：借——发出商品；贷——库存商品。

#	仓库代码	仓库名称	已锁定	库存中	已承诺	已订购	可用的	平均/标准
1	⇨ 01	主仓库	☐	89	7	2	84	398.57
2	⇨ 02	附属库A	☐	1			1	363.9
3	⇨ 03	附属库B	☐					
				90	7	2	85	

#	总帐科目/业务伙伴代码	名称	借方	贷方
1	⇨ 54010101	销售成本	3,985.70 RMB	
2	⇨ 12430101	库存商品		3,985.70 RMB
			3,985.70 RMB	3,985.70 RMB

图 9-16 先发货后开票(2)

(4)参照交货单生成应收发票，所有数量都不变，生成财务凭证，形成应收账款。

#	仓库代码	仓库名称	已锁定	库存中	已承诺	已订购	可用的	平均/标准
1	⇨01	主仓库	☐	89	7	2	84	398.57
2	⇨02	附属库A	☐	1			1	363.9
3	⇨03	附属库B	☐					
				90	7	2	85	

#	总帐科目/业务伙伴代码	名称	借方	贷方
1	⇨C00002	天津诚信公司	6,201.00 RMB	
2	⇨21710105	应交增值税（销项税额）		901.00 RMB
3	⇨51010101	主营业务收入－国内		5,300.00 RMB
			6,201.00 RMB	6,201.00 RMB

图 9-17 先发货后开票(3)

使用销售订单的先发货后开票业务导致库存数量的变化，如表 9-5 所示。

表 9-5 使用销售订单的先发货后开票业务导致库存数量的变化

	库存量	承诺量	订购量	可用量
销售订单	=	↑	=	↓
交货单	↓	↓	=	=
应收发票	=	=	=	=

符号说明：↑数量增加，↓数量减少，=数量不变

9.2.2.2 货票同发

使用销售订单的标准销售流程：业务单据流（路径为“销售订单→应收发票”），如图 9-18。

(1)录入销售订单前物料库存数量。假设此例销售物料 10 个。

(2)录入销售订单后，已承诺量增加，可用的减少，不生成财务凭证。

(3)参照销售订单生成应收发票，库存中和已承诺量减少，生成财务凭证，形成应收账款并结转销售成本。

#	仓库代码	仓库名称	已锁定	库存中	已承诺	已订购	可用的	平均/标准
1	⇨01	主仓库	☐	36	119		-83	440.13
2	⇨02	附属库A	☐					
3	⇨03	附属库B	☐					
				36	119		-83	

#	总帐科目/业务伙伴代码	名称	借方	贷方
1	⇨C00008	安捷公司	7,605.00 RMB	
2	⇨21710105	应交增值税（销项税额）		1,105.00 RMB
3	⇨51010101	主营业务收入－国内		6,500.00 RMB
4	⇨54010101	销售成本	4,401.30 RMB	
5	⇨12430101	库存商品		4,401.30 RMB
			12,006.30 RMB	12,006.30 RMB

图 9-18 货票同发

使用销售订单的票货同发业务导致库存数量的变化，如表 9-6 所示。

表 9-6　使用销售订单的票货同发业务导致库存数量的变化

	库存中	已承诺	已订购	可用的
销售订单	=	↑	=	↓
应收发票	↓	↓	=	=
符号说明：↑数量增加，↓数量减少，=数量不变				

9.2.2.3　先开票后发货

使用销售订单的标准销售流程：业务单据流（路径为“销售订单→应收预留发票→交货单”），如图 9-19、图 9-20。

（1）录入销售订单前物料库存数量。假设此例销售物料 10 个。

（2）录入销售订单后，已承诺量增加，可用的减少，不生成财务凭证。

（3）参照销售订单生成应收预留发票，所有数量均不变化，生成财务凭证，形成应收账款。

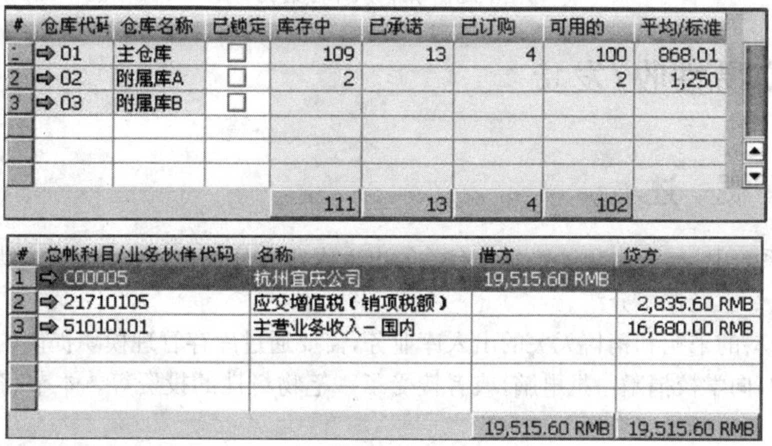

#	仓库代码	仓库名称	已锁定	库存中	已承诺	已订购	可用的	平均/标准
1	⇨ 01	主仓库	☐	109	13	4	100	868.01
2	⇨ 02	附属库A	☐	2			2	1,250
3	⇨ 03	附属库B	☐					
				111	13	4	102	

#	总帐科目/业务伙伴代码	名称	借方	贷方
1	⇨ C00005	杭州宜庆公司	19,515.60 RMB	
2	⇨ 21710105	应交增值税（销项税额）		2,835.60 RMB
3	⇨ 51010101	主营业务收入－国内		16,680.00 RMB
			19,515.60 RMB	19,515.60 RMB

图 9-19　先开票后发货(1)

（4）参照应收预留发票生成交货单，库存中和已承诺量减少，生成财务凭证，结转销售成本。

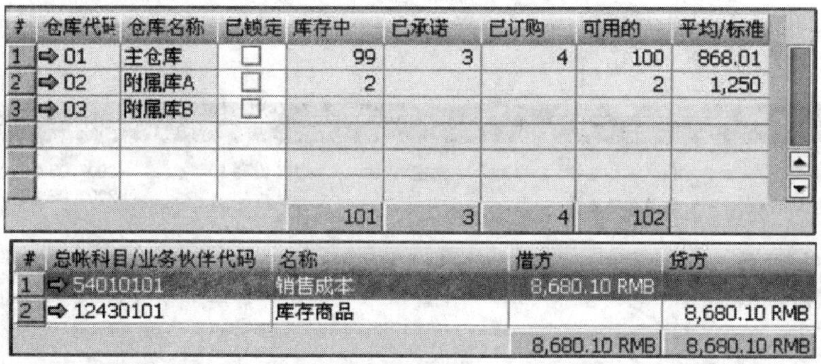

#	仓库代码	仓库名称	已锁定	库存中	已承诺	已订购	可用的	平均/标准
1	⇨ 01	主仓库	☐	99	3	4	100	868.01
2	⇨ 02	附属库A	☐	2			2	1,250
3	⇨ 03	附属库B	☐					
				101	3	4	102	

#	总帐科目/业务伙伴代码	名称	借方	贷方
1	⇨ 54010101	销售成本	8,680.10 RMB	
2	⇨ 12430101	库存商品		8,680.10 RMB
			8,680.10 RMB	8,680.10 RMB

图 9-20　先开票后发货(2)

使用销售订单的先开票后发货业务导致库存数量的变化，如表 9-7 所示。

表 9-7　使用销售订单的先开票后发货业务导致库存数量的变化

	库存中	已承诺	已订购	可用的
销售订单	=	↑	=	↓
应收预留发票	=	=	=	=
交货单	↓	↓	=	=
符号说明：↑数量增加，↓数量减少，=数量不变				

9.2.2.4　开票发货同时收款

如图 9-21。此模式与票货同发业务极为类似，不过在录入应收发票的同时生成两张财务凭证：一张是形成应收款并结转销售成本，另一张是付款凭证（付款过程请参考本书第五篇第 11 章财务会计处理的内容）。

#	总帐科目/业务伙伴代码	名称	借方	贷方
1	⇨ C8888	零售客户	1,034.28 RMB	
2	⇨ 21710105	应交增值税（销项税额）		150.28 RMB
3	⇨ 51010101	主营业务收入－国内		884.00 RMB
4	⇨ 54010101	销售成本	398.57 RMB	
5	⇨ 12430101	库存商品		398.57 RMB
			1,432.85 RMB	1,432.85 RMB

#	总帐科目/业务伙伴代码	名称	借方	贷方
1	⇨ 10020101	银行存款-人民币	1,034.28 RMB	
2	⇨ C8888	零售客户		1,034.28 RMB
			1,034.28 RMB	1,034.28 RMB

图 9-21 开票发货同时收款

9.3 非交易性收/发货

9.3.1 概 述

在 SBO 系统中，与采购和销售业务有关的出入库业务分别在采购与销售模块中处理，在本章的 9.1 和 9.2 已经作了介绍。

对于与物料的采购和销售无关的出入库业务，需要通过库存管理模块提供的收货和发货进行处理。例如，向学校捐赠一批电脑，或者接受了一笔物料性的投资等。本节将对典型的非交易性收发货业务处理加以介绍。

9.3.2 收 货

图 9-22 是非交易性收货界面。

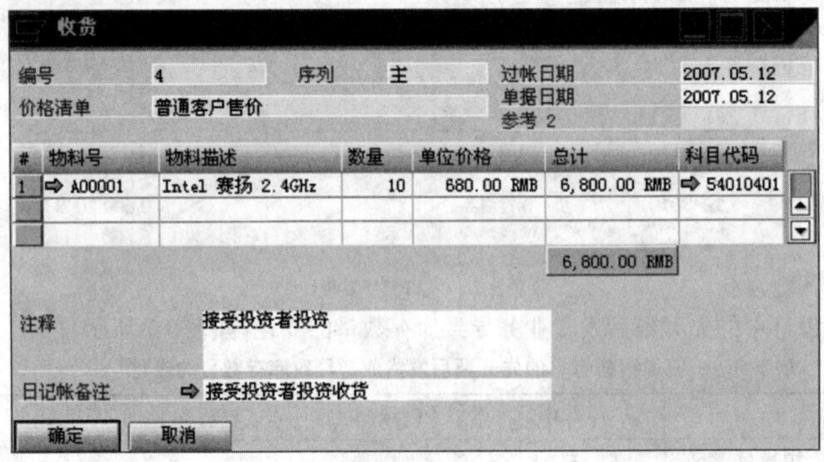

图 9-22 非交易性收货

路径：

菜 单	SBO→库存→库存交易→收货

1. 操作注意事项

• 科目代码：即生成的财务凭证的贷方科目。

业务情况不同，财务处理时所使用的会计科目也就不同，所以需要根据企业不同的业务，修改此科目。

修改方法：先删除此科目，然后在此字段按 Tab 键，进行科目选择界面，选择科目。

• 单位价格：指此物料的入库成本价，以此字段最终显示的金额入账。

• 审核：入库单没有审核过程，一旦保存则入账，且不能修改。

• 仓库：系统默认使用(路径为"管理→系统初始化→一般设置")的"库存"选项卡下的"缺省仓库"入库。如果物料需要进入其他仓库，则需要在系统中进行设置。

在"收货"单界面点击"表格设置"按钮，在弹出的表格式设置窗口，可以将仓库等字段设为"可视"和"活动的"，以改变收货窗口中显示的字段内容和可编辑性。

2. 库存中数量与财务数据的变化

(1)录入收货单前物料库存中数量(见图 9-23)。假设此例接受物料投资 100 个，700 元/个。

#	仓库代码	仓库名称	已锁定	库存中	已承诺	已订购	可用的	平均/标准
1	⇨ 01	主仓库	☐	88	7	2	83	398.57
2	⇨ 02	附属库A	☐	1			1	363.9
3	⇨ 03	附属库B	☐					
				89	7	2	84	

图 9-23　录入收货单前物料库存中数量

(2)录入收货单后，库存中数量和可用的增加，生成财务凭证，库存价值和实收资本增加，如图9-24所示。

#	仓库代码	仓库名称	已锁定	库存中	已承诺	已订购	可用的	平均/标准
1	⇨ 01	主仓库	☐	188	7	2	183	558.91
2	⇨ 02	附属库A	☐	1			1	363.9
3	⇨ 03	附属库B	☐					
				189	7	2	184	

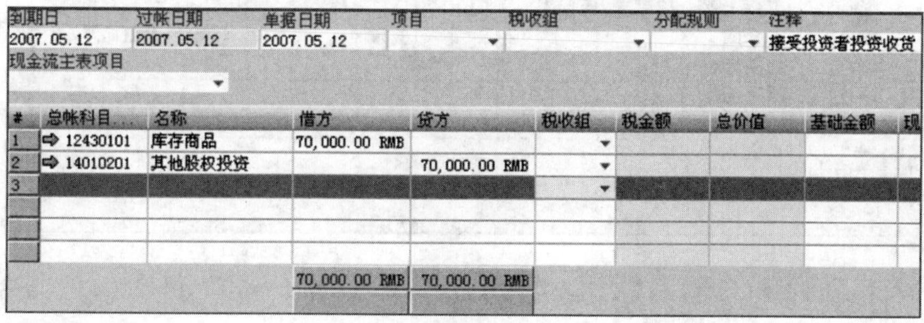

到期日	过帐日期	单据日期	项目	税收组	分配规则	注释
2007.05.12	2007.05.12	2007.05.12				接受投资者投资收货

现金流主表项目

#	总帐科目...	名称	借方	贷方	税收组	税金额	总价值	基础金额	现
1	⇨ 12430101	库存商品	70,000.00 RMB						
2	⇨ 14010201	其他股权投资		70,000.00 RMB					
3									
			70,000.00 RMB	70,000.00 RMB					

图 9-24　库存价值和实收资本增加

9.3.3 发 货

图 9-25 是非交易性发货界面。

路径：

菜 单	SBO→库存→库存交易→发货

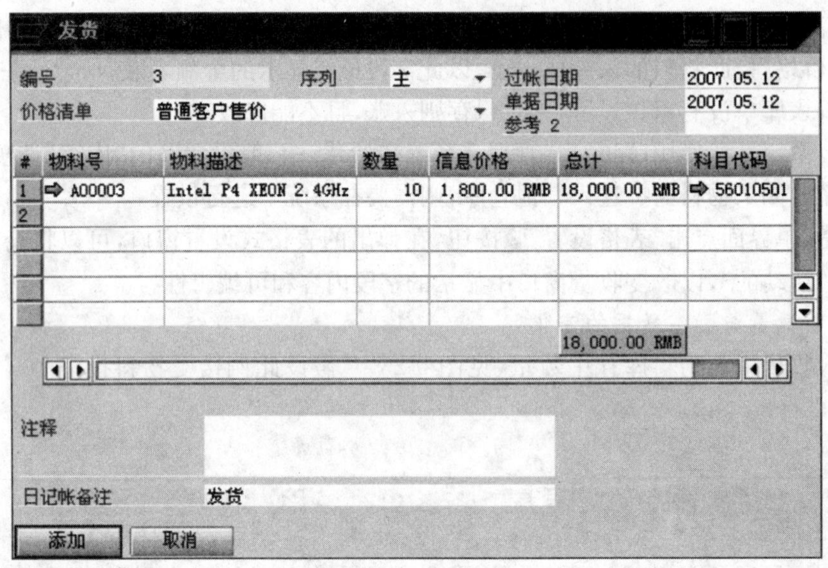

图 9-25 非交易性发货

1. 操作注意事项

• 科目代码：即生成的财务凭证的借方科目。

业务情况不同，财务处理时所使用的会计科目也就不同，所以需要根据企业不同的业务，修改此科目。

修改方法：先删除此科目，然后在此字段按 Tab 键，进行“科目选择”界面，选择科目。

• 信息价格：指显示在出库单上的出库价格，但不是财务核算的出库成本。财务核算的出库成本以系统按计价方式自动计算的价格为准。

2. 库存中数量与财务数据的变化

见图 9-26、图 9-27。

(1)录入发货单前物料库存数量。假设此例捐赠出库物料 10 个。

#	仓库代码	仓库名称	已锁定	库存中	已承诺	已订购	可用的	平均/标准
1	⇨ 01	主仓库	☐	79	11	1	69	1,106.77
2	⇨ 02	附属库A	☐					
3	⇨ 03	附属库B	☐	1			1	1,680
				80	11	1	70	

图 9-26 录入发货单前物料库存数量

#	仓库代码	仓库名称	已锁定	库存中	已承诺	已订购	可用的	平均/标准
1	⇨ 01	主仓库	☐	69	11	1	59	1,106.77
2	⇨ 02	附属库A	☐					
3	⇨ 03	附属库B	☐	1			1	1,680
				70	11	1	60	

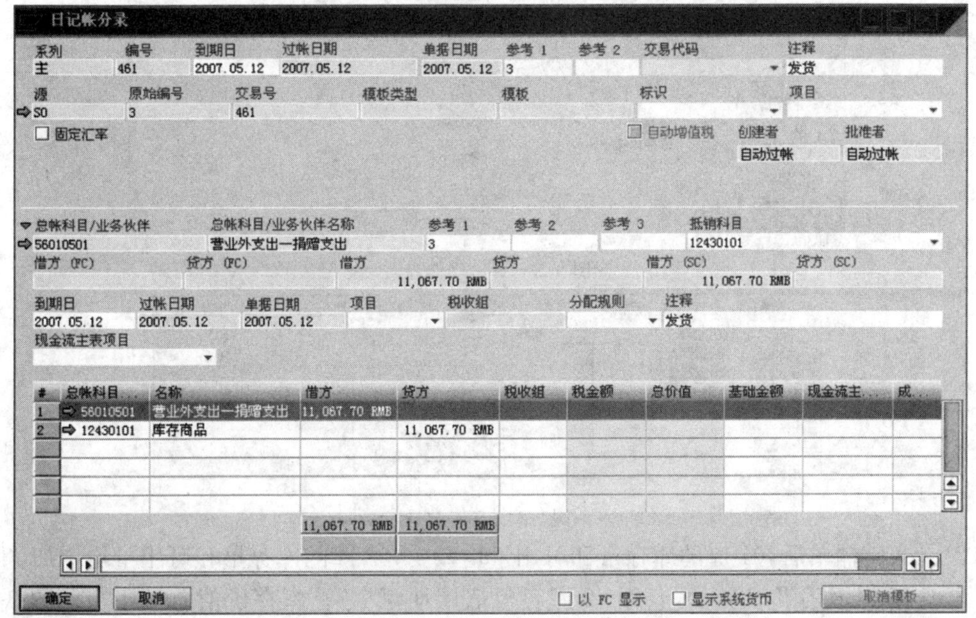

图 9-27　日记账分录

(2)录入发货单后，库存量和可用量减少，生成财务凭证，库存价值减少和营业外支出增加。

注意

财务凭证的金额不是以出库单上的列示的金额计算，而是以仓库中物料的成本计算。

9.4　库存转储

9.4.1　概　述

库存转储指物料在不同仓库之间的调拨。另外，通过建立虚拟库，也可以实现寄售的处理。

9.4.2　仓库间的物料调拨

图 9-28 是库存转储界面。

路径：

菜 单	SBO→库存→库存交易→库存转储

1. 操作注意事项

• 价格：指显示在转储单上的价格，但不是财务核算的物料成本。财务核算的物料成本以系统按计价方式自动计算的价格为准。

• 审核：出库单没有审核过程，一旦保存则入账，且不能修改。

本操作会生成一张财务凭证，借贷方科目与金额完全相等，对财务结果和报表不会产生影响。

2. 库存中数量与财务数据的变化

(1)录入转储单前物料库存数量。假设此例转储物料 100 个。如图 9-29 所示。

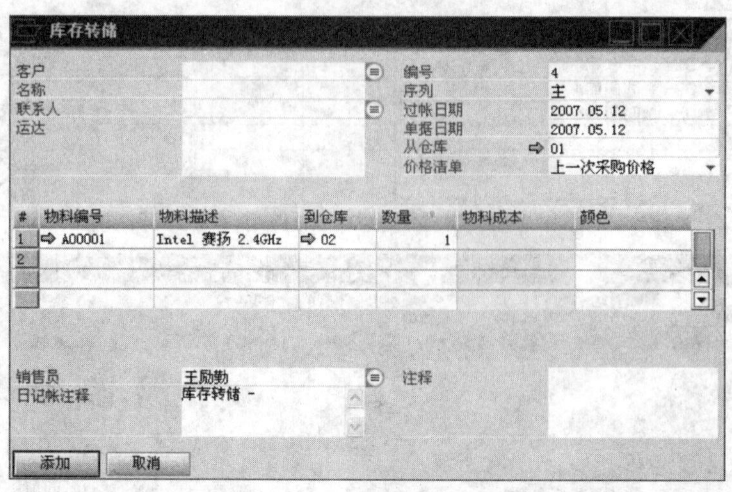

图 9-28 库存转储界面

#	仓库代码	仓库名称	已锁定	库存中	已承诺	已订购	可用的	平均/标准
1	01	主仓库	☐	208	7	2	203	545.01
2	02	附属库A	☐	81			81	556.5
3	03	附属库B	☐					
				289	7	2	284	

图 9-29 库存数量

(2)录入转储单后,01 库的库存量和可用量均减少,02 库的库存量和可用量均增加,生成财务凭证,仓库 01 库存价值减少,仓库 02 库存价值增加,财务上库存价值总额不变。图 9-30 是日记账分录。

注意 财务凭证的金额不是以出库单上的列示的金额计算,而是以出库仓库中物料的成本进行计算。

#	仓库代码	仓库名称	已锁定	库存中	已承诺	已订购	可用的	平均/标准
1	01	主仓库	☐	108	7	2	103	545.01
2	02	附属库A	☐	181			181	550.15
3	03	附属库B	☐					
				289	7	2	284	

图 9-30 日记账分录

9.5 库存盘点

SBO 库存盘点功能，主要处理定期或不定期的库存盘点业务，包括盘点后的财务处理。

9.5.1 库存盘点

路径：

菜 单	SBO→库存→库存交易→初始数量

操作步骤如下：

步骤 1：选择"库存跟踪"选项卡(见图 9-31)。

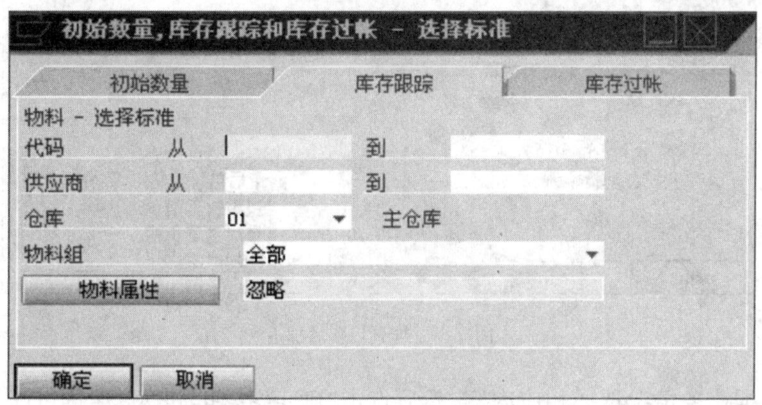

图 9-31 库存跟踪选项卡

步骤 2：根据业务情况选择相应内容，然后点击"确定"按钮，进入"库存跟踪"明细窗口(见图 9-32)。只有满足所有条件的物料才会出现在窗口中。

库存跟踪

查找 仓库名称 ⇨ 主仓库

#	物料号	物料描述	已盘点	仓库中已盘点
1	⇨ A00001	Intel 赛扬 2.4GHz	☑	83
2	⇨ A00002	Intel P4 XEON 1.8GHz	☑	88
3	⇨ A00003	Intel P4 XEON 2.4GHz	☑	70
4	⇨ A00004	Intel P4 2.8GHz	☑	62
5	⇨ A00005	Intel P4 2.6CGHz	☑	102
6	⇨ A00006	AMD Athlon XP 2000+	☑	73
7	⇨ A00007	AMD Athlon XP 1800+	☑	53
8	⇨ A00008	AMD Athlon XP 2700+	☑	53
9	⇨ A00009	AMD Athlon XP 2200+	☑	76
10	⇨ B00001	Kingmax 512MB DDR 333	☑	46
11	⇨ B00002	Kingmax 256MB DDR 266	☑	42
12	⇨ B00003	512MB DDR 266	☑	68
13	⇨ B00004	256MB DDR 400	☑	42

☑ 隐藏存储的数量

确定 取消 重新设置 缺省值

图 9-32 库存跟踪窗口

注意

(1)盘点业务步骤：

• 一般情况下，库存跟踪窗口会使用两次，第一次进入的时候，将"仓库库存"列设为隐藏，

“仓库中已盘点”此时无数据，打印出盘点清单交付给盘点人员。

• 盘点人员根据实际盘点数量填写盘点表。

• 盘点人员将填入盘点量的盘点清单交给系统操作人员，系统操作人员再次进入库存跟踪窗口，将盘点表的数量录入系统中。

(2)当未执行库存过账之前，可以再次进行库存跟踪，对盘点的数量进行修改。

步骤 3：选择“库存过账”选项卡(见图 9-33)。

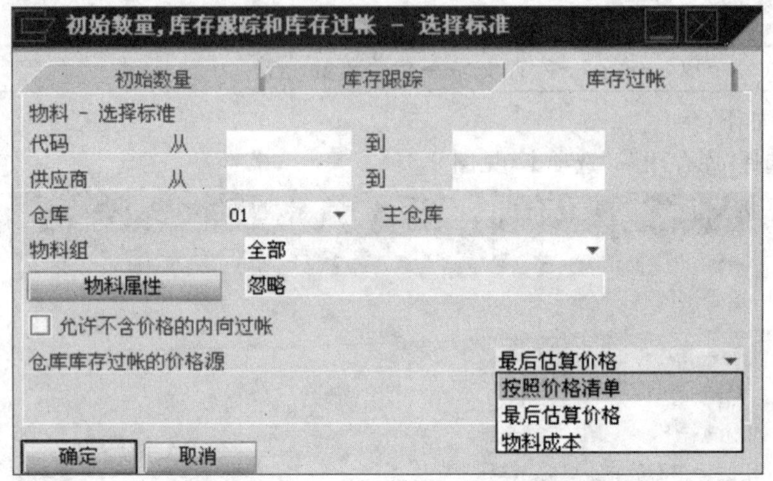

图 9-33 库存过账选项卡

步骤 4：根据业务情况选择相应内容，然后点击“确定”按钮，进入“存货过账”明细窗口。只有满足所有条件的物料才会出现在窗口中(见图 9-34)。

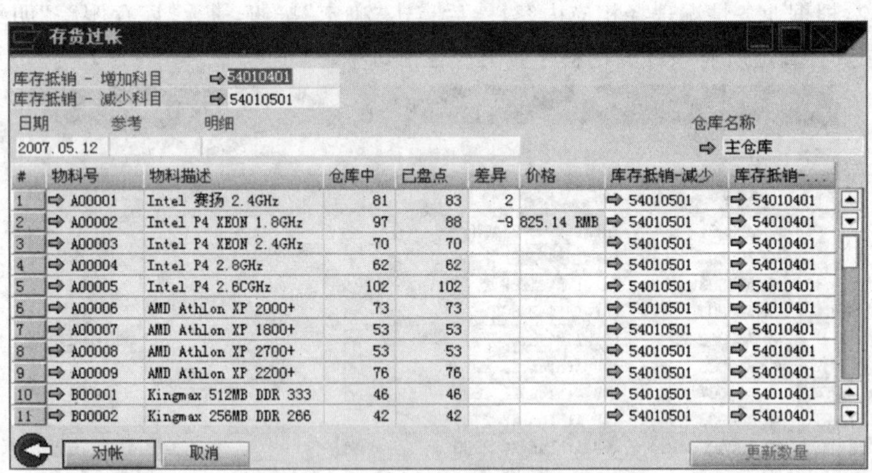

#	物料号	物料描述	仓库中	已盘点	差异	价格	库存抵销-减少	库存抵销-...
1	A00001	Intel 赛扬 2.4GHz	81	83	2		54010501	54010401
2	A00002	Intel P4 XEON 1.8GHz	97	88	-9	825.14 RMB	54010501	54010401
3	A00003	Intel P4 XEON 2.4GHz	70	70			54010501	54010401
4	A00004	Intel P4 2.8GHz	62	62			54010501	54010401
5	A00005	Intel P4 2.6CGHz	102	102			54010501	54010401
6	A00006	AMD Athlon XP 2000+	73	73			54010501	54010401
7	A00007	AMD Athlon XP 1800+	53	53			54010501	54010401
8	A00008	AMD Athlon XP 2700+	53	53			54010501	54010401
9	A00009	AMD Athlon XP 2200+	76	76			54010501	54010401
10	B00001	Kingmax 512MB DDR 333	46	46			54010501	54010401
11	B00002	Kingmax 256MB DDR 266	42	42			54010501	54010401

图 9-34 存货过账窗口

注意

• 盘盈：以输入的价格为准，生成财务凭证。

• 盘亏：以系统根据计价方式计算出的物料成本为准，生成财务凭证。

步骤 5：点击“对账”按钮，更新库存数量，并生成财务凭证。

• 盘盈前后数量变化：库存中量与可用的均增加(如图 9-35 所示)。

#	仓库代码	仓库名称	已锁定	库存	已承诺	已订购	可用的	物料成本
1	⇨ 01	主仓库	☐	81	8	12	85	391.79
2	⇨ 02	附属库A	☐	2			2	377.85
3	⇨ 03	附属库B	☐					
4			☐					
				83	8	12	87	

#	仓库代码	仓库名称	已锁定	库存	已承诺	已订购	可用的	物料成本
1	⇨ 01	主仓库	☐	83	8	12	87	398.01
2	⇨ 02	附属库A	☐	2			2	377.85
3	⇨ 03	附属库B	☐					
4			☐					
				85	8	12	89	

图 9-35　盘盈前后数量变化

• 盘亏前后数量变化:库存中量与可用的均减少(如图 9-36 所示)。

#	仓库代码	仓库名称	已锁定	库存	已承诺	已订购	可用的	物料成本
1	⇨ 01	主仓库	☐	97	3	6	100	825.14
2	⇨ 02	附属库A	☐	2			2	1,250
3	⇨ 03	附属库B	☐					
4			☐					
				99	3	6	102	

#	仓库代码	仓库名称	已锁定	库存	已承诺	已订购	可用的	物料成本
1	⇨ 01	主仓库	☐	88	3	6	91	825.14
2	⇨ 02	附属库A	☐	2			2	1,250
3	⇨ 03	附属库B	☐					
4			☐					
				90	3	6	93	

图 9-36　盘亏前后数量变化

• 盘盈盘亏生成的财务凭证(如图 9-37 所示)。

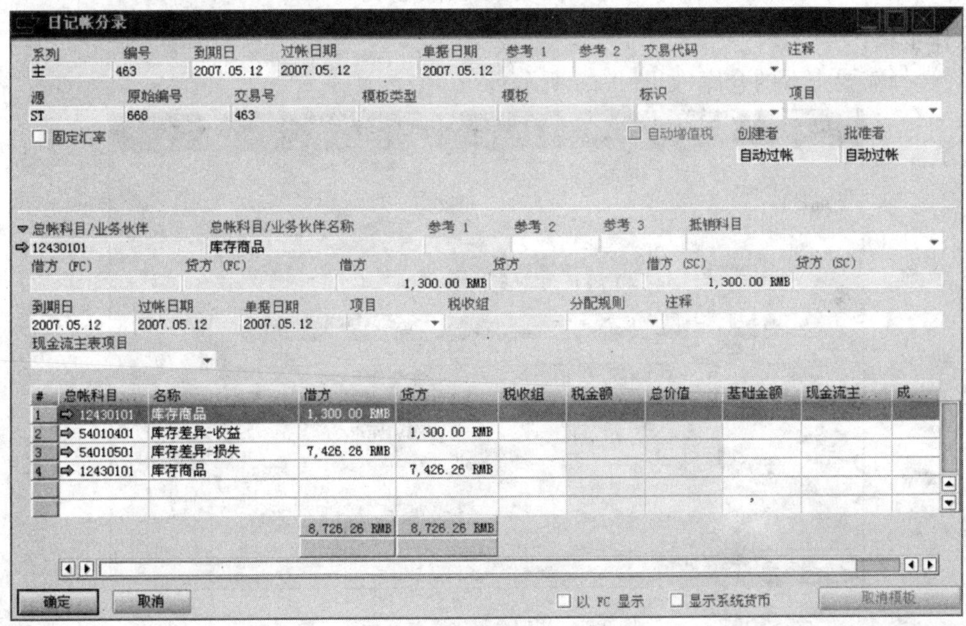
日记帐分录

系列: 主　编号: 463　到期日: 2007.05.12　过帐日期: 2007.05.12　单据日期: 2007.05.12　参考 1　参考 2　交易代码　注释

源: ST　原始编号: 666　交易号: 463　模板类型　模板　标识　项目

☐ 固定汇率　☐ 自动增值税　创建者: 自动过帐　批准者: 自动过帐

总帐科目/业务伙伴: 12430101　总帐科目/业务伙伴名称: 库存商品　参考 1　参考 2　参考 3　抵销科目

借方 (FC)　贷方 (FC)　借方: 1,300.00 RMB　贷方　借方 (SC): 1,300.00 RMB　贷方 (SC)

到期日: 2007.05.12　过帐日期: 2007.05.12　单据日期: 2007.05.12　项目　税收组　分配规则　注释

现金流主表项目

#	总帐科目	名称	借方	贷方	税收组	税金额	总价值	基础金额	现金流主...	成...
1	⇨ 12430101	库存商品	1,300.00 RMB							
2	⇨ 54010401	库存差异-收益		1,300.00 RMB						
3	⇨ 54010501	库存差异-损失	7,426.26 RMB							
4	⇨ 12430101	库存商品		7,426.26 RMB						
			8,726.26 RMB	8,726.26 RMB						

确定　取消　☐ 以 FC 显示　☐ 显示系统货币　取消模板

图 9-37　日记账分录

9.5.2 周期性盘点

有些物料需要严格控制,在固定的期间进行盘点,最大限度地减少数量差错。系统提供了周期性盘点的功能,可以在指定的时间提示进行盘点,以防发生遗漏。

9.5.2.1 基础设置

- 定义盘点周期:"菜单→管理→设置→库存→库存周期"。
- 定义物料组:"菜单→管理→设置→库存→物料组"。

周期组和警报不是必须设置的内容,可以不设置,然后在物料主数据中分别设置。

如果设置了周期组和警报,则属于此组的物料默认取当前值。

定义物料主数据:"菜单→库存→物料主数据"。

注意

默认情况下,物料并没有把与盘点有关的列显示出来。通过点击工具栏上的按钮"设置"将已盘点、周期代码、下一个日期、时间、用户、警报这几项显示出来。

如果选择的物料组设置了盘点周期和警报,那么当前物料的所有仓库默认使用物料组的设置。

如果物料组的设置与物料的设置不一致,系统以物料的设置为标准。

9.5.2.2 报警

如果在物料主数据中指定需要报警,那么在指定日期和时间,会向指定的用户发送一条警报,提示在哪个仓库中的哪些物料需要进行盘点。

注意

仅是提示,执行盘点需按前面介绍的方法处理。

9.5.2.3 周期盘点建议

路径:

菜 单	SBO→库存→库存交易→周期盘点建议

操作步骤:

(1)选择需要查看的仓库(如图 9-38 所示)。

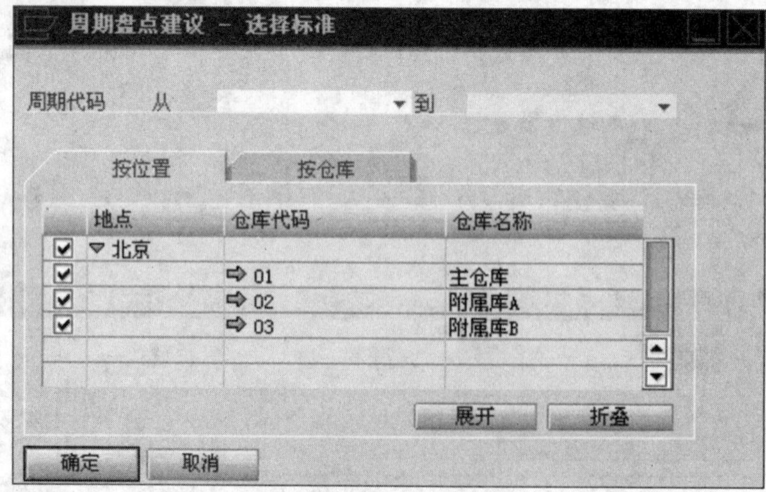

图 9-38 周期盘点建议-选择标准

(2)进入周期盘点建议窗口(如图 9-39 所示)。

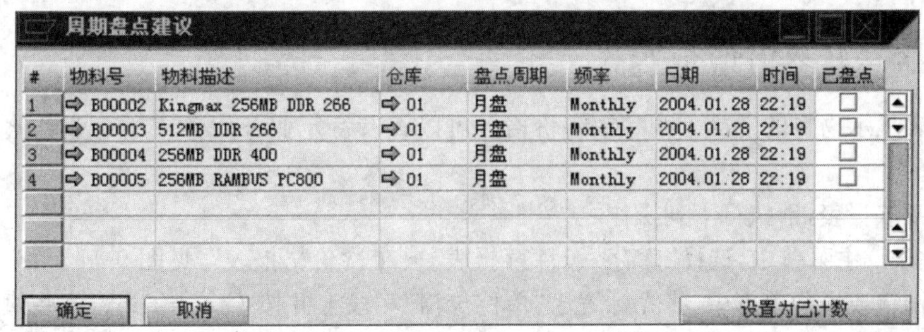

图 9-39　周期盘点建议

此窗口中，只有“已盘点”可选择。选择后，点击“设置为已计数”按钮，视为不需要系统再次建议盘点此物料，当天再次进入此窗口时，可以发现建议中无此物料。

【说明】

(1)选择了“已盘点”，并不是认为此物料真正在系统进行过物料盘点，只是再次进行此窗口时不显示。

(2)系统中进行物料盘点，需要在“库存跟踪”窗口的“已盘点”处选择“是”。

(3)既然系统中未进行盘点，所以物料主数据的“已盘点”处，系统仍然显示“否”。

9.6　库存相关业务报表

所有库存相关业务报表的路径都是“SBO→库存→库存报表”。

9.6.1　物料清单

用户可以使用物料清单报表来创建系统中定义的物料清单及其价格。要选择包含于报表的物料，请使用“物料清单”窗口，如图 9-40 所示。

从 SBO 主菜单访问物料清单选择标准，请选择：“库存→库存报表→物料清单”。

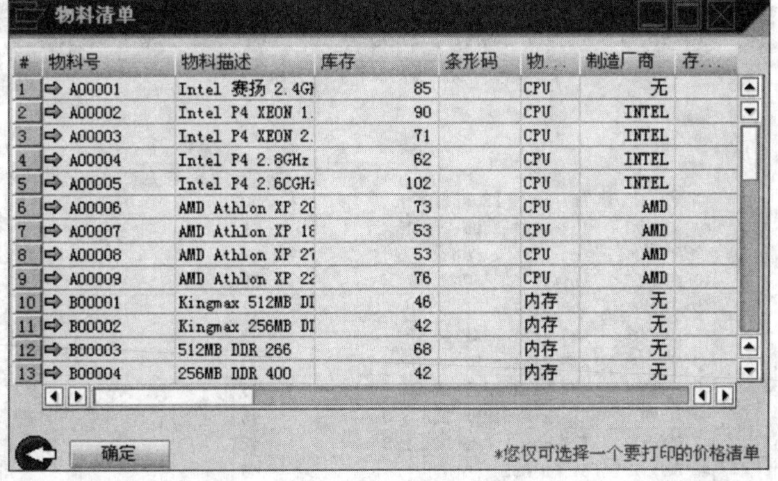

图 9-40　物料清单

注意

(1)只可以打印一个价格清单中的价格。

(2)要选择打印的价格清单，请单击其列表头，然后单击工具栏中的打印图标。若未选择价格清单，系统将默认打印成本/价格列中的价格。

9.6.2 上次价格报表

此报表显示物料的上次采购和销售价格。可以查看特定业务伙伴或所有业务伙伴的上次物料价格。

要打开该报表,请执行下列操作之一:

• 从 SBO 主菜单中,选择"库存 → 库存报表 → 上次价格报表",见图 9-41。

• 从销售或采购单据中,将光标置于"单位价格"字段上并按 Ctrl+Tab。这些值是自动从单据复制的。要生成该报表,请输入必要信息并选择刷新。

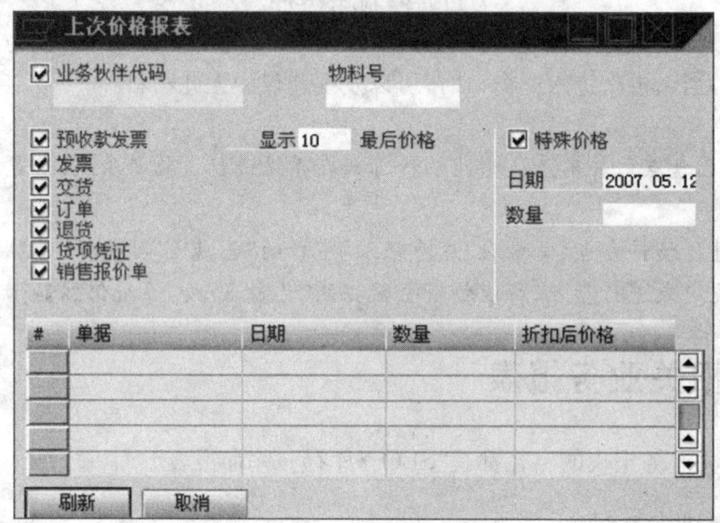

图 9-41 上次价格报表

9.6.3 不活跃物料

此清单显示从指定日期开始从未出现在任何选定销售凭证中的所有物料,如图9-42所示。

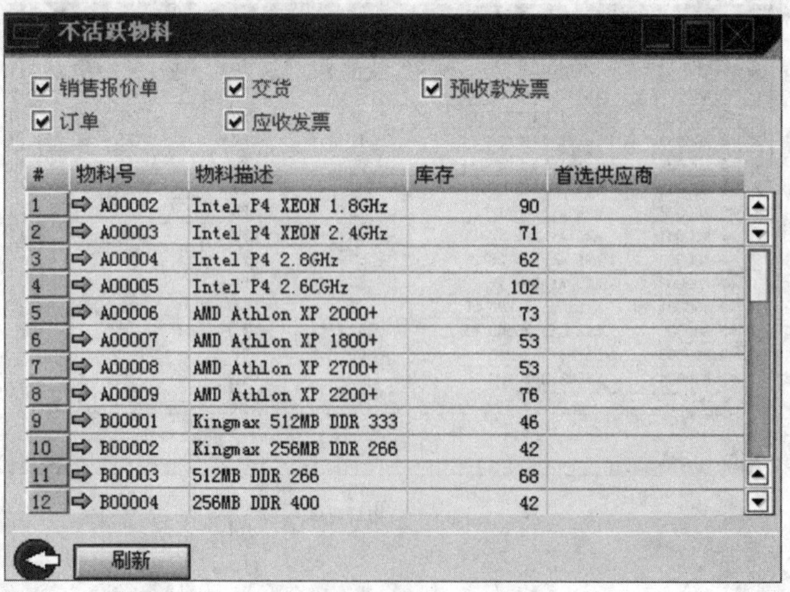

图 9-42 不活跃物料报表

9.6.4 物料查询

物料查询功能为用户提供最重要的物料数据概览。此功能在电话销售中非常有用，例如，可以迅速准确地向客户提供有关物料可用性和价格的信息。使用个性化查询，还可以创建用户自己的物料查询以显示物料的附加或其他字段。

在 SBO 主菜单选择"库存 → 库存报表 → 物料查询"，打开此对话框(如图 9-43 所示)。

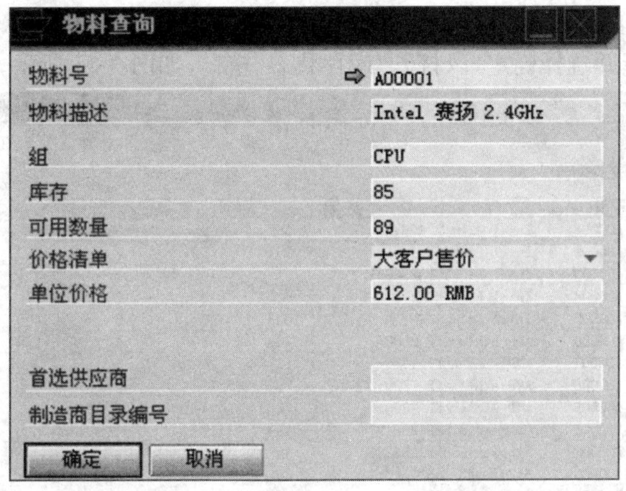

图 9-43　物料查询处理

9.6.5 库存过账清单

库存过账清单报表根据不同选择标准和分类选项，提供系统中所有过账的概览。可以根据下列选择标准之一为指定仓库生成报表，如图 9-44 所示。

• 物料。
• 业务伙伴。
• 其他：使用它，可以指定诸如仓库或销售员的选择标准。

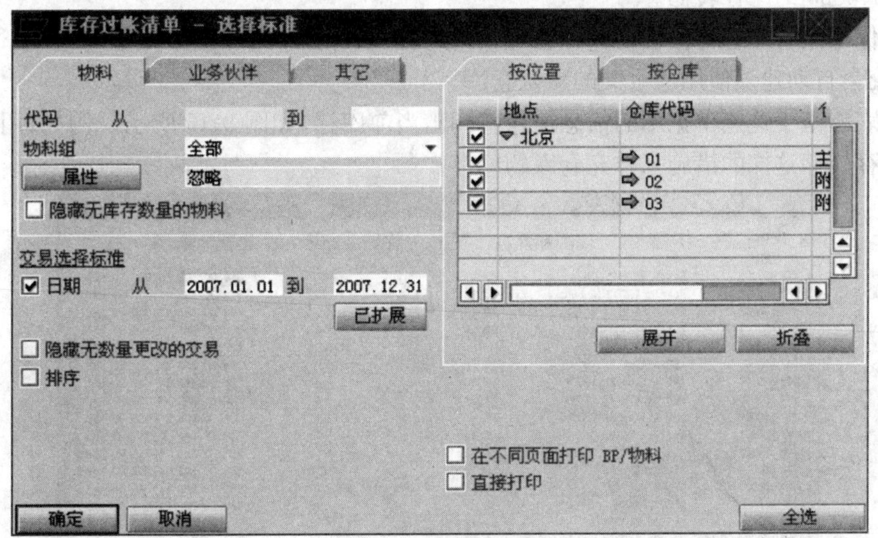

图 9-44　库存过账清单-选择标准

9.6.6 库存状态

使用此报表来分析当前的库存状态，并检查特定物料的计划库存交易。

计划库存交易包括：

• 发运给客户或用于生产的库存。

• 已从供应商或生产部门订购，即将入库的库存。

要从 SBO 主菜单中访问该窗口，请选择“库存 → 库存报表 → 库存状态”。

进行必要的选择并选择确定，以打开“库存状态”窗口，如图 9-45 所示。

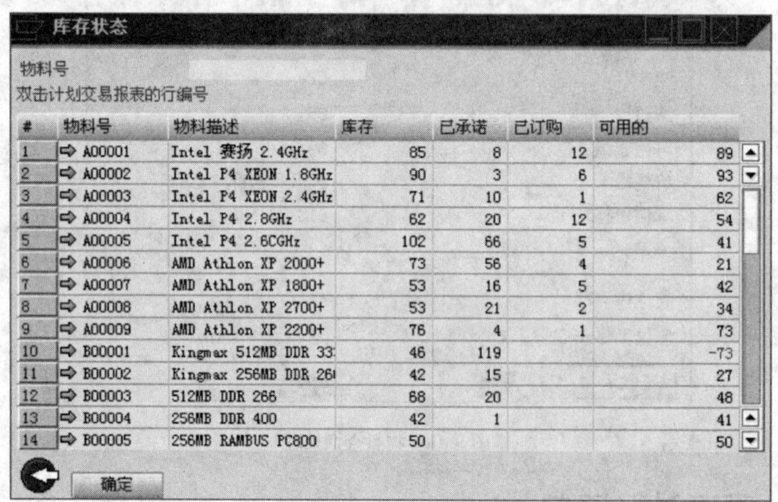

库存状态

物料号

双击计划交易报表的行编号

#	物料号	物料描述	库存	已承诺	已订购	可用的
1	A00001	Intel 赛扬 2.4GHz	85	8	12	89
2	A00002	Intel P4 XEON 1.8GHz	90	3	6	93
3	A00003	Intel P4 XEON 2.4GHz	71	10	1	62
4	A00004	Intel P4 2.8GHz	62	20	12	54
5	A00005	Intel P4 2.6CGHz	102	66	5	41
6	A00006	AMD Athlon XP 2000+	73	56	4	21
7	A00007	AMD Athlon XP 1800+	53	16	5	42
8	A00008	AMD Athlon XP 2700+	53	21	2	34
9	A00009	AMD Athlon XP 2200+	76	4	1	73
10	B00001	Kingmax 512MB DDR 33:	46	119		-73
11	B00002	Kingmax 256MB DDR 26(	42	15		27
12	B00003	512MB DDR 266	68	20		48
13	B00004	256MB DDR 400	42	1		41
14	B00005	256MB RAMBUS PC800	50			50

确定

图 9-45 库存状态

9.6.7 仓库报表中的库存

无论是采购、出售和制造物料，还是在生产中使用物料，用户都要在相应单据中指定发货或收货的仓库。系统会自动建议使用默认的仓库。若有必要，可以对其进行更改，还可以在系统中定义仓库之间的库存转储。

为了保证按仓库进行精确的库存管理，有必要记录每张单一单据中正确的仓库。若未指定仓库，系统会自动建议使用所定义的默认仓库。

此报表将基于这些单据中的信息按仓库列出当前库存，如图 9-46 所示。例如，用户可以实施诸如库存转储这样的措施来补充仓库的库存。

仓库库存报表（详细的）

#	物料号	物料描述	库存	已承诺	已订购	可用的	物料价格	总计
	仓库:	01						
1	A00001	Intel 赛扬 2.4GHz	83	8	12	87	650.00 RMB	53,950.00 RMB
2	A00002	Intel P4 XEON 1.8GHz	88	3	6	91	812.50 RMB	71,500.00 RMB
3	A00003	Intel P4 XEON 2.4GHz	70	10	1	61	1,092.00 RMB	76,440.00 RMB
4	A00004	Intel P4 2.8GHz	62	20	12	54	1,300.00 RMB	80,600.00 RMB
5	A00005	Intel P4 2.6CGHz	102	66	5	41	1,105.00 RMB	12,710.00 RMB
6	A00006	AMD Athlon XP 2000+	73	56	4	21	364.00 RMB	26,572.00 RMB
7	A00007	AMD Athlon XP 1800+	53	16	5	42	280.00 RMB	14,840.00 RMB
8	A00008	AMD Athlon XP 2700+	53	21	2	34	840.00 RMB	44,520.00 RMB
9	A00009	AMD Athlon XP 2200+	76	4	1	73	336.00 RMB	25,536.00 RMB
10	B00001	Kingmax 512MB DDR 333	46	119		-73	399.00 RMB	18,354.00 RMB
11	B00002	Kingmax 256MB DDR 266	42	15		27	157.50 RMB	6,615.00 RMB
12	B00003	512MB DDR 266	68	20		48	364.00 RMB	24,752.00 RMB
13	B00004	256MB DDR 400	42	1		41	280.00 RMB	11,760.00 RMB
14	B00005	256MB RAMBUS PC800	50			50	420.00 RMB	21,000.00 RMB
15	D00001	UX 20G 5400转 2M	25	18		7	280.00 RMB	7,000.00 RMB
16	D00002	UX 40G 5400转 2M	17	10		7	336.00 RMB	5,712.00 RMB
17	D00003	JB 80G 7200转 8M	41	2		39	735.00 RMB	30,135.00 RMB

确定

图 9-46 库存状态详细报表

下次调用该报表时，系统将自动显示此处指定的信息。

9.6.8 库存审计报表

此报表提供科目表中已过账库存交易的审计线索，如图 9-47 所示。在打印报表时，也可以在单独的页面上打印选择标准。此报表的功能如下：

- 允许比较会计视图(库存余额科目)与逻辑视图(审计报表显示的库存值)。

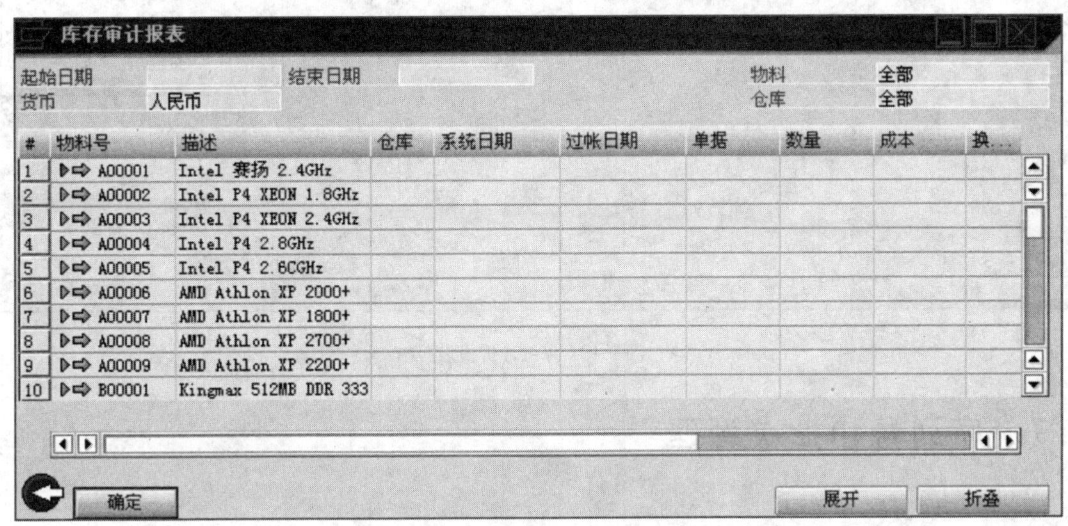

图 9-47 库存审计报表

- 说明了库存科目中值的更改。
- 不重新计算成本，而是显示数据库的信息。
- 仅适用于使用永续盘存系统的公司。

9.6.9 存货计价报表

若使用永续盘存，则可通过此报表在报表日期对所有物料的整个仓库库存进行评估。通常在资产负债表的报表日期评估仓库库存。

存货计价报表，如图 9-48 所示，其目的是作为管理报表来检查假设分析方案。例如，可以查看当根据不同的成本核算方法对物料进行估价时会发生的情况。此报表并不用作审计报表。要实现审计目的，请使用库存审记报表。

可以对库存评估选择下列计算方法之一：

- 移动平均。
- FIFO。
- LIFO。
- 按照价格清单。
- 最后估算价格。

还可以定义限制库存计价选择的各种标准。

可以为仓库存货计价选择不同的评估方法，如有必要，还可以把结果转移到会计核算中。若使用移动平均价格方法，则计算的值与会计核算模块中的值相同。在此建议：一旦选定了评估方法，最好继续使用同一种方法。

打印此报表时，也可以将选择标准打印在单独页上。

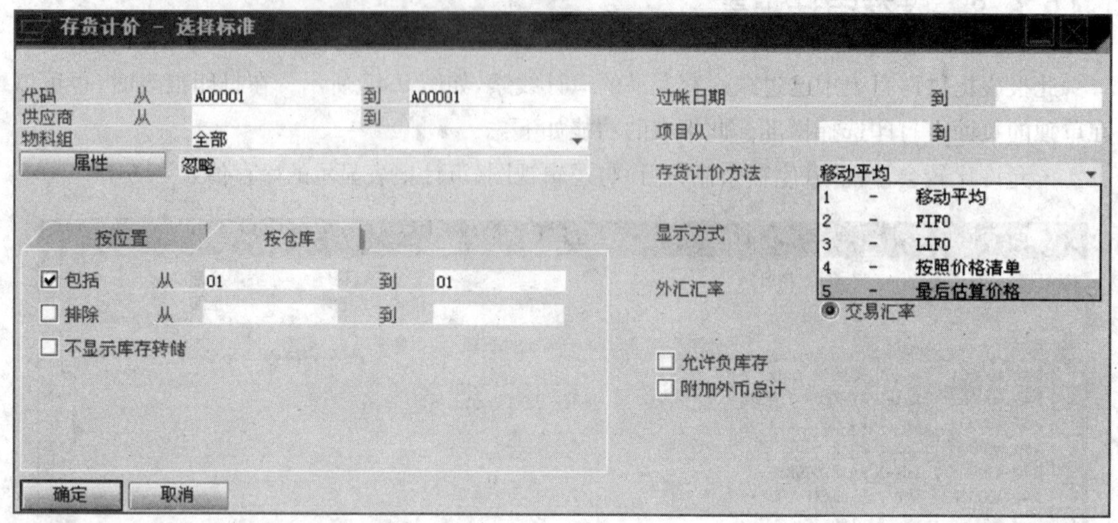

图 9-48 存货计价报表

9.7 序列号和批次管理

9.7.1 概 述

由于物料的价值不同，对其管理的要求也不一致。有些物料需要在收发货的时候，通过对一批产品指定一个编号，从而实现对其跟踪，例如药品。有些物料在收发货的时候，需要为每个物料指定一个序列号，来实现对单一产品的跟踪，例如移动电话、电脑等。

在对物料进行批次或序列号管理前，需要进行系统的基础设置，例如是否在订单中管理批次以及批次的属性等。对需要用批次和序列号管理的物料需要对该物料进行相关的设置。具体内容参考系统的帮助文档。

9.7.2 序列号管理

设置为序列号管理的物料，在出库业务和入库业务中，需要指定该物料的序列号（根据系统的属性设置确定）。本节以采购收货和销售发货为例，介绍序列号管理的使用方法，其他类型的出入库业务与此类似，将不作阐述。

9.7.2.1 采购收货

操作步骤：

(1)在收获采购订单窗口中，选择序列号管理的物料，输入正确的数量、金额，点击“添加”按钮。

(2)系统自动弹出“序列号-设置”窗口（见图 9-49）。

(3)点击“自动创建”按钮，进入“自动序列号创建”对话框（见图 9-50）。在创建好序列号的编码规则后，回到“序列号-设置”窗口，并确定添加。

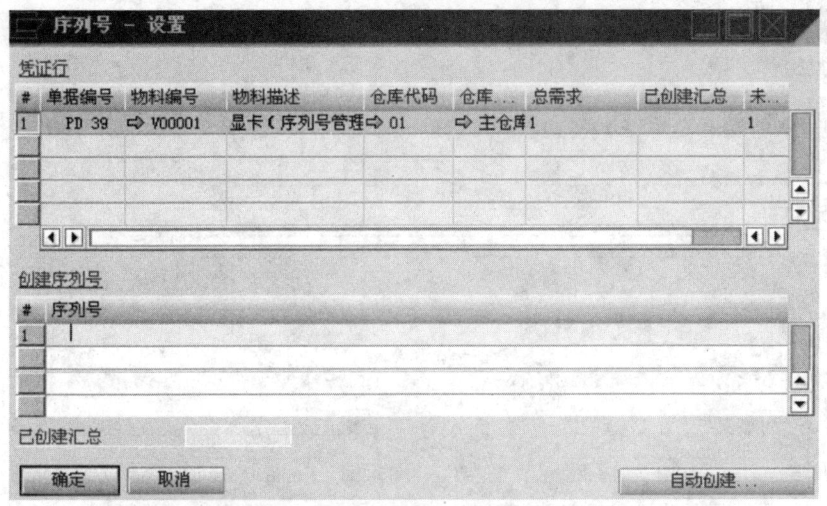

图 9-49　序列号-设置窗口

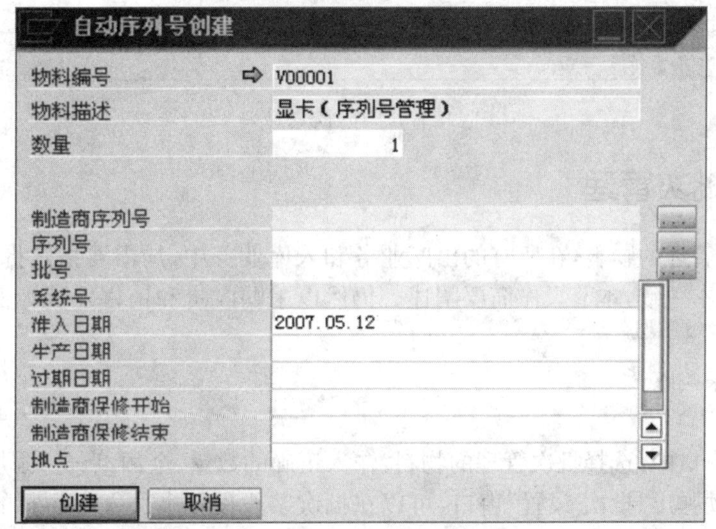

图 9-50　自动序列号创建

(4)点击"添加"按钮,完成序列号管理物料的录入。

9.7.2.2　销售发货

操作步骤:

(1)在交货单窗口中,选择序列号管理的物料,输入正确的数量、金额,将光标定位在"数量"字段,使用"Ctrl+Tab"键,弹出"序列号选择"窗口(见图 9-51)。

注意

如果在设置物料主数据的时候要求强制录入序列号,那么,不录入序列号,系统不允许单据保存。

(2)选择欲出库的物料,点击"〉"按钮。

【说明】

(1)按住 Ctrl 键选择不是连续序列号的物料。

(2)按住 Shift 键选择连续序列号的物料。

(3)点击"自动选择"按钮,按入库的先后顺序,由系统自动指定物料。

(4)返回到交货单窗口后,点击"添加"按钮,完成交货单的录入。

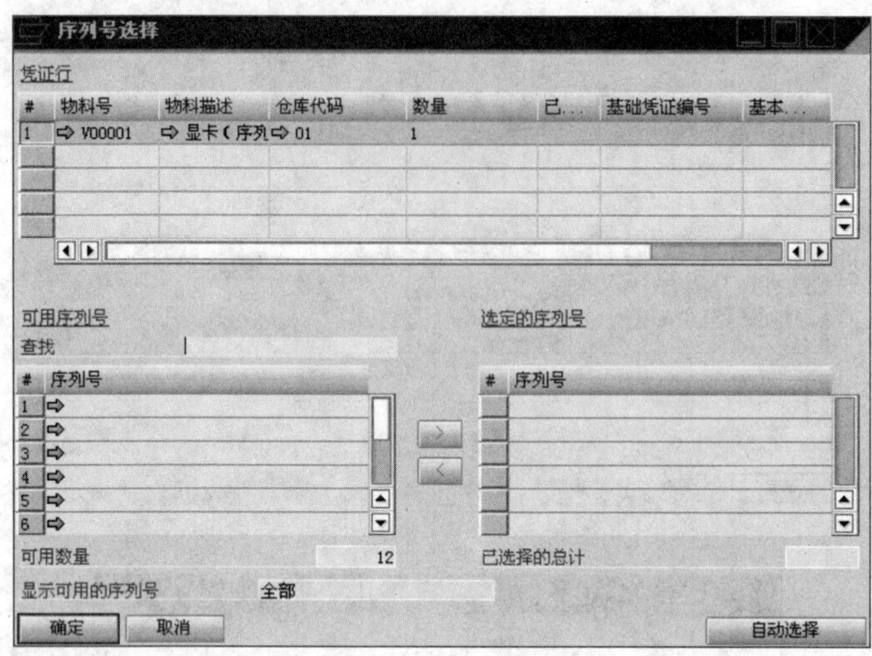

图 9-51　序列号选择

9.7.3　批次管理

设置为批次管理的物料，在所有的出库业务和入库业务中，均需要指定批号。其使用方法与序列号管理基本一致，本节只作简要阐述。仍然以采购收货和销售发货为例，介绍批次管理的使用方法。

9.7.3.1　采购收货

操作步骤：

(1)在收货窗口中，选择批次管理的物料，输入正确的数量、金额，点击“添加”按钮。

(2)系统自动弹出“批次-设置”窗口，可以在批次字段设置本次入库物料的批号规则，或者点击右下角的“自动创建”按钮，生成本次入库物料的批次号。

(3)确定批次编号之后，返回收货采购订单窗口，点击“添加”按钮，完成采购收货单的录入。

9.7.3.2　销售发货

操作步骤：

(1)在交货窗口中，选择批次管理的物料，输入正确的数量、金额，将光标定位在“数量”字段，使用“Ctrl＋Tab ”键。

(2)在使用组合键“Ctrl＋Tab”后，弹出“批次-设置”窗口。当然，也可以直接点击添加按钮，让系统自动弹出“批次-设置”窗口。在“批次-设置”窗口中选择合适的发货批次。

(3)返回到交货单窗口后，点击“添加”按钮，完成交货单的录入。

9.7.4　序列号和批次报表

使用序列号和批号的目的就是为了跟踪物料的出入库情况，以便在发生某些情况时(如退货、维修等)，可以查询发货方和收货方等相关信息。

路径：

菜 单	SBO→库存→库存报表→序列号交易报表
	SBO→库存→库存报表→批号交易报表

选择欲查询的物料的相应日期、相应的批号和序列号、出库或入库的仓库、客户或供应商等信息，查看序列号和批次的报表(见图 9-52 和图 9-53)。在该报表上可以跟踪每一批物料或每一个物料出入库的情况。

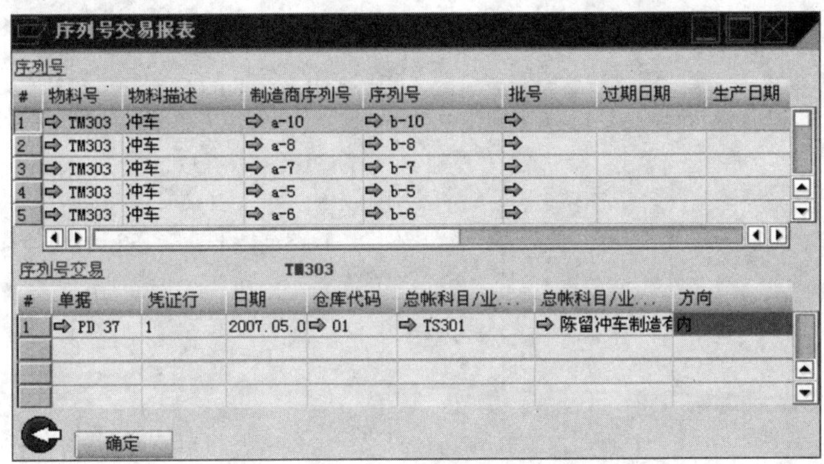

图 9-52 序列号交易报表

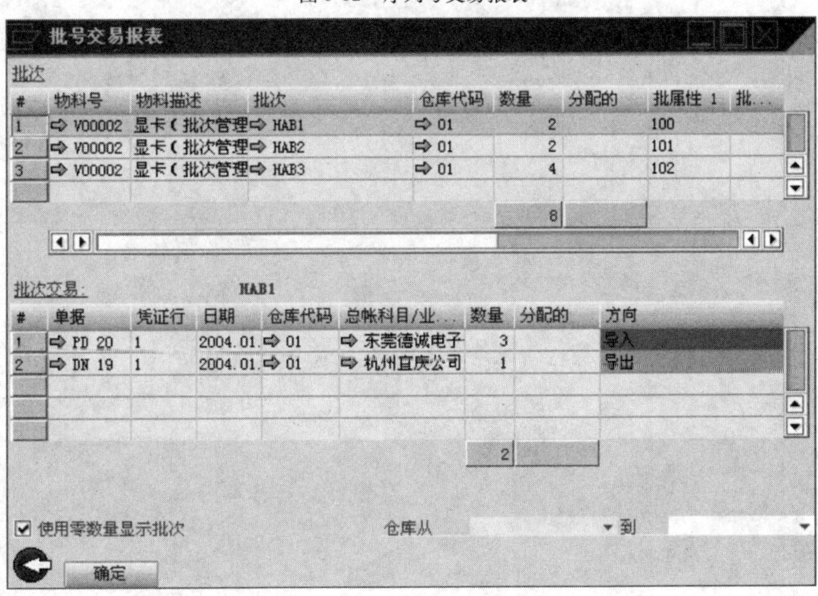

图 9-53 批号交易报表

第五篇

财 务

SAP Business One 是按照国外管理会计思想设计的业务财务一体化的产品，财务管理是 Neusoft/SAP Business One 敏捷商务解决方案的核心模块之一。本篇将系统介绍财务模块的基本特点、系统初始化设置的过程，详细介绍财务会计系统的业务处理内容及方法，包括凭证处理、管理核算、主业务交易的财务核算、期末处理，以及财务报表的功能和增强模块功能。

读者学习本篇，将对 Neusoft/SAP Business One 系列敏捷商务解决方案产生全面系统的认识，同时也会奠定良好的应用基础。

第10章

财务系统综述及初始化设置

10.1 财务系统综述

10.1.1 概 述

无论是在传统的MRP-Ⅱ中还是在ERP中,财务管理始终是核心的模块和职能。财务信息系统一直是各行业的企业实施ERP时关注的重点。会计和财务管理的对象是企业资金流,是企业运营效果和效率的衡量和表现,随着企业外部经营环境和内部管理模式的不断变化,对财务管理功能也提出了更高的要求,出现了新的应用。

Neusoft/SAP Business One敏捷商务解决方案的财务管理是按照国外管理会计思想设计的产品,专门针对小型企业以及大企业分支机构设计的,为用户提供了功能强大、集成性好的财务应用系统。它是一套业务财务一体化的产品,系统提供的业务功能覆盖了财务、销售、采购、库存、生产、客户关系管理等中小型企业管理的内容,企业的各种业务数据高度集成共享。

Neusoft/SAP Business One敏捷商务解决方案的财务管理可以实现会计科目管理,处理所有财务交易,包括科目设置和维护、日记账分录、汇兑损益调整、预算定义、成本中心设置、成本分配规则等。

从财务角度出发,Neusoft/SAP Business One敏捷商务解决方案可以较好地解决以下问题:

(1)财务核算:包括应收应付、固定资产、工资、成本、总账等。

(2)业务财务一体化:较好地减轻财务核算的工作量。

(3)财务分析指标与报告支持:三大基本报表、资产负债率、流动比率、速动比率、存货周转率等。

(4)履行监督职能:包括资金使用、成本耗用分析、经营业务发生的合理合法性等。

10.1.2 方案流程

Neusoft/SAP Business One财务管理方案如图10-1所示。

财务解决方案总体功能包括:总账;应收账款与预收账款管理;应付账款与预付账款管理;

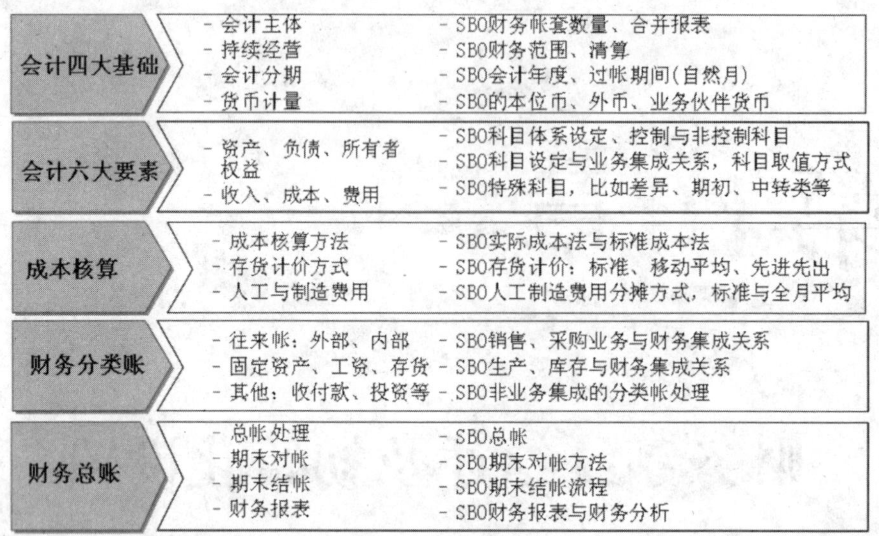

图 10-1 财务管理方案

资金管理;预算管理;固定资产;工资管理;报表;管理会计。

财务系统的整体流程图包括财务主数据整理、凭证处理、辅助核算、日记账分录、期末处理等内容,如图 10-2 所示。

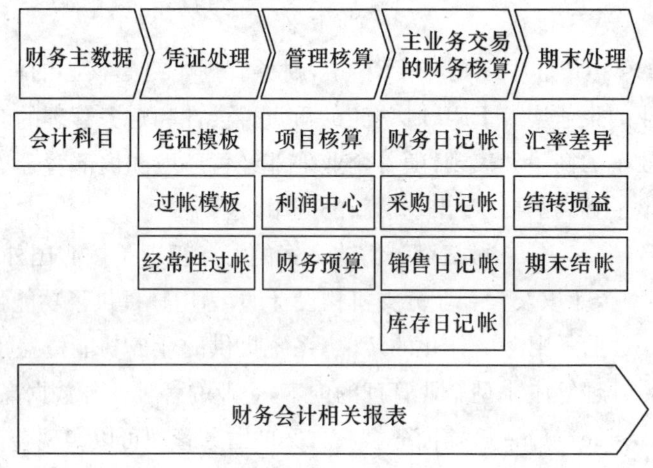

图 10-2 财务系统的整体流程

10.1.3 总体功能

总账系统

以凭证处理为核心,完成企业会计核算的全部工作内容,实现基本的财务管理职能,为企业管理提供详实全面的会计数据。

可根据企业供应链、业务单据直接生成财务凭证,实现业务财务一体化。科目分为两大类科目:控制科目与非控制科目。通过科目关联实现一体化。

• 会计科目表:SBO 提供了针对不同国家的会计科目表模板,这些模板可以根据业务要求进行修改,最多可以定义多达 10 层的科目级次。

• 日记账分录:用户可以手工创建日记账分录,以及查找现有日记账分录(注:大部分日记账分录从销售、采购和收付款模块自动登入)。此外,用户可以自动将每个交易分配至项目或者利润中心。

• 日记账凭证:用户可以将多个手工日记账凭证保存为一个批次,进行批量审批。在未审批并保存为日记账分录前，允许用户对这些日记账凭证进行修改。

• 过账模板：用户可以定义日记账分录的模板，节约手工输入日记账分录的时间，并避免错误。

• 汇率差异：允许用户定期评估外币科目的未清额，然后自动计算汇兑损益，并选择正确的调整交易登入。

• 周期性过账：用户需要周期性登入日记账分录，在指定执行频率后，系统将按时自动提醒用户输入这些登账项。

• 冲销事务：允许用户自动冲销月末财务调整所录入的凭证。根据缺省设置，指定凭证的冲销在下个日历月的第一天进行，但是如有必要，用户可以为每个凭证指定不同的冲销日期。

• 资产负债表：以会计人员习惯的方式显示。

现金管理

以现金出纳为核心，完成企业对现金、银行存款的调拨、支付、核对等工作任务。处理所有收付款相关业务，例如现金收款、开具支票、存款、信用卡付款以及银行对账等。

应收款管理

以单项业务为对象，实现企业对各项应收款项进行综合管理，提供各种分析报告，采用预警控制机制和信用评估机制，帮助企业及时进行账款的催收、清理。

• 应收发票：创建发票时系统将自动创建一个相应的日记账分录。如果客户立即支付部分发票，用户就可以创建自动收款凭证。

• 应收发票+付款：用户只需通过直接创建应收发票和付款单据这一个步骤就可同时创建发票和收款凭证。

• 应收贷项凭证：是发票和退货的清算单据。通过创建贷项凭证来部分或全部冲销该交易。

应付款管理

以单项业务为对象，对企业的各项应付款项进行管理，可以及时提供各类分析报告，采用预警控制机制，提示到期支付事项，维护企业商业信誉。

• 应付发票：创建供应商发票时，系统将自动创建一个日记账分录。这些信息可供用户对供应商的后续付款时使用。

• 应付贷项凭证：是应付发票的清算单据。基于应付发票创建应付贷项凭证以在系统中建立两个交易之间的链接。

报表

功能强大的表格计算和管理功能，能帮助企业方便地取得各类个性化的会计报表和管理报表。

管理会计

系统提供管理会计功能，包括：

1. 预算管理

• 预算的定义和管理。

• 提供多种预算规划方案，可以用来规划年度、季度、月度的预算方案并建立完整的预算评估体系。

2. 利润中心管理

• 定义利润中心：用户可以在系统中定义不同的利润中心以及分配规则，系统可支持五种分析维度。

• 系统支持建立以利润中心为基础的考核机制，提供各利润中心的成本-效益考核报表。

• 系统以表格形式显示利润中心和分配规则。用户还可以在此处新增利润中心和分配规则，并对原有规则进行调整。一旦相关成本参数都已定义，系统将把成本自动分配给分配规则直达的成本中心，从而迅速形成详细的成本信息。

财务分析系统

实现企业对财务状况和经验成果、未来前景的评价和决策分析。

工资管理

工资管理系统是为了对本企业的员工工资进行管理，其中包括工资数据录入、计算和查询，并提供相应的工资信息报表。支持工资项目的动态定义，支持人员的不同类别、不同部门的管理，与财务系统无缝集成，并可按指定的格式导出为银行接口。

固定资产管理

管理固定资产从登记到处置的全生命周期，覆盖企业固定资产分类、资产卡片登记、资产增加、资产处置、资产变更、资产折旧、减值准备、报表业务处理，同时完成固定资产的账务凭证处理工作。

10.2 财务主数据

10.2.1 概 述

财务主数据主要是指会计科目体系的建立。在 SBO 中，用户可以建立本企业会计核算所使用的各级科目。在系统中，明细科目最多可以设置到第 10 级。其中第 1 级是会计科目分类（在系统中称为“抽屉”），不允许用户增加、修改和删除。用户只可以增加 2～10 级科目。

对于会计科目的设置，系统提供了两种方法：一种方法是完全由用户自定义；另一种方法是系统给出会计科目模板，由用户在此基础上进行修改。通过菜单“管理→系统初始化→公司细节→初始化→科目表模板”来进行选择，决定使用何种方式。一旦生成了财务凭证，则系统自动将模板选择置灰，不能再作修改。建议用户在初始化时设定使用何种科目表模板。

作业流程如图 10-3 所示。

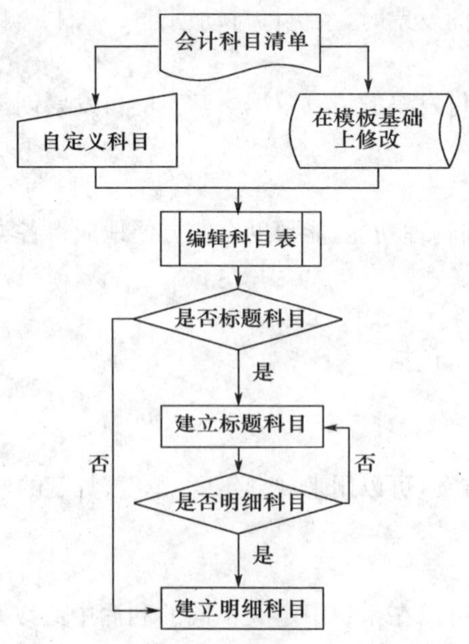

图 10-3 作业流程图

10.2.2 作业过程

在财务下的编辑科目表(如图 10-4 所示),进入“编辑科目表”,选择“全选”,并选择“确定”按钮,打开如下界面:

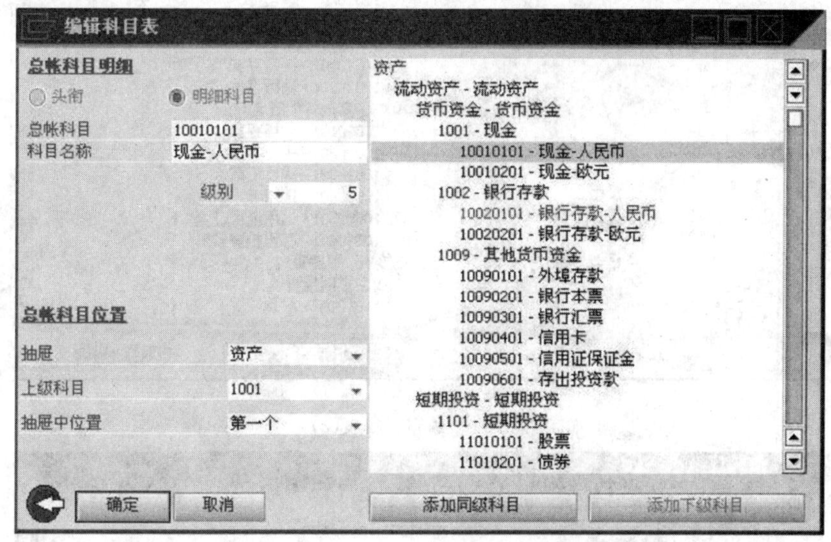

图 10-4 编辑科目表(1)

栏位说明如下。

• 总账科目:总账科目编号。总账科目号码唯一地确定会计在科目表中的总账科目。

• 科目名称:创建的会计科目名称。

• 头衔/明细科目:使用这些按钮将科目分类为这两种类别之一。头衔是作科目汇总之用,明细科目是日常记录会计业务的科目。

• 级别:在该字段中可以定义科目的等级。等级 1 抽屉是会计科目分类,因而无法定义等级 1 的科目或头衔。等级 2 到 9 用于头衔或明细科目。只有明细科目可以在等级 10 中定义。

• 上级科目:定义其所属的上级科目。

• 抽屉中位置:科目在本层中的位置。

用户可在编辑科目表处定义科目的级次关系。首先定义科目在那个抽屉,然后定义头衔,最后在头衔下定义相关的下级明细科目。在科目未在凭证中调用时,可以更改科目的级次关系。如果用户需要删除未使用的会计科目,进入编辑科目表,选中需要删除的科目,使用工具栏上的“数据→高级→删除科目”即可。用户可以添加下级科目,添加头衔科目,添加明细科目等等。

• 添加同级科目:进入“编辑科目表”(如图 10-5 所示),点击“添加同级科目”。添加标题科目,进入“编辑会计科目”,在相应栏位输入必要信息。

• 添加下级科目:进入“编辑科目表”,点击“添加下级科目”,在相应栏位输入必要信息,其他栏位选择系统默认值,单击“更新”,见图 10-6。

注意

(1)已经使用的会计科目不可以删除;如果科目具有下级科目就会被认为是头衔。如果要取消整个组,必须删除下级科目然后删除头衔;与销售或采购连接的科目不可以删除。

(2)SBO 科目类型:蓝色为头衔;黑色为明细科目;绿色为控制科目(由系统中其他模块生成财务凭证的默认连接科目)。

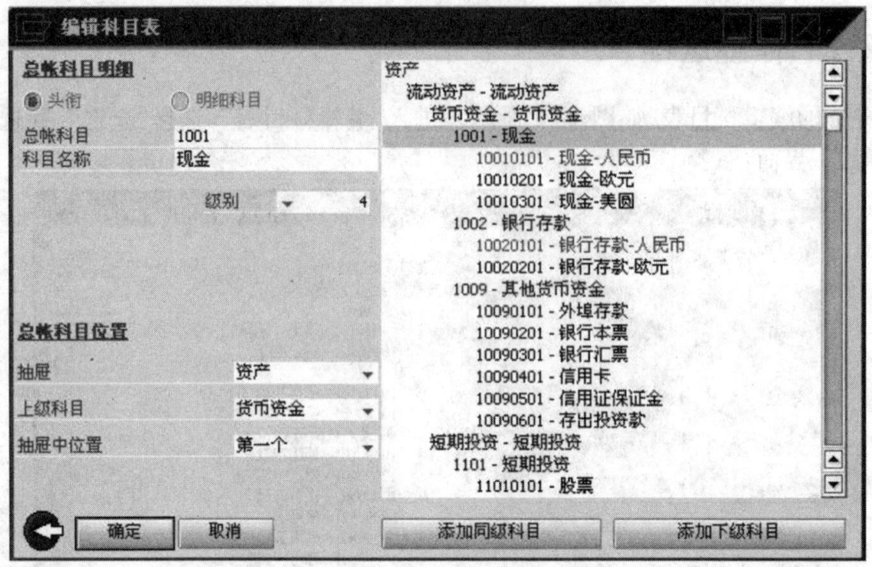

图 10-5　编辑科目表(2)

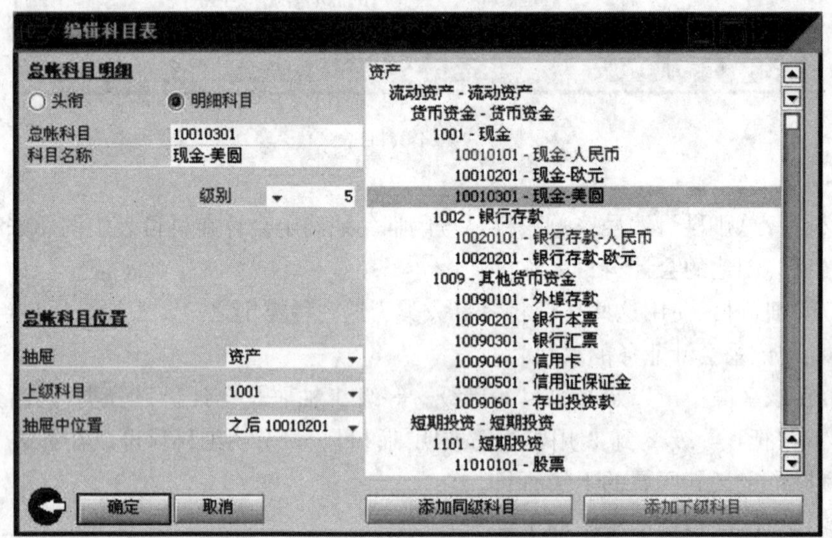

图 10-6　编辑科目表(3)

10.3　初始化设置

系统建立时必须首先进行初始化设置。系统初始化设置是指实施系统时企业账务和物流业务的初始设置和启用账套会计期间的期初数据。

完整的财务系统的初始化方案如图 10-7 所示。

系统的初始化设置是 SBO 财务系统进行业务操作的第一步，一旦初始化建立，基础系统就被建立，所以设置尤为重要。初始化工作内容有六大项，分别是：建立公司；按照公司会计制度建立会计科目；公司财务核算的初始化设置；财务预算控制设置；系统默认过账(控制)科目设置；期初余额录入。

作业流程如图 10-8 所示。

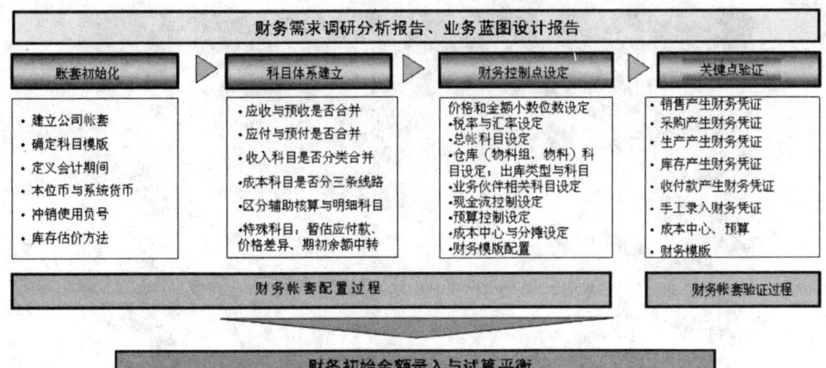

图 10-7　财务初始化方案

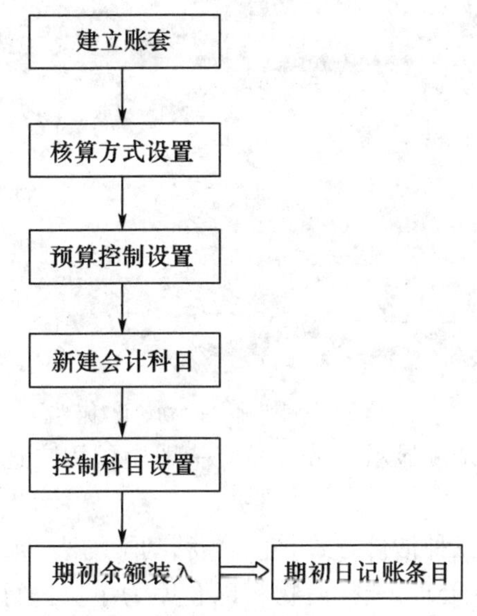

图 10-8　作业流程

10.3.1　系统初始化设置

路径：

菜 单	SBO→管理→系统初始化→公司明细

用户需要根据本公司的实际业务进行财务初始化数据的设置。初始化设置非常重要，将影响到企业财务核算，并且一旦业务发生，初始化设置将不能更改。图 10-9 为公司明细——初始化标签。

(1)系统提供了“股份有限公司公司制度”会计科目模板和“用户自定义”两种选项。建议用户选择系统预设的科目模板，然后在此基础上修改。细节内容请参考本章 10.2 科目的定义。

(2)在本币下拉框中选定记账本币。也可以定义一种新货币，方法是从下拉菜单中选择“定义新货币” 选项。

(3)可以用本币和系统货币管理公司财务业务，若指定的系统货币与本币不同，则还必须为系统货币指定每日汇率。在财务中同时以本地货币和系统货币记录日记账分录，两种货币都可以出具公司的财务报表。

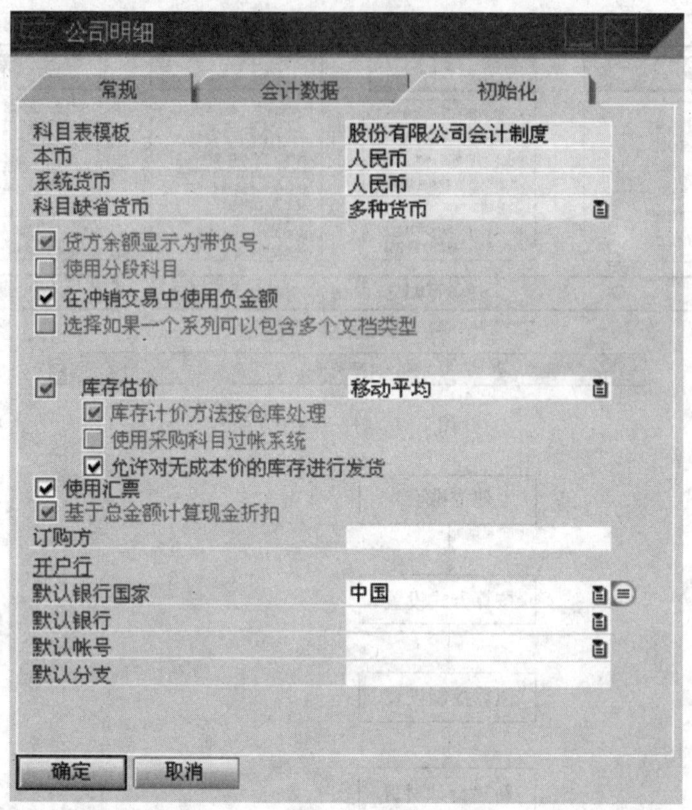

图 10-9 公司明细——"初始化"标签

(4)在默认设置下，贷方余额显示为带负号。一般中国用户选择贷方余额显示为负号的设置。

(5)库存估价：系统提供三种估价方式，分别为移动平均法、标准计价法和先进先出法。

(6)库存计价方法按仓库处理：选择后物料以仓库为单位进行计价处理。例如：企业有甲、乙两个仓库，都保存物料 A。2006 年 8 月 4 日，采购 10 个 A 原料入甲仓库，成本 10 元；2006 年 8 月 5 日，采购 10 个 A 原料入乙仓库，成本 12 元。如果选择此选项，则 A 原料的成本按仓库分别计算，甲仓库为 10 元/个，乙仓库为 12 元/个。如果不选择此选项，则 A 原料的成本按物料计算，甲乙仓库的成本均为(10 * 10+10 * 12)/20=11 元/个。

(7)使用采购科目过账系统：为欧美使用，国内用户不能选择，否则采购数量及金额翻倍。

(8)允许对无成本价的库存进行发货：在发货时，允许无成本的物料出库。

(9)使用汇票：是否需要在系统中使用汇票功能，可以根据客户需求决定。

(10)基于总金额计算现金折扣：决定现金折旧使用总价法还是净价法，中国用户选择此选项。

注意

一旦录入业务数据(如物料、客户或订单)，某些信息将不能修改。

10.3.2 财务预算功能设置过程

在 SBO 中可以进行预算的管理。在进行预算管理之前，需要进行预算的初始化设置和预算科目的指定。如图 10-10 所示。

路径：

菜 单	SBO→管理→系统初始化→一般设置

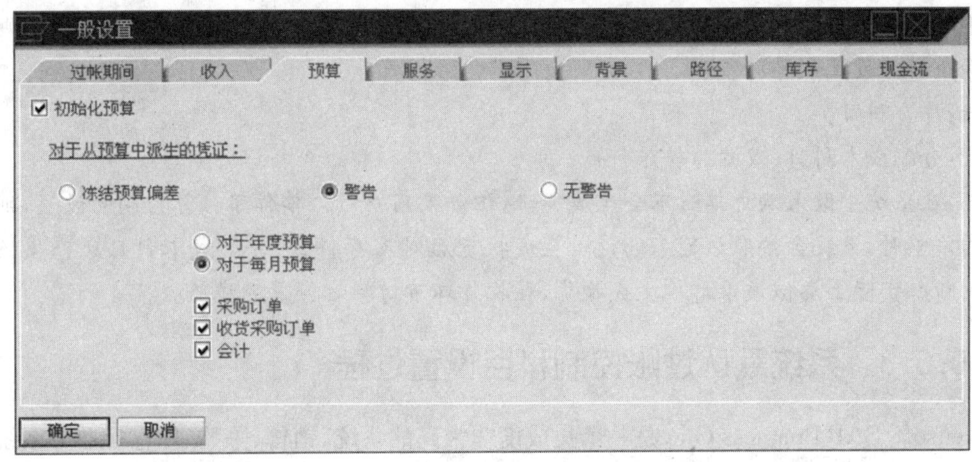

图 10-10　一般设置——"预算"标签

(1)初始化预算:决定是否在本系统中进行预算管理。

(2)无警告:预算金额不作用于业务数据,但可以查看与预算相关的报表;

冻结预算偏差:超预算金额,系统不允许保存;

警告:预算金额,系统提示,但仍可以保存单据。

(3)警告(对于年度预算):对于限制和警报,以年预算金额为基准;

警告(对于每月预算):对于限制和警报,以月预算金额为基准。

(4)采购订单、收货采购订单、会计:决定对何种业务进行预算管理。

注意

(1)系统只能针对会计科目作预算管理,且默认只对成本类和损益类科目有预算管理要求。如果对其他科目也要作预算管理,要在"财务→科目表→科目属性"中,选择"与预算相关"。如图 10-11 所示。

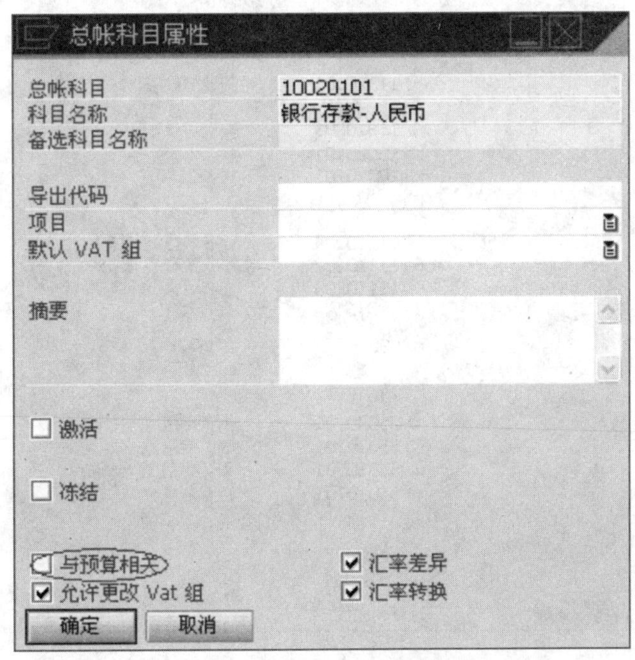

图 10-11　总账科目属性设置界面

(2)如对收货采购设置预算管理,预算控制实际也是通过会计科目来发生作用。做收货采购订单时系统会自动做如下一笔财务凭证。所以，如果要对收货采购订单做预算控制，则需要对这两个科目设置预算：

借：库存科目

贷：分配成本科目(或称为转账科目)

(3)在系统中做采购订单时不会生成凭证，但如果用户对订单作了预算控制的设置，则在保存采购订单时，系统会按照该笔采购订单生成收货后对库存科目、分配成本科目所产生的影响进行判断。实际上类似该币订单生成收货，在收货环节对科目预算的校验。

10.3.3 系统默认过账控制科目设置过程

Neusoft/SAP Business One 是一个集成度非常高的系统，销售、采购、库存等业务系统中的大部分单据将自动地生成财务凭证。生成财务凭证的科目需要用户在系统初始化时进行指定，这样系统才将在相关单据保存时按照预先设定的科目记账。本节主要讲解默认科目的逻辑意义，详细的业务设置已在采购和销售的相关章节中加以介绍。

路径：

菜 单	SBO→管理→设置→财务→总账科目确认
菜 单	SBO→管理→设置→库存→定义仓库、物料组

1. 总账科目确认——收入

如图 10-12，在总账科目确认页的销售标签页，主要定义做销售发货、发票、退货以及预留发票等业务需要的相关科目。当然在这些业务中还会调用有关物料的库存科目，该类科目在存货清单或者仓库、物料、物料组中定义。

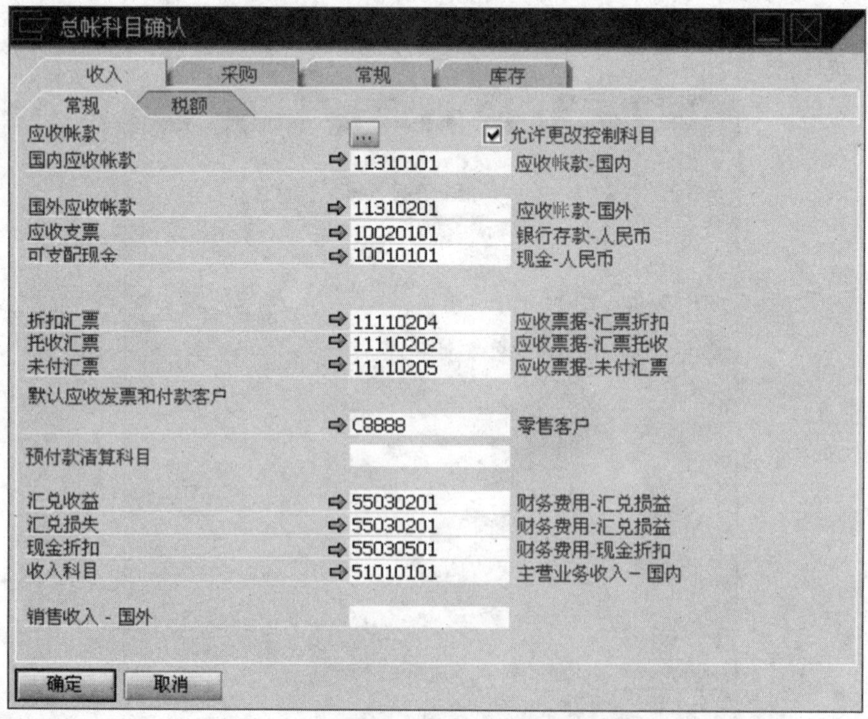

图 10-12 总账科目确认——“收入”标签

科目字段描述如下。

• 允许更改控制科目：选择此选项，则允许在“业务伙伴主数据”的“财务”页签下修改当前业务伙伴所使用的控制科目。如果不选择此选项，则每个客户将默认使用在总账科目“定义-销售页”所定义的应收类控制科目。

• 国内应收账款：在处理国内客户销售业务，产生应收账款时所使用的默认会计科目。系统根据客户主数据中的国家地点来判断客户是否为国内客户。

• 国外应收账款：在处理国外客户销售业务，产生应收账款时所使用的默认会计科目。系统根据客户主数据中的国家地点来判断客户是否为国外客户。

• 应收支票：使用支票收款时所使用的默认收款科目。

• 可支配现金：使用现金收款时所使用的默认收款科目。

• 默认应收发票和付款客户：处理零售业务，即“应付发票＋收款”业务时，默认选择的客户代码。可以为不同的系统用户（使用用户定义的默认设置功能）选择不同的默认零售客户代码。

• 汇兑收益：处理汇率差异，产生收入时所使用的默认会计科目。

• 汇兑损失：处理汇率差异，产生损失时所使用的默认会计科目。

• 现金折扣：处理现金折扣时，所采用的默认会计科目。

• 收入科目：销售物料时，金额将被记入该收入类科目的贷方。在此设置的科目为系统默认值，也可以在物料主记录中为物料创建特殊的收入科目（仓库、物料组或物料级别）。

2. 总账科目确认——采购

如图 10-13 所示，在总账科目确认页的采购标签页，主要定义做采购收货、采购发票、退货等业务需要的相关会计科目。当然，在这些业务中还会调用有关物料的库存科目，该类科目在存货清单或者仓库、物料、物料组中定义。

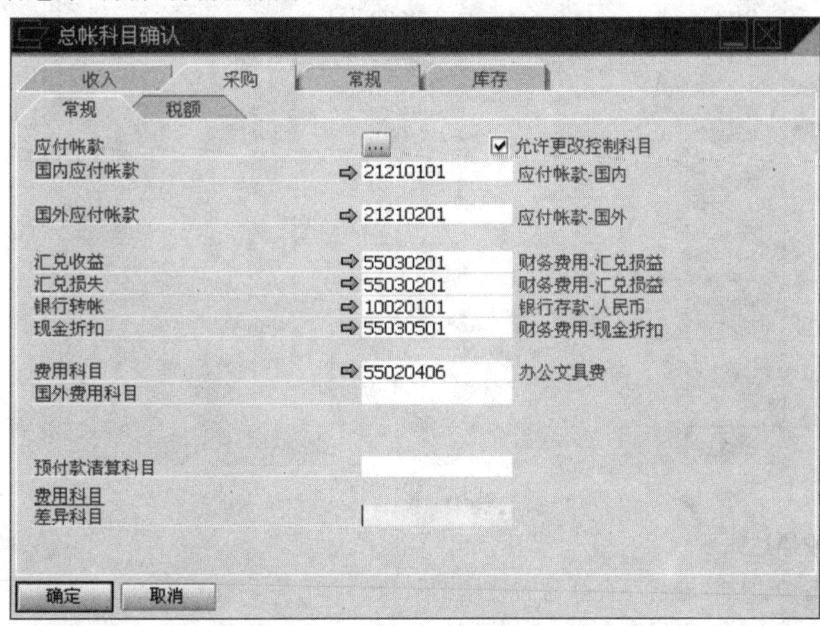

图 10-13 总账科目确认——“采购”标签

科目字段描述如下。

• 允许更改控制科目：选择此选项，则允许在“业务伙伴主数据”的“财务”页签下修改当前业务伙伴所使用的控制科目。如果不选择此选项，则每个客户将默认使用在总账科目“定义-销售页”所定义的应收类控制科目。

• 国内应付账款：处理国内采购业务，产生应付账款时所使用的默认会计科目。系统根据供应商主数据中的国家地点来判断客户是否是国内供应商。

• 国外应付账款：处理国外采购业务，产生应收账款时所使用的默认会计科目。系统根据供应商主数据中的国家地点来判断客户是否是国外供应商。

• 汇兑收益：处理汇率差异，产生收入时所使用的默认会计科目。

• 汇兑损失：处理汇率差异，产生损失时所使用的默认会计科目。

• 银行转账：使用银行转账付款时使用的默认付款科目。

• 现金折扣：处理现金折扣时，所采用的默认会计科目。

• 预付款清算科目：中国用户不需要使用。

• 费用科目：采购无仓库属性的物料（例如采购固定资产、办公用品或采购服务等）需要调用的科目，并将相应金额计入该科目借方。在此设置的科目为系统默认值，也可以在物料主记录中为物料创建特殊的收入科目（仓库、物料组或物料级别）。

3. 总账科目确认——库存

如图 10-14 所示。

在总账科目确认页的存货清单标签页，可以定义物料的有关默认核算科目。设定这些科目后，物料核算时系统均采用相同的默认会计科目进行核算。当然，用户还可以在仓库、物料组、物料级别修改这些科目。

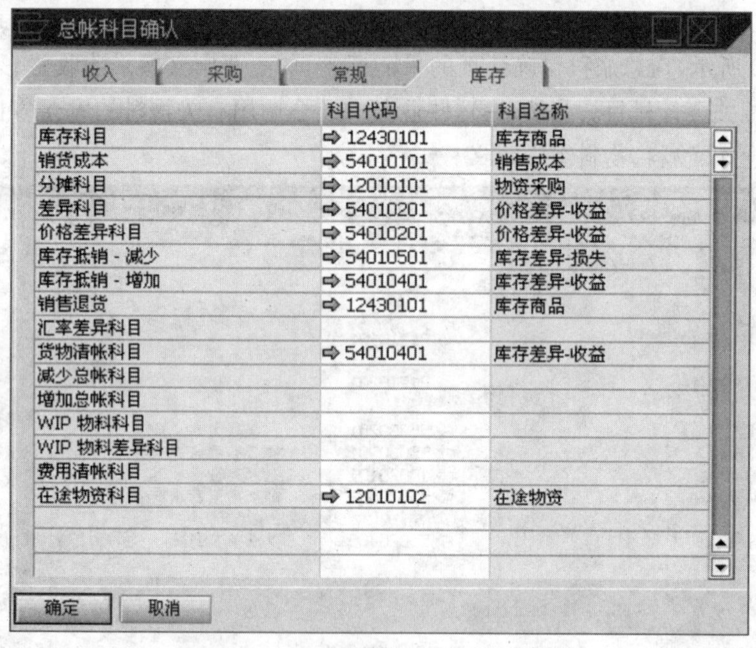

图 10-14　总账科目确认——"库存"标签

科目字段描述如下。

• 库存抵销-增加：进行库存盘盈时使用的科目。

• 库存抵销-减少：进行库存盘亏时使用的科目。

• 销售退货：退货业务所采用的物料核算科目。

• 库存科目：处理各种出入库业务时所采用的物料核算科目。

• 销货成本：计算产品销售成本所使用的会计科目。

• 分摊科目：做采购收货时记入贷方的科目。

• 差异科目：采用标准计价法时，差异所使用的金额。

• 价格差异科目：采用移动平均法时，由于暂估产品出库，而调整销售成本所使用的科目。

• 汇率差别科目：以非本币处理采购业务时，由于汇率变动产生差异所使用的科目。

• 货物清账科目：将"收货采购订单"关闭时所使用的会计科目。

系统提供了三种物料核算标准：仓库、物料组、物料。物料核算的相关科目可以分别在仓库、物料组、物料级别来设定。用户可以使用"管理→一般设置→物料"，设置物料核算科目的默认设置。也可以在每个物料级别上进行设置，图 10-15 为一般设置，图 10-16 为物料主数据。

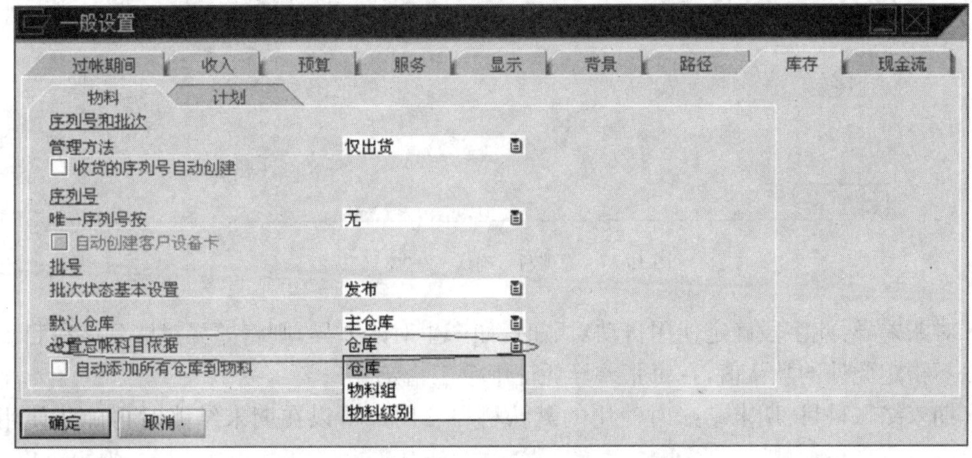

图 10-15　一般设置——总账科目依据设置

4. 总账科目确认——常规

在总账科目确认——常规页，可以设定有关舍入差异、对账差异、期末结账相关的科目。

总账科目确认如图 10-17 所示。字段功能描述如下。

• 信用卡存款费用：若费用按存款支票收取，则将其过账到在此指定的账户。

• 舍入科目：在日记账过账清算舍入差额时选择要使用的默认科目。当对特定货币定义舍入时会出现默认科目。

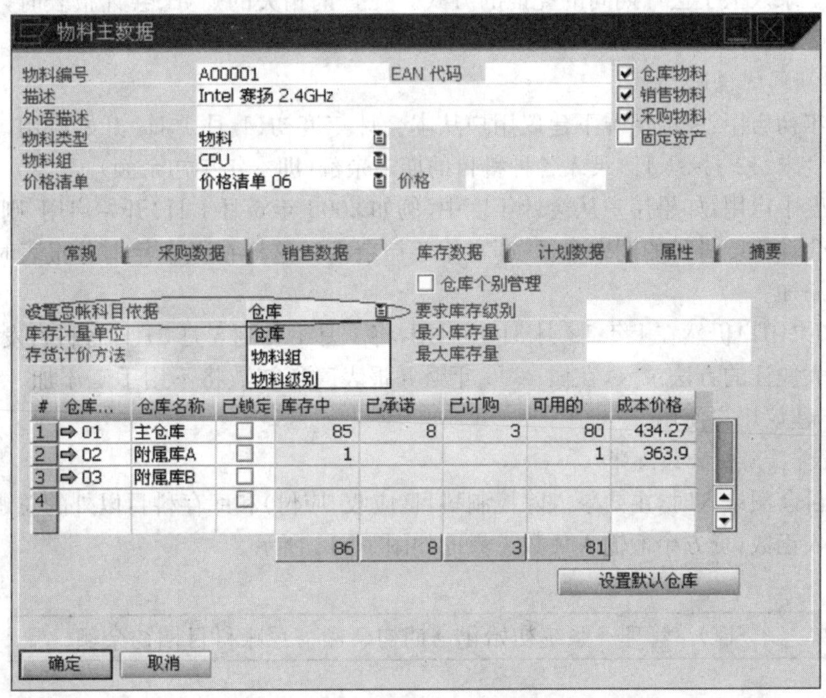

图 10-16　物料主数据——总账科目依据设置

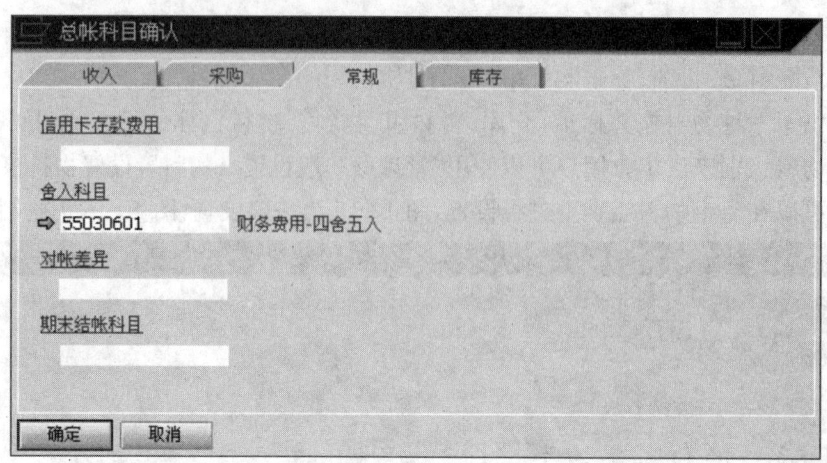

图 10-17 总账科目确认——"常规"标签

• 对账差异：此字段确定使用自动对账时，如产生对账差异，则将差异过账到该科目。用户也可以不指定此处的默认值，在每张差异凭证中手工指定。

• 期末结账科目：期末结账时使用的默认科目。用户可以在期末结账时再确认使用的科目。

10.3.4 期初余额装入过程

期初余额录入也是初始化的一项重要内容。在 Neusoft/SAP Business One 系统中，需要录入三种不同的初始余额：会计科目余额，业务伙伴余额以及库存余额。三类数据都会影响相关的总账科目，注意要分清三种余额录入影响的会计科目，避免重复录入。

在本系统中，本会计期间的期初余额就是上个会计期间的期末余额。所以期初余额录入还可以采取手工录入上个会计期间的凭证的方式。在查询相关的财务、会计报表时，系统会根据此逻辑自动区分。

1. 启用期间的说明

• 本年年初启用：一般情况下建议用户从本会计年度初（1 月 1 日）开始启用，这样可以在上个会计年度末（12 月 31 日）录入各种科目的期末余额（即本年年初余额）。

• 本年度中启用：如果用户从会计年度中（例如 2006 年 6 月 1 日）开始启用，则无法在系统中维护上个会计年度科目的期末余额（即本年年初余额），这样在做本年财务报表时，年初数一列必须手工添加。

当然，如果用户仍然在上年 12 月 31 日启用，将 1 月 1 日到 5 月 31 日各科目发生额采取手工补录一笔大凭证的方法录入，在做 2006 年财务报表时年初数将不用手工添加。但此种方法较为繁琐，不建议用户使用。

2. 总账科目期初余额总账

总账科目余额录入时，主要录入除控制科目（应收、应付）和库存科目以外的总账科目余额。借方余额输入正数，贷方余额输入负数。界面如图 10-18 所示。

路径：

菜 单	SBO→管理→系统初始化→期初余额→总账科目期初余额

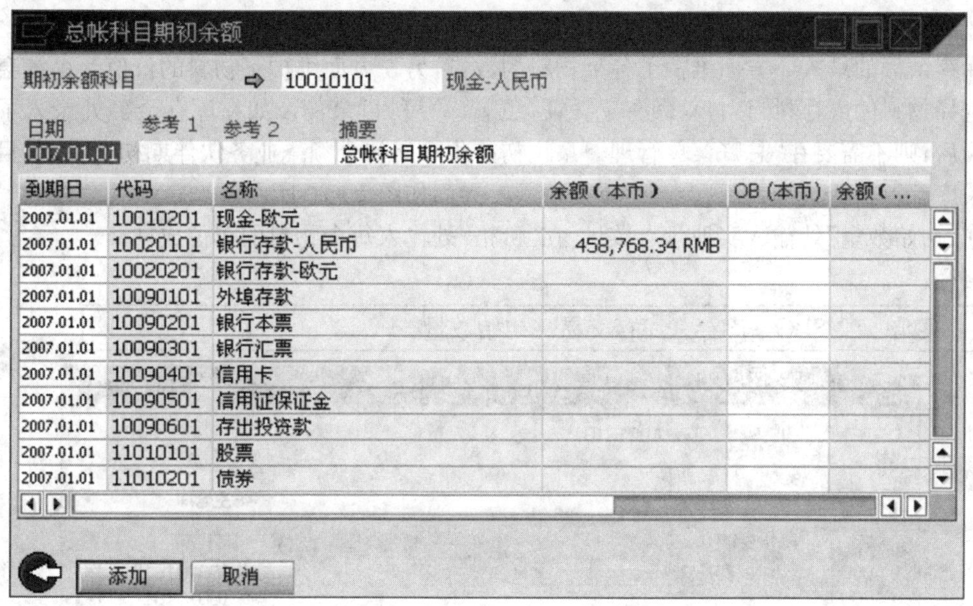

图 10-18　总账科目期初余额

注意

• 本币科目：直接录入本位币期初金额。

• 外币科目：直接录入外币金额，自动计算出本位币金额。

• 多货币科目：多货币科目必须使用财务日记账分录的形式录入期初余额。因为在总账科目录入界面，只能输入多货币的本位币余额，其他余额必须用手工日记账方式录入。

3. 业务伙伴期初余额

业务伙伴的余额实际上是控制科目的明细数据。如在业务伙伴余额处维护了业务伙伴余额后，就不需要在总账科目余额处维护应收账款、应付账款等科目的数据，否则会产生重复输入。界面如图 10-19 所示。

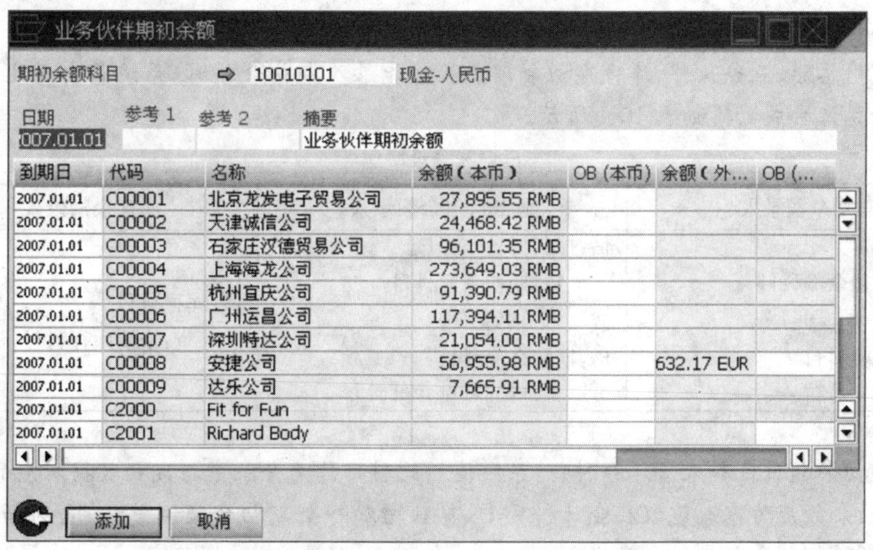

图 10-19 业务伙伴期初余额

借方余额输入正数，贷方余额输入负数。

路径：

菜 单	SBO→管理→系统初始化→期初余额→业务伙伴期初余额

4. 库存期初余额

库存余额的录入一方面维护了各种物料的数量，另一方面维护了物料的价值。系统会要求用户选择物料的库存科目，自动做一笔凭证，更新库存科目余额。如在库存余额处录入了物料的余额后，则不需要在“总账菜单管理→系统初始化→期初余额→业务伙伴期初余额”科目处维护相关库存科目的余额，否则会产生重复输入。界面如图 10-20 所示。

在“初始数量”处输入实地盘点数量，在“价格”处输入每个物料的单位成本。

路径：

菜 单	SBO→库存→库存交易→初始数量

初始数量

未清库存科目 ⇨ 10010101 现金-人民币

日期 参考 摘要 仓库名称

2007.01.01 ⇨ 主仓库

物料号	物料描述	仓库中	初始数量	价格	科目代码
⇨ A00001	Intel 赛扬 2.4GHz	85			⇨ 10010101
⇨ A00002	Intel P4 XEON 1.8GHz	104			⇨ 10010101
⇨ A00003	Intel P4 XEON 2.4GHz	102			⇨ 10010101
⇨ A00004	Intel P4 2.8GHz	53			⇨ 10010101
⇨ A00005	Intel P4 2.6CGHz	88			⇨ 10010101
⇨ A00006	AMD Athlon XP 2000+	73			⇨ 10010101
⇨ A00007	AMD Athlon XP 1800+	53			⇨ 10010101
⇨ A00008	AMD Athlon XP 2700+	53			⇨ 10010101
⇨ A00009	AMD Athlon XP 2200+	76			⇨ 10010101
⇨ B00001	Kingmax 512MB DDR 333	46			⇨ 10010101
⇨ B00002	Kingmax 256MB DDR 266	42			⇨ 10010101
⇨ B00003	512MB DDR 266	68			⇨ 10010101
⇨ B00004	256MB DDR 400	42			⇨ 10010101
⇨ B00005	256MB RAMBUS PC800	50			⇨ 10010101

添加 取消

图 10-20 库存期初余额

注意

(1)使用总账、业务伙伴、库存期初余额录入功能录入期初余额时，系统将自动生成一张日记账分录，凭证生成逻辑如表 10-1 所示。

表 10-1 日记账分录举例

总账余额录入	业务伙伴余额录入	库存余额录入
借:总账科目 　　贷:期初余额科目 或 借:期初余额科目 　　贷:总账科目	借:控制科目一客户 　　贷:期初余额科目 或 借:期初余额科目 　　贷:控制科目一供应商	借:库存科目 　　贷:未清库存科目

(2)期初余额科目和未清库存科目：系统使用此科目作为分录中与期初数据对应的科目，此科目最终的余额应为零。建议在会计科目中，单独增加一个期初余额调整科目，例如演示数据库中的“5999”期初余额中转科目。

(3)日期：在以上三种期初数据的录入过程中，或者手工做凭证录入期初数据时，均有一个日期或过账的日期。此日期必须选择在系统正式应用之前。例如，2006 年 9 月 1 日启用，期初数据录入必须在 9 月 1 日之前，当然，8 月 31 日最为合理。

第11章

财务会计处理

财务业务处理功能提供的工具和报告用于管理所有的日常财务流程，包括：

1. 会计科目管理

提供了针对不同国家的会计科目表模板，这些模板可以根据业务要求进行修改，最多可以定义多达10层的科目级次。

2. 凭证处理（凭证、过账模板）

• 日记账凭证：用户可以将多个手工日记账凭证保存为一个批次，进行批量审批。在未审批并保存为日记账分录前允许用户对这些日记账凭证进行修改。

• 过账模板：用户可以定义日记账分录的模板，节约手工输入日记账分录的时间并避免错误。

• 周期性过账：用户可以将需要周期性登入的日记账分录，在指定执行频率后，系统将按时自动提醒用户输入这些登账项。

3. 日记账条目

• 日记账分录：用户可以手工创建日记账分录，以及查找现有日记账分录（注：大部分日记账分录从销售、采购和收付款模块自动登入）。此外，用户可以自动将每个交易分配给项目或者利润中心。

4. 辅助核算

主要包括项目核算、成本中心和预算。

5. 期末处理

• 冲销事务该解决方案允许用户自动冲销月末财务调整所录入的凭证。根据缺省设置，指定凭证的冲销在下个日历月的第一天进行，但是，如有必要，用户可以为每个凭证指定不同的冲销日期。

6. 财务报表

• 财务报表：以会计人员使用的习惯方式显示资产、负债及所有者权益等各项数据。

• 财务报表模板：用户可以迅速而轻松地创建任意数量的财务报表模板，包括资产负债表、损益表、现金流量表等。

11.1 凭证处理

11.1.1 日记账凭证和日记账分录

在 Neusoft/SAP Business One 中，财务凭证有两个来源：其一，来源于业务单据自动生成；其二，在财务模块手工填写。在手工填写财务凭证的模式下，又区分为两种情况：其一，手工填写日记账凭证，经审核后形成日记账分录；其二，直接填写日记账分录。日记账凭证与日记账分录的关系与区别如下：

• 日记账凭证：相当于手工情况下，未登记明细账和总账的记账凭证。当日记账凭证经过审核后，即转换为日记账分录，并同时登记到明细账、日记账、总账等账簿中。

• 日记账分录：相当于手工情况下，已经登记了明细账和总账的记账凭证。来源有三个：一是业务单据自动生成并传递到财务模块中，二是经过审核的日记账凭证，三是直接手动输入的日记账分录。

在财务业务处理过程中，有一些凭证需要经常使用，例如福利费的计提、固定资产折旧的计算等等。这些经常性的业务可以通过系统中提供的“过账模板”和“周期性过账”功能来规范录入标准，并可减少重复性工作。

11.1.2 凭证的填制与审核

凭证按图 11-1 的流程填制。

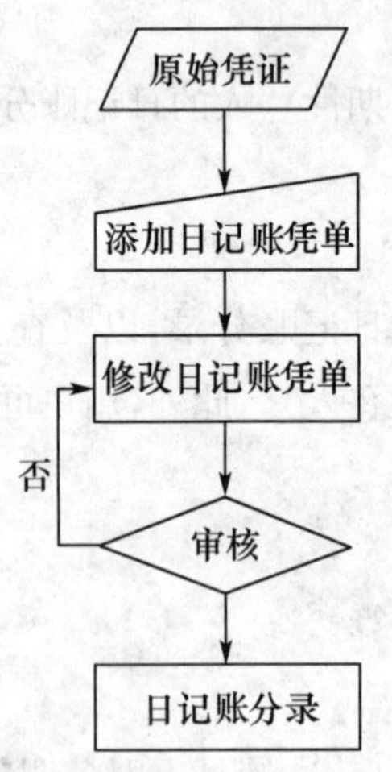

图 11-1 凭证的填制与审核流程

(1)进入日记账凭单，如图 11-2 所示：菜单总分类账→日记账凭单菜单总分类账→日记账凭单。

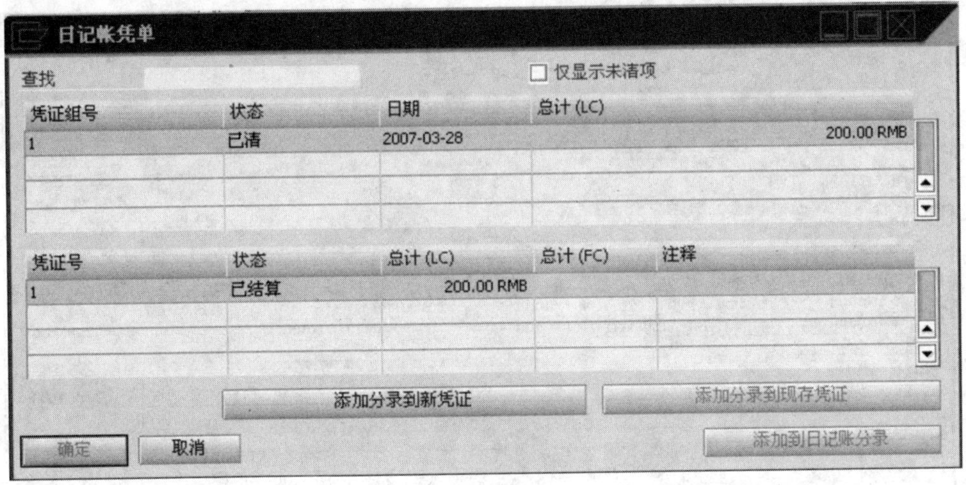

图 11-2　日记账凭单

(2)日记账凭单分录，如图 11-3 所示。单击“添加凭证”键，增加凭证草稿，进入“表单日记账凭证”。增加本凭证草稿需要录入的凭证，添加。

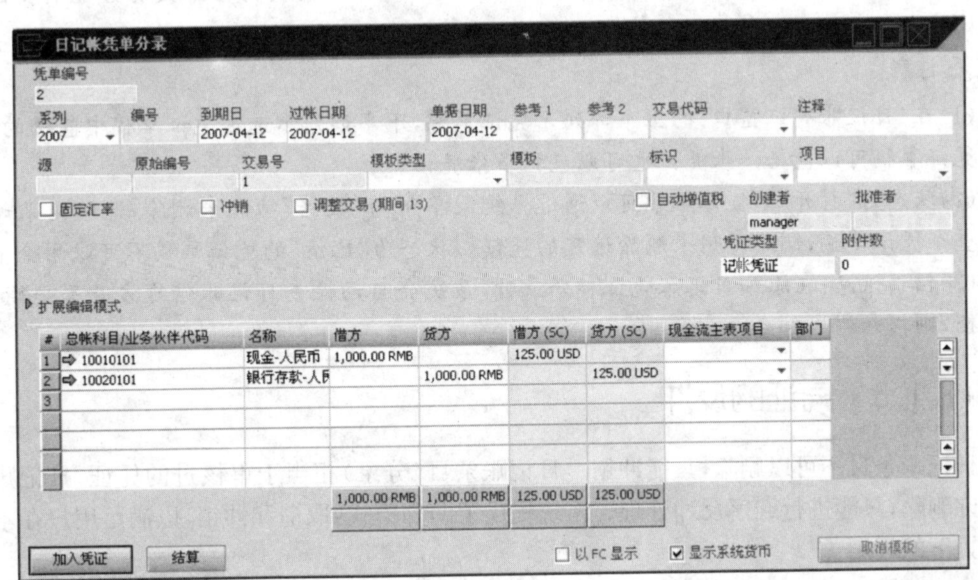

图 11-3　日记账凭单分录

(3)为尚未审核的日记账凭证增加新的分录。为已建立的凭证草稿增加新凭证。进入“日记账凭证”窗口，查找需要增加新凭证的凭证草稿，点击“添加”，增加分录到日记账凭证。在新凭证中录入会计分录。依次增加新凭证，编号递增。

(4)凭证审核。凭证审核生成日记账条目，返回“日记账凭证”窗口，选择需要审核的凭证草稿，双击查看凭证内容，审核无误后，点击“保存”按钮，生成日记账条目。

(5)日记账分录，如图 11-4 所示。

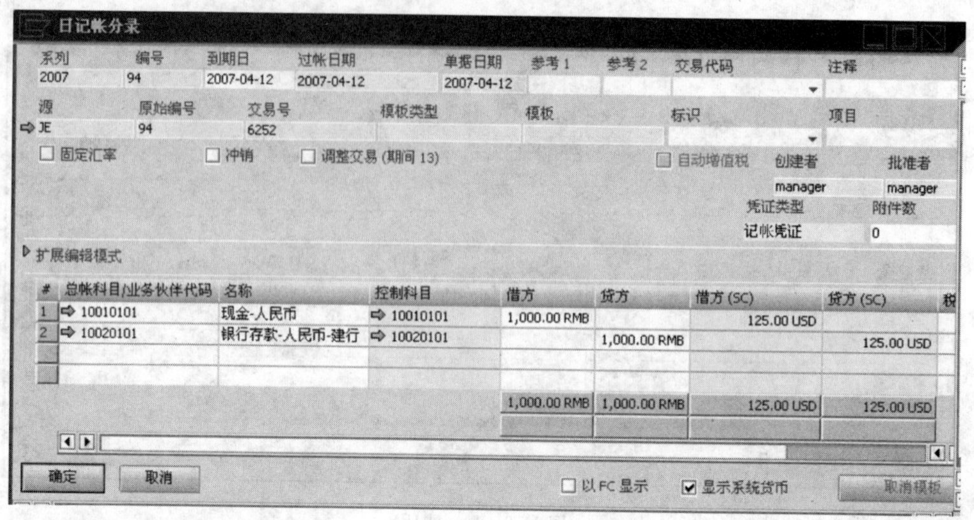

图 11-4 日记账分录

日记账凭证经过审核后,自动生成日记账分录。当然,用户也可以直接制作日记账分录,相当于直接制作经过审核的日记账分录。

用户可以手工创建日记账分录,以及查找现有日记账分录。但是,SBO 大部分日记账分录是从销售、采购和收付款模块自动登入的。此外,用户还可以自动将每个交易分配给项目或者利润中心。

注意

(1)在“日记账凭证窗口”的上半部列示凭证草稿,下半部列示选定凭证草稿中包含的凭证。一个凭证草稿可以包括一张凭证也可以包括多张凭证。

(2)状态为“打开”的凭证草稿可以通过系统菜单下的“数据”功能来删除,删除用来删除选定的整个凭证草稿,删除行用来删除选定的凭证。状态为“已清”的凭证草稿不可以删除。

(3)错误讯息:在添加日记账凭证和分录时,系统会自动检查日记账借贷方是否平衡,如果不平衡,则提示错误信息。

11.1.3 凭证的反冲

日记账条目不可以删除,只能冲销。日记账条目(分录)相当于审核过的凭证,日记账分录不允许删除,只能进行红字反冲处理。系统提供了两种模式:取消和冲销,以满足用户在不同业务情景下的应用。

1. 取消

当发现原来事务错误,执行红字反冲,这时需要使用菜单(数据→取消),则自动在当前登录日期生成一张金额为负的凭证。此种情况,要求必须是手工填写的凭证,如果是系统根据业务单据自动生成的凭证,则是不允许取消的。

2. 冲销

选定需要冲销的日记账条目,选中“冲销”,填写冲销日期(应大于该凭证的生成日期)。点击“更新”。如图 11-5 所示。

执行冲销,生成冲销日记账条目。打开功能菜单(总分类账→冲销事务)点击“执行”,如图 11-6 所示。

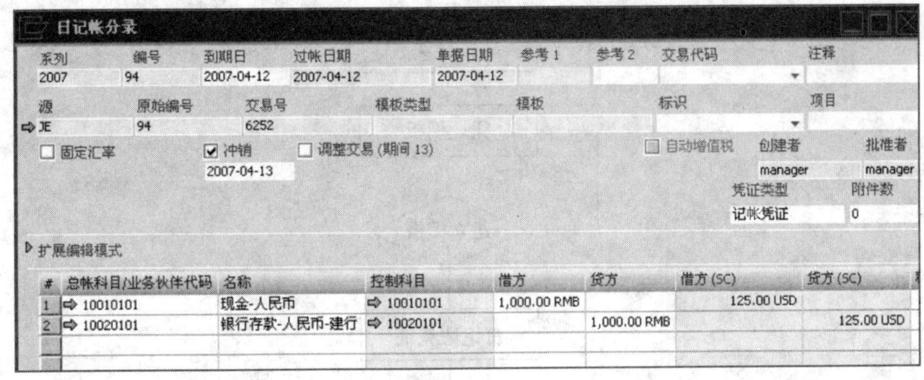

图 11-5 冲销

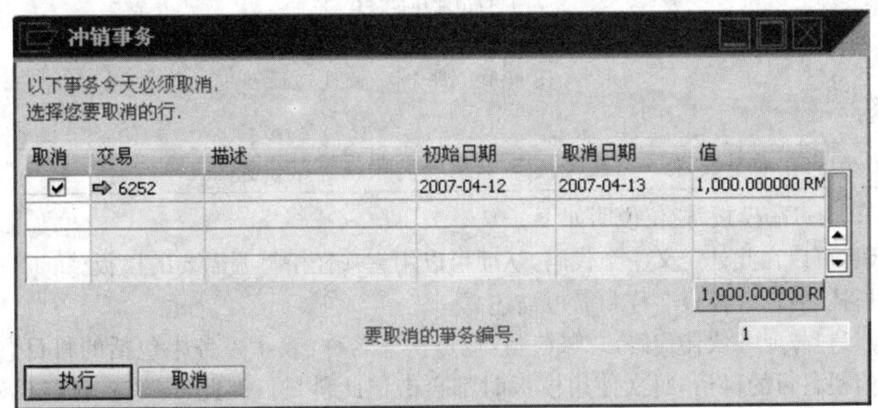

图 11-6 冲销事务

在日记账条目中生成该冲销条目，如图 11-7 所示。

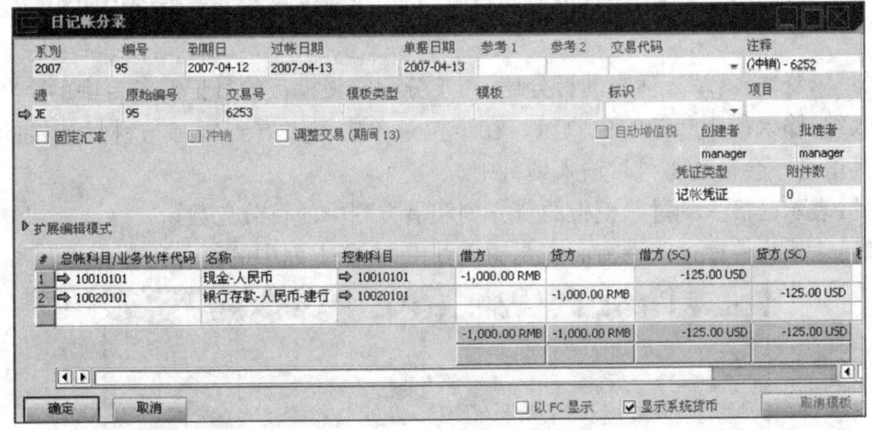

图 11-7 生成冲销条目

11.1.4 过账模板

过账模板主要处理一些经常发生而且借贷方发生的比例可以固定的业务，例如计提福利费等。定义过账模板时，除了要求借贷方的比例相等外，模板内容的其他要素例如科目代码、名称等可以为空。

作业流程如图 11-8 所示。

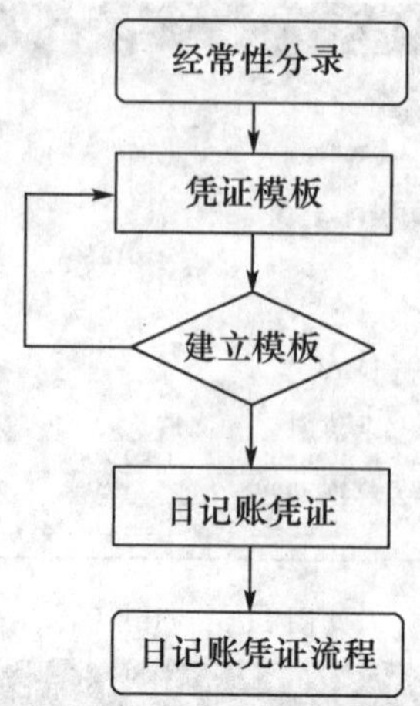

图 11-8 过账作业流程图

路径：

菜 单	总分类账→过账模板菜单总分类账→经常性过账

图 11-9 为过账模板，栏位说明如下。

• 代码：可以在此处定义一个代码，从而可以用它来轻松打开需要的模板。

• 模板描述：输入模板名称和简短描述。

• 总账科目/业务伙伴代码，总账科目/业务伙伴名称：表示事务中包括的科目。如果包含像进项增值税科目的科目，每次使用模板时都会借记此科目。因此，当填入科目代码时，SBO会在邻近字段中填入科目名称。不过，对每笔交易来说支付科目可能会有所不同，因此，无法在此处定义绝对的科目代码。因而要使用鼠标跳过科目名称字段，并输入科目类型，如支付科目。当要基于所创建的交易模板记录日记账条目时，必须更改该描述并要特殊说明相应支付科目的代码。

• 借方％，贷方％：填入适当的百分比，用于分配定义模板的日记账条目中的金额。

• 税收组：输入行所参考的税收组。在下拉菜单中可以看到所有与科目连接的税收组清单。选择其中之一会自动将科目输入到行中。

• 合计：表示已输入到过账模板的贷方列和借方列中的百分比数。

• 结转：表示为使该过账平衡而需要输入到借方/贷方列中的百分比数。

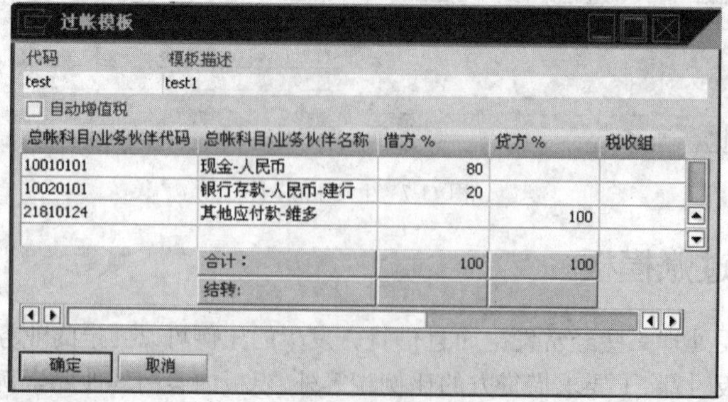

图 11-9 过账模板

要点：

(1)进入“过账模板”，按说明填制模板，点击“添加”。

(2)在日记账凭证/分录中使用过账模板。

11.1.5 周期性过账

周期性过账用来处理经常发生的，借贷方科目和金额确定的记账业务，例如固定资产折旧的直线计提。使用周期性过账有两种方式。

要点：

(1)系统自动提醒用户，用户确认后将自动过账。但用户需要在“管理→系统初始化→一般设置”中设定。选择该选项，系统将在用户登录时自动提示需要执行的周期性过账。

(2)用户直接在周期性过账的视图中选择需要执行的记录。

11.2 管理核算

11.2.1 项目核算

SBO 提供项目辅助核算功能，对公司经营中可以归集到项目的财务信息进行项目核算，例如在建办公大楼、攻关课题等。

通过人工填单作业定义项目，在“日记账凭证/分录”中记录项目核算信息，图 11-10 为项目核算流程。

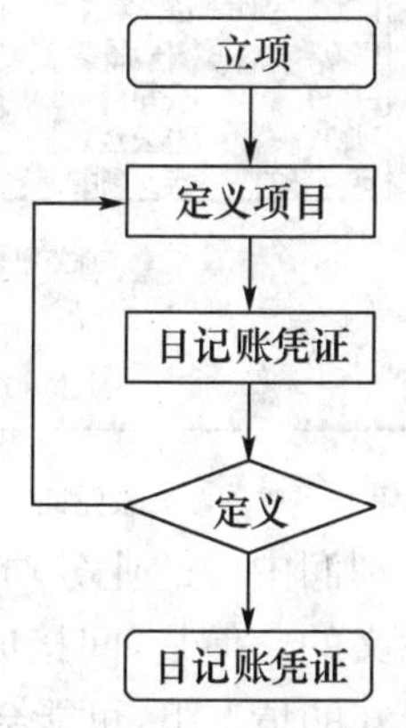

图 11-10 项目核算流程

路径：

菜单	管理→设置→ 财务→项目

(1)进入“定义项目”，定义新项目，点击“更新”，如图 11-11 所示。

(2)在“日记账凭证/分录”中使用项目核算，如图 11-12 所示。

11.2.2 成本会计

作业说明：

使用 SBO 中的成本会计功能，必须把公司中的成本中心或部门定义为利润中心，然后可以在每期为每个利润中心编制损益报告。

主要模块功能包括：定义成本核算代码；定义利润中心；定义分配规则；利润中心和分配规则表；利润中心报表。

利润中心是执行特定业务功能的公司单元和部门。某些成本和收入可以直接分配到一个利润中心中，可以为这些成本和收入定义直接分配规则。用户使用间接分配规则将间接成本和

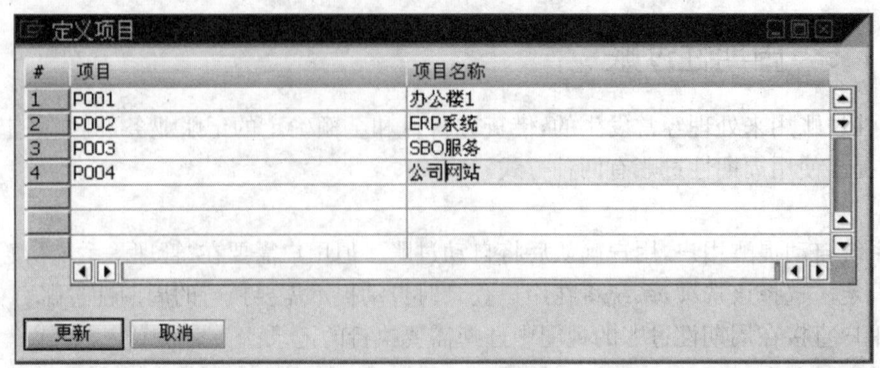

图 11-11 定义项目

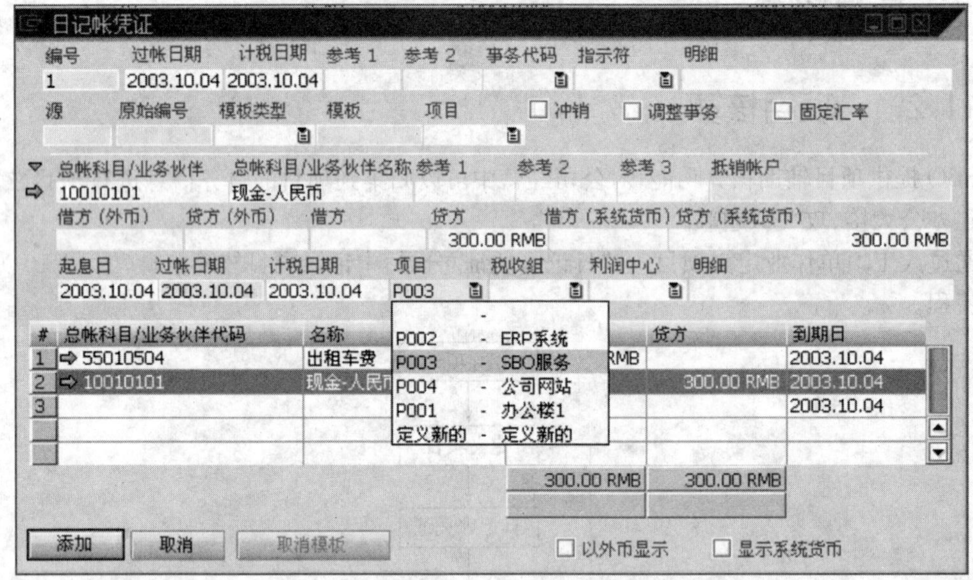

图 11-12 日记账凭证

收入分配到利润中心(这些是不能基于利润中心的业务功能分配的成本和收入)。一旦出现这些成本时,不分配间接成本可能是有意义的。但是,间接成本可以通过定期运行相应的报表和评估来进行分配。例如,在分配代码未知的情况下,可能会出现这种分配。类似的情况是,这些成本一出现即被写入系统中的特殊利润中心(或零利润中心)。

在系统中创建利润中心时,系统将自动定义相同名称的分配规则。该规则也有与利润中心相同的代码,为该值自动生成的默认值是:直接借项和总计为 100 的因子。此分配规则不能更改,并且必须直接借记该利润中心。

路径:

菜 单	成本会计→利润中心菜单成本会计→分配规则

要点:

(1)进入"利润中心-设置",定义新的利润中心,点击"添加",如图 11-13 所示。

(2)进入"定义分配规则",定义新的分配规则,点击"添加"。

(3)在日记账凭证中使用成本核算。

注意

(1)分配规则:定义使用利润中心的会计科目的成本或收入如何分摊到具体的利润中心。

(2)在建立一个利润中心时,系统自动建立一个和利润中心同名的分配规则。这个规则(不能修改)让系统把所有的成本或收入记入到相应利润中心。换句话说,系统不分解总额。可为直接成本和收入使用这些分配规则。直接成本和收入是能唯一并完整分配到某利润中心的成本或收入。

(3)间接成本和收入是那些不能直接分配到指定利润中心的成本或收入。但由于某些原因,必须要将其分配到利润中心,因此不得不为这些成本或收入手工定义分配规则。例如,按照供热面积分配取暖费到利润中心。同理,可以自行分配社会保障费到职员中。

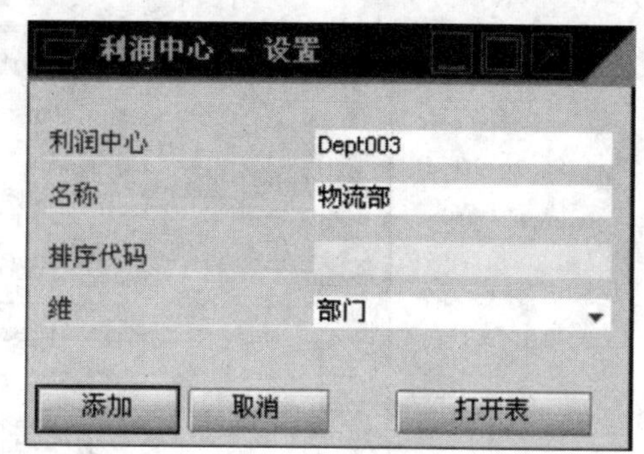

图 11-13 利润中心-设置

(4)如果不能准确定义分配规则(因为没有关于分配依据的足够信息),任何不能分配的成本或收入都分配到零利润中心。最终获得所需信息时,可以修改分配规则,系统据此修正分配数。

11.2.3 财务预算

财务预算主要用于预算的定义和管理。用户可以配置预算分配方法,以任意货币定义预算数字(本位币、外币或者两种都用),并显示汇总的预算报告,对实际发生额和预计值进行比较。此外,用户可以定义预警或控制,在交易超出每月或每年的预算时给出通知。

主要模块功能包括:预算方案;定义预算分配方法;定义预算;确认预算偏离。

SBO 财务预算业务采用以会计年度为基础按月分配预算比率的方法,对定义预算的会计科目进行预算控制与分析。其中预算控制在初始化部分作实际说明,预算报表与分析在信息系统部分加以介绍。

本节主要阐述定义预算方案、定义年预算的分配方法,按科目定义预算金额三个部分的内容。

系统采用人工填单作业来定义预算方案,定义预算分配方法,定义预算金额。

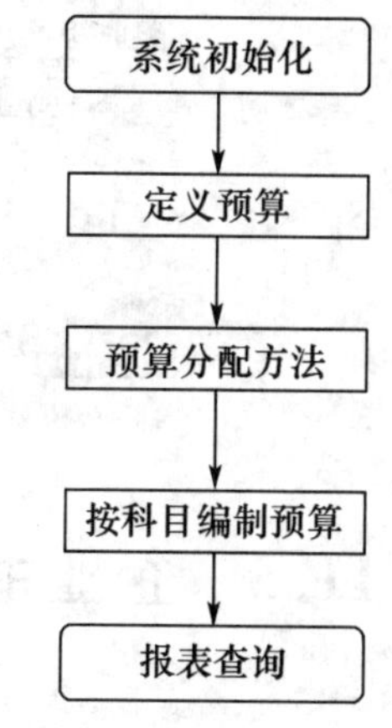

图 11-14 财务预算流程

图 11-14 为财务预算流程。

路径:

菜 单	财务→预算安装→预算方案
菜 单	财务→ 预算安装→预算分配方法
菜 单	财务→ 预算安装→预算

要点:

(1)进入“预算方案”,定义新的预算方案,点击“更新”,如图 11-15 所示。

(2)进入“预算分配方法”,定义新的预算方案,点击“更新”。系统针对财务会计科目的预算是按年编制的,在这里定义每月的分配比率。选定默认的分配方法,点击“设置为默认”。

(3)进入“定义预算”,定义科目预算金额,选择预算方案与需要定义的会计科目,点击“确定”。进入“预算方案编辑”表单,按所选定的科目录入预算金额,点击“更新”,如图 11-16 所示。

注意

(1)财务预算只能针对明细科目编制,不可以对标题科目进行编辑。

(2)在参与预算的会计科目表,需要在科目表中设置该科目为“与预算相关”。

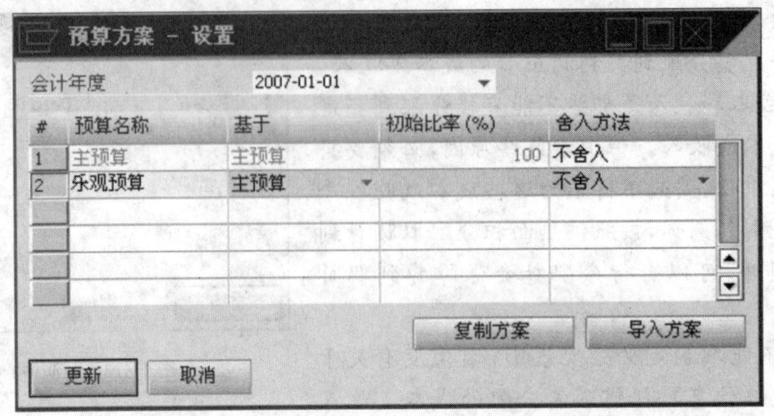

图 11-15 预算方案-设置

预算方案(方案 -2003年差旅费用预算)

显示不带预算科目　　会计年度 - 2003.01.01

#	科目编号	科目名称	父科目	%	方法	本地的 借方	贷方	实际的
1	55010501	住宿费			等于	50,000.00 RMB		
2	55010502	出差补助费			等于	5,000.00 RMB		
3	55010503	机票费			等于	20,000.00 RMB		
4	55010504	出租车费			等于	5,000.00 RMB		

更新　取消

图 11-16 预算方案

11.3 企业主要业务交易的财务核算

11.3.1 采购与应付款

SBO采用财务业务一体化的集成方式进行业务处理，相关业务数据自动生成其对应的财务信息。除了采购订单之外，其他采购入库单以及应付发票单据都会生成财务凭证。采购中的单据有不同的业务逻辑，如表11-1所示。

表 11-1　　采购单据的业务逻辑

业务内容	采购订单	收货采购订单	应付账发票
必须创建的单据	否	否	是
单据的修改/取消	是	否	否
如何冲销单据	关闭该订单	退货	应付账款贷项凭证
库存数量改变	否	是	是 / 否 (注)
财务金额改变	否	是	是
可被关联创建的单据	—	采购订单退货单	收货采购订单采购订单

注：在系统中输入参考收货采购订单的应付账发票时，不发生库存数量更改。如果没有参考收货采购订单创建应付账发票，库存数量将同过账应付账发票一起更改。

下面以与供应商往来业务为线索，阐述财务会计的业务处理流程，并按照标准的采购流程与采购退货流程分别加以说明。

作业方式：

• 人工填单作业：收货采购订单，应付发票，付款给供应商，银行对账。

11.3.1.1　采购付款过程

作业流程如图11-17所示。

路径：

菜 单	采购/AP→收货采购订单
菜 单	采购/AP→应付发票
菜 单	收付款→ 付款给供应商
菜 单	收付款→银行对账单与对账→银行对账

要点：

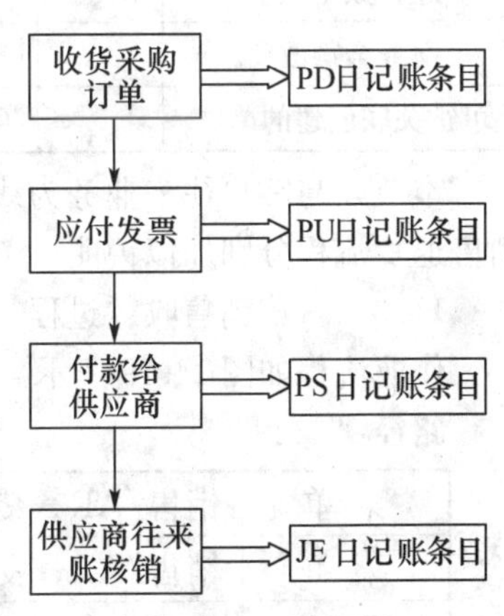

图11-17　采购付款过程

(1)采购收货业务处理进入收货采购订单，添加收货单，点击“添加”。

(2)由收货采购订单自动生成日记账分录。

(3)收到供应商开出的发票，参照收货采购订单自动生成应付发票，添加应付发票，

(4)由应付发票生成日记账分录。

(5)付款给供应商，进入“付款给供应商”：

• 选定需要付款的供应商和需要付款的业务。

• 选择付款方式：主菜单→付款给供应商→付款方式。

• 进入“付款方式”，选中“现金”页签，将光标移向“总计”(使用Ctrl＋B)，录入付款金额，点击“确定”。

• 返回“付款给供应商”，点击“添加”。

(6)由“付款给供应商”生成日记账分录。

(7)供应商往来账款核销，选择“银行对账”，选定需要核销的供应商，点击“银行对账”，双击需要核销的交易，使需要核销的业务置于下方的表中，点击“银行对账”。

注意

在处理“付款给供应商”业务单据时，如果不是基于应付发票来付款(选中付款单据中的账户付款选项)，必须在使用银行对账对其往来业务进行核销。如果“付款给供应商”单据中是根据供应商开的发票付款，系统会自动核销。

11.3.1.2　采购退货过程

作业流程如图11-18所示。

路径：

菜 单	采购/AP→退货菜单采购/AP→贷项凭证

要点：

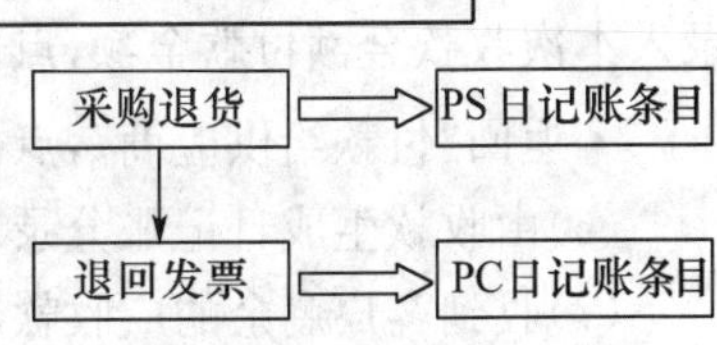

图11-18　采购退货过程

(1)采购退货业务处理：进入“退货”，添加“采购退货单”，点击“添加”。

(2)由退货生成日记账分录。

(3)返回“供应商开出的发票”，参照退货生成贷项凭证，添加“贷项凭证”，点击“添加”。

(4)由贷项凭证生成日记账分录。

11.3.2 销售与应收款

销售单据中销售交货单以及发票是自动关联财务系统，生成日记账凭证。

销售单据属性如表 11-2 所示。

表 11-2 销售单据的属性

业务内容	报价单	订单	交货单	应收账发票
必须创建的单据				是
单据的修改/取消	是	是		
冲销单据			退货单	贷项凭证
库存数量改变			是	是
财务金额改变			是	是
可被关联创建的单据		报价单	订单、报价单、预留发票	发货单、订单、报价单

本节以与客户往来业务为线索，阐述财务会计的业务处理流程，并按照标准的销售流程与销售退货流程分别加以说明。

11.3.2.1 销售收款过程

作业流程如图 11-19 所示。

路径：

菜 单	销售/AR→交货
菜 单	销售/AR→发票
菜 单	收付款→ 收款
菜 单	收付款→银行对账单与对账→银行对账

要点：

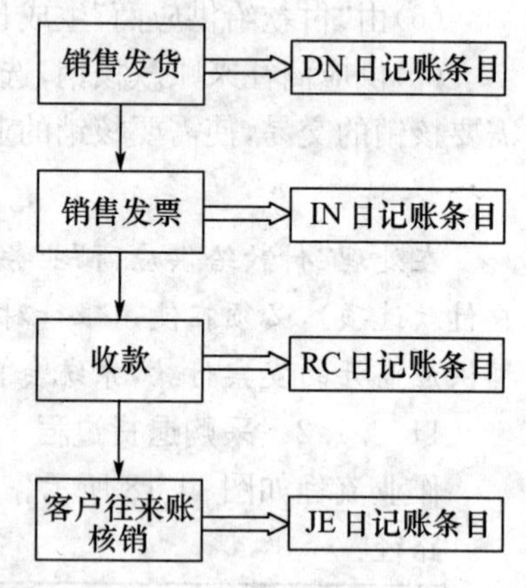

图 11-19 销售收款过程

(1)销售发货业务处理：进入“交货”，添加交货单，点击“添加”。

(2)由交货生成日记账分录。

(3)为客户开出销售发票，参照“交货”生成“发票”，添加发票，点击“添加”。

(4)由发票生成日记账分录。

(5)销售收款，进入“收款”，分批收款：

• 选定需要收款的客户。

• 选择付款方式：主菜单→收款→付款方式。

• 进入“付款方式”，选中“现金”页签，将光标移向“总计”，录入本次收款金额付款金额，点击“确定”。

• 返回“付款给供应商”，点击“添加”。

(6)由收款生成日记账分录。

(7)收到客户剩余的应收款，方法同(5)中的说明。生成日记账凭证分录。

(8)客户往来账款核销：选择“银行对账”，选定需要核销的客户，点击“银行对账”，双击需要核销的交易，使需要核销的业务置于下方的表中，点击“银行对账”。

注意

在处理“收款”业务单据时，如果不是基于发票来做收款（选中收款单据中的账户付款选项)，必须使用银行对账对其往来业务进行核销。如果“收款”单据是根据发票开出的，系统会自动核销。

11.3.2.2 销售退货过程

路径：

菜 单	销售/AR→退货
菜 单	销售/AR→贷项凭证

界面：如图 11-20 所示。

要点：

(1)进入“退货”，添加销售退货单，点击“添加”。

(2)由退货生成日记账分录。

(3)客户退货退回发票参照退货生成贷项凭证，添加贷项凭证，点击“添加”。

(4)由销售贷项凭证生成日记账分录。

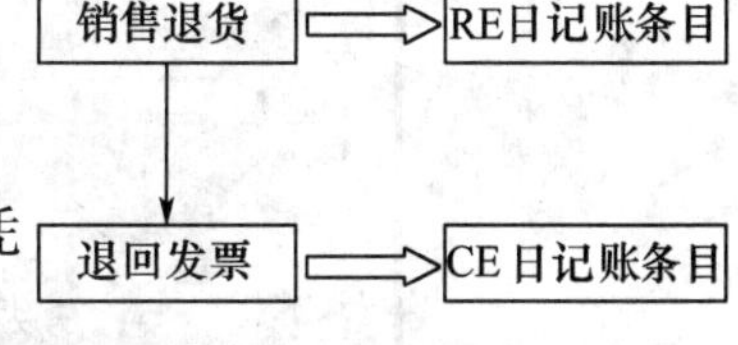

图 11-20 销售退货过程

注意

(1)销售退货与采购退货使用的单据名称在系统中是相同的：都是“退货”与“贷项凭证”。

(2)根据生成的日记账分录在“源”栏位的单据类型来区分是销售退货还是采购退货。

11.3.3 库 存

系统支持对每一种物料采用不同的存货估价方法。当前支持的方法为标准成本法、移动平均法和先进先出法。系统自动根据当前的市场价值重新评估存货成本，并执行周期盘点。

SBO 库存模块的“收货与发货”这两个功能使用户能够记录与销售或采购无直接关系的非交易性收货和发货(SBO 库存的交易性收货和发货分别在销售、采购、生产模块中实现)。

本节以四个与财务会计有关的库存业务流程来介绍库存的财务业务处理。

(1)产品领料：生产发货，生产收货之组件退货为例。

(2)产品入库：以产品入库为例。

(3)调拨业务：是指仓库之间库存调拨。

(4)盘点业务：介绍盘盈、盘亏生成的财务数据。

11.3.3.1 产品领料业务财务处理流程

作业名称：

生产发货，生产收货之组件退货。

作业流程：

如图 11-21 所示。

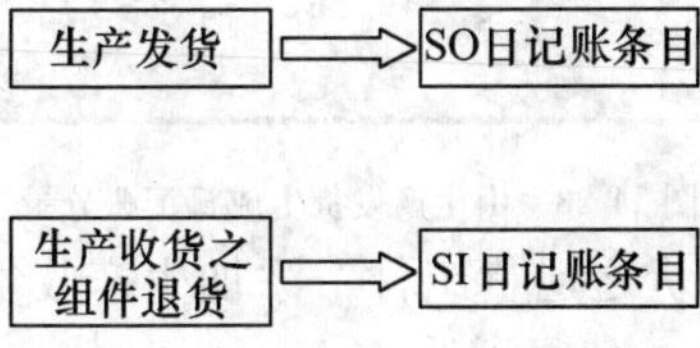

图 11-21 产品领料业务财务处理流程

路径：

菜 单	生产→生产发货
菜 单	生产→生产收货之组件退货

要点：

(1)产品领料时进入“生产发货”，添加生产发货单，点击“添加”，如图 11-22 所示。

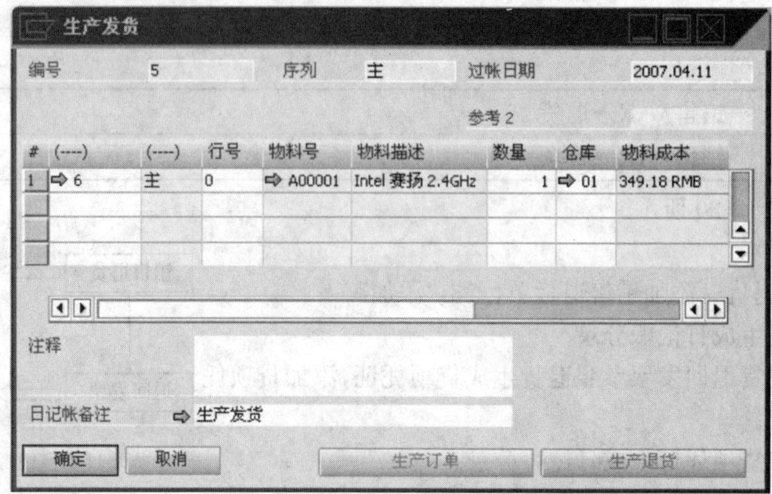

图 11-22 生产发货

栏位说明如下。

• 日记账备注：生成的日记账条目明细。

• 物料成本：根据下层物料的成本计价方式计算出的出库成本。

(2)由生产发货生成日记账分录，如图 11-23 所示。

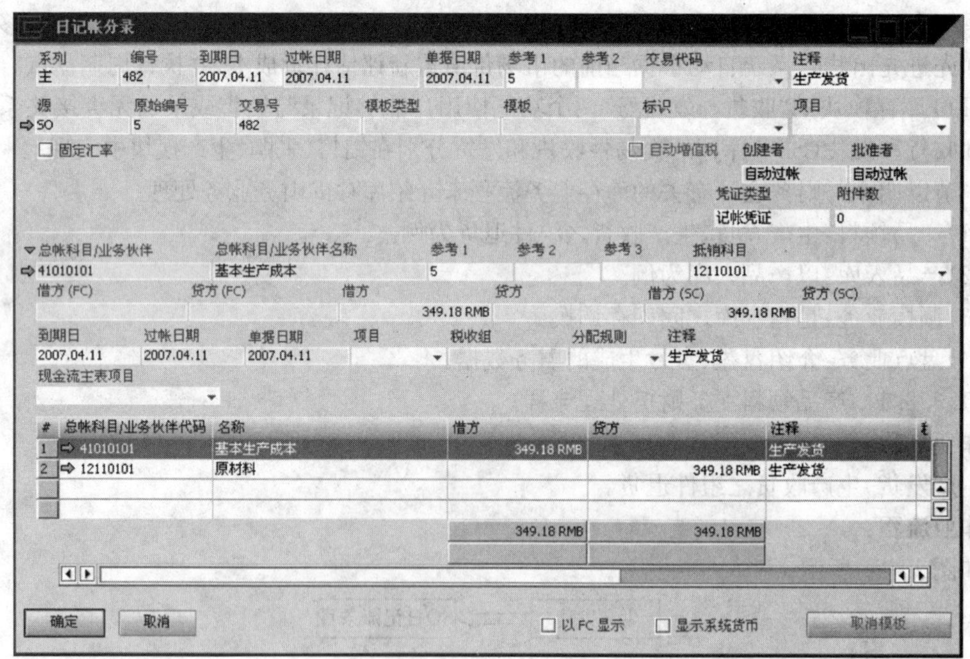

图 11-23 由生产发货生成日记账分录

(3)产品退料时进入“生产收货之退货组件”，添加生产收货单，点击“添加”，如图 11-24 所示。

(4)由产品退料生成日记账分录。

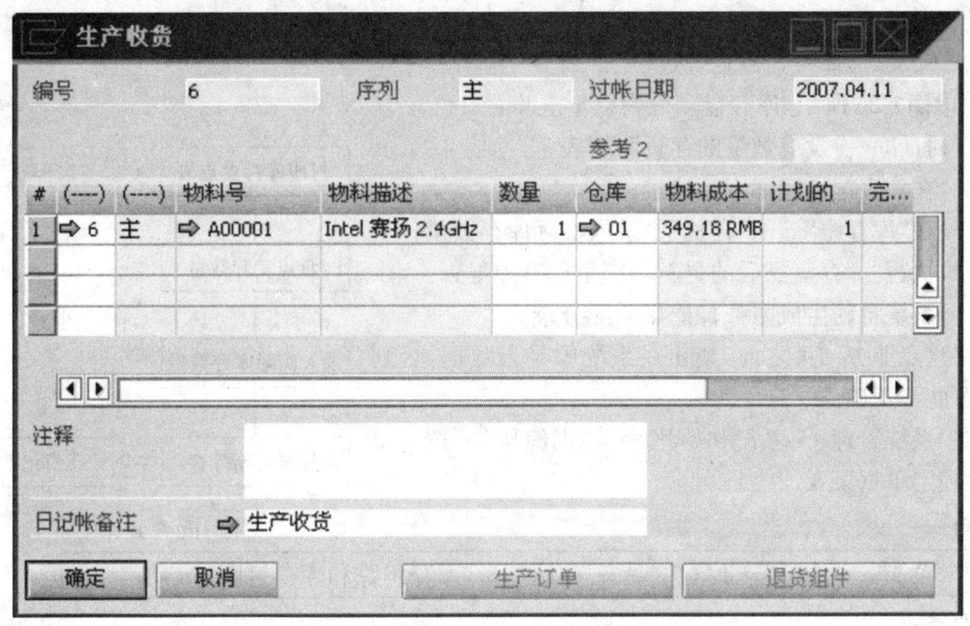

图 11-24 生产收货

11.3.3.2 产品入库业务财务处理过程

路径：

菜 单	生产→生产收货之生产订单

要点：

(1)产品入库进入“生产收货之生产订单”，添加生产收货单，点击“添加”。

(2)由生产收货生成日记账分录。

11.3.3.3 库存调拨业务过程

路径：

菜 单	库存→库存转储

要点：

(1)调拨:进入库存转储 ，添加库存转储单，点击“添加”(如图 11-25 所示)。

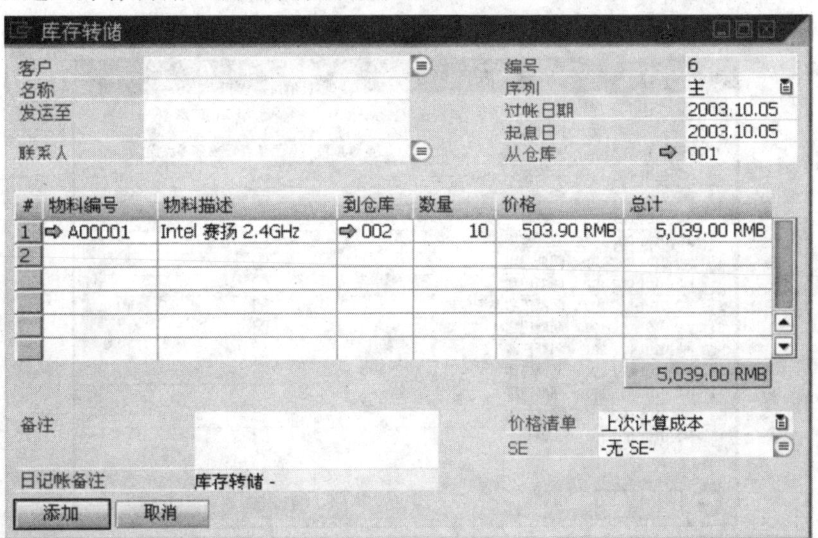

图 11-25 库存转储

(2)由库存转储生成日记账分录。

11.3.3.4　库存盘点业务过程

如图 11-26 所示，库存盘点分为以下五步：

(1)打印一份没有数量的存货明细表；

(2)在该表记入实际库存数量；

(3)在“库存跟踪”的“存货”中录入实际库存数量；

(4)执行“库存盘点后的更新”，产生库存差异；

(5)系统自动生成财务日记账凭证分录。

在盘点业务结束之前，禁止在系统中录入数据，否则结果可能不正确。

在“系统管理 → 系统初始化 → 单据编号 → 选定单据”中锁定单据录入。

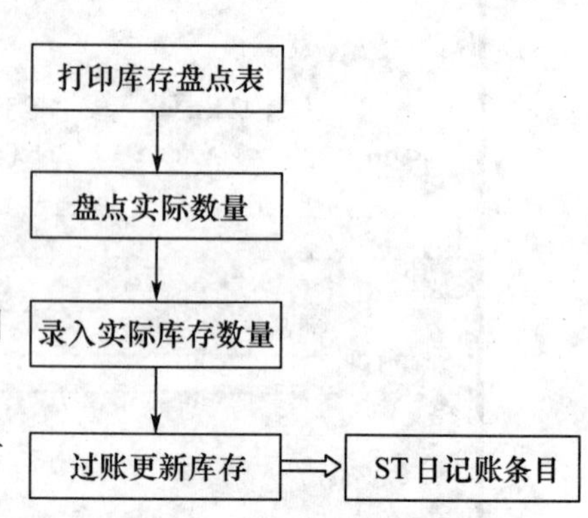

图 11-26　库存盘点

路径：

菜 单	库存→ 库存交易→ 初始数量，库存跟踪和库存过账

要点：

(1)库存数量盘点，进入“初始数量，库存跟踪和库存过账”，选择“库存跟踪”页签，点击“确定”。如图 11-27 所示。

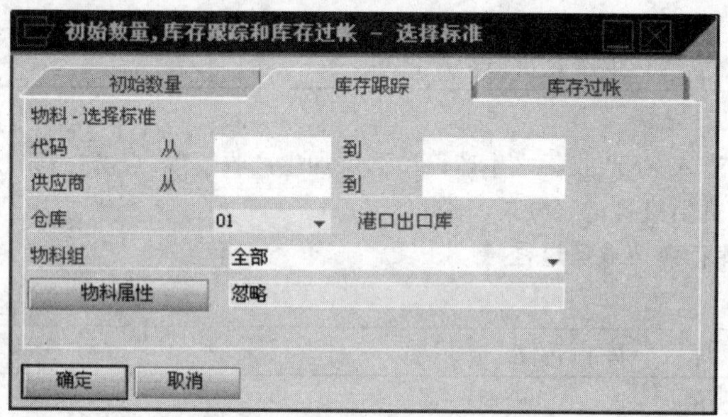

图 11-27　初试数量，库存跟踪和库存过账-库存跟踪

(2)将实际盘点数量录入“仓库中已盘点”，点击“更新”。如图 11-28 所示。

图 11-28　库存跟踪

(3)选择"库存过账"页签,点击"确定"。如图 11-29 所示。

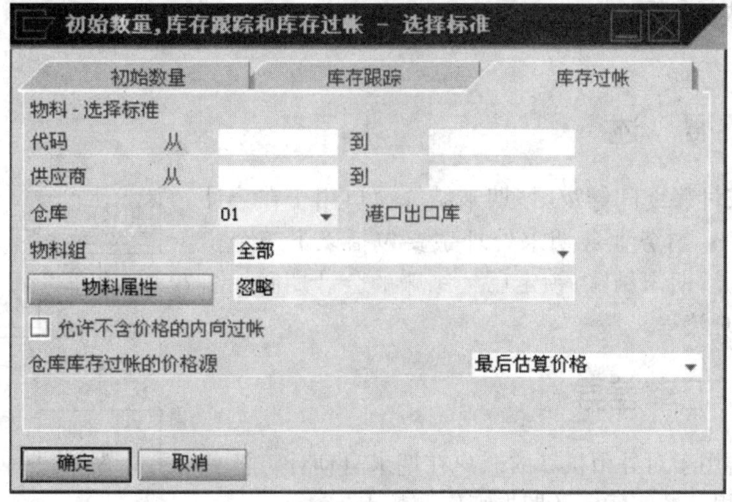

图 11-29 初始数量,库存跟踪和库存过账-选择标准

(4)进入"存货过账",点击"对账"。如图 11-30 所示。

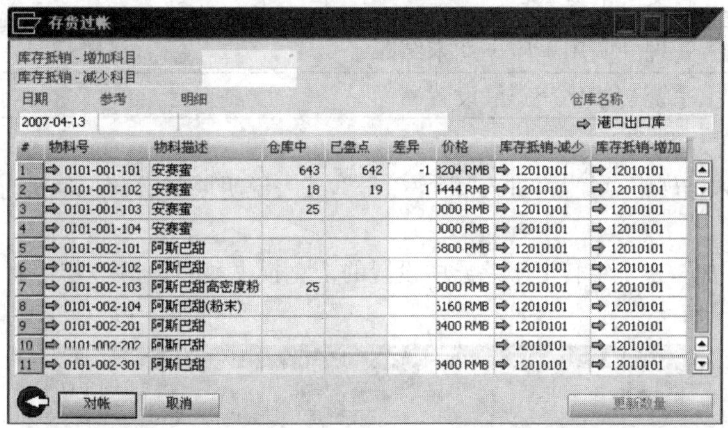

图 11-30 存货过账

(5)盘点生成会计日记账凭证分录。如图 11-31 所示。

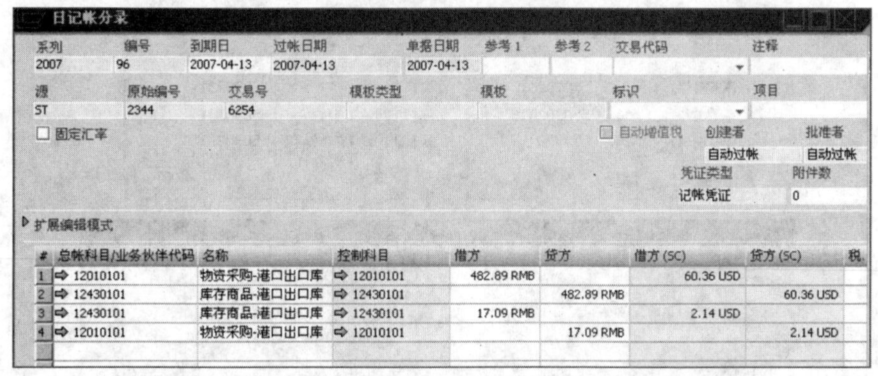

图 11-31 盘点生成会计日记账凭证分录

注意

在选用永续盘存和移动加权平均计价方式的情况下,盘点后生成的日记账条目中的金额与系统当前的平均价格一致。

11.4 期末处理

11.4.1 概　述

会计年度或过账期间结束时，期末结算窗口用于在会计系统中创建过账。财务业务期末处理主要包括以下三个步骤：结转汇率差异；期末结账；锁定已经结账的会计期间。图11-32为期末处理流程。

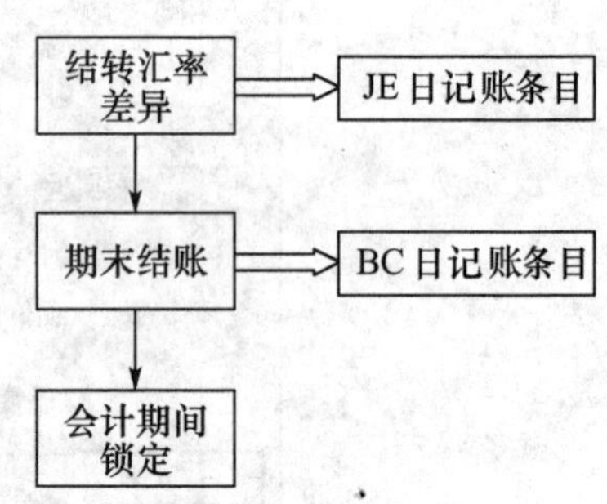

图11-32　期末处理流程

11.4.2 汇率差异

本功能主要用于对外币核算的账户在期末自动计算汇兑损益，生成汇兑损益转账凭证及期末汇率调整表。

路径：

菜 单	财务→汇率差异
菜 单	管理→实用程序→期末结账
菜 单	系统初始化→一般设置

要点：

(1)会计期末结转汇兑损益：进入"汇率差异"，按表说明填制后，点击"执行"。如图11-33所示。

(2)点击"添加"，系统结转汇率差异中设置的汇兑损失科目（总账）与计算出的差异自动生成日记账凭证分录。

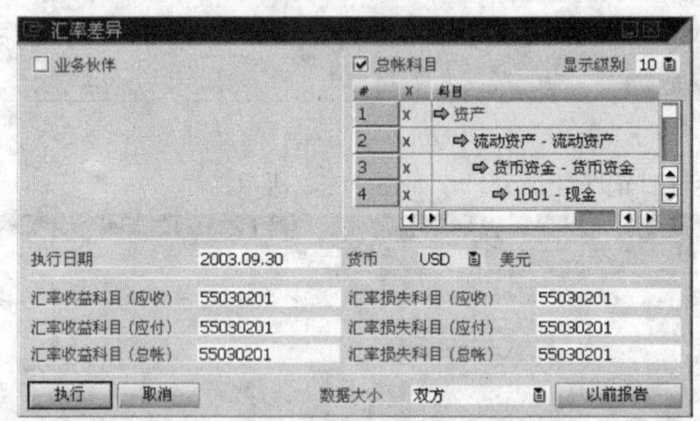

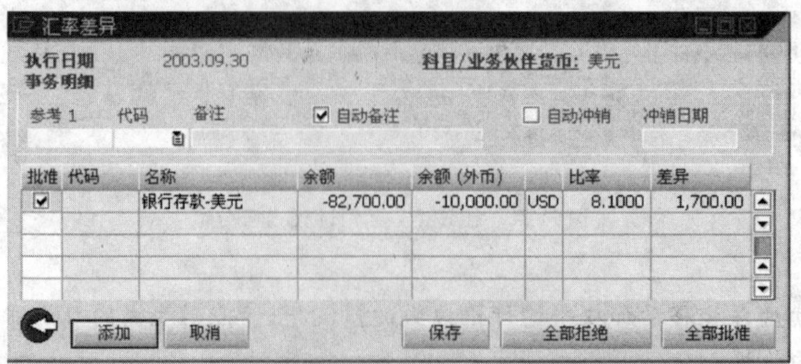

图11-33　汇率差异

11.4.3 期末结账

期末时，应将各损益类科目的余额转入"本年利润"科目，结转损益，以反映企业在一个会计期间内实现的利润或亏损总额。本系统提供的期末结账功能就是将所有损益类科目的本期余额全部自动转入本年利润科目，并自动生成一张结转损益记账凭证。

要点：

(1)期末损益结转，会计期末进入"期末结账"，按表的说明填制后，点击"执行"。如图 11-34 所示。

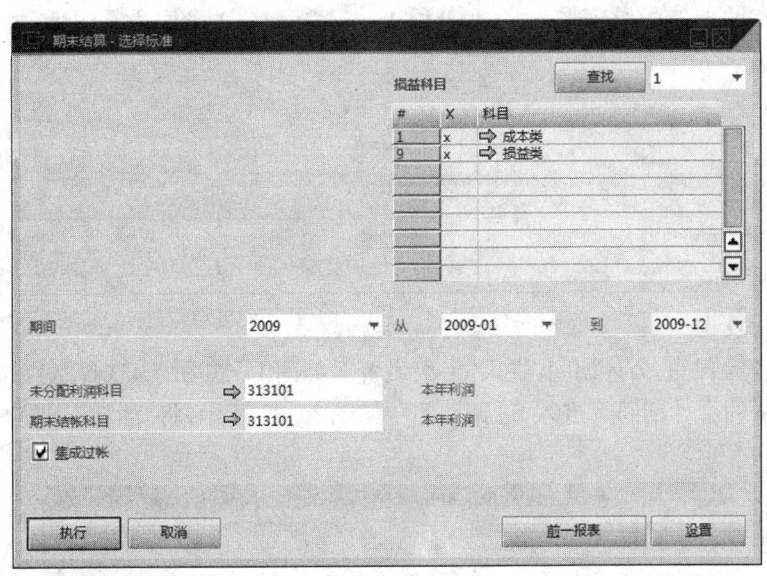

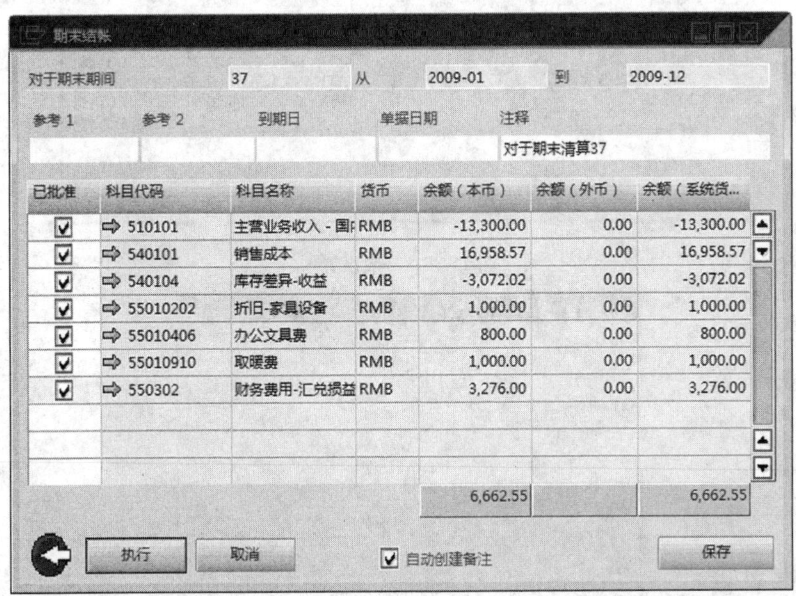

已批准	科目代码	科目名称	货币	余额（本币）	余额（外币）	余额（系统货...
☑	510101	主营业务收入 - 国F	RMB	-13,300.00	0.00	-13,300.00
☑	540101	销售成本	RMB	16,958.57	0.00	16,958.57
☑	540104	库存差异-收益	RMB	-3,072.02	0.00	-3,072.02
☑	55010202	折旧-家具设备	RMB	1,000.00	0.00	1,000.00
☑	55010406	办公文具费	RMB	800.00	0.00	800.00
☑	55010910	取暖费	RMB	1,000.00	0.00	1,000.00
☑	550302	财务费用-汇兑损益	RMB	3,276.00	0.00	3,276.00
				6,662.55		6,662.55

图 11-34　期末结账

进入"期末结账"，按表的说明填制后，确认可以进行期末结转的损益科目，点击"执行"，系统自动生成结转损益的日记账条目。

日记账分录"源"栏目中的"BC"表示期末结转。如图 11-35 所示。

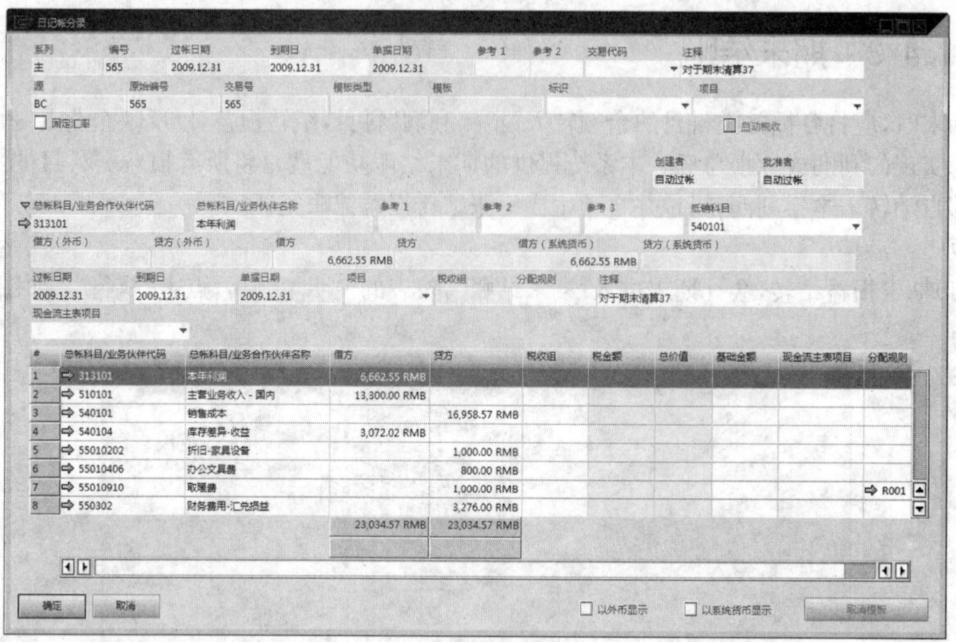

图 11-35 日记账分录

(2)锁定已经结账的会计期间,进入“一般设置”,如图 11-36 所示,选择“过账期间”页签,点击已作期末结账的会计期间。进入“过账期间”,如图 11-37 所示,将“激活”选择“否”;“锁定”选择“是”。

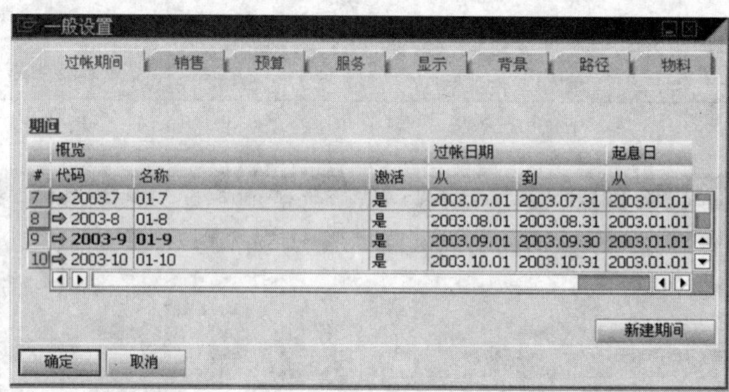

图 11-36 一般设置

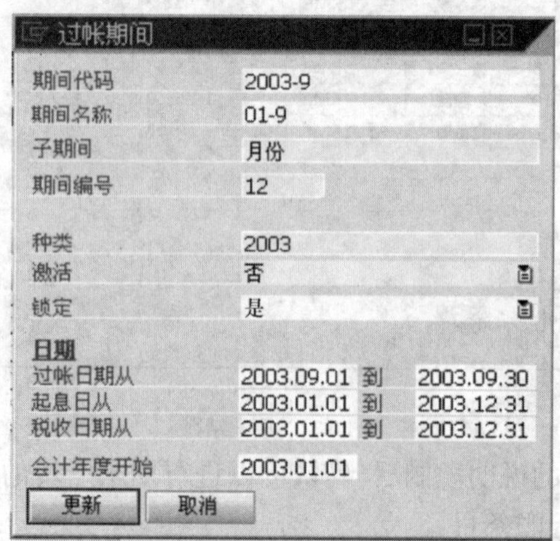

图 11-37 过账期间

注意

期末结账业务处理完成后，不能对已经进行了期末处理业务的会计期间添加凭证，如果需要在已经进行期末处理的会计期间进行业务处理，应当由财务主管将“过账期间”的“激活”选项选为“是”，“锁定”选项选为“否”，重新激活该会计期间。

11.5 报表与查询

11.5.1 账簿查询

作业说明：使用 SBO 的查询与报表功能可以对财务信息进行查询，其中包括：日记账条目查询；总分类账查询；预算报表查询；利润中心报表查询；项目报表查询；资产负债表查询；利润表查询。

11.5.1.1 日记账条目查询

路径：

菜 单	财务→财务报表→会计→交易日记账报表

要点：

(1)进入交易日记账报表，在原始日记账下拉框中选择查询日记账条目的类型，例如：“日记账分录”表示源为“JE”的日记账条目，“发票”表示由销售发票生成的日记账条目。选择“所有事务”，查询“选定期间内的所有日记账分录”。点击“确定”。

(2)进入事务日记账使用货币下拉框可以选择不同的计算币种，单击选定需要查询的明细条目，可以调出这张日记账分录。如图 11-38 所示。

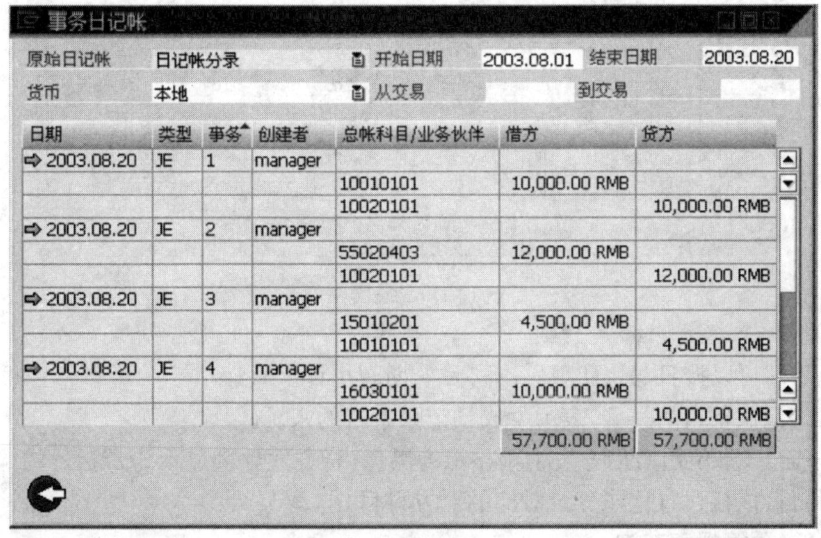

图 11-38 事务日记账

11.5.1.2 总分类账查询

路径：

菜 单	报表→会计报表→总分类账

要点：

使用“总分类账”报表创建所有日记账分录的汇总，与某个特定的总账科目相关的过账凭证将显示在各自的总账科目。进入“选择总分类账”，如图 11-39 所示。在科目对话框中选中所要查询的科目，点击“确定”。如图 11-40 所示。

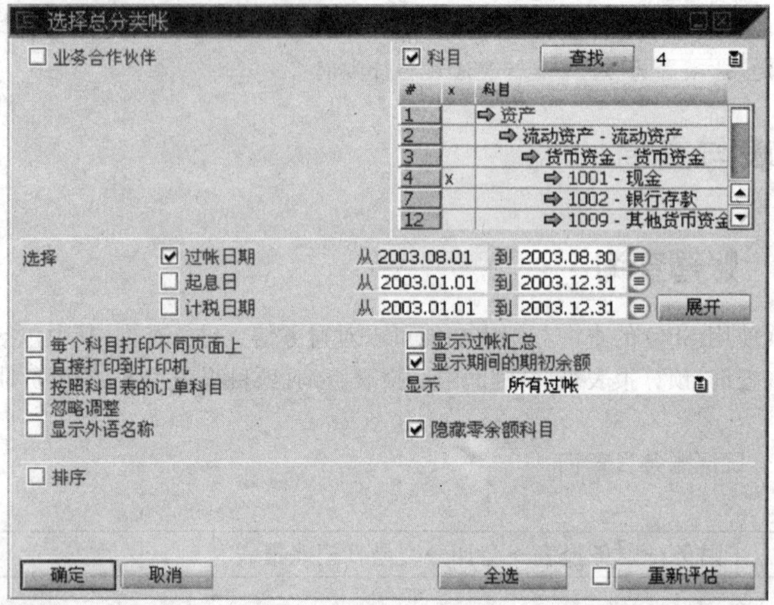

图 11-39 选择总分类账

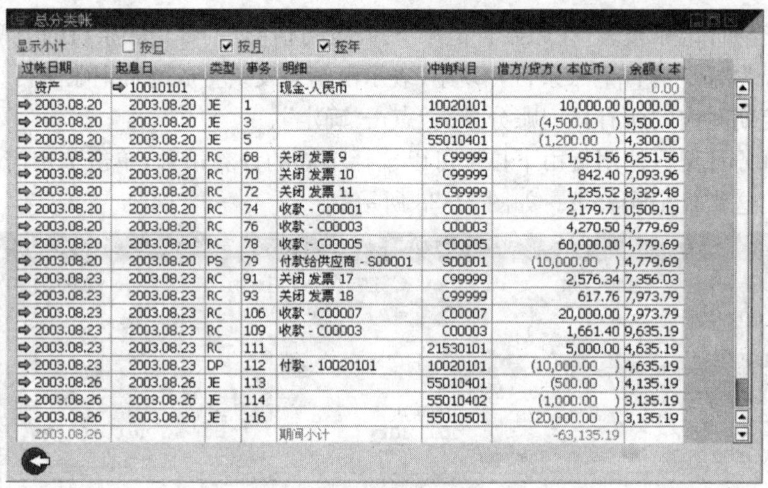

过帐日期	起息日	类型	事务	明细	冲销科目	借方/贷方（本位币）	余额（本
资产	10010101			现金-人民币			0.00
2003.08.20	2003.08.20	JE	1		10020101	10,000.00	0,000.00
2003.08.20	2003.08.20	JE	3		15010201	(4,500.00)	5,500.00
2003.08.20	2003.08.20	JE	5		55010401	(1,200.00)	4,300.00
2003.08.20	2003.08.20	RC	68	关闭 发票 9	C99999	1,951.56	6,251.56
2003.08.20	2003.08.20	RC	70	关闭 发票 10	C99999	842.40	7,093.96
2003.08.20	2003.08.20	RC	72	关闭 发票 11	C99999	1,235.52	8,329.48
2003.08.20	2003.08.20	RC	74	收款 - C00001	C00001	2,179.71	0,509.19
2003.08.20	2003.08.20	RC	76	收款 - C00003	C00003	4,270.50	4,779.69
2003.08.20	2003.08.20	RC	78	收款 - C00005	C00005	60,000.00	4,779.69
2003.08.20	2003.08.20	PS	79	付款给供应商 - S00001	S00001	(10,000.00)	4,779.69
2003.08.23	2003.08.23	RC	91	关闭 发票 17	C99999	2,576.34	7,356.03
2003.08.23	2003.08.23	RC	93	关闭 发票 18	C99999	617.76	7,973.79
2003.08.23	2003.08.23	RC	106	收款 - C00007	C00007	20,000.00	7,973.79
2003.08.23	2003.08.23	RC	109	收款 - C00003	C00003	1,661.40	9,635.19
2003.08.23	2003.08.23	RC	111		21530101	5,000.00	4,635.19
2003.08.23	2003.08.23	DP	112	付款 - 10020101	10020101	(10,000.00)	4,635.19
2003.08.26	2003.08.26	JE	113		55010401	(500.00)	4,135.19
2003.08.26	2003.08.26	JE	114		55010402	(1,000.00)	3,135.19
2003.08.26	2003.08.26	JE	116		55010501	(20,000.00)	3,135.19
2003.08.26				期间小计		-63,135.19	

图 11-40 总分类账

栏位说明如下。

- 显示小计：可以按日、月、年显示本科目的期间小计。
- 类型：日记账条目的类型，表示生成日记账条目的来源。
- 借方 /贷方（本位币）：借方发生额显示为黑色，贷方发生额显示为带括号的绿色。
- 冲销科目：该科目日记账分录对应的对方科目。

11.5.1.3 预算报表查询

路径：

菜 单	财务→财务报表→预算安装→预算报表

要点：

进入“预算报表”，选择报表基于的预算方案，选定需要查询的账户以及查询的期间，点击“执行”。在表单右下角选择科目的层次，点击左下角的图标可以显示分析图。如图 11-41 所示。

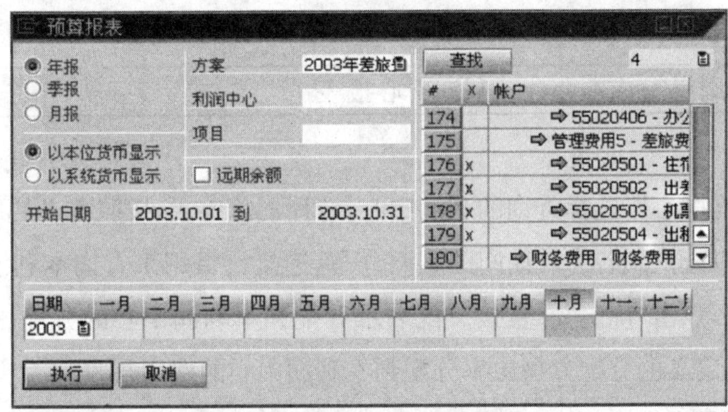

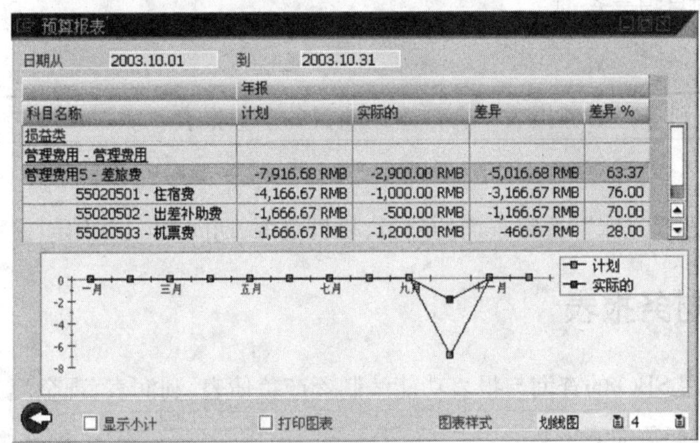

图 11-41 预算报表查询

11.5.1.4 利润中心报表查询

利润中心报表查询如图 11-42 所示。

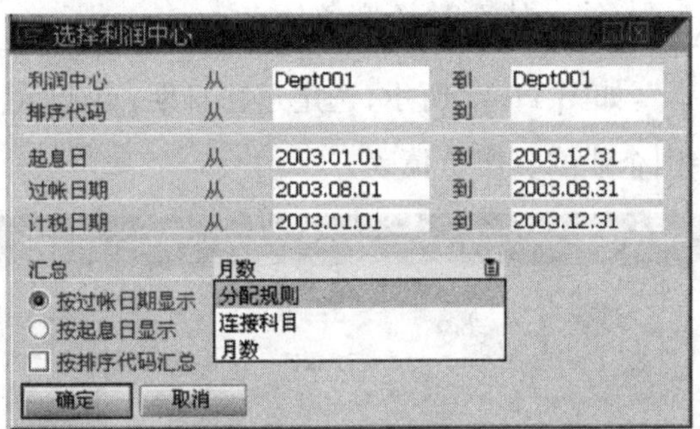

利润中心 - 报表

利润中心	直接分配		间接分配		总计
利润中心	费用	收入	费用	收入	总计
▼Dept001-销售部	10,000		24,150		-34,150
C001-电费分摊			400		-400
C002-房屋租赁费分摊			8,000		-8,000
C003-水费分摊			150		-150
C004-培训费用分摊			15,600		-15,600
Dept001-销售部	10,000				-10,000

扩展 折叠

图 11-42 利润中心报表查询

路径：

菜 单	财务→成本会计→利润中心报表

要点：

进入“选择利润中心”，选择查询的利润中心，选择汇总方式，按照定义的成本分配规则查询报表，选择月数可以查询到各会计期间的利润分布，连接科目用来查询本利润中心的日记账条目。选定查询方法，点击“确定”。直接分配表示分配到本利润中心的分配比率为100%，间接分配表示按照已经定义的分配方法比率分配到本利润中心的费用与收入。

11.5.1.5　项目报表查询

路径：

菜 单	财务→财务报表→会计→按项目的事务报表

要点：

进入“按项目选择过账”，选定查询的项目、科目范围、期间，点击“确定”。

11.5.2　财务报表

作业说明：使用SBO的查询与报表功能编制资产负债表、利润表、现金流、现金流量表。

11.5.2.1　资产负债表

路径：

菜 单	财务→财务报表→财务→资产负债表
菜 单	报表 → 财务→ 财务 →资产负债表

进入“资产负债表选择”，如图11-43所示，选定过账日期，点击“确定”。

图11-44为适用于中国企业的资产负债表。

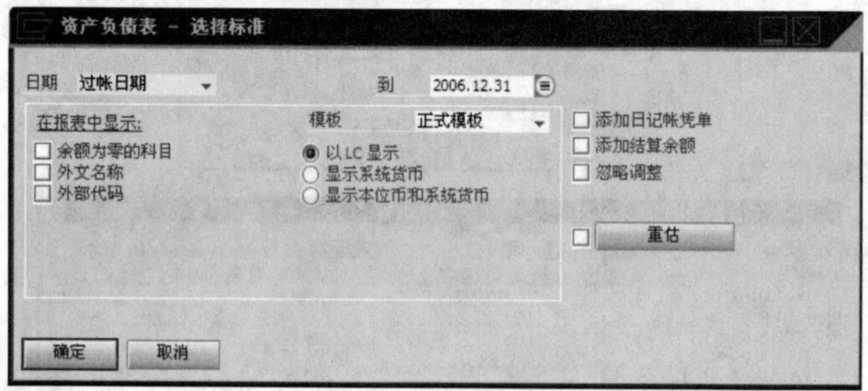

图11-43　资产负债表

注意

“SBO报表打印”提供标准的资产负债表打印格式。选择“主菜单→文件→打印预览”，可以预览打印出的标准格式。如图11-45所示。

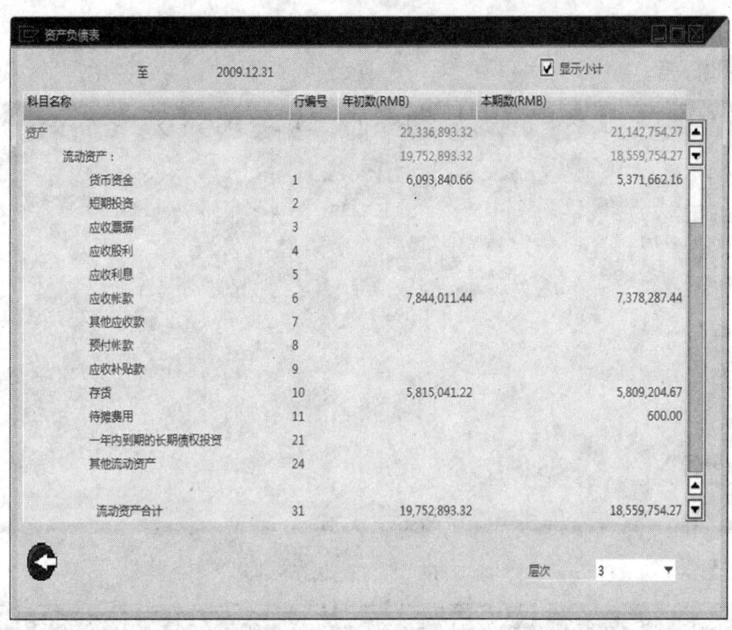

资产负债表

至 2009.12.31　　☑ 显示小计

科目名称	行编号	年初数(RMB)	本期数(RMB)
资产		22,336,893.32	21,142,754.27
流动资产：		19,752,893.32	18,559,754.27
货币资金	1	6,093,840.66	5,371,662.16
短期投资	2		
应收票据	3		
应收股利	4		
应收利息	5		
应收帐款	6	7,844,011.44	7,378,287.44
其他应收款	7		
预付帐款	8		
应收补贴款	9		
存货	10	5,815,041.22	5,809,204.67
待摊费用	11		600.00
一年内到期的长期债权投资	21		
其他流动资产	24		
流动资产合计	31	19,752,893.32	18,559,754.27

层次 3

图 11-44　适用于中国企业的资产负债表

资产负债表

公司　OEC中国有限公司　　日期　2009. 12. 31　　货币　RMB　页　1

资产	行编号	年初数	本期数	负债和股东权益	行编号	年初数	本期数
流动资产:		19, 752, 893. 32	18, 559, 754. 27	流动负债:		4, 841, 021. 29	3, 653, 544. 79
货币资金	1	6, 093, 840. 66	5, 371, 662. 16	短期借款	68		
短期投资	2			应付票据	69		
应收票据	3			应付账款	70	3, 949, 291. 13	2, 760, 922. 13
应收股利	4			预收账款	71		
应收利息	5			应付工资	72		
应收账款	6	7, 844, 011. 44	7, 378, 287. 44	应付福利费	73		
其他应收款	7			应付股利	74		
预付账款	8			应交税金	75	891, 730. 16	892, 622. 66
应收补贴款	9			其他应交款	80		
存货	10	5, 815, 041. 22	5, 809, 204. 67	其他应付款	81		
待摊费用	11		600. 00	预提费用	82		
一年内到期的长期债权投资	21			预计负债	83		
其他流动资产	24			一年内到期的长期负债	86		
				其他流动负债	90		
流动资产合计	31	19, 752, 893. 32	18, 559, 754. 27				
				流动负债合计	100	4, 841, 021. 29	3, 653, 544. 79
长期投资:							
长期股权投资	32						
长期债权投资	34						
长期投资合计	38			长期负债:			
固定资产:		2, 584, 000. 00	2, 583, 000. 00	长期借款	101		
固定资产原价	39	2, 585, 600. 00	2, 584, 700. 00	应付债券	102		
减: 累计折旧	40	1, 600. 00	1, 700. 00	长期应付款	103		
固定资产净值	41	2, 584, 000. 00	2, 583, 000. 00	专项应付款	106		
减: 固定资产减值准备	42			其他长期负债	108		
固定资产净额	43	2, 584, 000. 00	2, 583, 000. 00				
工程物资	44			长期负债合计	110		
在建工程	45			递延税项:			
固定资产清理	46			递延税款贷项	111		
固定资产合计	50	2, 584, 000. 00	2, 583, 000. 00	负债合计	114	4, 841, 021. 29	3, 653, 544. 79
无形资产及其他资产:							
无形资产	51						

图 11-45　预览打印出的标准格式

11. 5. 2. 2　利润表

路径：

菜 单	财务→财务报表→财务→利润表
菜 单	报表 → 财务→ 财务 →利润表

进入“损益表选择”(如图 11-46 所示),选定过账日期,点击“确定”。

图 11-47 为利润表。

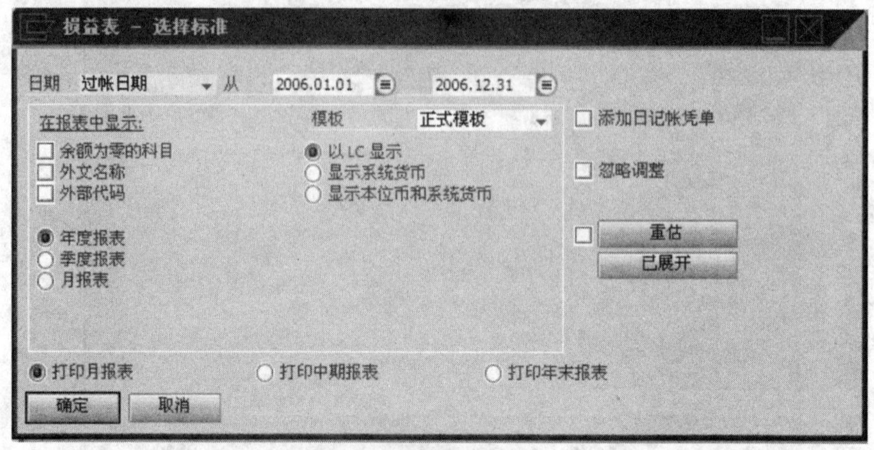

图 11-46 损益表-选择标准

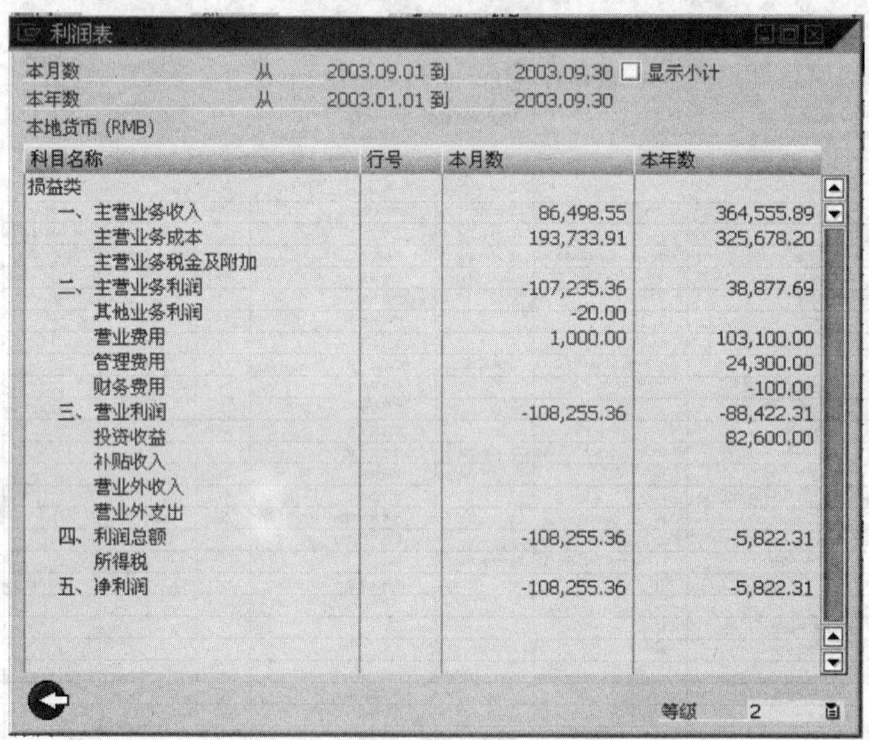

利润表

本月数 从 2003.09.01 到 2003.09.30 显示小计

本年数 从 2003.01.01 到 2003.09.30

本地货币 (RMB)

科目名称	行号	本月数	本年数
损益类			
一、主营业务收入		86,498.55	364,555.89
主营业务成本		193,733.91	325,678.20
主营业务税金及附加			
二、主营业务利润		-107,235.36	38,877.69
其他业务利润		-20.00	
营业费用		1,000.00	103,100.00
管理费用			24,300.00
财务费用			-100.00
三、营业利润		-108,255.36	-88,422.31
投资收益			82,600.00
补贴收入			
营业外收入			
营业外支出			
四、利润总额		-108,255.36	-5,822.31
所得税			
五、净利润		-108,255.36	-5,822.31

等级 2

图 11-47 利润表

11.5.2.3 现金流量表

现金流量表是适用中国、韩国和日本的标准财务报表。此报表包含两种类型的表格:

(1)主表:涉及商务、投资和财务活动期间收入和支出的现金流。

(2)附表:涉及与现金收入和支出不相关的投资和财务活动;与净利润调整相关的商务活动现金流;现金和现金等价物的净值增长。

该报表提供了某个定义期间内与现金相关的收入和支出以及现金等价物的详细信息。要生成此报表,必须为与现金相关的交易分配预定义的现金流行项目。请从 SBO 主菜单中选择“管理→设置→财务→现金流行项目”,进行现金流行项目定义。

路径：

菜 单	财务→财务报表→财务→现金流量表
菜 单	报表 → 财务→ 财务 → 现金流量表

进入“现金流量表选择标准”(如图 11-48 所示)，选定过账日期，点击“确定”。

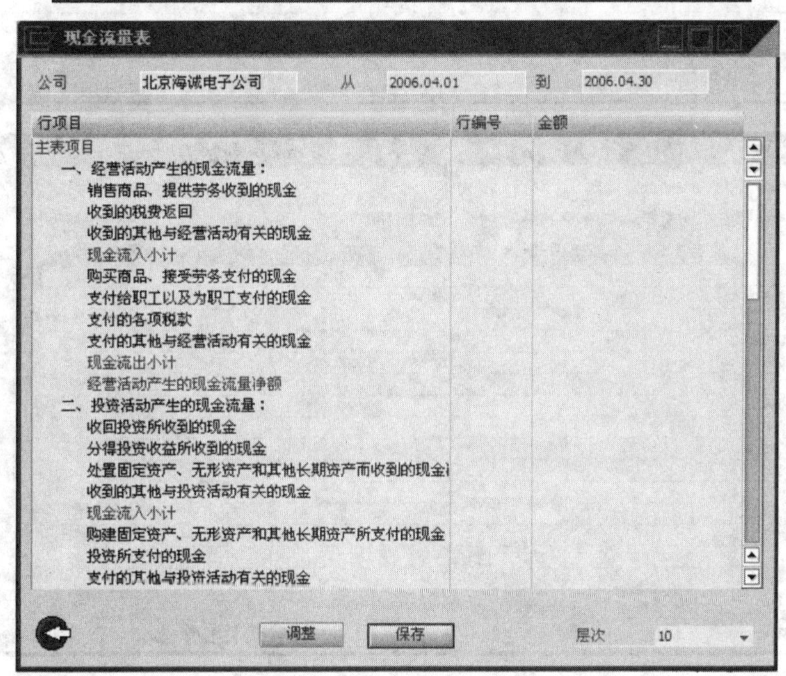

图 11-48　现金流量表

11.5.2.4　现金流表

此报表可分析基于所有收入与支出(如支票、信用卡、科目中的周期性交易、客户负债等)的现金流。可以定义每种情况下结果的详尽程度。

这样，系统可向用户提供有关业务流动性的重要信息，而这些是损益报表无法提供的。现金流表可以让投资者分析相关项目可能出现的异常情况，以帮助投资者更好地把握企业的财务状况。

使用“现金流”报表，可以识别远期收入和支出，并在业务决策中包含此类型的预测。如果企业遇到资金流动问题，该报表可让企业及时了解此问题，然后便可以采取相应措施。

要生成现金流报表清选择：

路径：

菜 单	财务 → 财务报表 → 财务 → 现金流
菜 单	报表 → 财务 → 财务 → 现金流

指定报表的日期范围，选择时间间隔：每天、每周、每月、每季、每半年或每年，并选定其他选项。如图 11-49 所示。

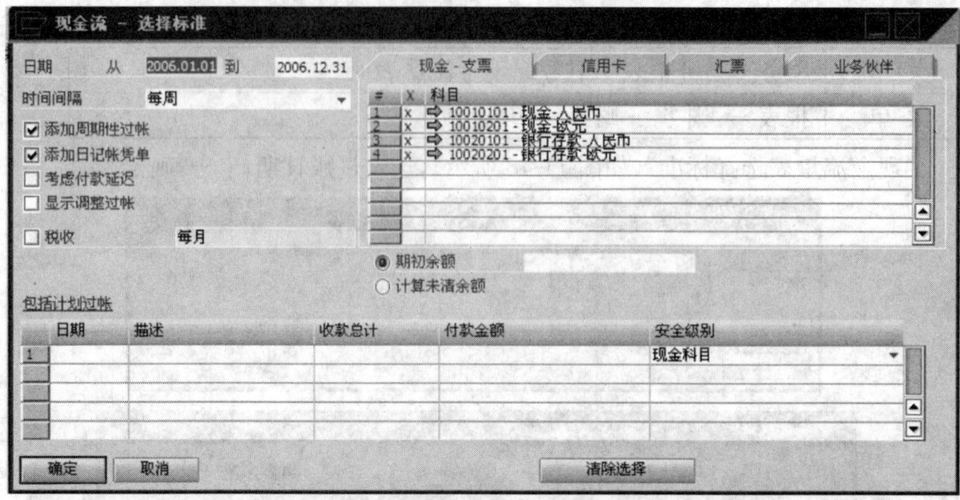
现金流 - 选择标准
日期 从 2006.01.01 到 2006.12.31
时间间隔 每周
添加周期性过帐
添加日记帐凭单
考虑付款延迟
显示调整过帐
税收 每月
现金 - 支票 信用卡 汇票 业务伙伴
X 科目
1 x 10010101 - 现金-人民币
2 x 10010201 - 现金-欧元
3 x 10020101 - 银行存款-人民币
4 x 10020201 - 银行存款-欧元
期初余额
计算未清余额
包括计划过帐
日期 描述 收款总计 付款金额 安全级别
现金科目
确定 取消 清除选择

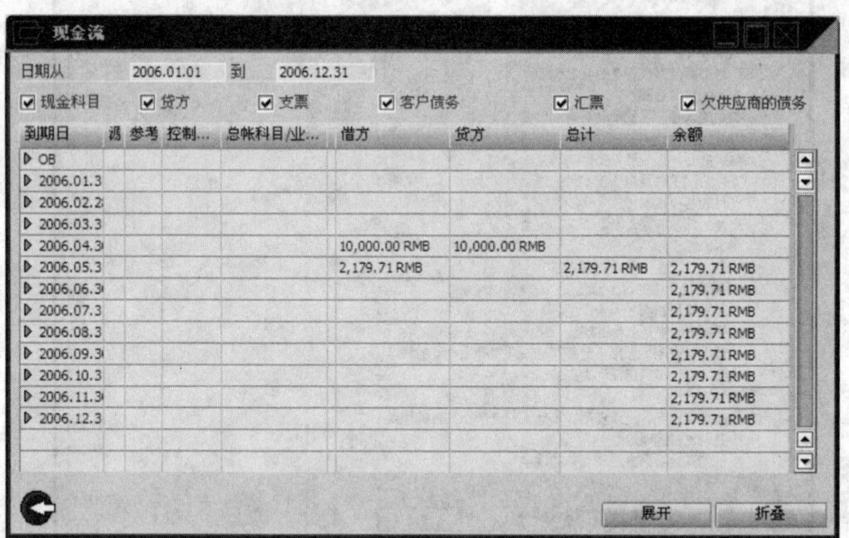
现金流
日期从 2006.01.01 到 2006.12.31
现金科目 贷方 支票 客户债务 汇票 欠供应商的债务
到期日 参考 控制... 总帐科目/业... 借方 贷方 总计 余额
OB
2006.04.3 10,000.00 RMB 10,000.00 RMB
2006.05.3 2,179.71 RMB 2,179.71 RMB 2,179.71 RMB
展开 折叠

图 11-49 现金流表

第12章

财务增强模块

东软公司针对 SBO 在中国版本的不足，为了适应中国企业广泛的应用需求，设计建立了一系列的扩展功能的应用系统。

解决方案基于 SDK 的内容，在 VB. NET 工程中，对 SBO UI 的内容作了封装；在建立自己的 Add-On 程序之后，引用 SDK 和框架的 DLL 实现了金税接口功能应用。Add-On 可实现开发不同于 BO 的模块或对 BO 已有的 Form 进行修改。

本章将对主要的功能扩展作一个基本介绍。图 12-1 是 SBO 功能扩展图示。

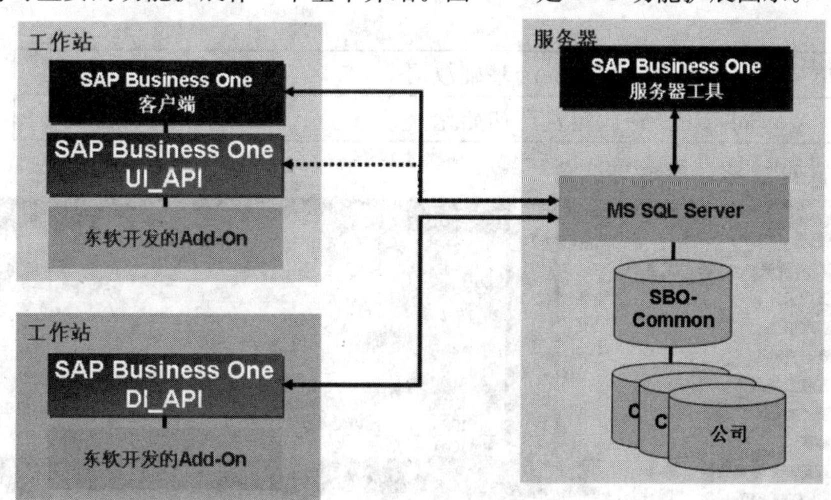

图 12-1　SBO 功能扩展

12.1　固定资产

12.1.1　概　述

系统管理固定资产涉及从登记到处置的全生命周期，覆盖企业固定资产分类、资产卡片登记、资产增加、资产处置、资产变更、资产折旧、减值准备、报表业务处理，同时完成固定资产的账务凭证处理工作。图 12-2 是固定资产处理流程。

功能特点：

• 资产卡片登记：支持直接购入、投资者投入、捐赠、盘盈、在建工程转入、融资租入、其他增加等多种方式的资产在系统中进行资产卡片登记。

• 日常管理：完成固定资产的资产价值变更、资产减值准备、资产使用变更等所有业务。

• 计提折旧：计提折旧流程遵循“累计折旧〈原值-净残值-减值准备〉”这一检查公式，满足公式的现有资产将在每个月自动计提折旧；如果资产已经提足折旧，则资产不再每月计提折旧；如果资产已经停用，按照财务制度要求仍要继续计提折旧，考虑过去对资产管理的方法，一旦资产停用，将停提折旧。

• 资产事务处置：资产事务支持资产增加、资产减少、资产减值、原值增加、原值减少、资产折旧六种类型的事务处理。

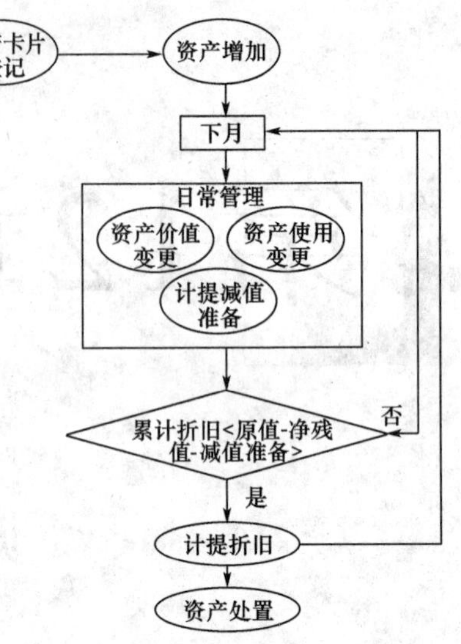

图 12-2 固定资产处理流程

• 资产管理综合业务流程，执行一个循环流程：日常处理→折旧→下月→日常处理……直到资产被企业处置为止。

12.1.2 系统功能

路径：

菜 单	固定资产→固定资产基础数据
菜 单	固定资产→固定资产初始化

基础设置如图 12-3 所示。

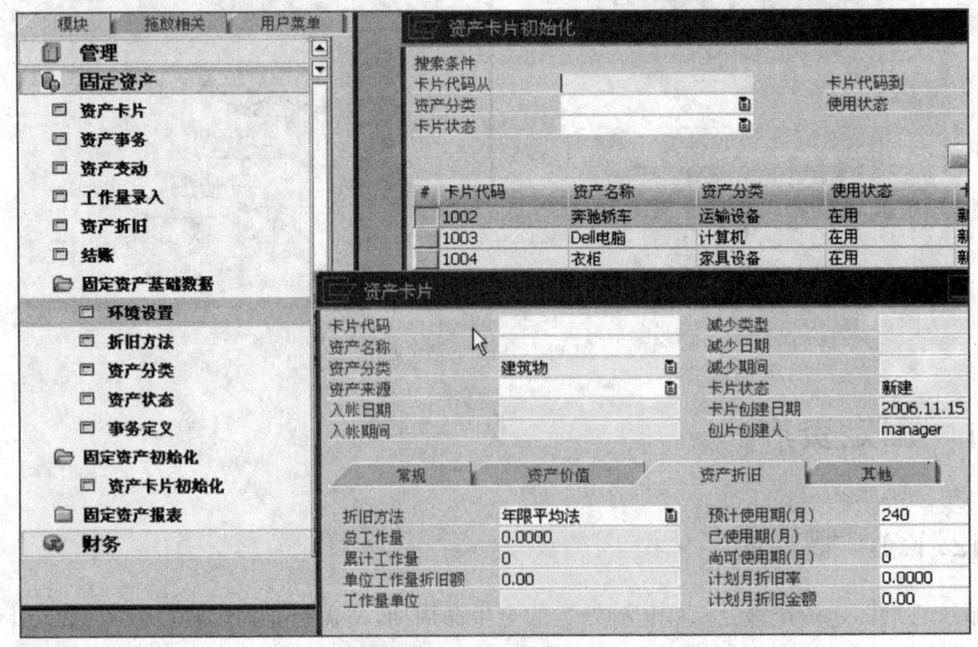

图 12-3 基础设置

• 基础设置功能：包括环境设置、折旧方法、固定资产分类、资产使用状态定义、部门折旧费用科目确定和事务定义。

• 固定资产初始化管理：固定资产初始化时，使用该功能初始化资产数据，或者新建固定资产卡片并进行数据录入。

路径：

菜 单	固定资产→资产卡片
菜 单	固定资产→资产事务
菜 单	固定资产→资产变动
菜 单	固定资产→工作量录入
菜 单	固定资产→资产折旧
菜 单	固定资产→结账

• 固定资产日常管理：包括卡片维护、资产事务管理(资产增加、资产减少、资产原值变动、资产折旧变动、计提减值准备)、资产变动、工作量录入、资产折旧和固定资产结账。

■ 资产价值变更

原值变更

折旧变更(补提折旧)

■ 资产减值准备

减值

减值转回

■ 资产使用变更

折旧方法变更

折旧年限变更

残值率变更

总工作量变更

使用部门变更(部门、人员)

使用状态变更

• 查询账表：包括固定资产卡片查询和固定资产总账、明细账、变动单据查询、资产原值表、资产折旧计算表、固定资产增减报表、固定资产分析报表在内的 16 种以上的报表。

12.1.3 与固定资产相关的财务凭证

• 购入。

借：固定资产

应交税金—可抵扣固定资产进项税

贷：银行存款/应付账款/应付票据/长期应付款

资本化费用清账费用(其他应付/银行存款)

• 在建工程转入。

借：固定资产

贷：在建工程

• 投资转入。

借：固定资产

应交税金—可抵扣固定资产进项税

贷：实收资本/待转资产价值

资本化费用清账费用(其他应付/银行存款)

• 捐赠。

借:固定资产

应交税金—可抵扣固定资产进项税

贷:待转资产价值

资本化费用清账费用(其他应付/银行存款)

• 盘盈。

借:固定资产

贷:待处理财产损益

资本化费用

• 融资转入。

借:固定资产

贷:长期应付款

资本化费用

• 其他资产增加。

借:固定资产

贷:相关清账科目

资本化费用

• 资产减少。

会计制度规定企业因固定资产处置而减少的固定资产,一般应通过“固定资产清理”科目进行核算。考虑到企业固定资产处置会因为处置类型的不同,而导致其相关财务凭证多变,例如企业出售、报废固定资产时,其一般处理过程可以分成以下五个步骤:

(1)固定资产清理;

(2)发生的清理费用;

(3)出售收入和残料处理;

(4)保险赔偿处理;

(5)清理净损益处理。

由此可以看出:企业固定资产处理除第一个步骤之外的其他处理过程都是资产处置的后续过程,已经不再涉及资产原值、累计折旧、减值,因此考虑在固定资产减少环节简化凭证处理过程,即只生成第一阶段固定资产清理环节的凭证:

借:固定资产清理

累计折旧

固定资产减值

贷:固定资产

同时考虑到固定资产处置过程中盘亏资产处置的特殊性,单列凭证处理固定资产盘亏:

借:待处理资产损益

累计折旧

资产减值准备

贷:固定资产

• 资产原值变更。

当变动后的原值>变动前的原值时:

借:固定资产

贷:原值变动清账科目

当变动后的原值<变动前的原值时:

借:原值变动清账科目

贷:固定资产

• 折旧变更。

当变动后的累计折旧>变动前的累计折旧时:

借:固定资产

贷:折旧费用科目(管理、经营、生产)

当变动后的累计折旧<变动前的累计折旧时:

借:折旧费用科目(管理、经营、生产)

贷: 固定资产

• 资产减值准备。

计提减值准备:

借:营业外支出

贷:固定资产减值准备

减值准备恢复:

借:固定资产减值准备

贷:累计折旧

　营业外支出

• 计提折旧。

根据资产使用部门对应的费用科目计提折旧:

借:管理费用/生产费用/营业费用

贷:累计折旧

12.2 工资管理

12.2.1 概　述

工资管理系统是为了对本企业的员工工资进行管理,其中包括工资数据录入、计算和查询,并且提供相应的工资信息报表。支持工资项目的动态定义,支持人员的不同类别、不同部门的管理,与财务系统无缝集成,并可按指定的格式导出为银行接口。图12-4是工资管理流程图。

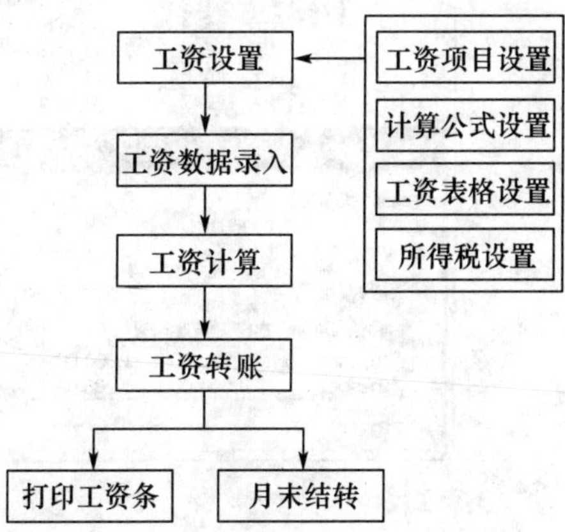

图 12-4　工资管理流程

功能特点:

• 强大的权限维护:工资账套对应于核算账套。

• 工资项目分级维护,并分为组织通用和本组织专用。

• 可根据部门和人员类别设置相应的工资模板。

• 自动计算个人所得税。

• 灵活的工资转账设置等。

• 全面的数据查询功能。

12.2.2 系统功能

路径：

菜单	工资→主数据

• 基础设置功能：包括人员类别、部门、工资组、所得税定义、银行接口确定、工资表设置、工资项目和转账模板定义。图 12-5 是员工类型。

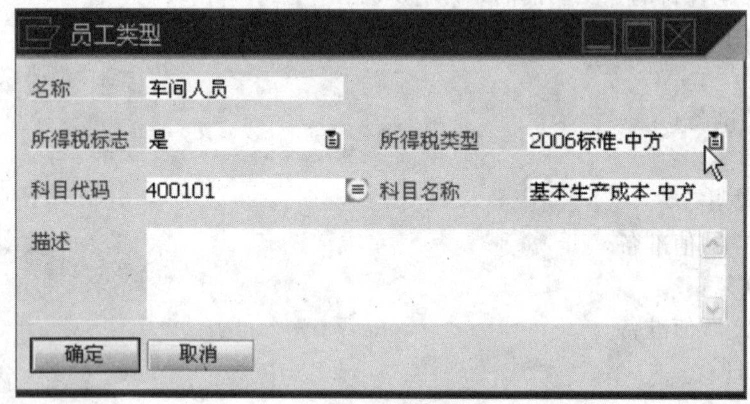

图 12-5 员工类型

路径：

菜单	工资→工资表

• 工资表处理(选择“工资表→工资数据录入→工资计算”)，如图 12-6 所示。

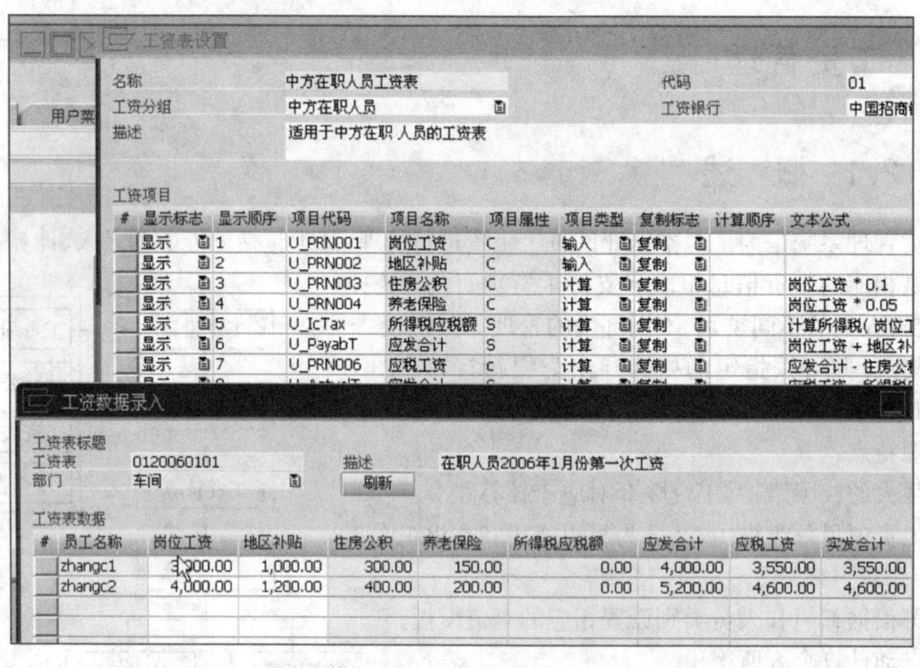

图 12-6 工资表处理

选择工资表：根据“工资分组”，每个组设置一个工资表模板，对应一个或多个工资表。

工资数据录入：在“工资表设置”界面中，点击“编辑工资表”，弹出“数据录入”界面，进行工资数据的录入。

工资数据计算：在“工资表设置”界面中，项目类型栏目选择为“计算”，对应的工资项目自动进行计算。在“工资表设置”界面中，按 Tab 键，则弹出设置公式的表单，可以设置工资数据计算公式。如图 12-7 所示。

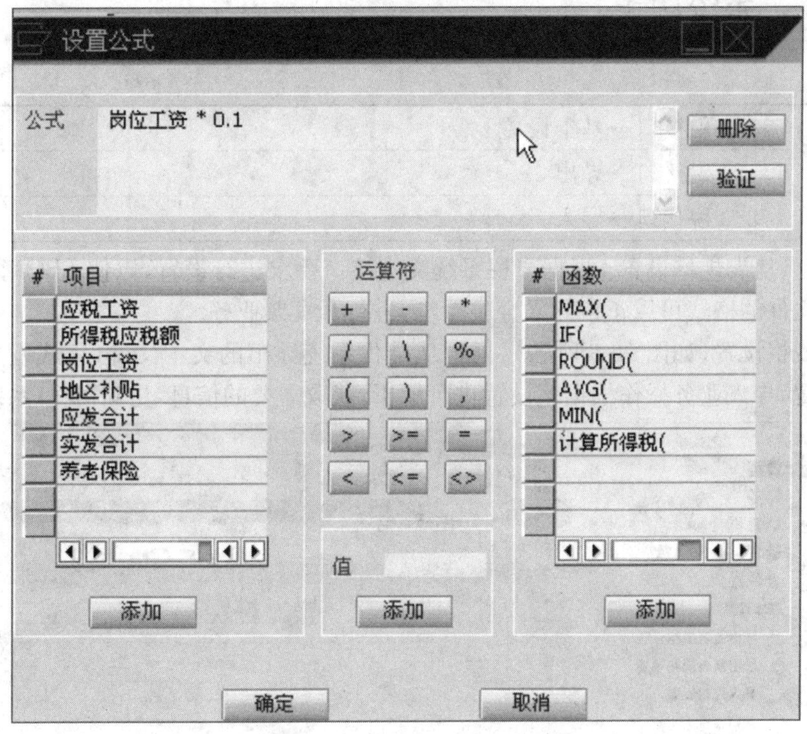

图 12-7　设置工资数据计算公式

• 工资发放管理：支持一月内多次发放工资且允许工资项目不同；可按部门和人员类别设置发放范围和计算范围；提供四则运算法则定义工资公式；自动计算个人所得税；可自动生成工资凭证等。

• 银行代发：根据银行的要求，选择生成文件形式，指定代发文件路径，导出一个数据文件。提供银行以信用卡（借记卡）方式发放工资的功能。

• 工资转账：指定相应的转账模板，可以事先按用户需要对转账模板进行维护，根据工资转账设置中的设定进行工资转账。工资转账系统生成的转账凭证会自动转入账务系统中。

• 打印工资条：按照所设置工资条打印。

• 报表和查询。

12.3　金税接口

12.3.1　概　述

金税接口主要处理从金税系统中导入的增值税发票，并在接口表中形成发票数据。通过设置过账功能，对接口表中导入的增值税发票进行检查，并过账到应收系统中去。

功能特点：

• 金税接口管理子系统提供“接口导入和导出规格设置”界面，由实施人员根据项目实际情况进行设置，并提供根据自定义规格，实现导入或导出文本文件的功能。

• 能将 SBO 的进销存的销售数据导入金税的税票系统，方便客户打印增值税发票。

• 使企业在开增值税专用发票环节上避免重复录入工作，提高了工作效率，保证了企业内部信息管理软件与税控资料的一致性。

12.3.2 系统功能

路径：

菜 单	金税接口→基本设置
菜 单	金税接口→导出
菜 单	金税接口→导入

• 导出主、从表规格设置：根据金税系统文本接口要求进行设置，以使 SBO 系统导出销售单据的文本文件的格式可以正常导入金税系统，进行开发票业务。

• 导入规格设置(如图 12-8 所示)：根据从金税系统导出的文本文件(正式发票信息)进行导入规格设置，导入业务操作根据该设置进行解析，获取需要的信息，更新 SBO 系统。

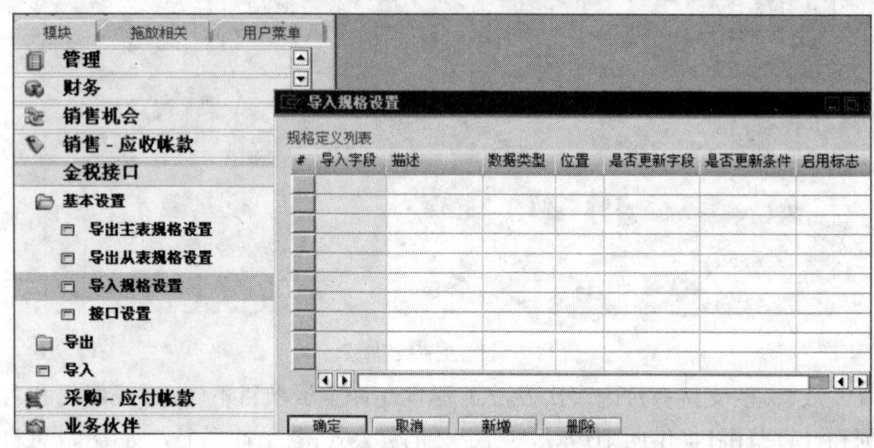

图 12-8 导入规格设置

• 接口设置：根据金税系统文本接口要求进行设置，主要是导入或导出的表头标识符、项目分隔符信息，导出功能需要指定导出主表 Sql 和导出从表 Sql。

• 批量导出：将所有符合一定条件的销售单据信息，根据导出主、从表规格设置导出相应的文本文件。

• 单项导出：将某一未正式开发票的销售单据信息，根据导出主、从表规格设置导出相应的文本文件。

• 导入：根据导入规格设置，对金税系统提供的文本文件进行解析，获取正式发票信息，以更新 SBO 系统。

第六篇

生 产

SAP Business One 是一个适合于中小企业管理的应用系统，它的基本生产管理解决方案相对简单。在它基础上发展起来的 Neusoft/SAP Business One 敏捷商务解决方案的生产管理是东软专门针对 SBO 在生产工艺及 MRP 上的薄弱环节而设计的实用型附加产品，它提供直观并能快速实施的解决方案，满足中小企业离散型标准的生产业务需求以及持续发展的要求，帮助中小型企业解决生产计划及车间管理问题。可以提供满足一般企业的制造系统需求的功能，包括工程管理、计划管理、物料需求计划、生产订单管理、车间管理以及其他管理功能。

通过学习本章内容，读者将能够掌握 Neusoft/SAP Business One 敏捷商务解决方案为成长型企业提供的基本生产管理模块，以及东软对系统的增强开发。

第13章

生产系统综述与主数据

13.1 生产系统综述

13.1.1 概 述

在 SBO 里，生产管理功能相对比较简单，支持以下制造过程：

(1)定义物料单 (BOM)；

(2)创建和维护生产订单；

(3)产品收货入库和原材料、零件组件领用发货的物料交易；

(4)物料需求计划：基于销售订单和独立需求计算总体物料需求，并按物料清单展开到最低物料单级别的需求。

Neusoft/SAP Business One 生产解决方案在 SBO 基础上做了较多的增值开发和 Add-On，使 SBO 生产制造部分更具竞争力。系统包括工程管理、计划管理、物料需求计划、生产订单管理、车间执行订单管理、生产完工、查询及报表以及其他管理模块；

Neusoft/SAP Business One 敏捷商务解决方案生产系统的特点是：

(1)定义维护基本的生产组织、物料清单及工艺路线；

(2)通过预测、主生产计划、需求计划来控制生产的计划安排；

(3)通过订单、工作指令来控制生产开始和节拍；

(4)通过车间管理控制生产的过程，收集生产过程中的投入产出数据；

(5)计算生产订单的标准成本(根据工艺路线和物料清单计算料工费的标准成本)；

(6)计算产品的实际成本(通过完工登记计算实际发生的成本)；

(7)通过成本差异及损耗数据分析加强生产管理；

(8)进行简单的能力计划评估均衡和生产排程。

13.1.2 业务流程

ERP 的制造系统包括工程管理、计划管理、物料需求计划、生产订单管理、车间管理以及其他管理模块。它是一个一系列有关的业务活动以及与生产产品等相关的数据处理运作的循环。业务活动包括通过决定生产什么、怎样生产、什么时候生产来计划生产过程；控制必需的工序来使原材料转换成成品，监控这些工序的生产效率、成本及质量，这些活动构成生产管理功能。相关的数据处理操作包括准备生产工作单、申领生产过程中所需的原材料或者零件、记录生产活动及维护所有正在生产的状态记录。

Neusoft/SAP Business One 敏捷商务解决方案的生产制造系统流程图如图 13-1 所示。图 13-2 是 Neusoft/SAP Business One 生产业务功能流程图，其中方框部分是 SBO 原有功能，圆角方框部分是新增功能。

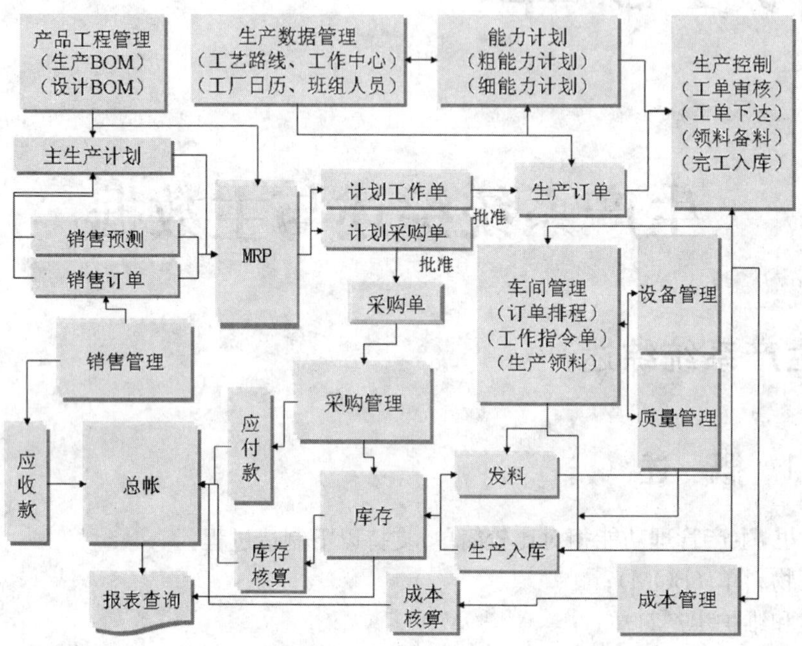

图 13-1 生产制造系统流程图

Neusoft/SAP Business One 总体生产功能包括生产主数据管理(含产品数据管理)、生产计划(含主生产计划、能力计划、物料需求计划)、生产订单管理、生产控制及车间管理(工作指令、订单执行、生产领料)、生产完工管理和生产报表。

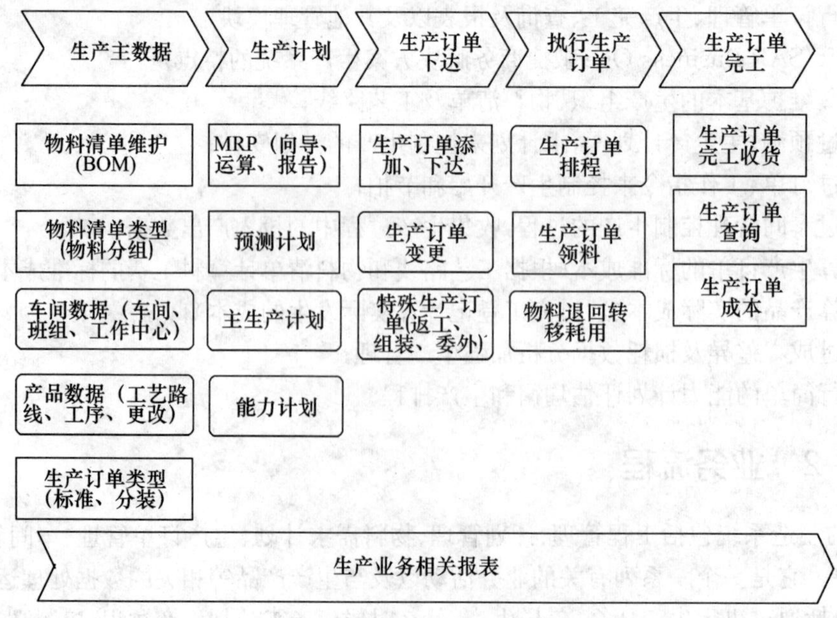

图 13-2 生产业务功能流程图

13.2 生产主数据管理

13.2.1 物料单设置

物料管理作业流程如图 13-3 所示。

路径：

菜 单	SBO→生产→物料单

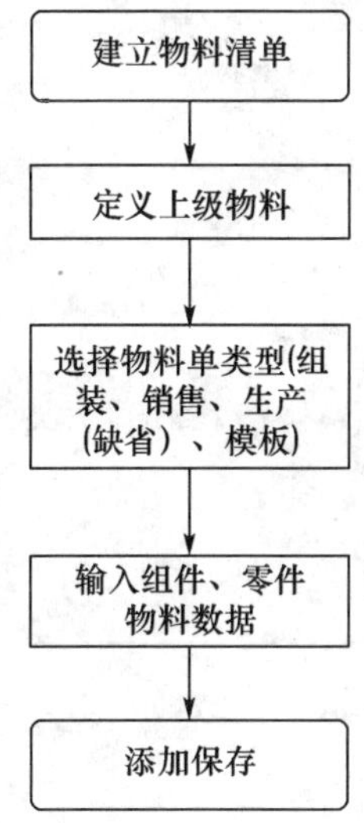

图 13-3 物料管理作业流程图

界面：如图 13-4 所示。

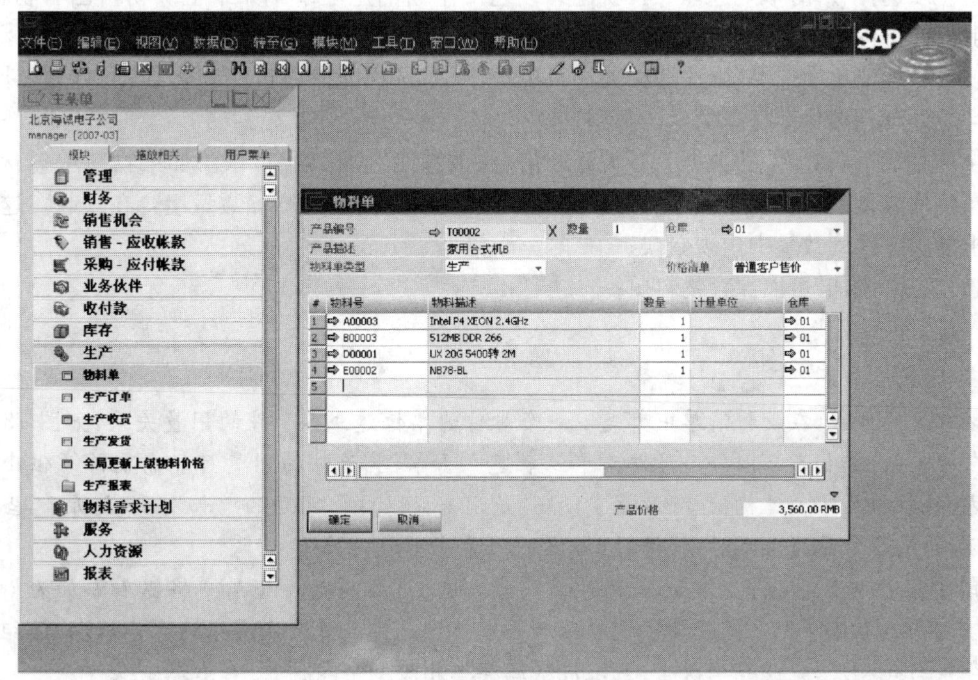

图 13-4 物料单

建立物料单(BOM)，如图 13-5 所示。

可以在物料清单定义窗口中定义 BOM，在 BOM 中用户需要明确定义产出品以及所需的原材料或半成品，并在 BOM 中指定所需原材料的数量和相关仓库。

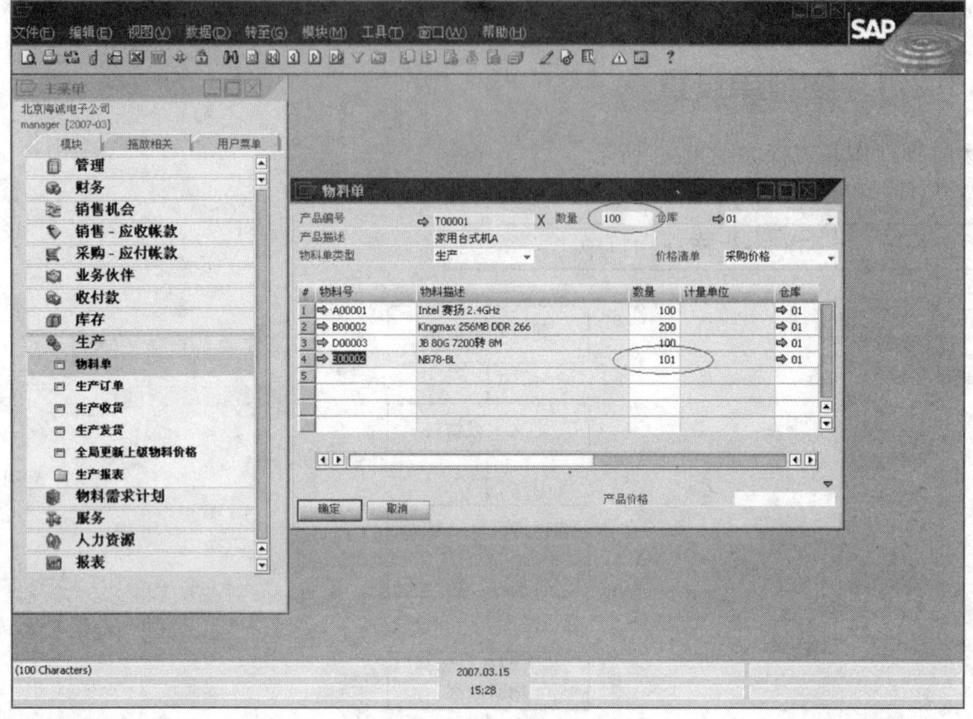

图 13-5 建立物料单

步骤：

(1)选择“生产→物料单”；

(2)在“产品编号”字段上，按 Tab 键从物料主记录的清单中选择要定义为上级物料的物料。还可以选择“从清单中选择”的“新建”，创建一个新的主记录。如果上级物料已有物料单，则显示组件。但仍可为该上级物料创建一个新的物料单；

(3)从“从清单中选择”描述的相关物料单类型中，选择能够将产品包含在物料需求计划运行并且能处理标准生产订单的生产类型；

(4)输入成品和组件的数据。有关详细信息，请参阅“物料单窗口”。如果物料单包含多个有相同序列或批次物料的组件，则将单个组件中的物料与适当的增加数量组合在一起。这样可以防止批次或序列数量中出现错误；

(5)选择“添加”可以保存物料单；

(6)选择“确定”。

注意

按常规的方式，在物料清单中都是以一个母件为单位建立各子件的用量关系，如图 13-5 所示。在许多行业，如果只以一个母件为单位来建立清单，其子件的用量可能需要许多位小数才能表达，往往很困难。结构批量(数量字段)就是用来克服这一问题的。如图 13-5 所示，当产品 T00001 的结构批量为 100 时，物料 E00002 的用量为 101。

有时生产会产生废料。例如，如果生产桌子，则此过程将产生锯屑。将锯屑添加为附加组件(副产品)。在锯屑组件的数量字段中输入一个负值。完成并确认桌子的生产后，将该组件放入库存。与此相反，完成并确认生产后，应从库存中删除剩余组件。

13.2.2 产品工程数据管理

产品工程数据管理主要是对产品的 BOM 数据进行定义、更改和维护。包括以下基本功能：

- 物料清单(BOM)。
- 产品包装(Package)。
- 工程更改(ECN)。

作业流程如图 13-6 所示。

界面如图 13-7 所示。

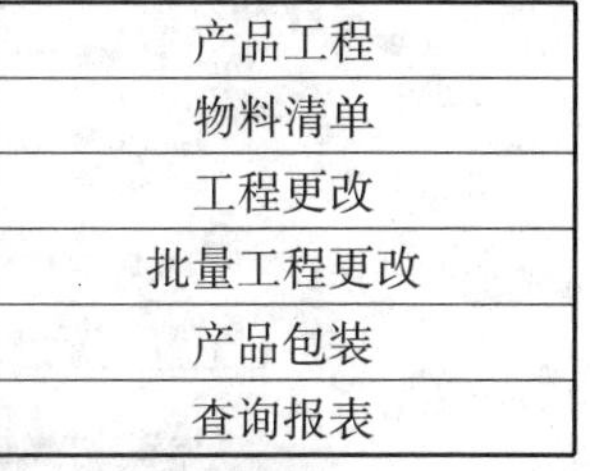

图 13-6 产品工程数据管理流程图

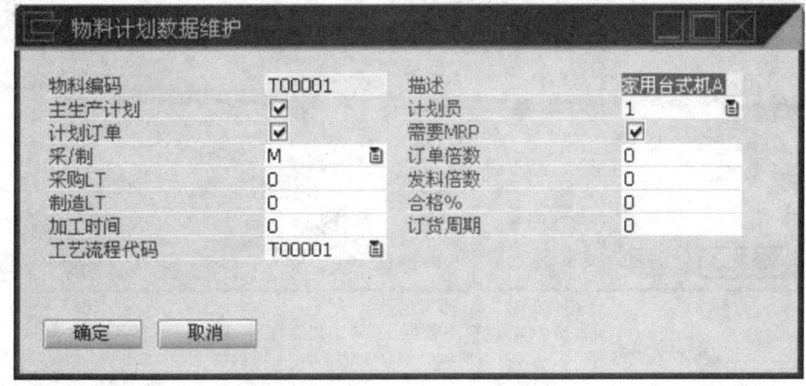

图 13-7 物料计划数据维护

13.2.3 生产工程数据

生产基础数据管理是生产制造模块的基础，是对生产的组织管理进行生产过程、生产能力、人员组织的管理。一般包括如下基础性数据：

- 车间(Workshop)。
- 班组(Shift)。
- 工序(Operations)。
- 工作中心(Work Center)。
- 工艺路线(Routing)。

作业流程如图 13-8 所示。

界面如图 13-9 所示。

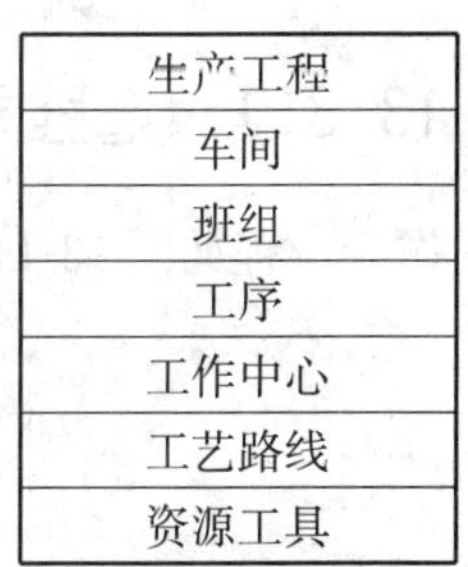

图 13-8 生产工程数据流程图

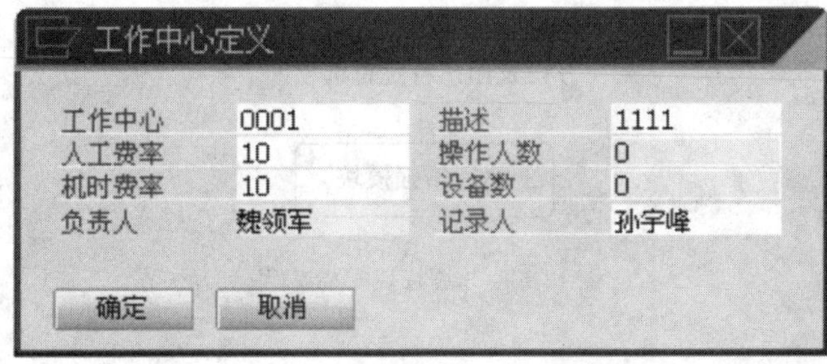

图 13-9 工作中心定义

在“物料主数据”对话框加入“工艺流程”标签，在此对产成品或半成品的工艺流程进行管理，如图 13-10 所示。

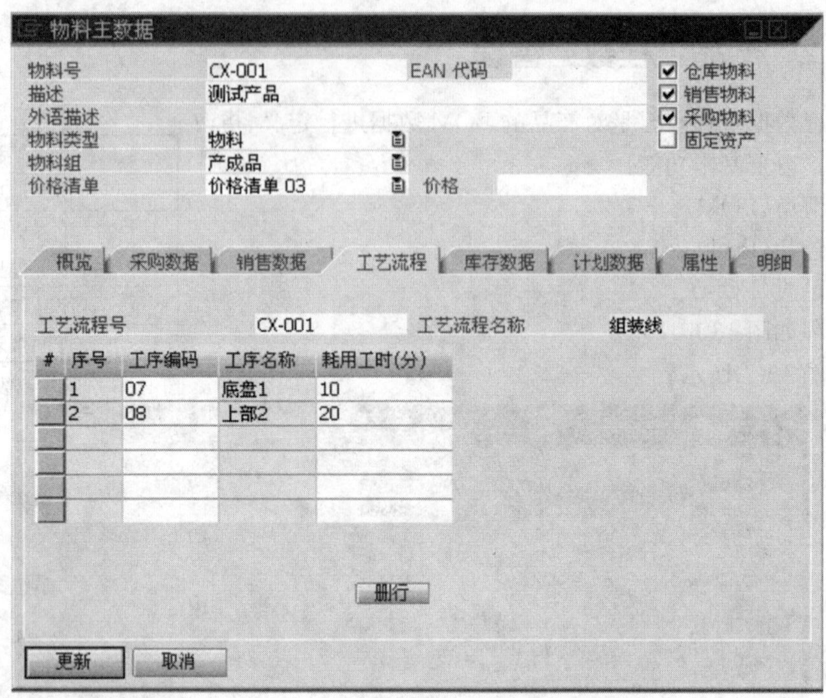

图 13-10 物料主数据——“工艺流程”标签

13.3 增强模块

要对 SBO 工作站安装增强模块，需要在应用程序中注册增强模块。该注册允许应用程序识别增强模块并根据指定的公司和用户首选项来运行。

13.3.1 增强模块安装

作业流程如图 13-11 所示。

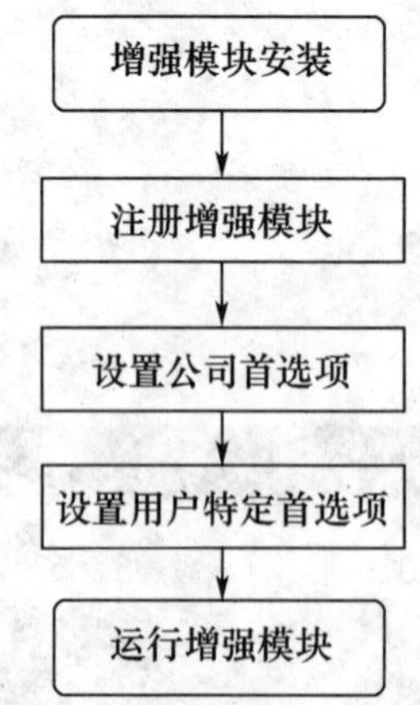

图 13-11 增强模块安装流程图

路径：

菜 单	SBO→管理→增强模块→增强模块行政事务

选择注册增强模块，找出相应路径，显示可用于注册和指定的增强模块清单。加载生产增值开发模块。注册增强模块。

界面:如图 13-12 所示。

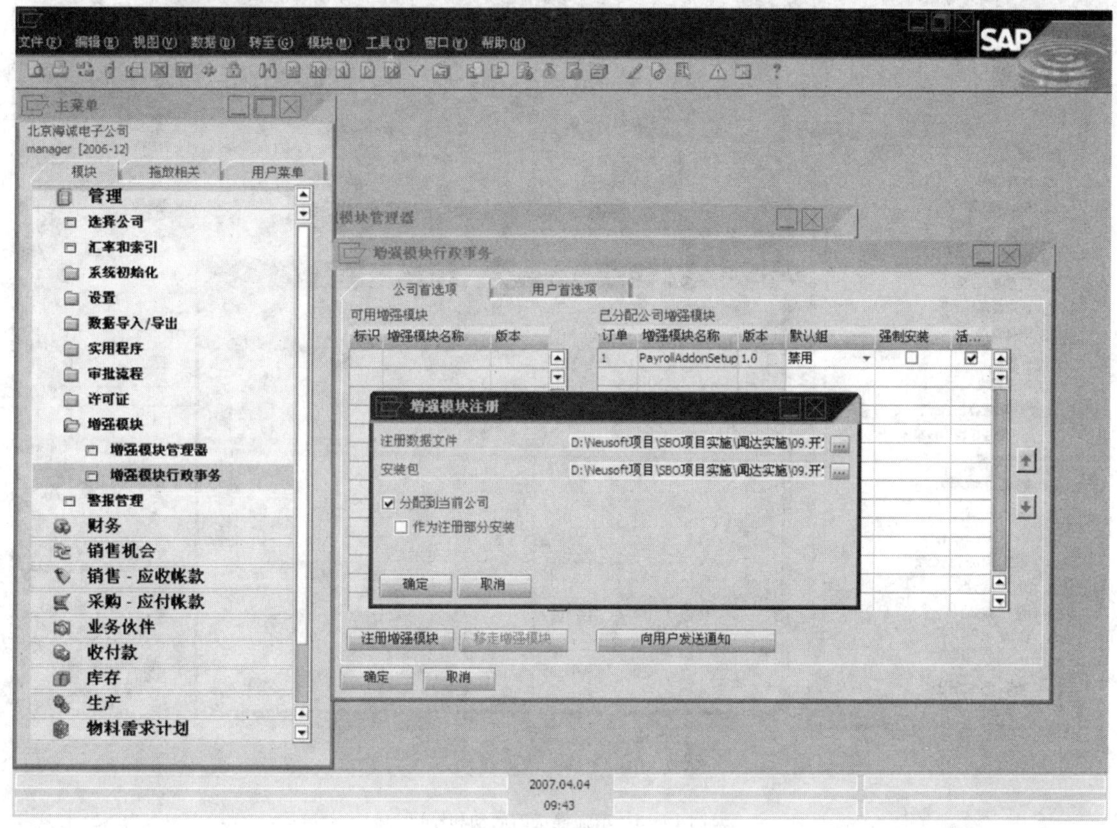

图 13-12　增强模块安装

注意

要注册增强模块,必须有:

(1)增强模块注册数据文件(.ard);

(2)Setup.exe 文件;

(3)SBO 中的超级用户权限。

只需从任何 SBO 工作站注册一次增强模块。该注册将把增强模块安装包上传至 SBO 服务器。

13.3.2　启动或停止所选增强模块

系统可以同时启动和停止多个增强模块。运行为生产所开发的增强模块。如图 13-13 所示。

首先要为解决方案增强模块生成增强模块标识符字符串,必须通过在 SAP 服务市场中发出请求,并从 SAP 获取许可代码名称。

在实际运行时,当连接到 SAP Business One 应用程序之前,标识符字符串将传递给 SDK。然后,许可证服务将检查许可证文件中是否存在有效许可证。这样,当登录到增强模块注册的公司数据库时,SAP Business One 应用程序将自动安装增强模块。

示例:

1. UI-API

```
SboGuiApi.AddonnIdentifier="4CC5B8A4E0213A68489E38CB4052855EE8678CD237F64D1C11
```

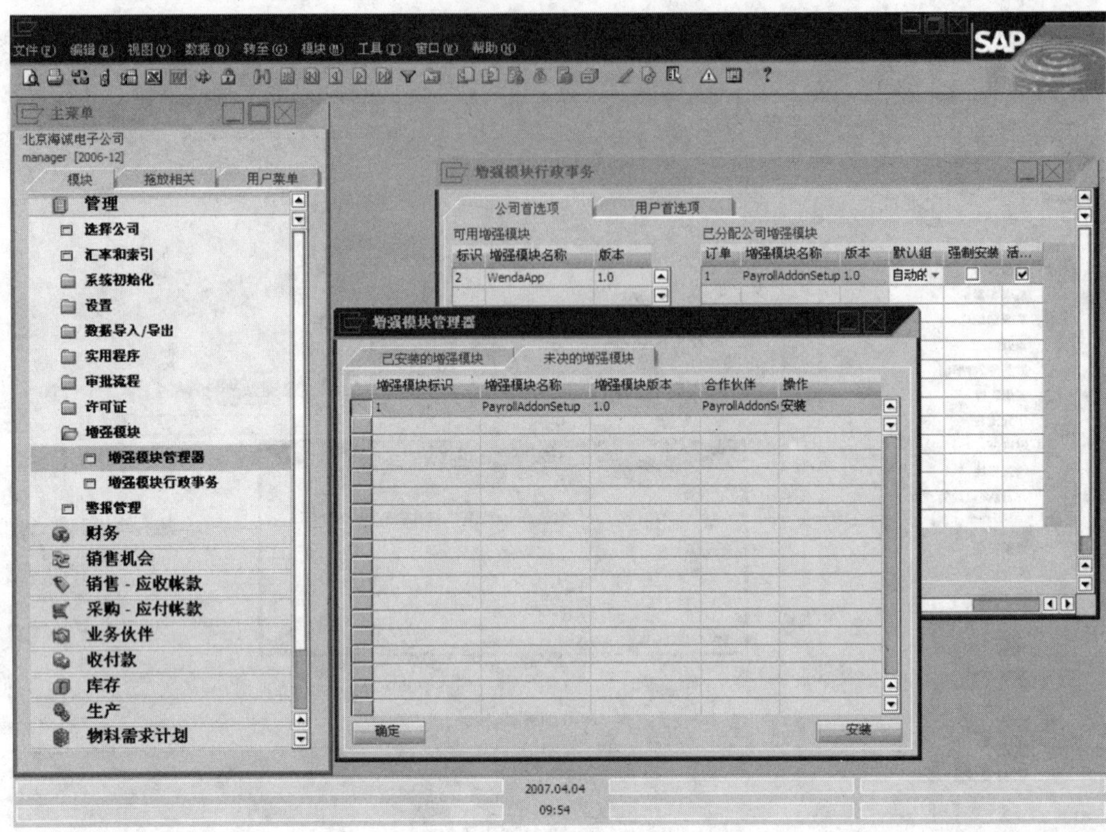

图 13-13　增强模块的启动和停止

```
CD2707A54EBD245D596E4050AE9B929FBD0FAB44F6"
SboGuiApi.Connect
```

2. DI-API

```
Dim cmp As SAPbobsCOM.Company
Set cmp = New SAPbobsCOM.Company
   cmp.UserName = "manager"
   cmp.CompanyDB = "SBODemo_US"
   cmp.Password = "manager"
   cmp.Server = "local"
   cmp.AddonIdentifier = "4CC5B8A4E0213A68489E38CB4052855EE8678CD237F64D1C11
   CD2707A54EBD245D596E4050AE9B929FBD0FAB44F6"
cmp.Connect
```

13.4　系统初始化设置

生产模块没有特殊的初始化设置项。

第14章

基本生产业务处理

使用 Neusoft/SAP Business One 基本生产模块可为产品定义物料单（BOM）以及创建和维护生产订单。

生产模块界面如图 14-1 所示。

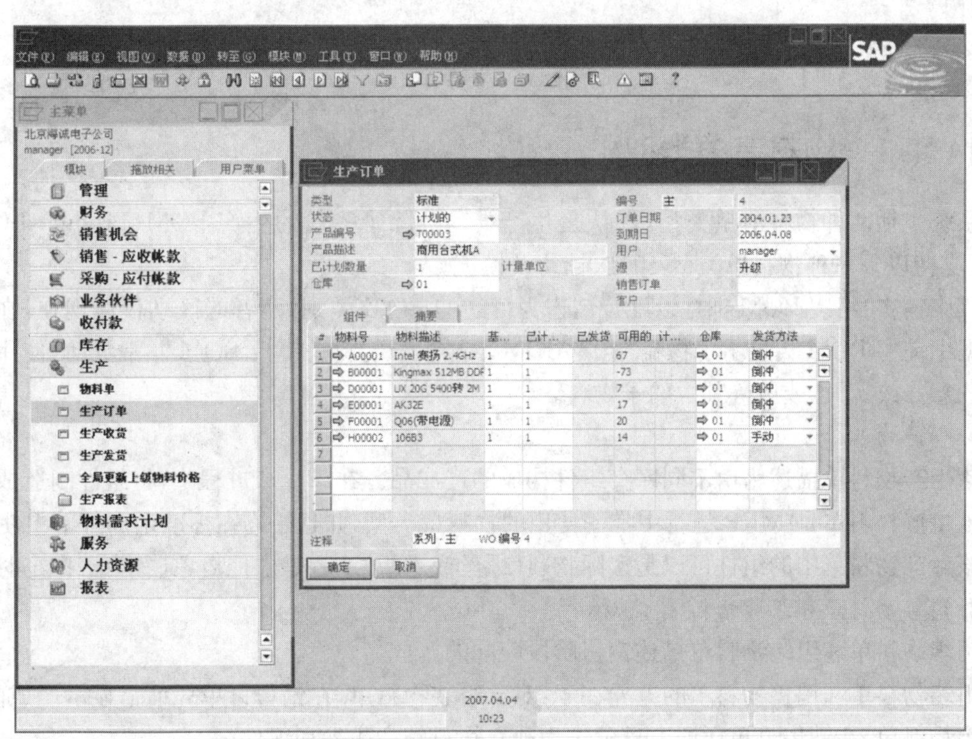

图 14-1　生产模块

14.1　物料清单

菜 单	SBO→生产→物料单

系统生产模块有物料清单（BOM）管理，可以定义多层次物料单。这种结构可以按层次分配，输入装配和生产该产品所需的全部子装配和原材料。

界面：如图 14-2 所示。

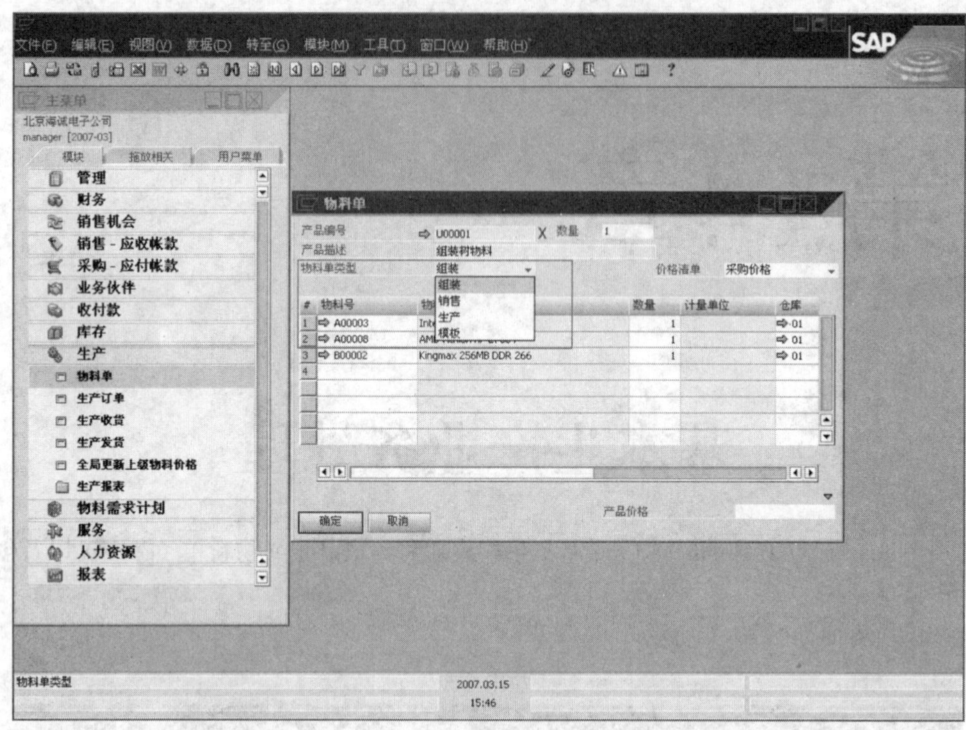

图 14-2　物料单

14.1.1 物料清单类型

系统包括四种物料清单类型，默认是生产类型。除了一般的生产 BOM(Product BOM)，BO 还支持以下三种物料单类型：组装、销售及模板。

其中销售、组装 BOM 都是以配合销售为目的的 BOM 类别，两者的区别仅体现在：在销售类单据中销售 BOM 会显示子物料，组装 BOM 不显示子物料。模板 BOM 非常灵活，使用它时可以任意修改、添加或删除其中的子物料。

1. 生产物料单

该生产物料单描述为由不同库存组件构成的产成品。在该生产过程中，将组件制造成产成品。该生产物料单是 MRP 运行中唯一使用的物料单类型，并且始终在标准生产订单中使用。

该生产物料单中的组件可以是实际物料(螺丝或木板)或者是虚拟对象(一个工作小时)。

2. 销售物料单和组装物料单

销售物料单和组装物料单描述销售阶段装配的产成品。

组装物料单和销售物料单的差异在于：对于组装物料单，在销售订单凭证上显示产成品；对于销售物料单，在销售订单凭证上显示作为独立物料的产成品和组件。

例如，产成品可能是一套花园家具，可以按该组装物料单来定义该产成品。在仓库中，不将该产成品作为全套产品储存。也就是说，此套产品的单个组件(例如，花园中的椅子、桌子和太阳伞)都是仓库中的物料。如果客户购买一套花园家具，则拼凑不同组件构成全套家具，然后成套购买。

对于销售物料单和组装物料单，不将产成品作为库存物料来管理，而是作为销售物料来管理。但是，该组件可以同时是销售物料和库存物料。

3. 物料单模板

当创建产成品的销售凭证时，可以使用此物料单模板更改组件。可以更新组件数量、交换组件或在该物料单中删除该组件。在此情况下，该组件作为物料清单在销售凭证中出现，而不是作为产成品及其组件出现。

14.1.2 虚拟物料

虚拟物料是库存中实际不存在的物料单的子组装，以简化物料单。虽然虚拟物料出现在物料单中，但生产订单将显示制造虚拟物料所需的组件，而不是虚拟物料本身。

使用系统的虚拟件功能，可以协助：

(1)作为共用件，让物料清单比较容易维护，减少资料量或电脑运作时间。

(2)作为规划用料号，供预测、规划之用。

(3)作为工序中的过渡性料品，只为了显示，不入仓库，不报完工量。

如某类产品，其共用部分的子件较多，可将这些共用部分的子件合称为一虚拟件，编出物料编号。只要先建立其物料清单表，该类产品便可以用虚拟件，再附加各差异部分料件，逐一定义。在 BO 中，需要将虚拟件定义为物料，并有其物料编号，只需要在“常规”页签的“生产数据”属性中，选中“虚拟物料”单选框即可实现该功能，如图 14-3 所示。

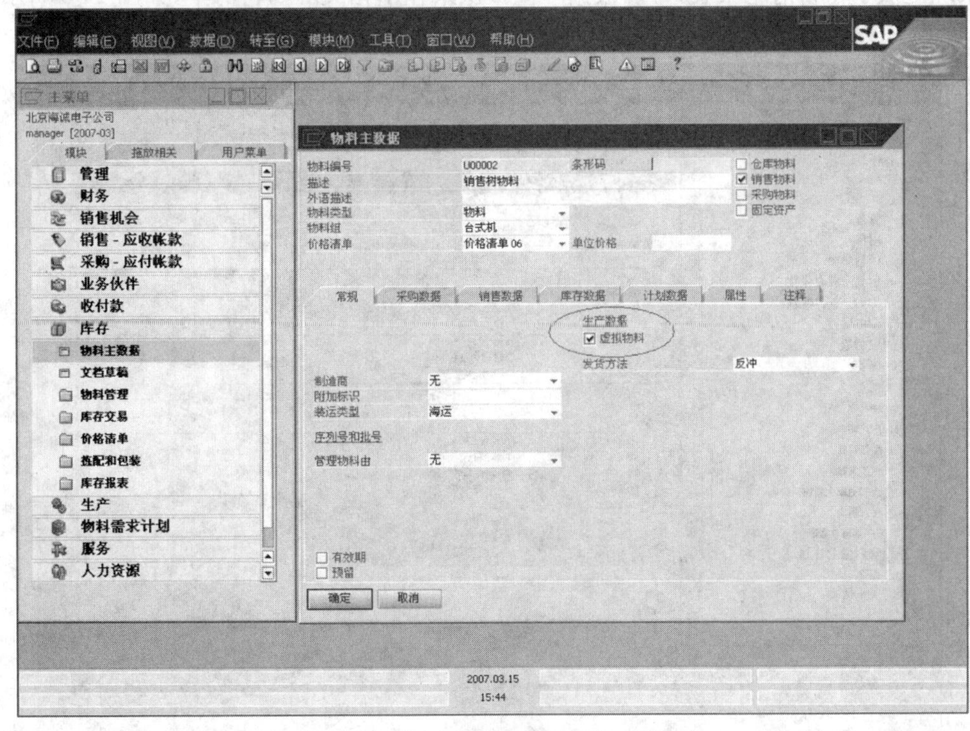

图 14-3 生产数据选项设置

示例：

图 14-4 包含了两个虚拟物料。

相同公司中不同部门的物料单要求可能会有所不同：工程部可能需要创建多级物料单来定义引擎，而生产部可能将此物料单作为单个的虚拟物料包含在内。

物料需求计划将展开虚拟物料，并为它的组件创建建议。

生产订单将展开虚拟物料单，并按需要的顺序显示它的组件。在如上示例中，生产订单中将出现组件 1 到组件 6，而不会出现虚拟 1 和虚拟 2。

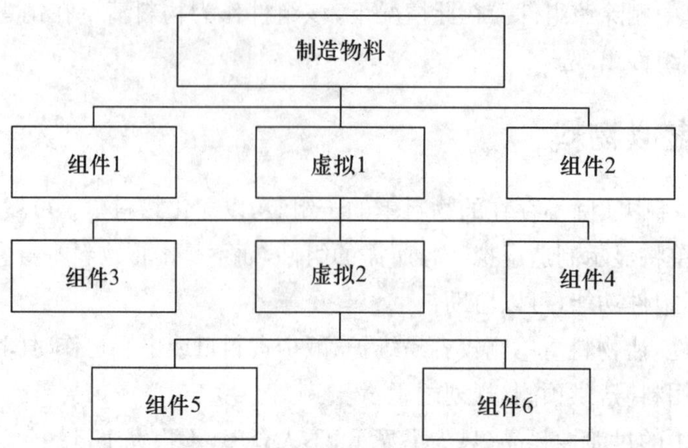

图 14-4　物料清单示意图

14.1.3　物料清单报表

系统提供了物料清单报表，可以根据不同级次来显示相关的物料清单，如图 14-5 所示。

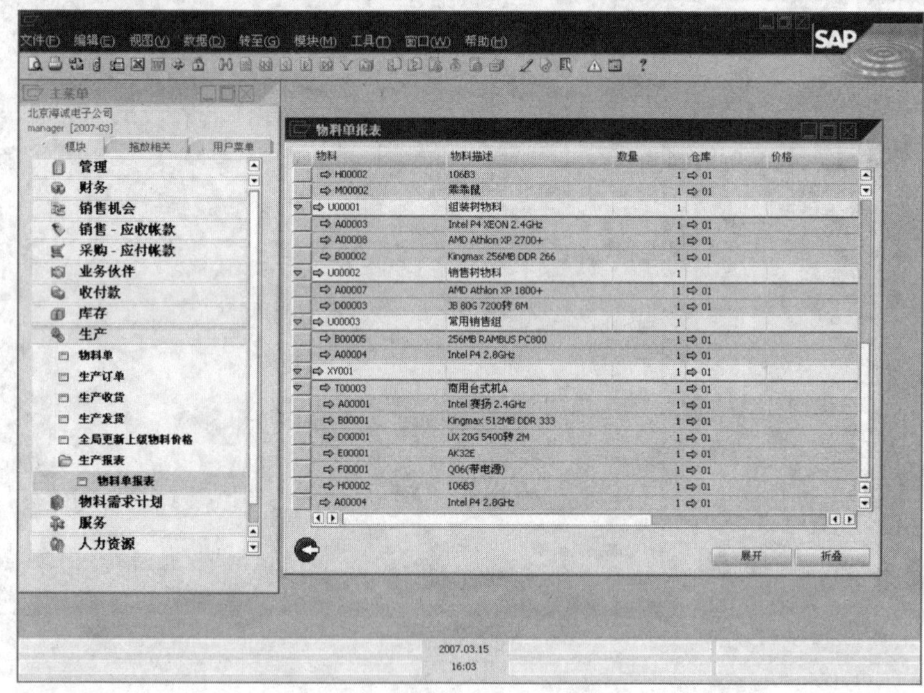

图 14-5　物料清单报表

14.2　物料需求计划

路径：

菜 单	SBO→生产→物料需求计划

SBO 提供了一个简单但功能强大的计划系统，可帮助生产计划人员作生产计划排程或让采购员根据生产计划和采购需求来制定物料的采购计划。SBO 从销售订单到采购订单和生产订单，提供了简单的 MRP 计算。

MRP 通过向导式的流程实现物料需求计划的制定，此流程允许用户根据多个标准分五步定义计划场景，同时允许用户根据预测数据预测需求情况。

14.2.1 定义预测

路径：

菜 单	SBO→生产→物料需求计划→预测

MRP 允许用户根据预测数据，而不是单独依靠接收的销售订单来预测需求。由于市场变化越来越快，市场竞争日益加剧，客户要求的交货提前期越来越短。当产品的交货提前期小于该产品的累计提前期时，必须先做好销售预测。

预测有助于用户掌握未来时间对产品的需求，并以此相应地调整物料需求计划。销售和生产部门可以共同讨论制定产销计划，其内容包括各料品的数量及供应起止期间，可生成预测订单，并输入到系统中，作为 MRP 的需求来源。

SBO 提供按每日、每周、每月三种视图进行预测的定义，如图 14-6 所示。

在 MRP 展开时，以预测订单和客户销售订单二者同时为需求来源，依客户销售订单自动预测订单，如果客户销售订单较多时，则以较多者为准。在 SBO 的 MRP 初始化设置的“一般设置”中可以自由设置销售订单消耗预测的方法是前推还是逆推，并可自定义前推或逆推的天数，如图 14-7 所示。

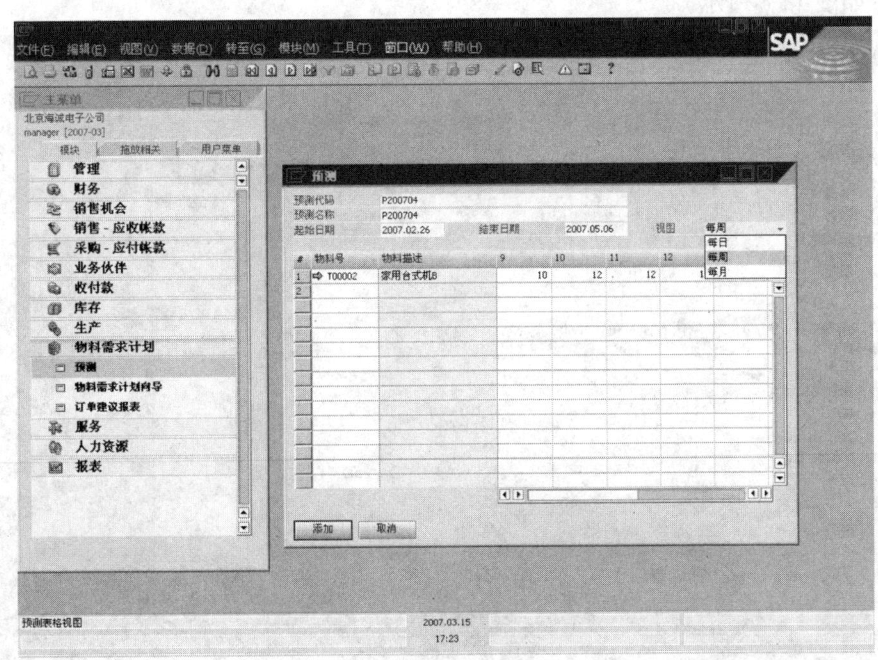

图 14-6　生产预测

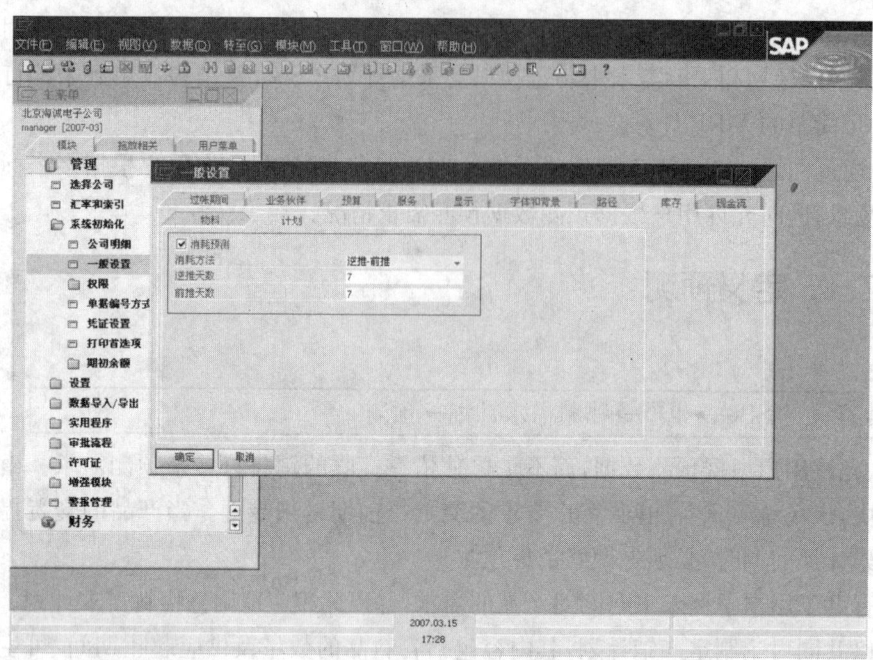

图 14-7 MRP 初始化设置

14.2.2 计划向导

路径：

菜 单	SBO→生产→物料需求计划→物料需求计划向导

计划向导可指导用户通过五个步骤完成需求计划业务情节的创建。

界面：如图 14-8 所示。

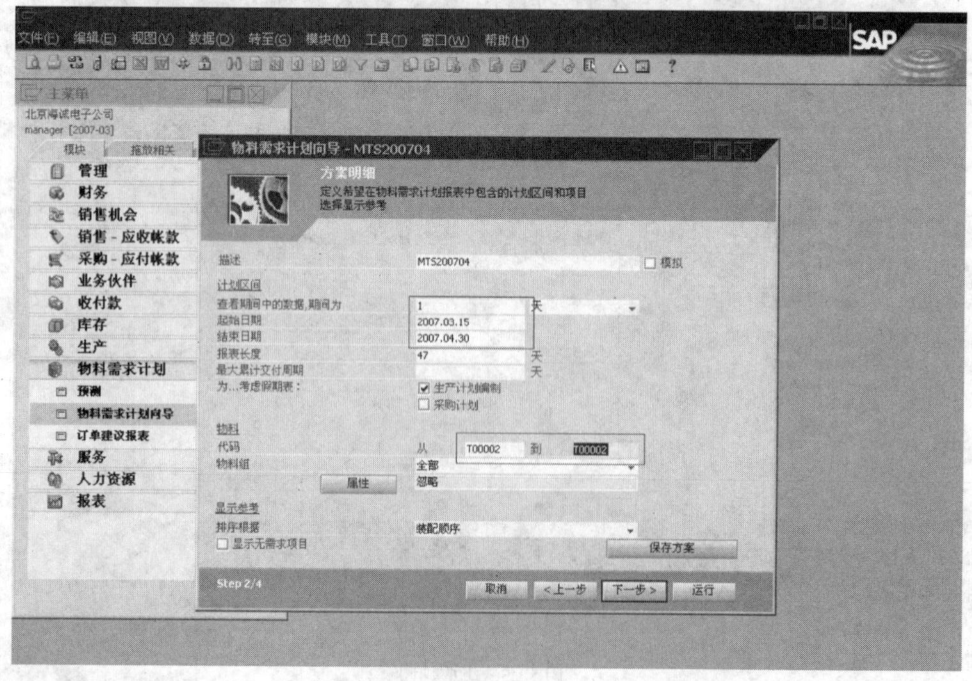

图 14-8 MRP 向导(1)

用户可在构建好的业务情节中选择预期的标准，例如现有库存等级、未清的采购订单、销售订单、生产订单和物料的最小库存量,以及定义好的销售预测。如图 14-9 所示。

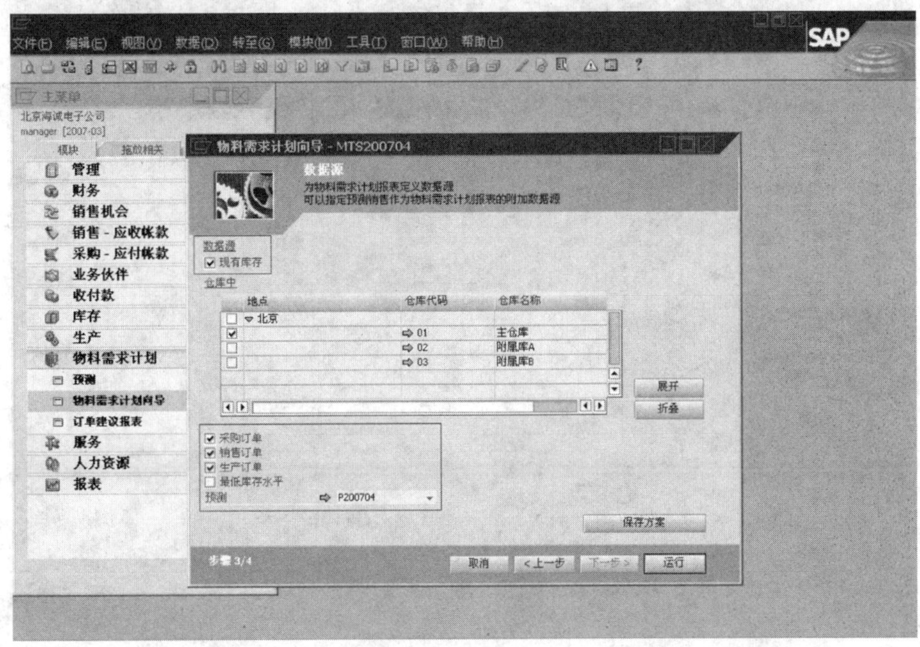

图 14-9　MRP 向导(2)

需求计划运行后系统就会显示推荐的"生产"或"购买"建议,同时,该界面设置了多个折叠和展开选项,允许计划人员查看系统计算出的物料净需求以及基于此物料需求的各类相关凭证。如图 14-10 所示。

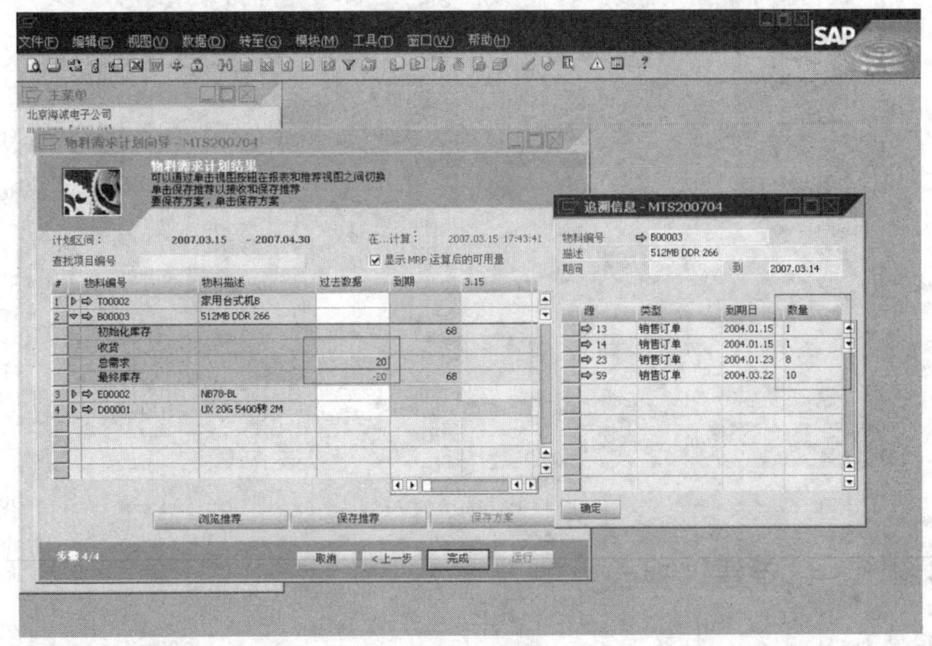

图 14-10　MRP 向导(3)

解决方案还提供了意外报警和可视队列,帮助用户识别需要加快处理的订单,如因为物料采购或制造提前期的原因导致无法按时处理的订单,这些订单会以红色显示,如图 14-11 所示。

计划场景也可以保存为"模拟",用户可以运行一系列的"假设"场景,而不会影响建议报告。如图 14-12 所示。

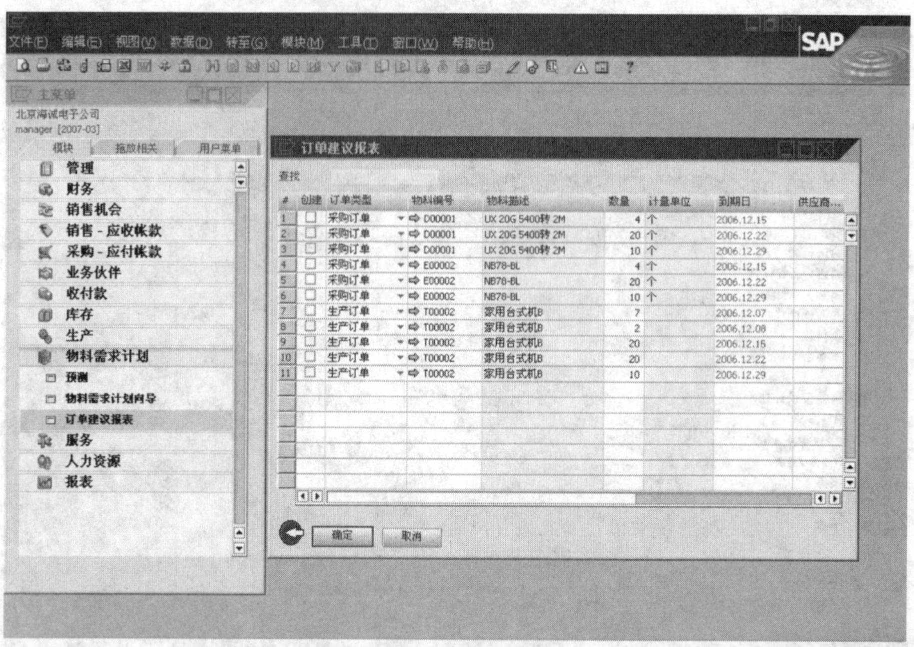

图 14-11 MRP 向导(4)

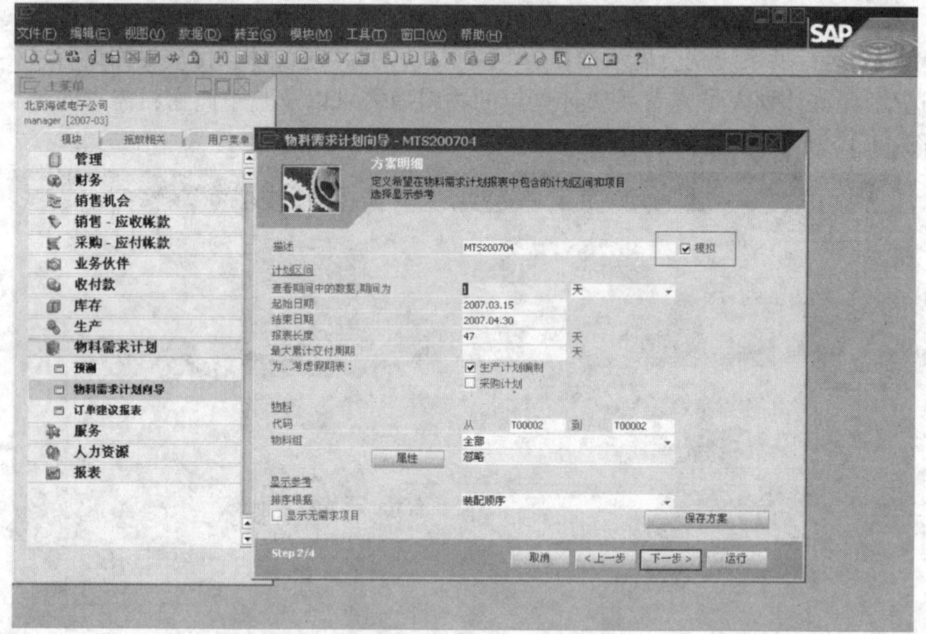

图 14-12 MRP 向导(5)

14.2.3 订单建议报表

路径：

菜 单	SBO→生产→物料需求计划→订单建议报表

从建议报表中,计划人员可以选择建议的生产订单或采购订单自动创建转换。若某产品需要外包生产,则系统可允许计划人员轻松地将生产订单转化为采购订单。对同一供应商的采购订单可以合并到一个订单中,从而优化采购流程。如图 14-13 所示。

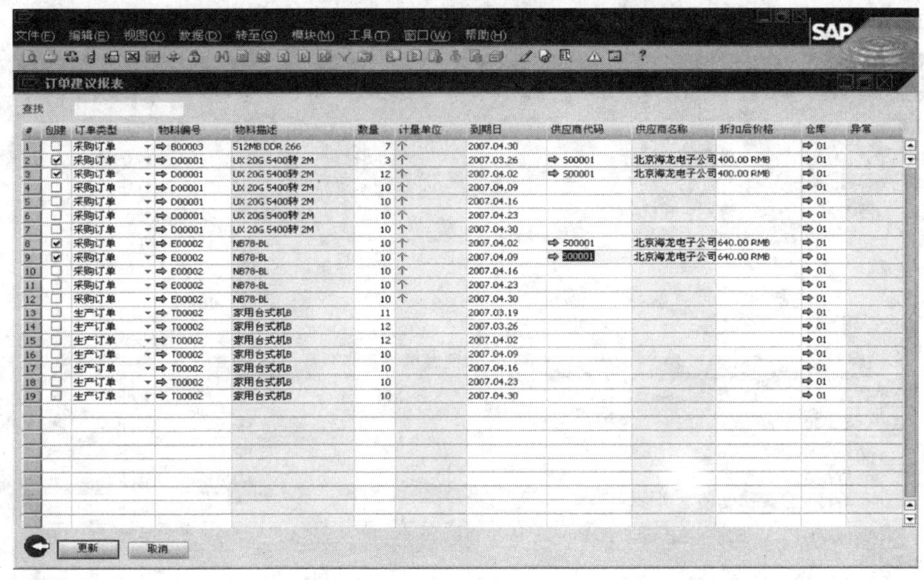

#	创建	订单类型	物料编号	物料描述	数量	计量单位	到期日	供应商代码	供应商名称	折扣后价格	仓库	异常
1	☐	采购订单	B00003	512MB DDR 266	7	个	2007.04.30				01	
2	☑	采购订单	D00001	UX 20G 5400转 2M	3	个	2007.03.26	S00001	北京海龙电子公司	400.00 RMB	01	
3	☑	采购订单	D00001	UX 20G 5400转 2M	12	个	2007.04.02	S00001	北京海龙电子公司	400.00 RMB	01	
4	☐	采购订单	D00001	UX 20G 5400转 2M	10	个	2007.04.09				01	
5	☐	采购订单	D00001	UX 20G 5400转 2M	10	个	2007.04.16				01	
6	☐	采购订单	D00001	UX 20G 5400转 2M	10	个	2007.04.23				01	
7	☐	采购订单	D00001	UX 20G 5400转 2M	10	个	2007.04.30				01	
8	☑	采购订单	E00002	NB78-BL	10	个	2007.04.02	S00001	北京海龙电子公司	640.00 RMB	01	
9	☑	采购订单	E00002	NB78-BL	10	个	2007.04.09	S00001	北京海龙电子公司	640.00 RMB	01	
10	☐	采购订单	E00002	NB78-BL	10	个	2007.04.16				01	
11	☐	采购订单	E00002	NB78-BL	10	个	2007.04.23				01	
12	☐	采购订单	E00002	NB78-BL	10	个	2007.04.30				01	
13	☐	生产订单	T00002	家用台式机B	11		2007.03.19				01	
14	☐	生产订单	T00002	家用台式机B	12		2007.03.26				01	
15	☐	生产订单	T00002	家用台式机B	12		2007.04.02				01	
16	☐	生产订单	T00002	家用台式机B	10		2007.04.09				01	
17	☐	生产订单	T00002	家用台式机B	10		2007.04.16				01	
18	☐	生产订单	T00002	家用台式机B	10		2007.04.23				01	
19	☐	生产订单	T00002	家用台式机B	10		2007.04.30				01	

图 14-13 订单建议报表

14.3 生产订单

系统通过生产订单来管理生产任务，可以从 MRP 中自动创建生产订单(生产任务单)，也可以手工输入生产订单(由授权用户输入)。

生产订单可以是车间级执行的生产命令。

可以基于销售订单创建生产订单。销售订单与生产订单的关联非常简单：只是一个销售订单号和这个销售订单的客户的关联。生产订单对应一个产成品。

14.3.1 生产订单建立

路径：

菜 单	SBO→生产→生产订单

作业流程如图 14-14 所示。

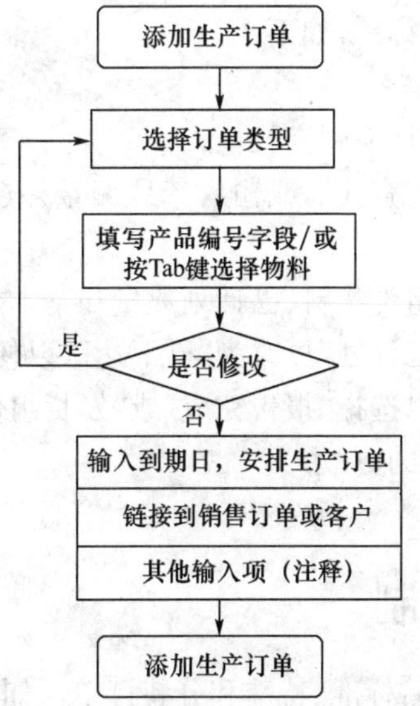

图 14-14 生产订单作业流程

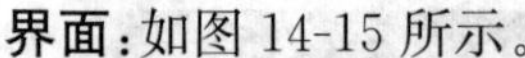

界面:如图 14-15 所示。

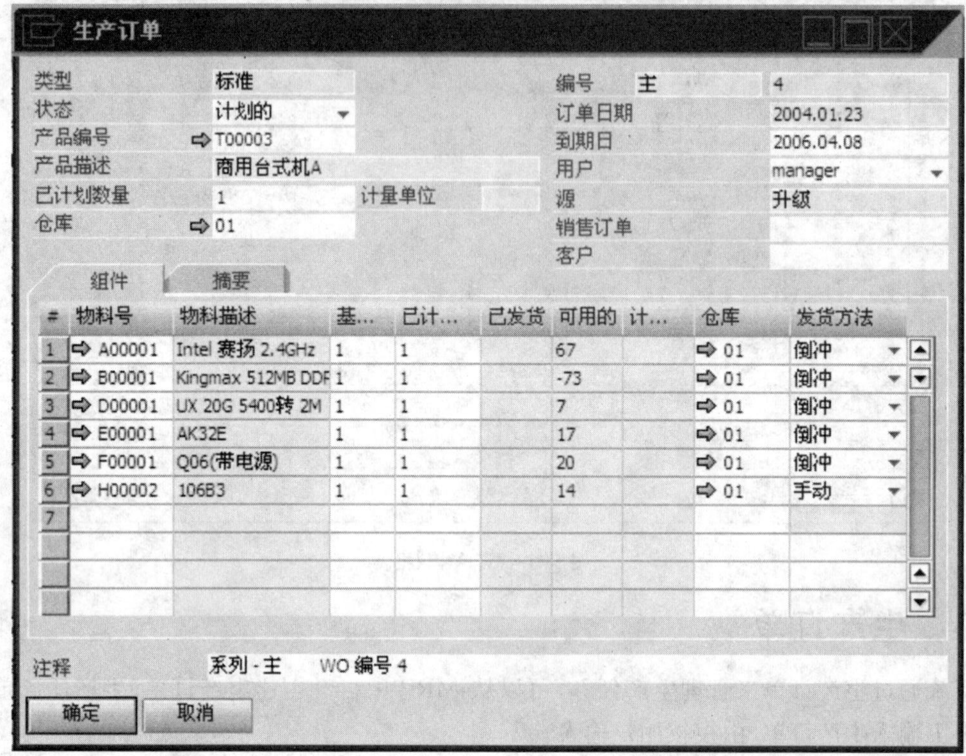

图 14-15　生产订单主界面

14.3.2　下达生产订单

生产订单生成后,有以下几种状态:

- 已计划:初始的生产订单状态;
- 已下达:将该生产订单下达到工作车间;
- 结算:在签发该产品的所有计划数量(包括其组件)时,结算该生产订单;
- 已取消:在启动生产过程之前,从清单中删除该生产订单。

可以下达自动和手工的生产订单,如下:

- 选择"生产 → 生产订单";
- 按照入门相应部分的描述切换到查找模式;
- 输入生产订单编号并选择"查找",或输入产品编号并选择"查找",以显示相关生产订单明细;
- 可以更新生产订单类型、组件物料、已计划数量和基本数量、仓库和发货方法;
- 可以将生产订单状态从"已计划"更改为"已下达",以便将生产订单下达到车间;
- 一旦下达生产订单,就可以选择"报告完成"或"发货组件";
- 选择"更新"可以保存所作的更改;
- 选择"确定"。

14.3.3　生产订单控制

SBO 支持三种生产订单类型:标准、特殊和分装订单。如图 14-16 所示。

- 标准生产订单:用于常规生产。组件从物料的物料单进行复制。

• 特殊生产订单：用于在不基于标准物料单的车间生产物料或执行作业。

• 分装生产订单：用于报告具有生产物料单（BOM）的物料的分装。组件从物料的物料单进行复制。

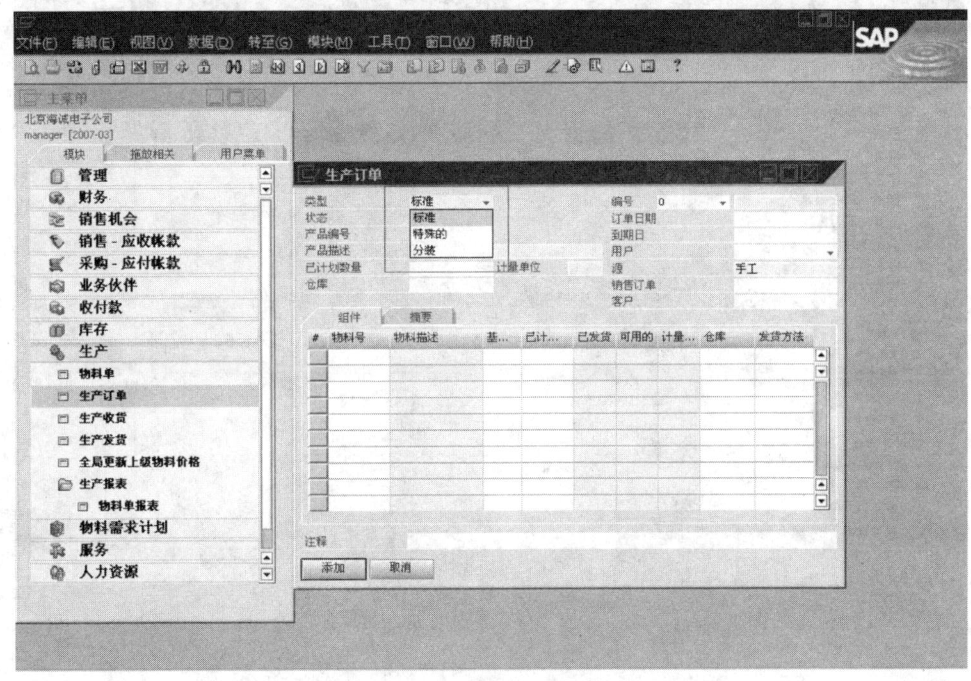

图 14-16 生产订单(1)

生产订单可以跟踪生产过程中涉及的所有物料交易和成本，以及诸如人工费用的附加成本。为产成品指定的各个子物料可以手工发料，也可以采用反冲法发料。可以适应离散型与重复型等不同生产形态生产的领料。

生产订单也可以参考客户销售订单创建，使用户能够实时查看在制的物料状态，并可以从生产订单反查销售订单。如图 14-17 所示。

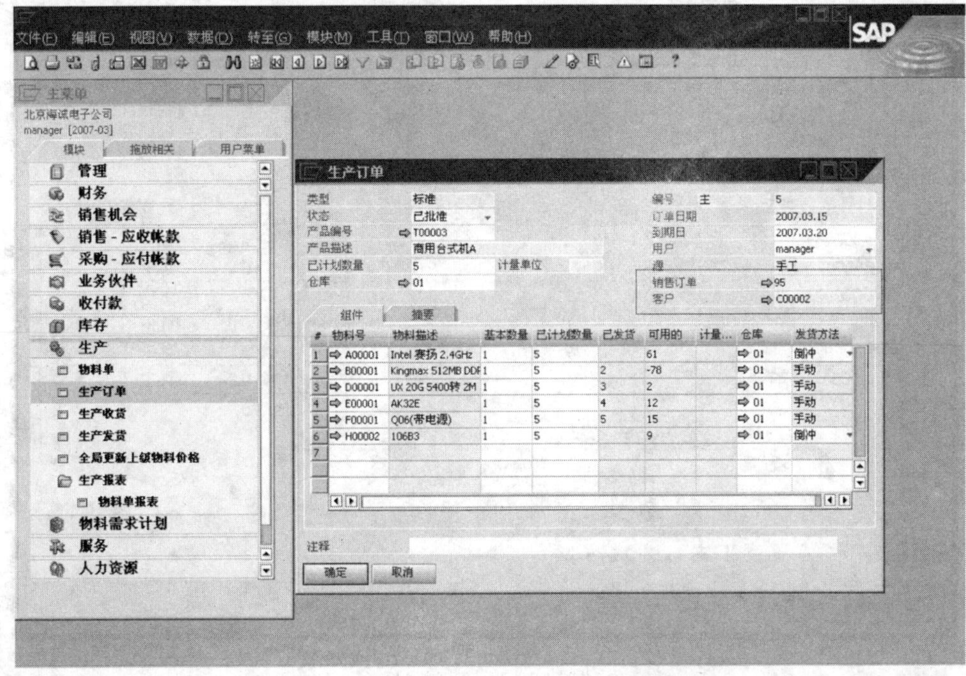

图 14-17 生产订单(2)

生产订单创建时的状态是计划状态，此时，生产订单不能用于生产领料及生产收货，需要生产管理人员审核并下达后才能发放到生产车间。如图 14-18 所示。

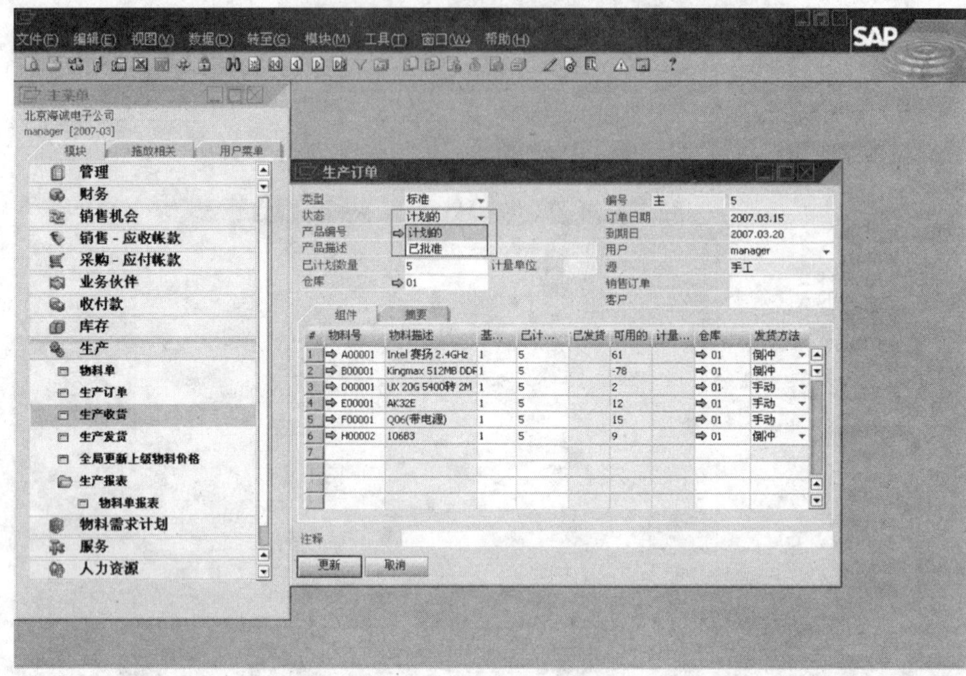

图 14-18 生产订单(3)

14.3.4 生产订单完工

选择已下达的生产订单，点击“确认”。如图 14-19 所示。

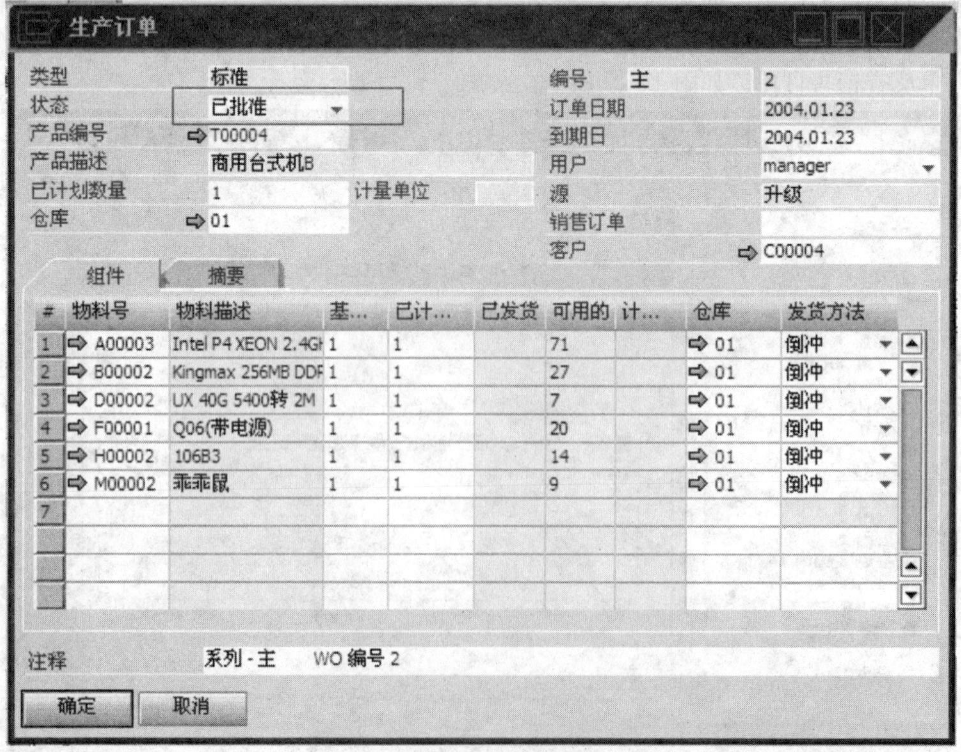

图 14-19 生产订单(4)

转入“生产收货”，指定已完工的生产订单进行收货入库。点击“添加”。如图 14-20 所示。

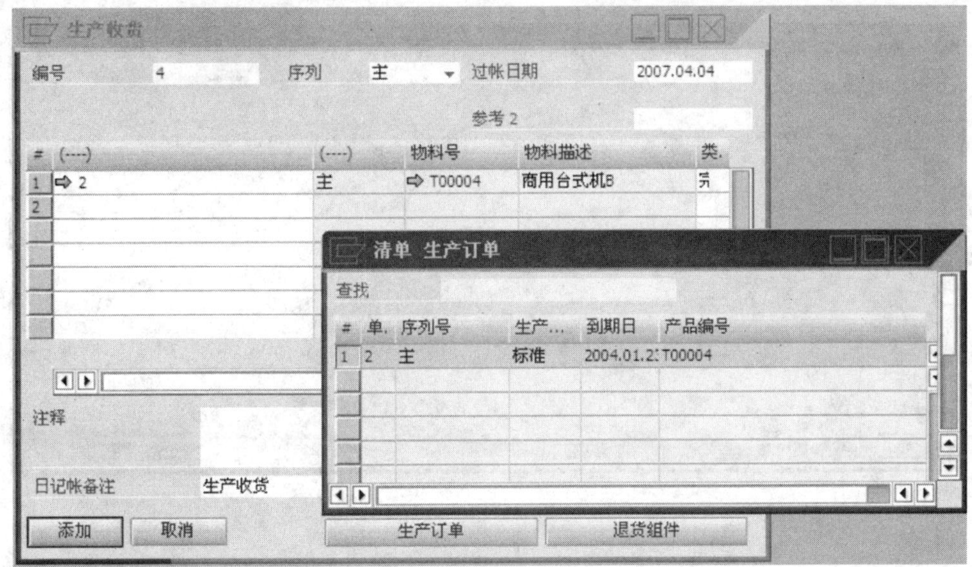

图 14-20 生产收货

14.3.5 生产装配计划

装配计划是指产品生产计划。生产订单支持生产物料的计划和装配计划。实际方案可以通过报表汇总生产订单数据，手工调整制定，也可以在增强开发的模块中实现。

14.3.6 车间生产计划(生产工序计划)

使用生产订单可以进行车间生产的 WIP 物料的计划下达。

14.4 生产发货

路径：

菜 单	SBO→生产→生产发货
菜 单	SBO→生产→生产订单→选择状态为已下达的生产订单→转至菜单→发货组件

14.4.1 生产自动发料

在生产订单中可以指定原材料的发货方式：手动或反冲。当指定为反冲时，自动发料，将物料发送到生产订单。

生产发货(生产领料)：即对于采用手动发货的原材料的生产订单中的原材料进行领料，可以多领或少领。财务处理用到了一个在制品科目，在 SBO 中称为 WIP(Work in Progress)，可以多张生产订单集中领用。

14.4.2 生产领料

由于反冲组件是自动发送的，所以使用以下窗口手工发送物料(如图 14-21 所示)。另外，使用此窗口来报告分装订单完成。

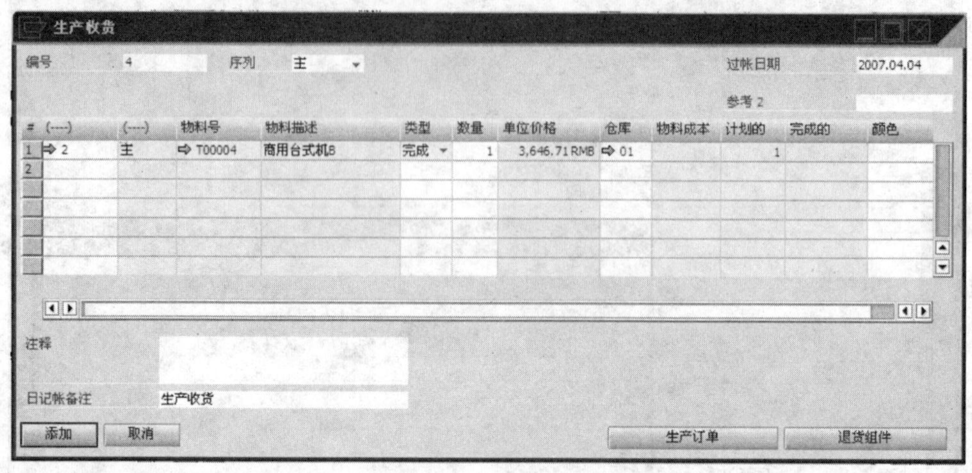

图 14-21 生产收货

在生产模块中的生产发料可以实现根据生产订单进行限额发料：

(1)选择生产订单；

(2)复制订单中的物料数据；

(3)产生限额生产发货数量。

图 14-22 是生产发货界面。

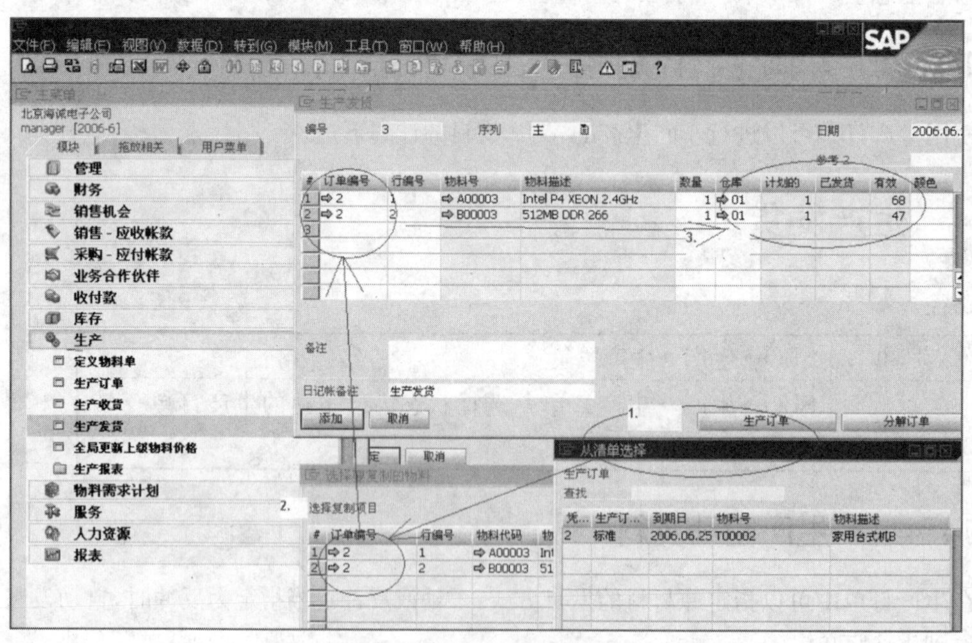

图 14-22 生产发货

在手工发料时，子物料也可以被替换或添加。同时，该解决方案还支持产成品的部分完工，从而灵活地控制工单。用户可以查看计划下达的数量以及完成和退回的数量，可以监控订单的到期日。

14.5 生产收货

14.5.1 产成品入库

路径：

菜 单	SBO→生产→生产收货
菜 单	SBO→生产→生产订单→选择状态为已下达生产订单→转至菜单→报表

SBO 允许用户将生产订单完工的产成品接收到产成品库存中，并可以将未使用的物料退回到仓库中。

使用生产收货管理模块功能可以实现：

(1)生产收货即产成品入库，对于原材料领用全部完成的生产订单可以进行收货。当然也可以集中收货。在生产收货窗口中，报告产品的完成情况。

(2)对于标准和特殊的生产订单，将产成品过账到库存。对于分装生产订单，将组件过账到库存。

14.5.2 退料入库

在生产发货窗口中进行退料操作，将生产订单的状态修改为“已清”，系统自动进行计算生产订单的实际用料与标准用料差异分析，以供成本分析及控制，如图 14-23 所示。

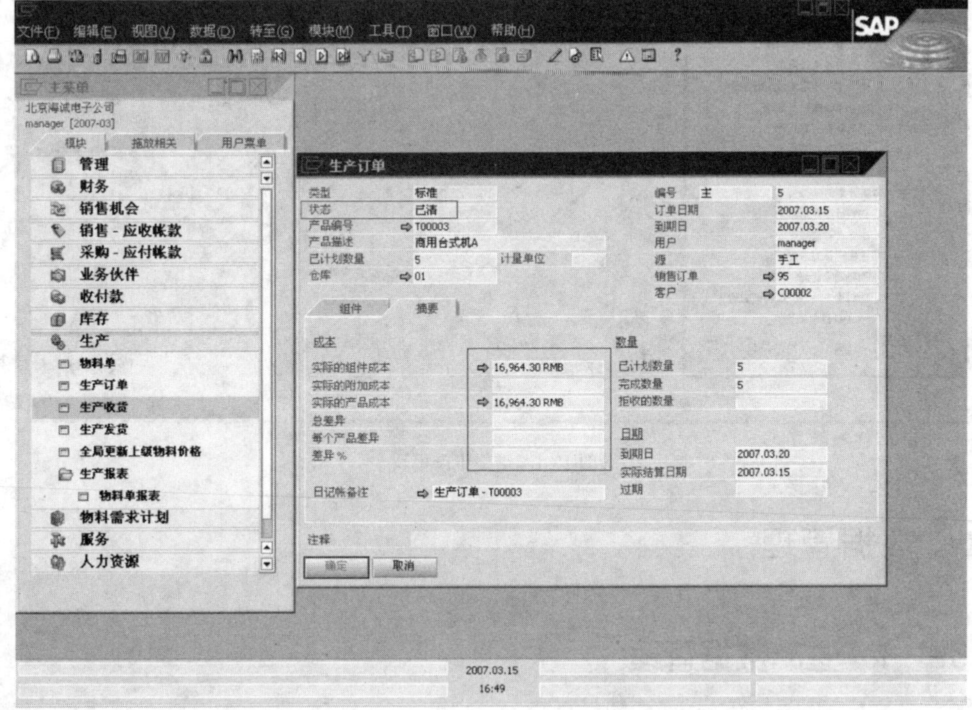

图 14-23 退料入库后的生产订单

第15章

增强生产解决方案

Neusoft/SAP Business One 增强生产模块主界面如图 15-1 所示。

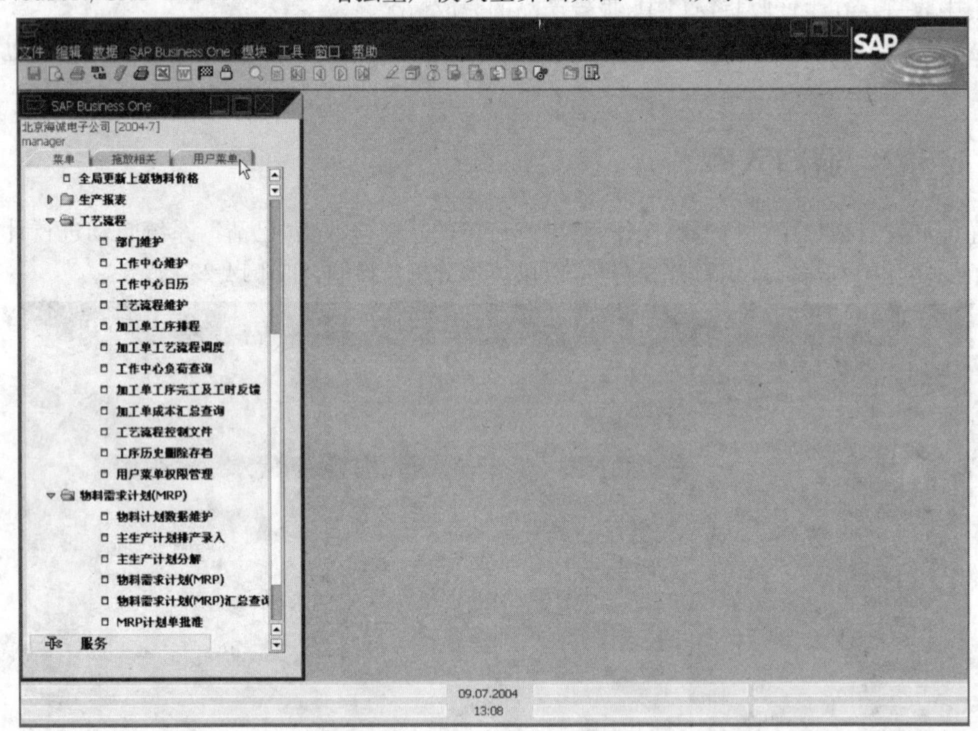

图 15-1　增强生产模块

15.1　数据管理

15.1.1　生产数据管理

生产数据管理属于生产制造的基本数据设置。这些数据提供了企业生产的基本作业数据，物料在这些地点流动完成加工和制造的过程，资金在这些地点累积最后变成产品成本。

生产数据管理包括：

(1)车间和班组维护。维护生产车间，维护车间的班组，指定班组所在的车间。

(2)工艺路线和工序设置。

• 工序维护：维护加工过程的工序；以标准工序为模板建立具体的工序；可以拷贝一个已有的工序生成一个新的工序。

• 工艺路线：维护产品/半成品的工艺路线的基本属性；定义工艺路线的组成工序，工序的顺序关系；复制工作中心及模板工序中的基本属性到工艺路线中。

• 分配产品的物料清单中物料对应的工序。

(3)工作中心设置。对工作中心进行维护，定义能力、排程、成本的相关数据。将生产线定义为工作中心的一种。

(4)资源工具。维护主要的生产资源设备工具。

业务流程如图 15-2 所示。

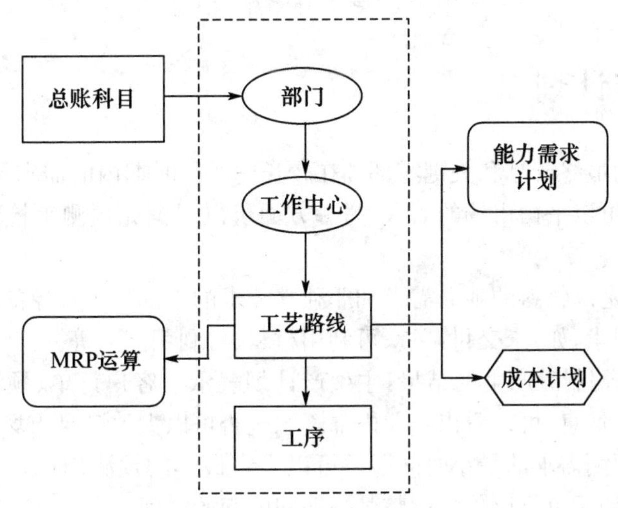

图 15-2 生产数据管理业务流程

15.1.2 产品数据管理

(1)产品结构基本数据——物料清单(BOM)设置，主要对产品的 BOM 的维护管理。

• 定义维护 BOM 成品/半成品/副产品，复制产品部分属性。

• 定义维护工艺路线及其中的工序。

• 定义维护原辅材料。

(2)增加 BOM 的如下功能：

• 有效性控制。

• 版本控制。

• 损耗设定。

• 虚拟件设定。

• 反冲/发料设定。

• 购买/制造设定。

• 替代物料设定。

• 联副产品设定。

(3)工程设计物料清单：按订单设计生产/装配时，先由工程技术部门设定工程设计物料清单，再转为生产用标准物料清单。

(4)工程更改通知单：设定生效条件，使得产品结构的改变可以在某一情况下发生。常见于在当前库存消耗完后再使用新物料。

业务流程如图 15-3 所示。

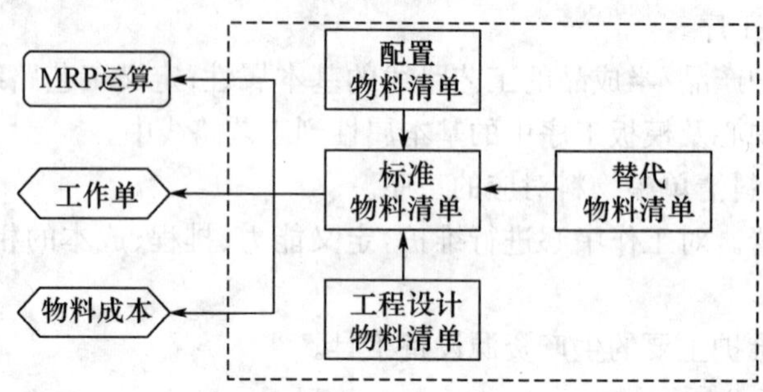

图 15-3　产品数据管理业务流程

15.2　主生产计划

主要针对企业的最终产品和关键零部件在较长的一段时期内的需求预测，并以此为基础做主生产计划，一方面可以平衡市场的需求，另一方面可以根据此预测来检验企业的生产能力是否可以满足此需求。

（1）主生产计划是以物料的独立需求和非独立需求的大部件为对象的计划，要考虑预测、生产计划和其他重要因素，如：未交付订货、可利用材料、可利用能力等。

（2）主生产计划编制后产生的结果：主生产计划表示了客户订单、预测、未交付订货、预测库存和可签合同量等信息，可以看出企业内部资源是否可以大致满足市场需求。

（3）预测期间：预测需求的最小时间段。可以设定最小的预测周期，一般为周，也可以设定为月、季。在设定周期后也可以单独调整某一期间的起始时间。

业务流程如图 15-4 所示。

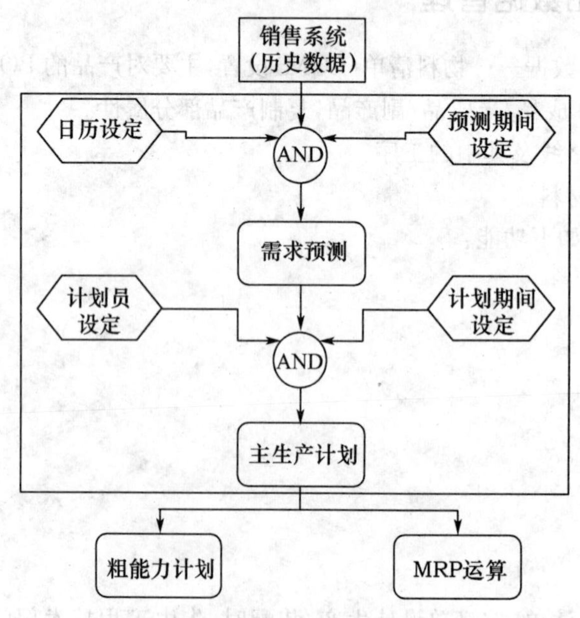

图 15-4　主生产计划业务流程

15.3 能力计划

能力计划是指为完成某生产任务确定需要多少劳动力和机器能力的过程，包括确定、测量和调节能力限度与负荷水平等功能。

(1)粗能力计划：针对关键工作中心计算主生产计划的能力需求。

(2)能力需求计划：根据生产订单(计划生产订单)计算能力需求。

(3)工厂日历调整：调整工厂日历以平衡能力的不足和浪费。

(4)车间日历调整：调整车间的日历以平衡能力的不足和浪费。

(5)生产订单排程：计算下达生产订单的工序的顺序排程。

(6)能力需求查询：车间、工作中心的能力负荷分析。

业务流程如图 15-5 所示。

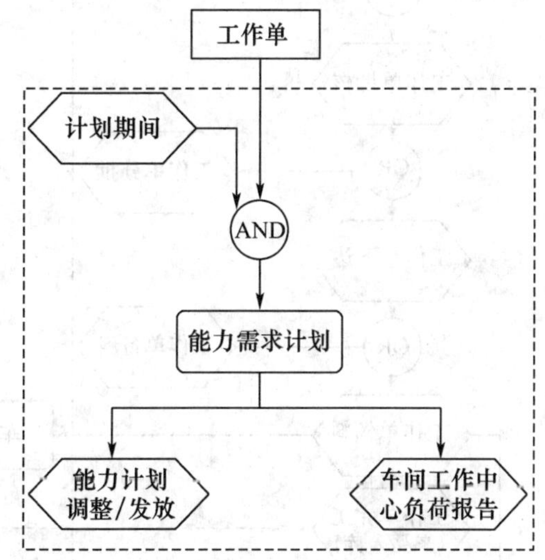

图 15-5 能力计划业务流程

15.4 生产控制

生产控制功能主要通过对工作单的计划、跟踪和分析等管理来实现。工作单表示在何时何地需要制造何种物料及数量。同时，工作单还指定了所制产品的零部件结构和制造工艺流程。工作单通常由物料需求计划直接产生，但是也可以直接手工输入或由客户订单直接生成。工作单发放后，其所需物料便被预留，相应生产部门的可用生产能力自动降低。

生产控制包括：

(1)生产订单：可由销售订单直接转为生产订单，也可由 MRP 运算结果直接转为生产订单，也可由 MPS 生成。然后在生产订单界面进行调整。生产订单是车间工作的依据。

(2)产品变更：生产过程中产品的等级调整或产品之间的调整。

(3)生产订单备料：计算生产订单中的物料数量，对库存进行确认。

(4)订单成本预估：计算生产订单的标准成本。

(5)工作指令：对生产订单各批次各工序的工作指示。根据需要确定是否对某道工序的开工进行指示。

(6)包含以下特殊生产订单管理：

• 返工生产单:加工过程中的返工单。
• 组装生产单:对于简单组装的生产方式,可用该类生产订单。
• 委外加工单:处理工序或产品外包的委外加工。

业务流程如图 15-6 所示。

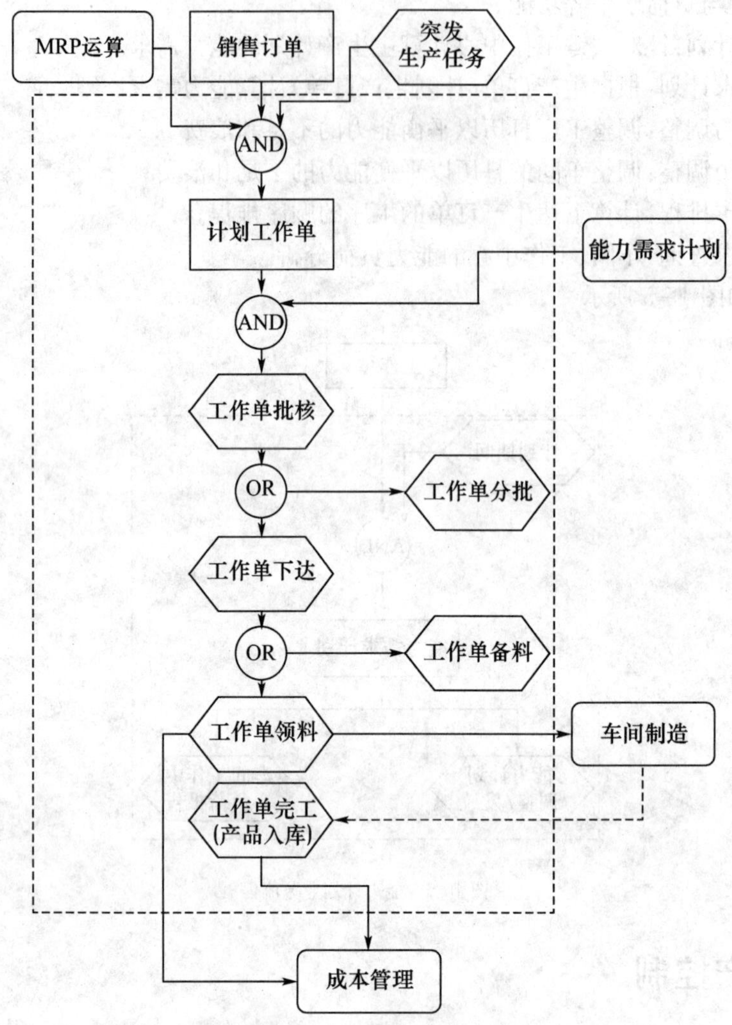

图 15-6 生产控制业务流程

15.5 车间管理

车间作业管理系统以确定的生产计划为核心,保证车间加工过程紧紧围绕生产计划进行,为离散式生产型工业企业提供自生产计划下达后各工作中心的工序计划及加工优先级的确定、分派、执行、流转;控制投入和产出的工作量,报告生产过程中的各种时间、工作单的完工数量,跟踪工作单的最新状态;监控工作中心的工作效率并更新总账的生产成本。

车间管理包括:

(1)生产订单排程:计算下达生产订单的工序的顺序排程。

(2)生产订单查询:车间人员查询已下达订单的情况。

(3)工作指令查询:车间人员查询已发放的工序的工作指令情况。

(4)物料领用:根据生产订单,工序生成需要的物料,作为物料领用的依据。如果是成套领用，则自动根据对应的生产订单和对应的工序成套领取，如果不指定工序则为所有工序的物料；如果不是成套领取，可以在生产订单和工序对应的物料中选取；系统自动附带物料的属性；系统支持多次领用。如果不指定具体的生产订单，则认为是车间的一般物料领用。

(5)物料损耗与消耗：

• 物料损耗：生产结束后，如果在完工登记后未登记损耗，那么在任意时候都可以登记物料的损耗情况。

• 物料消耗：独立的物料消耗模块，记录物料使用的数量。

(6)物料退回与转移：

• 物料退回：月底车间剩余物料退回到仓库。

• 物料转移：某工作单剩余的物料转移到其他工作单上使用。

(7)完工登记：

完工登记记录车间每天的生产情况，原则上一个生产订单的一个工序完工登记一次，但也有一个工序需要多天的特殊情况，可以每天登记完工。

• 批量完工登记。对多个工作单、多道工序同时录入的批处理。

车间管理业务流程如图 15-7 所示。

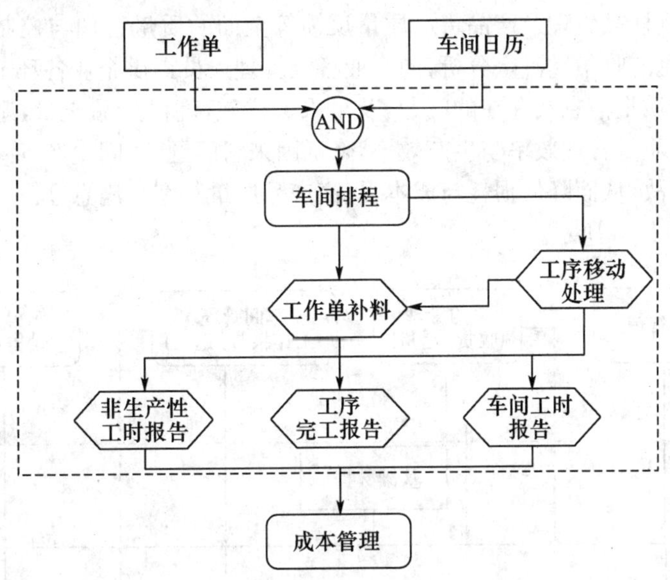

图 15-7　车间管理业务流程

车间管理业务功能描述：

• 工作单排程：根据已下达的工作单工作量来对车间的日常工作排程，一般需精确到班次和工作中心。车间日历是车间排程的基础。具体的计算方法与能力需求计划的计算方法基本相同。

• 车间工时报告：报告消耗的人工工时。工作单的工艺流程是车间报告工时的基础。

• 非生产性工时报告：记录车间的非生产性工时消耗，如停工时间、待料时间等。借：部门的生产成本账户；贷：部门的人工和附加账户。

• 工序转移：如果车间工时报告没有自动转移工序或需要精确控制工作单进度，可以使用工序转移，表示零件从上道工序转到下道工序，并增加下道工序的待加工数量。如果发生零部件返工，也在此记录，并指定返回的工序。此时必须改变中间工序的已完工数量，增加返工工序的未完工数量。

• 工序完工报告：如果车间没有按照每道工序报告工时，则在使用工序完工报告时，系统将会对所有在此工序前没有报告过工时的工序进行完工处理。具体的完工数量根据当前工序的完工数量来统计,时间则根据工序的定义时间来计算。对当前工序而言,处理和工时报告相同,而对以前的工序则只计算标准成本而不考虑差异成本。

• 工作单补料:由于车间的物料超量损耗而过量发放物料,需生成补料单。同时在制品账户增加生产成本。

• 车间物料短缺预警:根据已下达的尚未完成的工作单来计算车间现存物料是否短缺。

• 流水号/批号处理:工序计划单、派工单、工序汇报、工序转移单支持流水号/批号的处理,可以通过批号跟踪生产过程中使用的原材料、半成品的批号,方便质量跟踪。同一工序计划单通过流水号的管理,可以清楚了解追踪生产过程中的具体操作工人和加工设备。

• 完善的计时/计件工资处理:根据工序汇报中记录的完工产量和耗费工时,可以精确计算出每个工人的计时计件工资,并可以对生产过程中的报废进行工资的扣减处理。

15.6 质量管理

质量管理系统为工业企业提供从供应商评估、原材料质检、半成品质检、外协件质检、产成品质检、退货检验到样品管理及产品售后质量反馈等全面的质量管理与控制的企业管理软件。此外,通过质量信息的收集、统计、分析,向企业各级管理人员提供企业各环节的质量分析报告,使他们能及时了解质量信息及存在的问题,及早采取措施,确保产品质量,避免不必要的损失。进而帮助企业提高质量管理效率与生产效率,降低因来料问题、车间生产、库存物料质量管理等原因造成的质量事故,从而降低损耗与成本、提高产品质量与客户满意度。

业务流程如图 15-8 所示。

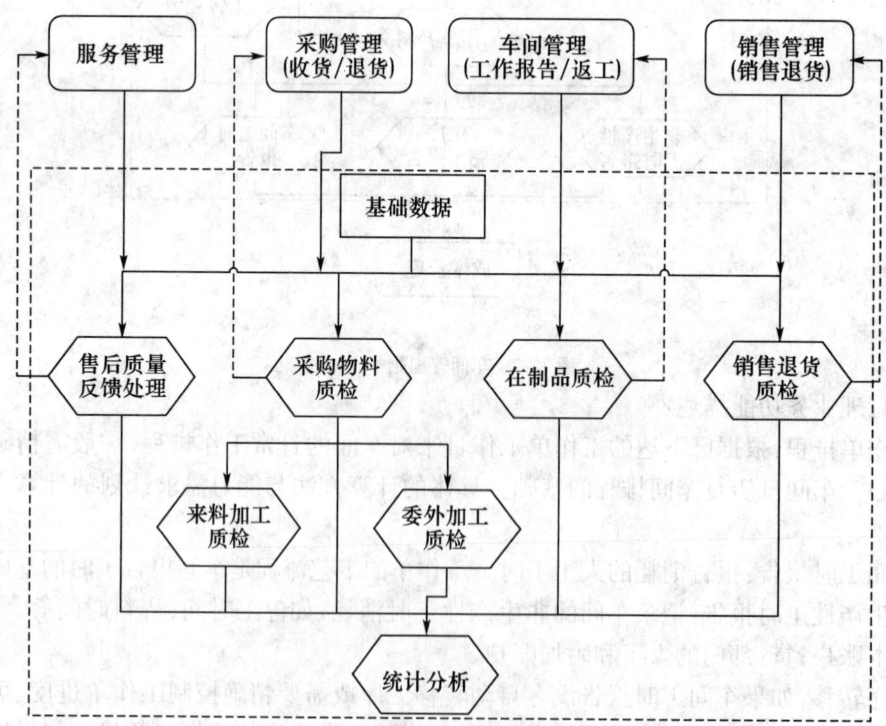

图 15-8 质量管理业务流程

15.7 设备管理

设备管理系统针对企业设备的基础资料、保养和维修、润滑、设备事故统计、设备折旧等问题，提供对设备进行统一的管理的功能：实现用户维护设备的相关信息，对设备作保养、检测、润滑、维修计划；同时反映设备检测、保养、润滑、维修情况，以及保养、润滑、维修过程中发生的物料耗用、资源耗用、人工耗用情况；记录设备的设备事故与原因分析；通过与固定资产相连接，实现设备的折旧处理；与资源连接，根据设备维修计划实现设备能力的动态调整；实现对设备的物质形态和价值形态的过程管理。

通过设备管理功能可以管理从设备购置到设备更新、报废的全过程，及时全面跟踪企业内各种关键设备的运作，做到及时维护、及时保养，最大限度地发挥设备的功能，减少设备的意外故障率。

业务流程如图 15-9 所示。

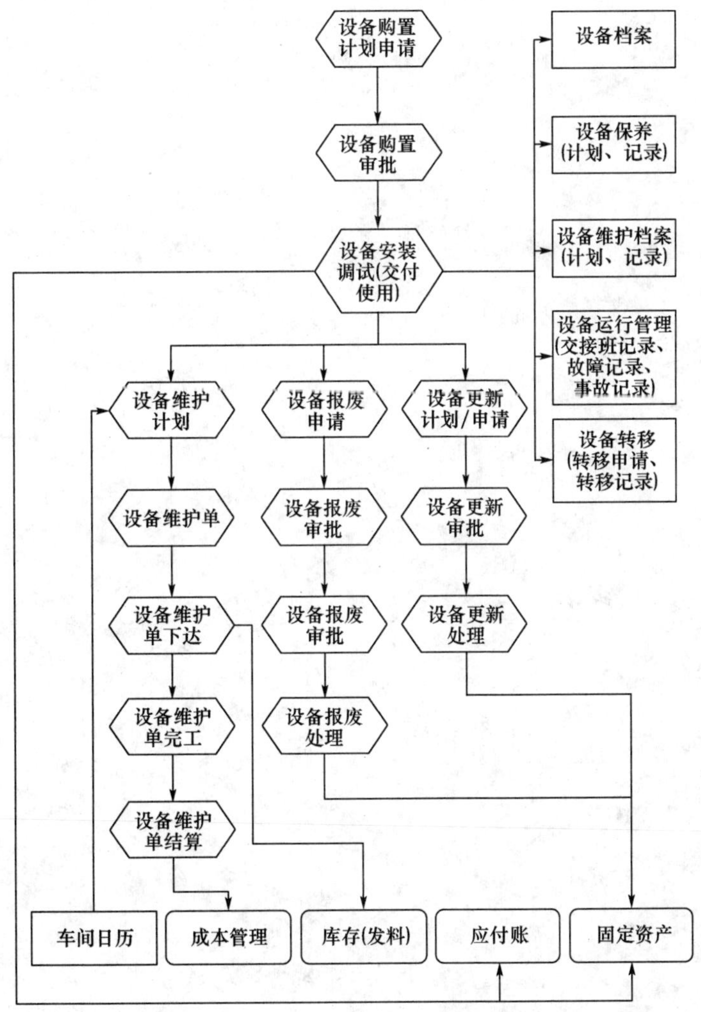

图 15-9 设备管理业务流程

第七篇

CRM

CRM(Customer Relationship Management,客户关系管理)这个概念最初由 Gartner Group 提出,伴随着因特网和电子商务的大潮进入中国。对 CRM 的定义,目前还没有一个统一的表述。但就其功能来看,CRM 是通过采用信息技术,使企业市场营销、销售管理、客户管理和支持等经营流程信息化,实现客户资源有效利用的管理软件系统。其核心思想是以"客户为中心",提高客户满意度,改善客户关系,从而提高企业的竞争力。

Neusoft/SAP Business One 敏捷商务解决方案将 CRM、销售、采购、生产和财务系统的关键业务信息集成起来,系统的 CRM 的商机管理、客户管理、服务管理模块将企业对客户的具体服务活动和成效进行全面的管理,有助于企业提升服务质量,改善服务效果,实现最佳的客户关系管理。

第16章

销售机会管理

16.1 系统综述

16.1.1 概 述

销售机会管理作为 CRM (客户关系管理)的基本内容,是企业销售管理中的重点。如何挖掘客户、管理销售活动是每个以销售为导向的企业最关心的问题。CRM 中简单实用的销售机会管理将帮助销售人员管理自己的销售活动,并帮助销售经理分析每个项目的完成率、销售人员的业绩等。

销售机会活动发生在将销售结算为赢取或损失之前。用户可以使用 Neusoft/SAP Business One 敏捷商务解决方案的销售机会管理来处理销售接单业务。

Neusoft/SAP Business One 销售机会管理的特点是:

(1)提供简单实用的客户商机管理。

• 商机管理可以监控和更新“销售机会”模块中的信息(包括潜在销售量和其他相关信息)。

• 可以根据更新销售机会,在“销售机会”窗口中维护此数据。

• 可以根据销售活动来跟踪和分析未决的机会。销售活动可以包括会议、谈判和销售管道中的其他活动。

(2)可以通过商机管理或在与业务伙伴联系过程中直接创建客户报价单。

• 如果赢得了销售机会,则输入销售总额及销售阶段的结算百分比。

• 可以在“销售机会”窗口的“阶段”选项卡中链接各种单据,包括直接创建客户报价单。

(3)提供简单的销售机会分析。

• 系统可以对整个销售过程进行分析。

• 可以采用表格和图形格式生成各种报表,以提供不同的分析形式。

• 分析可以按阶段、按用户进行。

• 可以显示统计报表中的高级概览。用户可以根据各种参数(例如业务伙伴、销售员和时间期间)来过滤这些报表。

16.1.2 业务流程

销售机会管理是以销售为导向的企业业务流程的商机阶段的管理,通过实用的销售机会管理将帮助销售人员管理自己的销售活动，并帮助销售经理分析每个项目的完成率、销售人员的业绩等。可以使用销售机会来记录、跟踪和分析客户或潜在客户业务潜力中的每一个步骤。

从建立销售机会→机会分析→赢得商机，有一个非常清晰的业务管理流程，能够满足企业销售接单的业务需求。如图 16-1 所示。

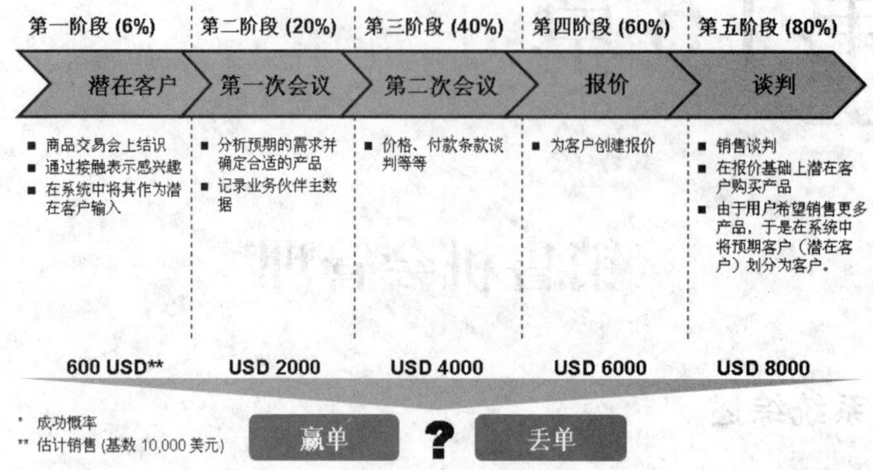

图 16-1 业务管理流程

Neusoft/SAP Business One 销售机会管理的流程功能如图 16-2 所示。

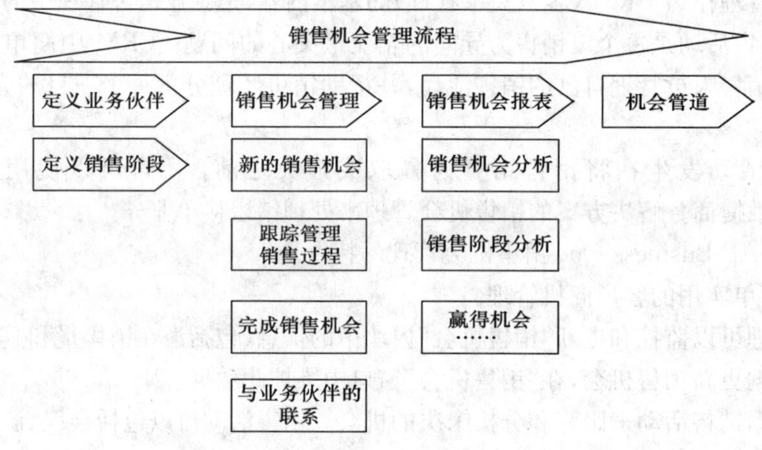

图 16-2 销售机会管理流程

16.2 销售机会过程建立

16.2.1 概 述

销售过程实际上是由一系列的阶段组成的。

在 SAP Business One 中，这些阶段可以根据用户的喜好进行定制，尽可能接近销售过程的开始。每个销售阶段都可以用一个唯一的名称或描述来定义。新阶段可以在整个处理过程中定义，而且阶段顺序也可以修改。

销售过程通常包括与所选业务伙伴构建真正的战略合作。这些信息也应该在“销售机会”窗口的“常规”选项卡中输入和更新。

用户可以添加与业务伙伴相关的信息，包括潜在客户、供应商、与此合作伙伴或特定机会有关联的关系明细和其他业务伙伴明细。还可以添加有关竞争对手的信息，包括备注和威胁程度的评估。最后失去机会时，还可以记下成功的竞争对手以备将来参考。

在“潜力”选项卡中，如果销售已成功完成，则可以输入预期金额以便评估潜在收益。SAP Business One 将执行预期利润的计算以及其他有助于财务分析的计算。用户可以记录每个销售阶段的结算百分比。预测系统会使用各种可利用的方法来预测潜在收益，并对销售活动进行优先级划分。

为了便于参考，还可以在“销售机会”窗口中链接不同的单据，如报价单。在“阶段”选项卡中，每个阶段都链接到特定的单据。某些活动也可以链接到此选项卡，例如会议和电话。

在整个销售机会中，用户可以通过生成不同的报表，从不同的角度来分析其进度。如果定期进行更新，则确保报表始终基于当前的最新信息。

当销售机会成功或失败时，便可以关闭销售机会。一份记录正确的摘要有助于分析成功和失去的销售机会。在“摘要”选项卡中输入最终状态，即“赢得”或“失去”，并添加任何相关的评论和报告。如有必要，已关闭的销售机会还可以在稍后某个时间重新打开。

16.2.2　销售相关数据定义

在将销售机会输入到 SAP Business One 之前，首先必须定义销售员、销售阶段和业务伙伴。还可以在创建或更新销售机会时，在销售机会窗口中定义这些内容。

详细的销售相关数据定义可参考本书销售管理相关章节。

16.2.3　与业务伙伴的联系

16.2.3.1　管理与业务伙伴的联系

路径：

菜 单	SBO→业务伙伴→活动

界面：如图 16-3 所示。

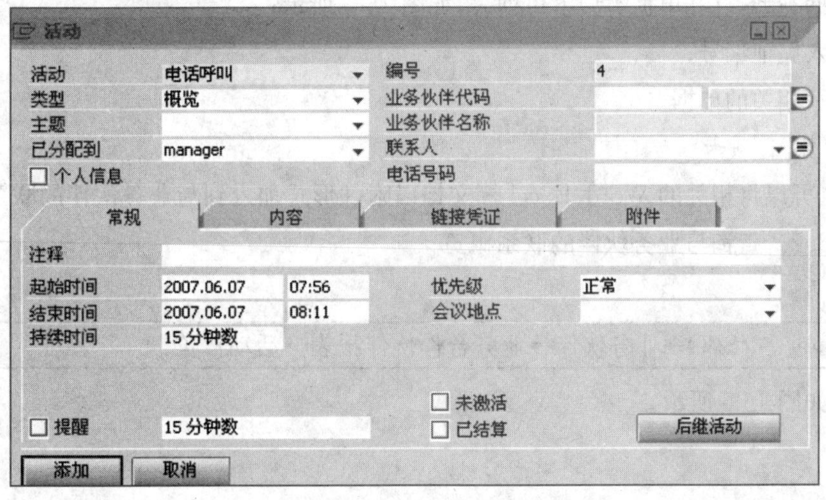

图 16-3　活动——“常规”选项卡

1.“表头”中的数据项

• 业务伙伴名称、联系人和电话号码：业务伙伴的名称以及相关联系员工的姓名（定义为默认值）和电话号码都从主记录复制到这些字段中。如果联系的人员不是默认联系员工，请从下拉列表中选择此人。

• 编号：系统自动维护此字段。此字段中的条目是系统中与此业务伙伴不相关的所有联系的顺序编号。

• 已分配到：显示负责输入联系的当前登录用户的名称。可以用下拉列表中的另一条目替换该条目。

• 联系人：显示主记录中输入的负责业务伙伴的销售人员的姓名。可以用下拉列表中的另一条目替换该条目。

2.“常规”选项卡

• 优先级：在此处将用户的联系优先化。使用指定的优先级，可以对打开的联系排序，以便在处理这些联系时可以从最紧急的开始。从下拉列表选择一个条目。

• 会议地点：通过下拉列表选择或自行定义新的地点。

• 起始时间：输入与业务伙伴联系的开始时间。

• 持续时间：输入与业务伙伴联系的预计持续时间。

• 结束时间：输入与业务伙伴联系的预计结束时间。

• 提醒：可选项。如选择此项，例如：19 分钟，系统将在与业务伙伴联系开始前 19 分钟，以消息/警报概览的方式通知用户。

3.“内容”选项卡

记录与业务伙伴联系的具体内容。

4.“链接凭证”选项卡

如果与客户的联系与某项具体的业务有关，用户可以通过“链接凭证”选取相关的单据类型和业务单据。步骤如下：

(1)单据类型：打开单据类型下拉列表，如图 16-4 所示；

(2)输入凭证编号；

(3)显示相关的单据。

5.“附件”选项卡

用户也可以将相关的 Word、Excel 等文档以附件形式加入到与业务伙伴的联系中。

16.2.3.2 查询与业务伙伴的联系概览

路径：

菜 单	SBO→业务伙伴→业务合作伙伴报表→活动概览

界面：如图 16-5 所示。

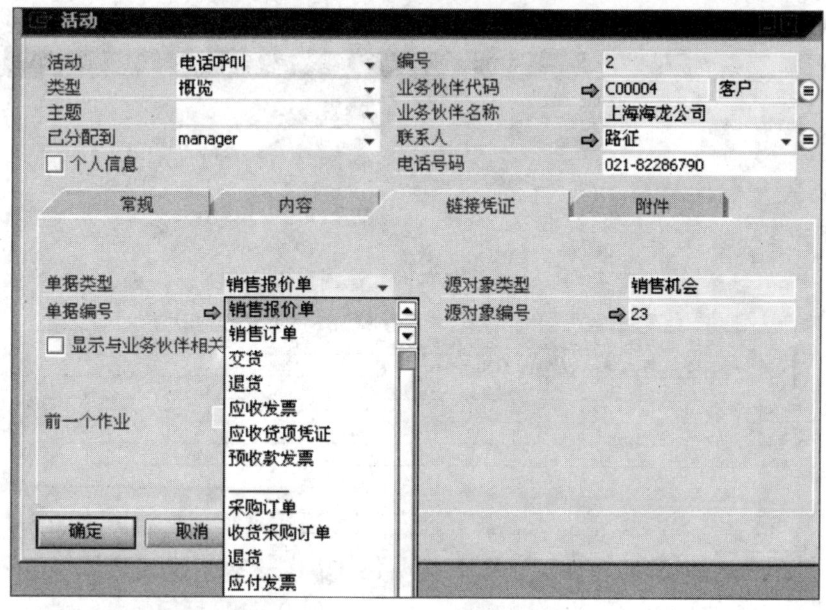

图 16-4　单据类型

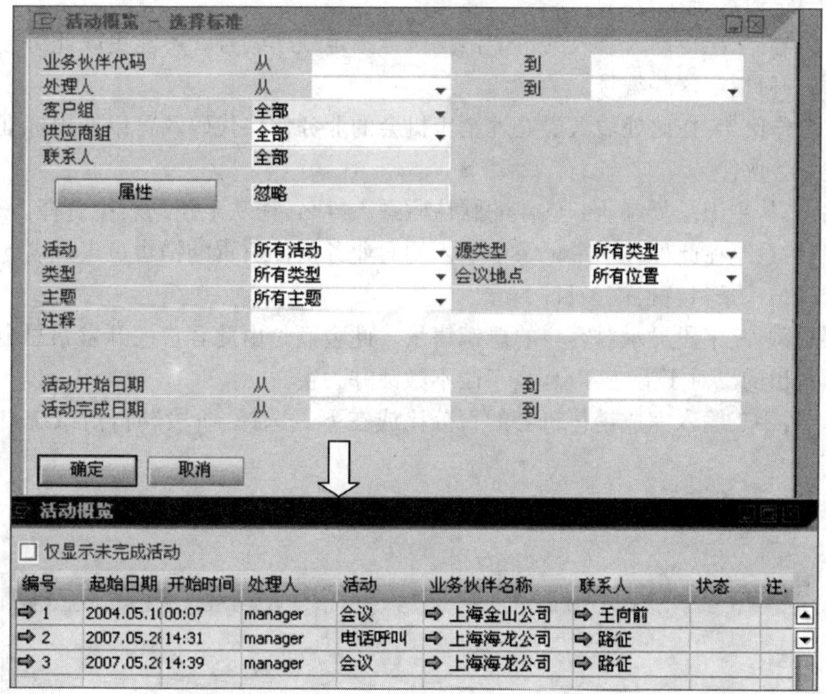

图 16-5　活动概览

16.3　管理销售机会

16.3.1　添加销售机会

路径：

菜 单	SBO→销售机会

界面:如图 16-6 所示。

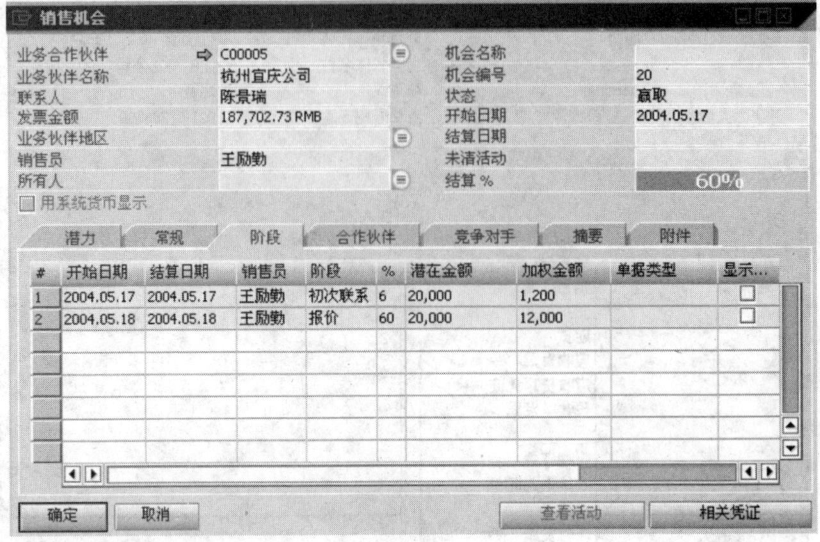

图 16-6 销售机会

1."表头"中的数据项

• 机会编号:系统自动为输入的每个销售机会指定顺序编号。不能更改此编号。当配置系统时,应定义如何指定这些编号。

• 业务合作伙伴:在此处输入要处理销售机会的业务伙伴代码。可以使用标准搜索功能在系统中查找业务伙伴。

• 联系人:从主记录复制业务伙伴的默认联系人姓名,请从下拉列表中选择。

• 销售员:系统在此处显示主记录中输入的对业务伙伴负责的销售员工姓名。可以通过从下拉列表选择另一条目替换该条目。

• 发票金额:此字段显示对客户的总销售量。此金额是由此客户的开发票总金额减去贷项凭证金额而得出的。对于潜在客户,该字段不激活并为空。

• 结算%:手工输入完成销售机会的百分比或在下表选择"阶段"时,由系统自动输入已定义的完成率。

2."常规"选项卡

如图 16-7 所示。

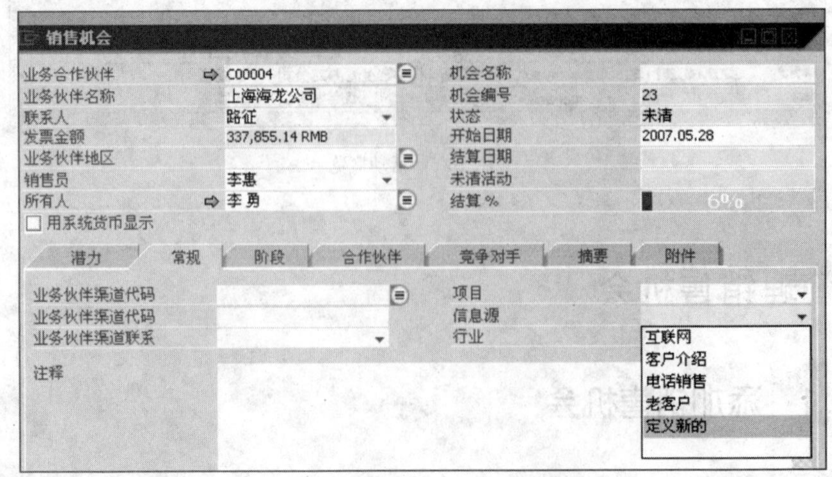

图 16-7 销售机会——"常规"选项卡

• 信息源：点击下拉列表选择销售机会的来源或定义新的机会来源，如图 16-8 所示。

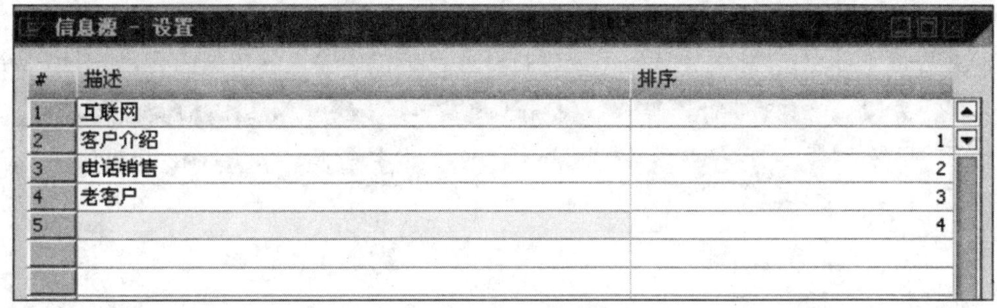

图 16-8　信息源-设置窗口

3.“潜力”选项卡

如图 16-9 所示。

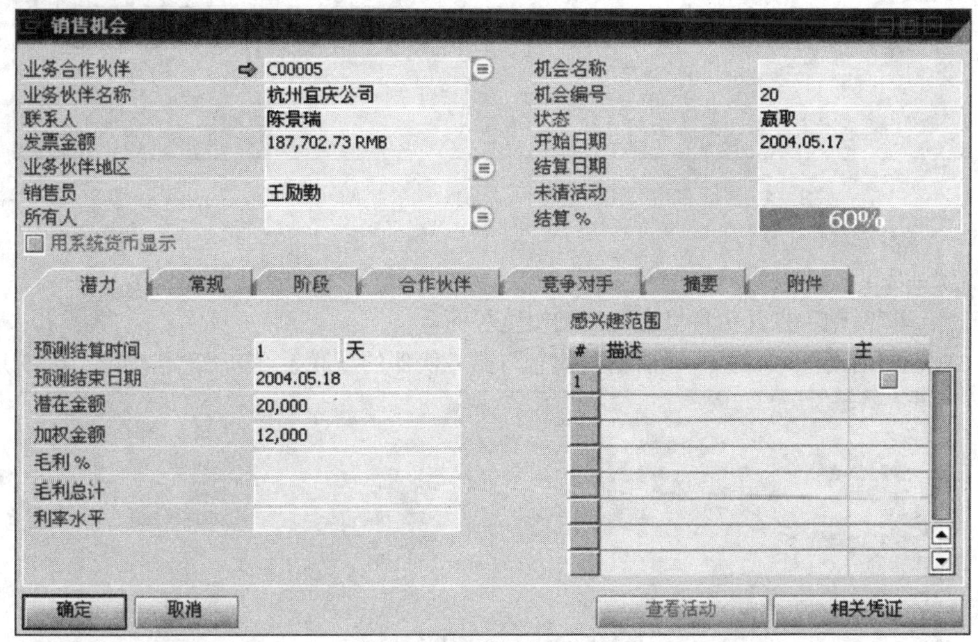

图 16-9　销售机会——“潜力”选项卡

字段说明：

• 加权金额：系统根据最大总计和可能性计算加权值。加权金额也显示在表的相关当前行中。如果更改金额，则最大总计会根据用户指定的可能性进行更改。

• 毛利%、毛利总计：可以以最大总计的百分比手动输入毛利率。然后系统计算毛利总计。如果销售机会链接到销售单据，则系统可同时以百分比和绝对值复制毛利。

• 预测结束日期：手工输入，或系统根据输入的结束自动算出。

• 感兴趣范围：客户对公司的哪些产品感兴趣。

4. 其他选项卡

• “合作伙伴”选项卡：输入与此销售机会共同合作的个人或公司信息。

• “竞争对手”选项卡：输入与此销售机会竞争的个人或公司信息。

• “附件”选项卡：输入用户认为与此销售机会相关的信息。

• “摘要”选项卡：输入此销售机会的结果。例如，赢了/输了/未结束。

5. 链接“业务单据”到销售机会中

步骤如下：

(1)打开"阶段"选项卡,选择与销售机会相关的单据类型和编号;

(2)加入相关信息后,点击"确定";

(3)在界面下部点击"相关凭证",系统则打开在已链接中输入的单据内容,如图16-10所示。

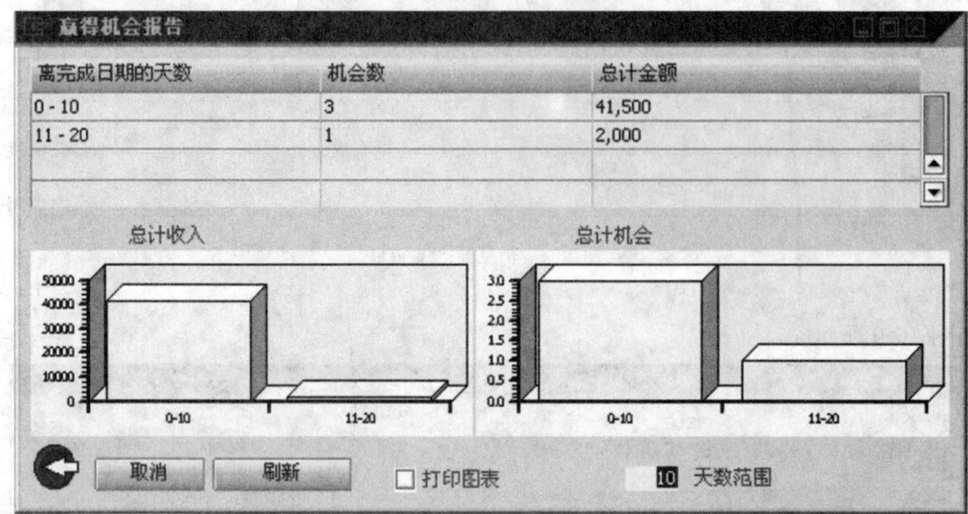

图 16-10 链接"业务单据"到销售机会中

6. 链接"活动"到销售机会中

步骤如下:

(1)点击"活动",打开销售机会的活动概览界面;

(2)点击"活动"下部的"后继活动",建立与业务伙伴的新联系,然后确定,如图 16-11 所示。

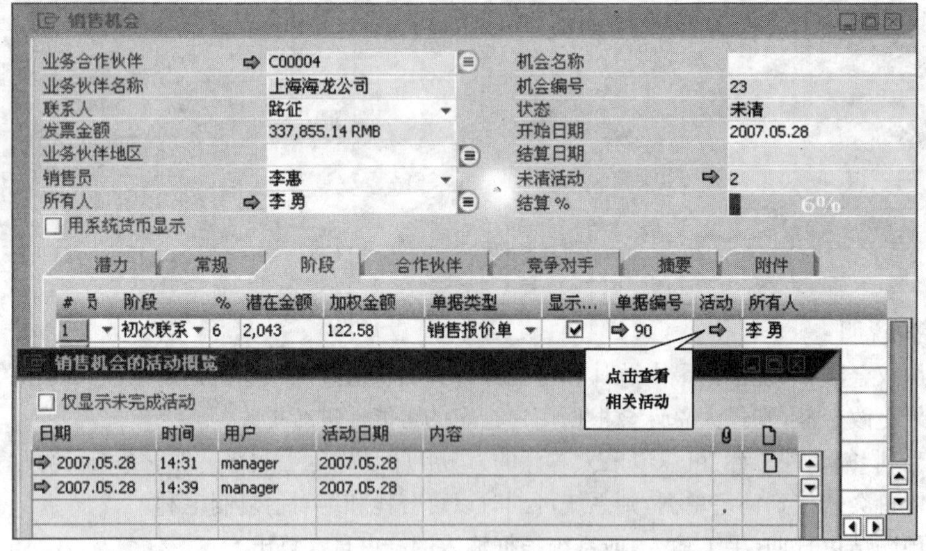

图 16-11 链接"活动"到销售机会中

16.3.2 维护和关闭销售机会

路径:

菜 单	SBO→销售机会→更改/复制/删除销售机会

【说明】

(1)要复制现有销售机会,请选择菜单栏中的“数据”,然后选择“复制”。系统将把现有销售机会的数据复制到新销售机会中(不复制客户)。

(2)要删除现有销售机会,请选择菜单栏中的“数据”,再选择“删除”。分析中则不再显示此销售机会。

当一次销售机会结束后,可以将其关闭,以完成一个完整的销售机会管理流程并可用于后面的销售机会分析,在“销售机会”界面的“摘要”选项卡(如图 16-12)中,用户可以输入销售机会的结果来关闭销售机会。如选择“赢取”,用户需填写赢得此销售机会的金额。如选择“损失”,用户可从下拉列表中选择失去此次销售机会的原因,或定义新的失败原因。

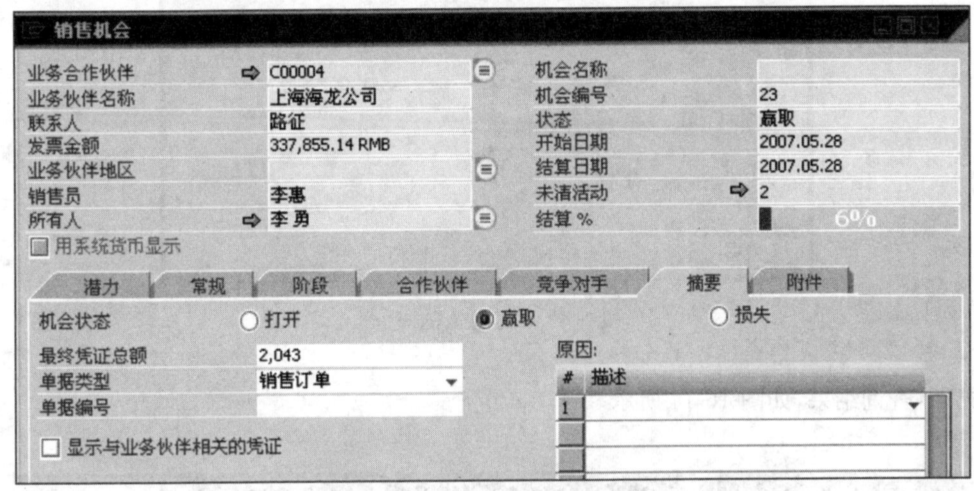

图 16-12 销售机会——“摘要”选项卡

16.4 销售机会报表

16.4.1 概 述

销售机会报表用于对销售机会进行监控和分析。用户可以使用这些报表来查找和了解公司销售机会成功或失败的原因。

这些报表可以基于所有参数,也可以根据某些参数进行过滤。选择参数通常会打开一个或多个窗口,可以从其中选择不同的选项。某些报表可以显示为图形格式或表格式。

路径:

菜 单	SBO→销售机会 → 销售机会报表
菜 单	SBO→报表→销售机会

系统提供以下销售机会报表进行机会监控分析查询,包括:机会预测报表、机会预测超出时间报表、机会统计报表、机会报表、阶段分析、赢得机会报告、失去的机会报表、我的未清机会报表、我的已清机会报表等。此外,还包括机会管道、动态机会分析等。

16.4.2 销售机会分析

用户可以通过对销售机会报表进行分析,来了解企业销售的整体状况,管理商业机会,以便更好地制定销售策略。

路径:

菜 单	SBO→销售机会→销售机会报表→机会分析

界面:条件选择,如图 16-13 所示。

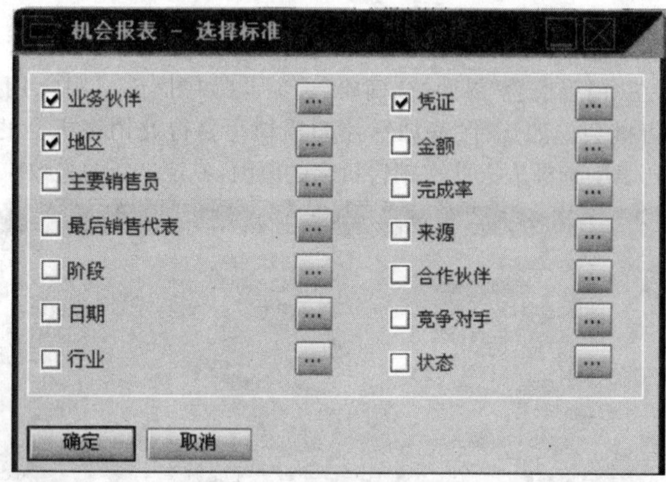

图 16-13 机会报表-选择标准

界面:查询结果,如图 16-14 所示。

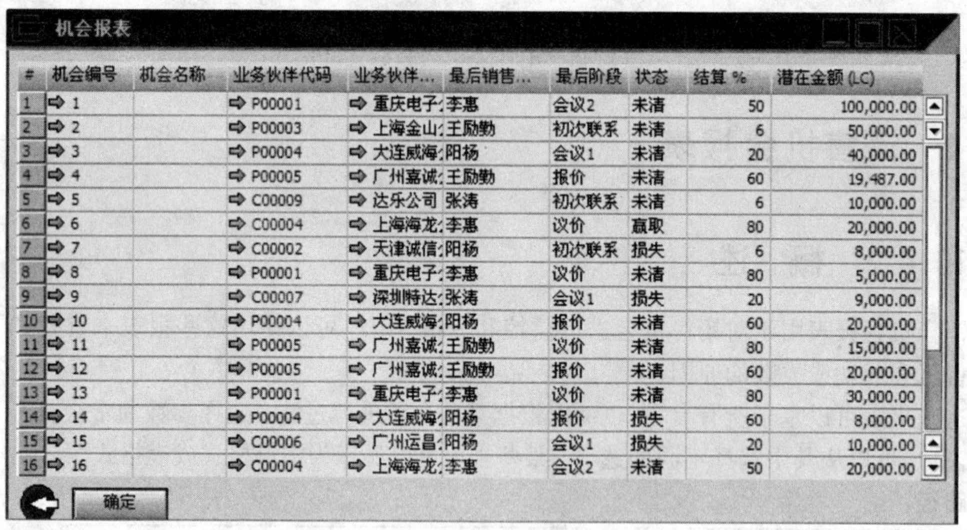
机会报表

#	机会编号	机会名称	业务伙伴代码	业务伙伴...	最后销售...	最后阶段	状态	结算 %	潜在金额 (LC)
1	1		P00001	重庆电子:	李惠	会议2	未清	50	100,000.00
2	2		P00003	上海金山:	王励勤	初次联系	未清	6	50,000.00
3	3		P00004	大连威海:	阳杨	会议1	未清	20	40,000.00
4	4		P00005	广州嘉诚:	王励勤	报价	未清	60	19,487.00
5	5		C00009	达乐公司	张涛	初次联系	未清	6	10,000.00
6	6		C00004	上海海龙:	李惠	议价	赢取	80	20,000.00
7	7		C00002	天津诚信:	阳杨	初次联系	损失	6	8,000.00
8	8		P00001	重庆电子:	李惠	议价	未清	80	5,000.00
9	9		C00007	深圳特达:	张涛	会议1	损失	20	9,000.00
10	10		P00004	大连威海:	阳杨	报价	未清	60	20,000.00
11	11		P00005	广州嘉诚:	王励勤	议价	未清	80	15,000.00
12	12		P00005	广州嘉诚:	王励勤	报价	未清	60	20,000.00
13	13		P00001	重庆电子:	李惠	议价	未清	80	30,000.00
14	14		P00004	大连威海:	阳杨	报价	损失	60	8,000.00
15	15		C00006	广州运昌:	阳杨	会议1	损失	20	10,000.00
16	16		C00004	上海海龙:	李惠	会议2	未清	50	20,000.00

确定

图 16-14 机会报表

16.4.3 阶段分析

路径:

菜 单	SBO→销售机会→销售机会报表→阶段分析

界面:条件选择,如图 16-15 所示。

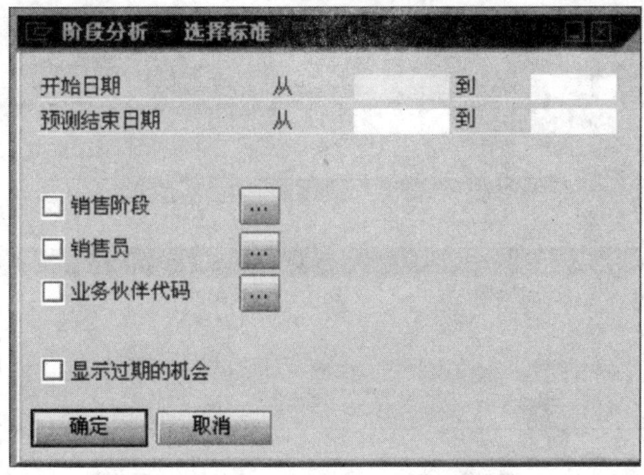

图 16-15　阶段分析-选择标准

界面:查询结果,如图 16-16 所示。

通过双击销售阶段行,可以从阶段分析转到详细阶段分析,如图 16-17 所示。

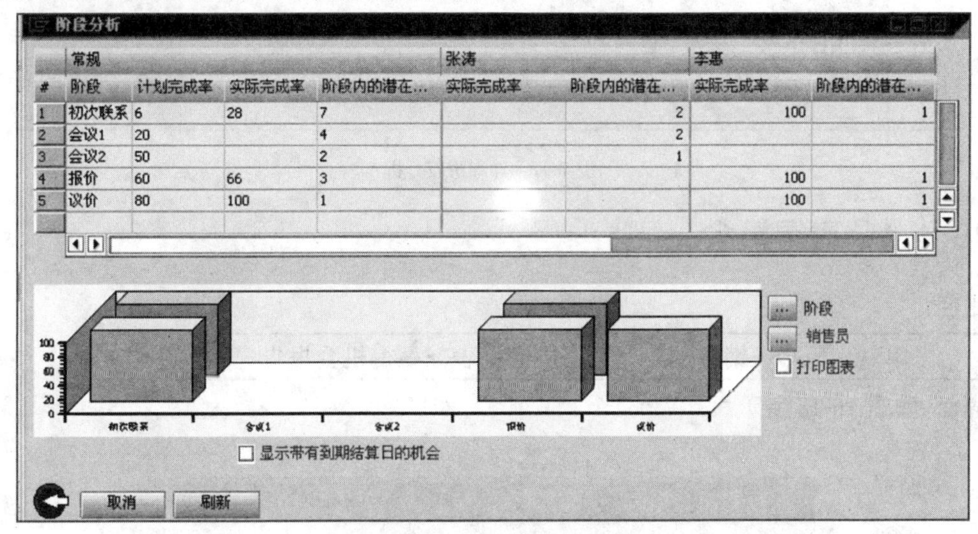

图 16-16　阶段分析

【说明】

在此界面的上部显示下列信息:

• 阶段名称:显示所分析阶段的名称。

• 以天计的时间间隔:可以根据销售机会到决定之前的持续时间来指定已决定销售机会的分组。如果输入数字 30,每个销售机会会被分成以 30 天为间隔。在表的第一个列中,显示 0 到 30 天内所有成功决定的销售机会。可以更改条目,以便另外对销售机会的持续时间排序。然后选择“刷新”来刷新该表和将销售机会重新分组。

• 标准化%:显示为销售阶段定义的成功可能性。

• 花费%:获利并确定的销售机会的数量以该销售阶段的所有已决定销售机会的百分比显示。

• 通过双击表中的销售员行,可以调用机会清单。清单中会显示分析中的相关销售机会。

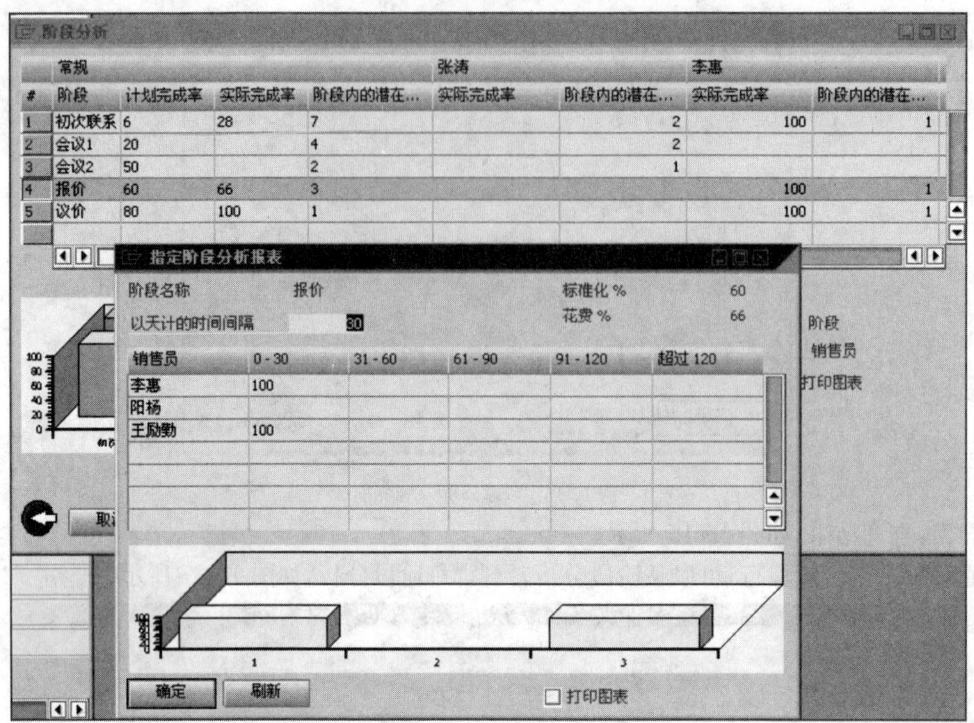

图 16-17 详细阶段分析

16.4.4 赢得机会

路径：

菜 单	SBO→销售机会→销售机会报表→赢得机会报告

界面：如图 16-18 所示。

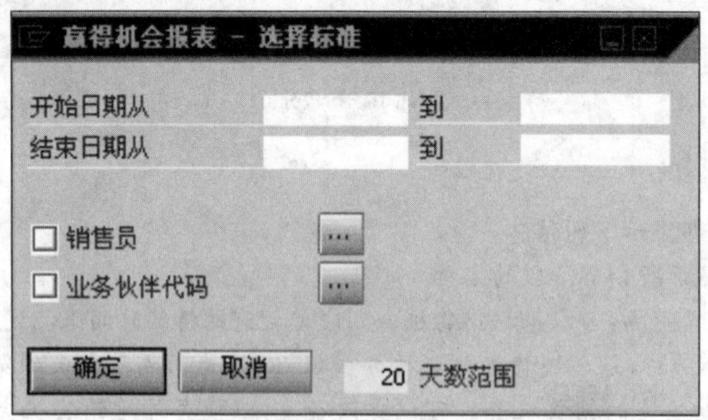

图 16-18 赢得机会报表-选择标准

查询结果界面如图 16-19 所示。

通过双击表中的一行，可以调用机会清单。然后会显示以天数表示的持续时间中已成功确定的销售机会的清单。

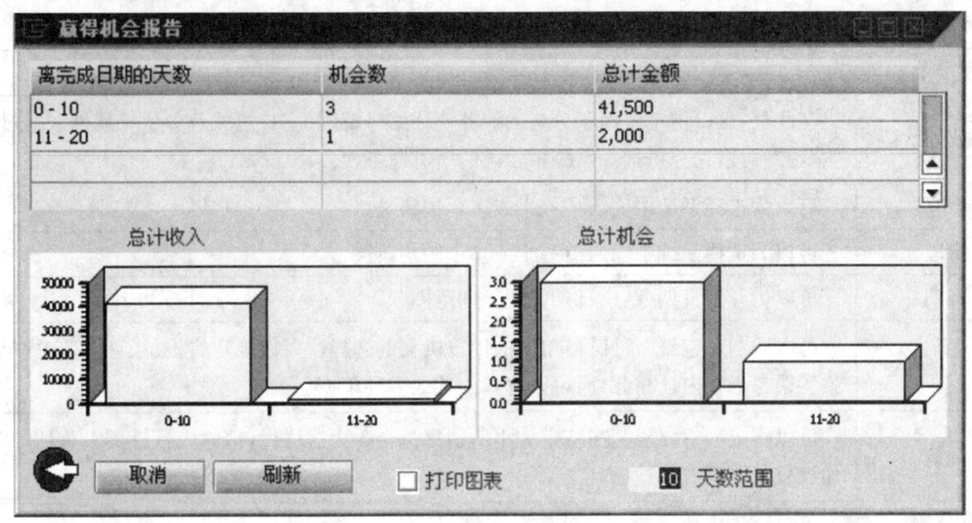

图 16-19　赢得机会报告

16.5　机会管道

当用户调用机会管道功能时,系统显示分析结果,即所有已开始的销售机会。在界面的右侧,已开始的销售机会根据销售阶段排序并以图形显示。

路径:

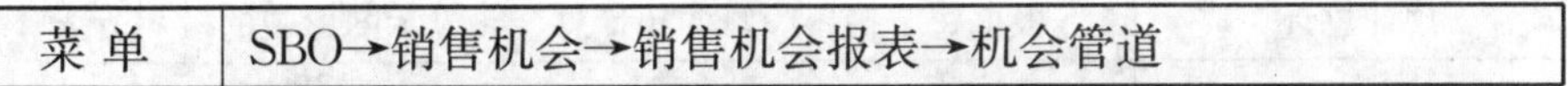

菜 单	SBO→销售机会→销售机会报表→机会管道

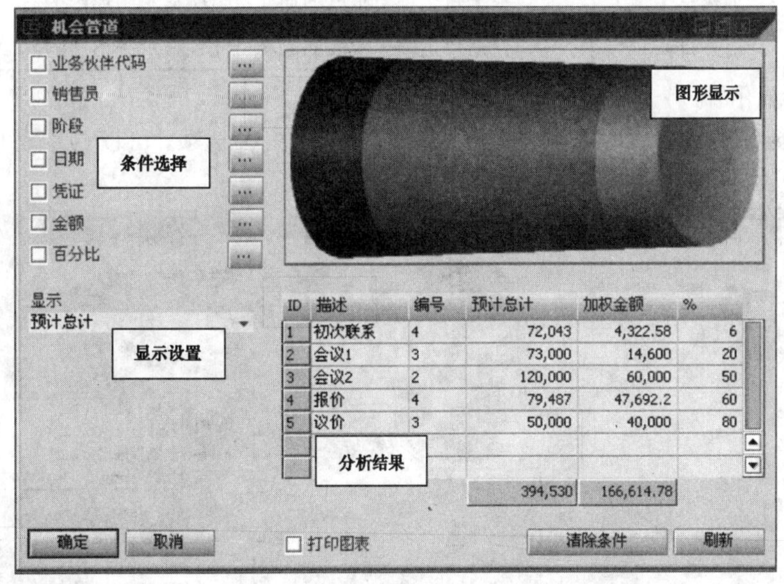

图 16-20　机会管道(1)

16.5.1　概　述

机会管道界面包括“条件选择”、“显示设置”、“图形显示”和“分析结果”四个区域,如图 16-20所示。

(1)“条件选择”区域:可以根据各种标准限制已开始的销售机会(见表 16-1)。

表 16-1　　条件选择说明

栏　单	说　明
业务伙伴代码	在此处，可以指定要用于分析的业务伙伴编号范围、客户组或业务伙伴属性。通过选择“全选”，可以为分析选择系统中输入的所有业务伙伴
销售员	可以为选择系统中输入的一个或多个销售员工
阶段	可以为选择系统中输入的一个或多个销售阶段
日期	可以为开始日期/结束日期指定日期范围
凭证	可以限制对包含一种链接单据的销售机会的选择。可以规定将报价、订单、交货单和付款发票考虑在内。在此处，可以选择一种或多种单据
金额	可以指定分析要限制在特定大小的销售机会。要这样做，请输入预计最大总计的范围、加权总计金额或总计毛利
百分比	可以通过成功可能性限制选择。这是使用销售阶段的替代

如果想要打印界面中显示的图形，请选择打印图表。

(2)“显示设置”区域。

“图形显示”中的每段图形表示一个销售阶段。在此处可以为每个销售阶段的每个阶段显示不同的值，段的厚度相应要做更改，请在显示字段的下拉列表中选择下列选项之一，如表 16-2 所示。

表 16-2　　选项说明

选　项	说　明
预计总计	根据每个销售阶段的预计总金额显示图形中的段
加权总金额	根据每个销售阶段的加权总金额显示图形中的段
清算百分比	根据每个销售阶段的成功可能性显示图形中的段

(3)“图形显示”区域。

机会管道包含用于在其他界面中显示进一步信息的各种选项，可以调用表行中显示的或作为图形的一段显示的销售机会列表。如图 16-21 所示。

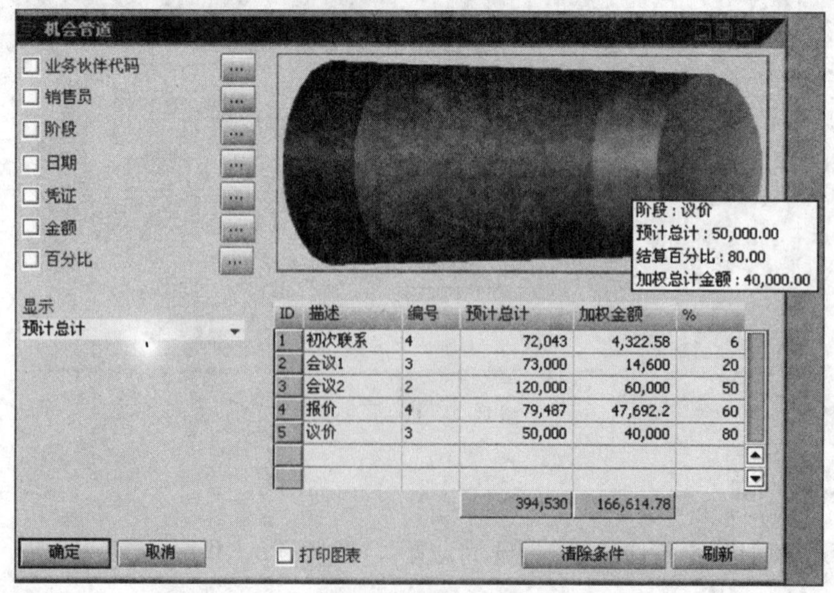

图 16-21　机会管道(2)

步骤如下：

• 请双击表中的一行或图形的一段。系统将显示一个附加界面,其中包含每个销售阶段的已打开销售机会的列表。

• 通过单击图形中的一段并按住鼠标,还可以为每个段(即为每个销售阶段)显示数据汇总。

• 单击屏幕上的另一位置,显示的内容便会消失。

(4)“分析结果”区域。

• 编号:显示每个销售阶段已开始销售机会的数量。

• 预计总计:显示每个销售阶段销售机会的最大金额总计。

• 加权金额:显示每个销售阶段成功可能性的最大金额总计。

• %:为每个销售阶段显示已开始销售机会的平均成功可能性。如果在销售机会中已经手动更改系统根据销售阶段建议的成功可能性,则结果为另一种成功可能性。

• 在表格的底部,为所有销售阶段总计金额。

16.5.2 动态机会分析

在机会管道中的图形报表中点击右键,选择动态机会分析,如图 16-22 所示。

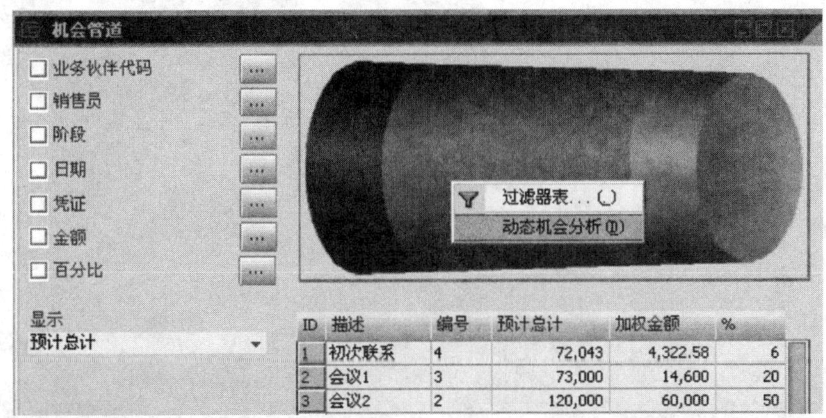

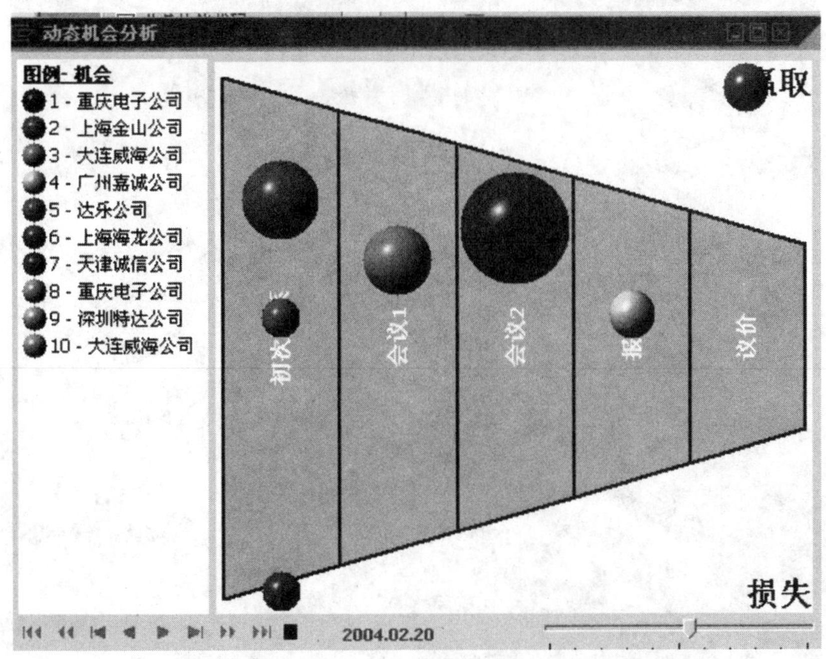

图 16-22 动态机会分析

• 如果单击屏幕左下角的控制命令,则气球可以启动、加速、中断、前进或倒退动态显示。

屏幕的右下角标识已显示了多少内容。通过单击并移动这里的指针，还可以选择特定日期。日期显示在屏幕底部中央。气球根据更改状态，沿着表示销售流程阶段的纵轴移动。

• 如果销售机会已经成功决定，则气球向上浮动。同理，如果销售机会丧失，气球则向下浮动。

• 通过更改菜单栏中的“图例”和“设置”选项，可以根据需要更改“动态机会分析”界面的显示选项。

第17章

客户管理

SAP Business One 中有三类业务伙伴:客户、供应商和潜在客户,在处理不同的业务流程时,系统自动区分这三种类型的业务伙伴。如用户可以管理与客户签署的服务合同,处理客户向用户发出的服务请求。

本章只介绍客户主数据中与服务相关的部分,关于业务伙伴的详细介绍,请参见第二篇销售管理。

17.1 客户主数据概述

客户主数据主要包括对客户信息的定义,包括:地址、联系人、客户组、属性、付款条件等。图 17-1 是业务伙伴定义流程。

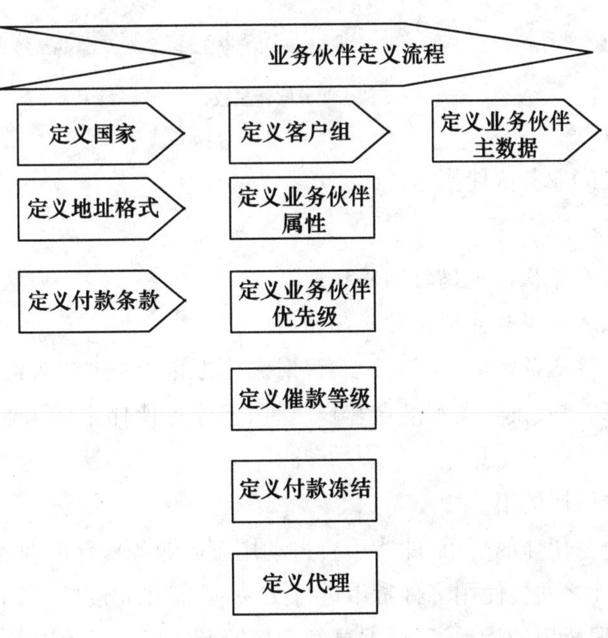

图 17-1 业务伙伴定义流程

客户与会计科目之间的链接是根据“控制科目”进行关联的。

系统会将所有业务交易(即与客户发生的销售业务和与供应商发生的采购业务)都自动生成财务凭证,过账到相应的控制科目,这样用户就可以随时查询客户或供应商的余额。

17.2 维护业务伙伴主数据

路径:

菜 单	SBO→业务伙伴→业务伙伴主数据

界面:如图 17-2 所示。

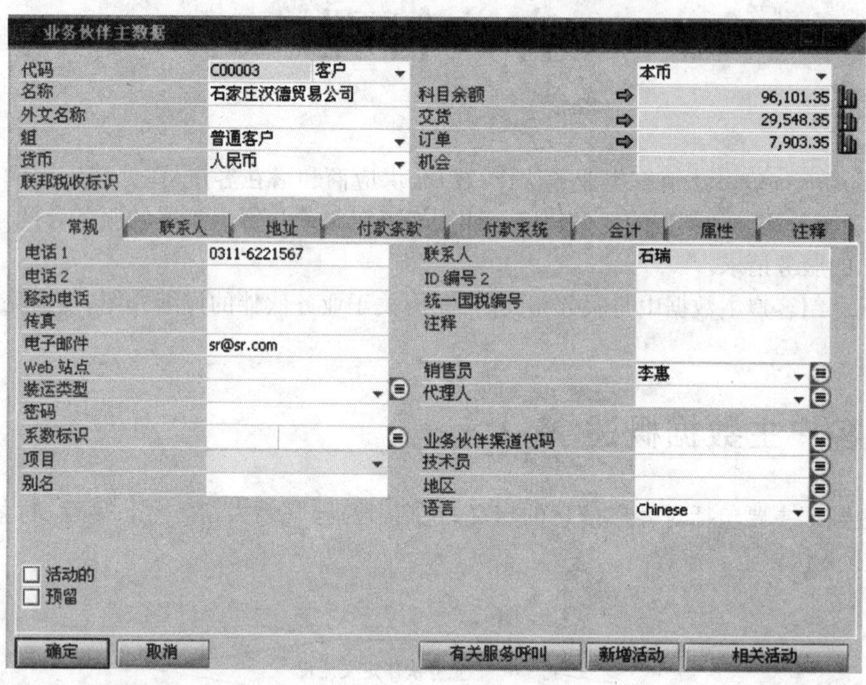

图 17-2 业务伙伴主数据

1. 客户主数据——表头

• 代码:为所定义的业务伙伴指定代码。

注意

(1)建议首先定义业务伙伴代码的编码规则。

(2)业务伙伴的代码不能与会计科目代码相同。

(3)如某一业务伙伴既是客户,也是供应商,则需要为其分别定义两条业务伙伴主数据。

• 类型:可以选择客户、供应商和潜在客户三种,但业务伙伴未发生业务交易时,可以更改其类型。

• 组:该业务伙伴所属的组。

• 货币:选择此业务伙伴的货币,此货币会自动用于此业务伙伴的业务单据。

如果与此业务伙伴之间会使用多种货币进行交易,则需在此选择“多货币”。这样在创建业务单据时就可选择单据所用的货币了,单据总额会按照所选择的货币以及系统币进行储存。

• 交货/订单:根据选择,以国家货币或系统货币显示此业务伙伴的交货单/订单的数额。

图 17-2 中客户“石家庄汉德贸易公司”的科目余额为 96,101.35 元,它表示已向客户开具

销售发票但还未交货的总金额为 29,548.35 元。点击 ⇨,可以查看余额的详细数据,点击 可对数据进行图形分析。

• 机会:与此业务伙伴发生的销售机会的总数。

2."常规"选项卡

3."联系人"选项卡

在此选项卡中输入联系人相关信息,也可以定义新的联系人。默认的联系人会用粗体显示。

4."地址"选项卡

可为业务伙伴定义多个地址,例如"开票到"或"发运到",用于此业务伙伴有多个不同地址的情况。默认的地址会用粗体显示。

5."付款条款"选项卡

• 付款条款:该业务伙伴的默认付款条款,系统会根据业务单据的付款条款、过账日期来计算销售发票的起息日(应收日期)。

如果在定义付款条款时为其指定了相关的利息、价格清单、总计折扣、信用额度及最大承付款,则在选择此付款条款后,这些数据会自动复制到业务伙伴主数据的相关字段中。

• (欠款)利息:此字段只是一般信息性字段,不参与任何价格或财务计算。

• 价格清单:该业务伙伴使用的默认价格清单。

• 总计折扣:为此业务伙伴创建业务单据时系统默认使用的单据折扣百分比。

• 信用额度及最大承付款:此业务伙伴的信用额度以及最大承付款,在进行销售相关业务时使用,可根据系统的设置,进行相关的检查。

如在系统设置中设置了在销售业务中管理信用额度,则在为客户创建销售单据时,如果客户的未清账款超出其信用额度或最大承付款,则系统会限制相关销售单据的创建。

• 银行国家、银行、科目、分行:

对于客户来说,当此客户使用支票付款时,这些字段会自动复制到支票当中;

对于供应商来说,这些字段只是一般性信息字段。

• 平均延迟:该客户付款的平均延迟天数,此信息会在现金流分析中使用。

• 优先级:该客户的优先级,在"拣配"中使用。

• IBAN:在外币付款中使用的 IBAN 编号。

• 假期:该客户不进行付款的假期。

• 容差天数:允许的早于或迟于发票到期日的天数。

• 付款日期:客户固定的付款日期或供应商固定的收款日期。

• 部分交货:当业务伙伴为客户时,出现此选项。用于设置当根据销售订单创建发货单时,是否可以根据销售订单的选定行进行部分交货。

• 延期交货:当业务伙伴为客户时,出现此选项。用于设置当根据销售订单创建发货单时,是否可以根据销售订单的选定行或选定行的指定数量进行部分交货。

6."付款系统"选项卡

包括开户行、参考明细和付款方式三类内容。

7."会计"选项卡——常规

图 17-3 为业务伙伴主数据——"会计"界面。

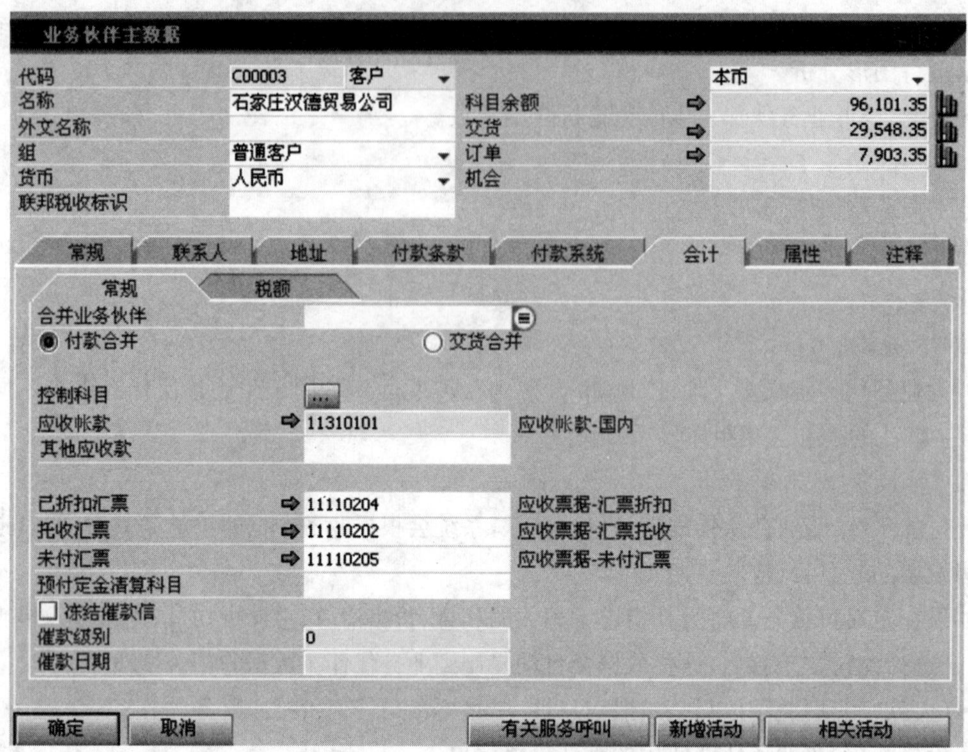

图 17-3 业务伙伴主数据——“会计”选项卡

• 合并业务伙伴：

如果将一个业务伙伴的多个分支机构分别定义成不同的业务伙伴主数据，但希望将他们所有的交易合并到同一总公司，则需要在“合并业务伙伴”字段中为每一分支机构选择相同的总公司。

• 付款合并：合并各个分支机构的发票，并将发票开给总公司，由总公司承担所有应付账款。

• 交货合并：合并交货单到一张付款发票，并发货给总公司。

• 控制科目：指定此业务伙伴的其他控制科目，包括定义汇票应收账款、托收汇票、折扣汇票、未付汇票以及坏账所对应的会计科目。

• 应收账款：定义此业务伙伴应收的控制科目。

• 冻结催款信、催款级别、催款日期：当该业务伙伴类型为客户时出现这些选项，表示是否停止向此客户发送催款信、客户当前的催款级别以及上一次催款日期。

8. “会计”选项卡——税额

如图 17-4 所示。

设置该客户的默认税收相关信息，在为该客户创建业务单据时，系统会优先使用在客户中为其设定的默认信息。

9. “属性”选项卡

为此业务伙伴选择一个或多个属性。

10. “注释”选项卡

为此客户输入详细的介绍信息，并可以为其选择图片。

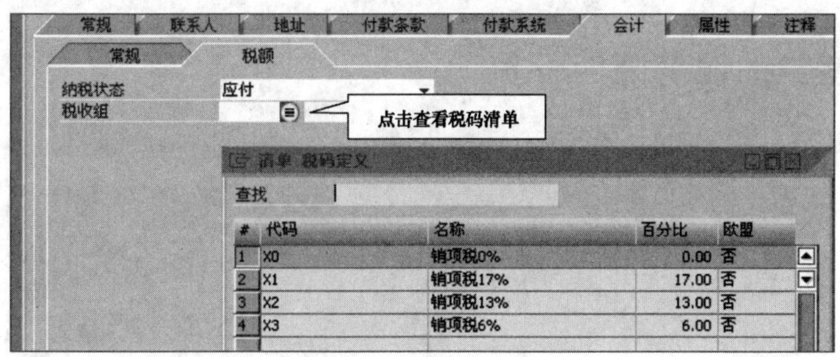

图 17-4 “会计”选项卡——税额

17.3 客户相关单据概览

可以在维护客户主数据时，查看客户的相关业务单据，包括销售订单、发货单、应收/应付发票以及收付款单据。

点击⇨可以查看详细的单据，如图 17-5 所示。

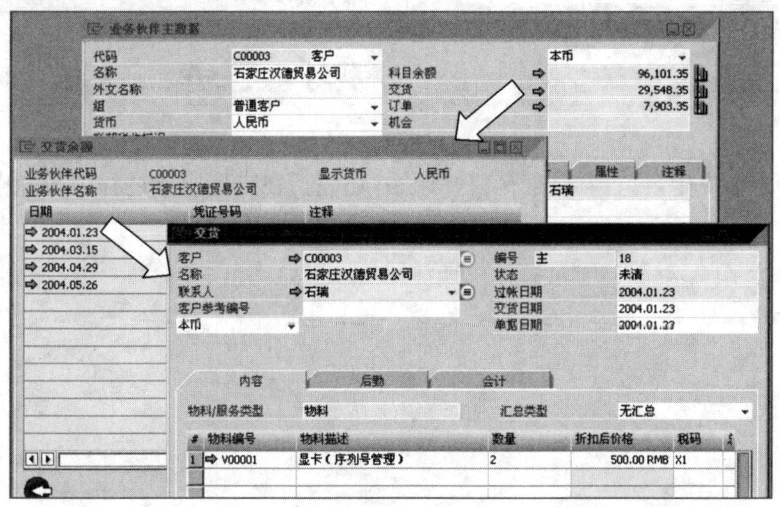

图 17-5 客户相关单据

点击📊进入相应的图形分析界面，如图 17-6 所示。

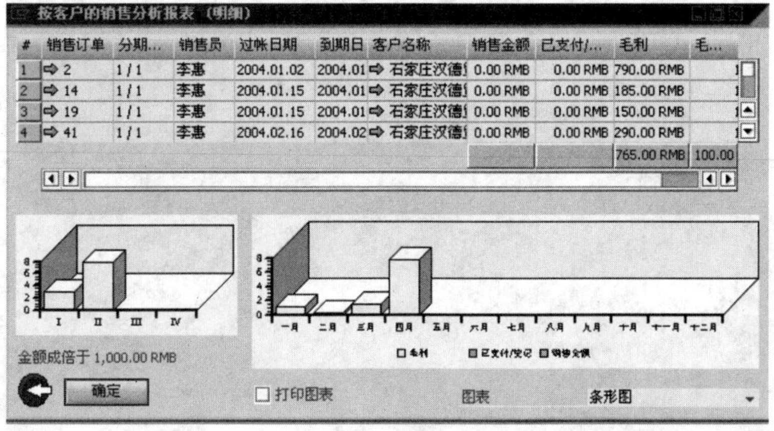

图 17-6 图形分析

17.4 客户的服务呼叫一览

可以在维护客户主数据时，查看客户的相关服务呼叫，如图 17-7 所示。

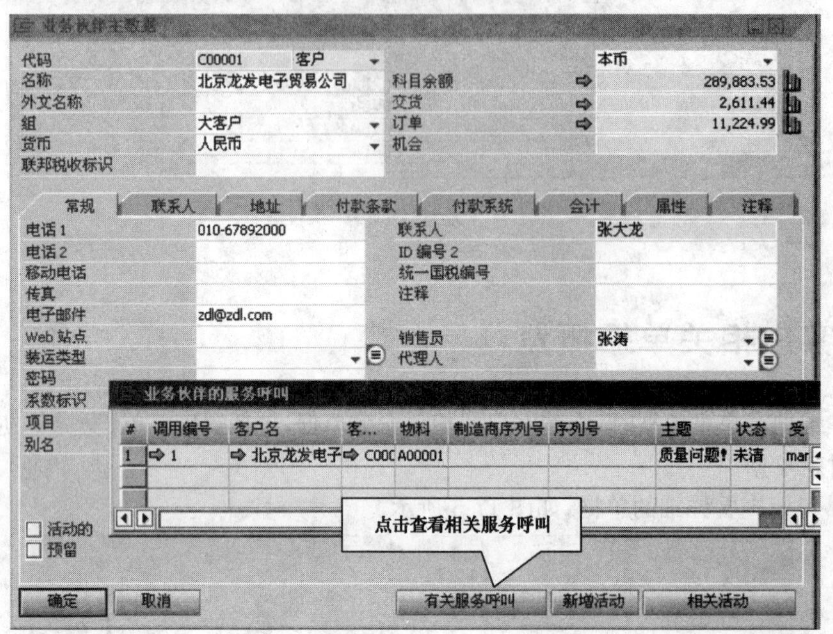

图 17-7 查看客户的相关服务呼叫

在客户联系历史中，可查看一般销售性联系，还包括在支持服务过程中与客户发生的联系。

第18章

服务管理

18.1 系统综述

Neusoft/SAP Business One 客户服务管理提供服务模块用于管理服务代表与客户之间的互动。使用此模块，可以输入和维护有关服务合同、物料和序列号以及客户投诉和质询的信息，并执行众多的相关功能。每次客户报告问题时，可以通过打开服务呼叫来记录该问题。

服务模块优化销售部门和服务部门的潜力，支持服务操作、服务合同管理、服务计划、跟踪客户交互活动、客户支持和销售机会管理。

客户服务管理包括服务相关主数据管理及相关设置、服务工作流程、报表与查询等内容，涉及管理、业务伙伴、库存、人力资源、服务和报表等主要功能模块。

Neusoft/SAP Business One 客户服务管理的特点是：

(1)使用服务呼叫，解决客户投诉或质询，并处理与物料相关的问题。

(2)用户服务跟踪卡是包含所有可为其实际提供服务的序列号物料的数据库。

(3)服务合同是正式协议或具有法定约束力的协议，其中包括通过付款来交换服务和权利。使用服务合同，客户可以接收物料和序列号的服务。

(4)知识库解决方案包括用于解决各种问题和案例的关键解决方案。它有助于简化服务并快速提高服务代表的业绩。

(5)使用服务报表可以查看和分析与服务合同、用户服务跟踪和服务呼叫有关的数据。可以检查单个销售代表的服务呼叫或由特定客户报告的多个服务呼叫。还可以评估效率与业绩。

18.2 服务管理相关主数据

服务管理相关主数据主要包括客户主数据、物料主数据和员工主数据，并且还需要定义其他相关数据，如假期、服务合同模板等，以完成主数据的管理。表 18-1 列出了服务相关主数据以及通常需要定义的其他相关数据。

表 18-1 服务相关数据

类　别	所属模块	数　据	访问路径
主数据	业务伙伴	业务伙伴主数据	业务伙伴→业务伙伴主数据
	库存	物料主数据	库存→物料主数据
	人力资源	员工主数据	库存→人力资源→员工主数据
相关数据	管理	假期	管理→系统初始化→公司细节→“会计数据”选项卡
	人力资源	分支	可在定义员工主数据时同时定义
	人力资源	部门	可在定义员工主数据时同时定义
	人力资源	雇用类型	可在定义员工主数据时同时定义
	业务伙伴	国家	管理→设置→业务伙伴→定义国家
	业务伙伴	地址格式	管理→设置→业务伙伴→定义地址格式
	业务伙伴	客户组	管理→设置→业务伙伴→定义客户组
	业务伙伴	业务伙伴属性	管理→设置→业务伙伴→定义业务伙伴属性
	库存	物料组	管理→设置→库存→定义物料组
	库存	物料属性	管理→设置→库存→定义物料属性
	服务	服务合同模板	管理→设置→服务→合同模板

本章将只介绍与服务相关的员工主数据和其他相关数据，其他主数据请参见第二篇销售管理及第三篇采购管理。

18.2.1 员工主数据

18.2.1.1 概　述

员工主数据用来记录和维护公司员工基本信息及人员信息查询等相关功能，定义为“技术人员”的员工也可用于“服务”模块中，被指派为执行客户服务的技术服务人员。

在此模块，用户可以：

- 记录每位员工的个人信息，如地址、电话、职务、薪金等信息。
- 管理员工教育、以前工作记录、个人评估以及缺勤天数的信息。
- 分析员工成本和薪金。
- 按条件查询并打印与员工信息相关的报表，如缺勤报表、电话簿。

18.2.1.2 定义员工主数据

路径：

菜 单	SBO→人力资源→员工主数据

界面：如图 18-1 所示。

1. 员工主数据——表头

- 职位：选择员工的职位，或定义一个新职位(雇用类型)，其中销售代表和技术人员是系统默认的两种雇用类型，不可以对其进行修改或删除。
- 部门：选择员工工作的部门，或定义一个新部门。
- 分部：选择员工工作的分部，或定义一个新的分部。

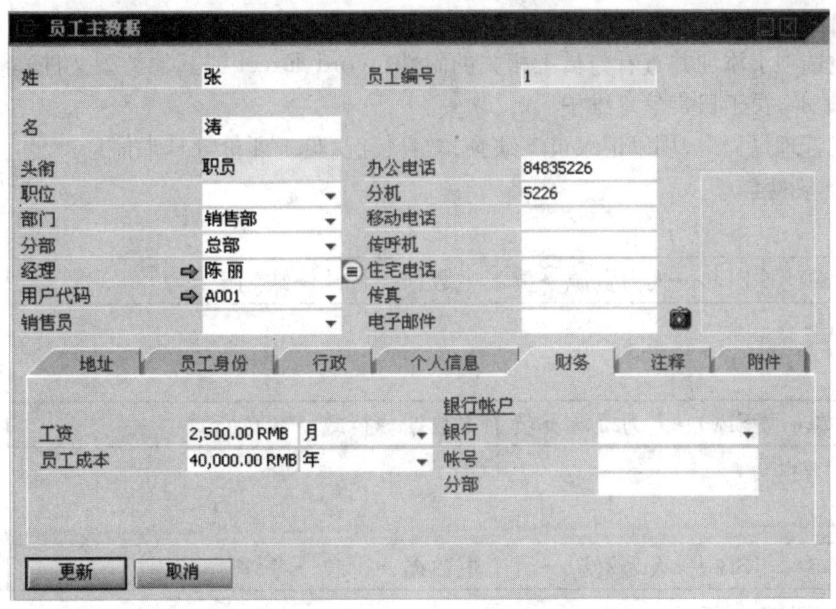

图 18-1 员工主数据

• 经理:选择员工的经理,或定义一个新的经理。

• 用户代码:如果此员工也是系统用户,则在此选择相应的用户代码。

2.“行政”选项卡

如图 18-2 所示。

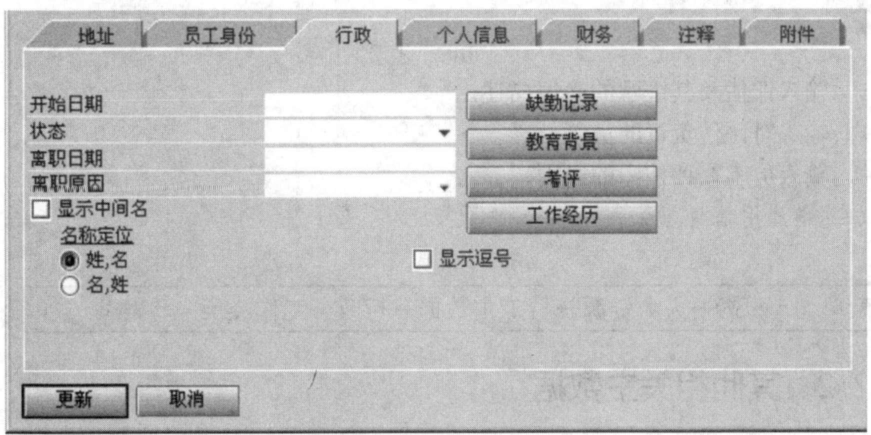

图 18-2 员工主数据——“行政”选项卡

• 开始日期:输入员工进入公司的日期。

• 状态:选择员工在公司的当前状态,如新员工、退休。

• 离职日期:输入员工在公司结束工作的日期。

• 离职原因:选择员工工作结束的原因,如解雇、退休。

3.“财务”选项卡

• 工资:输入公司支付给员工的薪金并选择计薪期间。

• 员工成本:输入公司实际承担的员工成本,如薪金+交通费+车费。

4.“注释”选项卡

使用此选项卡输入、更新或删除关于员工的任何自由文本。可以添加附加的备注或注释,或者认为与员工有关的其他详细信息。

5."附件"选项卡

使用此选项卡添加并查看与员工相关的附件(Word、Excel 或其他类型文件)。

18.2.1.3 员工日常信息维护

在员工管理过程中,用以记录员工缺勤、教育情况、员工评价等日常信息。

1. 添加缺勤信息

路径:

菜单	SBO→人力资源→员工主数据→行政→缺勤记录

2. 添加教育信息

路径:

菜单	SBO→人力资源→员工主数据→行政→教育背景

3. 添加考评信息

路径:

菜单	SBO→人力资源→员工主数据→行政→考评

界面:如图 18-3 所示。

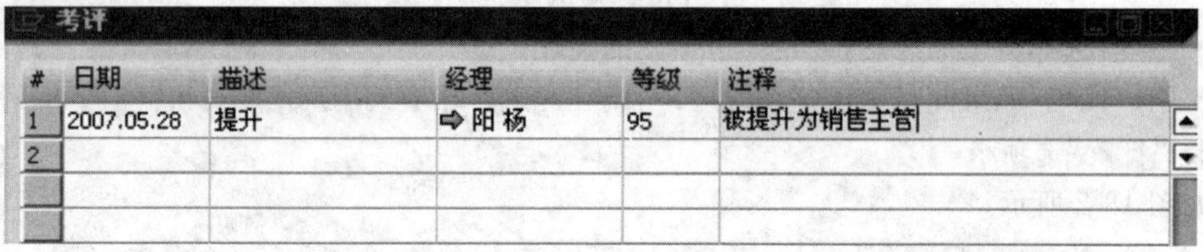

考评

#	日期	描述	经理	等级	注释
1	2007.05.28	提升	⇨ 阳 杨	95	被提升为销售主管
2					

图 18-3 考评

- 描述:输入评估及其主题的简短描述。
- 经理:输入对评估负责的员工。
- 等级:输入员工在评估中的级别。

4. 添加先前雇用信息

路径:

菜单	SBO→人力资源→员工主数据→行政→工作经历

18.2.2 其他相关主数据

一般情况下,服务人员或系统管理员还需要定义及维护其他相关数据,以完成主数据的定义以及服务的工作流程。

18.2.2.1 定义假期

在定义服务合同模板和新增服务合同时,需要确定服务覆盖范围是否包含假期。用户可在此定义企业的假期日历。

路径:

菜单	SBO→管理→系统初始化→公司明细→会计数据→假期

界面:如图 18-4 所示。

- 假期:填入企业假期的名称。
- 周末从……到……:确定周末的起止日期。
- 起始日期:节假日的开始日期。
- 结束日期:节假日的结束日期。

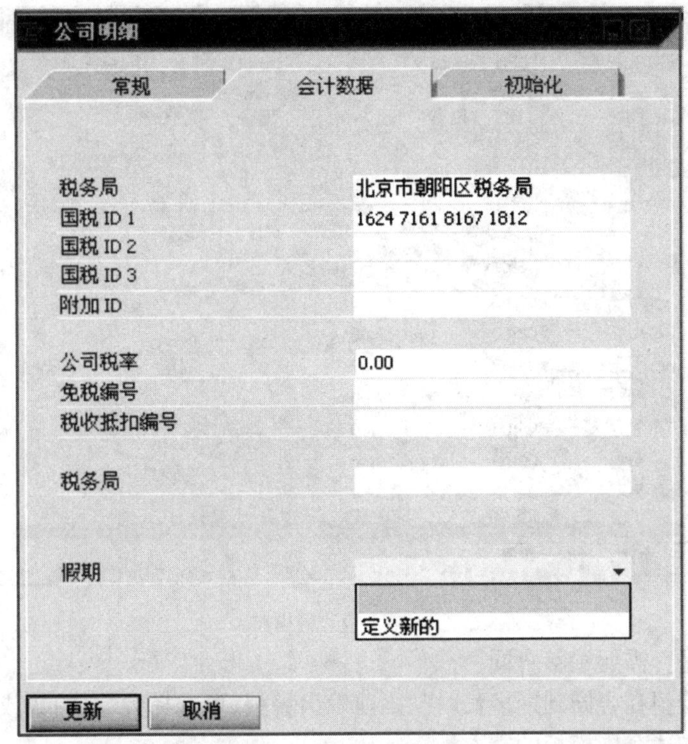

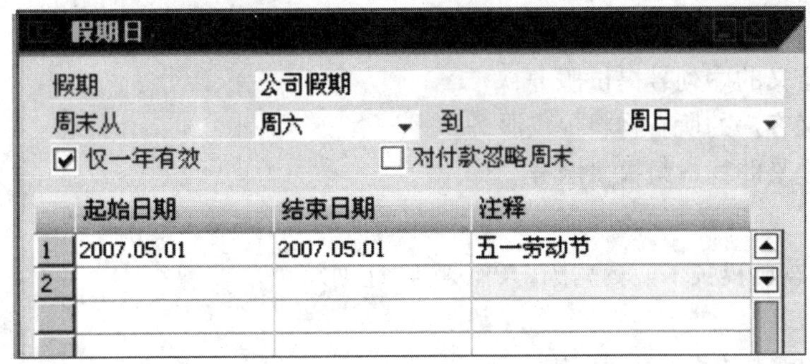

图 18-4　定义假期

- 注释：相关日期的描述等。
- 仅一年有效：只对当年有效。

18.2.2.2　定义合同模板

在 SBO 中，可以创建服务合同的基本模板，包括合同类型、覆盖时间、响应时间等。当创建新的服务合同时，可以选择以已有的合同模板为基础进行复制，系统会自动将合同模板的明细内容拷贝至新合同，并可根据客户要求自行进行修改。

路径：

菜 单	SBO→管理→设置→服务→合同模板

界面：如图 18-5 所示。

1. 合同模板——表头

- 名称：输入合同模板的名称。
- 持续期间：输入合同的有效月份。
- 过期：一旦过期，就不能以该模板为基础，也不能在此模板基础上更新合同。
- 响应时间：答应客户回复服务呼叫的最晚期限。另外，选择是按天还是小时计算解决时间。

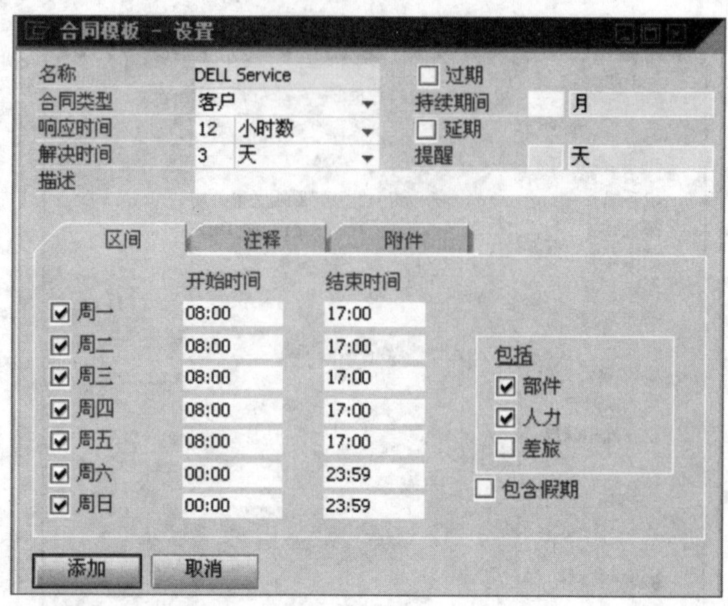

图 18-5 定义合同模板

• 延期：选择是否需要续签合同。

• 提醒：输入希望在合同到期多长时间之前发出警报，可选择天数、周数或月数。

• 描述：输入描述合同模板的文本。

• 合同类型：在序列号、客户、物料组三者中择其一：

序列号：为定义的序列号提供服务；

客户：为定义客户的所有物料提供服务；

物料组：为定义的物料组提供服务。

注意

已经定义的合同模板不能被删除，只能设为"过期"。

2."区间"选项卡

输入为客户提供服务的时间范围。

• 开始时间：输入每天提供服务的开始时间。

• 结束时间：输入每天提供服务的结束时间。

• 包含假期：确保客户在假日也能享受到服务。

• 包括：选择下列一项或全部，表示已经包含在服务价格中，如图 18-5 表示部件及人力费已经包括在服务合同中，不单独收费，但可能发生的差旅费用要由客户支付。

3."注释"选项卡

使用此选项卡输入、更新或删除关于合同的任何自由文本。可以添加附加的备注或注释，或者认为与合同有关的其他详细信息。

4."附件"选项卡

使用此选项卡添加并查看与合同相关的附件(Word、Excel 或其他类型文件)。

18.2.2.3 定义分支

定义公司的分支机构。在输入员工主数据时，可选择员工隶属的分支机构。

路径：

菜 单	SBO→人力资源→员工主数据→员工身份→团队→定义新的

界面：如图 18-6 所示。

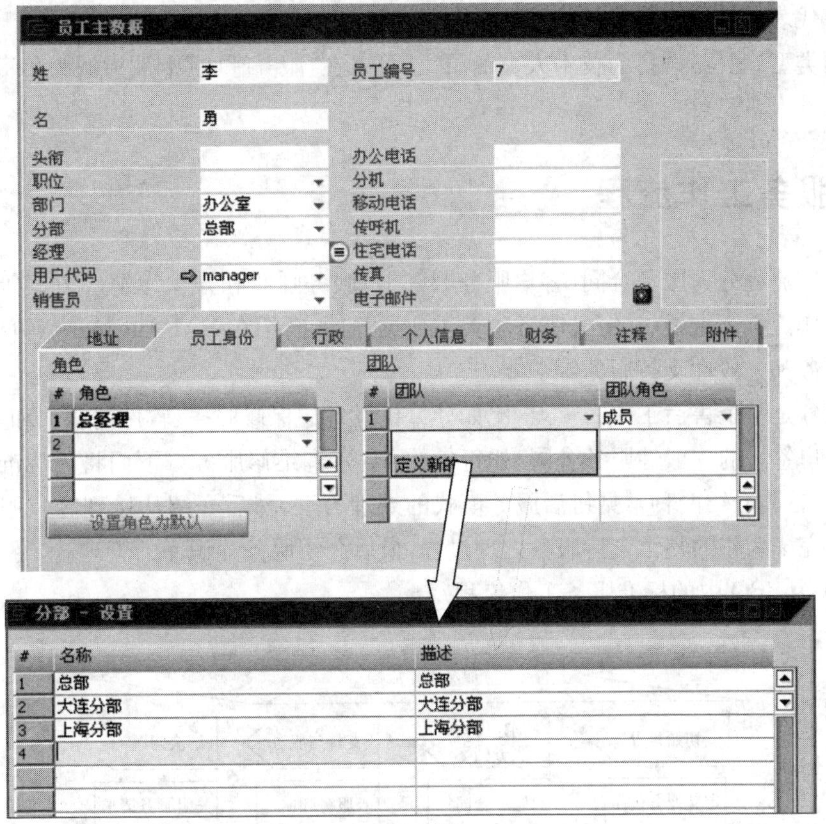

图 18-6 定义分支

18.2.2.4 定义部门

定义公司的部门，在输入员工主数据时，可选择员工隶属的部门。

路径：

菜 单	SBO→人力资源→员工主数据→表头→部门→定义新的

界面：如图 18-7 所示。

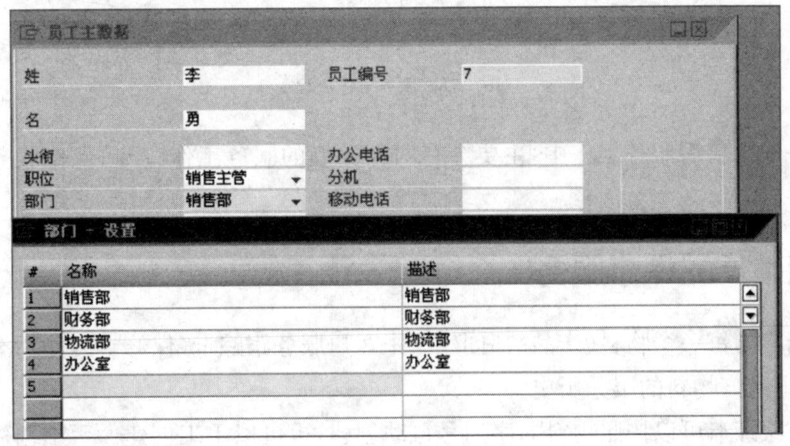

图 18-7 定义部门

18.2.2.5 定义雇用类型

路径：

菜 单	SBO→人力资源→员工主数据→概览→职位→定义新的

• 销售代表和技术人员是系统默认的两种雇用类型，不可以对其进行修改或删除。

• 雇用类型（职位）选择为技术人员的员工，可以在“服务呼叫”中被指派为负责处理服务呼叫的技术服务人员。

18.3 服务工作流程

服务工作流程分为服务合同、客户服务跟踪卡、服务呼叫和知识库解决方案等子流程。本节以服务工作流程为主线，从定义服务相关主数据开始，介绍在 SAP Business One 中如何实现产品保修服务和一般性支持服务等功能。

支持服务是整个售后工作的重点，比如计算机设备的保修服务、软件的培训和支持服务，甚至包括与客户签订的一般性服务合同，如每年的 IT 咨询维修服务。下面将以标准的服务工作流程为主线，首先介绍两种常见售后服务模式的处理方法，然后介绍从接到客户服务请求开始到支持服务完毕为止的整个支持服务处理过程，最后介绍服务知识库的管理。

图 18-8 为 SBO 中的标准服务工作流程。

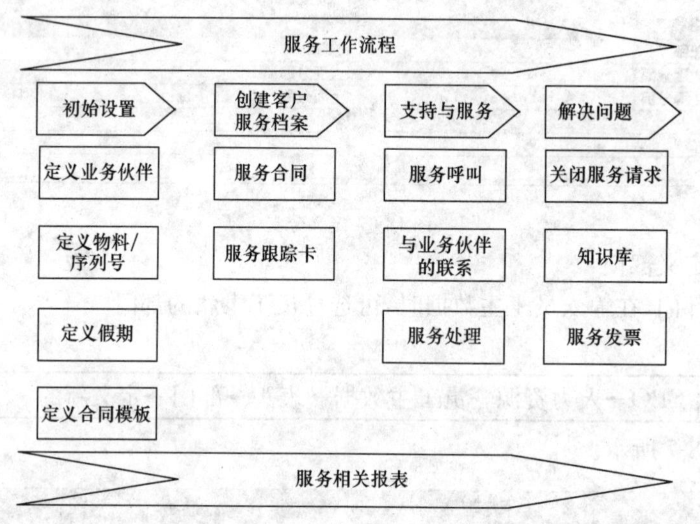

图 18-8 服务工作流程

在企业一般的售后服务工作中，主要会有两种类型的服务工作：产品保修服务和根据服务合同进行服务。

18.3.1 产品保修服务

可以为销售的每一个物料（产品）都创建一张客户服务跟踪卡（保修卡），作为客户申请服务时的证明，并记录该物料的服务历史。

客户服务跟踪卡可以按照物料的序列号自动创建，也可以手工创建。手工创建时需要手工填入一个序列号，注意此序列号与物料代码的组合不能与已有的客户服务跟踪卡重复。

图 18-9 为服务工作流程-产品保修服务。

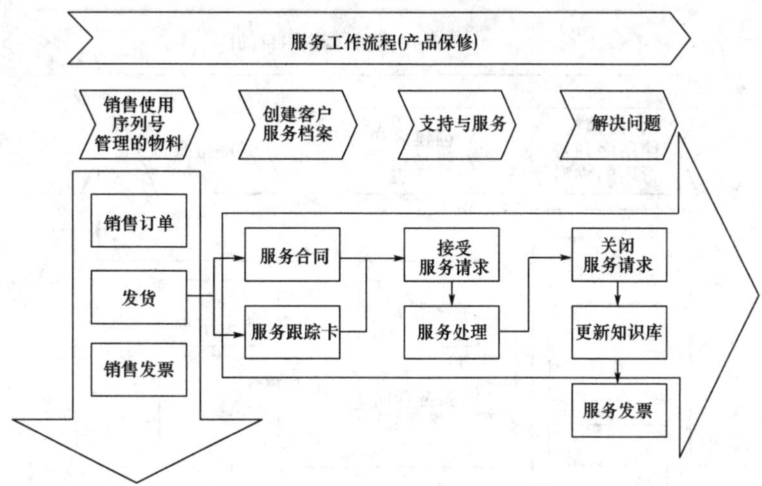

图 18-9　服务工作流程-产品保修服务

18.3.2　根据服务合同进行服务

也可以与客户签署一个一般性服务合同，如电脑设备年维护服务合同或数据备份服务合同。按照合同中的内容，对客户的全部设备(物料)或指定的物料组提供服务。当服务合同即将到期时，也可以按照设置发出警报。图 18-10 是服务工作流程-服务合同。

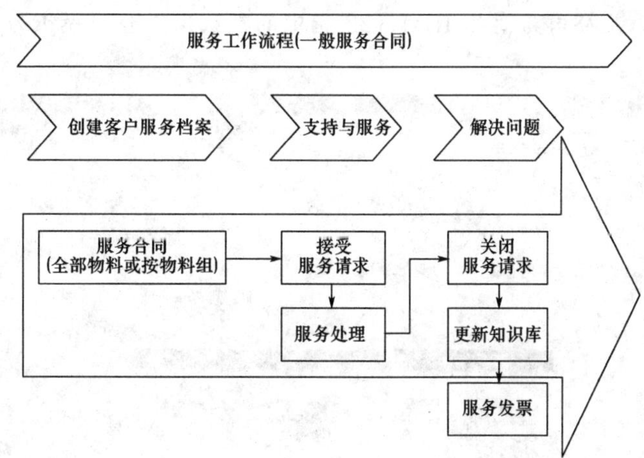

图 18-10　服务工作流程-服务合同

18.4　客户服务跟踪卡和服务合同

如果销售的物料使用序列号进行管理，如每台笔记本电脑都有一个唯一的序列号，那么在 SBO 中可以为销售的每一台笔记本电脑创建一张“客户服务跟踪卡”(保修卡)以及相应的“服务合同”，以便于进行售后服务管理。

“客户服务跟踪卡”和“服务合同”可以在销售过程中自动创建，也可以手工创建。

18.4.1　自动创建客户服务跟踪卡和服务合同

当用户对使用序列号进行管理的物料进行发货时，系统会根据保修合同模板，按照所发送物料的序列号，自动创建客户服务跟踪卡(保修卡)和服务合同。如图 18-11 所示。

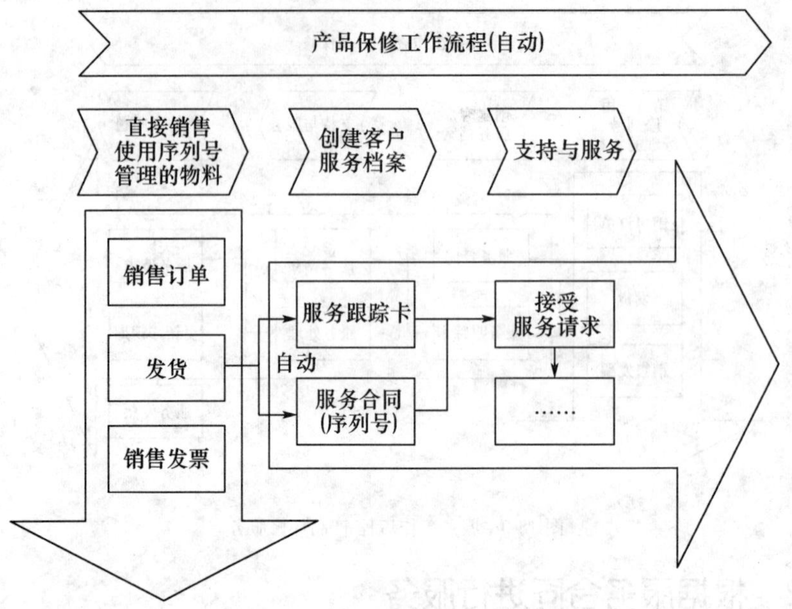

图 18-11　产品保修工作流程(自动)

下面举例说明系统如何自动创建客户服务跟踪卡和服务合同。

某公司要销售商品 V00001 给客户 C00001，它是使用序列号进行管理的。

如图 18-12 所示，某公司为商品 IBM T22 指定的默认保修合同模板为 V5001，主要内容如下：

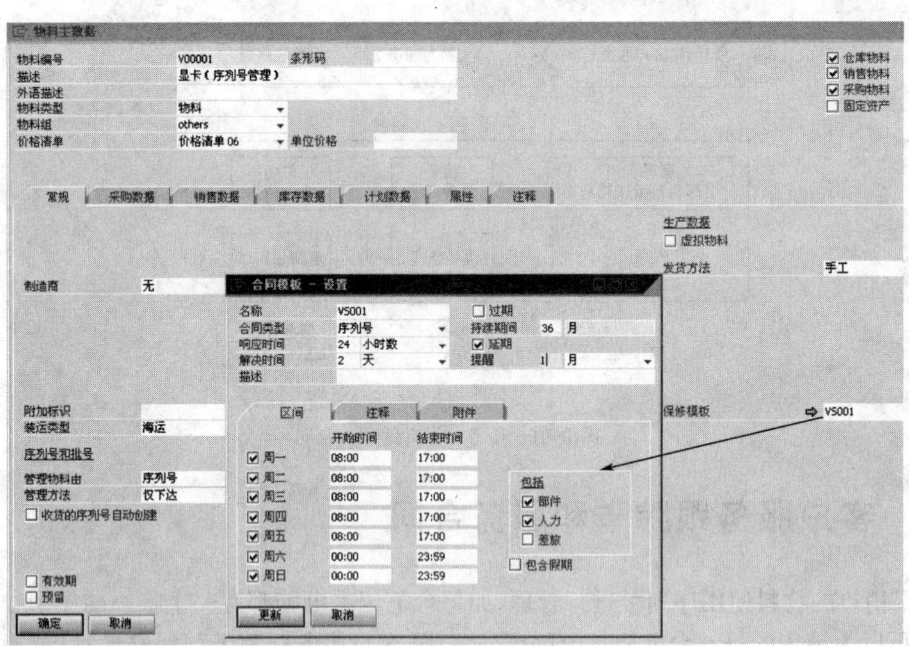

图 18-12　自动创建客户服务跟踪卡和服务合同

- 保修期(期间)：3 年(36 个月)。
- 响应时间：1 天。
- 保修服务到期提醒：提前 1 个月。
- 保修时间：周一至周五，8：00 到 17：00，不包括法定节假日。
- 保修范围：零部件及人工费为免费，但需要收取可能发生的上门服务费。

这时某公司需要销售 3 台 IBM T22 给客户 C00001，每台对应的序列号如下：T2275C041005，T2275C041006 和 T2275C041007(由于"客户服务跟踪卡"和"服务合同"是在发货时自动创建的，所以这里只介绍发货单的创建，其他销售流程如报价、销售订单和应收发票请参见第三篇采购管理)。

如图 18-13 所示，在为客户 C00001 创建发货单时，为所发的物料选择其对应的序列号(关于序列号和批次号的使用，请参见第四篇库存管理)。

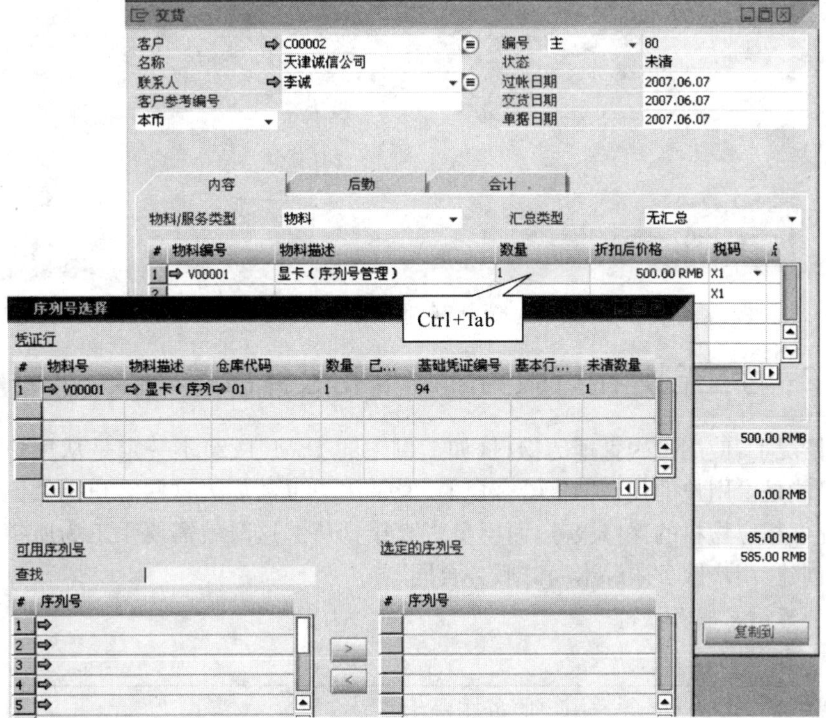

图 18-13 序列号选择

在发货单创建后，系统就会自动创建 一张"客户服务跟踪卡"和一张"服务合同"。

1. 自动创建的"用户服务跟踪卡"

图 18-14 所示为系统自动创建的用户服务跟踪卡。

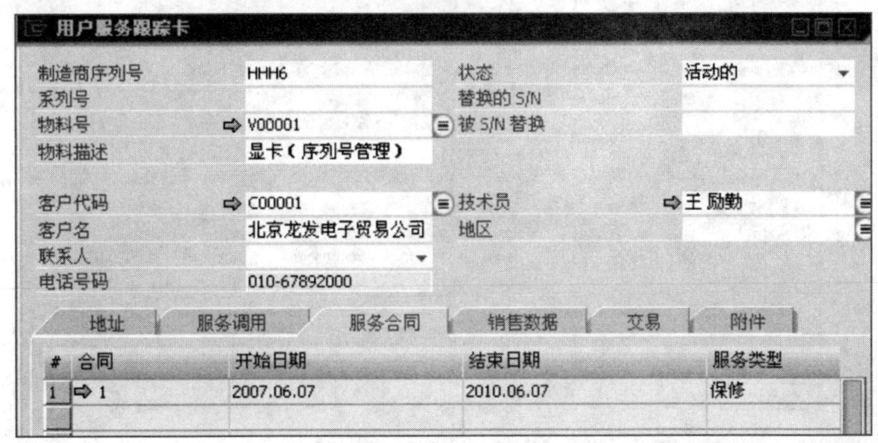

图 18-14 用户服务跟踪卡

2. 自动创建的服务合同

如图 18-15 所示为系统自动创建的服务合同。

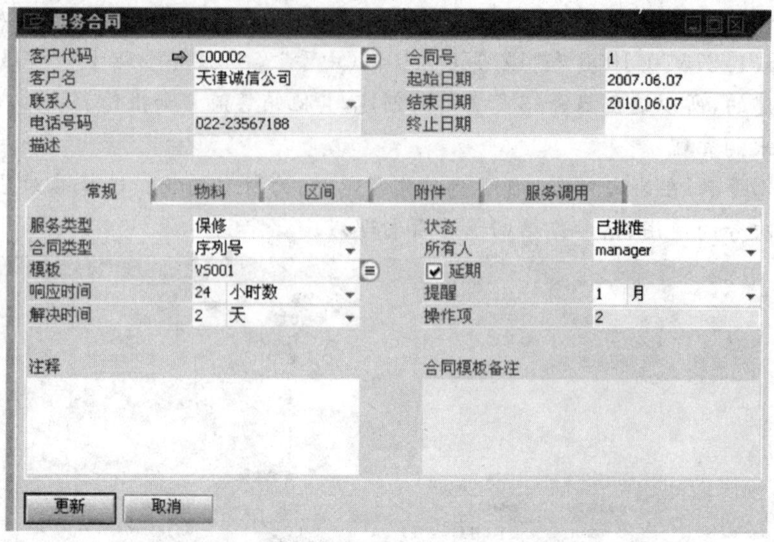

图 18-15 服务合同

18.4.2 手工创建用户服务跟踪卡和服务合同

在有些情况下，使用批次管理的物料（如上例中的 IBM T22）不一定是从用户所在公司直接销售的，可能是由用户的代理销售给客户的，但是用户也需要为这些客户提供同样的保修服务；或者只提供相应物料的保修服务，而不负责直接销售。这时就需要手工为所销售的物料按序列号手工创建“用户服务跟踪卡”和“服务合同”。

1. 手工创建用户服务跟踪卡

路径：

菜 单	SBO→服务→用户服务跟踪卡

界面：如图 18-16 所示。

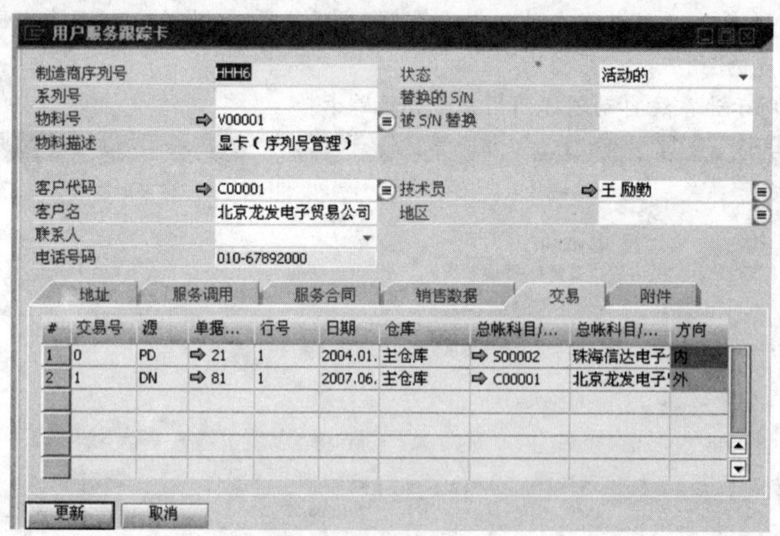

图 18-16 手工创建客户服务跟踪卡

2. 手工创建服务合同

路径：

菜 单	SBO→服务→服务合同

界面:如图 18-17 所示。

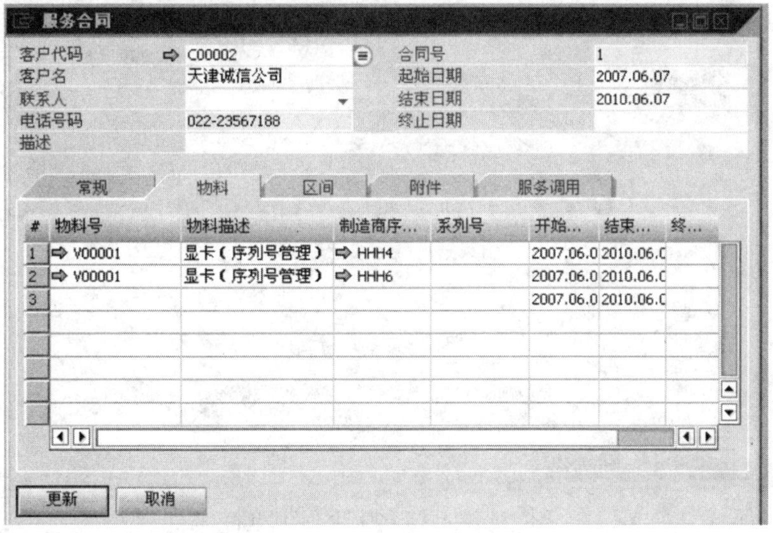

图 18-17　手工创建服务合同

18.4.3　一般性支持服务

在 SBO 中,除了可以使用“用户服务跟踪卡”和“服务合同”管理保修服务,还可以单独使用“服务合同”来处理用户给客户提供的一般性支持服务,如每年的 IT 咨询维修服务。

路径:

菜 单	SBO→服务→服务合同

下面举例说明如何创建一般服务合同。

某公司与上海宝庆公司签订了一份服务合同。双方约定:在 2005 年度,由某公司向宝庆公司提供 IT 咨询维修服务,该公司将收取价值 10 万元的年服务费。响应时间为 1 天,节日及双休日不提供服务,年服务费包括人力和差旅费。但更换部件的费用需另行收取。具体如图 18-18 所示。

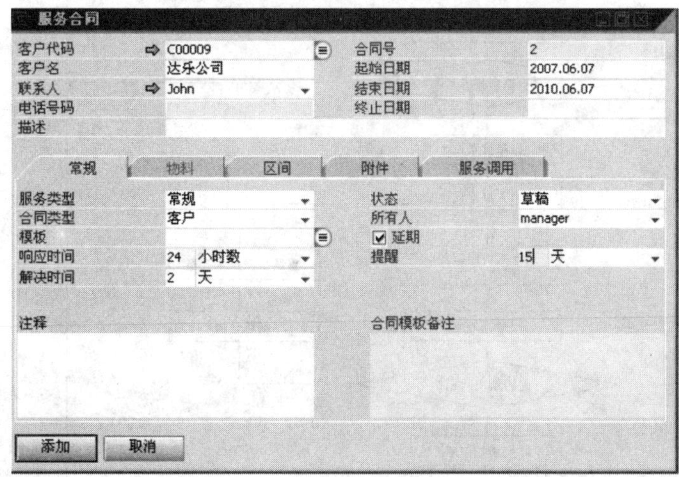

图 18-18　服务合同举例

区间选项卡如图 18-19 所示。

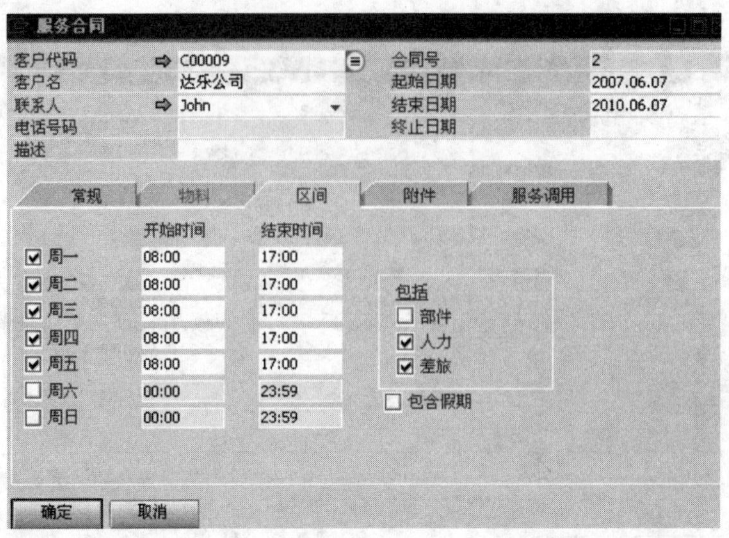

图 18-19 服务合同-“区间”选项卡

18.5 服务呼叫

当为客户建立了服务档案(服务合同/用户服务跟踪卡)后,用户就可以使用 SBO 中的“服务呼叫”功能,处理客户的日常服务请求。

18.5.1 服务请求的生命周期

在处理一个客户服务请求时,通常需要经过如图 18-20 所示的过程。

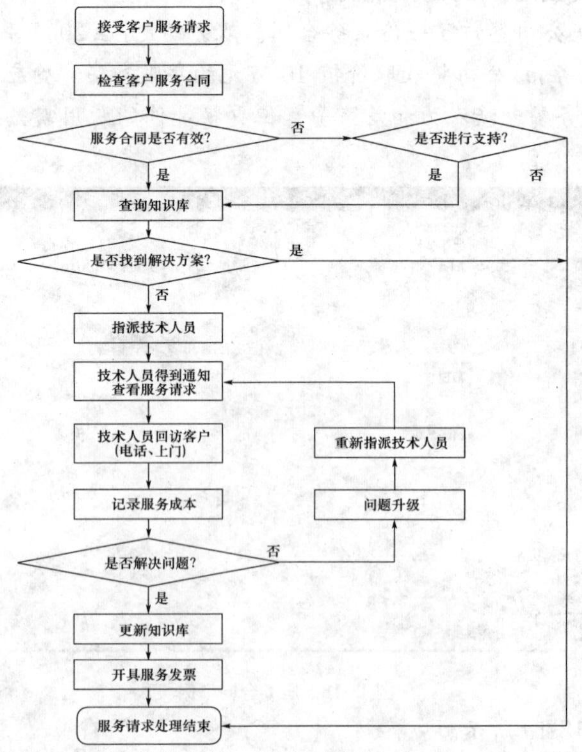

图 18-20 处理客户服务请求

18.5.2 接受服务请求

当服务人员接到客户的服务请求时,可以通过"服务呼叫"功能记录客户的服务请求。

路径:

菜 单	SBO→服务→服务呼叫

界面:如图 18-21 所示。

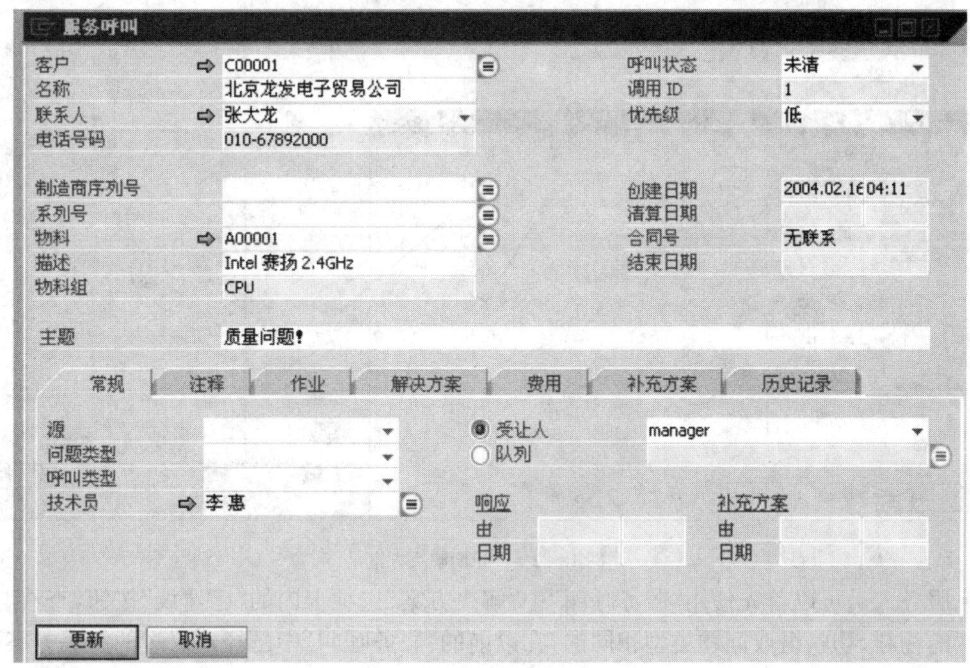

图 18-21 服务呼叫

首先在"服务呼叫"中输入客户代码,之后,系统会自动检查客户的信用额度以及是否有有效的服务合同,并进行相应的报警。如果客户的信用额度不足或没有有效的服务合同,可以选择不接受此次服务呼叫,也可以继续对客户给以支持。

当系统提示"客户没有有效合同"时,可以通过以下途径检查具体原因:

- 客户是否签有服务合同。
- 服务合同的状态是否为"草稿"或"暂停"。
- 服务合同的覆盖时间是否包括当前时间(考虑周末及节假日)。

如果决定支持客户的服务请求,则继续输入所需支持的物料序列号(对应于保修服务),或直接输入物料代码(对应于一般性服务)。系统会再次检查输入的序列号或核对物料是否有有效的服务合同,并进行相应的报警。

如果决定继续支持客户的服务请求,则需要输入其他相关信息:

- 呼叫状态:当前服务呼叫的状态,可选"未清"、"已清"和"未决定"三种状态,或自行定义新的状态。此状态可用于后面的服务呼叫通知及相关报表查询。
- 受让人:选择服务呼叫的负责人,如果此服务呼叫的状态为"未清",则该负责人会得到系统的消息通知。
- 技术员:为服务呼叫指派技术人员。

18.5.3 查询知识库

服务人员在录入客户的服务呼叫的同时，也可以初步查询目前知识库中的相关解决方案，争取在第一时间解决客户的问题。图 18-22 是知识库解决方案界面。

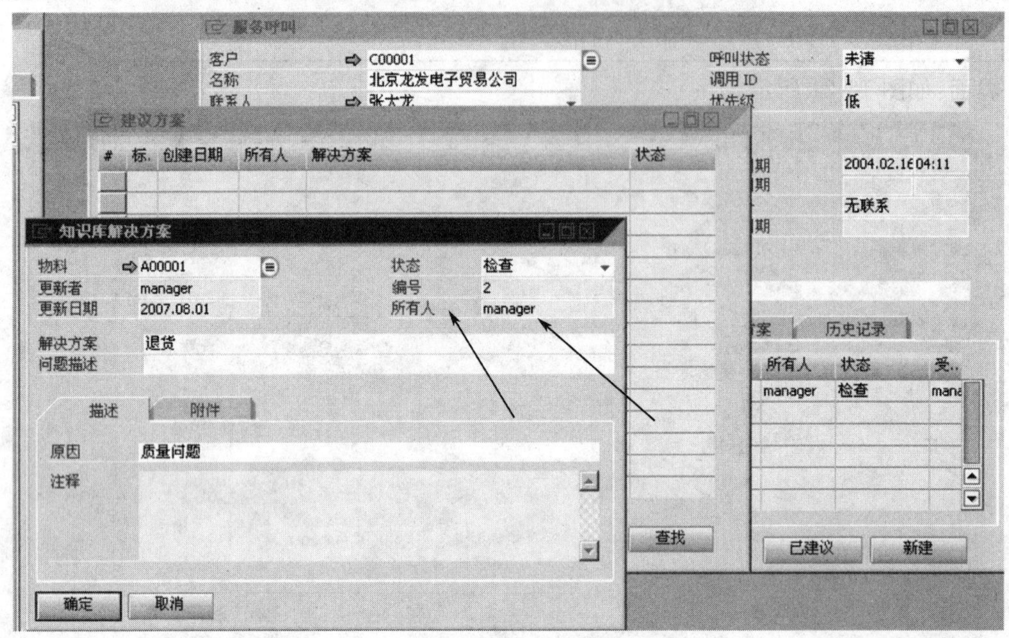

图 18-22 知识库解决方案

• 服务人员可以首先使用“服务呼叫”中“解决方案”选项卡内的“已建议”按钮，查看与此服务呼叫的物料、物料组或问题类型相同的，在以前的“服务呼叫”中已经建议过的解决方案。

• 如果没有在“已建议”的解决方案中找到有用的信息，还可以在“知识库解决方案”中直接进行查找。

• 如果找到了解决方案，并为客户解决了问题，则可以将相关解决方案添加到此次服务呼叫中，以便于后面的查询，然后关闭此次服务呼叫。

• 如果未能找到解决方案，则需指派相关技术人员进行进一步处理。

18.5.4 指派技术人员

服务人员可以将服务呼叫指派给相关负责人和技术人员，以继续跟踪客户的服务请求，为客户解决问题。

负责人和技术人员是通过服务呼叫的表头中的“受让人”和“技术员”的选择进行指派的，如图 18-21 中指派的技术人员为“李惠”。

当被指派的“受让人”登录到系统当中时，会自动得到提示信息。负责人查看到相关服务呼叫的详细内容后，则可进行进一步处理。

18.5.5 解决问题

当服务呼叫所指派的负责人接到系统的消息通知后，可以查看服务呼叫的详细内容。通常该负责人会通过如下步骤来为客户解决问题：

(1)通过电话向客户再次确认问题；

(2)指派技术人员上门服务；

(3)更新解决方案,并关闭此次服务呼叫。

下面详细介绍在 SBO 中如何完成这些步骤。

1.“作业”——与客户的联系

首先,该负责人再次与客户取得联系,进一步询问相关信息。这时,该负责人可以使用“服务呼叫”中的“作业”选项卡来记录此次联系。图 18-23 为服务呼叫界面,表示了“作业”——与客户的联系。

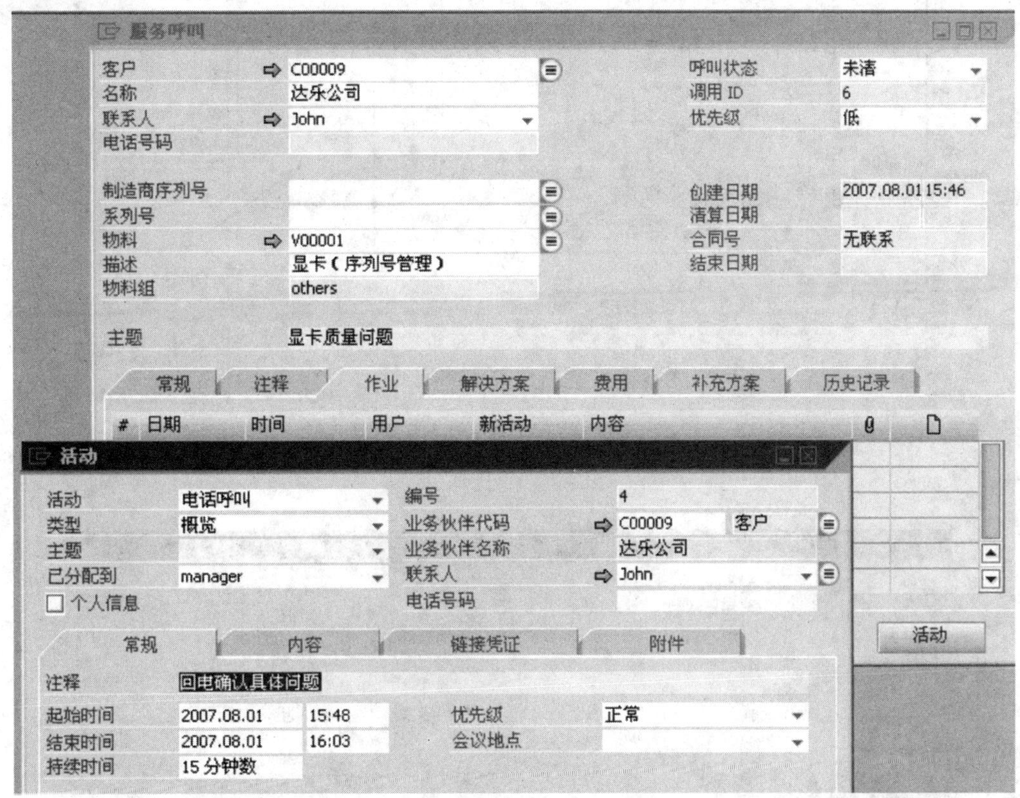

图 18-23 服务呼叫——“作业”选项卡

在“作业”选项卡中点击“活动”按钮,就会进入“与业务伙伴的联系”界面,为此次服务呼叫添加相关的联系。如果有多次联系发生的话,也可以在此一一输入。

关于“与业务伙伴的联系”的详细介绍,请参见第二篇销售管理。

2.指派技术人员上门服务

在与客户取得初步联系后,该负责人对客户的问题已经有了一定的了解,这样就可以指派合适的技术人员进行上门服务。

技术人员的上门服务也可以作为“作业”之一,输入到“服务呼叫”的“作业”选项卡中。

在技术人员上门服务前,可能还需要领取所需的维修材料。维修材料的领取可通过在“服务呼叫”的“费用”选项卡中,添加一个虚拟的库存转储单(由“维修设备”仓库到 “维修人员”仓库),如图 18-24 所示。

点击“费用明细”后,进入“服务调用费用”列表界面,在这里可以通过“新建文档”中的“转到技术人员”,来添加表示技术人员领取维修所需设备的“虚拟”库存转储单。

在“单据类型”界面上选择“转到技术员”后,再点击“确定”,就进入了“库存转储”界面,如图 18-25 所示。

关于“库存转储”的详细介绍,请参见第五篇财务管理。

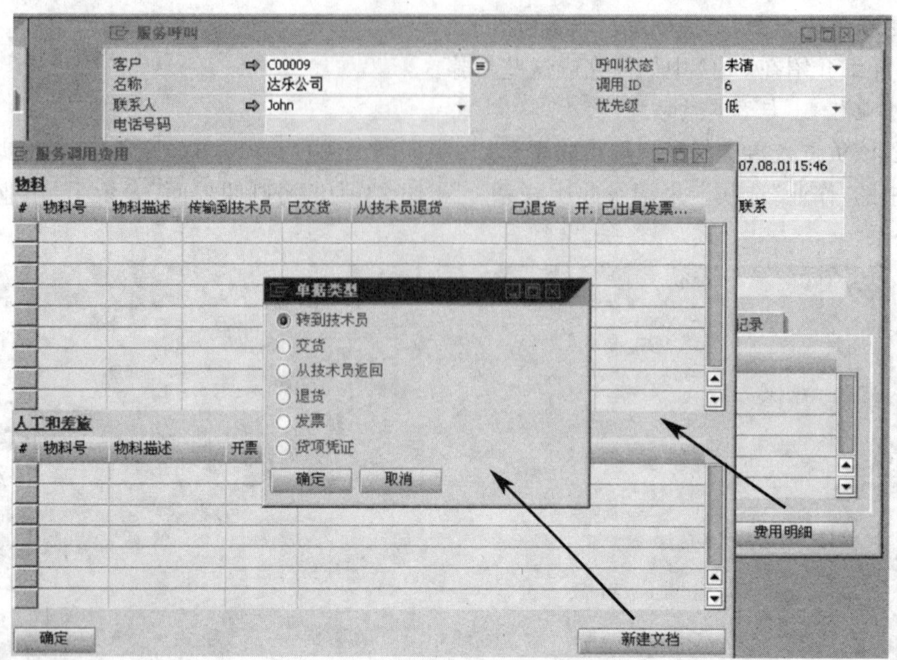

图 18-24　指派技术人员上门服务(1)

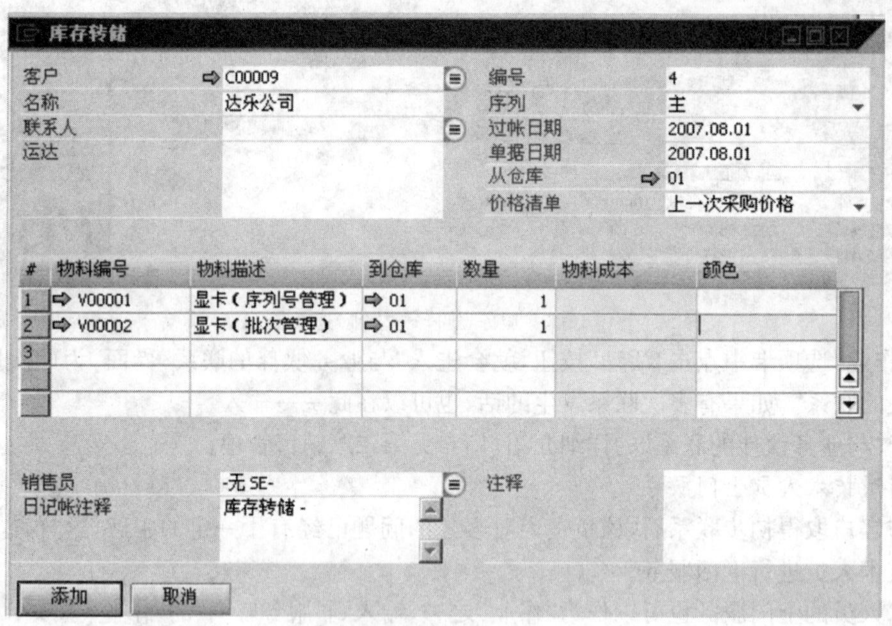

图 18-25　指派技术人员上门服务(2)

注意

在这里也可以选择已有的库存转储,与此服务呼叫建立关联。

“单据类型”界面上选项的含义如下:

- 转到技术员:选择此选项并确定后会进入“库存转储”界面,通过创建一张“虚拟”库存转储单,表示技术人员领取维修所需的维修配件。
- 交货:选择此选项并确定后会进入“销售交货”界面,通过创建一张交货单,来表示服务中所消耗的成本,如人力成本、差旅费用和使用的物料的费用。

• 从技术员返回：选择此选项并确定后会进入“库存转储”界面，通过创建一张“虚拟”库存转储单，表示技术员退回服务后剩余的维修配件。

• 退货：选择此选项并确定后会进入“销售退货”界面，通过创建一张退货单，来表示服务过程中可能发生的退、换货。

• 发票：选择此选项并确定后会进入“应收发票”界面，根据合同的内容向客户收取相应的费用。

3. 问题解决

当问题得到解决后，服务呼叫的负责人应该及时更新解决方案。

负责人可以通过在“服务呼叫”的“解决方案”选项卡中，将已有的解决方案加入到此服务呼叫中，或直接添加新的解决方案。

关于添加知识库解决方案的详细介绍，请参见 18.6 节的内容。

在技术人员的上门服务中，如果先前所领取的维修物料没有完全被使用，则技术人员需将剩余的物料退还。其处理方法与前面介绍的领取维修物料相似，也是通过在“服务呼叫”的“费用”选项卡中，添加一张从“维修人员”仓库转移到“维修设备”仓库的虚拟库存转储单实现的。

假设技术人员在上门服务中使用了所领取的物料 A00001，为客户进行了更换，他将剩余的两个物料退回，则生成相应的“从技术人员返回”单据。添加此“从技术人员返回”的单据后，“服务调用费用”界面的显示情况如图 18-26 所示。

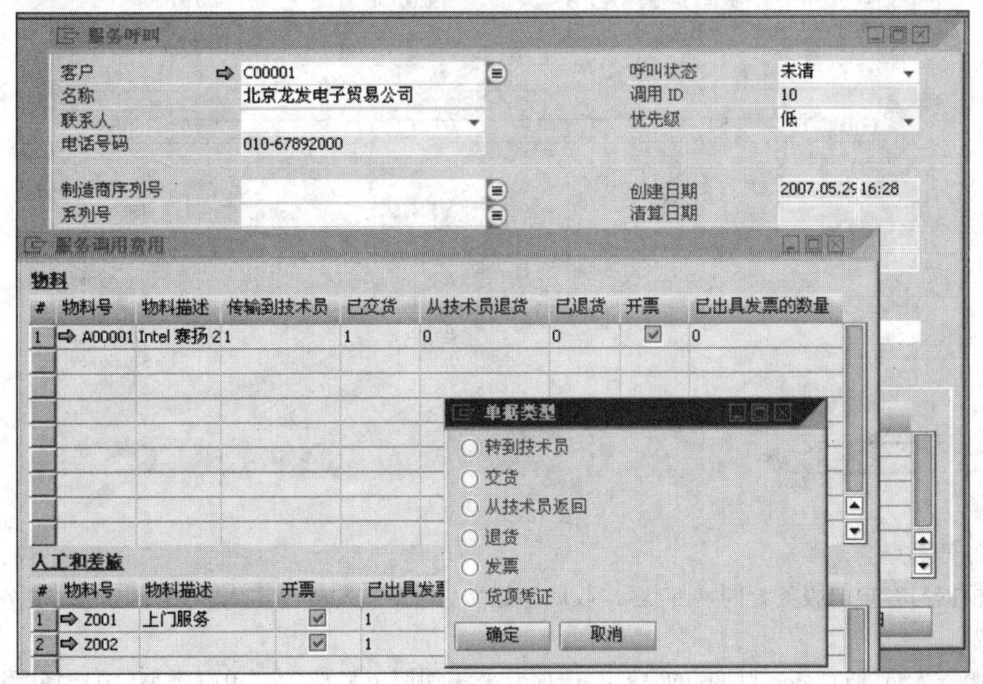

图 18-26 问题解决

注意

在这里也可以选择已有的库存转储，与此服务呼叫建立关联。

至此，客户的问题已经得到了解决。

4. 问题的升级

如果问题无法得到解决，也可以通过更改优先级、更换技术人员或负责人的方法，将问题进行升级处理，由其他人员解决问题。新的负责人也会得到系统的消息通知。

18.5.6 服务成本与服务发票

当问题解决后，服务人员需要记录此次服务中所花费的成本，以及根据服务合同向客户开具服务发票，最后关闭此服务呼叫。

1.记录服务成本

假设服务成本为：技术人员上门服务共 2.5 小时，往返共花费 1.5 小时，交通费用 5 元，为客户更换物料 F00002。

服务人员通过“服务呼叫”的“费用”选项卡来添加服务成本，在“单据类型”中选择“交货”。

创建的交货单如图 18-27 所示。

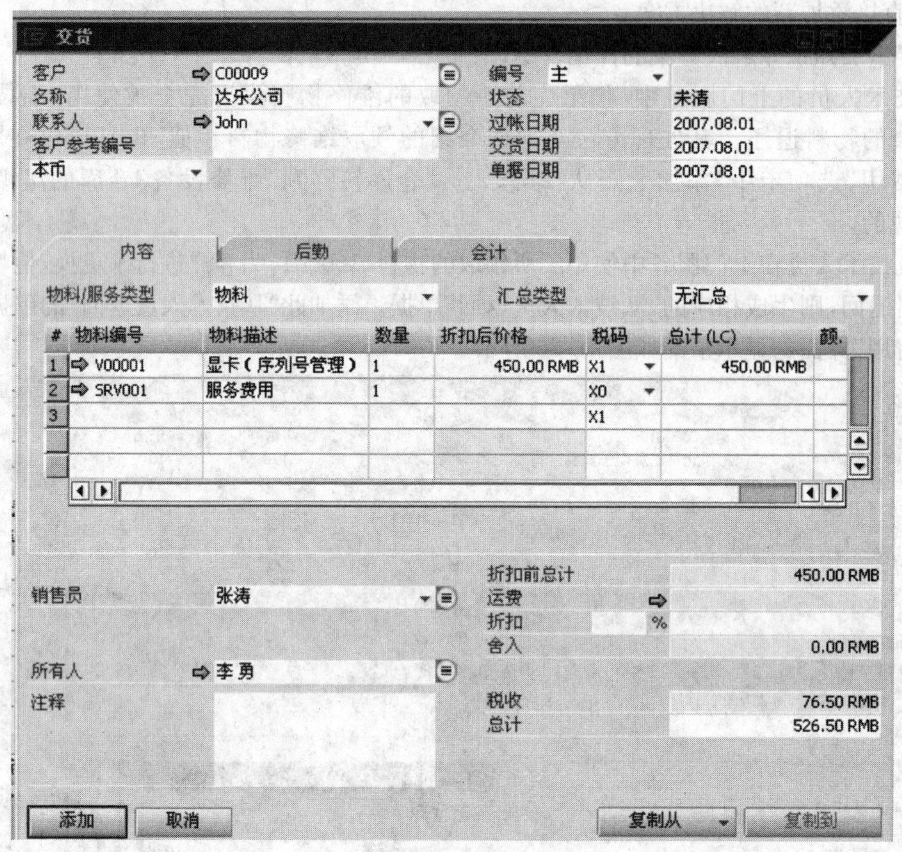

图 18-27　交货单

2.开具服务发票

根据与客户的服务合同，要向客户收取差旅费，则服务人员还需为客户开具此次服务的应收发票。

服务人员通过“服务呼叫”的“费用”选项卡来添加服务发票，在“单据类型”中选择“发票”，创建如图 18-28 所示清单。

注意

在这里也可以选择已有的应收发票，与此服务呼叫建立关联。

3.关闭服务呼叫

最后，将此服务呼叫的状态改为“已清”，至此本次服务呼叫的整个处理流程均已完成。

在“费用”选项卡中，可以看到此次服务呼叫的所有相关业务单据。

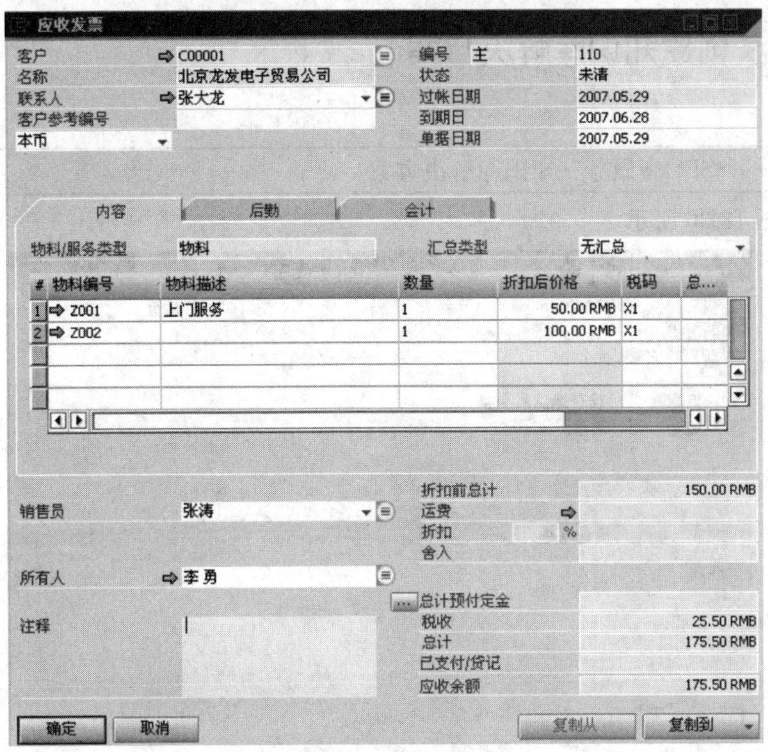

图 18-28 应收发票

当服务呼叫的状态为“已清”时，不可以对此服务呼叫进行任何修改，但用户可以随时将“已清”的服务呼叫的状态改变，然后再更改“服务呼叫”中的内容。如图 18-29 所示。

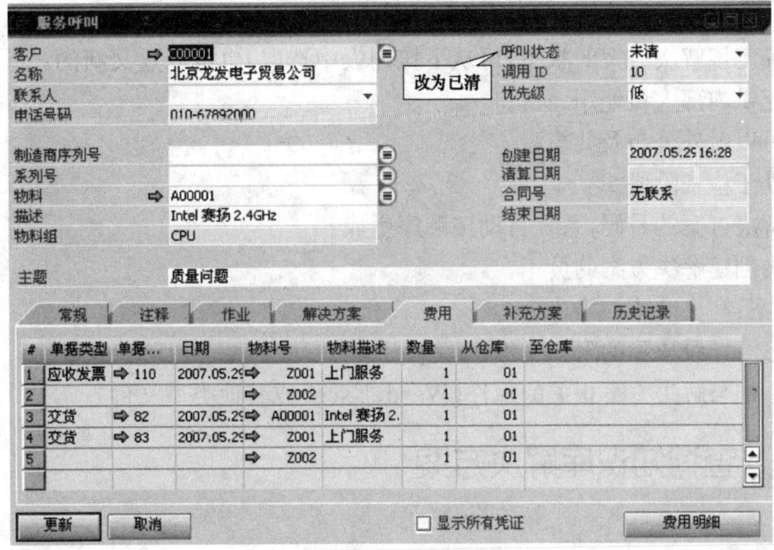

图 18-29 关闭服务呼叫

18.6 知识库解决方案

在 SBO 中，用户可以使用知识库记录各种问题及其解决方案，并利用已有的知识库解决方案来解决各类服务呼叫，使服务部门具有快速的服务速度和高效的工作效率，并能提高部门服务人员的工作能力。

18.6.1 创建知识库解决方案

路径：

菜 单	SBO→服务→知识库解决方案

界面：如图 18-30 所示。

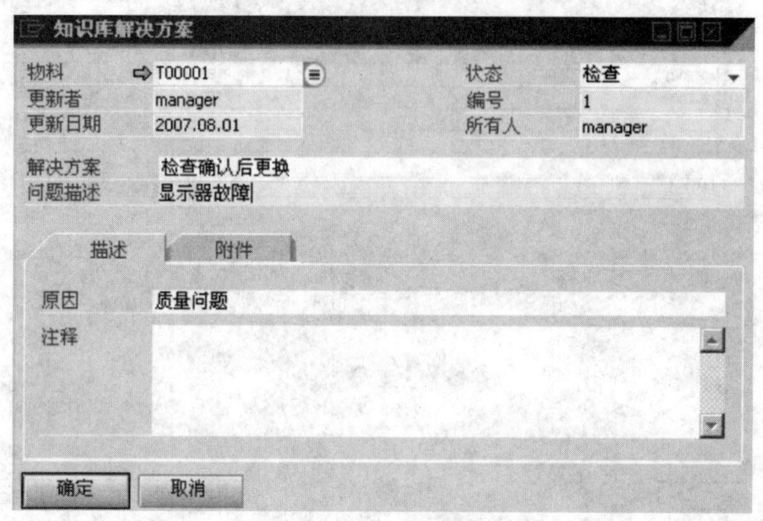

图 18-30 创建知识库解决方案

- 物料：输入物料代码。
- 更新者：显示最后一次更新该解决方案的人员。
- 更新日期：显示最后一次更新该解决方案的日期。
- 状态：确定该解决方案的状态，可从下拉列表中选取，也可以定义新的：
  内部：仅供内部人员使用；
  公布：可以对外公布及共享；
  检查：处于检查阶段。
- 编号：解决方案的号码，系统自动按顺序生成。
- 所有人：创建解决方案的员工。
- 解决方案：解决故障的描述。
- 问题描述：导致故障的附加明细。
- 附件：添加与解决方案相关的附件（Word、Excel 或其他类型文件）。

18.6.2 查询知识库解决方案

1. 使用工具栏中的导航按钮

可以通过使用系统工具栏中的导航按钮，按照“号码”顺序查找解决方案。

2. 快速查询

如图 18-31 所示。在“查找”模式下，分以下情况查询：

（1）如果知道目标字段的全部内容，直接将内容输入该字段即可，然后按“查找”，系统将会显示符合该内容的相关方案。如：想查询打印机的相关方案，并事先知道打印机的物料代码是“07812”，只需在物料栏里输入“07812”，便能查到打印机的相关解决方案。

（2）如果只知道目标字段的前一部分内容，可在后面输入“＊”，进行模糊查询。

（3）如果只知道目标字段的后一部分内容，可在前面输入“＊”，进行模糊查询。

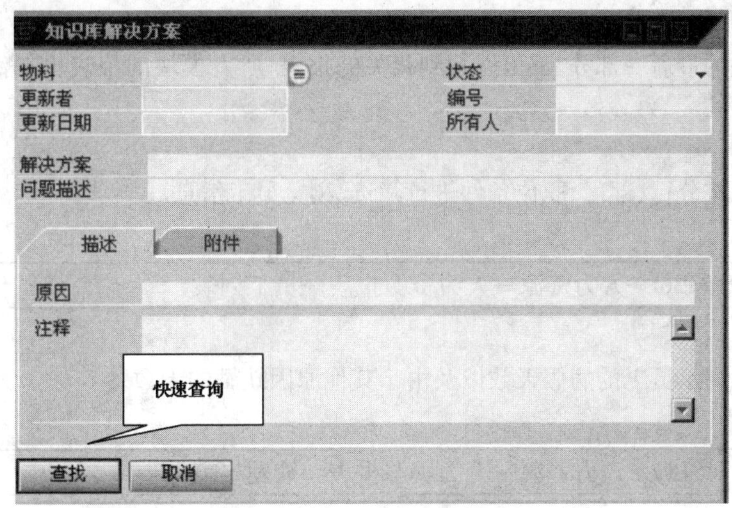

图 18-31　快速查询知识库解决方案

(4)如果只知道目标字段包含的部分内容,可在内容的前面和后面同时输入"＊",进行模糊查询。

18.7　客户服务查询

在 SBO 中,除了可以使用已有的报表进行统计分析外,还可以使用拖放相关及自定义查询对服务相关的主数据和工作进行查询。

18.7.1　拖放相关

路径:

菜 单	SBO→命令中心→拖放相关

下面以两个实例介绍如何使用拖放相关的功能。

1. 拖放相关-业务伙伴列表

使用拖放相关的功能,可以比较简单地实现列出 SBO 中所有或部分业务伙伴。还可以进一步设置只列出业务伙伴代码等于"C"(客户)的业务伙伴。

2. 拖放相关-查询指定客户的服务呼叫

步骤 1:打开"业务伙伴主数据",找到该客户;

步骤 2:在"客户代码"字段中按下鼠标左键,直至出现黑色边框;

步骤 3:按住鼠标左键不放,拖动此黑色方框到"拖放相关"菜单的"服务调用"上;

步骤 4:释放鼠标左键,即可显示此客户的全部服务呼叫。

18.7.2　查询向导和查询接口

SBO 中还提供了强大的自定义查询功能,通过使用"查询向导"和"查询接口"功能,可以自行定义更加复杂的查询。

18.8　客户服务相关报表

在 SBO 中,可以通过使用多种报表功能统计和分析业务数据。包括员工清单、缺勤报表、服务呼叫报表、服务合同清单、客户设备(保修卡)清单、服务监视器等。

在每个模块的最后一部分,都可以找到相关的报表,所有模块的报表也都汇总到"报表"模块中。

1. 员工清单

此报表可以按分行、部门、职位条件进行筛选、浏览员工信息。

路径:

菜 单	SBO→人力资源→人力资源报表→员工列表

2. 缺勤报表

此报表可以列示员工的病假天数以及由于其他原因缺勤的天数。

路径:

菜 单	SBO→人力资源→人力资源报表→缺勤报表

3. 电话簿

显示公司所有员工的电话号码,或者显示特定部门员工的电话号码。

路径:

菜 单	SBO→人力资源→人力资源报表→电话簿

4. 服务调用

该报表使用户可以分析公司有关服务呼叫管理的所有信息。如:可以查看每个员工的服务呼叫信息记录,也可查看未完成或已完成服务的呼叫信息。

路径:

菜 单	SBO→服务→服务报表→服务调用

5. 平均结算时间

使用此报表可检查服务部门的工作效率以及需要花多少时间来解决特殊的服务呼叫。报表提供了关于"已完成"服务呼叫的详细信息。如:可以指定某一完成日期的服务呼叫,也可以选择由某一特定员工完成的服务呼叫。

路径:

菜 单	SBO→服务→服务报表→平均结算时间

6. 服务合同

该报表显示公司服务合同的有关信息。

路径:

菜 单	SBO→服务→服务报表→服务合同

报表结果如图 18-32 所示。

7. 客户设备报表

使用此报表可查看每个客户的物料清单。报表包含分配给每个客户的特殊物料的信息以及与它们相关的合同信息。

路径:

菜 单	SBO→服务→服务报表→客户设备报表

8. 服务监视器

报表呈现了未完成服务呼叫和逾期服务呼叫的两个动态视图。使用此报表可以协助用户分析和管理服务部门的效率和业绩。

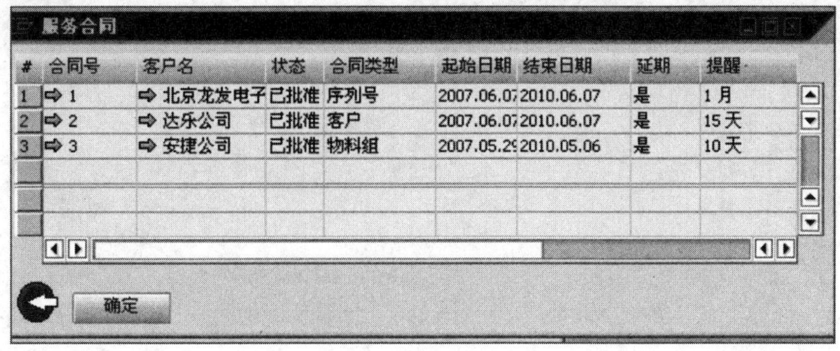

图 18-32 服务合同报表

路径：

菜 单	SBO→服务→服务报表→服务监视器

9. 我的服务呼叫

使用此报表可查看和分析分配给用户的服务呼叫。该报表显示未完成的、完成的和到期的服务呼叫。它使用户可以评估服务呼叫的优先级并采取必要的操作。

路径：

菜 单	SBO→服务→服务报表→我的服务呼叫

10. 我的未清服务呼叫

使用此报表可查看和分析用户所负责的未完成的服务呼叫，使用户可以检查每个单一的服务呼叫，查看其进展以及做出必要的操作。

11. 我的到期服务呼叫

使用此报表可以查看和分析所有超过到期日的服务呼叫，便于用户查看单个服务呼叫，对其进程进行评估，并采取必要的措施尽快地解决问题。

第八篇

系统管理

随着企业信息化浪潮的不断推进，越来越多的中小企业开始了解信息化对于企业发展的重要性，逐渐重视自身的信息化系统建设。为适应这种需求，东软和 SAP 公司推出了 Neusoft/SAP Business One 系列敏捷商务解决方案。

本篇将着重介绍 Neusoft/SAP Business One 系统管理内容，包括系统安装、建立公司、权限、审批流程定义、客户化工具等等。

本篇主要是为系统管理员提供的课程。

第19章

系统管理概述与安装

19.1 系统管理概述

系统管理是为系统管理员提供的课程，内容涉及 SBO 的安装、建立公司、权限、审批流程定义、客户化工具等。客户化工具为系统管理的高级课程，提供自定义字段、报表等功能。在安装 SBO 之前，用户需要安装 MS SQL Server 2000 数据库或者其他 SBO 支持的数据库产品。本书将以 MS SQL Server 2000 数据库为例介绍 SBO 后台数据库的安装。

19.2 系统安装

19.2.1 SBO 系统安装概述

19.2.1.1 SBO 系统运行环境

1. 服务器

- 软件环境：NT Server / Windows 2000 Server / Windows 2003 Server / MS SQL 2000/ IBM DB2/……。
- CPU：Pentium Ⅲ 600 MHz 以上。
- 内存：512 MB 以上。
- 硬盘空间：2 GB 以上。

2. 工作站

- 软件环境：Windows 2000 / NT 简体中文版 / XP。
- CPU：Pentium III 300 MHz 以上。
- 内存：128 MB RAM 以上。
- 硬盘空间：400 MB 以上。

19.2.1.2 SBO 系统安装步骤

(1)安装后台数据库；

(2)为安装好的数据库安装最新版补丁程序；

(3)安装 SBO 服务管理器；

(4)安装 SBO 服务器；

(5)安装 SBO 客户端；

(6)安装 SBO 系统的 SDK；

(7)安装 SAP 或其合作伙伴开发的 Add-Ons。

19.2.2 安装 SQL Server 2000

19.2.2.1 SQL Server 2000 硬件和软件的最低要求

1. 硬件要求

(1)计算机。

• Intel 或兼容机。

• Pentium 166 MHz 或更高。

(2)内存(RAM)。

• 企业版：至少 64 MB，建议 128 MB 或更多。

• 标准版：至少 64 MB。

• 个人版：Windows 2000 上至少 64 MB，其他所有操作系统上至少 32 MB。

• 开发版：至少 64 MB。

• Desktop Engine：Windows 2000 上至少 64 MB，其他所有操作系统上至少 32 MB。

(3)硬盘空间。

• SQL Server 数据库组件：95 MB～270 MB，一般为 250 MB。

• Analysis Services：至少 50 MB，一般为 130 MB。

• English Query：80 MB。

• 仅 Desktop Engine：44 MB。

(4)监视器。

• VGA 或更高分辨率。

• SQL Server 图形工具要求 800×600 或更高分辨率。

(5)定位设备。

• Microsoft 鼠标或兼容设备。

(6)CD-ROM 驱动器。

• 需要。

注意

(1)根据操作系统的要求，可能需要额外的内存。

(2)实际的要求因系统配置和选择安装的应用程序和功能的不同而异。

2. 操作系统要求

(1)企业版。Microsoft Windows NT Server 4.0，Microsoft Windows NT Server 4.0企业版，Windows 2000 Server，Windows 2000 Advanced Server 和 Windows 2000 Data Center Server。

注意

SQL Server 2000 的某些功能要求安装 Microsoft Windows 2000 Server(任何版本)。

(2)标准版。Microsoft Windows NT Server 4.0，Windows 2000 Server，Microsoft Windows NT Server 企业版，Windows 2000 Advanced Server 和 Windows 2000 Data Center Server。

(3)个人版。Microsoft Windows Me，Windows 98，Windows NT Workstation 4.0，Windows 2000 Professional，Microsoft Windows NT Server 4.0，Windows 2000 Server 和所有更高级的 Windows 操作系统。

(4)开发版。Microsoft Windows NT Workstation 4.0，Windows 2000 Professional 和所有

其他 Windows NT 和 Windows 2000 操作系统。

(5)仅客户端工具。Microsoft Windows NT 4.0,Windows 2000(所有版本),Windows Me 和 Windows 98。

(6)仅连接。Microsoft Windows NT 4.0, Windows 2000(所有版本), Windows Me, Windows 98 和 Windows 95。

注意

(1)在 Microsoft Windows NT Server 4.0 上,必须安装 Service Pack 5 (SP5) 或更高版本,这是 SQL Server 2000 所有版本的最低要求。SQL Server 2000 中文版不支持英文版的 NT 4.0 企业版。

(2)SQL Server 2000 在 Windows NT 4.0 终端服务器上不受支持。

(3)在不带网卡的 Windows 98 计算机上安装 SQL Server 2000 个人版的时候,需要 Windows 98 第二版。

(4)SAP Business One 的安装要求必须安装 SQL Server 2000 Service Pack 3 或更高版本。

19.2.2.2 全新安装 SQL Server 2000

步骤 1:

• 将 Microsoft SQL Server 2000 光盘插入光驱。如果光驱不能自动运行,则运行光盘根目录下的 Autorun.exe 文件。

• 在 Microsoft SQL Server 2000 Enterprise Edition 主窗口点击 SQL Server 2000 组件。

• 点击"安装数据库服务器",进入数据库安装向导(此过程可能花费几分钟)。

步骤 2:

• 一旦安装向导开始运行,会出现欢迎窗口。点击"下一步"继续安装。

• 计算机名对话框打开。选择"本地计算机"。本地计算机是默认选项,它定义了安装程序在哪里运行。点击"下一步"。

• 在 Installation Selection 对话框中,选择 Create a new instance of SQL Server 或者 Install Client Tools。然后点击"Next"。

• 在 User Information 对话框中输入"Name"和"Company"。点击"Next"。

• 阅读 License Agreement 对话框中的内容并在阅读完毕时点击"Yes"。

步骤 3:

• 一旦接受了 License Agreement 中的所有条目,会出现 CD-Key 对话框。键入 CD-Key 码。点击"Next"。

• 在 Installation Definition 对话框中,选择 Server and Client Tools 作为其中一种安装类型。并点击"Next"执行。

• 在 Instance Name 对话框中,选择 Default 复选框。如果 Default 复选框呈黯淡色,那是因为已经安装了一个 Default 的实例,同时可以只安装一个命名过的实例。为了安装一个 Default 实例,选择 Default 复选框并点击"Next"。

注意

Default 实例必须安装,SBO 服务器端数据库只被安装在默认的实例上。

在 Setup Type 对话框中,选择"Custom",点击"Next"。

注意

(1)选择 Browse 定义安装路径。默认情况下所有程序和数据文件的安装路径是 C:\Program Files\Microsoft SQL Server。

(2)为了平均分配磁盘空间,考虑把数据文件保存在 D:\Program Files\Microsoft SQL Server 目录下。

(3)Typical:安装 SQL Server 的默认安装选项。

(4)Minimum:安装运行 SQL Server 所必需的最小配置。

• 在 Select Components 对话框中,选择所有可能用到的组件,然后点击"Next"。

• 在 Service Accounts 对话框中,选择 Use the same account for each service. Autostart SQL Server Service。在 Service Settings 面板上选择 Use the Local System account。点击"Next"。

步骤 4:

在 Authentication Mode 对话框中能够选择安全模式来安装 Microsoft SQL Server 2000。

• 在 Authentication Mode 对话框中,选择 Mixed Mode,然后点击"Next"。

• 在 Collation Settings 对话框中,选择 Collation designator 并选择适当的语言集(参见可选表下拉菜单)。清除所有的 Sort order 复选框。点击"Next"。

注意

对于中文版本,则选择名为 Latin1_General 的语言集。

• 在 Network Libraries 对话框中,选中 Named Pipes 和 TCP/IP Sockets,然后点击"Next"。

• 在 Start Copying Files 对话框中,点击"Next"开始拷贝程序文件。在此阶段中,可以点击"Back"回到先前的对话框并作出必要的修改。

• 在选择 Choose Licensing Mode 对话框中,依照用户的许可证协议选择一种模式,然后点击"Continue"开始安装。

• 在安装完成之后,在 Setup Complete 对话框中点击"Finish"。

19.2.2.3 升级安装 SQL Server 2000

用户可以从早期版本升级到 Microsoft SQL Server 2000,也可以在安装SQL Server 2000 后立即执行升级操作。从 SQL Server 6.5 版升级到 SQL Server 2000 和从 SQL Server 7.0 版升级到 SQL Server 2000 的操作不同:SQL Server 6.5 数据库(及相关信息)转换成 SQL Server 2000 格式;SQL Server 7.0 的安装则被 SQL Server 2000 重写,除非安装命名实例配置,这种情况下 SQL Server 7.0 可以保持原样。

初始安装 SQL Server 2000 之后,便有其他可用的升级选项。如果使用多个 SQL Server 2000 实例,则可以通过添加组件升级某个实例,并且多个实例的组件集各不相同。

1. 从 SQL Server 7.0 升级到 SQL Server 2000

可以通过安装 SQL Server 2000 的默认实例重写现有的 SQL Server 7.0 安装。也可以通过安装 SQL Server 2000 的命名实例使 SQL Server 7.0 安装保持原样。这两种操作都通过下列步骤执行。

2. 如何将 SQL Server 7.0 升级到 SQL Server 2000

此版本升级过程将重写 Microsoft SQL Server 7.0 安装,因此计算机上不再存在此安装。另外,还删除以前的注册表设置。例如,在升级后需要重新注册服务器。

若要还原 SQL Server 7.0 安装,必须首先卸载 SQL Server 2000 并重新安装 SQL Server 7.0 文件,然后还原所备份的 SQL Server 7.0 数据库。

3. 将 SQL Server 7.0 升级到 SQL Server 2000

• 将要升级到的版本的 Microsoft SQL Server 2000 光盘插入光盘驱动器。如果该光盘不自动运行,请双击该光盘根目录中的 Autorun.exe 文件。

【说明】

如果购买的 SQL Server 版本所具有的功能比当前安装的 SQL Server 7.0 多,则升级过程将同时执行版次和功能版本的升级。

• 选择“SQL Server 2000 组件”，选择“安装数据库服务器”，安装程序于是准备 SQL Server 安装向导。在“欢迎”屏幕中单击“下一步”按钮。

• 在“计算机名”对话框中，“本地计算机”是默认选项，本地计算机名显示在编辑框中。单击“下一步”按钮。

• 在“安装选项”对话框中，单击“升级、删除或将组件添加到 SQL Server 现有实例中”，然后单击“下一步”按钮。

• 在“实例名称”对话框中，“默认”是被选定的。单击“下一步”按钮。

【说明】

在升级时，SQL Server 7.0 会自动变为 SQL Server 2000 的默认实例。

• 在“现有安装”对话框中，单击“升级现有安装”选项，然后单击“下一步”按钮。

• 在“升级”对话框中，会得到是否希望继续进行所请求的升级的提示。单击“是，升级我的<针对升级的文本>”开始升级过程，然后单击“下一步”按钮。升级进程一直运行直到结束。

• 在“连接到服务器”对话框中选择身份验证模式，然后单击“下一步”按钮。

• 如果不确定采用哪种模式，请接受默认值：“我登录到计算机上所使用的Windows账户信息(Windows)”。

• 在“开始复制文件”对话框中单击“下一步”按钮。

• 在“安装完成”对话框中，单击“是，我想现在重新启动计算机”选项，然后单击“完成”按钮。

4. 版本升级

Microsoft SQL Server 2000 的各种版本(SQL Server 2000 企业版、SQL Server 2000 标准版、SQL Server 2000 个人版和 SQL Server 2000 开发版)都有各自的光盘并且可以单独安装。

可以通过执行版本升级，添加 Microsoft SQL Server 安装的功能集。例如，如果购买了 Microsoft SQL Server 2000 标准版，则可以从 SQL Server 7.0 桌面版升级到 SQL Server 2000 标准版。

表 19-1 是 SQL Server 各种版本之间的升级选项。

表 19-1　　SQL Server 2000 升级对照表

已安装的版本	可升级到
SQL Server 7.0 桌面版	SQL Server 2000 个人版 SQL Server 2000 标准版
SQL Server 7.0 标准版	SQL Server 2000 标准版 SQL Server 2000 企业版
SQL Server 7.0 企业版	SQL Server 2000 企业版
SQL Server 2000 开发版	SQL Server 2000 企业版
SQL Server 2000 标准版	SQL Server 2000 企业版
SQL Server 2000 个人版	SQL Server 2000 标准版

19.2.3 安装 SAP Business One Server

19.2.3.1　SAP Business One Server 安装环境

(1)操作系统。

Windows 2000 Server＋SP4＋冲击波补丁，Windows 2003 Server。

(2)数据库。

MS SQL Server 2000＋SP3(或更高版本补丁)。

19.2.3.2 SAP Business One Server 安装步骤

执行 SAP Business One 安装文件夹下 Setup.exe 文件。在弹出的安装向导中执行以下步骤即可顺利完成安装。

步骤 1:Select the Setup Type to install

选择"Custom",如图 19-1 所示。

图 19-1 SBO Server 安装向导(1)

步骤 2:Existing DB Server Login

选择服务器(默认 local)、User Id 和数据库 Password,如图 19-2 所示。

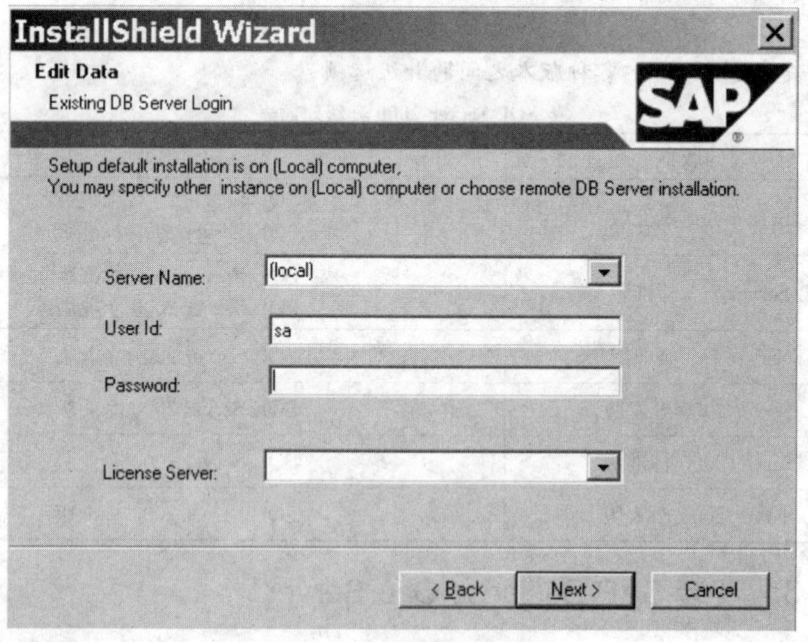

图 19-2 SBO Server 安装向导(2)

步骤 3:Select Features

选择:"System databases"中的" Common Database",如图 19-3 所示。

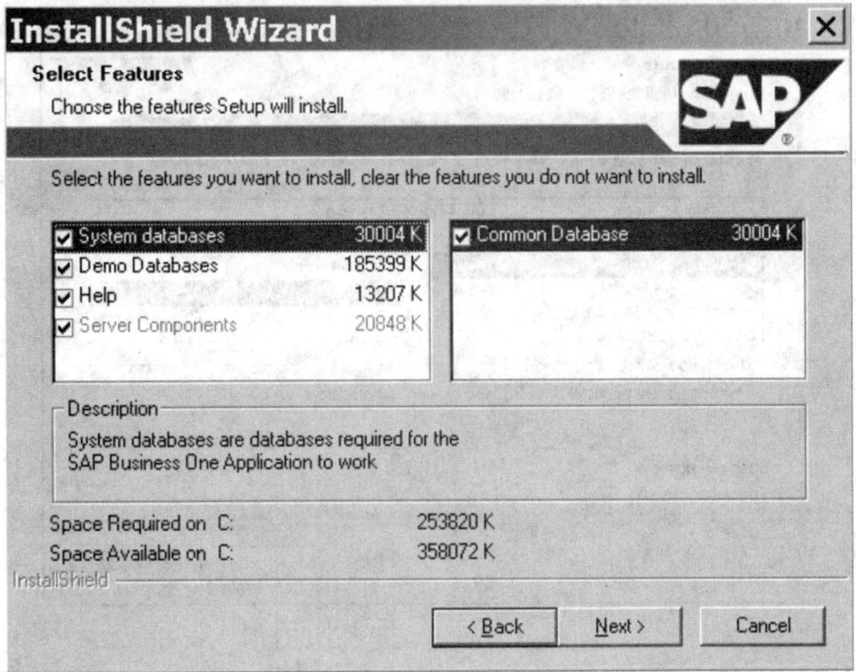

图 19-3 SBO Server 安装向导(3)

选择:"Demo Databases"中的" China",如图 19-4 所示。
选择:"Help"中的" Chinese",如图 19-5 所示。

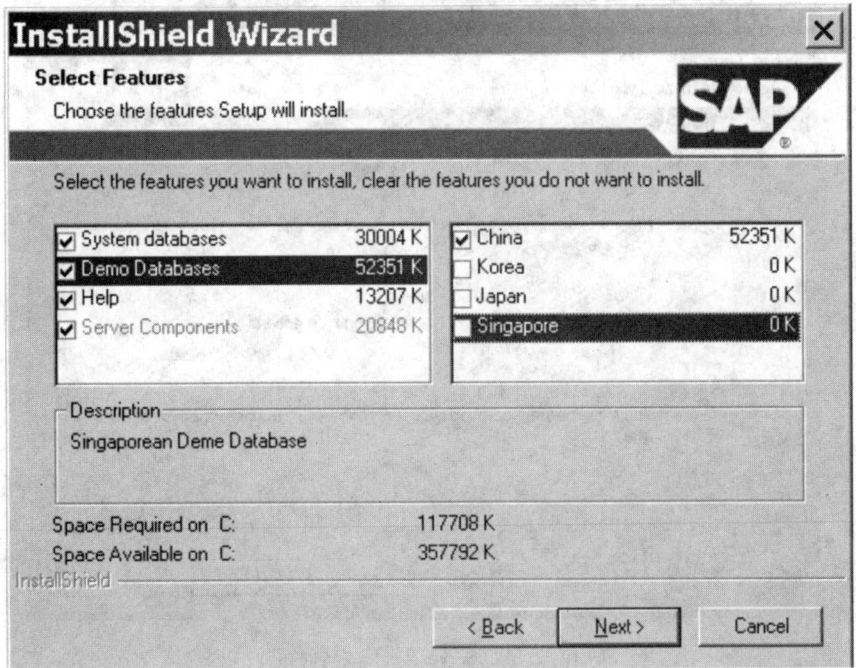

图 19-4 SBO Server 安装向导(4)

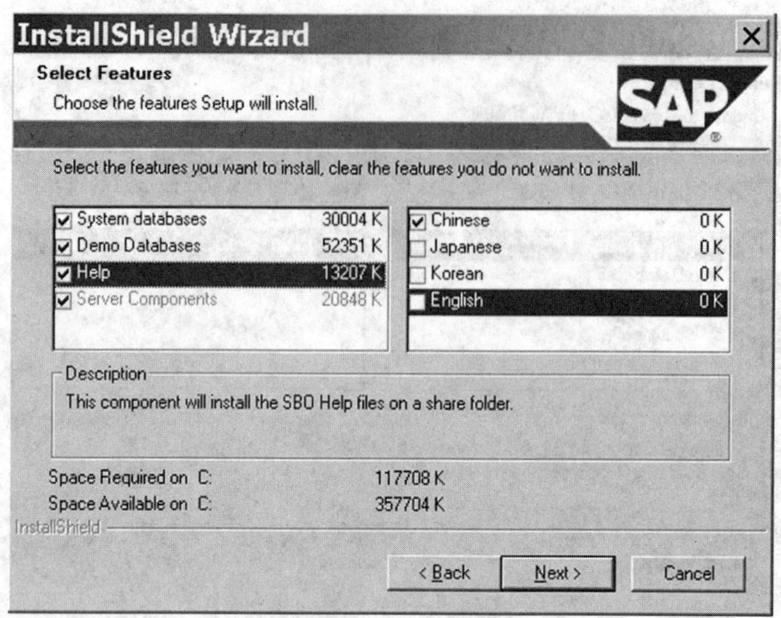

图 19-5 SBO Server 安装向导(5)

其余的安装步骤采用默认设置就可以顺利完成安装。

19.2.3.3 SAP Business One 服务器工具安装步骤

执行 SAP Business One 安装"\SERVER TOOLS"目录下的 Setup.exe 文件。

步骤 1:Select the Setup Type to install

选择"Custom",如图 19-6 所示。

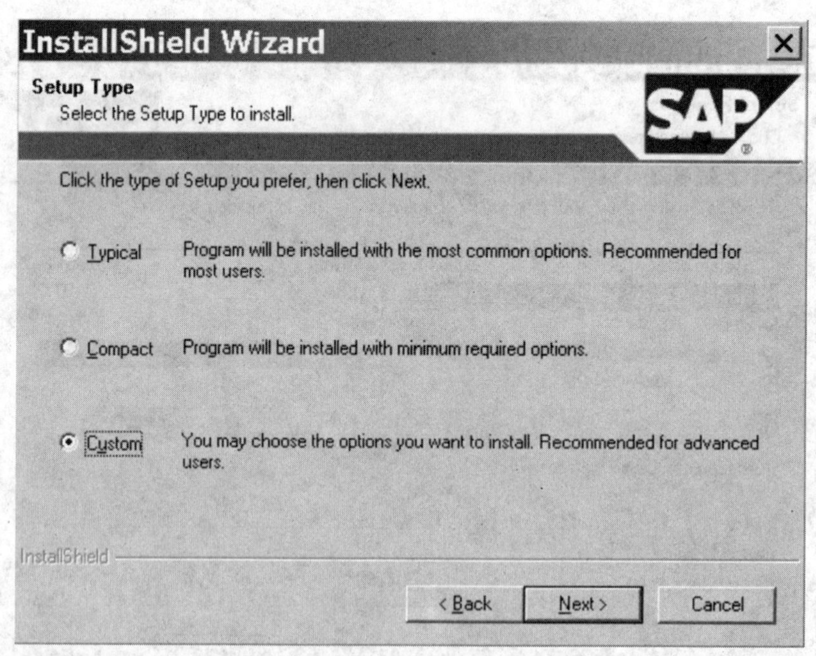

图 19-6 SBO Server Tools 安装向导(1)

步骤 2:Select Features

选择全部组件。如图 19-7 所示。

其余步骤采用默认设置即可顺利完成安装。

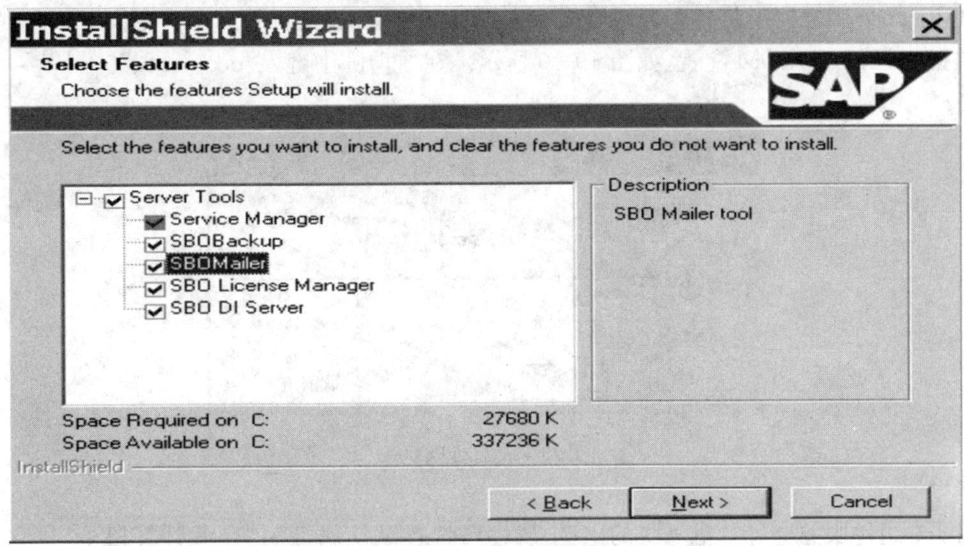

图 19-7 SBO Server Tools 安装向导(2)

19.2.3.4 SAP Business One license key 安装与配置

1. 获取机器码

关键步骤:运行 Services Manager ,Service 选项为“License Manager”,如图 19-8 所示。

将 Hardware Key 中的机器码粘贴到新建的文本文件中,发送给业务经理。

2. 导入 License Key

关键步骤:指定业务经理返回的 License Key 文件,点击“Import License File”。如图 19-9 所示。

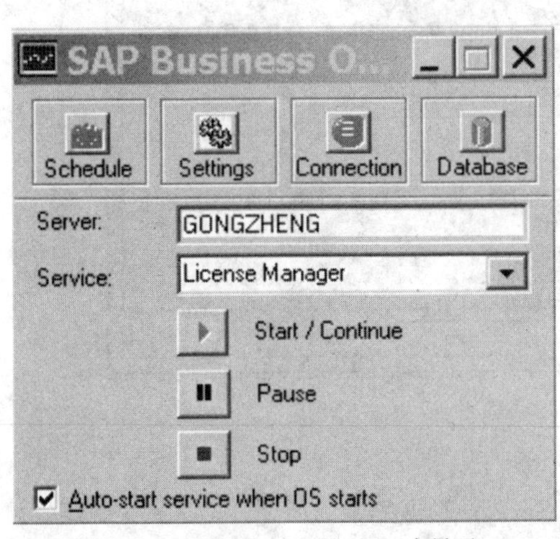

图 19-8 SBO Service Manager 主界面

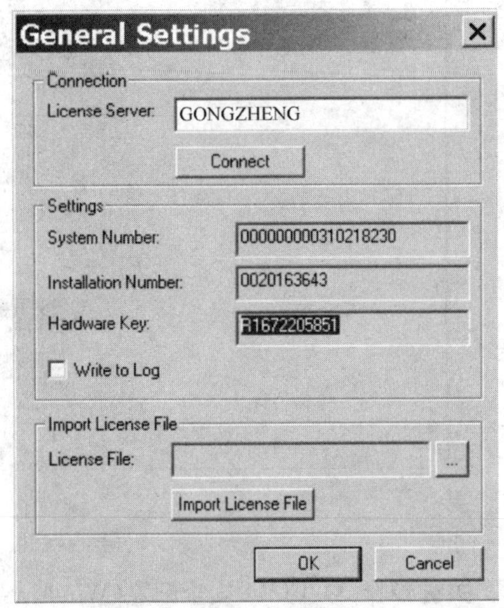

图 19-9 获取机器码界面

注意

License Key 文件为.txt 文件,打开或者修改该文件,均会导致文件的破坏!

3. License 服务器端配置

关键步骤(1):添加 Windows 用户。

在 License 服务器上将各客户端登录 Windows 的用户添加到管理用户中。

关键步骤(2):DCOM 配置,如图 19-10 所示。在“打开”中键入“dcomcnfg”。

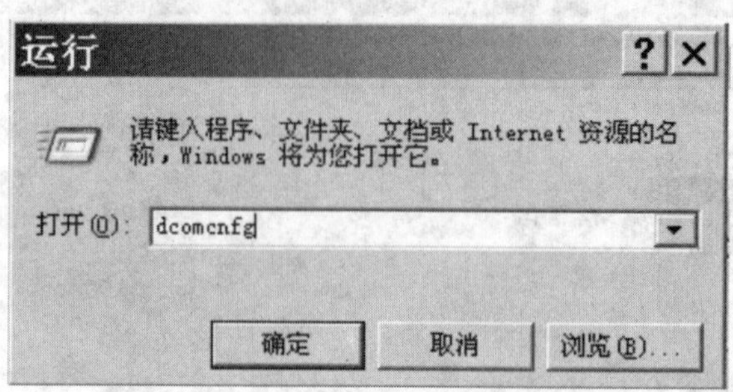

图 19-10 启动 DCOM

右击“ 组件服务→计算机→我的电脑 属性”,选择默认属性为“在此计算机上启用分布式 COM”,如图 19-11 所示。

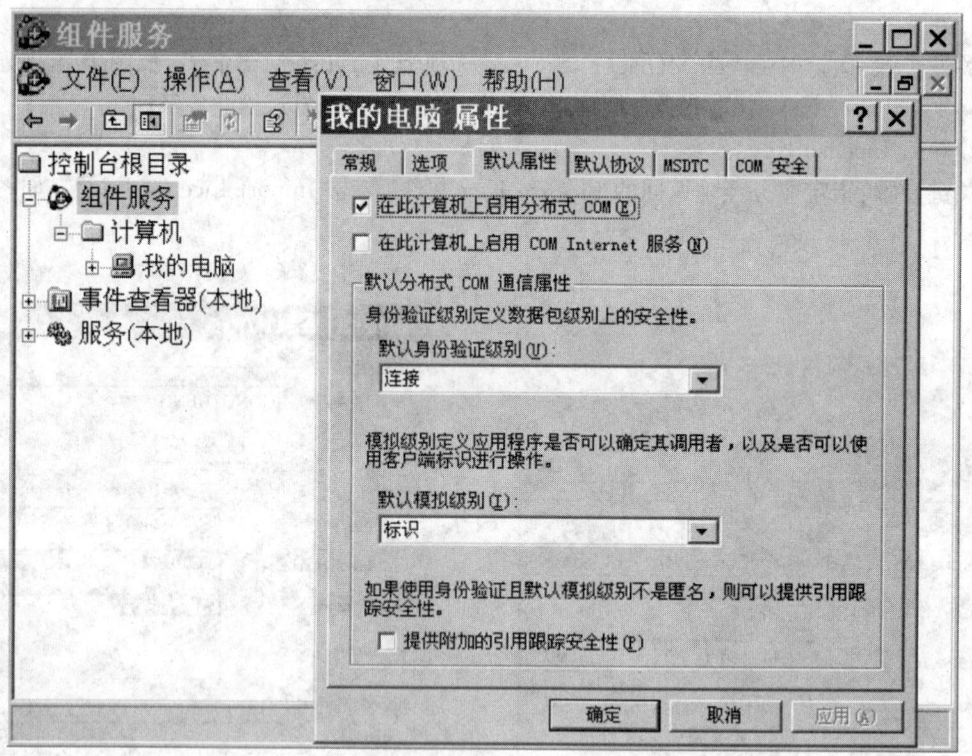

图 19-11 DCOM 配置(1)

关键步骤(3):COM 安全配置(Windows 2003 Server 需要配置)。

开放 COM 安全页签中的“访问权限”与“启动和激活权限”中“Everyone”用户的本地权限,如图 19-12 所示。

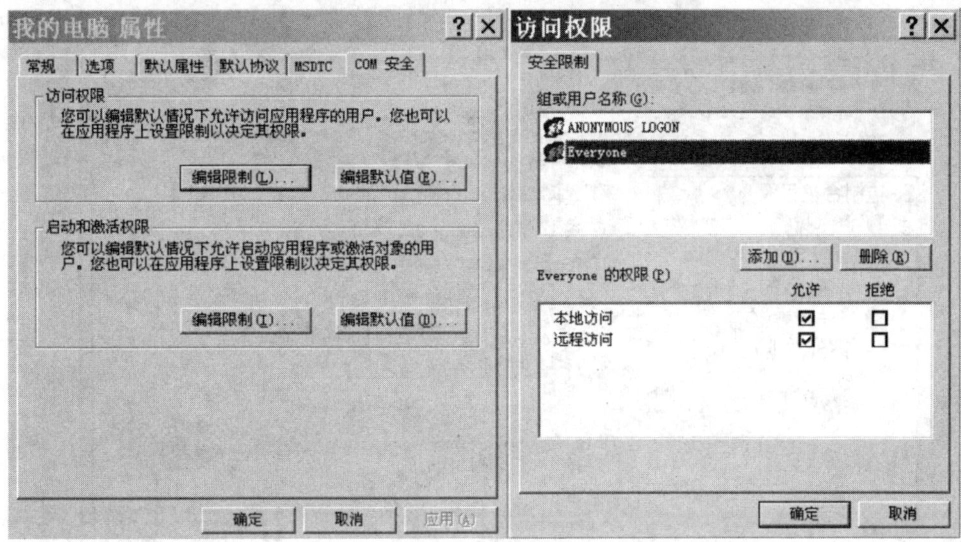

图 19-12 DCOM 配置(2)

关键步骤(4):SBO License 属性配置。

依次开放安全页签中的“配置权限”、“访问权限”与“启动和激活权限”中“Everyone”用户的本地权限，如图 19-13 所示。

4. License 客户端配置

关键步骤:DCOM 配置。

在“打开”中键入“dcomcnfg”。

右击“组件服务→计算机→我的电脑 属性”，选择默认属性为“在此计算机上启用分布式 COM”，如图 19-14 所示。

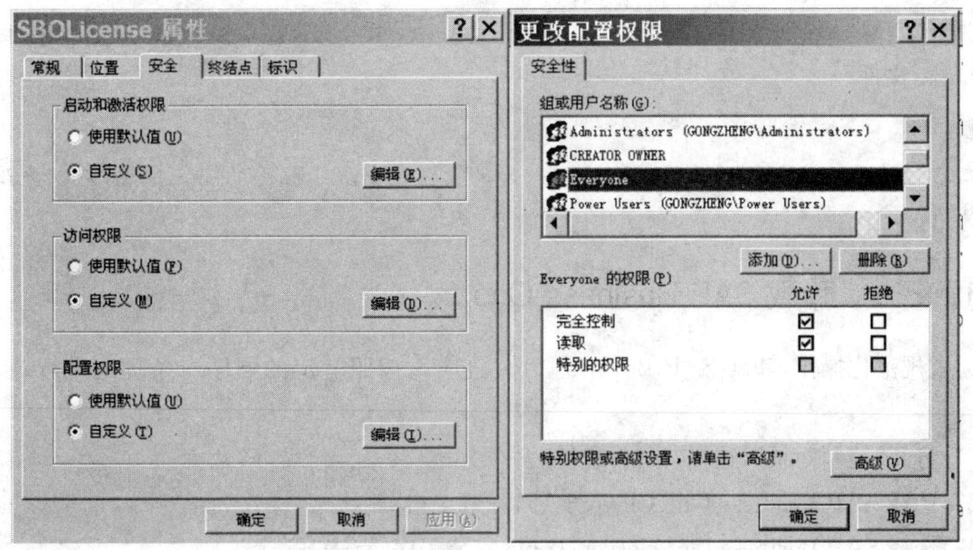

图 19-13 SBO License 属性配置

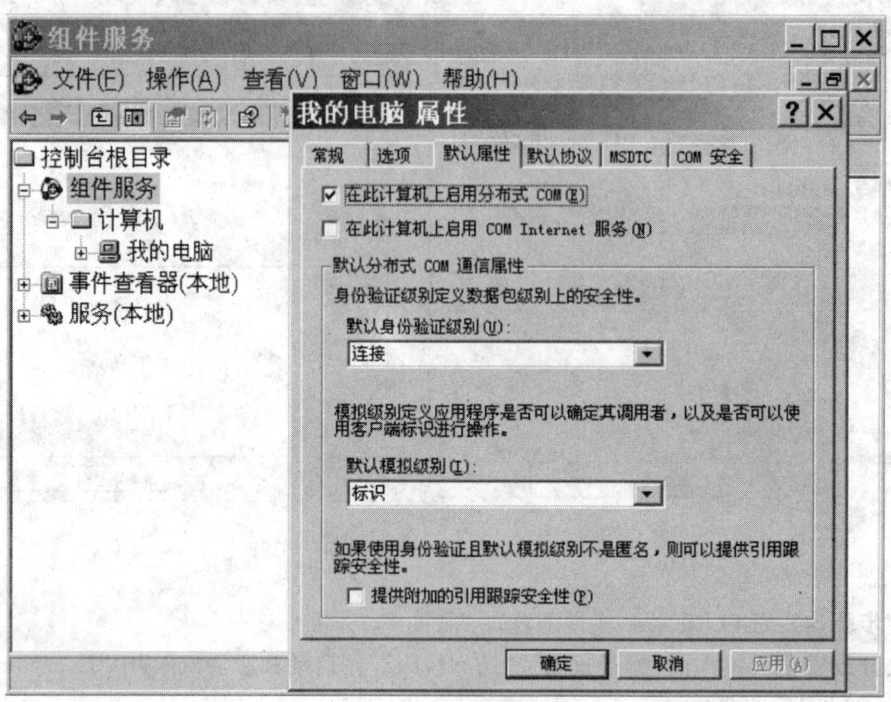

图 19-14 启用分布式 COM

19.2.4 安装 SAP Business One Client

19.2.4.1 安装环境

操作系统：Windows 2000 专业版＋SP4＋冲击波补丁或 Windows XP。

19.2.4.2 安装步骤

执行“C:\Program Files\SAP\SAP Business One\B1_SHR\Clients\Client_Setup”目录下 Setup.exe 文件。

注意

本路径是默认安装下的路径，只作参考，如果管理员更改了程序的安装位置，应以更改后的路径为准。

19.2.5 卸载 SAP Business One

为了规范化操作，卸载 SAP Business One 也应该按照一定的顺序有条理地进行，步骤如下：

(1)打开“控制面板”，选择“添加/删除程序”。

(2)选择 SAP Business One Client 安装程序，点击“删除”。

(3)选择 SAP Business One Server Tools 安装程序，点击“删除”。

(4)选择 SAP Business One 安装程序，点击“删除”。

至此，SAP Business One 全部的标准安装程序在系统菜单中卸载完毕，若要完全卸载，还需手工删除 SAP Business Onc 的安装目录。

19.3 SBO 系统管理

19.3.1 权限管理

SBO 的权限管理是系统管理中的重要内容,直接决定了任意一个操作人员登录到系统后能做什么、不能做什么。在权限管理中,可以选择权限的任意组合:从超级用户(拥有所有权限)和在不同应用程序中具有不同的显示和更改权限的用户,到根本没有任何系统权限的用户。

19.3.1.1 常规权限管理

路径:

菜 单	SBO→管理→系统初始化→权限→常规权限

界面:如图 19-15 所示。

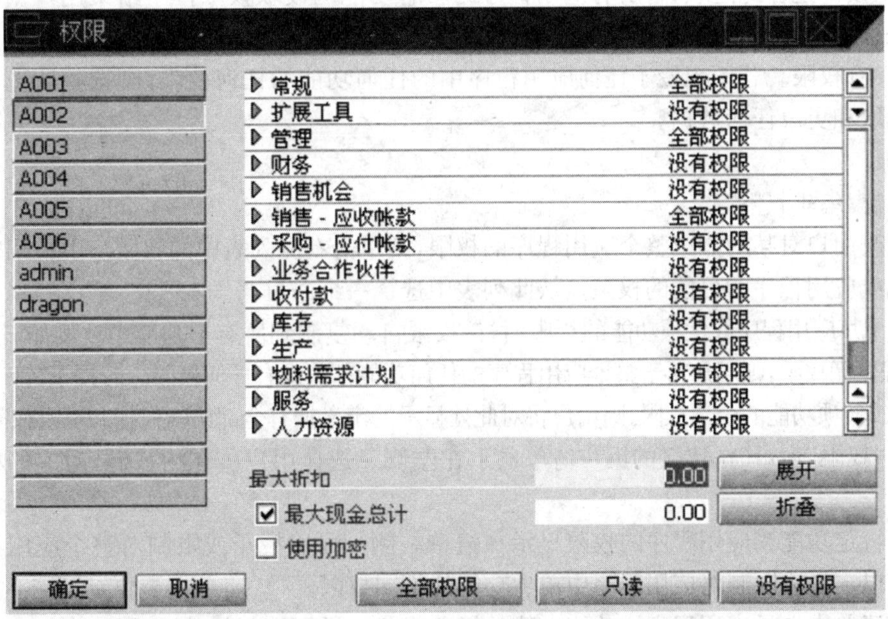

图 19-15 常规权限定义界面

在可以定义权限之前,首先必须在系统中定义用户。定义用户后,还可以指定该用户是否将成为超级用户。若该用户为超级用户,则他/她将在系统中自动拥有所有功能的全部权限。不能更改此类用户的权限。因此,若要限制用户的权限,则不能将该用户定义为超级用户。通常,用户只能执行他/她获得授权的那些功能和操作。未被定义为超级用户的用户不能访问和设置"权限"功能。

权限的描述是自解释的。应用程序菜单中的功能与权限列表相同。例如,完全可以定义"报价"功能的用户权限。会计凭证还有一些特定功能,如存取机密科目、确认具有信贷行差异或确认具有多重货币的条目。这使使用者完全可以详细指定授权用户执行哪些操作。可行权限的另一个例子是对特定编号范围组的访问权限。若为凭证类型指定了不同的编号范围,则可以使用一个编号范围限制对这些凭证的访问权限。例如,可以指定用户只可以访问特定编号范围的报价,对其他编号范围报价的访问权限可能受到限制或完全被拒绝。

除了权限外,还可以为系统中的采购和销售业务定义审批流程。例如,若用户获得授权,即使在超过客户的信贷限额时也可添加发票,则可在此处激活附加的审批流程,只要某特定金额超过了信贷限额，就可以使用此程序。

权限窗口字段功能描述如下。

(1)最大折扣。可以指定授权用户在客户主记录和销售凭证中获得的最大折扣。若输入0，则用户甚至不能输入已定义自动舍入的任何金额，因为自动舍入代表折扣。

(2)使用加密。可以就系统中的以下加密数据为用户定义译码：

• 总账科目余额。

• 客户和供应商科目余额。

• 价格清单。

• 交易毛利。

选择"使用加密"复选框时，系统显示"译码表"按钮。按下此按钮，系统显示用于定义译码的窗口。可以为此表中的每个字符定义其他显示字符。

(3)全部权限。将所有应用程序的所有功能的全部权限授予给某用户。

(4)只读。选择此选项，将所有应用程序的所有功能的读取权限授予给某用户。这样用户可以读取系统中的所有数据，但不能进行任何更改。

(5)没有权限。若不想授予任何应用程序中的任何功能的任何权限，则选择此选项。用户将不能读取和更改任何数据。

操作：

1. 更改/编辑权限

要更改用户对某功能或整个应用程序的权限，则单击右侧列表中的权限。下拉列表中显示有该功能或应用程序的可能的权限。从此列表中选择一个条目。

当授予某应用程序或父项功能的权限时，该权限自动复制到所有子功能中。例如，若授予"销售"应用程序无权限，则用户对于整个应用程序的任何功能都将没有任何权限。若授予"管理"应用程序中"定义"父项功能的全部权限，则用户将对此处显示的定义拥有全部访问权限和更改权限。

打开"权限"窗口时，定义的用户清单显示在左侧。选择用户所在的行后，对应的权限显示在右侧。

用户特定功能和应用程序的权限显示在清单右侧。可以授予或限制对整个应用程序的权限。还可以定义或限制对应用程序中单项功能的不同权限。

• 在清单中选择应用程序或功能左侧的橙色三角形，展开至下一级权限。

• 要立即显示或隐藏应用程序的所有功能，分别选择"展开"或"折叠"。

一旦选择了用户，就可以显示和更改用户对应的权限。若用户为超级用户，则不能更改其权限。超级用户以灰色显示在清单中。

2. 定义权限

以下选项可用于为用户定义各种权限：

• 全部权限：当将某功能或应用程序的此权限分配给用户后，该用户就拥有完全访问权限，即可以显示和更改该功能或应用程序的应用情况。

• 没有权限：当将某功能或应用程序的此权限分配给某用户后，该用户就没有对此应用程序或功能的访问权限。

• 只读权限：当将此权限分配给用户时，该用户只有此功能的读取权限，而没有更改权限。

• 多种权限：如果一个用户对某应用程序下的各种功能有不同的权限，这个应用程序的权限将显示为多种权限(这种权限是自动分配的，无法从下拉菜单中找到此选项)。

操作方式：

• 要将所有应用程序中所有功能的全部权限授予给某用户，选择窗口底部的"全部权限"按钮。

• 要将所有应用程序中所有功能的读取权限授予给某用户，选择窗口底部的“只读”按钮。随后用户可以读取系统中的所有数据，但不能进行任何更改。

• 若不想将任何应用程序中任何功能的任何权限授予给某用户，则选择窗口底部的“无权限”按钮。用户将不能读取和更改任何数据。

• 要更改用户对某功能或整个应用程序的权限，单击右侧列表中的相应权限。下拉列表中显示有该功能或应用程序的可能的权限。从此列表中选择一个条目即可选择它。

可以就系统中的加密数据为用户定义译码。当选择使用“加密”时，系统显示“译码表”按钮。按下此按钮，显示定义译码的窗口。可以为此表中的每个字符定义一个不同的显示字符。定义译码后，将显示译码字符（而不是实际数字和字符）。

3. 为另一用户复制权限

一旦已为用户定义权限，通常还需要为其他用户复制此权限。例如，可以将相同的权限授予在同一部门工作的所有员工。为避免手动为每个用户定义权限，可以将一个用户的权限复制到另一个用户。

操作方式：

• 选择要复制其权限的用户名。按住鼠标按钮直至该用户名周围出现一个矩形为止。

• 将此矩形拖动至要为其授予权限的用户名处。

• 释放鼠标按钮。

• 系统提示确认复制操作。

• 选择“确定”确认此操作，权限即完全复制到第二个用户。

系统会自动记录权限修改的记录。在权限定义界面选择需要查看权限修改记录的用户，使用“主菜单→工具→显示历史记录”，可以查看权限修改的基本信息以及详细信息（查看详细信息需要点击“显示差额”）。图 19-16 是常规权限编辑历史界面。

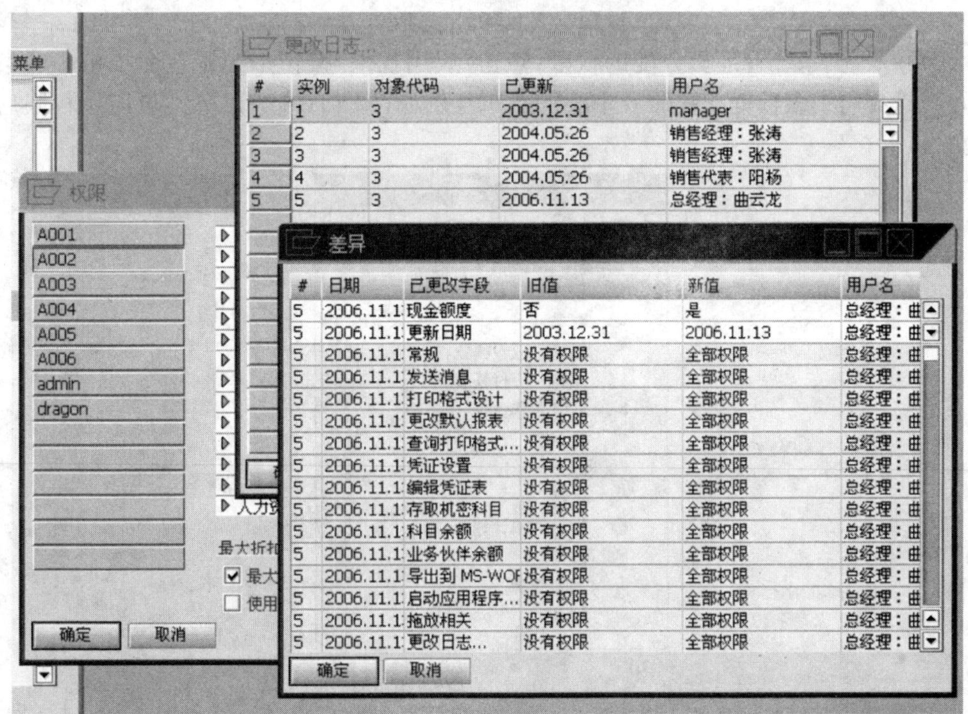

图 19-16 常规权限编辑历史界面

系统提供了全面的权限设计，可为每个用户定制权限。在实施阶段，系统管理员应该作出权限设计计划，防止对系统中的数据进行未经授权的访问。必须采取一定的预防措施，确保对数据的访问进行监控。在总分类账中，对凭证日记账没有权限但获得了日记账条目权限的用户，可以使用数据记录按钮滚动浏览数据库和查看凭证。这样，尽管他们未获得显示列表的权限（例如：凭证日记账），但仍可显示其他条目。

通过分配正确的权限，可限制对凭证字段的更改。但这对已定义为超级用户的用户不适用。

19.3.1.2 应用权限到命令中心

用户登录系统后，可以根据系统管理员分配的权限定义 SBO 命令中心。

路径：

菜 单	SBO→工具→表格设置

界面：如图 19-17 所示。

表格设置 - 主菜单

菜单项目	可视
▷ 管理(A)	☑
▷ 财务(F)	☐
▷ 销售机会(S)	☐
▷ 销售 - 应收帐款(I)	☑
▷ 采购 - 应付帐款(P)	☑
▷ 业务合作伙伴(B)	☑
▷ 收付款(n)	☑
▷ 库存(I)	☑
▷ 生产(r)	☑
▷ 物料需求计划(M)	☑
▷ 服务(e)	☑
▷ 人力资源(H)	☑

确定 取消 全部折叠 全部展开 应用权限

图 19-17 将权限应用到命令中心

用户可以根据系统管理员分配的权限，点击“应用权限”按钮来配置在命令中心的菜单选项，也可以选择可视多选框配置命令中心的菜单。例如，图 19-18 为财务人员应用权限后的命令中心。

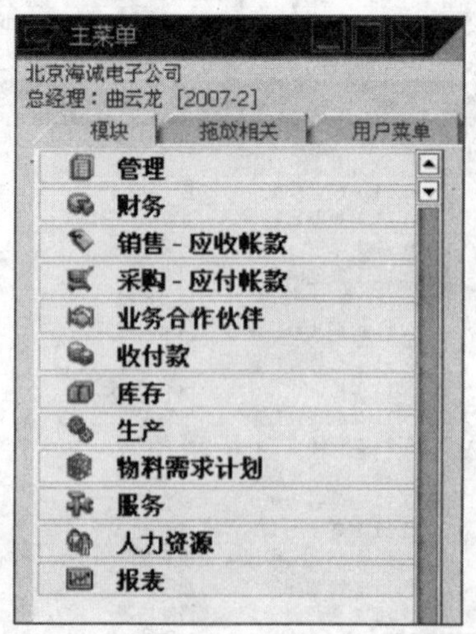

图 19-18 将权限应用到命令中心的结果

19.3.2 审批程序

在实际的生产经营活动中，采购或销售方面的很多业务都必须先经过获得授权的员工的批准，然后才能保存到系统中以及触发相应的后续活动。例如，对于超过一定金额的采购订单，在一个或多个更高级别的员工批准该订购业务之前，系统根本不会保存和激活采购订单。在收到此批准之前，此项业务只作为草稿存在于系统中。收到批准才能使业务转变为真正的凭证。批准处理包含已定义的用户，并可能多级处理。

释放程序补充了在系统中对于用户的权限定义。例如，一个用户被授权可以在客户信贷限度超额时仍可以创建发票，这种情况也能触发一个释放程序。只要定义的金额超过信贷限额，释放程序就会被触发。因此，在命令层次结构中，释放程序的优先级比用户权限的优先级高。

鉴于前面的销售、采购等篇章已经介绍过释放程序(也叫审批流程)，所以本节只作简要的回顾，详细介绍请参见销售和采购业务处理部分的内容。

一、定义批准阶段

路径：

菜 单	SBO→管理→审批流程→确认级别

可使用此功能定义哪些用户可批准特定的事务以及每种情况需要哪些批准阶段。随后需要将这些批准阶段分配给各个释放程序模板。

二、定义批准模板

路径：

菜 单	SBO→管理→审批流程→批准模板

使用批准模板定义公司需要的各种释放程序。

三、批准决定报表

路径：

菜 单	SBO→管理→审批流程→批准决定报表

界面：如图 19-19 所示。

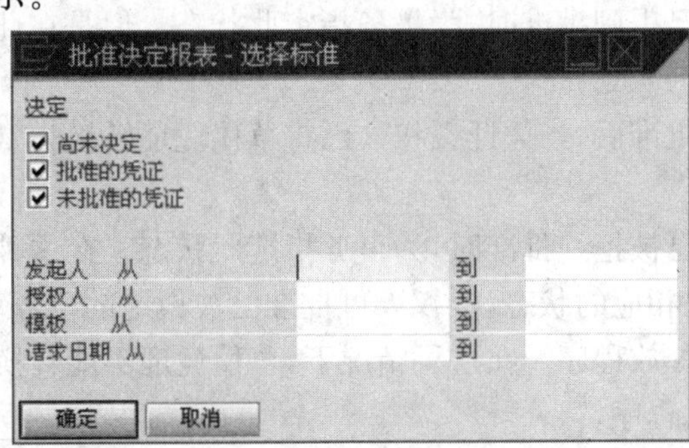

图 19-19 批准决定报表

批准决定报表字段功能描述如下：

(1)尚未决定、批准的凭证、未批准的凭证。

选择要显示的凭证的批准状态。为每种凭证状态列出单独的复选框。系统在未定、已批准和已拒绝的凭证之间加以区别。发布被拒绝后，凭证仍在系统中，保存为草稿。可以更改或删除草稿，还可取消释放程序本身。

(2)“发起人　从……到……”、“授权人　从……到……”、“模板　从……到……”、“请求日期　从……到……”。

输入选择范围，即释放程序。输入要显示在报表中的凭证类型。在此所作的选择将成为下次调用报表时的默认选择。

四、批准状态报表

路径：

菜 单	SBO→管理→审批流程→批准状态报表

界面：如图 19-20 所示。

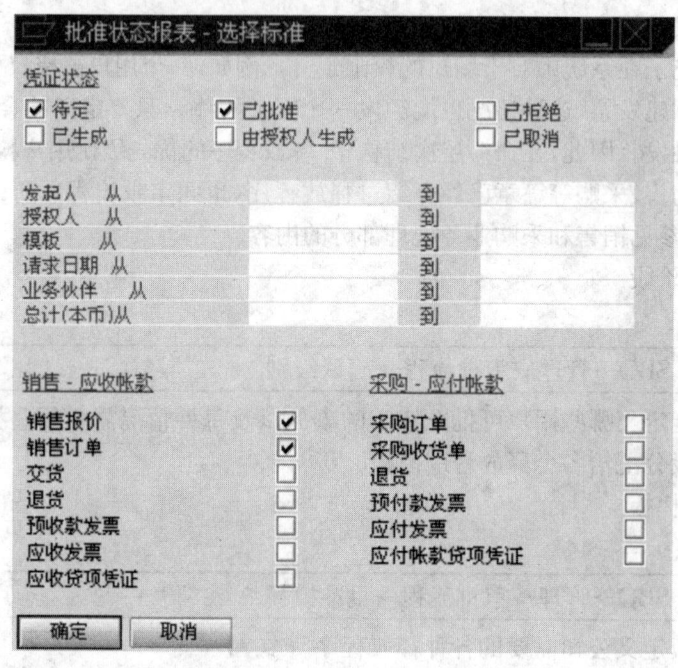

图 19-20 批准状态报表

字段功能描述如下：

(1)待定。在事务等待批准时，为事务指定此状态。

(2)已生成。批准后，当凭证发起人已将草稿凭证转换为常规凭证时，为事务指定此状态。

(3)已批准。在事务已得到批准时，为事务指定此状态。但是在此阶段，草稿凭证尚未转换为常规凭证。

(4)由授权人生成。批准后，当凭证授权人已将草稿凭证转换为常规凭证时，为事务指定此状态。

(5)已拒绝。在事务已被拒绝批准时，为事务指定此状态。在这种情况下，草稿凭证不能转换为常规凭证。通过更改相应的状态，授权人可批准已被拒绝的事务。

(6)已取消。可取消释放程序。在这种情况下，草稿凭证不能转换为常规凭证。根据需要，可重新启动已取消的释放程序。

第20章

初始化设置及定义

20.1 初始化概述

初始化设置主要是配置系统的一些参数。有些参数在系统启用业务后将不能更改。有些设置会影响业务的逻辑或者系统表现。用户的实际业务将决定系统设置如何配置，实际实施时，系统的初始化设置必须由业务人员参与完成。有关某些参数业务逻辑更详细的描述，可以参考本书第二篇销售管理、第三篇采购管理、第四篇库存管理、第五篇财务管理的内容。

20.2 建立公司

20.2.1 新建公司

安装SBO后，用户需要新建公司以进行本公司业务的管理。本节将介绍如何新建一个自己的公司。为了方便产品演示和用户测试，在安装SBO后，系统将自动在服务器上建立演示公司——北京海诚电子公司，如不需要，可先将该公司删除。

路径：

菜单	SBO→管理→选择公司→新建

操作：

(1)选择“管理 →选择公司”，如图 20-1 所示。

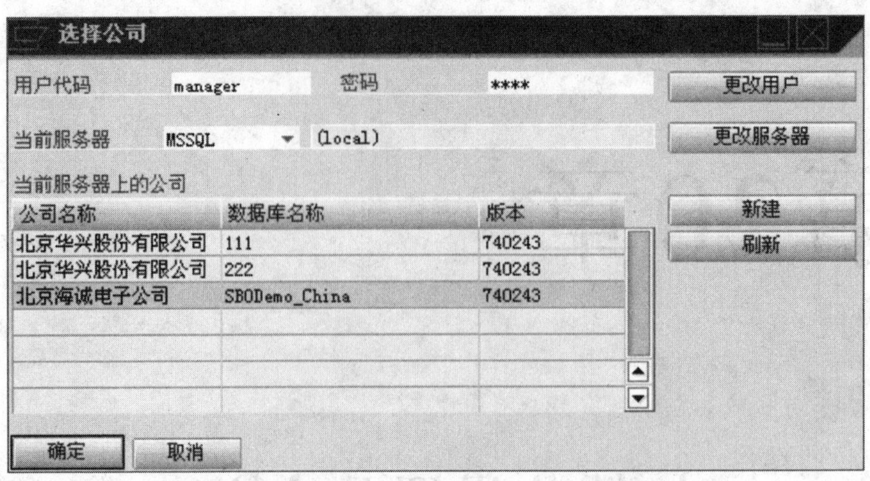

图 20-1 选择公司

(2)选择“新建”。将出现“创建新公司”窗口,如图 20-2 所示。

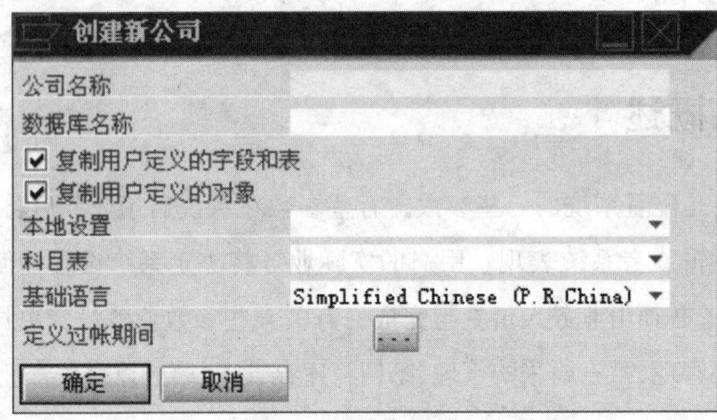

图 20-2 创建新公司

(3)根据需要在此窗口中设置所有参数。

(4)选择“确定”,结束公司的创建。

20.2.2 选择公司

路径:

菜 单	SBO→管理→选择公司

操作:

(1)将光标置于所需公司所在的行上,单击选中,然后选择“确定”(或按 Enter 键),还可以双击包含要登录的公司的行。

(2)若要登录的公司不在列表中,可以点击“更改”按钮切换到目标公司所在的数据库服务器。

(3)填写公司所要使用的用户名和密码,如需更改用户名或密码,可点击“其他”按钮。

(4)完成上述操作,点击“确定”即可登录。

注意

注销当前用户后,若下次登录时仍采用注销前的用户名登录,系统将自动登录到上次选定的公司。

20.2.3 公司细节设置

路径：

菜 单	SBO→管理→系统初始化→公司明细

使用“公司明细”功能维护公司的一般数据和会计数据，并指定初始化设置。在“本地语言”和“外文”标签中，可以用本地语言和外文分别输入相同内容的信息。打印外文凭证中的公司数据时需要这些信息，如图 20-3 所示。

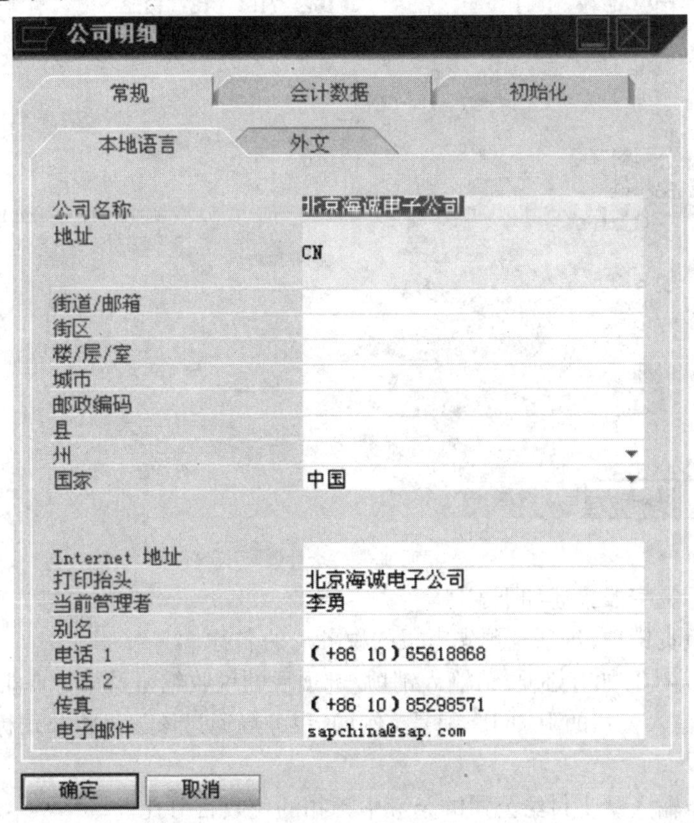

图 20-3 公司明细——“常规”标签

1.“常规”标签

“常规”标签界面如图 20-3 所示，字段功能描述如下。

(1)公司名称：输入公司的名称。如有必要，可以使用公司名称的缩写，因为此字段仅在内部使用。在此处指定的名称将出现在 SBO 菜单的顶部。但是，打印的是在“打印表头”字段中指定的名称。

(2)地址：根据“地址字段”中输入的地址，显示格式化地址。

(3) Internet 地址：输入公司的 Web 站点。

(4)打印抬头：输入公司名称，使用 SBO 打印的所有单据中都按该格式显示。

(5)当前管理者：此员工将在打印单据的“当前管理者”字段中显示。

(6)电话 1、电话 2、传真、电子邮件：输入当前管理者的电话、传真号码和电子邮件地址。

(7)别名：输入公司的别名。对于日本，请输入公司的片假名。在巴西版本中，可输入地址街道编号。对于其他国家，请输入其他可用信息。

2."会计数据"标签

"会计数据"标签设置界面如图 20-4 所示。

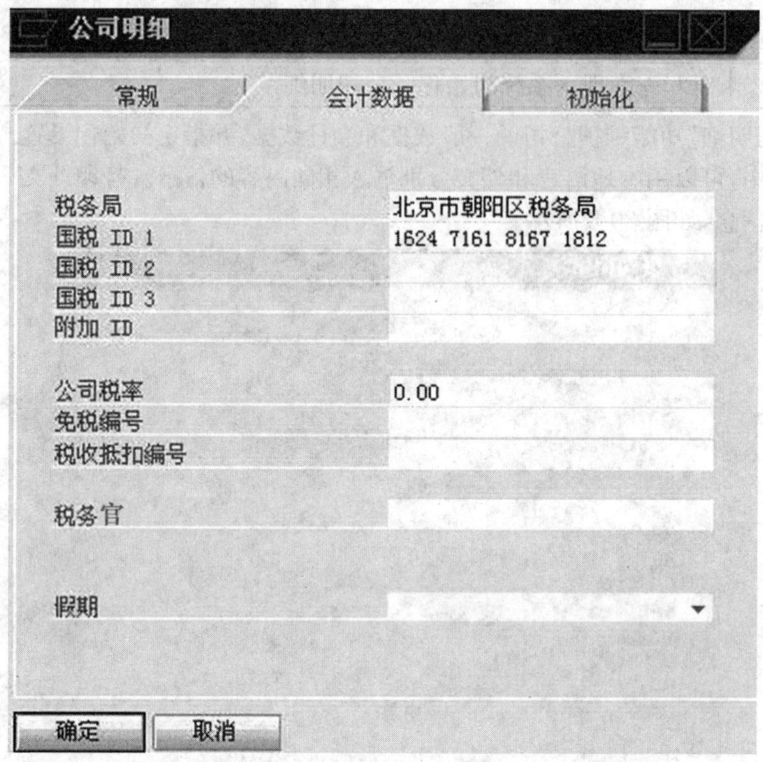

图 20-4 公司明细——"会计数据"标签设置

"会计数据"标签字段描述如下。

(1)税务局:负责销项/进项税预先申报的税务局的名称。

(2)国税 ID 1、2、3:如有必要,请输入销项/进项税的税收编号及第二或第三个标识。

(3)附加 ID:输入公司的附加 ID 编号。例如,税务局通过该编号将公司标识为某个公司组的一部分。

(4)公司税率:输入从支付给公司的金额中预扣的税收百分比。

(5)免税编号:用于具有免税编号的公司。

(6)税收抵扣编号:输入公司的税收编号。此税收编号用于报告与业务功能有关的数据。例如,报告信息时可以参考此编号,如环境局分局的位置、就业和行业情况。

(7)税务官:输入与该公司相关联的税务官的姓名。

(8)假期:选择在"定义假期日期"窗口定义的一组公司假期日期。要定义一组新的日期,请选择"定义新的"。

3."初始化"标签

"初始化"标签设置界面如图 20-5 所示。"初始化"标签功能描述如下。

(1)科目表模板:选择对公司来说合法有效的科目表,或通过选择"用户定义的"来定义自己的科目表。另外还可以从旧系统中导入科目表数据。

建议使用现有的标准科目表,并根据需要使其符合公司的要求,因为定义完整的科目表是一个漫长复杂的过程。

(2)本币:选择本币。在 SBO 中定义的货币会显示在清单中。要定义新货币,选择"定义新的"。

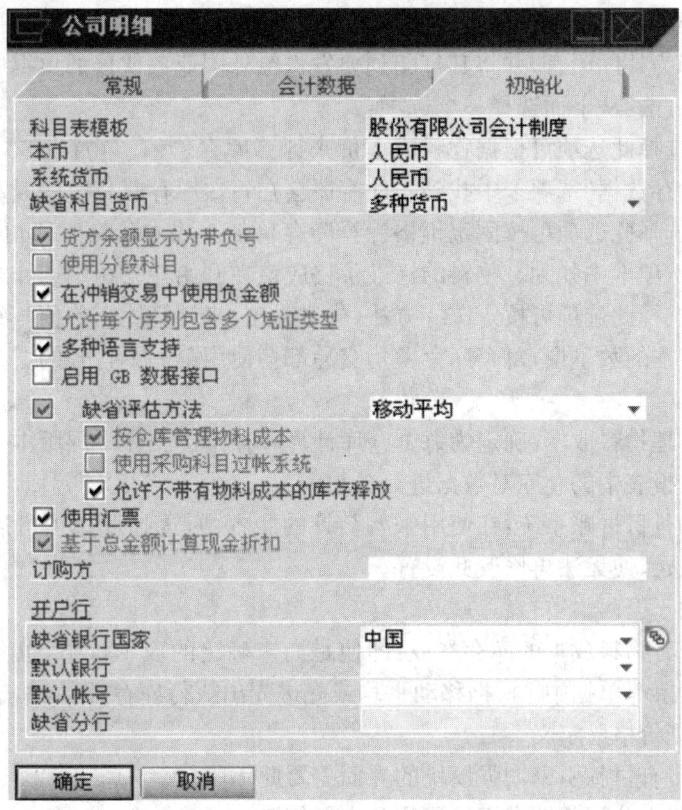

图 20-5　公司明细——"初始化"标签

(3)系统货币:SBO 可以管理和本币并行的系统货币中的所有交易。从清单中选择所需的系统货币。要定义新货币,请选择"定义新的"。

如果定义了不同于本币(国家货币)的系统货币,则系统货币可以用作报告货币。例如,公司组需要与国家货币不同的报告货币。还可以定义系统货币的每日汇率。在会计中将使用这两种货币过账每个单据、所有报表以及资产负债表。

如果不需要以另一种货币进行报告,可将系统货币设置为本币。

(4)缺省科目货币:确定新科目的缺省科目货币:

• 本币:交易只能用已定义的本币表示。

• 多种货币:交易可以用本币和系统货币表示。但当使用不同的货币时,可能无法在所有情况下都显示总计。贷方余额显示时将带负号,选择该字段可显示带负号的贷方余额。根据缺省设置,借方余额显示时将带负号。在 SAP Business One 创建过账后,不能再更改此选项。

此设置将影响总账科目和业务伙伴的期初余额分录。根据此设置,未清余额必须输入为正数或负数。建议接受缺省设置,因为这反映了本地要求。

(5)使用分段科目:选择该字段可指定是否应该将分段信息添加到标准科目代码,例如部门、区域、成本中心等,以进行详细事务的跟踪和报告。

(6)在冲销交易中使用负金额:选择此选项将生成使用负金额登记冲销的日记账分录。如果不选择此选项,则使用借/贷转换来登记冲销的日记账分录。此设置可以随时更改。此字段不适用于巴西。

(7)允许每个序列包含多个凭证类型:某些国家法规允许包含多个单据类型的单据编号序列。所有这些单据都是同一编号序列的一部分。如果这些法规与公司相关,请选择此选项。此设置可决定在某些"单据编号方式"窗口显示的设置。选择此选项后,便无法对其进行更改。此字段不适用于巴西。

(8)多种语言支持:选择该字段可在公司中启用多种语言支持功能。使用此功能可将 SBO 中的字段名称翻译为外国语言,并将其打印到要发送给外国业务伙伴的单据中。

(9)缺省评估方法:从下面选择一个选项:

• 移动平均:选择此选项可根据物料成本价来计算库存价值。物料成本价字段可在"库存→物料主数据→库存数据"选项卡中找到。此字段会在每次库存收货过账时动态更新。

• 标准价格:选择此选项可按固定价格计算库存价值。成本价格字段可在"库存→物料主数据→库存数据"选项卡中找到。物料的标准价格应该在开始在公司中工作之前设置。

• 先进先出:选择此选项可按 FIFO 方法(先进先出)来计算库存价值。每个库存收货交易都会创建链接到成本的数量层,每个库存发货交易都会使用第一个打开的层中的数量及其对应成本。

(10)按仓库管理物料成本:确定为每个仓库计算库存定价。在中国版本中,请选择此字段,以便按照库存审计报表中的仓库对数据进行分组。

(11)使用采购科目过账系统:在使用采购会计的版本中,选择此选项可启用采购会计。一旦生成了日记账分录,便无法再修改此设置。

此字段不适用于巴西。

(12)允许不带有物料成本的库存释放:即使是尚未确定的成本价格,也允许将物料包含在如交货单或应收发票等单据中。根据移动平均或先进先出执行库存评估时,选择该字段。如果已选择标准价格,则价格已定义。

(13)订购方:带有付款引擎增强模块的界面需要此字段。

(14)开户行:输入公司的缺省银行账户和支行信息。

注意

一旦已输入第一个公司的数据(如物料、客户或订单),就不能再更改这些信息,这些字段也将不再处于激活状态。因此,请确保在系统中输入任何事务之前已正确维护过这些数据。

20.3 系统初始化设置

20.3.1 一般设置

SBO 系统中很多重要的初始化功能都是在一般设置中完成的,这一节将详细介绍一般设置的内容。

路径:

菜 单	SBO→管理→系统初始化→一般设置

进入"一般设置"窗口后,有很多个标签页内容需要进行设置,下面将逐个加以介绍。

1. "过账期间"标签

"过账期间"标签设置界面如图 20-6 所示。

注意

(1)当前过账期间以粗体显示。

(2)要显示和编辑一个现有期间,选择该期间代码右侧的链接箭头图标 ⇨ 。

(3)双击所需期间的行编号,系统随后将显示一个对话框提示是否设置该期间为当前过账期间。选择"更改当前过账期间"。

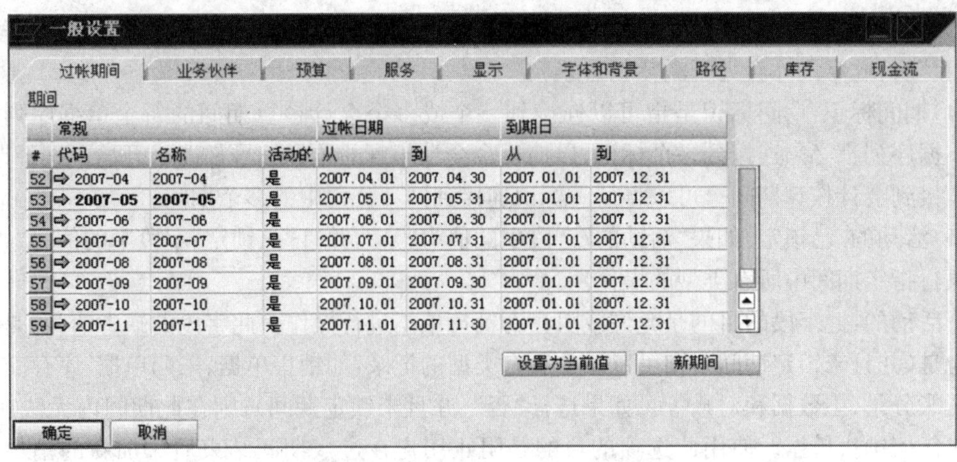

#	代码	名称	活动的	过帐日期 从	过帐日期 到	到期日 从	到期日 到
52	2007-04	2007-04	是	2007.04.01	2007.04.30	2007.01.01	2007.12.31
53	2007-05	2007-05	是	2007.05.01	2007.05.31	2007.01.01	2007.12.31
54	2007-06	2007-06	是	2007.06.01	2007.06.30	2007.01.01	2007.12.31
55	2007-07	2007-07	是	2007.07.01	2007.07.31	2007.01.01	2007.12.31
56	2007-08	2007-08	是	2007.08.01	2007.08.31	2007.01.01	2007.12.31
57	2007-09	2007-09	是	2007.09.01	2007.09.30	2007.01.01	2007.12.31
58	2007-10	2007-10	是	2007.10.01	2007.10.31	2007.01.01	2007.12.31
59	2007-11	2007-11	是	2007.11.01	2007.11.30	2007.01.01	2007.12.31

图 20-6　一般设置——“过账期间”标签

点击“新期间”按钮，弹出“过账期间”窗口，如图 20-7 所示。

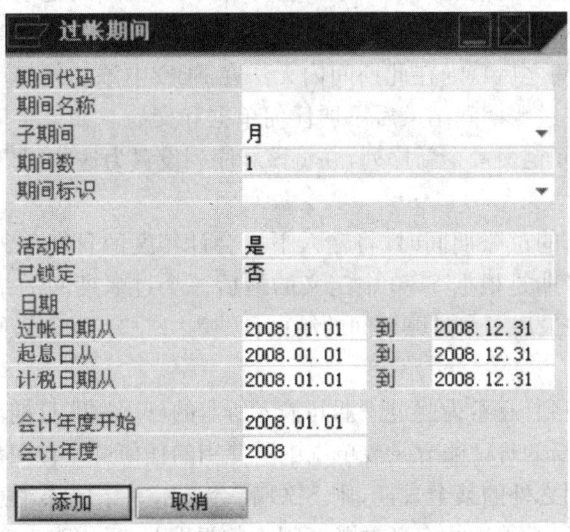

图 20-7　一般设置——过账期间定义

“过账期间”窗口涉及的字段描述如下。

(1)期间代码、期间名称：输入期间的相应代码和名称。

(2)子期间：此设置确定 SBO 要自动创建的附加过账期间数。单击下拉箭头并选择以下选项之一：

• 年：选择此选项可在一个会计年度中管理一个期间。选择此选项时，SBO 将不会自动创建附加过账期间。

• 季度：选择此选项可在一个会计年度中管理 4 个过账期间。选择季度时，“期间数”字段中将自动输入数字“4”，SBO 将会分别创建 4 个新的过账期间。

• 月：选择此选项可在一个会计年度中管理 12 个过账期间。

• 天：选择此选项后，将会激活“期间数”字段。输入所需的过账期间数，SBO 随后会创建相应的期间。例如，如果需要每周管理一个过账期间，则在“期间数”字段中输入“52”，SBO 随后会创建 52 个期间，每个期间对应一周。

如果选择由多个过账期间组成的条目，则在“期间代码”字段中输入的值随后将用作创建附加过账期间代码的基本代码。例如，如果输入“2006”作为期间代码，并在“子期间”字段中选择季度，则 4 个新过账期间的代码将分别为“2006-1”、“2006-2”等。

(3)期间数:根据“子期间”字段中选定的选项,显示过账期间数。只有在“子期间”字段中选择了“天”时,此字段才会处于激活状态。

(4)期间标识:期间标识是指可以连接到一个或多个会计核算期间的每个单据序列(行)。每个单据序列都必须连接到一个标识,以使每个会计年度的单据编号都以 1 开始。选择期间标识以连接到会计核算期间。可以将期间标识连接到同一公司中的多个期间。

(5)活动的/已锁定:如果“活动的”字段中的值为“是”,并且“已锁定”字段中的值为“否”,则可以执行指定期间中所有类型的操作。

• 活动的:此字段的目的是允许或阻止对销售单据进行操作。此字段的缺省值为“是”。如果值为是(并且未锁定期间),则可以添加所有类型的记录,如销售单据、采购单据、库存交易、手工日记账分录、主数据和对账等。如果选择“否”(并且未锁定期间),则在此期间内无法在 SBO 中创建任何销售单据。使用此选项的目的是阻止用户在过账期间结束后添加新的销售单据。不过,仍然可以添加采购单据、库存交易、手工日记账分录、主数据和对账等。

• 已锁定:此字段的缺省值为“否”。如果值为“否”(并且期间处于活动状态),则可以添加所有类型的记录,如销售单据、采购单据、库存交易、手工日记账分录、主数据和对账等。如果选择“是”(在创建过账期间之后),则在此期间内无法在 SBO 中添加任何单据或交易。使用此选项的目的是阻止用户在过账期间结束后添加任何单据和交易。如果希望限制用户在以前期间中添加单据,请为新期间定义一个新序列,并将该新序列设置为这些用户的缺省值,从而阻止其使用以前的序列。

(6)日期:在创建新的过账期间时,将输入下一会计年度的日期作为所有日期字段的缺省值。下一会计年度的日期是根据 SBO 中定义的最后一个过账期间的结束日期来确定的。例如,如果 SBO 中定义的最后一个过账期间的结束日期为“12/31/2006”,则下一会计年度的缺省日期为“01/01/2007”。

• 过账日期从……到……:为此过账期间输入所需的可用过账日期范围。如果将此过账期间设置为当前期间,则新的日记账分录或单据中所使用的任何过账日期都必须与此日期范围相匹配。如果键入此范围之外的某个日期,则 SBO 将会显示一条错误消息。不能使用重叠的过账日期来定义过账期间,必须连续定义过账期间中的过账日期。例如,新期间的第一个过账日期必须是上一期间的最后过账日期的次日。

• 起息日从……到……:为此过账期间输入所需的起息日范围。起息日范围可以长于过账日期范围。如果将此过账期间设置为当前期间,则 SBO 中新的日记账分录或单据中所使用的任何起息日都必须与此日期范围相匹配。如果与这些日期不符,则 SBO 将会显示一条错误消息。

• 计税日期从……到……:为此过账期间输入所需的计税日期范围。计税日期范围可以长于过账日期范围。如果将此期间设置为当前期间,则 SBO 中新的日记账分录或单据中所使用的任何计税日期都必须与此日期范围相匹配。如果与这些日期不符,则 SBO 将会显示一条错误消息。可以定义该期间的过账日期范围之外的计税日期。计税日期也可以与其他过账期间的日期范围重叠。

• 会计年度开始:输入与该期间相关的会计年度开始日期。

(7)添加:选择后可以添加新的过账期间。如果已选择创建包含多个子期间的期间,则会自动创建这些子期间,并将根据相应的日期范围对其进行划分。

有关“激活”和“锁定”字段组合的解释,请参见表 20-1。

表 20-1 “激活”和“锁定”字段组合表

激活的	锁住的	解释
是	否	可以进行所有手工账务处理，同时系统可根据各种凭证自动生成日记账
是	是	不能对账务进行任何添加或修改
否	是	不能对账务进行任何添加或修改
否	否	不能进行销售操作，其他账务处理均可进行

2.“业务伙伴”标签

“业务伙伴”标签设置界面如图 20-8 所示。

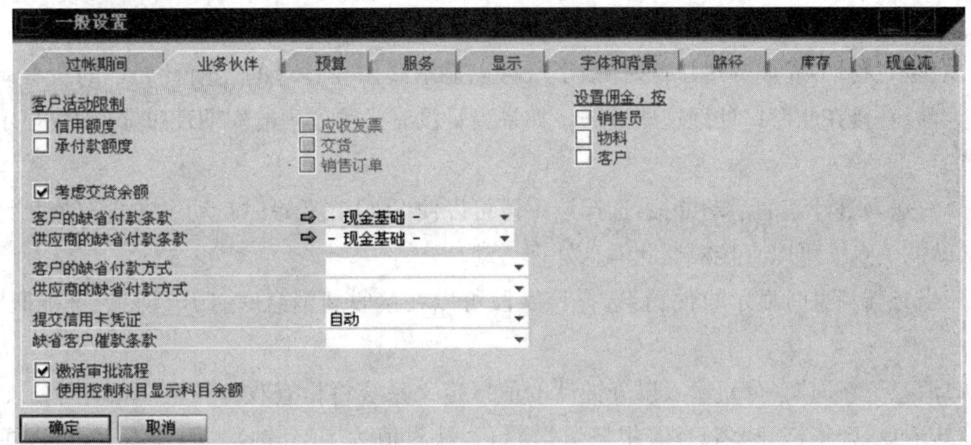

图 20-8 一般设置——“业务伙伴”标签

此标签字段功能在具体的业务处理中已经介绍，在此不作赘述。

3.“预算”标签

详情参见本书第 10 章中财务系统初始化部分的内容。

4.“服务”标签

“服务”标签设置界面如图 20-9 所示。

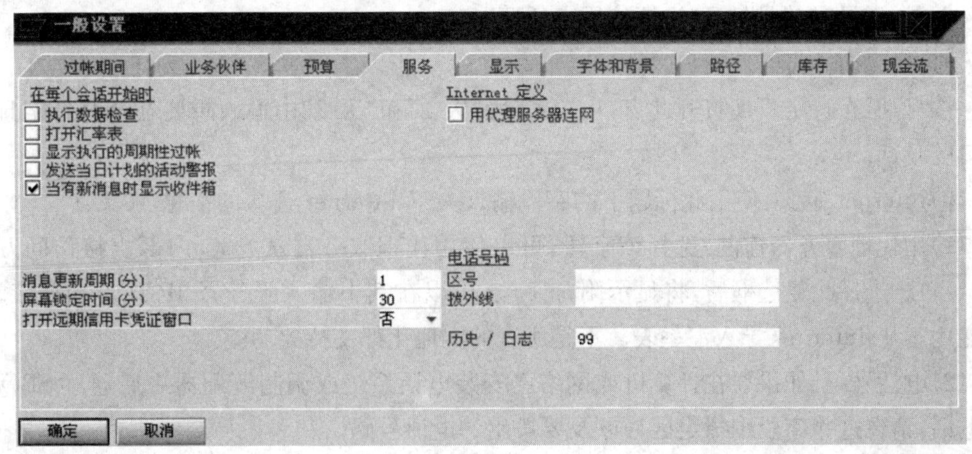

图 20-9 一般设置——“服务”标签

使用此选项卡可以定义用户登录到 SBO 或开始操作数据时将自动启动的检查和过程。

“服务”标签字段功能描述如下。

(1)在每个会话开始时:用户每次登录到该公司时,均将执行此标题下指定的数据检查和操作。

(2)执行数据检查:选择该字段,以便在每次登录期间 SBO 都可以执行简单的数据检查。如果检测到任何不一致,则将显示相应的消息。最好选择此复选框,因为它能激活对数据库表的自动、常规检查。

(3)打开汇率表:如果在 SBO 中使用外币管理交易,则将始终需要最新汇率。选择此选项,可以在登录时打开汇率表。如果尚未定义汇率,那么只要使用相应的外币输入交易,SBO 就会自动打开含有汇率表的窗口,随后即可以指定汇率。但是,如果当前已经存在汇率,则工作流将会更加有效。

(4)显示执行的周期性过账:选择该字段可以显示必须在登录的当前日处理的所有周期性过账。可以直接在此窗口处理这些过账。如果当日没有必须处理的周期性过账,则将显示相应的消息。

(5)发送当日计划的活动警报:选择该字段可以使 SBO 在登录时自动发送含有当日计划的所有活动的消息。可以直接根据此消息处理活动。

(6)当有新消息时显示收件箱:选择该字段可以在接收新消息时打开“消息/警报概览”窗口。

(7)消息更新周期(分):输入以分钟计的值以定义系统将检查收件箱更新的频率。如果系统发现新消息,则将打开“消息/警报概览”窗口。缺省值为 5(分钟)。如果需要,可以更改此值。

(8)屏幕锁定时间(分):出于安全原因,特定时间之后 SBO 会自行锁定。可以以分钟为单位指定停机多长时间后锁定屏幕。屏幕锁定后,只有在拥有有效的用户名和密码时才可以解除其锁定。

(9)打开远期信用卡凭证窗口:选择登录时“远期信用卡凭证”窗口是否自动打开以及如何打开。可以在此窗口存入这些凭证。从下拉列表中选择下列选项:

• 总是:登录时总是打开“远期信用卡凭证”窗口。

• 否:登录时不打开此窗口。

• 按日期:在特定日期打开此窗口。在字段“天 1”和“天 2”中输入想要在某月特定日期打开窗口的日期。

(10)Internet 定义:使用此标题下的字段输入关于 Internet 连接的信息。

(11)用代理服务器连网:选择该字段,可以使用代理服务器从 SBO 内部直接访问万维网(Internet)。选择此复选框后,将显示附加字段,可以在其中输入服务器 IP 地址和连接端口。此功能用于从 Internet 导入汇率表。不是所有的本地化都支持此功能。

(12)电话号码:如果要在计算机或网络已安装电话系统或调制解调器之后通过 SBO 直接拨打电话,请在这些字段中指定区号以及要拨出的电话号码。

(13)历史/日志:设置要在日志文件中保存的记录数。此日志文件可以保存 SBO 的主记录(物料、业务伙伴和总账科目)、单据以及其他窗口中所作更改的记录。要查看特定窗口的历史日志,请从菜单栏中选择“工具→更改日志”。

5."显示"标签

"显示"标签设置界面如图 20-10 所示。此标签用于为不同变量(例如,日期、数值和货币)的显示方式定义特定设置。

"显示"标签字段功能描述如下。

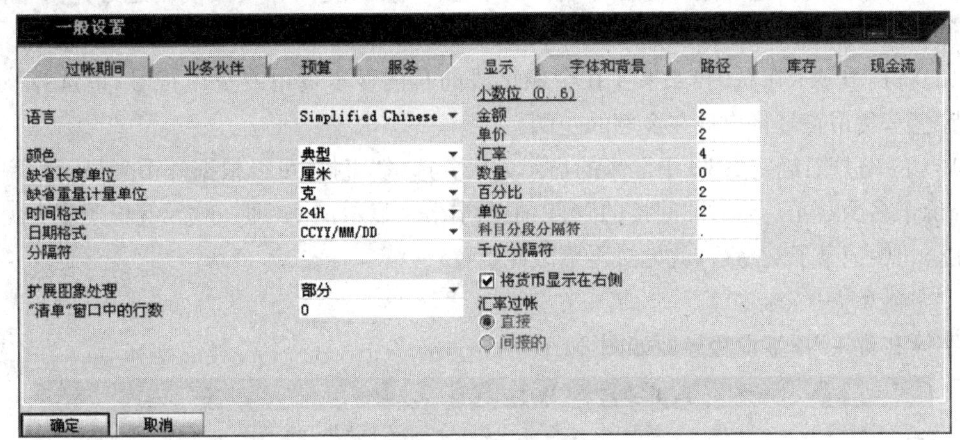

图 20-10 一般设置——"显示"标签

(1)语言:选择 SBO 应用于显示的语言。

(2)颜色:选择活动窗口的背景颜色。选择"组合的"可以用不同的颜色分别为不同的窗口定义背景颜色。要选择窗口的背景颜色,请打开所需的窗口,然后从菜单栏中选择"窗口→ 颜色"选择所需颜色。

(3)缺省长度单位、缺省重量计量单位:为物料和仓库管理中物料的各种长度和重量单位定义标准单位。在 SBO 中定义新物料时,将自动建议使用这些长度和重量单位。

(4)时间格式:确定 SBO 是以 12H 还是以 24H 的格式来显示时间。如果选择 24H 格式,则"1 p. m. "将显示为"13:00"。如果选择 12H 格式,则上述时间将显示为"1:00"。

(5)日期格式:定义整个 SBO 中日期的显示格式。这些字段中的设置不会影响在 SBO 中输入日期的格式。不过,日期的显示格式和输入格式可以不同。

(6)分隔符:定义将以日期格式在日期字段之间显示的字符。也就是说,该字符位于日与月以及月与年之间。

(7)扩展图像处理:定义 SBO 用于显示图像的分辨率。如果选择"完全",则将以图像文件中保存的分辨率来显示图像。先尝试使用缺省选项来打印图像。如果图像的打印效果不能满足需求,请选择此字段的其他选项。

注意

所选的值将仅影响登录的用户。

(8)清单窗口中的行数:定义在"任何从清单中选择"窗口中要显示的最大行数。

(9)科目分段分隔符:定义用于分隔各总账科目分段的字符。此分隔符仅用于显示。建议使用破折号。请勿将任何字母、数字或星号用作分隔符。总账科目代码不能包含与分隔符相同的字符。使用科目分段时将强制使用此设置。此选项仅在特定的版本中可用。

(10)小数位 (0…6):定义分别为金额、价格、汇率、数量、百分比和单位显示的小数位数。可以随时更改所选值。此更改仅应用于将来的操作,而不会对以前的操作产生追溯影响。

注意

这一选择将影响SBO中的计算以及要保存在数据库中的值。例如,如果为金额选择两个小数位,而用户要处理小数位为6的极少价格及数量,则总计金额可能会不准确。

(11)千位分隔符:定义用作千位分隔符的字符。例如,美国和英国使用逗号作为千位分隔符,而德语国家则通常使用句点。

(12)将货币显示在右侧:如果要在金额字段的右侧显示货币或货币符号,请选择该字段。缺省情况下,货币符号将出现在金额的左侧。

(13)汇率过账:确定SBO中汇率的显示方式。选择"直接"可以根据外币来显示汇率(即一美元等价于多少欧元)。选择"间接的"可以根据本币来显示汇率(即一欧元等价于多少美元)。

在公司中记录了交易后,就无法再更改此设置。

6."字体和背景"标签

"字体和背景"标签设置界面如图20-11所示。

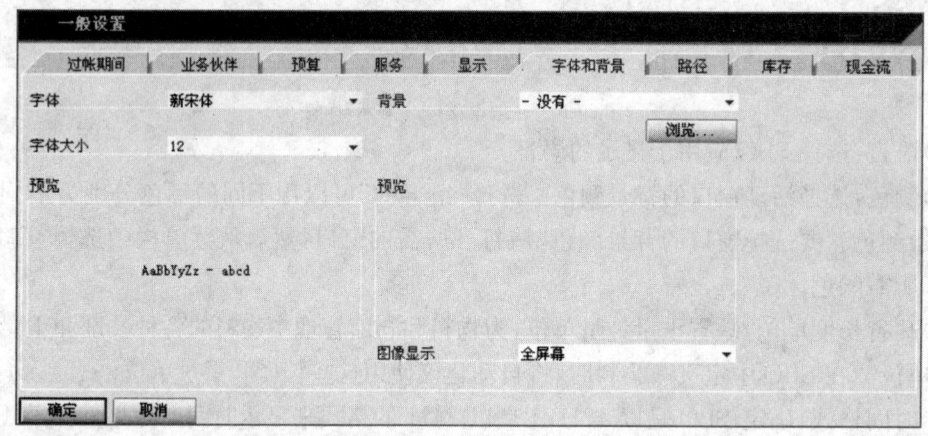

图20-11 一般设置——"字体和背景"标签

"字体和背景"标签字段功能描述如下。

(1)字体:选择SBO中所有文本应该显示的字体。缺省字体是Tahoma。更改字体可能会增大或减小窗口的大小。

(2)字体大小:选择所显示文本的字体大小。缺省大小为10。

(3)预览:显示在此窗口选择"更新"后所选字体和字体大小显示方式的预览效果。

(4)脚本:显示脚本,文本都通过该脚本来进行显示。

(5)背景、浏览:选择显示为SBO的背景图片。缺省情况下将选择"没有",这意味着不显示背景图片。选择"浏览",可以在用户的计算机或网络中搜索显示为SBO主窗口背景的图像。所选图像同时将保存在SBO的图片文件夹中。

(6)预览:显示在此窗口选择"更新"后所选图片将显示为背景的预览效果。图像显示指出背景图片的显示方式:居中、全屏幕或平铺。

7."路径"标签

"路径"标签设置界面如图20-12所示。"路径"标签字段功能描述如下。

(1)Microsoft Word模板文件夹:选择要在其中存储用于将数据导出至Microsoft Word的MS Word模板的目录。

(2)Microsoft Excel文件夹:选择要在其中存储用于将数据导出至Microsoft Excel的MS Excel模板的目录。

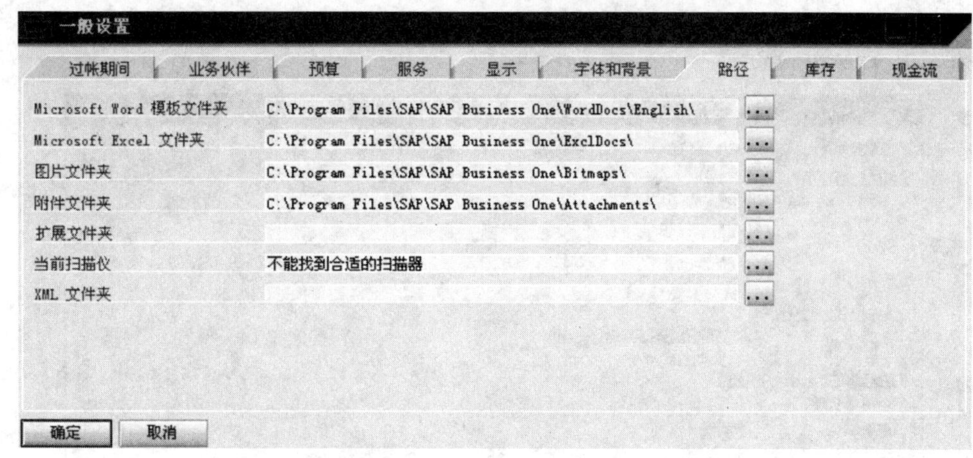

图 20-12　一般设置——“路径”标签

(3)图片文件夹:选择要在其中存储通过用户字段进行集成的图像(例如公司徽标)的目录。

(4)附件文件夹:选择要在其中存储通过用户字段进行集成的附件(例如客户网页)的目录。

(5)扩展文件夹:选择要在其中存储受保护图像的目录。受保护的图像是诸如官方印章之类的图像,根据法律要求,此类图片只能以 *.dll 文件格式而不能以常规的图片格式保存在计算机上。

(6)当前扫描仪:如果计算机连接有扫描仪,也可以直接扫描单据,并将其与 SAP Business One 中对应的对象相连接。系统将自动查找所连接的扫描仪位置,并将该位置复制到此字段中,所有相关的处理屏幕中将自动出现用于激活扫描的按钮。例如,在输入物料后,可以直接在主记录的图像选项卡中扫描图像。

8.“库存”标签

“库存”标签设置如图 20-13 所示。

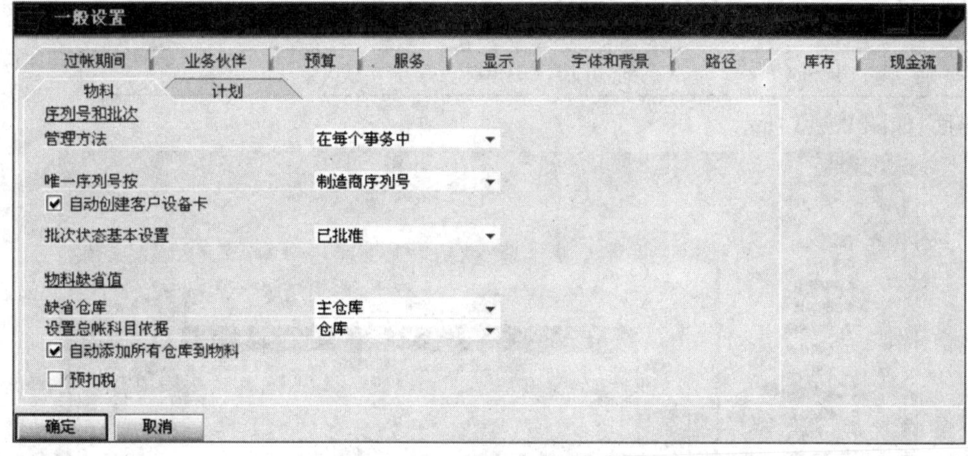

图 20-13　一般设置——“库存”标签

“库存”标签字段功能描述如下。

(1)管理方法:决定序列号和批次的管理方法,可在下拉列表中选择。

(2)唯一序列号按:选择系统中管理物料的唯一编号种类。

(3)批次状态基本设置:定义批次分配的默认状态。

(4)缺省仓库:新建物料时系统自动赋予该物料的默认仓库。

(5)设置总账科目依据:新建物料时物料主数据中“设置总账科目确认”字段的默认选项。

(6)自动添加所有仓库到物料:选中系统自动为新物料添加所有仓库,否则需手工添加。

9."现金流"标签

"现金流"标签设置界面如图 20-14 所示。

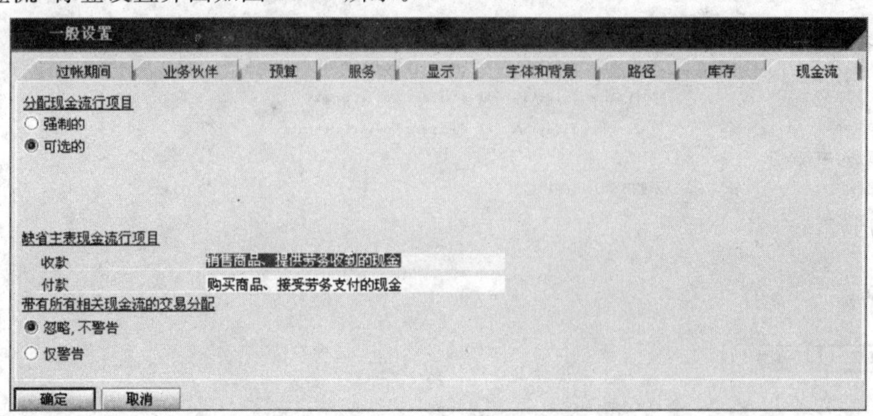

图 20-14 一般设置——"现金流"标签

"现金流"标签字段功能描述如下。

(1)分配现金流行项目:强制的。选择此字段可以定义现金流行项目到现金流相关交易的强制分配。如果现金流相关交易未被分配到现金流行项目,会显示一条错误消息,而且交易不会被添加到系统中。

(2)分配现金流行项目:可选的。选择此字段可以定义现金流行项目到现金流相关交易的可选分配。

(3)收款/付款:这些字段中定义分配到现金流相关交易的默认主现金流行项目。可以定义收款和付款的默认设置。

20.3.2 凭证编号

路径:

菜 单	SBO→管理→系统初始化→单据编号方式

界面:如图 20-15 所示。

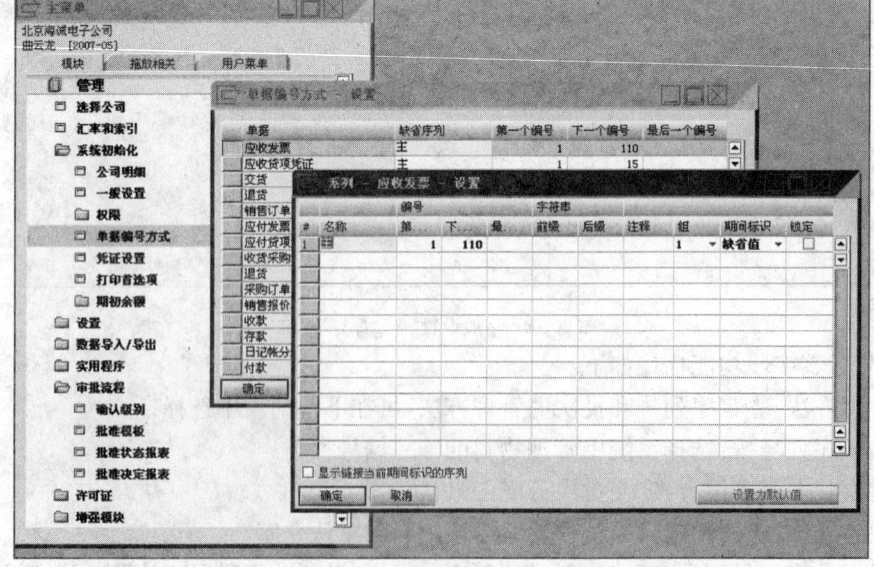

图 20-15 凭证编号编辑

【说明】

(1)使用此窗口可定义整个应用程序中的单据编号方式,尤其是针对销售、采购、收付款、库存和生产模块。

(2)根据国家的法定要求和公司政策,可以为每个部门或组织单位定义不同的单据编号方式。定义编号范围时,如果是对多个年度进行编号,那么不仅要向前考虑一年,还要给多个年度留下足够的空间。

(3)在创建另一个序列时,在"权限"设置中将其分配给不同的用户。这样,可以为公司里各个部门或分支机构定义不同的序列,也能将编号范围分配到各个分支机构。

(4)还可以为单据类型设置附加的编号范围。

(5)内部单据的名称可以定制,但如果需要,可以恢复为原始名称。

20.3.2.1　定义凭证类型的附加编号范围

凭证按序列或编号范围编号。若只需要某凭证类型的一个编号范围,则不必定义任何其他序列。当然,可以使用此处描述的功能定义凭证类型的其他编号范围。

(1)转至"管理→系统初始化→单据编号方式"。

(2)双击要定义编号的凭证类型的行号。打开"系列-报价"窗口(如图 20-16 所示)。已为此处选择的凭证类型交货定义的基本编号序列将显示在第一行中。

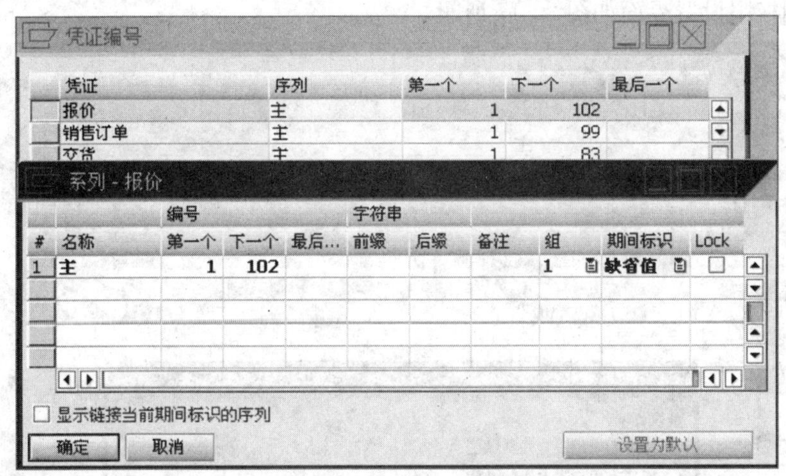

图 20-16　附加凭证编号编辑

(3)若要定义凭证的其他序列以便限制当前系列,则在最后一列中输入一个编号。

(4)转至菜单栏上的数据,然后选择"添加行"。

(5)输入新序列的名称。此名称将出现在"对应凭证的编号范围"字段中。

(6)输入编号范围的第一个和最后一个编号。输入此类型的凭证,系统就更新并自动填充下一列。不同的编号范围之间不能重叠,否则可能创建具有相同编号的两个不同的凭证,数据库无法处理这种情况所导致的不一致。而且,出于法律原因(例如,就发票而言)必须避免在系统外发生这种情况。

(7)在"最后"一列中输入编号范围的最后一个编号。若只定义凭证类型的一个编号范围,则不必执行此步。若尝试定义重叠的编号范围,系统将显示错误消息,因而将无法保存输入的内容。不必输入每种凭证类型最后一个编号范围的最后一个编号。

(8)在前缀和后缀字段中输入字母数字字符串。此字符串相应地附加在凭证编号之前或之后。可为这些字符串输入字母/数字。字符串的最大长度为 8 个字符。这些列中的值只与打印有关。

(9)在“备注”列中输入编号范围的注释。要在打印中包括备注,则在凭证模板中添加此字段。

(10)为组分配编号范围。至多可定义 10 个不同的组。可使用一组编号范围限制访问权限。

(11)可使用最右侧的列锁定一个编号范围。锁定一个编号范围后,就不能利用该编号范围内的编号创建其他凭证。若锁定了默认编号范围,则必须确保将另一编号范围设置为默认值。否则,当尝试访问凭证窗口时系统将显示一条相关消息,因为系统无法访问有效的编号范围。还可以通过删除标记来取消锁定。

(12)仅当尚未将已创建的序列用于凭证时,才可通过将光标置于所需的序列行来删除已创建的序列。

(13)从菜单栏中选择“数据→删除行”。

(14)选择“更新”和“确定”,保存所做的更改。

(15)选择“设置为默认”,对用户进行编号范围的设置。

20.3.2.2 编号范围权限

编号范围权限设置界面如图 20-17 所示。

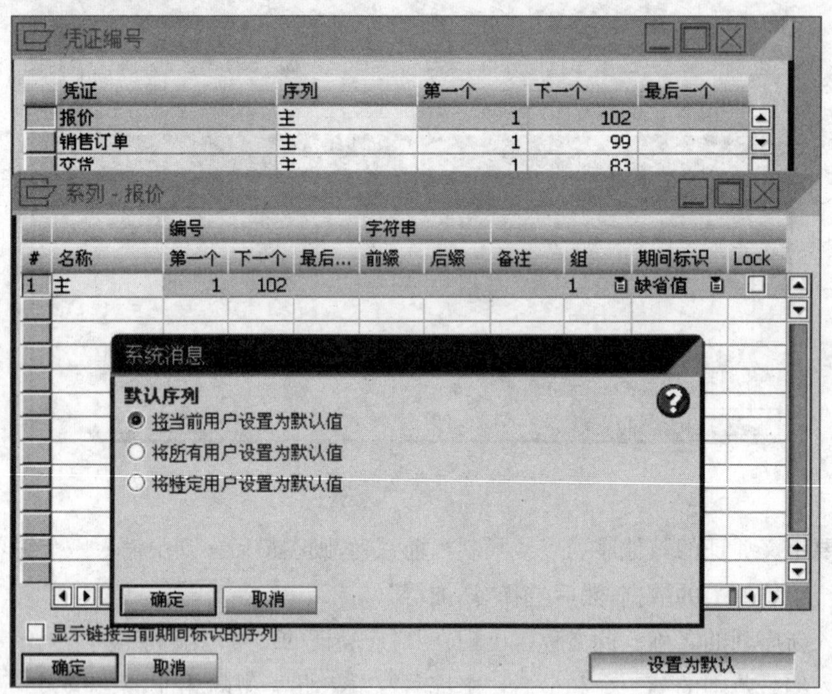

图 20-17 编号范围权限设置

【说明】

(1)只有超级用户才能创建和维护编号范围。

(2)未标记为超级用户的用户只能更改自己的默认编号范围的定义,如果该用户已完全获得授权,可维护编号范围。

(3)可以使用编号范围组来指定用户可以访问哪些编号范围。

指定用户访问序列可以分为三种方式:

(1)将当前用户设置为默认值。

(2)将所有用户设置为默认值,更改系统所有用户的默认凭证编号范围。

(3)将特定用户设置为默认值,设置部分用户的默认凭证编号范围。

20.3.2.3 更改内部凭证名称

更改内部凭证名称的界面如图 20-18 所示。

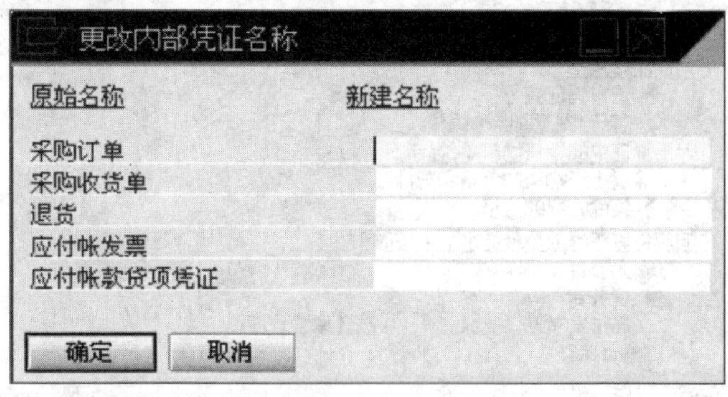

图 20-18 更改内部凭证名称

若系统中定义的名称与公司内部术语不对应,用户可为采购凭证指定自己定义的名称。但不能更改销售凭证的名称,因为它们是正式凭证。

(1)转至"管理→系统初始化→单据编号方式"。

(2)选择"凭证编号"窗口右下角的"名称更改"。

(3)为采购订单、收货采购订单、退货、应付发票或采购贷项凭证输入用户自己的特定名称。

(4)依次选择"更新"和"确定"。

再次显示定义编号的初始屏幕。

(5)选择"更新",保存输入。

新的相应名称现在会显示在此类型凭证处理的屏幕的标题中。

(6)若要切换回原始名称,选择"原始名称"(在"凭证编号"窗口中)。

系统现在将显示凭证的原始名称,而不是更改后的名称。

(7)选择"更新",保存输入。

注意

若已更改名称并要再次更改它们,单击"名称更改","先前的"更改不显示在此窗口中。即使凭证已输入到系统中,仍可以进行这些更改。

20.3.3 凭证设置

路径:

菜 单	SBO→管理→系统初始化→凭证设置

使用此功能在 SBO 中定义凭证类型所需的默认设置。

1."常规"标签

"常规"标签设置界面如图 20-19 所示。"常规"标签字段功能描述如下。

(1)计算毛利、基础价格来源。选择该字段可以启用销售单据中的毛利计算。

每次打开销售单据时,毛利选项都将出现在菜单、工具栏和上下文菜单中。一旦选择了该字段,就会出现"基础价格来源"字段。要显示可用的选项,请单击下拉箭头。

选项包括:

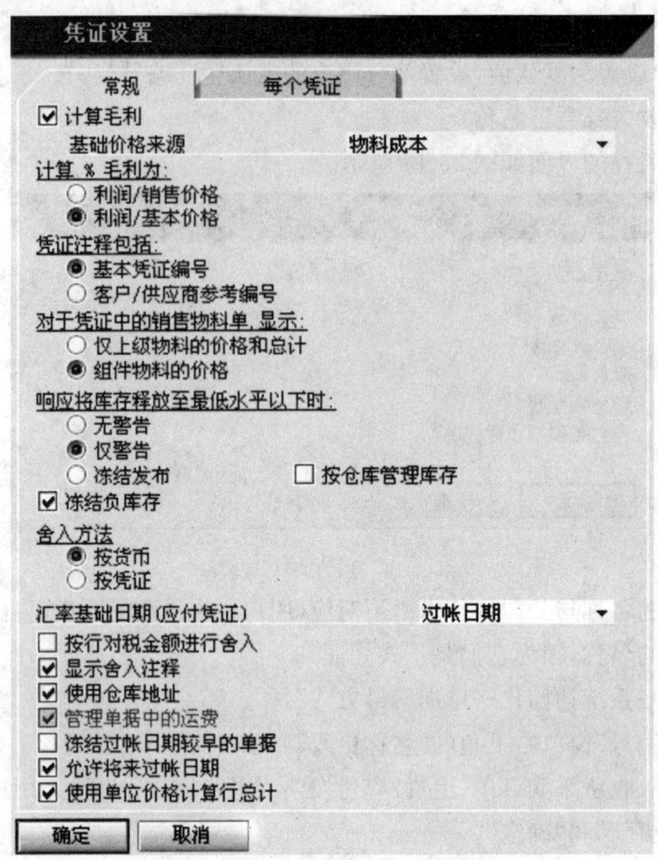

图 20-19 凭证设置——“常规”标签

- 价格清单 01 到价格清单 10:SBO 将基于所选价格清单中的物料价格计算毛利。
- 上一次采购价格:SBO 将基于上次采购中的物料价格来计算毛利。

对于此选项,请确保从以前公司导入或填入了上一次采购价格。否则,计算将不正确。

- 最后估算价格:SBO 将基于上次运行“库存评估”报表时发现的值来计算毛利。
- 物料成本:SBO 将基于相关仓库中的物料成本来计算毛利。

只有在已将物料的库存交易过账到系统时,SBO 才会为计算毛利而重新计算该物料成本。例如,在使用交货单据交付货物时。

(2)计算%毛利为:定义毛利百分比是应按基本价格计算还是按销售价格计算。

(3)凭证注释包括:选择营销单据上的注释是包含基本凭证编号还是包含客户/供应商参考编号。在输入与基本凭证相关的销售单据时,将会出现基本凭证编号。所显示的编号可以是 SBO 分配给该单据的内部编号,也可以是来自基本凭证的客户/供应商参考编号。

如果选择显示客户/供应商参考编号,但基本凭证中并未输入此类编号,则在基于该基本凭证创建的单据中,相关字段仍保留为空。

(4)对于凭证中的销售物料单,显示:如果要仅显示已售产品的总价,请选择“仅上级物料的价格和总计”。如果要显示组件的价格,请选择“组件物料的价格”。在这种情况下,总价将按组件价格的总计进行计算。

如果为产品定义了销售物料单,则此物料单将出现在销售单据中。销售单据中将同时显示已售产品和构成此产品的各组件。选择此单选按钮时,请确定在销售单据中是按已售产品级别还是按组件级别来显示物料的销售价格。

(5)响应将库存释放至最低水平以下时:在仓库中所管理物料的主记录中定义一个最低库存水平。使用这些选项可以将库存水平低于此最低数量时的系统响应定义为销售单据的结果。为包含发货的销售单据(例如交货或发票)执行此检查。定义在输入销售单据时是否显示警告消息。如果销售单据中出现警告,可以将其忽略。也可以通过选择"冻结发布"复选框来指定不能输入销售单据。

(6)按仓库管理库存:定义是否为单据行中所选的仓库执行检查。如果选择此复选框,则在输入销售单据时,系统将检查为物料所选仓库中的最低库存水平。

如果交易会导致该仓库中的库存水平低于最低库存水平,则即使物料的总计可用库存大于最低库存数量,也会出现一条警告消息。如果未选择此复选框,则系统会检查存储此物料的所有仓库中的总计可用库存。

还可以定义在库存水平低于最低水平时向特定用户发出的自动通知。随后可以启动采购交易。

(7)冻结负库存:选择该字段可以冻结会导致库存水平低于零的单据。如果取消选择此复选框,则会出现一条消息:"负库存用途不符合会计规则,是否确定启用负库存用途?"

如果选择了"按仓库管理库存"和"冻结负库存",则 SBO 会按仓库计算冻结。但是,如果物料不由仓库进行处理,并且未选择"按仓库管理库存",则会为所有仓库计算冻结。

(8)舍入方法:选择应按货币还是按凭证舍入营销单据中出现的金额和价格。

(9)汇率基础日期(应付凭证):选择系统计算汇率的日期:

- 过账日期。
- 单据日期。

(10)按行对税金额进行舍入:选择该字段可以设置按单据行对税金额进行舍入。如果取消选择此选项,则单据行将显示未舍入的税金额,并且系统将按税收组对税金额进行舍入。

(11)显示舍入注释:选择该字段可以确定在舍入金额后是否会在销售单据的"注释"字段显示注释。如果选择此复选框,则会显示客户的外币发票中的注释,以指明由于进行了舍入,因此折扣金额与折扣百分比不同。

(12)使用仓库地址:选择是否要将仓库地址作为采购单据的"运达"地址("后勤"选项卡)。如果取消选择此复选框,则"运达"地址将为在"管理 → 系统初始化 → 公司明细 → 常规"选项卡中定义的公司地址。

(13)管理单据中的运费:选择该字段可以在所有销售单据和采购单据中添加"运费"字段。使用此字段,可以计算与单据相关的附加成本,例如交货费用和存款税。

(14)冻结过账日期较早的单据:选择该字段可以冻结创建自动会计核算日记账分录的单据(发票、贷项凭证、存款和付款单据)的过账流程。

(15)允许将来过账日期:选择该字段可以创建包含将来过账日期的单据。公司可以在公司级别创建包含将来过账日期的单据,然后确定是要将此选项应用于所有单据还是仅应用于所选单据。

(16)使用单位价格计算行总计:选择该字段可以按以下方法计算营销单据中的行总计:单位价格×折扣×数量。"单位价格"是折扣之前的价格。

如果取消选择此复选框,则行总计的计算方法为:折扣后价格×数量。

如果选择了此复选框,则营销单据中的折扣后价格将处于禁用状态。

2."每个凭证"标签

在此窗口中,可以定义以下单据的信息:

- 销售单据和采购单据。
- 收付款单据和会计单据。
- 货物转储单据和生产单据。

要确定应用于特定凭证类型的设置,请单击下拉箭头并选择单据字段中的一个凭证类型。SBO 随后将显示所选单据类型的相关字段。

详细内容请参见各业务模块的初始化部分。

20.4 设 置

20.4.1 总账科目确认

SBO 是财务与业务一体化的系统,"总账科目确认"功能中每个标签中制定的科目都是具体业务发生时使用的默认科目,如销售的国内应收,对于一个客户,在不特别指定客户的应收科目时,该客户将使用此默认应收科目。由于在第 10 章中财务系统初始化章节已经作了详细介绍,这里不作赘述。

路径:

菜 单	SBO→管理→设置→财务→总账科目确认

20.4.2 定义用户

路径:

菜 单	SBO→管理→设置→常规→用户

界面:如图 20-20 所示。

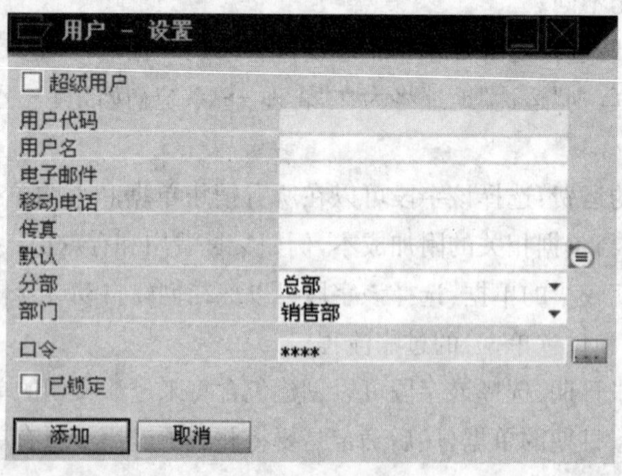

图 20-20 用户定义界面

使用此窗口可在 SBO 中定义新用户或更改现有用户的属性。此外,建议为每个用户定义权限。通常会为每个用户的银行账户、仓库等设置默认值。可以为已打印的单据添加备注,以便用户打印的每个单据都包括特定信息,例如公司的口号。

用户默认值会覆盖所有其他的默认条目。

"用户-设置"字段功能描述如下：

(1)用户代码：用户登录应用程序时输入的用户代码。

代码可以是数字，也可以是字母数字。用户代码区分大小写。

(2)用户名：输入用户的名称。

此名称出现在主菜单的顶部。如有必要，可以更改用户名。

(3)超级用户：为此用户分配超级用户权限。超级用户自动具有所有对象的权限，并有权执行 SBO 中的所有功能。

无法降低或更改超级用户的权限。但超级用户可以取消 SBO 中的其他超级用户的权限。

(4)电子邮件、移动电话、传真：输入用户的电子邮件地址、移动电话号和传真号。

系统使用此信息向用户发送电子邮件和文本消息(SMS 消息)。请注意，SMS 发送仅在特定位置才可用。

(5)口令：通过单击文本字段左面的图标，在此字段中输入用户的口令(密码)，然后输入确认密码。选择"确定"以继续。用户要登录到 SBO，必须输入此密码和该用户代码。请注意，密码区分大小写。

(6)默认：可为单独的用户或用户组(例如部门中的员工)定义默认参数。要访问定义的默认参数，请将光标放到该用户的此字段上，随后按 Tab 键或选择该字段右侧的图标。

(7)分部、部门：使用这些字段可指定用户的分部和部门。

如果所需条目不存在，请选择"定义新的"。SBO 显示另一窗口，在该窗口中可以输入新分部或部门的名称和描述。还可以更改现有条目。

20.4.3 定义国家

此窗口包含国家清单。每个国家都链接至与营销单据有关的地址格式。

路径：

菜 单	SBO→管理→设置→业务伙伴→国家

界面：如图 20-21 所示。

图 20-21 国家定义界面

20.4.4 定义地址格式

路径：

菜 单	SBO→管理→设置→业务伙伴→地址格式

界面：如图 20-22 所示。

此窗口用于定义营销单据的地址格式。通常，每个国家都有为其专门分配的格式，以符合税收规则或国家需求。

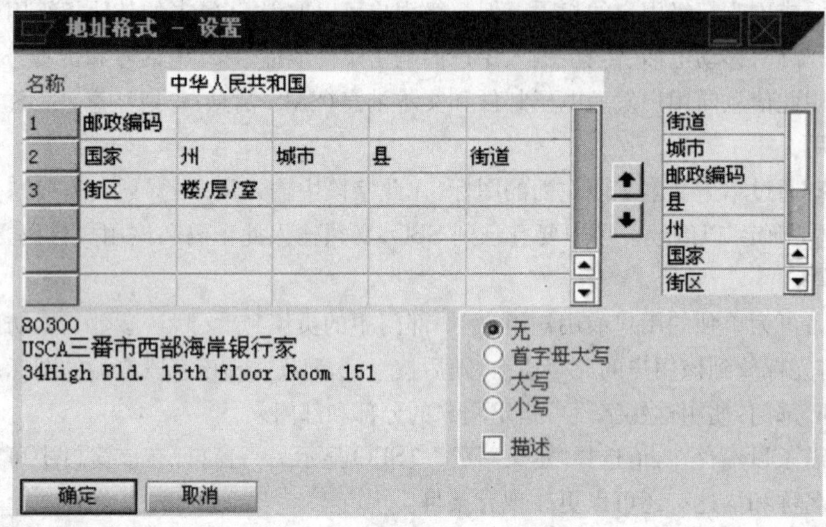

图 20-22 地址格式定义界面

操作：

(1)输入地址格式名称。

(2)使用鼠标拖动表右侧的所需地址项。

(3)已完成编辑当前项后，向表中添加一新行。调用选项“添加行”。可在表的第一列中查看定义的行数。

(4)在表中选择一项，按用户的需要定制它。这将显示其他允许用户指定文本类型的字段。

(5)使用“自由文本”选项添加所需的文本。

(6)观察左下部显示的格式的最终布局。

(7)选择“添加”保存新格式。若在现有格式中进行了更改，则选择“更新”，保存所作的更改。

还可从表中删除行。选择行号，然后从“数据”菜单中选择“删除行”。

20.4.5 定义货币/外币汇率

20.4.5.1 定义货币

路径：

菜 单	SBO→管理→设置→财务→货币

使用此窗口，可以定义公司用于财务交易的所有货币。使用的所有货币都必须在此窗口中定义。如果某货币未在此窗口中进行定义，则无法为其创建交易。一旦交易使用了某货币，便无法将该货币删除。

详情请参见本书第五篇财务管理。

20.4.5.2 定义外币汇率

路径：

菜单	SBO→管理→汇率和索引

使用此功能定义每日汇率和每月价格指数。系统需要当前汇率以处理涉及外币的业务。系统需要价格指数以运行使用价格指数的报表。

可以将汇率和价格指数从一个公司复制到另一个公司，这样就不必为每个公司单独维护汇率了。

详情请参见本书第五篇财务管理。

操作：

(1)复制汇率：可以复制汇率条目。例如，周末汇率未发生变化时。

- 在要复制的条目上按住鼠标按钮，直至在字段中出现矩形。
- 将矩形拖动至要将条目复制到的字段。
- 释放鼠标按钮，该条目即被复制到该字段中。

(2)定义固定汇率：可以为某日期范围定义固定汇率。

- 转至“管理→汇率和索引”。
- 选择“按选择条件设置汇率”。
- 在窗口顶部输入要定义汇率的日期范围。
- 选择要为该日期范围定义固定汇率的货币。
- 在“比率”列中输入一种或多种货币的汇率。
- 选择“确定”。系统将把固定汇率复制到汇率表中，并将它们放置在该货币的日期范围字段中。
- 一旦已维护所有汇率，即可选择“更新”保存数据。

(3)更新汇率。

- 选择“管理→汇率和索引”。
- 输入汇率。

以外币为单位输入事务或将外币用作系统货币时，系统将检查是否已在系统中定义了对应的汇率。若未定义，则系统自动打开汇率表，并将光标置于缺少汇率的字段中。然后用户在此可以输入此(及任何其他必需的)汇率。随后系统返回到用于处理事务的窗口。

用户还可以定义：每次登录到系统时汇率表都自动打开。为此，用户需在系统初始化过程中进行对应的设置。

20.4.6 定义付款方式/现金折扣/佣金组

路径：

菜单	SBO→管理→设置→业务伙伴→付款条款
菜单	SBO→管理→设置→业务伙伴→付款条款→定义现金折扣
菜单	SBO→管理→设置→常规→佣金组

这三种功能的初始化定义在具体的业务章节已经详细介绍，这里不作赘述。

20.4.7 定义销售员

路径：

菜单	SBO→管理→设置→常规→销售员

使用此功能在系统中定义销售员。已输入销售员数据后，即可选择更新。随后光标移动至新行，可定义下一个销售员。

详情请参见本书第二篇销售管理。

20.4.8 定义交易代码

路径：

菜 单	SBO→管理→设置→财务→交易代码

当用户在财务中输入手工过账后，可以将交易代码作为附加标识来分配。随后在过账时便会分配代码和短文本。当搜索手工过账时，可使用交易代码进行搜索。一旦已维护所有交易代码，用户即可依次选择更新和确定保存数据。

20.4.9 定义到岸成本

路径：

菜 单	SBO→管理→设置→采购→到岸成本

可确定到岸成本，以便处理从国外进口货物的成本。随后根据特定的关键字（如重量），在货物中的各物料之间分配这些成本。

详情请参见本书第三篇采购管理。

20.4.10 定义项目

路径：

菜 单	SBO→管理→设置→财务→项目

如果用户所在的公司运行不同项目，则可以在此窗口中定义各个项目，并将在 SBO 中创建的每个交易链接到相应项目。使用此窗口，用户可以通过将项目代码用作各种报表中的选择标准来跟踪每个项目的财务状态。

20.4.11 定义税收组

路径：

菜 单	SBO→管理→设置→财务→税收→税收组

界面：如图 20-23 所示。

#	代码	名称	类别	购置/冲销	起始有效日期	汇率	非扣减 %	计税科目	购置税	非
1	J0	进项税0%	进项税		1990.01.01			21710101		
2	J1	进项税17%	进项税		1990.01.01	17		21710101		
3	J2	进项税13%	进项税		1990.01.01	13		21710101		
4	J3	进项税6%	进项税		1990.01.01	6		21710101		
5	X0	销项税0%	销项税		1990.01.01			21710105		
6	X1	销项税17%	销项税		1990.01.01	17		21710105		
7	X2	销项税13%	销项税		1990.01.01	13		21710105		
8	X3	销项税6%	销项税		1990.01.01	6		21710105		
9			销项税							

图 20-23 税收组定义界面

使用此功能定义需要处理采购和销售业务的税收组。税收组用于查找业务的相关税率。

操作：

(1)可以在物料主记录中指定税收组。系统根据总账科目确认的定义自动建议一个税收组。可以手工覆盖主记录中的此信息。

(2)可在主记录中指定是否每个客户或供应商都应该交税。

• 输入采购或销售业务时，系统检查供应商或客户是否应该交税。此外，还在凭证中使用物料税收组。若业务伙伴应该交税，则系统将计算凭证中每项物料的应交税额。

• 可以从系统中删除税收组。但是，只能删除系统中根本未使用过的税收组及未用作“物料管理”或“总账科目确认”窗口中的默认的税收组。

(3)要删除某税收组，将光标置于该税收组的一个字段中，然后从菜单栏中选择“数据→删除”。

可以将新的有效日期添加至现有组，或为用户自己创建的组定义新的有效日期。

系统将根据税收组的有效日期计算凭证中的税收金额。在用户使用过去的标准日期创建凭证，而且在系统中为凭证中使用的税收组定义了不同有效日期和百分比的情况下，系统可能计算不同的税收金额。

第21章

SBO客户化工具

在 SAP Business One 系统中,客户化工具帮助客户和实施人员很好地解决了生产经营过程中拓展系统功能、提高工作效率的问题。作为工具,SBO 的很多常用功能都集成在工具栏之中,图 21-1 所示即为所有使用 SBO 系统的人都会经常用到的工具条。

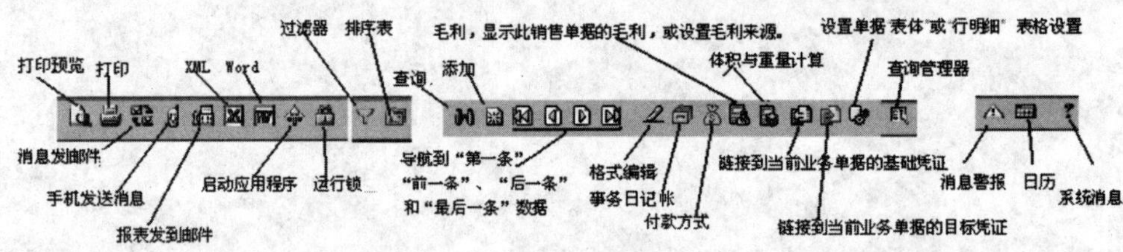

图 21-1　SBO 工具条

21.1　拖放相关

"拖放相关"功能是扩展的信息系统,可以用来快速而轻松地在业务流程中显示所有信息。友好的用户界面可以为快速查找重要信息提供最佳支持。

21.1.1　拖放相关示例

本例目的是显示系统中定义的付款条款。拖放相关功能使用户可以查找使用某个付款条款的所有发票。

操作:

- 从 SAP Business One 菜单切换到"拖放相关"菜单。如图 21-2 所示。
- 通过单击图标打开"业务伙伴" 文件夹。
- 双击"付款条款"行,选择系统中存储的付款条款列表。

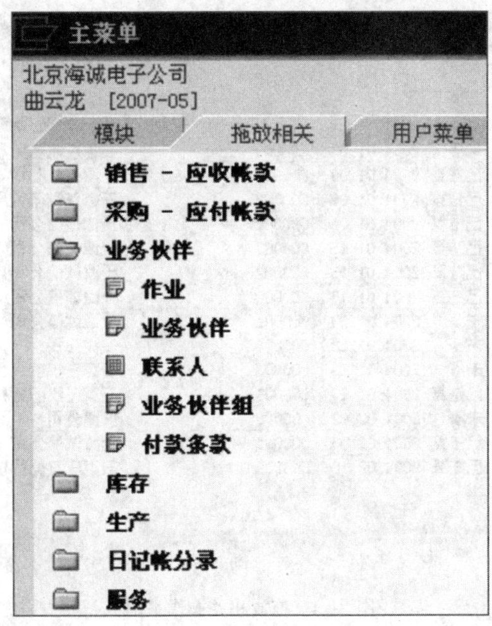

图 21-2 拖放相关主菜单

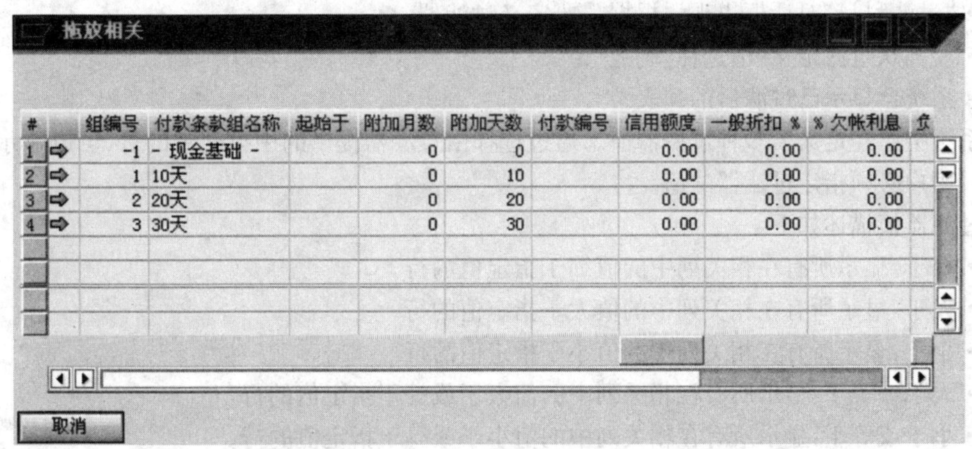

#	组编号	付款条款组名称	起始于	附加月数	附加天数	付款编号	信用额度	一般折扣 %	% 欠帐利息
1	-1	- 现金基础 -		0	0		0.00	0.00	0.00
2	1	10天		0	10		0.00	0.00	0.00
3	2	20天		0	20		0.00	0.00	0.00
4	3	30天		0	30		0.00	0.00	0.00

图 21-3 付款条款列表

• 要显示所有包含特定付款条款的发票，请将光标定位在“付款条款”行(例如 20 天)中的任意位置，然后按下并按住鼠标左键，直到该字段周边出现一个框。如图 21-3 所示。

• 按住鼠标左键的同时，将此框拖动到发票行，然后释放鼠标左键。

• 系统会打开一个新的窗口，其中含有相应对象(例如，在新窗口中显示发票列表，此列表中的发票都使用了付款条款“20 天”)。如图 21-4 所示。

• 要详细查看单个发票，请单击组编号前的橙色箭头。系统将显示选中的使用付款条款“20 天”的发票。

21.1.2 过滤显示

在使用拖放相关功能时，如果搜索的特定信息或者表过长，可以使用工具栏中的过滤按钮过滤显示。

操作：

假设用户正在查看发票表。用户想要查看包含“物料 B1000”的行。

拖放相关

#		编号	单据类型	状态	过帐日期	客户/供应商代码	客户/供应商名称	凭证总计
1	⇨	2	物料	未清	2004.01.02	C00003	石家庄汉德贸易公司	9,570.60
2	⇨	6	物料	已结算	2004.01.09	C00002	天津诚信公司	2,146.95
3	⇨	12	物料	已结算	2004.01.09	C00003	石家庄汉德贸易公司	2,146.95
4	⇨	14	物料	已结算	2004.01.09	C00002	天津诚信公司	2,146.95
5	⇨	23	物料	已结算	2004.01.15	C00002	天津诚信公司	2,655.90
6	⇨	25	物料	已结算	2004.01.15	C00002	天津诚信公司	26,301.31
7	⇨	26	物料	已结算	2004.01.15	C00002	天津诚信公司	702.00
8	⇨	28	物料	未清	2004.01.23	C00002	天津诚信公司	2,042.82
9	⇨	32	物料	未清	2004.01.23	C00008	安捷公司	21,469.47
10	⇨	36	物料	未清	2004.01.23	C00003	石家庄汉德贸易公司	1,626.30
11	⇨	38	物料	已结算	2004.01.23	C00003	石家庄汉德贸易公司	22,230.00
12	⇨	41	物料	未清	2004.02.02	C00008	安捷公司	2,421.88
13	⇨	44	物料	已结算	2004.02.08	C00002	天津诚信公司	14,894.10
14	⇨	46	物料	已结算	2004.02.16	C00003	石家庄汉德贸易公司	48,906.00
								1,080,347.31

取消

图 21-4 拖放相关操作举例

- 选择工具栏上的"过滤"图标。
- "过滤科目"对话框出现。根据需要定义过滤器。
- 要确认过滤定义,请选择"确定"。
- 系统会显示已过滤后的列表。

系统中已经定义了多种过滤器值。通过选择由过滤器提供的中央列中的行,可以显示定义列表。用户必须指定过滤器的值。

过滤器值描述如下。

- 等于:显示所有在相关列中的值等于指定值的行。
- 大于:显示所有在相关列中的值大于指定值的行。
- 小于:显示所有在相关列中的值小于指定值的行。
- 大于或等于:显示所有在相关列中的值大于或等于指定值的行。
- 小于或等于:显示所有在相关列中的值小于或等于指定值的行。
- 不等于:显示所有在相关列中的值不等于指定值的行。
- 包含:显示所有在相关列中的值包含指定物料或物料一部分的行。
- 不包含:显示所有在相关列中的值不包含指定物料或物料一部分的行。
- 开始于:显示所有在相关列中的值以指定物料或物料一部分开始的行。
- 结束于:显示所有在相关列中的值以指定物料或物料一部分结束的行。
- 在范围内:显示所有在相关列中的值在指定范围的行。
- 不在范围内:显示所有在相关列中的值超出指定范围的行。

要删除过滤器,请选择该行,然后选择"清除"。

系统不保存过滤器。关闭窗口后,在下次打开时上次设置的过滤条件将不再存在。

21.2 警报管理

21.2.1 概　述

使用警报功能可在发生某些事件时自动向系统中的选定用户发送一条消息。有两种类型的警报:预定义的警报和用户定义的警报。警报触发的消息可在内部或外部通过电子邮件、SMS 消息或传真发送。由于警报而发送内部消息时,用户将在其消息和警报概览中接收消息。

21.2.2 警报管理设置

路径:

菜 单	SBO→管理→警报管理

界面:如图 21-5 所示。

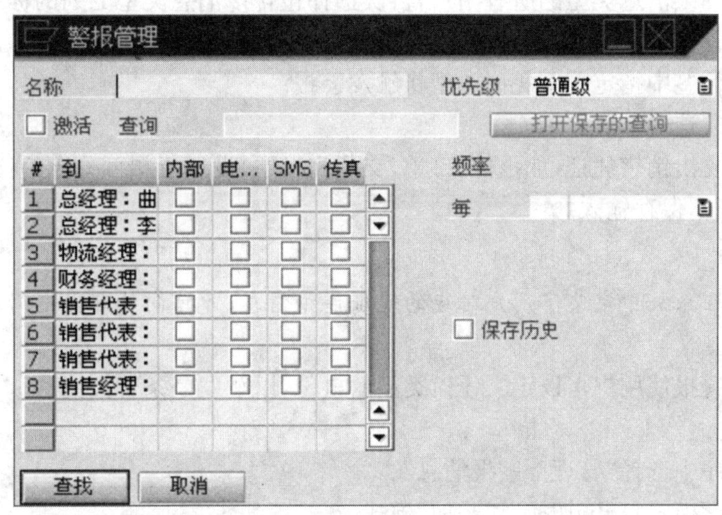

图 21-5 警报管理主界面

系统中预定义了以下警报状态,以便用户直接使用:

- 未完成服务呼叫;
- 库存降到(物料主记录中)定义的最小仓库水平之下;
- 信贷限额偏差;
- 承付款额度的偏差;
- 定义的毛利百分比偏差;
- 预算偏差。

用户可以定义所有其他警报状态的极限值。只要达到相应极限值,就触发警报。用户还可指定应该触发警报的凭证类型(例外:偏离预算)。

注意

系统中已添加了新警报,若订单已超过其取消日期,则新警报将通知用户。此警报与系统中任何其他警报的作用相同。可以在"天数"字段中指定取消日期后的允许的天数。

1. 激活预定义警报

操作:

- 选择"管理→警报管理"。

窗口以"搜索"模式打开,可使用搜索功能进行显示。选择一个预定义的警报功能以选中它。此警报状态的信息显示在正处理的窗口中。

- 在"优先级"字段中输入将作为警报结果发送的消息的优先级。消息可以具有低、中或高优先级。在收件人的收件箱中,高优先级发送的消息将以红色显示。
- 选择字段右侧的下拉图标,然后从提供的列表中选择所需的条目。
- 选择"激活"字段中的复选框。

若未选择此复选框，则不为此警报发送任何消息。按表中的收件人列出了系统中定义的所有用户。

• 选择用户和相应的消息类型。

例如，若要通过电子邮件将消息发送至某用户，则选择该用户所在行电子邮件列中的复选框。在用户选择期间提供了以下选项：

①要取消选择一个或多个用户，再次选择复选框；

②要选择清单中的所有用户，单击对应消息类型的列的标题；

③要取消选择某消息类型的所有用户，再次选择包含该消息类型的列的标题。

• 在“条款”标签中输入要发送警报的极限值。

• 在“凭证”标签中指定哪些凭证类型将触发警报。

• 选择一个复选框。

建议为所有支出销售凭证(如报价、订单、交货和发票)设置折扣百分比偏移。

• 选择“更新”，保存输入。

注意

只有用户已在系统中定义了用户对应的地址详细信息，才可向外部发送消息。

2. 添加用户定义的警报

用户定义的警报使用户可以定义任何类型的事件，以触发一条警报消息。

操作：

• 从应用程序中选择“管理→警报消息”。

窗口以“搜索”模式打开，切换至“添加”模式。

• 输入警报功能的名称。

• 选择消息优先级。

• 在“激活”字段中设置标记，以激活用户定义的警报。否则，此警报将不发送任何消息。

• 双击“查询”字段。

打开包含已保存查询的窗口。搜索所需的查询并双击它进行选择。

• 定义消息的优先级。

• 定义要触发警报的频率。在“频率”字段中选择时间间隔(分钟、小时、天等)。

• 输入时间间隔的值。

例如，一天可发送一次警报消息。若未在此输入任何信息，则只发送一次消息。

• 若在“保存历史”字段中设置了标记并定义了消息的频率，则将生成的新消息在每次达到已定义的时间间隔时发送。若未设置此标记，但定义了消息的频率，则每次发送消息时，收件人收件箱中的消息将被覆盖。收件人可以在该消息的详细信息中看到消息发送的频率。

• 选择“添加”，保存警报功能。

警报现在处于激活状态，并且只要发生特定查询中定义的事件，就将触发并给选定用户发送消息。

• 要停用警报，选择“警报管理”并选择所需的警报状态。

• 单击“激活”字段中的标记停用它。警报功能现在处于未激活状态。

3. 对警报进行更改和重命名

操作：

• 要停用警报，选择“管理→警报管理”，然后选择所需的警报状态。

• 要更改警报功能的细节，请调用该警报功能并对消息、消息类型、条件或凭证进行必要的更改。

• 因为警报生成的消息与警报功能本身的标题相同，因此用户可能要更改预定义警报功能的名称，以与内部术语对应。为此，只需调用警报功能并覆盖其名称即可。

• 若要将其他特定的查询添加至用户定义的警报，则需调用警报功能并在双击"查询"字段的同时按下 Ctrl 键，这样将会打开包含已保存查询的窗口。

• 搜索所需的查询并双击它以进行选择。

• 一旦已进行所有必需的更改，即可选择"更新"，保存数据。

21.2.3 用户自定义查询警报

用户也可以定制自己需要的警报，通过使用"用户查询"功能可以使系统根据查询结果进行警报。关于使用用户查询的详细说明，请参阅本章"21.6 查询向导的建立"。

例如，现在需要将系统中所有报价总金额超过 100,000 元的单据进行报警，首先需要定义一个用户自定义查询(如图 21-6 所示)，并保存为"报价警报"，然后转至"管理→警报管理"(如图 21-7 所示)，在"警报管理"窗口激活的情况下，点击工具条的图图标新建一个警报，点击"查询链接"弹出窗口后，选中"报价警报"查询，并通过内部消息通知销售经理与系统管理员，频率为 1 分钟一次，并添加进入系统。在等待 1 分钟后，如果系统中存在满足查询条件的单据，系统将弹出消息窗口显示警报消息。

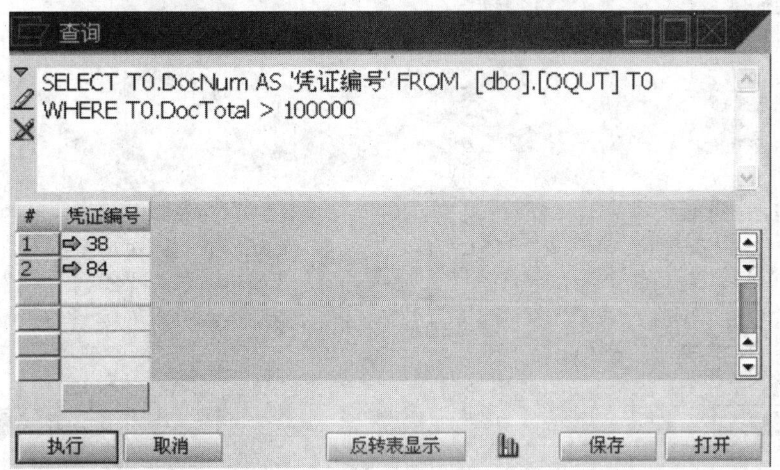

图 21-6 自定义查询

21.3 数据导出/导入

21.3.1 数据导出

用户可使用此功能从 SBO 导出数据(如图 21-8 所示)。可执行以下类型的导出：

• 将事务导出到 SBO 中的另一个公司。

• 将会计凭证导出到外部软件产品。

• 用户几乎可以将 SBO 系统中定义的所有对象和数据(包括报表结果)导出到 Microsoft Excel 或 Microsoft Word 中。为此，只需在编辑对象或报表时选择工具栏中的对应图标即可。

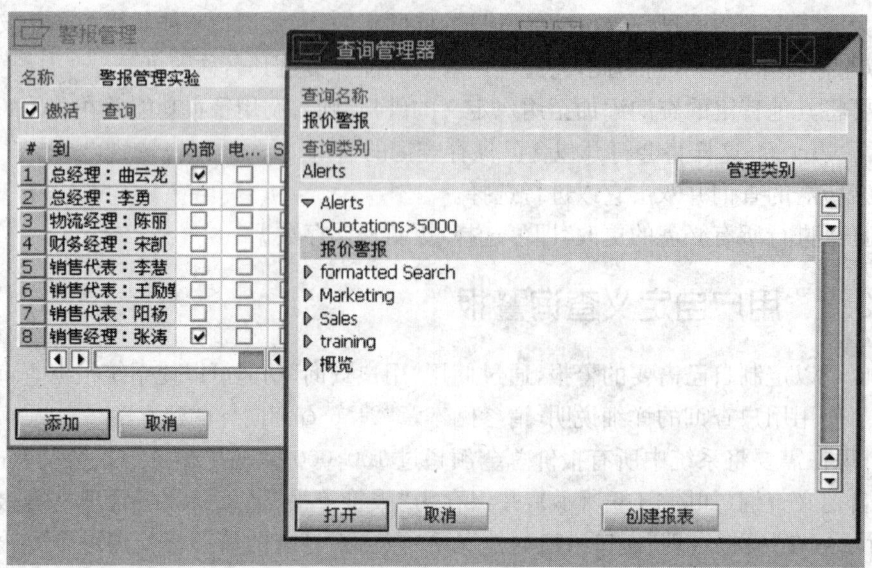

图 21-7 自定义查询警报

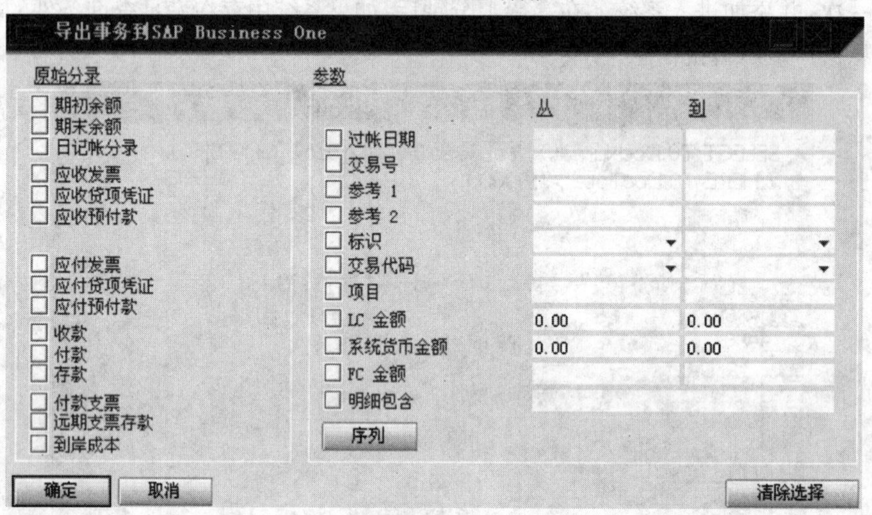

图 21-8 导出事务到 SAP Business One

例如,导出事务到 SBO 中的另一个公司。用户可在 SBO 中将事务(即会计凭证)从一个公司复制到另一个公司。为此,将事务从一个公司导出,然后将其导入到另一个公司。导出事务的公司称为"源公司",而导入事务的公司称为"目标公司"。

在开始导入和导出事务操作之前,必须确保两个公司总账科目中的主记录号数和过账中包含的业务伙伴数相同。若目标系统中尚不存在总账科目的主记录或业务伙伴,则系统将根据过账中的数据自动创建此对象。若经常从源公司导出事务并将它们导入到目标公司,则建议用户记下在每次操作过程中复制了哪些事务。若在公司的网络中运行 SBO,则应确保在开始导出事务时没有其他用户登录。

操作:

• 在 SBO 中登录到要导出数据的公司。

• 选择"管理→数据导入/导出→数据导出→导出事务到 SAP Business One"。

• 在显示的对话框中,选择参数以便选择要导出的事务。可以指定参数,以便选择窗口左侧的会计凭证,还可以通过右侧的某些原始日记账选择会计凭证。

选择参数可按凭证编号、参考编号"参考 1"和"参考 2"、事务代码和项目编号选择会计凭证。可以以本地货币、系统货币或外币为单位，对导出具有特定总计金额的凭证加以限制。还可通过从“包含明细”字段指定文本或字符串来选择凭证。在这种情况下，将只选择“明细”字段中包含此文本或字符串的凭证。

• 输入每个参数的值范围。若指定多个参数，则将只导出满足所有参数的凭证。

• 选择“参数”字段左侧的标记以选中它。

• 在右侧的字段中指定该参数的值范围。

用户还可选择会计凭证，以便通过基本原始日记账凭证导出。例如，用户可以导出所有作为收款(应付账款)发票结果创建的会计凭证。还可以同时选择多个原始日记账。

• 选择“原始日记账”，将原始日记账指定为导出标准。

可为导出操作同时指定选择参数和原始日记账。在这种情况下，将导出满足屏幕左半部分中参数的原始日记账凭证。

• 若要导出所有会计凭证，则选择“全选”。

在此所作的选择将成为下次调用此功能时的默认选择。

• 已选择所有必需的会计凭证后，选择“确定”。

系统打开文件管理器，指出要保存文件的位置，例如，在硬盘或数据媒介上。若要指定定制文件名，则只需覆盖默认建议值。文件必须保存为“. txt”格式。

• 在文件管理器中选择“保存”。只要凭证导出成功，就会显示一条消息。

21.3.2 数据导入

用户可使用此功能将数据导入到 SBO 中。用户可以执行以下类型的导入：

• 从 Microsoft Excel 文件导入业务伙伴和物料数据。

• 在 SBO 中将事务从一个公司导入到另一个公司中。

• 综合导入。

下面以从 Excel 导入为例，简单介绍数据导入的主要功能。

使用“从 Excel 导入”功能导入一条新的物料数据，操作如下：

• 打开 Excel，并录入如下数据：

A00010 Intel 迅驰 2.4GHz CPU

• 保存文件，类型为文本文件(制表符分隔)，文件名为 import。

• 转至“管理→数据导入/导出→数据导入→从 Excel 导入”，设置如图 21-9 所示。

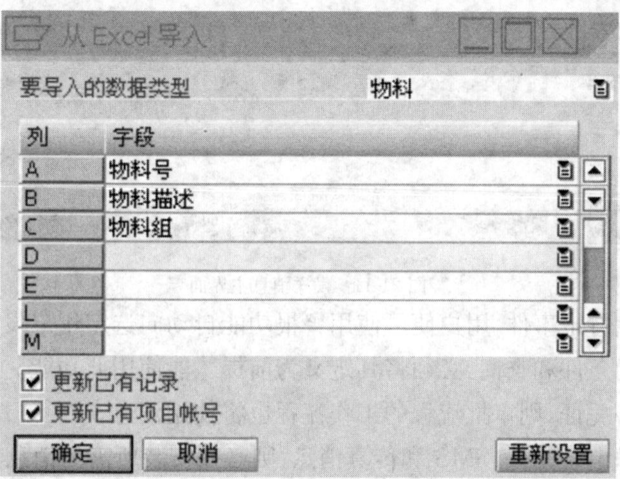

图 21-9 Excel 导入界面

- 点击“确定”按钮并找到保存的 import. txt 文件。
- 数据导入后，系统出现提示信息。
- 导入成功，如图 21-10 所示。

图 21-10　从 Excel 导入成功

21.4 消息管理

21.4.1 概　述

在 SBO 中定义了不同的消息，如内部消息、电子邮件、移动电话文本消息(SMS 消息)和传真。用户可将这些消息发送至系统用户以及客户和供应商指定的联系人。当然，还可将消息发送给任何其他收件人。用户也可使用分配清单功能将消息发送给一组收件人。

21.4.2 发送消息

路径：

菜 单	SBO→发送消息

界面：如图 21-11 所示。

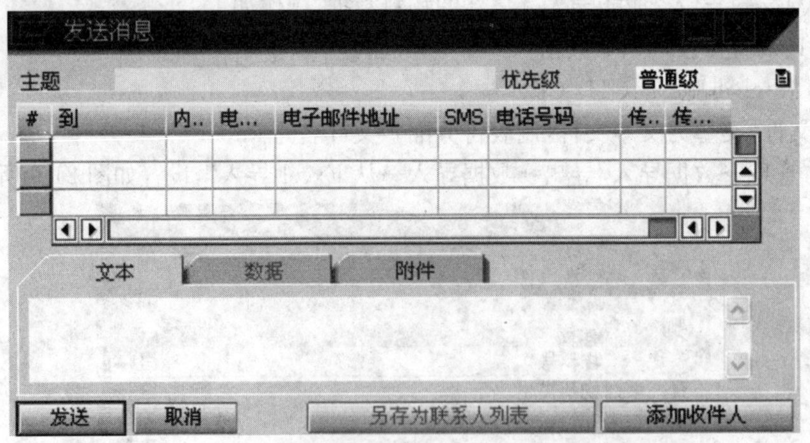

图 21-11　发送消息主界面

只要系统中发生特定事件，用户便可使用警报功能自动向选定用户发送一条消息。这些消息取决于预先定义的条件和查询，必须将其定义为前提才能使用此功能。若已定义了审批流程以便输入采购和销售凭证，则审批流程的工作流程也将使用消息。

若要从系统发送电子邮件、SMS 和传真消息，则必须安装所需的消息发送软件。

在工具栏中选择图标，进入“发送消息”窗口。

当使用有效的地址数据将消息发送至客户/供应商的联系员工时，消息会发送至客户/供应商主记录中定义的联系员工。

若要将消息发送给未被定义为系统用户和联系员工的另一个收件人，则需手动输入地址数据。

一旦选择了收件人，就可以选择发送消息的方式。可以同时使用几种方式将消息发送给同一用户。为此，需在收件人所在的行中选择多个复选框。

字段功能描述如下。

(1)内部消息：要将内部消息发送给另一个用户，选择“内部”列中的复选框。只可以将内部消息发送给在系统中被定义为用户的人员。

(2)电子邮件消息：要将电子邮件消息发送给一个收件人，选择“电子邮件”列中的复选框。若已为系统中的用户或联系员工定义电子邮件地址，则选择复选框时系统将自动建议相邻列中的值。可根据需要更改这些数据。

(3)SMS 消息：要将 SMS 消息发送给一个收件人，选择“SMS”列中的复选框。若已为系统中的用户或联系员工定义移动电话号码，则选择复选框时系统将自动建议相邻列中的值。可根据需要更改这些数据。

(4)传真消息：要将传真消息发送给一个收件人，选择“传真”列中的复选框。若已为系统中的用户或联系员工定义传真号，则选择复选框时系统将自动建议相邻列中的值。可根据需要更改这些数据。

(5)文本标签：指定要发送的文本。

(6)数据标签：若要发送系统中定义的数据或对象及消息(如发票或报表)，首先调用系统中的对应功能，随后由此发送消息。“数据”标签仅在此时才处于激活状态。

(7)附件标签：可以将任何种类的附件添加到消息中，包括 Microsoft Excel 表、Microsoft Word文档、图像文件或任何其他类型的文件。为此，单击“附件”标签，随后单击“浏览”。系统打开文件管理器，可以在其中搜索对象并将其添加到消息中。

重复此过程，即可将多个附件添加到消息中。在发送附件前，必须指定在系统初始化过程中一般设置下附件的路径。选定附件即保存在此目录中。若尚未指定附件的路径，则在将附件添加到消息中时会显示一条错误消息。

要显示已添加的附件，单击并选择，随后单击“显示”。系统打开另一个窗口并在其中显示该附件的内容。显示的类型取决于文件类型和显示文件所需的程序。

要删除已添加的附件，单击并选择，随后单击“删除”。附件即从消息中删除。

(8)添加收件人：选择“添加收件人”以选择一个用户或业务伙伴的联系员工作为消息收件人。

21.4.3 消息/警报概览

选择菜单“窗口→消息/警报概览”，进入“消息/警报概览”窗口，如图 21-12 所示。在此窗口中可以查看用户发送、接收的消息，并可以根据消息进行回复、转发、删除等操作。同时，如果系统定义了警报，警报信息也会在此窗口显示。有关警报的定义与使用，请参阅本章 21.2 警报管理。

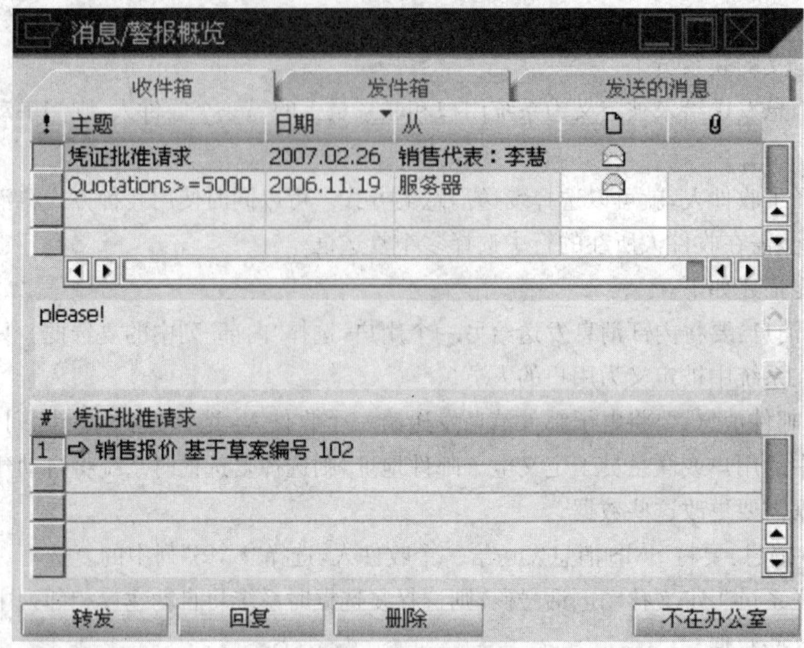

图 21-12　消息/警报概览

21.5　用户定义字段

SBO 允许在系统中针对相关单据和主数据添加字段，结合使用自定义字段、自定义表、格式化搜索和查询向导，可以满足许多特殊业务需求。

路径：

菜 单	SBO→工具→用户定义字段→管理用户字段

21.5.1　自定义字段

用户字段在此处也称为自定义字段。

自定义字段的作用包括：

- 可以对客户信息进行补充。
- 可以对供应商和客户进行分类。
- 可以给供应商和客户创建一个链接到指定互联网的超链接。
- 可以给客户记录增加一个公司徽标。
- 可以给物料增加照片。
- 可以对主数据定义查询。
- 可以新增各种营销单据的字段。

在 SAP Business One SDK 发布之后，用户字段更是成为了系统外部程序（Add-On Application）与系统之间必不可少的数据传输、保存等操作的桥梁。所以，使用好用户字段功能可以为系统增强更多功能，也会为实施带来更多的方便、快捷。

例如，为业务伙伴主记录的联系人增加联系人的“生日”和“爱好”字段，为业务伙伴增加“企业规模”字段。如图 21-13 所示，打开“工具”菜单中的“管理用户字段”。系统弹出“管理用户字段”窗口，如图 21-14 所示。

(1)添加“爱好”“生日”和“性别”字段。

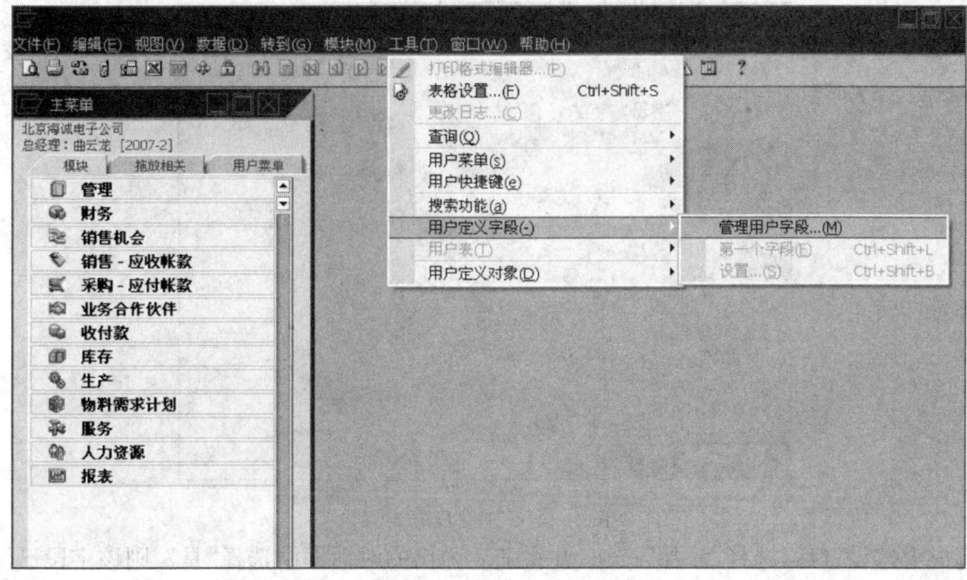

图 21-13 激活管理用户字段

图 21-14 管理用户字段主界面

添加“爱好”字段步骤如下：

• 选择“主数据→业务伙伴→联系人”，选择“添加”按钮。
• 在“头衔(标题)”处输入：AIHAO。
• 在“描述”处输入：爱好。
• 在“类型”处选择：字母数字的。
• 在“结构”处选择：文本。

完成上述设置后，选择“添加”按钮，并在随后弹出的对话框中选择“是”，则该字段已添加完成，如图 21-15 所示。

添加“生日”字段步骤如下：

• 在“头衔”处输入：SR。
• 在“描述”处输入：生日。
• 在“类型”处选择：日期/时间。
• 在“结构”处选择：日期。

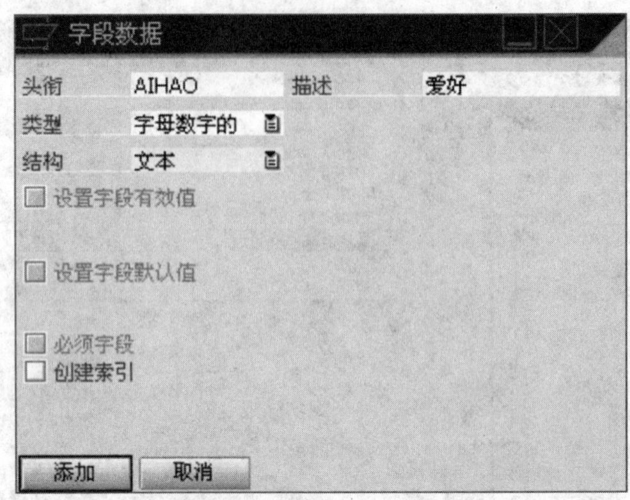

图 21-15 用户字段定义(1)

完成上述设置后,选择“添加”按钮,并在随后弹出的对话框中选择“是”,则该字段已添加完成。如图 21-16 所示。

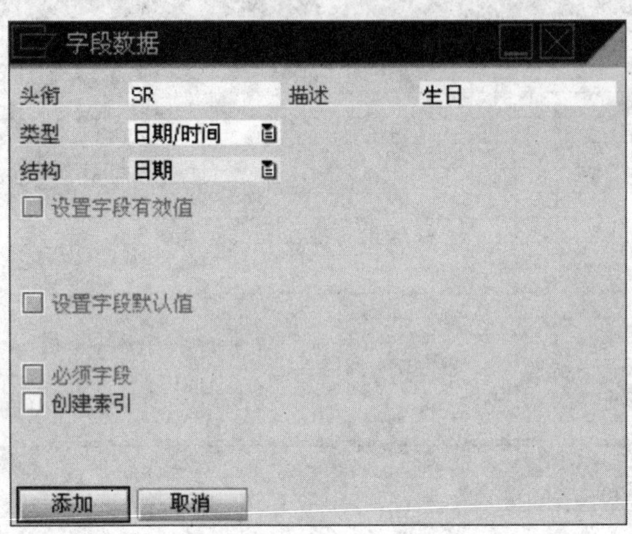

图 21-16 用户字段定义(2)

添加“性别”字段步骤如下:

- 在“头衔”处输入:XB。
- 在“描述”处输入:性别。
- 在“类型”处选择:字母数字的。
- 在“结构”处选择:常规。
- 设置字段有效值: M-男,F-女。
- 设置字段默认值:M。

完成上述设置后,选择“添加”按钮,并在随后弹出的对话框中选择“是”,则该字段已添加完成,如图 21-17 所示。

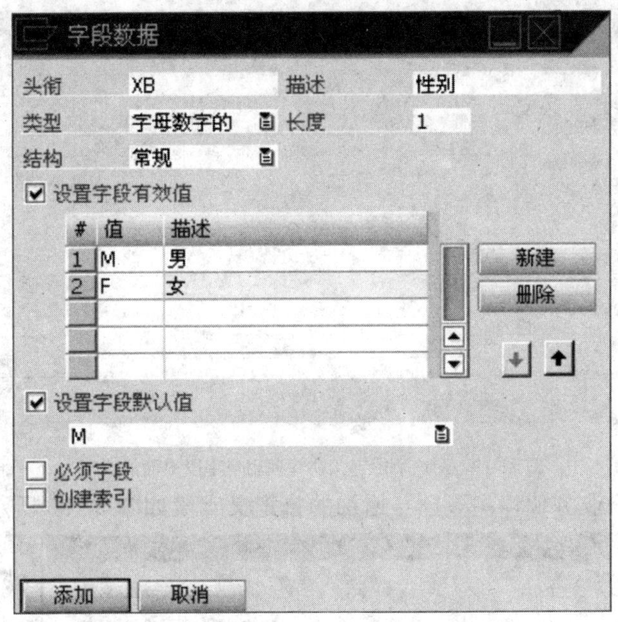

图 21-17 用户字段定义(3)

(2)添加“企业规模”字段。

选择“主数据→业务伙伴→业务伙伴”,选择“添加”按钮。

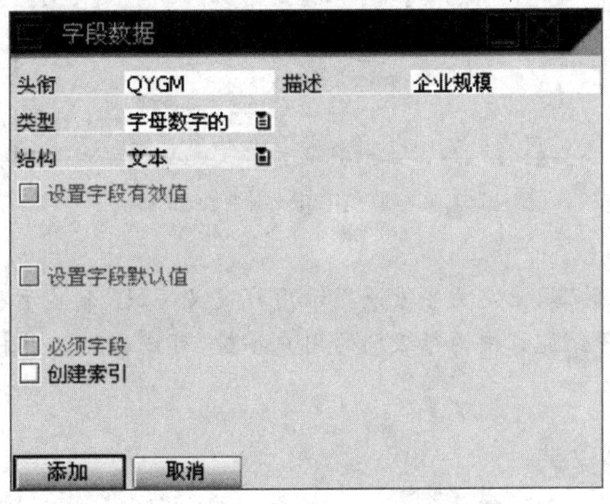

图 21-18 用户字段定义(4)

- 在“头衔”处输入:QYGM。
- 在“描述”处输入:企业规模。
- 在“类型”处选择:字母数字的。
- 在“结构”处选择:文本。

完成上述设置后,选择“添加”按钮,并在随后弹出的对话框中选择“是”,则该字段已添加完成,如图 21-18 所示。字段添加完成后,可以在“管理用户字段”窗口中看到新字段,如图 21-19 所示。

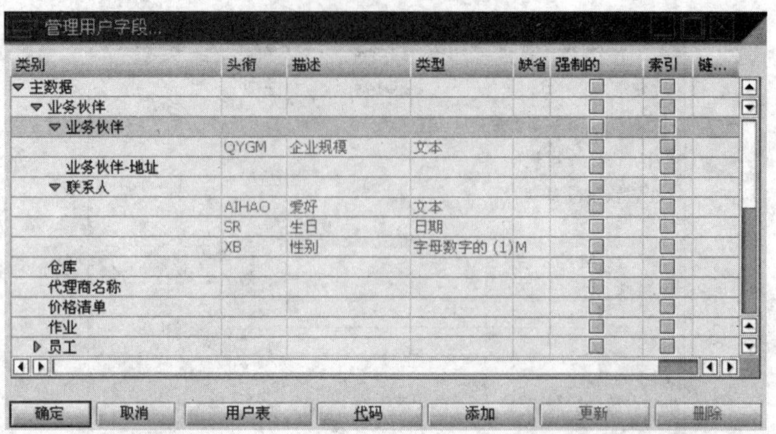

图 21-19 用户字段定义在管理用户字段界面的反映

选择“业务伙伴→业务伙伴主数据”，增加的自定义字段如图 21-20 所示。

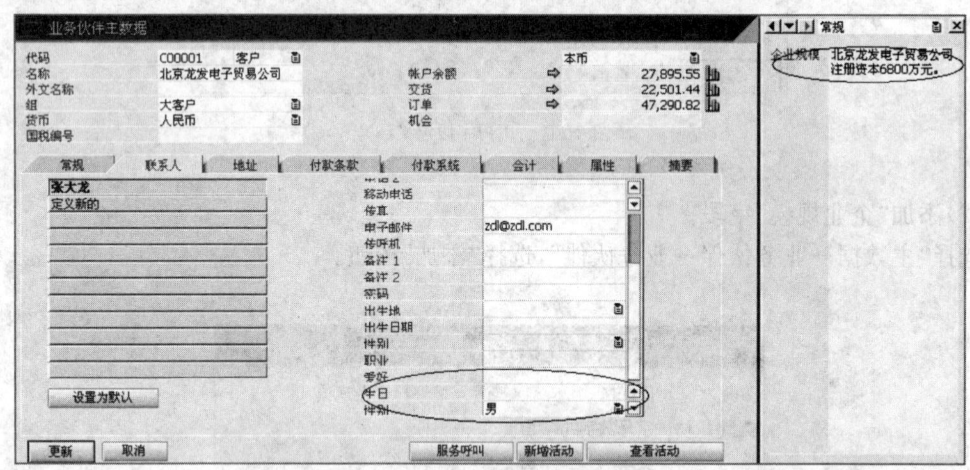

图 21-20 用户字段定义对主数据的影响

注意

可以通过菜单项中的“用户定义字段→显示用户定义字段”来显示及隐藏表头级的用户字段，如企业规模。对于营销凭证中的行级别的用户字段，可以通过工具栏中的“设置”按钮隐藏用户字段。

21.5.2 自定义表

系统中可以存在三种类型的表，如下：

- SBO 系统使用的表，如 OITM、ITM1。
- 使用 SBO 建立的用户自定义表，这种表在数据库中以“@”符号为前缀，如@T001。
- 与系统无直接关系的由用户自己建立的表。

创建系统自定义表的过程包括以下几个步骤：

(1)在“管理用户字段”窗口点击“用户表”按钮，在弹出的“用户表”窗口中，输入表名和描述，如 T001，如图 21-21 所示。

(2)在点击“更新”按钮后，可以从菜单“工具→填写用户表”中选择填写用户表 T001，如图 21-22 所示。

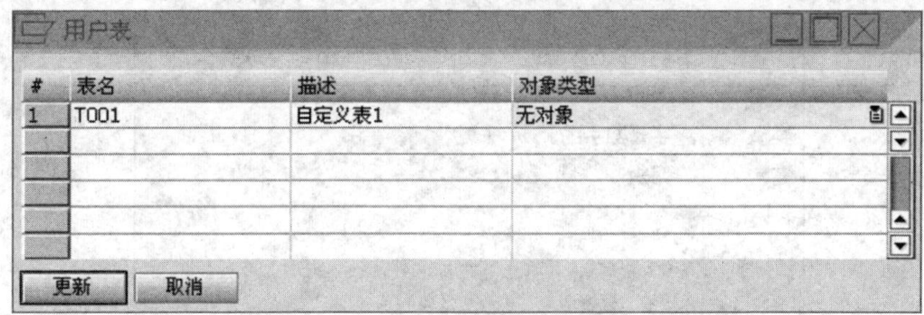

图 21-21　定义用户表

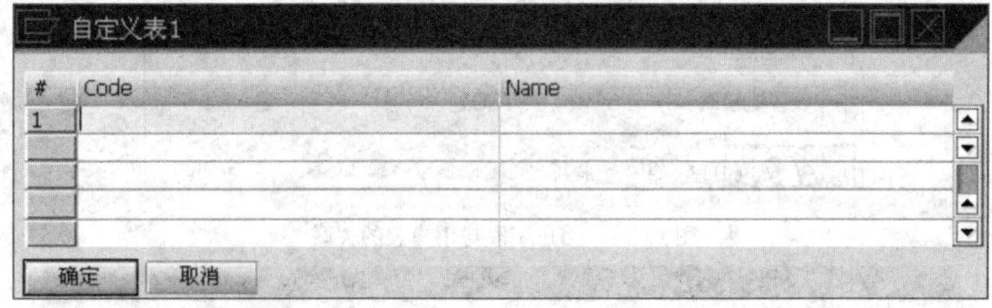

图 21-22　填写用户表

每个由系统创建的用户表存在两个由系统生成的字段：Code 和 Name，这两个字段是此用户表的键值字段，即不允许出现 Code 和 Name 相同的两条记录。

(3)通过与自定义字段相同的添加方法，可以为自定义表添加新的字段，如图 21-23 所示。

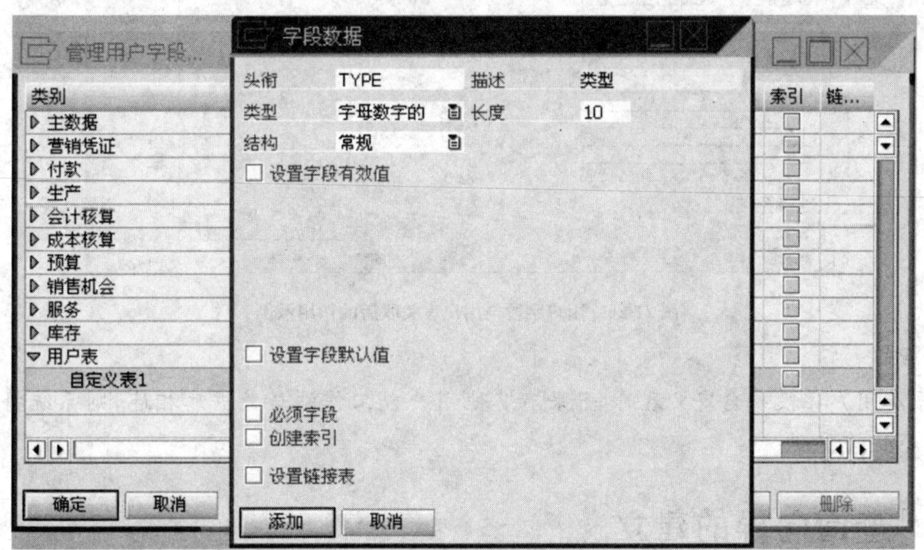

图 21-23　为用户表添加用户字段

21.5.3　用户字段与用户表的关联

下面举例说明，通过用户字段与用户表的相互关联，可以更方便用户添加、修改相关的数据。如图 21-24 所示。

用户表 T001 有 1 条记录，Code 和 Name 数据为“1”和“足球”。在“管理用户字段”窗口选择“业务伙伴→联系人→爱好”用户字段，点击“更新”，在“字段数据”窗口选择“设置链接表”，选中 T001 表，进行更新。转至“业务伙伴主数据”，如图 21-25 所示。

T001 表中的数据现已出现在“爱好”用户字段中，并可以通过“定义新的”直接定义新的选项。

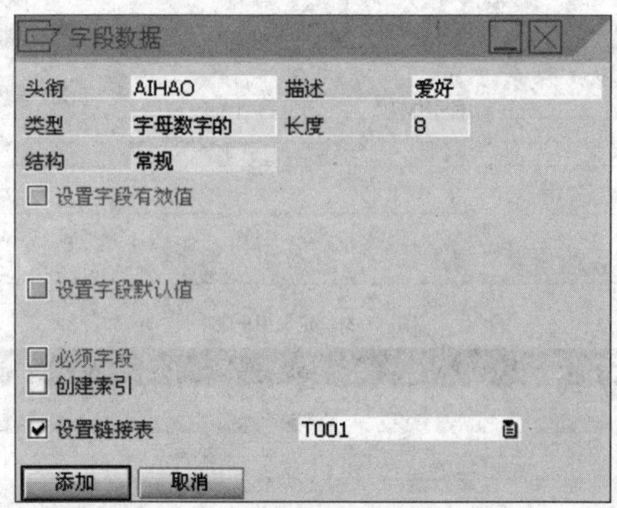

图 21-24　用户字段与用户表的关联

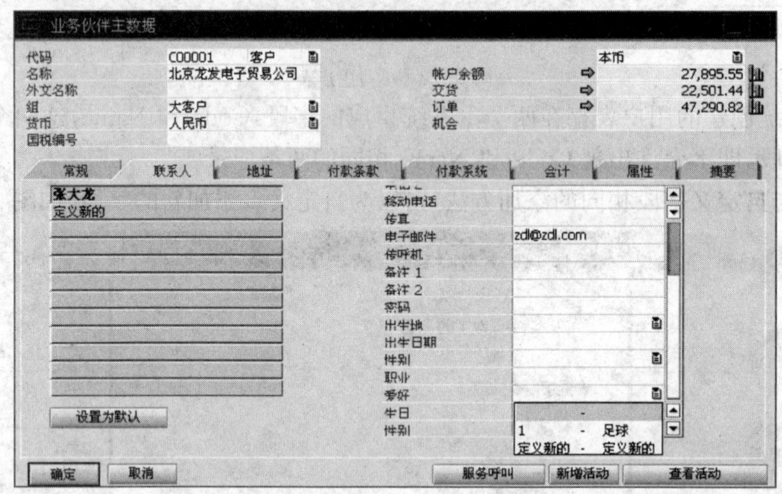

图 21-25　用户字段与用户表关联后的作用示例

注意

在添加用户字段或自定义表时，如果有其他用户或工作站与数据库相连，则系统将提示错误信息，不允许更新。

21.6　查询向导的建立

21.6.1　概　述

查询向导是 SBO 系统为用户提供的友好查询界面，可以帮助并不是很熟悉 SQL 语言的用户快速准确地建立用户查询，与之相对应的更高级的应用是查询接口。这部分知识在警报管理以及格式化搜索中都有广泛的应用。

21.6.2　查询向导

路径：

菜 单	SBO→报表→查询向导

使用“查询向导”定义查询时,结果以图形显示。用户可以直接导航到显示在查询中的凭证和主数据记录,也可以在图表中显示结果。下面以一个实例介绍查询向导的应用。

建立物料号从 A00001 到 A00009 的查询,并保存查询结果。

(1)选择“报表→查询向导”。如图 21-26 所示。

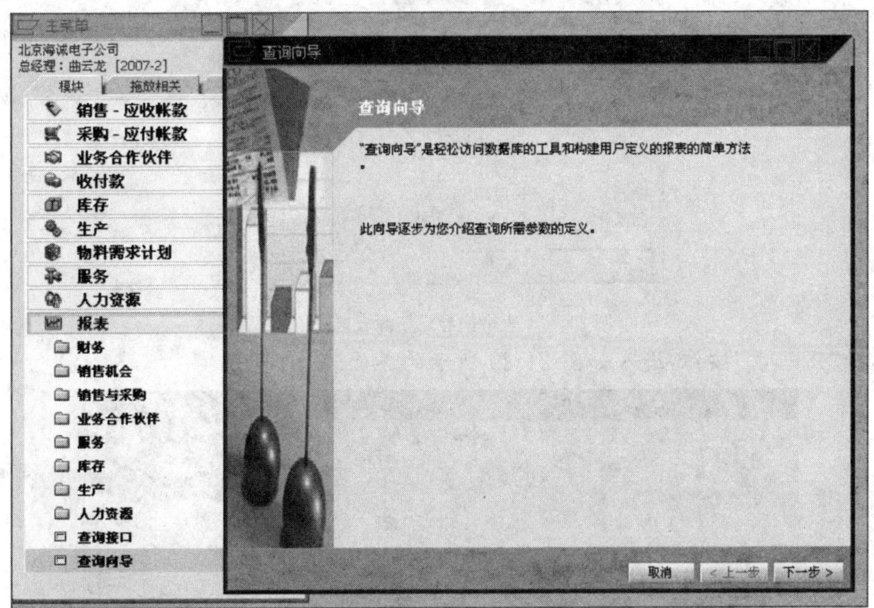

图 21-26 进入查询向导

(2)在“查询向导”对话框中选择“下一步”按钮,进入如图 21-27 所示的界面。

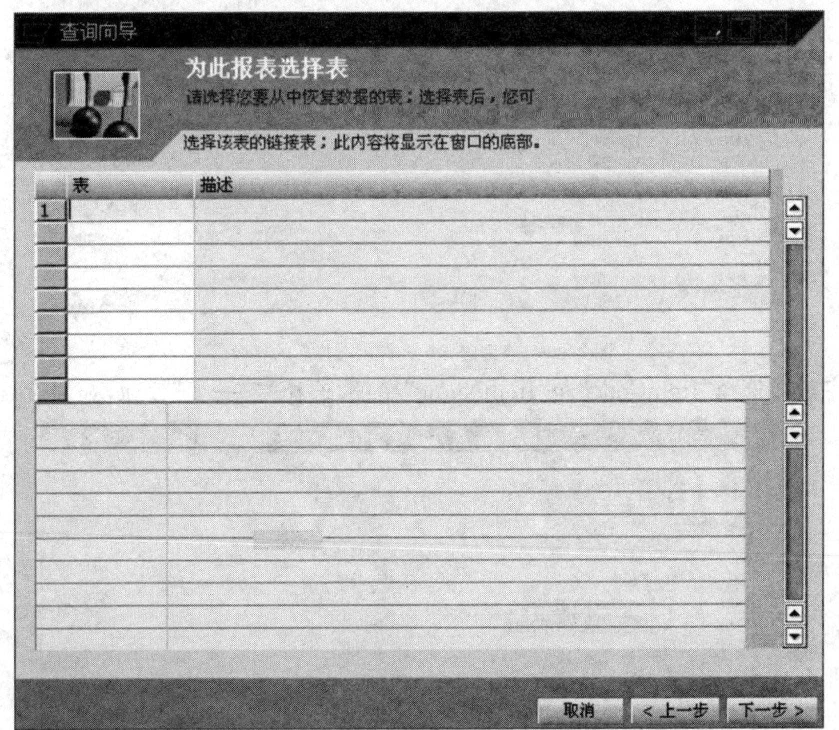

图 21-27 查询向导——源表选择

(3)按 Tab 键,系统弹出“从清单选择”对话框,选择“OITM\物料”字段,如图 21-28 所示。

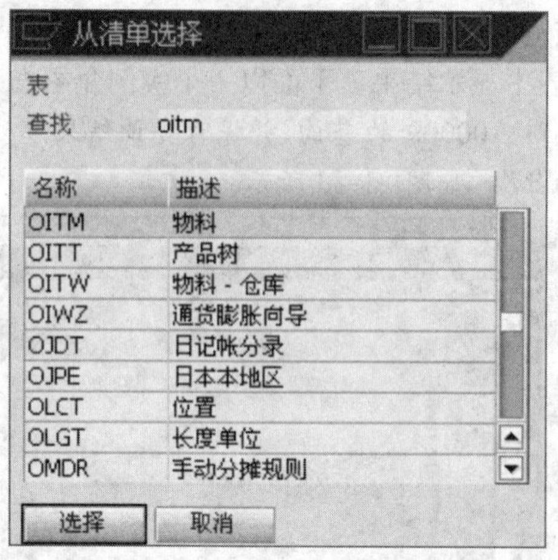

图 21-28 查询向导——源表选择清单

(4)选择“下一步”按钮,进入如图 21-29 所示的界面。

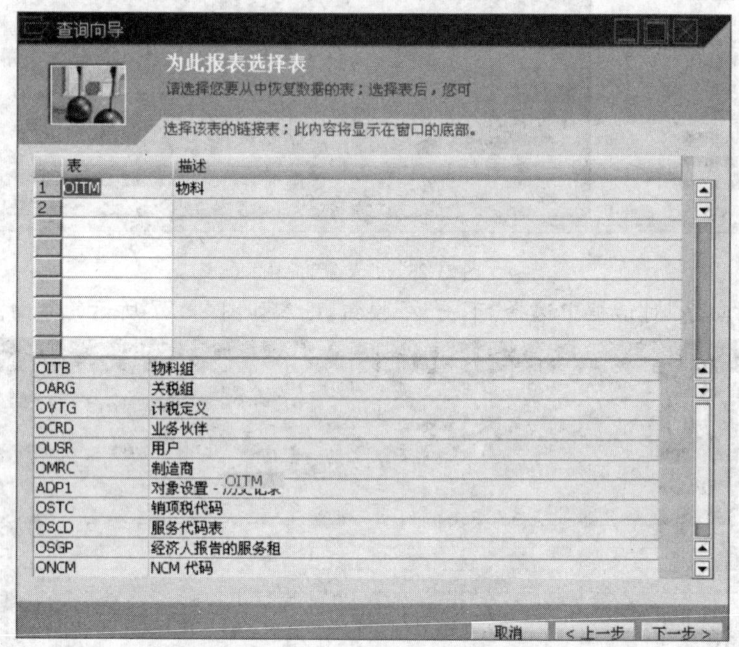

图 21-29 查询向导——源表选择后的界面

(5)在字段列选择“ItemCode”和“ItemName”字段,选择“下一步”按钮,如图 21-30 所示。

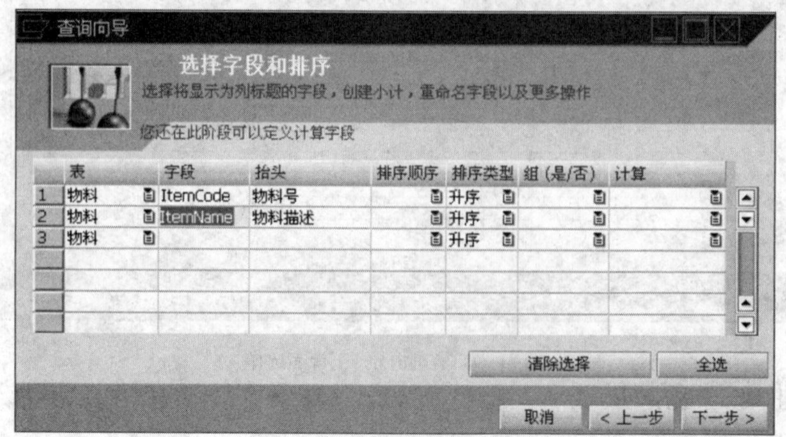

图 21-30 查询向导——字段选择

(6)在“字段/值”列输入查询值,选择“下一步”按钮,如图 21-31 所示。

图 21-31　查询向导——关系条件选择

(7)然后进入如图 21-32 所示的界面,选择“完成”按钮。

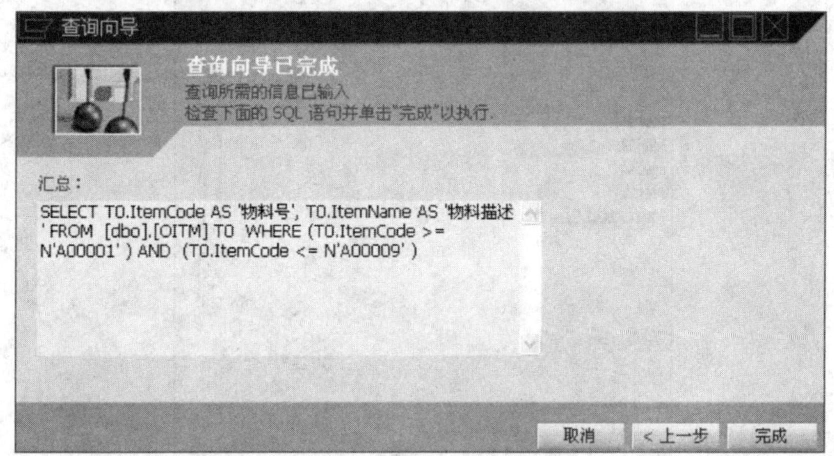

图 21-32　查询向导——完成

(8)建立的查询结果如图 21-33 所示。选择“保存”按钮保存该查询结果。

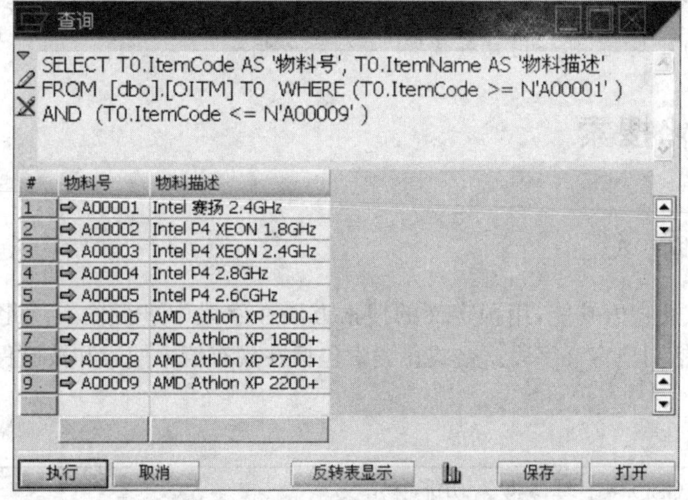

图 21-33　查询向导——结果显示

(9)图 21-34 是保存查询界面,在“保存查询”的对话框中选择“管理类别”。

保存查询
查询名称
查询类别
管理类别
Alerts
formatted Search
Marketing
Sales
training
概览
保存
取消
删除

图 21-34 查询向导——保存查询

(10)然后进入如图 21-35 所示的界面,在“类别名称”处输入类别名称来创建查询类别,完成后点击“添加”按钮。

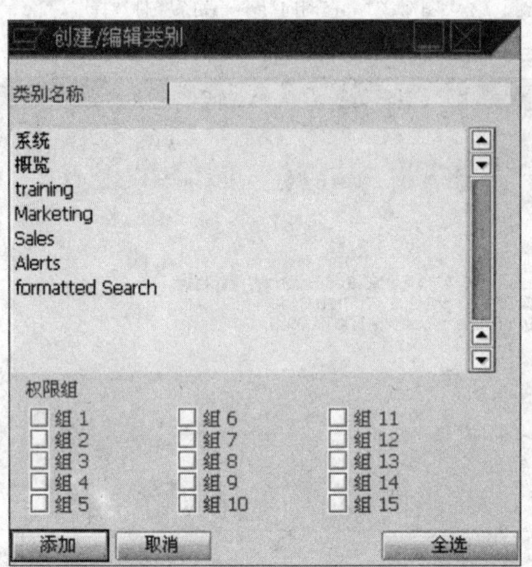

图 21-35 查询向导——查询类别编辑

(11)在“查询名称”处录入查询名称,保存查询结果,完成后点击“保存”按钮。

保存后的查询可在“工具→用户查询”中看到并使用。

21.7 格式化搜索

21.7.1 概 述

可以使用格式化搜索功能,用预定义的搜索方法在字段中进行输入。此功能适用于 SBO 中的所有字段,包括用户定义字段。格式化搜索包括在现有值中搜索和按已保存的查询搜索两项搜索方式。

路径:

菜 单	SBO→工具→搜索功能→定义

21.7.2 现有值中的格式化搜索

下面以实例说明如何在录入"销售订单"中的物料时按照现有值中的搜索选择物料。

(1)如图 21-36 所示,在打开一张"销售订单"录入客户名称后,选择物料时从"工具→搜索功能→定义"调出"定义格式化搜索"功能(或者使用"Shift+Alt+F2"功能键)。

(2)选择"在现有值中搜索":选择 ... 按钮。

图 21-36 格式化搜索——在现有值中搜索

(3)在"定义字段值"对话框中录入字段值,完成后选择"更新",点击"确定"后退出,如图 21-37所示。

图 21-37 格式化搜索——字段的定义

(4)如图 21-38 所示,在"销售订单"物料录入处使用"Shift+F2"快捷键,调出定义好的字段值,选择要录入的物料值,完成后点击"选择"按钮。

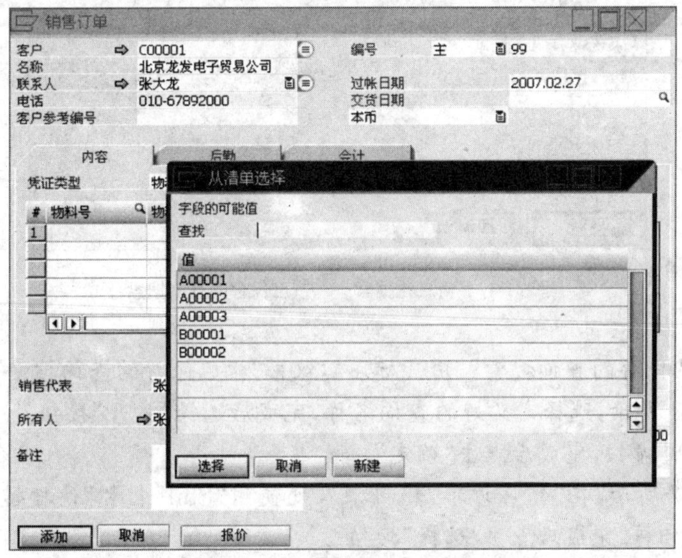

图 21-38 格式化搜索——选择字段

(5)如图 21-39 所示,所选择的物料将出现在"销售订单"中。

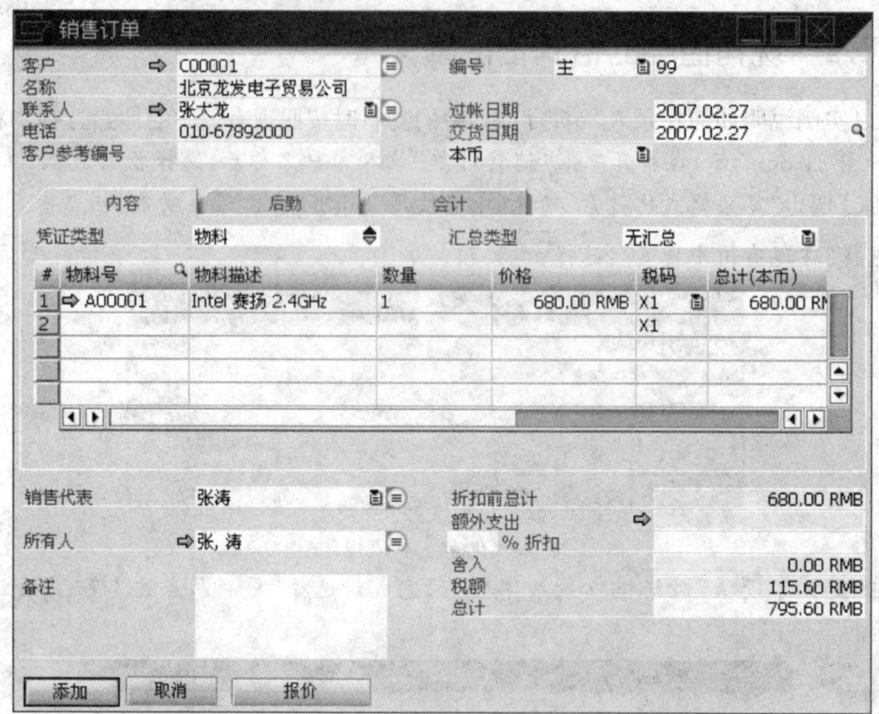

图 21-39　格式化搜索——完成

21.7.3　按已保存的查询搜索

下面以实例说明如何在录入“销售订单”中的物料时按照已保存的查询搜索选择物料。

(1)如图 21-40 所示，在打开一张“销售订单”录入客户名称后，选择物料时从“工具→搜索功能→定义”调出“定义格式化搜索”功能(或者使用“Shift＋Alt＋F2”功能键)。

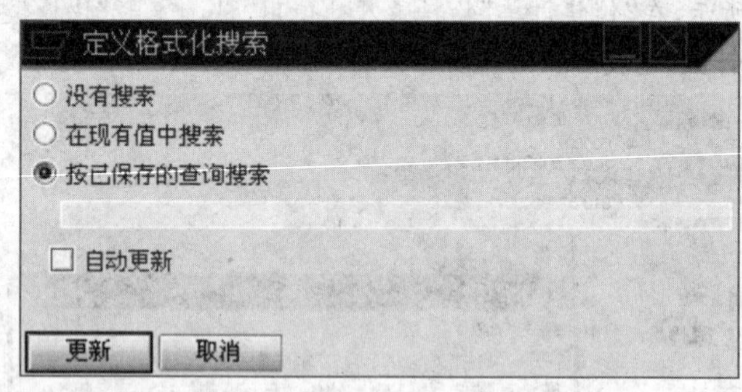

图 21-40　格式化搜索——按已保存的查询搜索

(2)选择“按已保存的查询搜索”，用鼠标左键双击“按已保存的查询搜索”下的灰白条。

(3)如图 21-41 所示，选择定义好的查询名称，完成后选择“打开”按钮。

(4)选择“更新”按钮，完成后点击“确定”。

(5)如图 21-42 所示，在“销售订单”物料录入处使用“Shift＋F2”快捷键，调出物料查询结果，选择要录入的物料，完成后点击“选择”按钮。

(6)所选择的物料将出现在“销售订单”中。

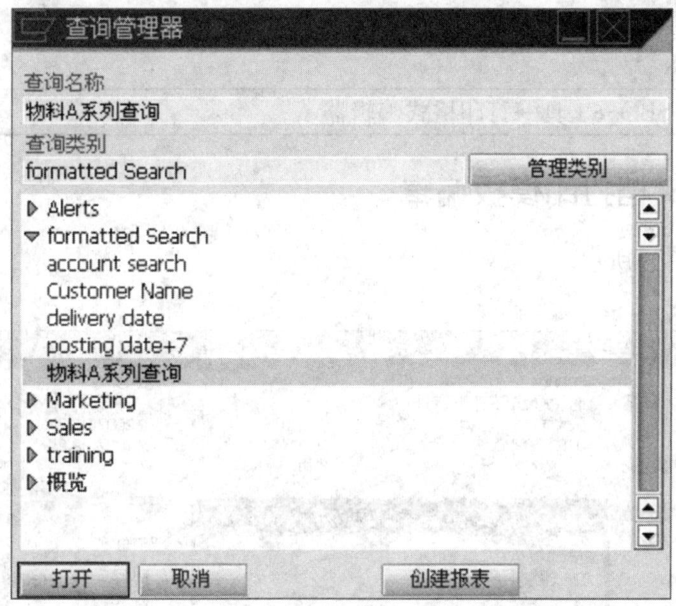

图 21-41　启动查询管理器

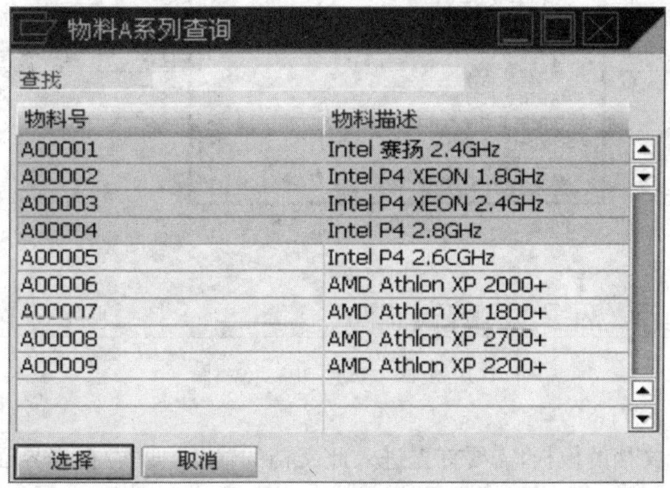

图 21-42　物料查询

21.8　文档打印

21.8.1　概　述

SBO 提供了一套简单的文档打印模板设计方法。

用户可以使用系统打印相关文档(交易凭证或报表),SBO 还预设了很多用于文档打印的模板,也可以通过系统的图形模板设计界面,设计或更改文档相关模板的格式或内容。此图形界面使用户可以在屏幕上以实际大小显示和编辑模板。并可以修改文本、图片、内容、页面大小等信息。

打印文档有三种方法:

- 当输入业务交易时,可以立即打印凭证。
- 某些文档可以同时打印(如一天中的所有订单)。

• 可以再次打印已打印过的文档。

路径：

菜 单	SBO→工具→打印格式编辑器

21.8.2 文档打印模板编辑

界面：如图 21-43 所示。

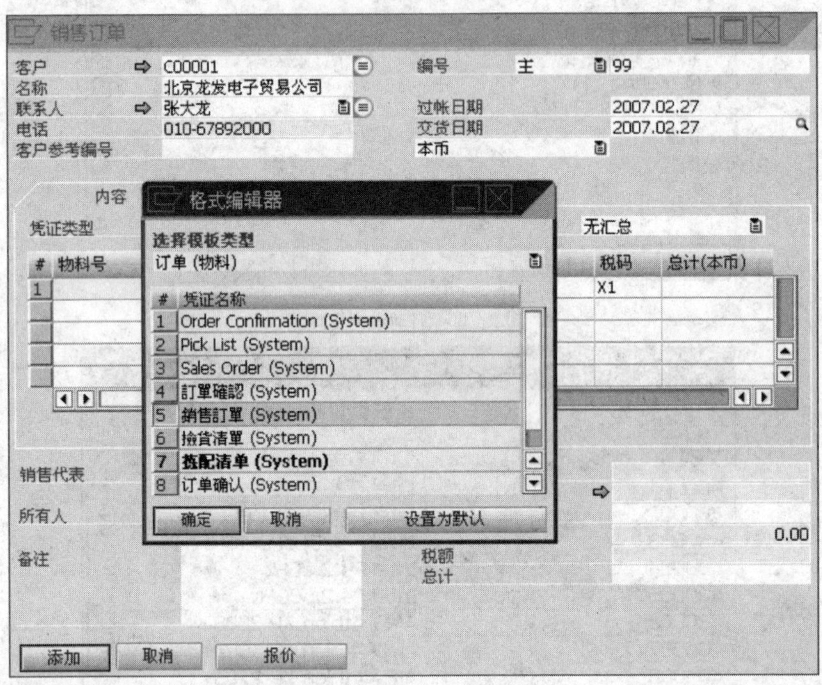

图 21-43 启动打印格式编辑器

若要编辑一个文档的模板，需要首先进入此文档的输入/搜索/报表界面，然后点击工具条上的图标或主菜单中“工具→打印格式编辑器”。

注意 当此文档可以被打印时，此图标为可用状态。

不可以修改系统安装时预设的模板，如需创建新模板，需先进入一个预设模板的设计界面，然后将它另存为新的名称。

可以将自定义的模板设置为默认模板，如要检查自定义的模板是否能正常打印，必须先将其设为默认模板，然后再打印或预览相关凭证。

21.8.3 文档打印模板编辑窗口

1. 文档编辑界面的窗口及菜单

图 21-44 为销售订单打印模板。

文档编辑界面包括如下窗口及菜单：

• 模板设计窗口，如图 21-45 所示。

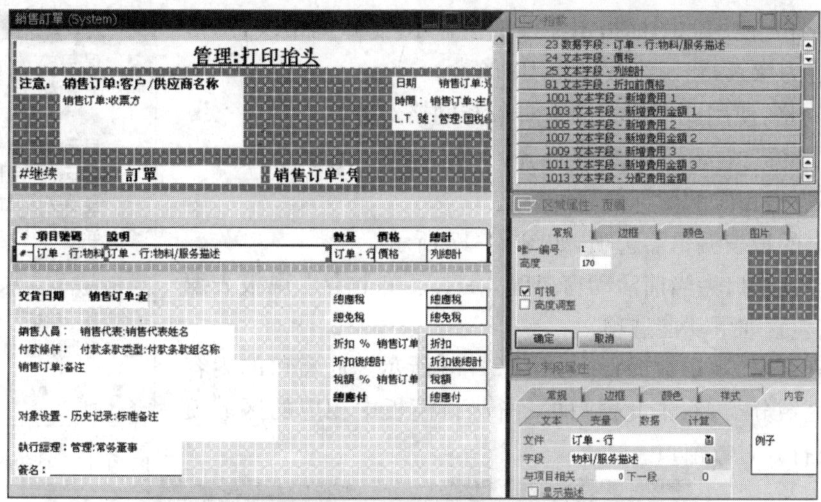

图 21-44　销售订单打印模板

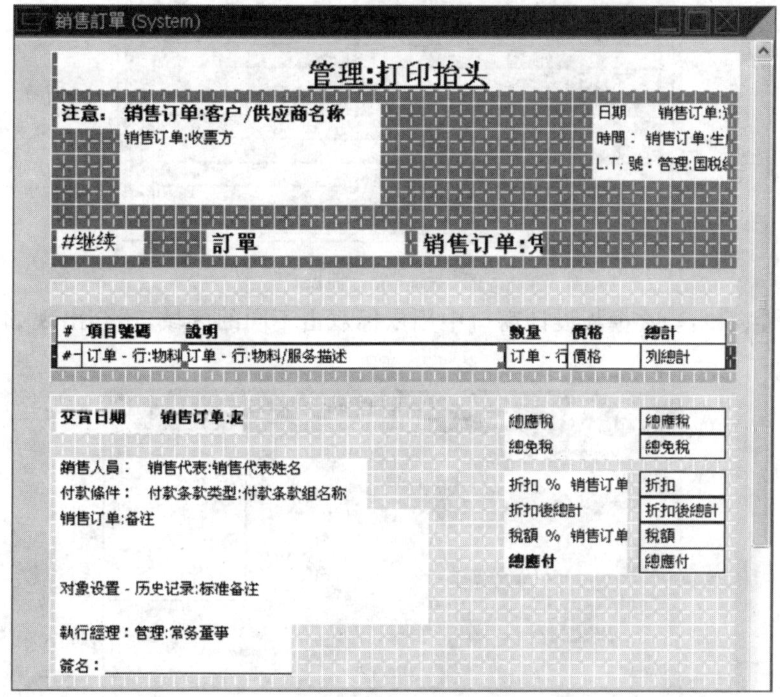

图 21-45　打印模板设计

• 模板设计工具条,如图 21-46 所示。可以使用此工具条上的不同功能来设计模板,它包括以下图标:

图 21-46　模板设计工具条

选择:选择一个对象进行编辑。

文本字段:插入一段文本。

数据字段:插入文档的一个数据字段,如订单的编号。数据字段可为数据库中任意表中的字段。

图片字段:插入一张图片。

过账字段:使用此字段显示需要经过数学运算后得出的结果。

显示网格：使用此图标指定在模板上显示/隐藏网格线，网格线的距离单位为像素，建议将其设为 10 像素。

捕捉网格：使用此图标将选中对象与网格对齐。

左、右、顶部、底部对齐：首先选择一或多个想要对齐的对象，再点击相应的图标使之对齐。

主菜单上的报表编辑器选项，如图 21-47 所示。

当模板设计窗口为当前活动窗口时，在主菜单上会出现报表编辑器选项，它包含如下功能选项：

• 字段索引窗口（指数面板），如图 21-48 所示。此窗口的内容按照模板的区域分类，双击此窗口的一行后，模板中相应的区域就会被选中，或打开对象窗口。

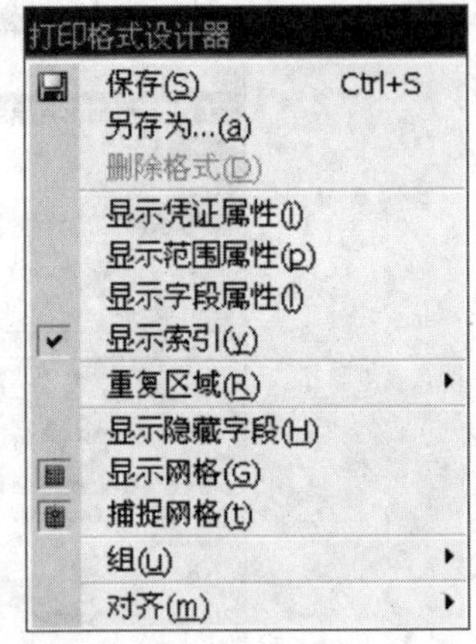

图 21-47 打印格式设计器菜单

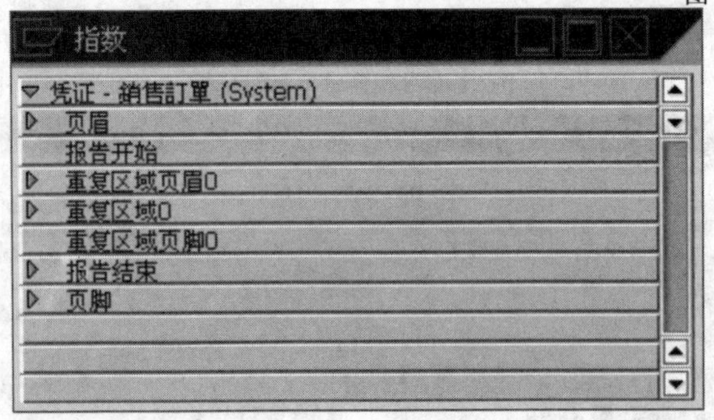

图 21-48 指数面板

• 字段属性窗口：当在模板设计窗口中用鼠标双击不同的区域，还会出现如图 21-49 所示的窗口。

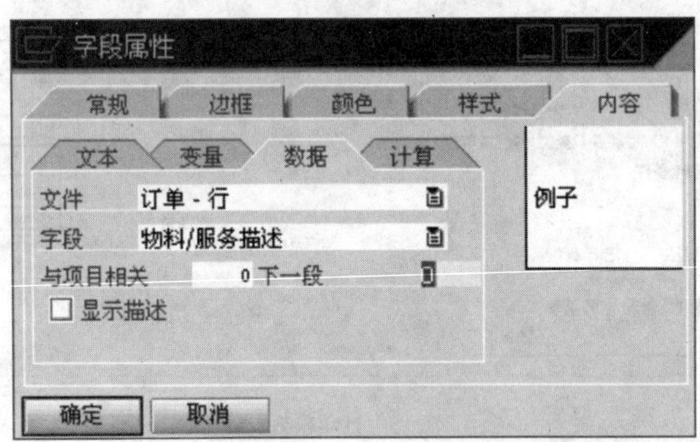

图 21-49 字段属性

• 文档属性窗口（如图 21-50 所示）：选择“报表编辑器→凭证属性”或双击模板的空白区域。

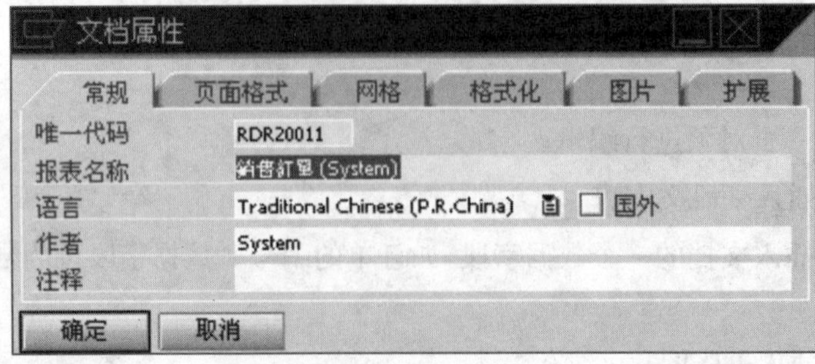

图 21-50 文档属性

• 区域属性窗口(如图21-51所示):双击模板的特定区域之一。

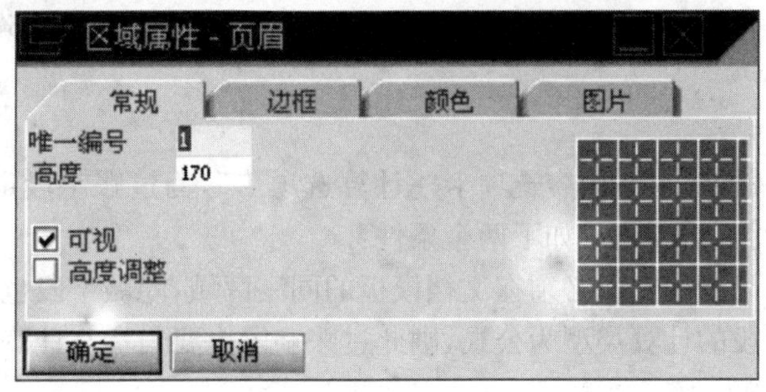

图21-51　区域属性

2. 模板设计窗口

在此窗口中,模板是以其打印的实际大小显示的。

一个模板包含不同的区域,不同的区域有不同的颜色或背景,每个区域也可包含不同的对象,如文本、系统字段、图片等。

可以调整整个模板或不同区域的属性,来设计所需的打印结果。以下为模板中的五个区域。

• 页眉。

• 报表开始:报表开始中的内容会在第一张打印页中显示。

• 重复区域(总)。

• 报表结束:报表结束的内容会在重复区域(总)结束后显示出来,其信息多与重复区域(总)中的数据相关,如付款条款、折扣、销售人员等。

• 页尾:页尾中的内容会在每一张打印页的页末显示,通常包括页号、公司信息、文档创建人等。

【提示】

在重复区域页尾下面有一块空白区域,此区域会根据重复区域中数据的多少自行放缩,以保证打印效果。

3. 设计模板

在设计一个文档模板时,会使用到如下功能:

• 选择对象或区域。

• 更改对象的大小。

• 更改对象的位置。

• 插入文本、数据字段或过账字段。

• 插入图片。

这些功能的使用类似于Windows的标准操作,通过使用鼠标或键盘完成,这里不作详细介绍。

4. 文档、区域及对象的属性

文档的布局是由其模板、区域及对象的属性决定的,当这些属性改变后,可以立即看到其变化。

• 文档属性窗口,如前面图21-50所示。

• 区域属性窗口,如前面图21-51所示:此窗口包括四个选项卡,分别为常规、边框、颜色及图片,功能与文档属性窗口类似。

• 对象属性窗口:通过双击模板上的对象打开此对象的对象属性窗口。

可以同时更改多个对象的某些属性:首先选择多个对象,然后双击其中一个对象。这样更改的属性将对所有选中的对象生效。

不可以更改系统自动生成的对象的内容与形状，虽然可以隐藏或删除这类字段，但可能会产生问题。

5. 计算

可以通过“对象属性窗口→内容选项卡→计算选项卡”，为过账字段定义计算类型与方法。使用过账字段进行计算，需要满足如下两个条件：

• 需要使用参与计算的字段必须在文档模板的同一区域，隐藏字段也是如此。

• 如果此过账字段的计算类型为公式，则此过账字段也要与参与计算的字段在文档模板的同一区域。

【提示】

如果要使用一个数据字段与一个常数进行运算，需要将此常数定义为文本字段，并将其设为隐藏。

6. 图片的属性

可以为图片对象在“路径”选项卡中选择一个图片，则此图片对象就会显示此固定图片。

也可以通过数据选项卡为其选择一个链接的图片字段，则此图片对象会根据不同物料显示不同字段。

第22章

SBO SDK 简介及 Add-On 的注册和安装

22.1 SDK 简介

SBO 内含了许多可供企业进行定制和配置的特性选项。SBO SDK 是一种开放而灵活的开发工具包，能让合作伙伴或客户在低成本的条件下进一步扩展 SBO 的产品功能，并可以与外部的行业解决方案集成。

SDK 的推出，使得用户可以针对其特殊需求进一步开发定制企业解决方案。SDK 为软件开发者提供了一套全面的开发工具，允许开发者按照企业的特殊需求定制并自动处理 SBO 中的业务流程，并可以与外部的应用程序进行集成。在技术上它基于标准的与 Microsoft .NET、Microsoft COM 和 Java 技术相兼容的平台，可以让开发团队在短时间内开发出增值的解决方案服务于客户，受益于公司（更详尽的信息请访问 http://service. sap. com/smb/ development/sdk 和 http://sdn. sap. com）。

1. SDK 的定义

图 22-1 是 SDK 定义的图示。

• SDK 的全称是软件开发工具包，它在开放的标准的基础上，内含了不同应用程序的编程接口，使得对 SBO 所有业务对象的访问成为可能。

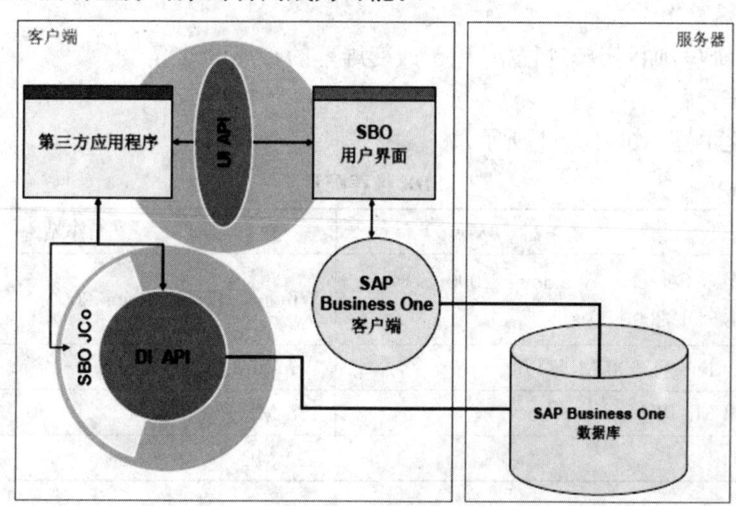

图 22-1 SDK 的定义

• 可以在业务数据级别通过 DI-API 来访问 SBO，几乎所有在 SBO 客户端中的业务对象都被复制到了 DI-API 中，这样就可以被外部的应用程序访问。

• 另一种则是基于用户界面级别的访问：UI-API 提供了对应用程序的访问，它可以让用户增加或修改表单，而且它提供了修改现有业务逻辑的事件处理接口。

2. SDK 的组成

SAP Business One SDK 包含以下工具：

• 应用程序编程接口。

• 示例代码。

• 相关文档。

• 实用工具。

这些工具提供了一个理想和开放的平台，用于扩展 SBO 的业务功能，可以使用以下接口或工具来实现 SBO 功能的增强：

• 基于 Visual Basic，C 或者 C++编程的 DI-API。

• 基于 Visual Basic，C 或者 C++编程的 UI-API。

• 基于 Java 编程的 SAP Business One Java Connector（JCo）。

• Screen Painter。

注意

SDK 中不包含程序编辑和编译器，为了最大限度地获取灵活性和开放性，用户可以自由选择开发环境。在本教材中，我们将用 Microsoft Visual Studio 和 Visual Basic 6 作为编程语言。

3. 推出 SDK 的目的

使用 SBO SDK，合作伙伴和客户可以扩充和修改 SBO 的功能：

• 特定的行业功能。

• 系统欠缺的功能。

• 与第三方工具之间的接口。

4. 适用对象

SDK 主要适用于工作在以下组织的程序开发人员：

• 合作伙伴：主要用于创建 SAP Business One 与第三方应用程序之间的接口。

• 服务和支持提供商（SSPs）：主要用于 SAP Business One 插件的实施或与第三方应用程序创建接口。

• 客户：在 SBO 项目实施过程中，用于改变屏幕的布局设计等。

5. 推荐运行环境

（1）SBO 推荐配置（如表 22-1 所示）。

表 22-1　SDK 推荐配置

	服务器	工作站
软件环境	NT 4 Server / Windows 2000 Server / MS SQL 2000	Windows 98 Windows 2000/NT/ XP
CPU	Pentium Ⅲ 600 MHz 以上	Pentium Ⅲ 300 MHz
内存	512 MB 以上	128 MB RAM
硬盘空间	2 GB 以上	400 MB

(2)支持的平台。

• Microsoft Windows 2000。

• Microsoft Windows XP。

强烈推荐安装操作平台的最新版补丁程序。

(3)SDK 对系统的要求如下:

• SBO 的系统要求。

• 用户使用的开发环境对系统的要求。

• 用 UI-API 来运行五个解决方案的插件程序要求至少 256 M 内存。

• 运行多于五个解决方案的插件要求至少 512 M 的内存。

6. 支持的开发语言

SDK 所适用的开发语言必须是面向 MS COM 技术的编程语言,SAP 发布的开发环境如下:

• Microsoft Visual Studio 6.0 和.NET for Visual Basic。

• Microsoft Visual Studio 6.0 和 7.0 (.NET) for C/C++。

7. 获得支持

对于合作伙伴和客户所需的支持,可以通过访问 SAP 的 Service Marketplace 网站以 CSN Message 的形式提交 SAP 以获取支持;对于将来的 API 中没有但又要使用的特性,合作伙伴可以以 DRQ Message 的形式提交 SAP,SDK 的 PM 收到这个 DRQ Message 后会在该版本内容基础上作进一步处理。

22.2 DI-API 简介

22.2.1 概　述

SBO 的 Data Interface API(DI-API) 是一组以 DLL 形式提供的三层结构工作模式的开发工具,目的是帮助合作伙伴提高并扩充 SBO 和用 SBO 整合外部的解决方案。

SBO DI-API 能用来存取 SBO 应用程序在数据库层次上的数据,扩充它的功能性,以便和第三方的解决方案连接,扩展 SBO 的功能,满足客户的需要。

22.2.2 DI-API 安装

安装 SBO SDK-API,运行 DI-API 光盘中的 Setup.exe 文件,启动安装程序的向导功能,按照向导逐步完成安装即可。安装完毕后,我们在 VB 工程中的引用对象中能够看到"SAP Business One Objects Bridge API Version 6.5 对象",这说明已安装成功。如图 22-2 所示。

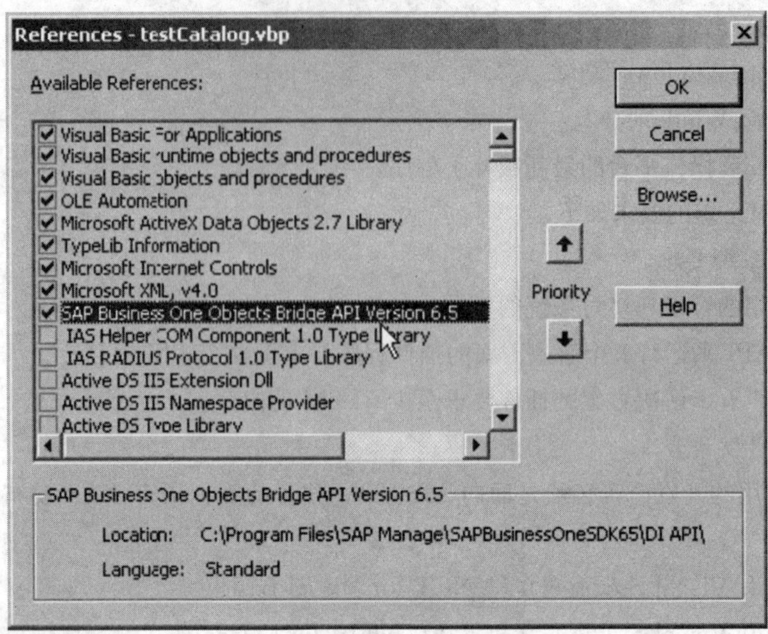

图 22-2 DI-API 安装成功示例

22.2.3 DI-API 体系结构

在提供关于 DI-API 的软件体系结构的明细中，所有的函数功能被包含在一个实现层(OBServerDLL.DLL)之中。DLL 以 SBO 客户端的现有源码为基础，即 SBO 用户端的业务对象被复制到这个 DLL 中。通过 SAPbobsCOM.DLL 接口能够存取 SBO 客户端对象的方法、属性等。

DI-API 工作逻辑如图 22-3 所示，DI-API 体系结构如图 22-4 所示。

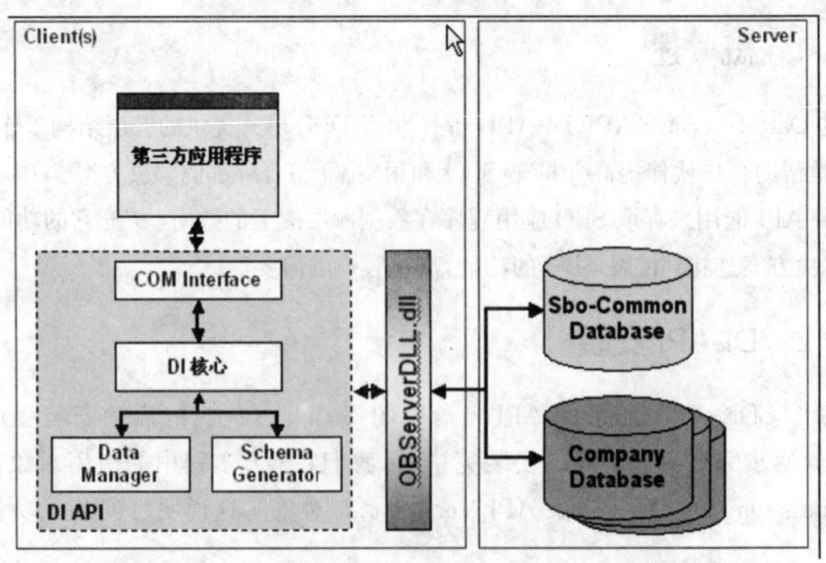

图 22-3 DI-API 工作逻辑

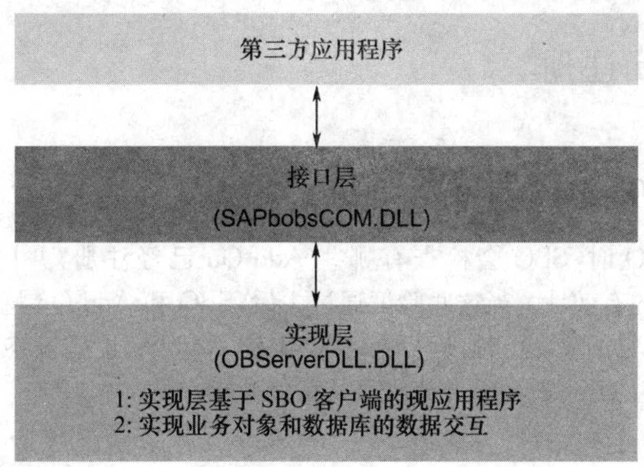

图 22-4 DI-API 体系结构

22.3 UI-API 简介

1. 目的

SAP Business One User Interface API(UI-API)是一个开发工具包,它能使 SAP 合作伙伴的应用解决方法与 SBO 实现集成,并且根据需要,可以对 SBO 功能进行修改,使得基于 SBO 解决方案的价值得以提升。通过使用 UI-API 的扩展,能满足客户界面层和独特业务逻辑的需要。

2. 适用性

通过使用 UI-API 的功能函数,实现对 SBO 应用程序界面层功能进行扩展,为第三方基于 SBO 实现行业解决方案提供了有效的工具。

3. 开发说明

SDK 的 UI-API 是 DCOM 模式的控件包,开发用户需要熟悉 Microsoft Visual C/C++, Microsoft Visual Basic 和 Microsoft .NET 开发平台。同时,还需要对 SBO 标准应用具有一定程度的了解。

4. 运行需求

基于 SDK UI-API 开发的功能包,可以运行于 Microsoft Windows 2000、Windows NT 4.0和 Windows XP 操作平台上。

22.4 Add-On 简介

当合作伙伴完成针对 SAP Business One 的特定行业解决方案的开发后,需要将该解决方案以单独的 CD 分发给客户。在分发之前,必须完成软件包的注册,使得该软件包在启动 SBO 后自动运行,注册文件只需产生一次,注册后的 Add-On 通过 UI-API 和 SBO 建立连接,而且在将来分发给客户的软件包中必须包含此文件。在软件包的安装过程中,该文件包含的注册信息将被写进 Windows 的注册表中。另外,软件包的安装打包可以将解决方案的安装和注册一并完成,方便了客户的使用和维护。

22.5 Add-On 注册

22.5.1 Add-On 的启动原理

当用户启动 SBO 时，SBO 会检查有哪些 Add-On 已经注册，并同时检查用于连接的 Add-On连接字符串的有效性。当这些验证通过之后，SBO 和 Add-On 将同时启动。考虑到程序的完整性，当 SBO 非正常终止时，运行在 SBO 上的 Add-On 也应该终止执行。合作伙伴在 Add-On 开发时应该注意到这一点，并使程序具备该功能。

注意

客户端要能正常运行这些 Add-On，前提是客户端已经安装了这些 Add-On 运行所需的 SDK 环境。图 22-5 是启动 SBO Add-On 的运行流程。

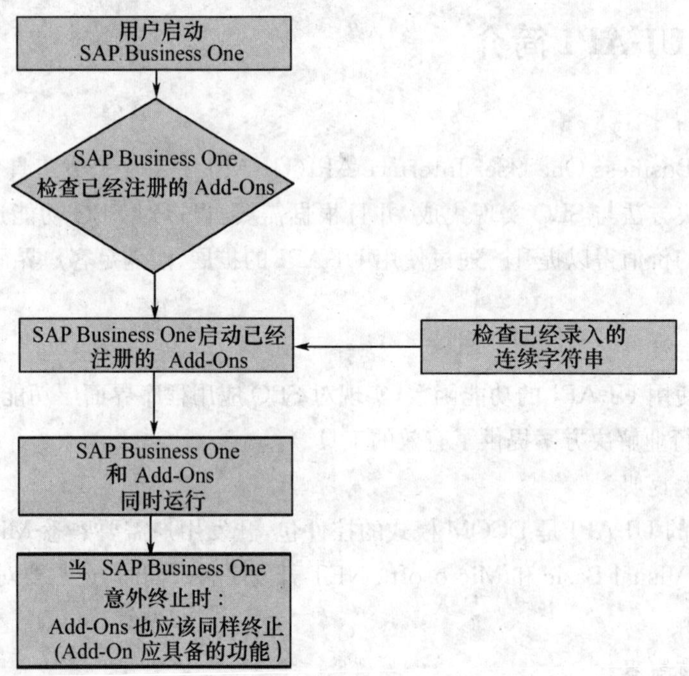

图 22-5 启动 SBO Add-On

22.5.2 Add-On 的注册方法

1. 注册类型

(1)开发模式 (Development mode)。

• 程序代码中写入了 SAP 提供的连接字符串，例如：

“0030002C0030002C00530041005000420044005F004400610074006500760002C0050004C006F006D0056004900490056”。

(2)客户应用模式 (Runtime mode)。

• 在 SBO 的客户端进行注册。

(3)注册工具。

AddOnRegDataGen. exe 是 SAP 提供的一个用于产生注册数据的文件，该工具的安装是 UI-API 安装的一部分，通常被安装至路径“C:\Program Files\SAP Manage\SAP Business

One SDK\UI API\Tools"下。

2. 注册步骤

(1)产生注册文件。

• 运行注册工具：AddOnRegDataGen. exe。

• 输入合作伙伴的名称、Add-On 和生成的对应的可执行文件的名称。在 SBO 安装路径下的 Addons 路径下会看到与输入的合作伙伴名称相同的文件夹，标明了该 Add-On 所属的开发商。

• 点击"Generate file"按钮，则会在注册工具所在的路径下产生一个名为"SBOAddOnRegData. sld"的文件，如图 22-6 所示。

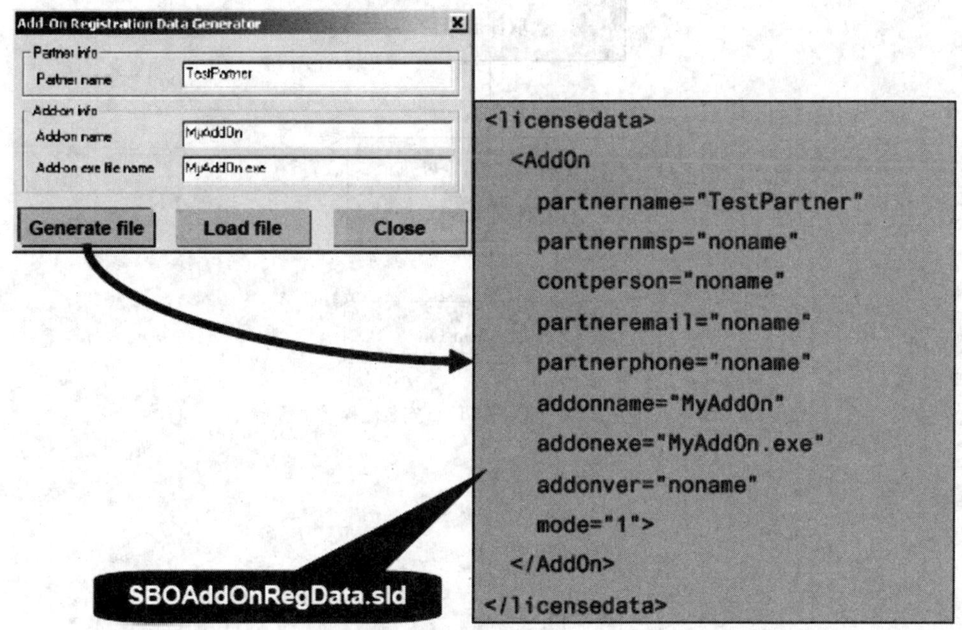

图 22-6 Add-On 注册工具的使用

(2)校验安装路径。

SAP 推荐在客户端安装 Add-On 的过程中完成注册，所以首先必须调用 SBO AddonReg. dll，在这里，主要调用了 SBOAddonReg. dll 中内含的三个功能，详情如下：

• 获取该 Add-On 相应注册文件的完整路径并为 SBO 提供相应的 Add-On 的可执行文件的路径，以便 SBO 的查找调用。

• 将 Add-On 注册到 SBO 应用程序。

• 反注册一个 Add-On。

22.6 Add-On 安装

1. 原理

首先，要获取该 Add-On 相应的注册文件及可执行文件的路径。方法及原理见"22. 5Add-On 的注册"。

然后，将注册文件、Add-On 可执行文件及其他所需文件进行打包。

2. 安装程序

(1)安装程序需要完成以下工作：

• 复制 Add-On 可执行文件到正确路径。

• 成功注册 Add-On。

• 卸载时,反注册 Add-On。

(2)安装流程如图 22-7 所示。

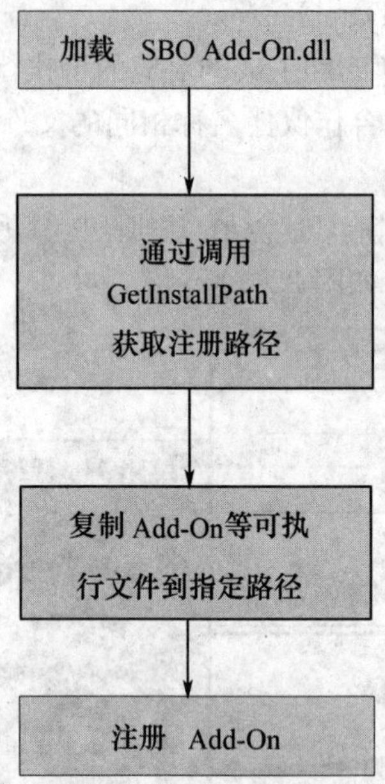

图 22-7 SBO Add-On 安装流程

第23章

数据库管理与局域网配置

23.1 数据库管理

23.1.1 数据库备份

下面以备份名为“SBODemo_China”数据为例，介绍数据库的备份。

(1)打开“开始 →程序 →Microsoft SQL Server →企业管理器”，如图 23-1 所示，选中“SBODemo_China”后单击鼠标右键，选择“所有任务→备份数据库”。

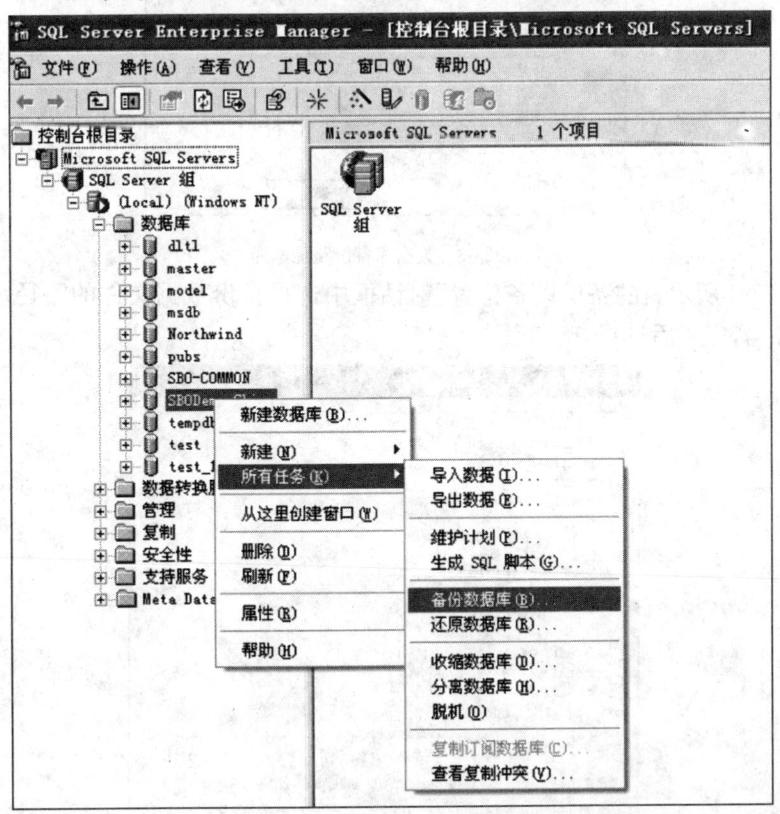

图 23-1 数据库备份命令选择

(2)如图 23-2 所示,选择“添加”按钮;

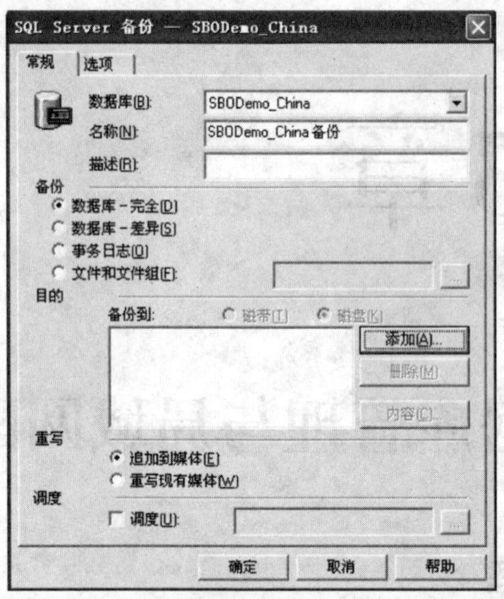

图 23-2 数据库备份任务添加

(3)如图 23-3 所示,在“选择备份目的”对话框中选择“文件名”后用鼠标左键单击 … 按钮;

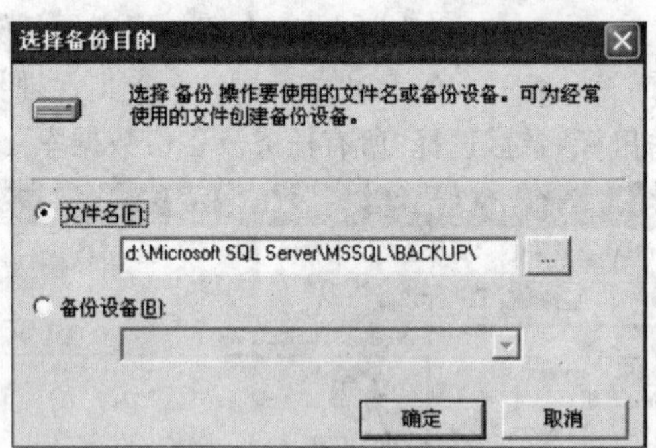

图 23-3 数据库备份路径选择

(4)如图 23-4 所示,在“备份设备位置”对话框中选择备份数据文件的路径,在“文件名”处录入备份文件名,完成后选择“确定”;

图 23-4 数据库备份位置选择

(5)如图 23-5 所示,在“选择备份目的”对话框中选择“确定”;

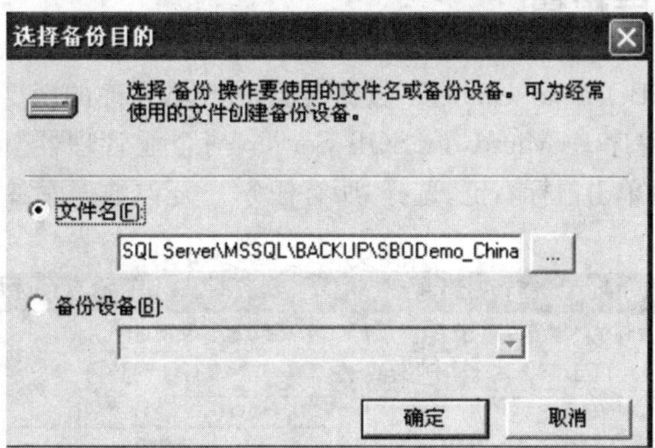

图 23-5 数据库备份目的的选择

(6)如图 23-6 所示,选择“确定”;

(7)如图 23-7 所示,备份完成后会有提示,点击“确定”。

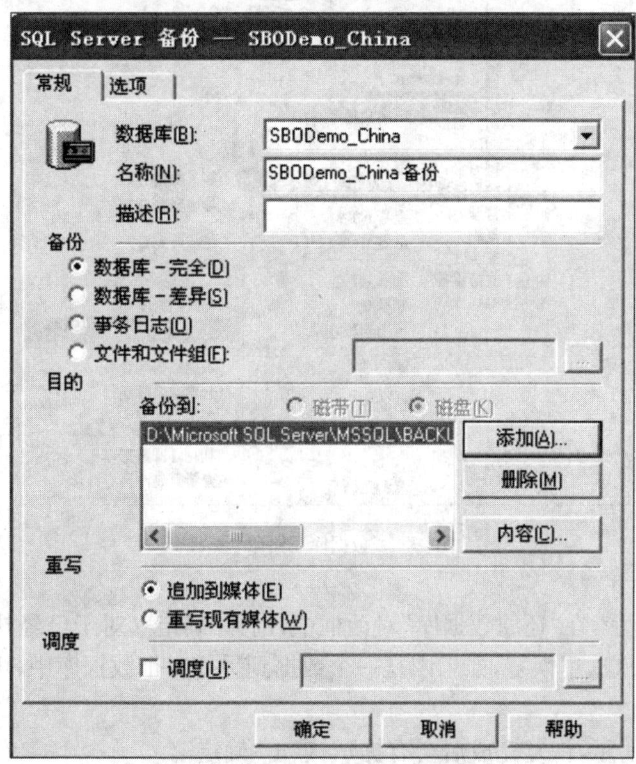

图 23-6 数据库备份最终确认窗口

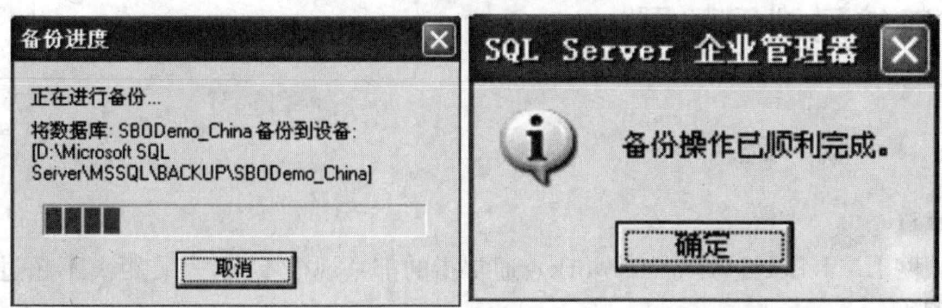

图 23-7 数据库备份完成

23.1.2 数据库恢复

下面以恢复名为“SBODemo_Chinese”数据为例，介绍数据库的恢复。

(1)打开“开始 →程序 →Microsoft SQL Server →企业管理器”。如图 23-8 所示，选中“SBODemo_Chinese”后单击鼠标右键，选择“所有任务 →还原数据库”；

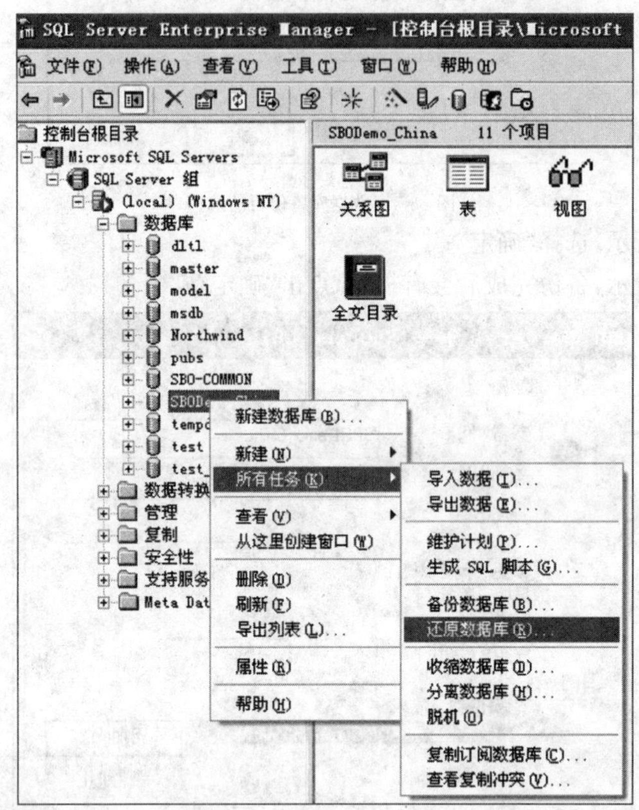

图 23-8 数据库还原命令路径

(2)如图 23-9 所示，在“还原数据库”对话框中，选择“确定”(对于已经执行过数据库备份的用户来说，可以直接从这里恢复，如果恢复一个数据到另外一个数据库中，可以使用“从设备”恢复功能)；

(3)如图 23-10 所示，恢复完成后会有提示，点击“确定”。

23.2 系统局域网配置

23.2.1 概 述

1. 基本概念

• 局域网 LAN(Local Area Network)：通常指的都是规模不大，安装距离不超过十几公里的计算机网络。

• 服务器(Server)：通常指为网络中其他计算机提供服务、管理网络的计算机，配置一般都比较高。

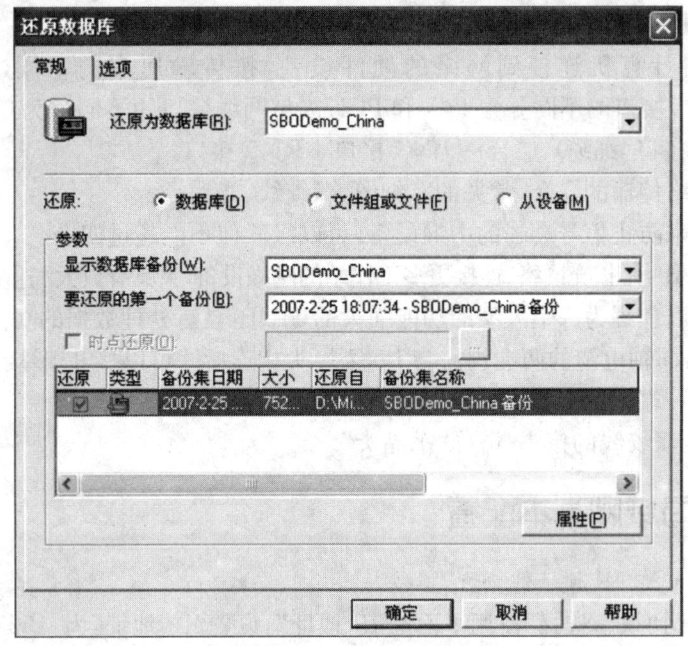

图 23-9　数据库还原

图 23-10　数据库还原进度及确认

• 工作站(Workstation):接入到网络的一台计算机,享受服务器提供的服务。

• IP 地址:用于标识网络上的节点和指定路由选择,格式为 32 比特的二进制数(4 个字节),为了书写记忆方便,通常将每个字节用十进制表示,字节间用圆点隔开,如“192.168.0.1”。

• 网络协议:规定计算机在网络上通信的方式。

2. 网络的拓扑结构

• 总线结构:是由单根传输媒介将所有的计算机连接到总线上,结构类似汉字的“丰”。

• 星型结构:是由中间节点向外扩散,每条链路都有工作站与其相连,结构类似汉字的“米”。

• 环型结构:是一个闭合的总线结构,结构类似汉字的“口”。

• 综合结构:将上述结构复合在一起,如星型结构的各个节点不是工作站,而是另一个总线局域网。

3. 常用网络协议

• TCP/IP(Transmission Control Protocol/Internet Protocol)——传输控制协议/网际协议:是目前最流行的网络通信协议,也是因特网的基础协议。

• IPX/SPX(Internet Packet Exchange/Sequenced Packet Exchange)——网间数据包交换协议/顺序数据包交换协议:庞大的具有很强适应性的协议,是 Novell 公司的通信协议级集。

• NetBEUI(NetBIOS Extended User Interface)——用户扩展接口:由 IBM 于 1985 年开发,是微软所有通信协议的基础,特点是小巧快速、占用内存小。

4. 常见网络设备

• 网卡：是将计算机连接到网络的硬件设备，按传输速率的不同，分为 10Mbps 和 100Mbps；按与主板接口的不同分为 ISA 和 PCI；按与网线接口的不同分为单个 RJ45 接口(双绞线)、单个 BNC 接口(细缆)、二合一 BNC 接口＋RJ45 接口。

• 网线：是网络传输的媒介，常见的有细缆、双绞线、光缆。

• 中继器：用来防止信号衰竭的中继设备，可以级联但不能超过四个。

• 集线器(HUB)：是扩充网络、连接更多工作站的网络设备，只具有放大和重发数据的功能。

• 交换机：可以理解为一个大型的功能强大的 HUB，具有处理数据的功能。

• BNC 接头：同轴电缆的两端均需与 BNC 接头相连后才可以接 T 形接头。

• T 形接头：一端接网卡，其余两端接同轴电缆的 BNC 接头。

• RJ45 接头：双绞线的接头，俗称“水晶头”。

23.2.2 局域网基本配置

1. TCP/IP 协议中 IP 地址的分配

双击“TCP/IP 协议”，选择“使用下面的 IP 地址”，设置“IP 地址”为“192.168.0.x”(x 可以取值为 1～254，但相连的计算机的 x 值必须不同)，“子网掩码”设为“255.255.255.0”。

2. 网络故障

需要注意的是，如果网络不通，需检查如下几项：

• 网卡驱动程序是否正确；

• 网卡是否有资源冲突；

• 查找能否看到对方的计算机，对方的计算机是否开机，能否 Ping 到对方的计算机。

下面是几个常用的计算机网络测试命令：

• 测试 TCP/IP 协议配置工具 Ipconfig 和 Winipcfg。

• 网络协议统计工具 Netstat。

除 Winipcfg 运行在 Windows 环境外，其他均运行于 MS-DOS 环境，大家可以自己试用一下。

3. 局域网应用

(1)共享打印机。

点击“开始\控制\打印机”，在弹出的窗口双击“添加打印机”；出现安装向导，点击“下一步”；选择“网络打印机”，点击“下一步”；在弹出的窗口选择“不需要在 MS-DOS 下进行打印操作”；点击浏览“网络路径”，选中有打印机的工作组(该打印机必须已经安装而且设置了打印共享)，“确定”后，为该打印机命名，若前面选择的是“需要在 MS-DOS 下进行打印操作”，则文件名不能超过 8 个英文字符，可以选择将该打印机作为“默认打印机”，点击“下一步”；进行“打印测试”。测试结束后，系统要求插入打印机的安装盘，将驱动复制完，共享打印机安装结束。

(2)局域网通讯。

通过 Windows 自带的工具就可以实现简单的信息传递。在“开始\运行”中键入“WinPopup”，选择“发送消息”；在弹出的对话框内填入要向其发送信息的计算机名和工作组名，对方就可以收到你的信息。WinPopup 比较适合简单的交流，如果需要功能强大的通讯工具，就需要使用下面的工具：

在“控制面板\添加删除程序\Windows 安装程序\通讯”中选择添加“NetMeeting”；安装后运行，在弹出的对话框中依照系统提示依次输入“个人资料\选择是否登录目的服务器\局域网接入\是否创建快捷图标\音频和录音测试\完成”；在呼叫栏中输入要呼叫的 IP 地址，选择右边的快捷图标“呼叫”即可。

参考文献

[1] 李国敏. 遭遇需求瓶颈 制造业信息化出路何在？——访国家 863 计划先进制造与自动化领域首席科学家孙家广院士[N]. 科技日报,2004-06-23.

[2] 国家经贸委. 2002 企业信息化调查. 国家经贸委经济信息中心,2003-02-18.

[3] 陈启申. ERP-从内部集成起步[M]. 北京:电子工业出版社,2004.

[4] 范玉顺,李建强. 企业集成与集成平台技术[M]. 北京:机械工业出版社,2004.

[5] 黄骁俭. SAP Business One 中文版 7.0[M]. 北京:中国人民大学出版社,2004.

[6] SAP. SBO 敏捷销售/敏捷采购/敏捷库存/敏捷财务/敏捷服务/敏捷系统管理[M]. 国内资料/共享电子书,2005.

[7] SAP. SBO 培训教材 TB1000/TB1100/TB1200[M]. 北京:SAP 中国公司培训部,2005.

[8] 梅丛银. 支持多企业业务协同的集成平台研究与开发. 国家高技术研究发展计划(863 计划)专题课题报告,2006.

[9] 梅丛银. 制造业企业信息化全面解决方案 ERM-SUITE. 国家重点新产品计划,2004.

[10] 孙福权. 企业资源计划(ERP)[M]. 沈阳:东北大学出版社,2006.

[11] 许先明. PowerB 工资用户手册/PowerB 固定资产用户手册/PowerB 金税接口用户手册[M]. 南京:东软解决方案事业部,2006.

[12] 许先明. 东软外贸行业 BO 白皮书. 东软解决方案事业部,2005.

[13] 许先明. 东软 ERM-Power 产品白皮书. 东软解决方案事业部,2005.

[14] 计世资讯. 2004 年中国大型制造企业信息化建设与 IT 应用趋势研究报告. 2003-11.

[15] 赛迪顾问股份有限公司. 2003-2004 年 ERP 产业与市场研究报告. 2004-02.

[16] e-works 咨询. 中国制造业信息化 2003 年度报告. 2004-02-16.

[17] 计世资讯. 九大行业信息化建设与 IT 应用趋势研究报告. 2003.

[18] 林金安. 中小企业实施信息化八大困境研究[EB/OL]. 2007[2007-07-08]. http://www.csai.cn.